Dialog durch die Mauer

D1721943

Rolf Reißig, Professor für Sozial- und Politikwissenschaften in Berlin, war maßgeblicher Mitautor des SPD-SED-Dialogpapiers und veröffentlichte in den letzten Jahren Bücher und Beiträge zur Transformation Ostdeutschlands und zur deutschen Vereinigungsgesellschaft.

Rolf Reißig

DIALOG DURCH DIE MAUER

Die umstrittene Annäherung von SPD und SED

Mit einem Nachwort von
Erhard Eppler

Campus Verlag
Frankfurt / New York

Die Deutsche Bibliothek – CIP-Einheitsaufnahme

Ein Titeldatensatz für diese Publikation ist bei
Der Deutschen Bibliothek erhältlich
ISBN 3-593-37066-2

Copyright © 2002 Campus Verlag GmbH, Frankfurt/Main
Umschlaggestaltung: Guido Klütsch, Köln
Umschlagmotiv: Erhard Eppler (r.) und Rolf Reißig verkünden das
SPD/SED-Papier (27. August 1987) in Bonn
© dpa/Klaus Mehner
Satz: Satz-Studio Rolfs, Dreis-Brück
Druck und Bindung: Prisma Verlagsdruckerei GmbH, Saarbrücken
Gedruckt auf säurefreiem und chlorfrei gebleichtem Papier.
Printed in Germany

Besuchen Sie uns im Internet: www.campus.de

Inhalt

Vorwort

Dialog ist dort am nötigsten, wo er unmöglich scheint. Hürden und Blockaden werden in solchen Situationen nicht nur als übermächtig wahrgenommen, sie sind es auch. Soll dennoch ein Gespräch beginnen, bleibt es ein Wagnis, ein Risiko. Als Anknüpfungspunkt dient in aller Regel, negativ, eine von beiden Seiten als Bedrohung empfundene Gefahr oder, positiv, ein beiderseits geteilter Wert. Von dieser Ausgangslage war auch der deutschdeutsche Dialog zwischen SPD und SED geprägt. Nach Jahren der Konfrontation war seine Realität von Anfang an auch eine irreale. Die Möglichkeiten zum offenen Dialog waren nicht von vornherein gegeben, sondern mussten sich durch die Gespräche hindurch erst selber schaffen.

Im konkreten Nachvollzug der Gesprächsverläufe und ihrer Ergebnisse soll in diesem Buch deutlich werden, was den so schwierigen Dialog durch die Mauer ermöglicht und was ihn behindert hat. Dieser Dialog kam, so überraschend sein Zustandekommen und seine Folgen waren, nicht aus dem Nichts. Stichworte wie »kleine Schritte«, »Wandel durch Annäherung«, »neue Ost- und Deutschlandpolitik« und »zweite Phase der Entspannung« kennzeichnen die Stationen auf dem Weg zur Auflockerung der verhärteten Fronten und zur Normalisierung der Beziehungen zwischen Ost und West, zwischen beiden deutschen Staaten. Der SPD-SED-Dialog war Teil dieser Wegstrecke und fügte Neues, Eigenwilliges und Umstrittenes hinzu. Nicht zuerst die Folgen der Ost-West-Konfrontation, sondern ihre Ursachen wurden vorrangig thematisiert. Im Mittelpunkt stand dabei die Suche nach Wegen, auf denen Ost und West trotz ihrer Gegensätze zu einer Kooperation finden könnten. Ziel war, den Streit zuzulassen, ohne sich zu zerstreiten. Dem standen zahlreiche historisch gewachsene Hindernisse entgegen. In verständigen Gesprächen sollten diese schrittweise abgetragen werden, um die trennende Mauer der Distanzierungen durchlässiger zu machen. Die Metapher »Mauer« steht deshalb hier nicht nur für die zementierte Spal-

tung der Deutschen, die 1378 Kilometer lange und hermetisch abgeriegel-
te Grenze, sondern für das Prinzip und die Praxis einer wechselseitigen
politischen und geistigen Abgrenzung. Einer Abgrenzung, die den freien
und gleichberechtigten Dialog, die Öffnung nach außen und die Offenheit
nach innen verhindern sollte. Der angestrebte Dialog konnte daher nur
erfolgreich geführt werden, wenn er verknüpft war mit einer tendenziel-
len Überwindung der Vorbehalte und Feindbilder im Denken und Handeln
der Menschen in Ost und West. In der DDR stieß dieses Experiment auf
systemimmanente strukturelle Schwierigkeiten und eine Ab- und Ausgren-
zungspraxis der SED, in der Bundesrepublik auf strukturell-mentale Vorbehalte, Vorurteile und Ängste vor unkalkulierbaren Veränderungen.

Eine gewisse Annäherung zwischen westdeutschen Sozialdemokraten
und ostdeutschen Einheitssozialisten war Voraussetzung für einen solchen
Dialog und eines der unbeabsichtigten Ergebnisse, nicht aber die vorder-
gründige Idee. Bei Akzeptanz der unterschiedlichen Identitäten und Zielvorstellungen ging es in erster Linie um den Versuch einer Verständigung
über die grundlegenden ideologischen Streitfragen zwischen Ost und West
und deren Austragung. Dass im Verlauf der Gespräche – und zwar auf beiden Seiten – verschiedentlich die Frage nach der Überwindung der Spaltung der Arbeiterbewegung gestellt wurde, ließ nicht nur die Konservativen
und Traditionalisten in Ost und West aufhorchen. Vor allem das 1987 von
beiden Parteien gemeinsam veröffentlichte Papier »Der Streit der Ideologien und die gemeinsame Sicherheit« sorgte für eine positive Irritation. Nicht
alle wußten sie produktiv zu nutzen. Statt die politischen Karten neu zu
mischen, wurden sie nicht selten rasch in alte Muster einsortiert. Das Papier fand neben großer Zustimmung auch Ablehnung und heftige Kritik.
Die Kritiker in der Bundesrepublik sahen darin einen »Verrat an der westlichen Wertegemeinschaft«, die in der SED eine beginnende »Sozialdemo-
kratisierung« der Staatspartei und eine Aufweichung der DDR. Der SPD-
SED-Dialog ist bis heute umstritten: in der Politik, in der Öffentlichkeit,
aber auch in der Wissenschaft. Überraschen kann das kaum, denn mit diesem Unterfangen wurde Neuland beschritten und begann ein Experiment,
dessen Ausgang offen war, mit Chancen und Risiken für beide Seiten.

Das Interesse am damaligen Geschehen hält auch nach der Wende von
1989/90 an, die wissenschaftlichen Dispute und politischen Auseinandersetzungen bestehen fort. Die jeweiligen (partei-)offiziellen Deutungsmuster
passten sich der neuen Situation an. Im Zentrum der Diskussion steht jetzt

die Einschätzung der sozialdemokratischen Dialogpolitik und ihrer Folgen. Von den einen angegriffen als Ausdruck der Anbiederung an die SED sowie als Beitrag zur künstlichen Stabilisierung und Verlängerung der SED-Diktatur und als endgültige Absage an die deutsche Einheit, wird sie von den anderen als geschickte Strategie zur Überwindung der SED-Herrschaft, als Katalysator des demokratischen Umbruchs in der DDR gelobt. Eine seriöse Diskussion über das tatsächliche Anliegen des SPD-SED-Papiers und seiner Wirkungen hat es bis heute in der Öffentlichkeit nicht gegeben. Neben parteipolitischen Kalkülen sind es die verbliebenen Vorurteile aus der Zeit der Ost-West-Konfrontation, die dies bislang verhinderten. Aber nicht nur. Oft fehlen Kritikern wie Befürwortern die genauen Kenntnisse über das damalige Geschehen, über seine Hintergründe und die Absichten der Akteure in Ost und West. Vieles an dieser Dialogpolitik ist noch immer unbekannt und wenig erhellt. Das betrifft bereits seine Vorgeschichte und die Rolle, die Willy Brandt dabei spielte, aber auch die ersten Sondierungsgespräche zwischen den SPD-Politikern Günter Gaus, Egon Bahr, Oskar Lafontaine und SED-Generalsekretär Erich Honecker. Noch mehr gilt dies für das Zustandekommen der ideologischen Grundsatzgespräche zwischen der von Erhard Eppler geleiteten Grundwertekommission der SPD und der Akademie für Gesellschaftswissenschaften beim ZK der SED, die zunächst weder Brandt noch Honecker ins Auge gefasst hatten. Hier drängen sich Fragen auf. Wie konnten die beiden wissenschaftlichen Parteiinstitutionen ein gemeinsames Ideologiepapier erarbeiten, ohne dass die SED-Oberen im einzelnen davon wussten? Warum stimmte die SED-Führung diesem für sie riskanten Dialog zu, ohne ein offensives Konzept für den Umgang mit diesem Papier zu erarbeiten? Welche Rolle spielte das Ministerium für Staatssicherheit in dem Dialoggeschehen? Weitgehend ungeklärt ist die heftige parteiinterne Auseinandersetzung um dieses Dokument in der SED, seine gesellschaftliche Wirkung in der DDR und die Haltung der Evangelischen Kirche und der Bürgerrechtsbewegung dazu. Bislang liegen kaum gesicherte empirische Erkenntnisse vor, wie dieser eigenwillige deutschdeutsche Dialog die SED im Inneren veränderte und welche Folgen dies für den friedlichen Umbruch im Herbst 1989 hatte. Zumeist vergessen sind nach der Zäsur von 1989/90 auch die heftigen Dispute, die das Papier in der SPD und in der Bundesrepublik auslöste sowie die Zurückhaltung Washingtons und die anfängliche Irritation Moskaus. Und es bleibt die Frage, weshalb die SPD am Dialog mit der Staatspartei SED auch dann noch festhielt, als die Entwicklung in Osteuropa und der DDR bereits einen ganz anderen Verlauf nahm.

Bei meinen Recherchen stieß ich auf unerwartete Aspekte, die in der vorliegenden Arbeit dargestellt werden. Was bis heute fehlt, ist eine faktengestützte, distanziert-kritische Analyse und Darstellung dieses Dialogs und seiner Folgen. Diese Lücke soll mit dem vorliegenden Buch geschlossen werden. Im Mittelpunkt meiner Betrachtungen stehen die Gesprächsrunden zwischen der SPD-Grundwertekommission und der SED-Akademie in der Zeit von 1984 bis 1989. Der in diesen Runden geführte Grundsatzdialog um Friedens- und Reformfähigkeit der beiden gesellschaftlichen Systeme, um Demokratie, Menschenrechte und gesellschaftlichen Wandel in Ost und West stellte die eigentliche Premiere des neuen SPD-SED-Dialogs dar. Das in diesem Kontext entstandene »Ideologiepapier« schlug zum ersten Mal den Bogen zwischen Außen- und Innendialog, zwischen einem neuen Konzept des Arrangements der Systeme in Ost und West und einer neuen politischen Kultur des Ideenwettstreits in den Gesellschaften, zwischen Stabilität und Wandel. Damit lag es quer zum bisherigen Ost-West-Erfahrungshorizont.

Meine Darlegungen basieren auf empirischen Untersuchungen, eigenen Erfahrungen, umfangreichen Studien bislang verschlossener oder unerschlossener Quellen und nicht zuletzt auf rund fünfzig Interviews mit Beteiligten und Zeitzeugen, Befürwortern und Gegnern dieses Dialogs. Das ermöglichte eine recht genaue Rekonstruktion der zeitgeschichtlichen Vorgänge. Hierbei wird deutlich unterschieden zwischen den historischen Ereignissen und meiner Wahrnehmung als Beteiligter, der diese Entwicklung reflektierte und zu beeinflussen suchte.

Auch eine noch so genaue Rekonstruktion der zeitgeschichtlichen Vorgänge (Kapitel 1 bis 8) ist jedoch keine Garantie für eine adäquate Beurteilung der Folgen dieses Dialogs. Und je nach Perspektive werden die Antworten dazu auch in Zukunft unterschiedlich ausfallen. Deshalb soll hier nicht versucht werden, ein abschließendes allgemein gültiges Urteil zu fällen. Vielmehr geht es mir am Ende meiner Darstellungen (Kapitel 9) darum, Ansprüche und Resultate dieses Dialogprojekts aus heutiger Sicht kritisch zu vergleichen und einige Schlussfolgerungen zu ziehen, die – am wirklichen Verlauf der Geschehnisse orientiert – die darüber hinausweisenden Impulse freilegen können.

Die politische Situation hat sich inzwischen verändert. Der alte Systemgegensatz ist verschwunden, die Ost-West-Konfrontation entschärft und die staatliche Einheit Deutschlands hergestellt. Die SED als Institution gibt es nicht mehr. Das Dialogpapier ist ein Zeitdokument und Geschichte geworden. Aber trennende Mauern, im wörtlichen wie im allegorischen Sinn, sind weltweit noch immer real. Neue politische Gegensätze prägen das Bild unserer Zeit. Der Frieden bleibt akut durch soziale und globale Konflikte, herkömmliche und »neue« Kriege gefährdet. Die Beschäftigung mit den Ansprüchen, Ambivalenzen und Irrtümern des SPD-SED-Systemdialogs könnte daher eine hilfreiche Vergleichsfolie für auch heute nötige Verständigungsprozesse sein, in denen trotz konträrer Ausgangslage gemeinsam nach Lösungen zu suchen ist.

Das Buch ist nicht primär für Historiker geschrieben, sondern für alle, die dem auf die Spur kommen wollen, was in dieser fast schon vergessenen Zeit der Ost-West-Konfrontation Politiker und Intellektuelle, Menschen unterschiedlicher Herkunft und Weltanschauung antrieb und bewog, den Dialog durch die Mauer zu führen, um Abgrenzungen zu überwinden, Verständigungen und Annäherungen zwischen Ost und West zu bewirken und die ideologischen Gegensätze sachlich auszutragen.

Die nach dem Ende der DDR und der deutschen Vereinigung zunächst verdrängte und inzwischen wieder verstärkt geführte Diskussion um das künftige Verhältnis von SPD und PDS wäre ein interessantes Anschlussthema, das hier aber nicht gesondert behandelt werden kann und soll. Ohne Berücksichtigung der Erfahrungen aus dem Parteiendialog der achtziger Jahre wird man sich dem jedoch nur schwerlich nähern können.

Das Buch hätte ohne eine Forschungsförderung durch die Volkswagen-Stiftung nicht, zumindest nicht in dieser Form, geschrieben werden können. Die Bereitschaft der an diesem deutsch-deutschen Dialog beteiligten Akteure und der Zeitzeugen zu offenen und ausführlichen Interviews und Gesprächen war mir eine große Hilfe und hat wichtige neue Einsichten und Erkenntnisse über das damalige Geschehen vermittelt. Zu Dank verpflichtet bin ich auch den Verantwortlichen und Mitarbeitern der konsultierten Archive, die mich bei meinen Recherchen mit großer Sachkenntnis und Sorgfalt unterstützt haben. Nicht zuletzt danke ich Herrn Hepp vom Campus Verlag für seine aufmerksam-kritische Begleitung des Buches.

Berlin, März 2002
Rolf Reißig

1

Voraussetzungen, Beginn und Verlauf des SPD-SED-Dialogs

Von der Öffentlichkeit zunächst fast unbemerkt suchten Anfang der achtziger Jahre SPD und SED nach wechselseitigen Kontakten und Gesprächen. Was als vorsichtiges Herantasten begann – auf beiden Seiten gab es zunächst enorme Berührungsängste – entwickelte sich in verhältnismäßig kurzer Zeit zu einem breiten Geflecht von Beziehungen. Allein bis Anfang 1988 kam es zu 130 Begegnungen zwischen führenden SED- und SPD-Politikern. Das 1987 veröffentlichte gemeinsame »Ideologiepapier« kam einer kleinen Sensation gleich. Seit sieben Jahrzehnten hatte es dergleichen zwischen deutschen Sozialdemokraten und Kommunisten nicht mehr gegeben, standen sich doch beide Parteien seit der Spaltung der Arbeiterbewegung 1918/19 in erbitterter Auseinandersetzung gegenüber. Sollte, konnte das alles vergessen und nur noch »Schnee von gestern« sein? War der »Sozialdemokratismus« für die SED nicht mehr die gefährliche, mit allen Mitteln zu bekämpfende politische »Abweichung«? Und hatte die SPD ihren »Unvereinbarkeitsbeschluss« von 1971 zu den Akten gelegt, der Sozialdemokraten Kontakte zu Kommunisten verbot? Oder war alles nur ein taktisches Kalkül, um unter den neuen Gegebenheiten der zunehmenden Ost-West-Beziehungen, den jeweils anderen für die eigenen Zwecke einzuspannen?

Die verfeindeten Brüder

Schon früh gingen Sozialdemokraten und Kommunisten unterschiedliche Wege. In der Zeit des Ersten Weltkriegs, während der Novemberrevolution und in der unruhigen Anfangsphase der Weimarer Republik entwickelte sich zwischen ihnen eine regelrechte Feindschaft.[1] Waren die Kommunisten maßgeblich an den revolutionären Auseinandersetzungen in der jun-

gen Republik beteiligt, gingen die regierenden Sozialdemokraten aus Angst
vor einem »Sowjetdeutschland« mit äußerster Härte gegen die radikale Linke
vor. Zwar kam es in der Zeit der so genannten »Stabilisierung« der Weimarer Republik, 1924 bis 1929, zu einer gewissen Entspannung, in Ansätzen
sogar zu Formen der Zusammenarbeit, etwa beim Volksentscheid zur Fürstenenteignung, aber solche Annäherungen blieben Ausnahmeerscheinungen. Weltanschauliche und programmatische Gegensätze sowie unterschiedliches politisches Handeln dominierten sowohl die Zielsetzungen wie auch
die kurz- und langfristigen Strategien. Obgleich sich beide Parteien z.T. auf
dieselben humanistischen Traditionen wie »Freiheit«, »Gleichheit« und
»Brüderlichkeit« beriefen und sich auf das Wirken und die Ziele der Arbeiterbewegung bezogen, vertraten sie gegensätzliche politische Vorstellungen und waren in unterschiedliche Strukturen eingebunden. Mit der »Bolschewisierung«, Stalinisierung und ihrer Orientierung am Sozialismusmodell
der Sowjetunion entfernte sich die KPD von ihren humanistischen Wurzeln
und begab sich in eine wachsende Abhängigkeit von Moskau und der Zentrale der Kommunistischen Internationale (Komintern). Die Sozialdemokratie hingegen bekannte sich zur Weimarer Republik und zum Parlamentarismus. Der angestrebte Sozialismus sollte allein auf dem Boden dieser
Republik errichtet werden. Verhängnisvoll wurde die Gegnerschaft der beiden Arbeiterparteien, als die Weimarer Republik immer akuter von rechts
bedroht wurde. Die Auseinandersetzungen zwischen Kommunisten und
Sozialdemokraten entwickelten sich wieder so heftig wie in der Anfangsphase der Weimarer Republik. Die Kommunisten denunzierten jetzt die
Sozialdemokraten als »Sozialfaschisten«. Sie gingen davon aus, dass zwischen SPD und NSDAP keine prinzipiellen Unterschiede bestünden. Die
Sozialdemokraten reagierten darauf mit der Verweigerung jeder Zusammenarbeit zur Rettung der Republik. Besonders fatal wirkte sich diese Entwicklung von der Gegnerschaft zur Feindschaft auf dem Hintergrund des heranreifenden Hitlerfaschismus aus. Nach der Machtergreifung Hitlers 1933
wurden KPD und SPD verboten. Selbst als die Diktatur der Nazis in Deutschland immer brutalere Züge annahm, scheiterte, anders als in Frankreich und
Spanien, der Versuch, im Exil zu einer Einheitsfront bzw. zu einer Volksfront zu gelangen.

Erst als 1945 das ganze Ausmaß der nationalsozialistischen Diktatur
offenbar wurde und Sozialisten und Kommunisten in den Ländern West-
und Mitteleuropas zwischen 40 und 50 Prozent der Stimmen bekamen,

schien nicht nur eine soziale Neuordnung möglich, sondern auch eine Neubestimmung des Verhältnisses von Sozialdemokraten/Sozialisten und Kommunisten. Die Bereitschaft zur Zusammenarbeit war in beiden politischen Formationen in dieser Phase vorhanden. Die anfänglichen Gemeinsamkeiten gingen aber im Zuge der unterschiedlichen politischen Entwicklung in den westlichen Besatzungszonen und der sowjetischen Besatzungszone sowie angesichts des einsetzenden kalten Krieges zwischen Ost und West rasch wieder verloren.

Der in der sowjetischen Besatzungszone herbeigeführte Zusammenschluss von KPD und SPD zur SED vertiefte erneut die alten Gräben. Er war zugleich mit falschen Versprechungen und nicht zuletzt durch Einschüchterungen und Druck seitens der sowjetischen Besatzungsmacht herbeigeführt worden. Die SPD der drei westlichen Besatzungszonen sah sich dadurch in ihrem antikommunistischen Konzept bestätigt. Kurt Schumacher, ihr erster Vorsitzender, war fest davon überzeugt, dass mit den Kommunisten in Deutschland eine Zusammenarbeit nicht möglich sei, da diese als Handlanger Moskaus keine deutschen Interessen vertreten könnten.[2] Mitglieder, die sich nicht an diese Vorgabe hielten, wurden aus der Sozialdemokratischen Partei ausgeschlossen.[3]

In der DDR wurde im Zuge der Entwicklung der Sozialistischen Einheitspartei zu einer »Partei neuen Typus« nach sowjetischem Vorbild der Einfluss der Sozialdemokraten innerhalb der SED systematisch zurückgedrängt und zerschlagen. Diejenigen, die sich diesem »Kurswechsel« verweigerten oder gar widersetzten, wurden aus der SED ausgeschlossen, verfolgt, inhaftiert. Viele Sozialdemokraten, aber auch manche Kommunisten, mussten dies mit ihrem Leben bezahlen.

In der Folgezeit bestimmten ideologische Abgrenzung und politische Auseinandersetzung das gegenseitige Verhältnis von SED und SPD. Die SPD distanzierte sich eindeutig von der SED und dem DDR-Sozialismus. Die SED entwickelte gegenüber der SPD eine Doppelstrategie: Einerseits übte sie scharfe Kritik an der Politik der SPD, die »im Interesse des Imperialismus« läge, andererseits bot sie ihr Zusammenarbeit an, wo es nach Ansicht der SED »übereinstimmende« Positionen gab, in Fragen des Friedens, der Entspannung und der »Verteidigung der politischen und wirtschaftlichen Interessen« der Werktätigen. Zweckbündnisse zur Durchsetzung (außen-)politischer Vorstellungen gegen konservative Kräfte in der Bundesrepublik bei gleichzeitiger scharfer ideologischer Auseinandersetzung

mit dem »Konkurrenten« aus der Arbeiterbewegung, von dem man sich im
Interesse der eigenen Legitimation und Machtsicherung strikt abgrenzen
musste, kennzeichnen das damalige Verhältnis der SED zur SPD. Zu wei-
tergehenden Kontakten, Gesprächen, gar einer ernsthaften Zusammenarbeit kam es nicht. Das sollte sich erst 1966 ändern. Die SPD hatte erstmals
auf einen »Offenen Brief« der SED mit einer »Offenen Antwort« reagiert.
Abgesandte des SPD-Parteivorstandes trafen sich mit Vertretern des ZK
der SED. Nach 20 Jahren ideologischer Abgrenzung vereinbarten beide
Parteien 1966 einen Redneraustausch. Das Unterfangen zerschellte, die SED
sagte ab. Offiziell wurde dies mit dem so genannten »Handschellengesetz«
begründet, das SED-Funktionären, die nach damaliger Gesetzeslage in der
Bundesrepublik generell hätten verfolgt werden müssen, zwar »freies Ge-
leit« zusicherte, von DDR-Seite aber als Diskriminierung ihrer Redner
empfunden wurde. So etwas lasse man sich nicht bieten, hieß es in einer
Verlautbarung. Tatsächlich aber hatte man wohl Angst vor der eigenen Courage bekommen. Da es gleichzeitig Ende 1966 zur Bildung der großen Koalition von CDU und SPD in Bonn kam, wurden die Sozialdemokraten erneut vehement angegriffen.

1969 übernahm Willy Brandt die Regierung. In der Bundesrepublik
herrschte Aufbruchstimmung, die 68er Zeit war nahe. Brandt wollte »mehr
Demokratie wagen« und ein gutes Verhältnis zu allen Nachbarn. Die SPD
konzipierte ihre Ostpolitik und begann sie schrittweise umzusetzen. Ostpolitik, so betonte Willy Brandt, sei Friedenspolitik und müsse der Entspannung auf dem gesamten europäischen Kontinent dienen. Die Anerkennung
des Status quo sei dafür die Voraussetzung. Die der neuen Ostpolitik zugrunde liegende Philosophie hatte Egon Bahr symbolhaft mit der Formel
»Wandel durch Annäherung« zum Ausdruck gebracht. Damit hatte sich auch
die deutschlandpolitische Konzeption der SPD geändert. Reformierung und
Demokratisierung des Systems der DDR, aber nicht durch Konfrontation,
sondern als Folge von Verhandlungen, Gesprächen, Abkommen. Die »Einheit der Nation« und nicht mehr die »Wiedervereinigung« wurde nun zum
zentralen Begriff der Deutschlandpolitik. Die Ablösung Walter Ulbrichts
durch Erich Honecker Anfang 1971 änderte zunächst wenig an dem Verhältnis zwischen SED und SPD, wohl aber an dem Verhältnis der beiden
deutschen Staaten zueinander.[4] 1972 wurde der Grundlagenvertrag abgeschlossen. Sozialdemokraten und Einheitssozialisten anerkannten nun die
Notwendigkeit einer Zusammenarbeit auf staatlicher Ebene zur Friedenssi-

cherung. Doch beide Seiten dachten nicht daran, diese Zusammenarbeit auch auf die Ebene der Parteien zu transponieren. Dort herrschte weiterhin scharfe Abgrenzung. Der Parteivorstand der SPD fasste im Jahre 1971 eigens einen Beschluss »Zum Verhältnis von Sozialdemokratie und Kommunismus«[5]. Darin hieß es, die Kommunisten hätten überall, wo sie zur Macht gekommen seien, die Diktatur ihrer Partei errichtet, jedwede Opposition unterdrückt und die demokratischen Freiheitsrechte der Bürger beseitigt. Doch trotz der scharfen Kritik wurde eine Demokratisierung innerhalb des Kommunismus prinzipiell für möglich gehalten. Freilich sei davon bislang nichts zu spüren. Die sozialdemokratischen Parteiorganisationen wurden daher aufgefordert, jegliche Zusammenarbeit mit den Kommunisten zu unterlassen.

Auch die SED blieb im Prinzip bei ihrem Verdikt gegenüber dem »Sozialdemokratismus«*. Die »rechten sozialdemokratischen Führer« wurden weiter gebrandmarkt, was eine staatliche Zusammenarbeit nicht ausschloss. Gegenüber den »fortschrittlichen« Kräften der SPD strebte man jedoch nach wie vor eine Politik der Aktionseinheit an. Die innere Differenzierung der SED-Positionen betreffend muss gleichzeitig bedacht werden, dass es in der Geschichte der kommunistischen Bewegung und der SED fortwährend auch linkssozialistische, sozialdemokratische Ideen, Traditionen, Positionen gab, die im Widerspruch zum stalinistischen bzw. poststalinistischen Kurs der Führungskräfte standen[6], auch wenn sie in dieser Phase keinen direkten Einfluss auf die offizielle SED-Politik hatten. Doch bildete sich in der SED schon in den siebziger Jahren allmählich eine veränderte Sicht auf die Sozialdemokratie heraus. Sie musste erkennen, dass ihre in den sechziger Jahren verfolgte maßgebliche Linie – konspiratives Hineinwirken in die SPD, Kontakte allein zu den »linken«, »aufgeschlossenen« Mitgliedern

---

*   Der Begriff »Sozialdemokratismus« geht auf Lenin zurück. Die Kritik der SED am »Sozialdemokratismus« diente nach außen der Abwehr von tatsächlichen oder vermeintlichen politischen und ideologischen Angriffen auf das eigene Herrschaftssystem, zur Verhinderung von Reformerwartungen in der Bevölkerung und zur Stabilisierung der Parteiherrschaft. Parteiintern wurde der »Sozialdemokratismus«-Vorwurf vor allem als Mittel zur Disziplinierung der Partei durch die Drohgebärden von sozialdemokratischen/opportunistischen/reformistischen »Abweichungen«, »Fraktionsbildungen«, ideologischen »Zersetzungen« eingesetzt. Die SED verband mit dem Begriff zu verschiedenen Zeiten jeweils unterschiedliche konkrete Inhalte und Ziele (vgl. Spanger 1982).

zum Zwecke einer gemeinsamen Aktionseinheit gegen die »rechte Führung«
und das gesamte »reaktionäre Lager« der Bundesrepublik – keine Erfolge
zeitigte. Sie begann zu begreifen, dass man gleichberechtigte Kontaktauf-
nahme und Beziehungen zur Sozialdemokratie anstreben müsse, um etwas
bewegen zu können. In der SED-Führung gab es über die daraus abzuleitenden Schlussfolgerungen vielfältige Auseinandersetzungen. Vorerst aber
stellten beide Parteien, SED und SPD, weiterhin die ideologischen und politischen Gegensätze in den Vordergrund.

Erst mit Beginn der achtziger Jahre und dann besonders im Zusammenhang mit dem SPD-SED-Papier änderte sich das.[7] In beiden Parteien setzte
sich eine neue Haltung durch. Warum? Wo liegen die Ursachen, wo die
Motive für diese plötzliche Dialogbereitschaft?

Die Wandlungen zu Beginn der achtziger Jahre

Der beginnende Dialog zwischen SPD und SED Anfang der achtziger Jahre
wird nur verständlich, wenn man die zeitlichen Umstände, die sicherheitspolitischen Interessen und das damals einsetzende »Neue Denken« im Osten
berücksichtigt.

Ende der siebziger Jahre geriet die Ost-West-Entspannung in die Krise.
Das Wettrüsten zwischen beiden Supermächten nahm eine neue Dimension an. Die Sowjetunion marschierte im Dezember 1979 in Afghanistan ein.
Die USA, die Bundesrepublik und andere westliche Staaten boykottierten
daraufhin die Olympischen Spiele in Moskau. Die Verhandlungen zwischen
den USA und der Sowjetunion über die Mittelstreckenraketen scheiterten.
Die Sowjetunion war nicht bereit, auf ihre neuen Raketen vom Typ »SS
20« zu verzichten. Dies führte zum Nachrüstungsbeschluss der NATO und
1983 zur Aufstellung der Pershing II und der Cruises-Missiles-Raketen in
der Bundesrepublik Deutschland und entsprechender Raketen der Sowjetunion in der DDR und in der Tschechoslowakei. Die Sicherheitslage war
deutlich destabilisiert, die Gefahr einer »neuen Eiszeit« im Ost-West-Verhältnis heraufbeschworen. Auch die beiden deutschen Staaten blieben von
den sich verschlechternden Beziehungen der Weltmächte nicht unberührt.
Ihre besondere Verletzlichkeit an der Nahtstelle zwischen den militärischen
Blöcken mit der Gefahr der Zerstörung im Falle eines atomaren Konflikts
war nicht zu übersehen.

Motiviert durch dieses Gefahrenpotenzial vollzog sich in West und Ost ein paralleles Suchen nach Wegen zum Abbau der militärischen Spannungen und des Übergangs zu einer neuen Phase der politischen Entspannung. Die SPD rang um eine inhaltliche Neubestimmung ihrer Sicherheits- und deutschlandpolitischen Konzeption und sprach von der Notwendigkeit einer »zweiten Phase der Ostpolitik«, die zu erweiterten Beziehungen und Annäherungen zwischen Ost und West im Interesse der Friedenssicherung führen sollte. Dies war auch der Erkenntnis geschuldet, dass es der bisherigen Entspannungspolitik nicht gelungen war, Abrüstungsinitiativen zu entwickeln und zu realisieren. Das in der »Palme-Kommission«* vor allem von Egon Bahr entwickelte »Modell der gemeinsamen Sicherheit« bildete hierfür die Grundlage[8]: Einer neuen Logik folgend sollte Sicherheit nicht mehr durch eine stetig forcierte Aufrüstung, durch Abschreckung und militärische Überlegenheit, sondern durch partnerschaftliche Bemühungen erreicht werden. Der Friede sei im Nuklearzeitalter – so die Leitidee – nicht mehr gegeneinander zu erstreiten, sondern nur noch miteinander zu vereinbaren. Der potenzielle Gegner sollte zum Partner der Friedenssicherung werden. Die Ost-West-Systemgegensätze wurden dadurch nicht geleugnet. Im Gegenteil, damit sollten die Voraussetzungen geschaffen werden, dass ihre Austragung nicht mehr auf den militärischen Bereich reduziert wird, sondern gerade den nicht-militärischen erfasst. Dieses neue Konzept der »Sicherheitspartnerschaft« bestimmte auch den deutschlandpolitischen Ansatz der SPD in den achtziger Jahren: »Der europäische Frieden ist wichtiger als die deutsche Einheit«, schrieb Egon Bahr dann 1988.[9] Dabei wurde das Bekenntnis zur Einheit der Nation auch weiterhin nicht in Frage gestellt. Versuche aber, die Vereinigung angesichts der Einbindung beider deutscher Staaten in antagonistische Bündnissysteme direkt anzustreben, wurden als kontraproduktiv abgelehnt. Die deutsche Frage könne nur über die Errichtung einer europäischen Friedensordnung gelöst werden.

Diese friedens- und sicherheitspolitische Suche nach Gemeinsamkeiten mit der DDR stand auch am Beginn der Neubestimmung des Verhältnisses

---

* In der von Olof Palme (sozialdemokratischer Politiker, 1969-1976 und 1982-1986 Ministerpräsident Schwedens) geleiteten »Unabhängigen Kommission für Abrüstung und Sicherheit« waren maßgebliche internationale Sachverständige, prominente Vertreter der Sozialistischen Internationale, aber auch bekannte sowjetrussische Politologen vertreten. Ende 1981 diskutierte man lebhaft die Thesen Egon Bahrs über »gemeinsame Sicherheit«.

der SPD zur SED.[10] Wenn der Frieden nur noch gemeinsam mit der anderen Seite zu vereinbaren ist, konnte man – so die neue Position der SPD – um die Staatspartei der DDR, die SED, keinen Bogen machen. Es galt, neue Verhandlungs- und Dialogformen im Verhältnis zwischen West und Ost zu finden und zu erproben. Die Bereitschaft der SPD zum Dialog mit der SED ergab sich nach ihrem Machtverlust in Bonn 1982 anfänglich auch aus der Sorge, die neue CDU/CSU-FDP-Regierung könne die Ostpolitik der sozialliberalen Koalition nicht oder zumindest nicht mit derselben Konsequenz fortsetzen. Zugleich wollte die SPD auch als Opposition auf einem zentralen Politikfeld handlungsfähig bleiben und sich auf einem Gebiet weiter profilieren, auf dem sie auch international bislang viel Anerkennung erworben hatte. Zudem nötigte die gefährliche Zuspitzung der internationalen Lage geradezu zu neuem Denken und Handeln.

Einen noch spezielleren Hintergrund hatten die bald in den Blick genommenen ideologischen Grundsatzdebatten der SPD-Grundwertekommission. Vor allem wenn man Ideologiegespräche für notwendig hielt, waren Parteikontakte erforderlich, denn Vereinbarungen über einen »Kodex des Systemwettstreits« oder über eine neue »Kultur des Streits« zwischen Ost und West konnten nicht durch Regierungen ausgehandelt werden. Nicht einmal Parteiführungen waren dafür geeignet, eher schon wissenschaftliche Institute und Experten der Parteien. Wie auch immer – ein Parteiendialog schien trotz der Belastungen der Geschichte inzwischen unumgänglich. Willy Brandt resümierte 1988: »Während unser Urteil über die historischen Konflikte zwischen Sozialdemokraten und Kommunisten weithin abgeklärt ist, betrachten wir die Entwicklungen (in den kommunistisch regierten Staaten, R.R.) (...) in einer offenen Geisteshaltung, neugierig und gespannt. Selbstverständlich kann die Sozialdemokratie von den einmal gewonnenen und in vielen Gedächtnissen gespeicherten Erfahrungen aus den vergangenen Jahren nicht völlig absehen. Aber wir werden nicht Gefangene gelernter und eingeschliffener Verhaltensmuster und Denkschemata sein, wenn die Welt vor unseren Augen sich wandelt und die alte Betrachtungsweise sich überlebt. Nichts wäre erfreulicher, als wenn auch (...) (zwischen SPD und SED, R.R.) nicht alle alten Schlachten immer neu geschlagen werden müssten.«[11]

Was aber bewog die SED in dieser Situation, den Kontakt zum alten »Hauptfeind« zu suchen und bald auch zu intensivieren? Welche Interessen lagen ihrer Dialogpolitik zugrunde? Die DDR-Führung sah mit Besorgnis auf die zunehmende Konfrontation der beiden Supermächte, auch weil sich damit der ohnehin kleine Spielraum der DDR wieder einengen und ihr inzwischen erhöhter internationaler Status bedroht würde. Vor allem die Stationierung neuer atomarer Kurz- und Mittelstreckenraketen auf deutschem Boden verstärkte bei Honecker und der SED-Spitze die Bemühungen, im deutsch-deutschen Verhältnis einen Rückfall in die Zeit des kalten Krieges zu verhindern und »den Schaden möglichst zu begrenzen«[12]. Auch in der SED suchte man nach einer Neufassung des sicherheits- und deutschlandpolitischen Ansatzes, der den Erfordernissen des »Nuklearzeitalters« Rechnung tragen sollte. Ähnlich wie die SPD ging man davon aus, dass das wechselseitige Wettrüsten nicht mehr, sondern immer weniger Sicherheit für Ost und West bringen würde. In einem Schreiben an Bundeskanzler Kohl verwies Honecker darauf, »dass sich alle, die das Abgleiten der Menschheit in eine nukleare Katastrophe verhindern wollen, zu einer Koalition der Vernunft zusammentun sollten, um beruhigend auf die internationale Lage einzuwirken«.[13] Mit nicht erwartetem Selbstbewusstsein versuchte die DDR- und SED-Führung mittels des deutsch-deutschen Dialogs den Entspannungsprozess fortzusetzen. Nicht zuletzt wollte Honecker die Zusammenarbeit mit der Bundesrepublik in den Bereichen Wirtschaft und Handel ausbauen, die für die DDR inzwischen unentbehrlich geworden war. Die DDR zeigte damit die Bereitschaft, unter bestimmten Umständen ihren eigenen Interessen gegenüber denen der Sowjetunion den Vorrang einzuräumen. Damit ging Honecker vorsichtig auf Distanz zur Hegemonialmacht in Moskau und deren Konfrontationskurs. Kritik aus Moskau und interne Auseinandersetzungen waren die unvermeidliche Folge. Vor allem nachdem Honecker 1983 nacheinander den SPD-Fraktionsvorsitzenden Hans-Jochen Vogel, den CSU-Vorsitzenden Franz-Josef Strauß, den SPD-Abrüstungsexperten Egon Bahr und Altbundeskanzler Helmut Schmidt empfangen hatte und die DDR 1984 den zweiten durch die Bundesregierung abgesicherten Milliardenkredit erhielt, witterte Moskau Verrat und glaubte nicht länger nur zusehen zu dürfen. KPdSU-Chef Tschernenko rügte Honecker und Mitglieder des SED-Politbüros scharf.[14] Sicherlich wirkte hier auch die »Moskauer Fraktion« im SED-Politbüro um Werner Krolikowski, Erich Mielke, Alfred Neumann und Willi Stoph mit, die seit längerem die Annäherungsversuche, das »deutsch-deutsche Techtelmechtel«, mit Argwohn verfolgte.[15]

Honecker erkannte die Gefahren, die von sowjetischen und amerikanischen atomaren Militärstrategien für die beiden deutschen Staaten ausgingen. Ihm war zugleich klar, dass, um die Existenz der DDR zu sichern, langfristig gute Kontakte zum Westen und besonders zur Bundesrepublik hilfreich sein würden, auch weil er damals schon einkalkulierte, dass Moskau u. U. auf die DDR verzichten könnte.[16] Umso bedeutsamer wurde für ihn der Dialog mit der Bundesrepublik und auch mit der SPD. Die Prioritäten ihrer Westpolitik waren für die DDR Anfang der achtziger Jahre ziemlich klar: den Ost-West-Dialog offen halten, die bilateralen Beziehungen »auf der Grundlage der Gleichberechtigung und der friedlichen Koexistenz« weiter entwickeln und die eigene »Imagepflege« verstärken. Dabei konnte sie geschickt den Umstand nutzen, dass im Westen das Meinungsklima gegenüber der DDR aufgeschlossener geworden war als jemals zuvor.[17]

Im Mittelpunkt der SED-Westpolitik standen die deutsch-deutschen Beziehungen, die SPD wurde als besonders »koalitionsfähig« angesehen. Die sicherheitspolitischen Ansätze stimmten inzwischen weitgehend überein. Die von der SED entwickelte Idee einer »Verantwortungsgemeinschaft«, einer »Koalition der Vernunft«, war eine Transformation der von der SPD konzipierten Idee der »gemeinsamen Sicherheit«. Schon bald wurden die Begriffe »Verantwortungsgemeinschaft« und »gemeinsame Sicherheit« als Synonyme verwandt.

Das neue Denken in außen- und sicherheitspolitischen Fragen hatte in der SED vor allem unter ihren Gesellschaftswissenschaftlern Fuß gefasst, was auch im Westen aufmerksam registriert wurde.[18] Frieden erlangte höchste Priorität. Die Klassenkampfkomponente im Konzept der friedlichen Koexistenz wurde hingegen relativiert. Sozialwissenschaftler entwickelten Thesen zu Varianten des Kapitalismus (»Rüstungskapitalismus« und nicht-militärische Entwicklungsformen), zur zunehmenden Differenzierung im Lager der Monopolbourgeoisie (Militär-Industriekomplex und nicht-aggressive Fraktionen des Kapitals), zum Unterschied zwischen Anti- und Nicht-kommunismus, zur militärischen und zur Friedensideologie. Auch die Sicht auf die Sozialdemokratie unterlag zu Beginn der achtziger Jahre einem bestimmten Wandlungsprozess. Die Rede war nicht mehr von der Sozialdemokratie als einer Hauptstütze des Imperialismus, sondern von der Sozialdemokratie als einem Teil der reformistischen Arbeiterbewegung, die mit ihren Vorstellungen und Zielen zwar dem Kapitalismus verhaftet sei, aber durchaus einen positiven Beitrag für größere soziale Gerechtigkeit und mehr Demokratie leisten könne. Vor allem jedoch sei sie ein wichtiger Faktor im Kampf um die Erhaltung des Friedens. Insbesondere diese letzte These diente der Führung der SED als Grundlage für die Neubestimmung ihres Verhältnisses zur Sozialdemokratie. Sozialdemokraten galten fortan als »Teil« und Partner der anzustrebenden »Koalition der Vernunft«. Sie würden »zwar niemals Freunde des Sozialismus werden, (seien) aber an keinerlei militärischer Konfrontation und Hochrüstung interessiert«[19].

Die SED begann, auf die früher übliche Differenzierung der SPD in eine rechte, antikommunistische, prokapitalistische Führung und eine soziale und reformbereite Basis zu verzichten. Sozialdemokraten galten von nun an in einer neutraleren Formulierung als »Nichtkommunisten«. Nicht gegen sie, sondern gegen die »aggressivsten Kreise des Monopolkapitalismus« sei der Kampf zu richten. Zwar wurden ideologische und programmatische Gegensätze zur Sozialdemokratie weiterhin klar benannt, sie sollten fortan aber kein Hinderungsgrund mehr für eine gemeinsame Politik der Friedenssicherung sein. Die historischen Belastungen sollten – so forderten es Parteiwissenschaftler – nicht länger gegenwärtige und zukünftige Zusammenarbeit ausschließen. Natürlich sah die SED in dem Dialog mit der SPD auch ein Mittel, um Einfluss auf die innerparteiliche Entwicklung in der SPD und insbesondere auf die politische Entwicklung in der Bundesrepublik zu gewinnen. Die SPD mit ihrem beachtlichen politischen Einfluss und ihrem großen Wählerpotential war aus dieser Sicht ein »attraktiver« Partner.

Die Westpolitik im Allgemeinen und die gegenüber der Bundesrepublik im Besonderen hatte für die SED stets auch eine innenpolitische Funktion. Die Dialogbereitschaft der SED lag auch darin begründet, dass sie das ihr innewohnende Legitimationspotential zur eigenen Machtsicherung zu nutzen beabsichtigte, was wegen des bisher propagierten Freund-Feind-Verhältnisses nicht einfach war. Der Dialog zwischen SED und SPD kam für die meisten Menschen in Ost und West überraschend. Beide Seiten sahen im beginnenden Parteiendialog Chancen und Risiken. Sie hatten alles andere als ein fertiges strategisches Konzept für diesen ungewöhnlichen Dialog; besonders nicht für die bald folgenden Ideologiedebatten. Das gilt vor allem für die SED, die sich hier auf ein für sie ganz ungewöhnliches Feld begab. So begann der Dialog für beide als ein Experiment, dessen Ausgang 1982 offen war. Dass die SED dabei die größeren Risiken einging, war ihr damals nicht klar. Sie wiegte sich noch in Sicherheit, was nicht zuletzt durch den eingegangenen Dialog mit der SPD zunächst bestärkt wurde.

Willy Brandts Initiative

Auf der Basis der neu entdeckten Gemeinsamkeiten entwickelten sich seit Anfang der achtziger Jahre überaus vielfältige Kontakte und Gespräche zwischen SPD und SED. Von wem aber ging die Initiative konkret aus? In der DDR gab es darauf eine klare Antwort: von der SED und von Erich Honecker persönlich. Als Beleg diente die internationale Karl-Marx-Konferenz vom April 1983. Anlässlich des 100. Todestages von Karl Marx hatte die SED über hundert kommunistische, nationalrevolutionäre, sozialistische und auch sozialdemokratische Parteien zu einer Konferenz nach Berlin geladen. An ihr nahmen unter anderem 18 Delegationen sozialdemokratischer bzw. sozialistischer Parteien teil, darunter erstmals Vertreter der SPD. Die Sozialdemokraten zogen es allerdings vor, keine »offiziellen« Parteivertreter zu entsenden, sondern Repräsentanten mit «Beobachterstatus«, den Abteilungsleiter in der Friedrich-Ebert-Stiftung, Wilhelm Bruns, und den wissenschaftlichen Leiter des Karl-Marx-Hauses in Trier, Hans Pelger. Die SED habe – so war es überall und immer wieder in der DDR zu lesen und zu hören – frühzeitig und unter komplizierten Bedingungen auf eine »Koalition der Vernunft« und eine »Politik des ergebnisorientierten Dialogs« gesetzt. Sie sei der eigentliche Initiator des Ost-West-Parteiendialogs und insbesondere des Dialogs mit der SPD. Das wird bis heute selbst von Insidern des ehemaligen SED-Führungs- bzw. Machtapparates so gesehen.[20] Auch die für die Kontakte zur SPD zuständigen Mitarbeiter im ZK-Apparat der SED vertreten, ebenso wie aus der DDR stammende Historiker und Sozialwissenschaftler, unverändert die Version vom Dialoganstoß´ durch die SED: »In den achtziger Jahren ist diese Initiative von der SED ausgegangen. Denn wir wollten ja etwas von der SPD.« »Ausgangspunkt war die Marx-Konferenz der SED.« Von einer Initiative Willy Brandts zur Aufnahme von Parteikontakten zur SED wissen nicht einmal die damals für die »Westarbeit« zuständigen Spitzenpolitiker. Offensichtlich hat Honecker dies nie besonders hervorgehoben. Das Image, dass eine solche Initiative, wenn, dann nur von ihm ausgehen konnte, sollte gewahrt bleiben.

Keine Frage – die SED und namentlich Honecker hatten ihren Anteil daran, dass in der Zeit der Konfrontation zwischen den beiden Supermächten der Ost-West-Dialog fortgeführt und die Gespräche zwischen SED und SPD aufgenommen wurden. Und als die erste Hürde überwunden war, versuchte die SED, die »Regie« tatsächlich zu übernehmen. Die unmittelbare

Initiative für die Aufnahme von »Parteigesprächen« zwischen SED und SPD ging jedoch von der SPD, von Willy Brandt aus. Da Brandt seinen Vorschlag zunächst nicht mit dem gesamten SPD-Präsidium abgestimmt hatte, blieb selbst der damaligen SPD-Spitze das genaue Procedere unbekannt. Willy Brandt hatte, wie mir Günter Gaus berichtete[21], nach dem Verlust der Regierungsmacht und dem Ende der sozial-liberalen Koalition im Herbst 1982 einen vertraulichen Brief an Erich Honecker geschrieben und vorgeschlagen, zusätzlich zu den offiziellen Regierungskontakten zwischen Bonn und Berlin flankierende Parteigespräche aufzunehmen. Damit wollte er – wie Günter Gaus, der den Entwurf des Briefes für Brandt anfertigte, betont – keine »Nebenaußenpolitik« installieren. Willy Brandt wollte verhindern, dass die von ihm eingeleitete Entspannungspolitik auch nach der Übernahme der Regierungsverantwortung durch Helmut Kohl ins Stocken geriete. Gleichzeitig sollte in diesen Gesprächen beraten werden, wie die deutsch-deutschen Beziehungen konkret zu verbessern seien.

Im Auftrag von Willy Brandt traf sich Günter Gaus am 12. November 1982 zu einem Vier-Augen-Gespräch mit SED-Generalsekretär Honecker in dessen Büro im ZK-Gebäude. Er erläuterte Honecker nochmals das Anliegen des Brandt-Briefes: Die wachsenden Spannungen in Europa und insbesondere die Drohung der Raketenstationierung machten es erforderlich, die staatlichen Beziehungen fortzusetzen, aber auch wünschenswert, Gespräche auf Parteiebene aufzunehmen. Oberstes Ziel sei es, an der Entspannungspolitik festzuhalten. Darin waren sich beide einig. Wie sich Günter Gaus erinnerte, klingelte inmitten des Gesprächs das Telefon; Honecker wurde vom sowjetischen Botschafter mitgeteilt, dass in Moskau Andropow als Nachfolger des verstorbenen Breschnew für den Posten des KPdSU-Generalsekretärs vorgesehen sei. Mit Genugtuung wollte Honecker seinem westlichen Gast demonstrieren, wie schnell er über Veränderungen in Moskau informiert werde. Am Ende der Unterredung teilte Erich Honecker Günter Gaus mit, dass für die Seite der SED Otto Reinhold, Rektor der Akademie für Gesellschaftswissenschaften beim ZK der SED, der Verantwortliche für die Organisierung dieser Parteikontakte sei. Reinhold selbst war schon am 7. November 1982, beim Empfang in der sowjetischen Botschaft anlässlich des Jahrestages der Oktoberrevolution, von Honecker persönlich mitgeteilt worden, dass er für die SED über Kontakte zum SPD-Parteivorstand verhandeln solle. Was Günter Gaus nicht wusste, ist, dass das Sekretariat des ZK der SED schon am 27. Oktober 1982 die Beschlussvorlage »Parteibeziehungen zur SPD« für das SED-Politbüro vorbereitet hatte[22], die das Politbüro der SED in seiner Sitzung vom 2. November 1982 bestätigte, also schon 10 Tage vor dem Zusammentreffen von Gaus mit Honecker. Ganz offensichtlich war also der Brief von Willy Brandt an Erich Honecker bereits vor dem Vier-Augen-Gespräch von Gaus mit Honecker in das Büro des SED-Chefs gelangt. Wie und durch wen, ließ sich bislang nicht klären. Auch für Günter Gaus bleibt es ein Rätsel, war er doch davon überzeugt, als erster diesen Brandt-Brief Honecker übergeben zu haben. An der Sachlage ändert diese Unklarheit nichts, denn die Politbürovorlage für die Sitzung am 2. November 1982 lautete:

»Parteibeziehungen zur SPD

1. Dem Ersuchen des Vorsitzenden des Parteivorstandes der SPD, Willy Brandt, Parteibeziehungen zwischen der SPD und der SED herzustellen, wird entsprochen.
2. Für die Verbindungsaufnahme zum Parteivorstand der SPD wird das Mitglied des ZK der SED, der Rektor der Akademie für Gesellschaftswissenschaften beim ZK der SED, Genosse Reinhold bestätigt.«[23]

Was sich in den SED-Akten schon wie ein ultimativer Tatbestand liest, ist zunächst nicht mehr als ein vorsichtiges Herantasten. Am 16. November 1982 informierte Honecker das Politbüro über sein Gespräch mit Günter Gaus.[24] Gaus selbst hatte Brandt, nicht aber dem SPD-Präsidium, einen zweiseitigen Bericht über den Inhalt seines Treffens mit Honecker überreicht. Zwar war die Initiative von Brandt ausgegangen, aber seine Einstellung zur DDR und SED blieb, wie sich Freunde und Parteikollegen erinnern, erst einmal sehr distanziert und kritisch. Möglicherweise war dies auch ein Grund dafür, dass sich viele im früheren SED-Führungsapparat nicht vorstellen konnten, dass gerade von Brandt der erste Schritt ausgegangen sein sollte.

Von den ersten Kontakten zum breiten Beziehungsgeflecht

Am 20. Dezember 1982 trafen sich Günter Gaus und Otto Reinhold zum ersten Mal im »Palasthotel« in Ost-Berlin. Am 17. Januar 1983 sprach Gaus in Bonn nacheinander mit Brandt, Vogel und Bahr. Die sich anbahnenden

Parteikontakte zur SED wurden dabei nur eher beiläufig behandelt. Am 27. Januar fand bereits das nächste Treffen mit Otto Reinhold statt. Dieses Mal in Hamburg und unter Beteiligung von Egon Bahr. Im Juli 1983 trafen sich Gaus und Reinhold mehrmals, um über die sich anbahnenden Parteikontakte zu sprechen. Am 27. September 1983 wurde Gaus erneut von Honekker empfangen. Gaus erinnert sich, dass es dabei immer um Sicherheitsfragen, um Probleme im Zusammenhang mit der Raketenstationierung, um Fragen der Abrüstung ging. Ideologiegespräche zwischen SED und SPD standen bis dahin noch nicht zur Diskussion. Von diesen speziellen Gesprächen, die im Frühjahr 1984 einsetzten, war auch Gaus überrascht.

Zweifellos rückte die erstmalige Teilnahme der SPD an einer Konferenz der SED im April 1983 das Problem der »Parteikontakte« zwischen den beiden bislang so verfeindeten Brüdern ins Rampenlicht der Öffentlichkeit. Die Rede des Sozialdemokraten Wilhelm Bruns wurde aufmerksam registriert, innerhalb und außerhalb der Tagung. Wilhelm Bruns schrieb kurze Zeit danach in einem Brief an Otto Reinhold, dass er »immer noch unter dem Eindruck der großen internationalen Marx-Konferenz stehe« und sich »für die überaus freundliche Behandlung und korrekte Abwicklung (in- und außerhalb des Plenarsaals) des Konferenzgeschehens bedanken« möchte. Er hoffe, den »Gedankenaustausch fortsetzen zu können«.[25] Auch für Willy Brandt war die Konferenz von besonderer Bedeutung. Er bedankte sich in einem Schreiben vom 24. Mai 1983 bei Honecker »für die ebenso korrekte wie überlegte Art«, in der die beiden SPD-Teilnehmer »auf dem Kongress behandelt wurden«. Und: »Die Ausführungen, die dabei gemacht wurden – und damit meine ich auch Ihre Überlegungen zur Sicherheitsfrage und zur Verantwortung der beiden deutschen Staaten – bleiben wichtig. Hans-Jochen Vogel wird in der Lage sein, mit Ihnen auch über die weitere Entwicklung des Meinungsaustausches zu sprechen, der gerade in den kommenden Monaten für unsere Staaten wertvoll sein kann, auch wenn die SPD in der Opposition ist.«[26]

Der Bann war gebrochen. Die Anfänge einer auf Kontinuität setzenden Serie von Kontakten waren gemacht. Natürlich bildeten deutsch-deutsche Kontakte und Gespräche in den achtziger Jahren keine Ausnahme, sie waren eher schon die Regel. Auch der 1982 erfolgte Wechsel von der SPD- zur CDU/CSU-geführten Bundesregierung tat der Deutschlandpolitik der »kleinen Schritte« keinen Abbruch. Aber von den bislang üblichen Kontakten setzten sich jene, die nach dem Bonner Machtwechsel zwischen SPD und

SED entstanden, deutlich ab. Das betraf nicht nur ihre Häufigkeit und Vielfalt, sondern vielmehr noch ihre Formen, ihren Inhalt und ihre Ergebnisse: Nicht die Regierungsverantwortlichen, sondern die entgegengesetzten Parteien in Ost und West waren plötzlich die unmittelbaren Partner von Gesprächen und Verhandlungen. Und Gegenstand der Gespräche waren nicht mehr »nur« die politischen Alltagsprobleme, sondern die Ost-West-Sicherheitsfragen und bald auch die ideologischen Grundlagen der beiden entgegengesetzten Systeme. Der Öffentlichkeit wurden gemeinsame Initiativen und Erklärungen unterbreitet. Was begann, war ein »Dialog durch die Mauer«.

Auch Gespräche zwischen Sozialdemokraten und SED-Politikern hatte es schon vordem gegeben. Herbert Wehner baute bereits in den siebziger Jahren einen persönlichen Kanal zu Erich Honecker auf. Beide kannten sich aus der politischen Arbeit an der Saar vor und zu Beginn der Nazizeit. Auch Egon Bahr hatte bereits solche Gesprächskontakte zur SED-Führung. Und Oskar Lafontaine wurde anlässlich eines Vortrags vor dem Institut für Internationale Politik und Wirtschaft (IPW) schon im März 1982 vom SED-Generalsekretär Honecker empfangen. Andererseits nahm Herbert Häber als Leiter der Westabteilung im ZK der SED in den siebziger Jahren im Auftrag Honeckers Kontakte zu sozialdemokratischen Politikern der Bundestagsfraktion und des Parteivorstandes auf. Parteibeziehungen zwischen SPD und SED herzustellen, war bis 1982 gelegentlich schon erwogen, aber nicht realisiert worden.[27] Das, was man (zunächst etwas übertrieben) »Parteikontakte« oder sogar »Parteibeziehungen« nennen konnte, beginnt erst Ende 1982 mit dem Brief Willy Brandts und mit dem Beschluss des SED-Politbüros vom Oktober 1982. Mit dem Besuch des gerade gewählten Fraktionsvorsitzenden der SPD im Bundestag, Hans-Jochen Vogel, am 28. Mai 1983 bei Honecker wurde diese neue Phase formell eingeleitet. Regelmäßige Kontakte zwischen der SPD- und SED-Spitze wurden jetzt offiziell vereinbart. Egon Bahr führte Mitte Juni 1983 in Moskau und Ende August in Ost-Berlin u. a. mit Erich Honecker und Hermann Axen Gespräche und sondierte dabei das Terrain für Verhandlungen über kollektive Sicherheitsmaßnahmen. Nicht die Marx-Konferenz – so Egon Bahr rückblickend[28] – habe ihn interessiert, sondern Schritte zu konkreten Vereinbarungen im Sinne des neuen Leitmotivs »gemeinsamer Sicherheit«. Die Herstellung solcher Parteikontakte war in der engeren Führung der SPD nicht strittig.[29] Besonders Egon Bahr, Karsten Voigt und Horst Ehmke engagierten sich hier. Erhard Eppler hatte seit langem enge Kontakte zu den evangelischen Kirchen der

DDR. Widerspruch kam hingegen aus der sozialdemokratischen Bundestagsfraktion, etwa von Annemarie Renger und Hans Büchler, dem damaligen Verantwortlichen für die Deutschlandpolitik. Doch auch in der Fraktion billigte die Mehrheit die Aufnahme der Kontakte zur SED. Seit 1983 traf sich dann der SPD-Fraktionsvorsitzende Hans-Jochen Vogel bis 1989 jährlich mit SED-Generalsekretär Honecker in dessen Gästehaus in der Schorfheide. Im Frühjahr 1984 vereinbarten Hans-Jochen Vogel, der von Hans-Jürgen Wischnewski, Egon Bahr, Karsten Voigt und Dieter Schröder begleitet wurde, und Erich Honecker das erste gemeinsame sicherheitspolitische Projekt zur Schaffung einer chemiewaffenfreien Zone in Europa. Im Sommer 1984 nahm die gemeinsame Arbeitsgruppe von SPD und SED, geleitet von Karsten Voigt (später Egon Bahr) und Hermann Axen, ihre Beratungen auf. Bereits vorher hatten sich im Februar 1984 erstmals die Grundwertekommission der SPD und die Akademie für Gesellschaftswissenschaften beim ZK der SED zu ideologisch-politischen Grundsatzgesprächen getroffen.

Über die Treffen der »Führungsebenen«, der »Sicherheits-« und der »Ideologie-Experten« von SPD und SED hinaus, verbreiterten sich allmählich die Beziehungen zwischen beiden Parteien. Sie erfassten mittlere und schließlich auch untere Parteigliederungen, die Fraktionen, die Kommissionen der Parteien, ihre Zeitschriften, Frauen- und Jugendverbände. Es entstand ein Geflecht von Kontakten, Gesprächen, Treffen, gemeinsamen Arbeitsgruppen, das Jahr für Jahr dichter wurde. Honecker kommentierte dies in einem der Gespräche mit Hans-Jochen Vogel mit der halb launigen, halb ernsten Bemerkung, man müsse wohl bald eine Zentralstelle einrichten, um all diese Kontakte zu registrieren. Diese Äußerung Honeckers spiegelte die zunehmende Intensität der Beziehungen zwischen beiden Parteien wider. Auf Seiten der SED liefen alle Kontakte über die Abteilung West des ZK*. Wie sich der verantwortliche Mitarbeiter für die Kontakte zur SPD,

---

* Die Westabteilung des SED-Zentralkomitees war durch einen Beschluss des SED-Sekretariats vom 31. August 1948 gebildet worden. Sie hatte zunächst die Aufgabe, die Parteibeziehungen zur KPD zu koordinieren bzw. nach deren Verbot aus der DDR heraus operativ zu leiten. Sie trug u.a. die Bezeichnungen »Abteilung 62«, »Abteilung 70« und erhielt im Mai 1984 den Namen »Abteilung Internationale Politik und Wirtschaft«. Ein wichtiger Sektor beschäftigte sich inzwischen auch mit der Politik gegenüber der SPD. Seit 1973 bis 1985 wurde die Westabteilung von Herbert Häber geleitet, der in dieser Zeit im Auftrag Honeckers vielfältige Kontakte mit westdeutschen Spitzenpolitikern aller Parteien pflegte und sich um die Verbesserung der deutsch-

Karl-Heinz Wagner, erinnert, wurden tatsächlich all diese »Dialogebenen in konkreten Arbeitsplänen aufgelistet« und genau festgehalten, »welche Aktivitäten im jeweiligen Halbjahr und im gesamten Jahr bevorstanden«. Diese Arbeitspläne, die auch im Berliner Parteienarchiv einzusehen sind, wurden dem Sekretariat des ZK der SED zur Bestätigung vorgelegt. Letztlich aber entschied Honecker persönlich über alle Fragen der Westpolitik der SED, gerade auch über jene der Beziehungen zur SPD. Selbst andere Politbüro- oder gar ZK-Mitglieder mussten ihn um Erlaubnis bitten, wenn sie sich mit SPD-Politikern zu Gesprächen treffen wollten. Nie zuvor hatte ein SED-Chef so unmittelbar die gesamte Westarbeit an sich gezogen. Das ZK ließ für diese Gespräche mit der SPD jeweils nur »bewährte« Genossen zu. Da aber die beteiligten Institutionen und Gremien der SED ganz gern auch »aufgeschlossene«, »flexible«, die SPD durch Wissen und Kompetenz »beeindruckende« Gesprächspartner in diesen Zusammenkünften mit der SPD vorzeigen wollten, war die Zusammensetzung der SED-Gesprächskreise und Arbeitsgruppen oft recht differenziert. Otto Reinhold äußerte einmal zur Verärgerung der meisten seiner Mitarbeiter, dass selbst an der Akademie für Gesellschaftswissenschaften bislang nur die wenigsten die geistigen »Qualifikationen« für diese Gespräche mit der SPD besäßen.

Am meisten muss jedoch überraschen, dass in der von der Westabteilung des ZK straff organisierten und zentralisierten Arbeit mit der SPD die strategischen und inhaltlichen Aspekte der Gespräche kaum eine größere Rolle spielten. Konkrete inhaltliche Konzepte für diese Dialogebenen – so der dafür zuständige Mitarbeiter – gab es nicht. Gemeinsame inhaltliche Beratungen, etwa über die eingehenden Berichte oder die erzielten Ergebnisse und daraus abzuleitende Schlussfolgerungen fanden nicht statt.[30] Andererseits wurden die Gespräche durch die jeweils beteiligten Arbeitsgruppen gründlich vorbereitet. Das galt vor allem für die Treffen der sicher-

---

deutschen Beziehungen mühte. Von Ende Mai 1984 bis November 1985 gehörte Häber auch dem SED-Politbüro an, aus dem er nach nur 18 Monaten infolge parteipolitischer Intrigen von Honecker persönlich entfernt wurde (s. dazu Nakath/Stephan 1999). Seit 1985 bis zum Ende der SED, also in der »Hochzeit« der SPD-SED-Beziehungen, wurde die Westabteilung des ZK dann von Gunter Rettner geleitet. Der ehemalige Sekretär des Zentralrats der FDJ war in der Westarbeit außerordentlich erfahren, nahm an zahlreichen Gesprächen der SED-Spitze mit den SPD-Vertretern teil, hatte auch persönliche Kontakte zu führenden SPD-Funktionären, trat aber wohl nie selbst profilbestimmend in Erscheinung. Die SPD betrachtete Rettner eher misstrauisch.

heitspolitischen Arbeitsgruppe der SED, die Hermann Axen leitete. Für jedes Treffen wurde eine Konzeption ausgearbeitet, die mit Vertretern des ZK der KPdSU, des sowjetischen Außen- und Verteidigungsministeriums und NVA-Abrüstungsexperten abgestimmt und dann dem Politbüro der SED vorgelegt wurde.[31] Auch war klar, dass in allen Gesprächen vor allem die Friedens-, Sicherheits-, aber auch die Gesellschaftspolitik der SED dargestellt und die praktischen »Vorzüge« des Sozialismus in der DDR herausgearbeitet werden sollten. Das geschah nicht selten problemorientierter und abwägender als in den meisten SED-Mitgliederversammlungen. Auch deshalb gewannen viele der SPD-Gesprächspartner einen Eindruck von der SED und der DDR, der der Wirklichkeit nicht oder nur bedingt entsprach.

Die Vielfalt der Kontakte, die sich zwischen SPD und SED in den achtziger Jahren herausbildete, lässt sich folgenden Ebenen zuordnen:

1. Persönliche Kontakte und Gespräche zwischen SED- und SPD-Spitze. Dazu gehörten vor allem die seit 1983 jährlich stattfindenden Treffen zwischen Erich Honecker und dem SPD-Fraktionsvorsitzenden Hans-Jochen Vogel, der nach dem Rücktritt Willy Brandts 1987 auch den Parteivorsitz der SPD übernahm.[32] Einer der Höhepunkte dieser Beziehungen auf der »obersten Führungsebene« war der DDR-Besuch des Parteivorsitzenden der SPD Willy Brandt von 1985 und seine Gespräche mit SED-Generalsekretär Honecker. Beide vereinbarten dabei, die Kontakte zwischen ihren Parteien auszugestalten. Erstmals in der Geschichte beider Parteien wurden 1986 Beobachterdelegationen zur Teilnahme an dem Parteitag der SED in Berlin und dem Parteitag der SPD in Nürnberg ausgetauscht. Zahlreiche Verbindungen gab es auch zwischen Honecker, anderen SED-Politbüromitgliedern (Axen, Häber, Hager, Krenz, Mittag, Sindermann u.a.) und den stellvertretenden Parteivorsitzenden der SPD, den Präsidiums-, Parteirats-, Parteivorstandsmitgliedern der SPD, den Vertretern der sozialdemokratischen Bundestagsfraktion und nicht zuletzt den sozialdemokratischen Ministerpräsidenten. Stellvertretend dafür stehen hier die Namen Egon Bahr, Oskar Lafontaine, Johannes Rau, Karsten Voigt, Horst Ehmke, Peter Glotz, Hans-Jürgen Wischnewski, Klaus von Dohnányi, Klaus Wedemeier, Walter Momper, Gerhard Schröder, Rudolf Scharping, Björn Engholm, Dieter Spöri und Karl-Heinz Hirsemann. Zufrieden wird Anfang 1988 im ZK registriert: Mehr als 60 Prozent der Präsidiumsmitglieder und mehr als 50 Prozent der

Mitglieder des Parteivorstands und des Vorstands der sozialdemokratischen
Bundestagsfraktion sind in diese Kontakte »einbezogen«[33]
    Die Gespräche dienten einerseits der wechselseitigen Information über
die Politik beider Parteien und der Vorbereitung sowie Auswertung der
Expertentreffen besonders auf sicherheitspolitischem Gebiet, andererseits
waren sie Foren zur Erörterung von Problemen der deutsch-deutschen Entwicklung, z. B. zu Fragen der Normalisierung der Kontakte zwischen beiden deutschen Staaten, der Verbesserung der zwischenmenschlichen Beziehungen (u. a. der Familienzusammenführung), aber auch zu Fragen der
Regelung der Elbgrenze, der Erfassungsstelle in Salzgitter, der Respektierung
bzw. der Anerkennung der Staatsbürgerschaft der DDR. Konkrete Ergebnisse konnte es nur da geben, wo es keiner Vereinbarungen auf Regierungsebene bedurfte, wie z. B. bei den deutsch-deutschen Städtepartnerschaften, wo
SPD-regierte Städte meist den »Zuschlag« bekamen. Die erste Städtepart-
nerschaft 1986 zwischen Eisenhüttenstadt und Saarlouis hatten Honecker
und Lafontaine persönlich vereinbart. Bis Ende 1988 wurden zwischen der
DDR und der Bundesrepublik 41 solcher Städtepartnerschaften abgeschlossen. 24 dieser Städte wurden von einem sozialdemokratischen Oberbürger-
meister regiert. Mit den sozialdemokratischen Ministerpräsidenten Nord-
rhein-Westfalens, Hamburgs, Bremens und des Saarlands wurde u. a. über
konkrete Projekte wirtschaftlicher, wissenschaftlicher und kultureller Zusammenarbeit auf Landesebene verhandelt. Sie alle trafen sich regelmäßig
mit Honecker, Axen und anderen SED- bzw. DDR-Funktionären.
    Damals gehörte es für die »wahlkämpfenden« SPD-Spitzenpolitiker
sowohl des Bundes als auch der Länder zur »Pflicht«, Erich Honecker einen Besuch abzustatten und sich mit ihm gemeinsam den Medien zu präsentieren. Und die SED leistete hier gern Wahlkampfhilfe. Auch in den
informellen Gesprächen gab es einen regen Meinungsaustausch, wie man
die SPD gegenüber der CDU/CSU besser »positionieren« könne. Bei aller
Diplomatie, die solchen Gesprächen eigen ist, und bei aller Vertraulichkeit,
die dabei entstand, die Unterschiede und Gegensätze zwischen Sozialdemokraten und Einheitssozialisten waren gerade in den offiziellen Gesprächen doch meist präsent. Die SED-Gesprächsprotokolle geben das zwar
nur teilweise wieder, die befragten Teilnehmer dieser SPD-SED-Gesprächsrunden können sich daran jedoch noch gut erinnern. Natürlich auch daran,
dass man sich in privaten Gesprächen oft sehr nahe kam. Freilich waren die
Debatten nirgendwo so »nahe« und so heftig, wie bei den »Ideologierun-

den« zwischen der Grundwertekommission der SPD und den Wissenschaftlern der SED. Kein Wunder, denn bei den Friedens- und Sicherheitsfragen waren die übereinstimmenden Positionen zwischen beiden Seiten schon recht weit gediehen. Und sie bildeten den Hauptinhalt all der anderen, »nicht-ideologischen« Gesprächsrunden.*

2. Verhandlungen zwischen den Sicherheitsexperten von SPD und SED. Auf Vorschlag von Hans-Jochen Vogel und Erich Honecker nahmen die Arbeitsgruppen zur Sicherheitspolitik, in denen sich SED-Vertreter und Vertreter der SPD-Bundestagsfraktion zusammensetzten, im Sommer 1984 ihre Beratungen auf. Diese Gespräche waren der eigentliche Anlass dafür, dass die CDU/CSU-FDP-Bundesregierung die SPD bezichtigte, eine »Nebenaußenpolitik« zu betreiben. Die Verhandlungen zu Fragen der Abrüstung und Sicherheitspolitik unter der Leitung von Karsten Voigt bzw. Egon Bahr und Hermann Axen führten zu mehreren sicherheitspolitischen SPD-SED-Vereinbarungen: über »Eine chemiewaffenfreie Zone in Europa« (Juni 1985), über »Grundsätze für einen atomwaffenfreien Korridor in Mitteleuropa« (Oktober 1986) sowie über eine »Zone des Vertrauens und der Sicherheit in Zentraleuropa« (Juli 1988). Danach wurde an Vorschlägen zur Erreichung der strukturellen Nichtangriffsfähigkeit beider Blöcke gearbeitet (1989), deren Ergebnisse aber wegen des Umbruchs in der DDR nicht mehr unterbreitet werden konnten. Ziel dieser Arbeitsgruppe war es, das theoretische Konzept der gemeinsamen Sicherheit, auf das sich beide Seiten beriefen, mit Leben zu erfüllen und zu konkretisieren. Ihre Arbeit war auch als Impuls gedacht für die Rüstungskontroll- und Abrüstungsverhandlungen der beiden Supermächte, die zunächst nur schwerfällig angelaufen waren. Von verschiedenen Seiten wurde diesen gemeinsamen Vorschlägen von SPD und SED zumindest eine politische Signalwirkung zugesprochen.[34] Die Bundesregierung und auch die CDU/CSU-Fraktion wurden von sozialdemokratischer Seite über die Ergebnisse der Verhandlungen regelmäßig informiert. Von der SED wurden die Vorschläge mit hohem Aufwand national

---

* Dass die SPD dabei kaum noch als Partei des Westens wahrgenommen worden sei, wie es der Historiker Heinrich-August Winkler findet, kann ich so nicht bestätigen. Für die Ideologiedebatten zumindest traf eher der Satz von Richard Löwenthal gegenüber den DDR-Wissenschaftlern zu: »Wir sind Ihre Partner, aber wir sind nicht auf Ihrer Seite.« (zitiert nach »Die Zeit« vom 7.3.1986: 10.)

und international propagiert. 1988 wurde eigens dafür eine große internationale Konferenz in Berlin organisiert, die freilich mehr propagandistischen Zwecken denn einer Sachdiskussion diente.

3. Dialog zwischen der Grundwertekommission der SPD und der Akademie für Gesellschaftswissenschaften beim ZK der SED. Diese Gespräche stellten einen Sonderfall in den deutsch-deutschen Beziehungen und in den SPD-SED-Kontakten dar, wurde hier doch erstmals der Versuch unternommen, über das zu reden und zu streiten, was ansonsten ausgeklammert wurde: die Ideologien und Werteordnungen der beiden Systeme in West und Ost im Allgemeinen und von Sozialdemokraten und Einheitssozialisten im Besonderen. Statt über die (sehr notwendigen!) »kleinen Schritte« der Deutschlandpolitik wurde über die großen ideologischen Streitfragen des Ost-West-Konflikts debattiert. Sowohl für die Grundwertekommission der SPD als auch für die SED-Intellektuellen waren diese Gespräche eine Premiere, zumal sie damit erstmals auch unmittelbarer an der operativen Deutschland- und Ost-West-Entspannungspolitik beteiligt waren. Zwischen Februar 1984 und April 1989 trafen sich beide Institutionen sieben Mal zu zwei- bzw. dreitägigen Tagungen. Markantestes Ergebnis dieses Dialogs war das gemeinsame Streitpapier, das im August 1987 gleichzeitig in Berlin und Bonn präsentiert wurde.

4. Diskussionen und Arbeitstreffen zwischen Kommissionen, wissenschaftlichen Institutionen, Bildungseinrichtungen und den Zeitschriften beider Parteien. Vor allem zwischen der der SPD nahestehenden Friedrich-Ebert-Stiftung einerseits und der Akademie für Gesellschaftswissenschaften beim ZK der SED und dem Institut für Internationale Politik und Wirtschaft in Berlin andererseits entstanden eine Reihe gemeinsamer Arbeitsgruppen. Die behandelten Probleme waren z.B. »Friedenssicherung und Abrüstung«, »Menschenrechte in Ost und West« und »Systemwettbewerb und Systemvergleich«. In den Seminaren der Arbeitsgruppe zur Friedenssicherung und Abrüstung wurden, beginnend 1984, folgende Themen besprochen: »Friedliche Koexistenz und Sicherheitspartnerschaft« (Dezember 1984), »Entspannungs- und Abrüstungspolitik nach dem Genfer Gipfel« (Januar 1986), »Der KSZE-Prozeß und die Rolle der beiden deutschen Staaten« (März 1987), »Das gemeinsame Haus Europa« (April 1988), »Bemühungen um eine vertrauensschaffende Sicherheitsstruktur in Europa und die Beiträge beider deutscher Staaten« (Juni 1988). Die Arbeitsgruppen zum Systemvergleich und zu den Menschenrechten entstanden beide erst nach Verabschiedung des gemeinsamen Papiers von SPD und SED. Daneben bildeten die Abteilung Politische Bildung der Friedrich-Ebert-Stiftung und die Akademie für Gesellschaftswissenschaften gemeinsame Gruppen zu den Themen »Frieden und Sicherheit« und »Ökonomie und Ökologie«. Diese Gruppen trafen sich regelmäßig, organisierten thematische Diskussionen, verfassten Thesen, publizierten verschiedentlich ihre Ergebnisse.

Kontakte gab es auch zwischen der Historischen Kommission beim Parteivorstand der SPD und Historikern der SED bzw. der DDR. Sie führten u. a. im Juni 1989 eine gemeinsame Tagung durch, an der Historiker der Bundesrepublik und der DDR teilnahmen. Im Deutschland-Archiv war von einer »nützlichen Auseinandersetzung um die Geschichte der Arbeiterbewegung« zu lesen.[35] Arbeitskontakte gab es auch zwischen den Redaktionskollegien der Einheit, dem »theoretischen Organ der SED«, und der sozialdemokratischen Zeitschrift *Die Neue Gesellschaft/Frankfurter Hefte.* Sie wurden durch die beiden Chefredakteure Peter Glotz (SPD) und Manfred Banaschak (SED) aufgenommen, als diese sich im September 1983 zum Meinungsaustausch in Ostberlin trafen. Diskutiert wurden in der Folgezeit u.a. solche Themen wie »Wissenschaftlich-technischer Fortschritt und seine Folgen« oder »Karl Marx heute« bzw. die »Bedeutung des SPD-SED-Ideologiepapiers«. Allerdings galt für die Seite der SED, dass sozialdemokratische Positionen in der *Einheit* auch weiterhin nicht abgedruckt werden sollten. So wurde selbst die Diskussion zum SPD-SED-Papier in der SED-Zeitschrift nach anfänglich ermutigenden Signalen bald wieder abgeblockt.

5. Kontakte auf der Ebene von Landesverbänden, Bezirken, Unterbezirken, Ortsvereinen. Um die Kontakte zur SPD auf Landesebene bemühte sich auf Seiten der SED vor allem die Zentrale, d.h. die ZK-Abteilung West. Durch die Abschaffung der Länder in der DDR gab es keine direkten »Partner« für die SPD-Landesverbände. Die Westarbeit der SED-Bezirksleitungen war feingliedrig auf das Bundesgebiet aufgeteilt. Jeder DDR-Bezirk hatte seinen »SPD-Patenbezirk«, mit dem es Kontakte und Gespräche zu organisieren galt. Im Prinzip gab es auf diese Weise Verbindungen zu allen SPD-Landes-, Bezirks- bzw. Unterbezirksverbänden. Quantität und Qualität waren allerdings unterschiedlich ausgeprägt. Das reichte von Kontakten zu Repräsentanten und leitenden Mitarbeitern – etwa in Schleswig-Holstein (Björn

Engholm), in Bayern (Karl-Heinz Hirsemann), in Baden-Württemberg (Dieter Spöri), in Nordrhein-Westfalen (Johannes Rau) und im Saarland (Oskar Lafontaine) – über Beziehungen zwischen Bezirks- und Unterbezirksverbänden, z.B. zwischen Gera und Franken, Dresden und Stuttgart, Rostock und Bremen, Erfurt und Mainz, bis zu gemeinsamen Tagungen und Foren und einer Vielzahl von Gesprächen »vor Ort«. Anders als in den siebziger Jahren, in denen sich viele sozialdemokratische Organisationen noch dem Gespräch mit der SED verweigert hatten, drängten die Sozialdemokraten seit Mitte der achtziger Jahre auf eine Ausdehnung der Kontakte auf der mittleren und unteren Ebene. Dabei hatte das SPD-SED-Papier eine zusätzliche Initialzündung. Jetzt versuchte eher die SED, die Beziehungen unter Kontrolle zu halten, um sich nicht ein Übermaß an sozialdemokratischer Ideologie ins Haus zu holen. Doch auch sozialdemokratische Spitzenpolitiker verwiesen in ihren Gesprächen mit Honecker und Axen darauf, dass man die sozialdemokratischen Kontaktaufnahmen und Besuchsreisen beiderseits wieder stärker »regulieren« solle. Dennoch gab es 1989 die ersten (offiziellen) Beziehungen zwischen SPD und SED auch auf der Kreisebene, so zum Beispiel zwischen Luckenwalde und Rhein-Hunsrück, Neubrandenburg und Flensburg, Oranienburg und (Ortsverein) Dillenburg.

6. Treffen von Parlamentariern. In dem Maße wie sich die Beziehungen zwischen SPD und SED normalisierten, Vogel und Honecker sich jährlich zum Gedankenaustausch trafen und der Parteiendialog sich trotz aller Widrigkeiten fortsetzte, kam es auch zwischen der SPD-Bundestagsfraktion und der Volkskammer der DDR zu Begegnungen. So besuchte bereits 1984 eine Gruppe der sozialdemokratischen Bundestagsfraktion unter Leitung ihres stellvertretenden Vorsitzenden Horst Ehmke die DDR. Eingeladen hatte sie der Präsident der DDR-Volkskammer und Mitglied des SED-Politbüros Horst Sindermann. Im Februar 1986 besuchte dieser auf Einladung von Hans Jochen Vogel die Bundesrepublik und führte dabei u.a. Gespräche mit Parlamentariern des Bundestages. Bis Ende 1987 wurden – wie das Sekretariat des ZK der SED in einer Vorlage festhielt – neun »Delegationen«, darunter zur Jugend-, Sport-, Agrar- und Umweltpolitik, »ausgetauscht«. Auch Kommunalpolitiker beider Parteien nahmen Kontakte auf. So besuchten im April 1989 SED-Kommunalpolitiker auf Einladung der »Sozialdemokratischen Gemeinschaft für Kommunalpolitik« (SGK) die Bundesrepublik. Und noch im Frühsommer 1989 weilte eine Volkskammer-

Delegation unter Leitung von Horst Sindermann auf Einladung der SPD-Bundestagsfraktion in Bonn. Vereinbart wurde der Besuch einer Delegation der SPD-Bundestagsfraktion in der DDR für den Herbst 1989. Dieser Besuch fand angesichts der sich zwischen SPD und SED seit Sommer 1989 zuspitzenden Konflikte nicht mehr statt. Die SED lud die Delegation der SPD-Bundestagsfraktion aus, weil diese nicht nur mit der SED, sondern auch mit Kirchen und unabhängigen Gruppen in der DDR Gespräche führen wollte (vgl. dazu Kap. 8). Zu den Parlamentarierkontakten ist auch die von der Bundestagsfraktion der SPD getragene Arbeitsgruppe zur Sicherheitspolitik unter der Leitung von Egon Bahr zu rechnen, die mehrere Jahre mit der SED Gespräche geführt hatte.

7. Kontakte zwischen Verbänden und Organisationen beider Parteien. Besonders zwischen Vertretern der Freien Deutschen Jugend (FDJ) und der Jungsozialisten der SPD sowie des sozialdemokratischen Hochschulbundes (SHB) entstanden vielfältige Beziehungen. Auf Initiative der SED gab es Kontakte zwischen dem Demokratischen Frauenbund (DFD) und der Arbeitsgemeinschaft sozialdemokratischer Frauen (AsF). Nicht zuletzt bemühte sich die SED auch um Kontakte zur sozialdemokratischen Arbeitsgemeinschaft für Arbeitnehmerfragen (AfA). Darüber hinaus gab es zwischen dem von der SED gelenkten Freien Deutschen Gewerkschaftsbund (FDGB) und den Gewerkschaften der Bundesrepublik vielfältige Gespräche, Kontakte und Treffen.

Aus dem wechselseitigen Herantasten war also allmählich ein vielfältiges Beziehungsgeflecht entstanden, in das beide Parteien eingebunden waren. Aus der so genannten Nebenaußenpolitik, die nach Egon Bahr für die oppositionelle SPD tatsächlich die »einzig wirkliche operative, politische Linie wurde, die die SPD nach der Bonner Wende 1982 noch hatte«, entwickelte sich zugleich eine spezifische Art von politischen Beziehungen zur SED. »Daneben« begann die SPD seit 1985 auch Arbeitsgruppen mit den anderen osteuropäischen Staatsparteien zu institutionalisieren. Mit der Kommunistischen Partei der Sowjetunion (KPdSU) zu Fragen der »Dritten Welt« (Ltg. Uwe Holtz), mit den ungarischen Sozialisten (USAP) zur »Wirtschaftsentwicklung« (Ltg. Wolfgang Roth), mit der Polnischen Arbeiterpartei (PVAP) zu »Vertrauensbildung und gesamteuropäischen Sicherheitsfragen« (Ltg. Horst Ehmke) und mit der KP der Tschechoslowakei zur Problematik der »Umwelt« (Ltg. Volker Hauff). Die SPD strebte ein »Netzwerk der Zusammenarbeit« als Fundament einer »zweiten Phase der Entspannungspolitik« an.[36] In den öffentlichen Wahrnehmungsmustern wurden dennoch fast ausschließlich die SPD-SED-Gespräche thematisiert, wie es Karsten Voigt auch im nachhinein registriert.[37] Der Grund für diese Fokussierung ist wohl weniger, dass die Arbeitsgruppen mit den anderen Kommunistischen Parteien Osteuropas kaum Papiere produzierten und seltener in die Öffentlichkeit traten, sondern dass der Abbau der historischen Belastungen, der scharfen ideologischen Auseinandersetzungen und der politischen Feindschaft zwischen SPD und SED eine tiefgreifendere Wende markierte. Beide Parteien hatten diese Normalisierung der Beziehungen gewollt. Und beide mussten nun lernen, damit umzugehen.

Was den Anschein ausschließlich »geplanter«, »geordneter« und »gefestigter« Parteibeziehungen vermittelte, war in Wahrheit eher ein Konglomerat von Kontakten, Gesprächen, Treffen, die widerspruchsvoll verliefen und unterschiedliche Wirkungen zeitigten. Die Beziehungen entwickelten sich keineswegs nur geradlinig, sie verliefen wellenförmig, im Zick-Zack-Kurs und manchmal auch in Schleifen. Innerparteiliche Kritiker dieser Dialogbeziehungen gab es sowohl in der SPD als auch in der SED. Im Verlauf der Entwicklungen geriet die SED wegen ihrer Verweigerung des innergesellschaftlichen Dialogs und der Blockierung von Reformen zunehmend in die Defensive. Die SPD hingegen kam in eine stabilere Position. Doch trotz aller über die achtziger Jahre hinweg auftretenden Konflikte und Belastungen blieben diese SPD-SED-Beziehungen bis zum Umbruch in der DDR relativ stabil (vgl. Kap. 3 und 8). Beide Parteien hielten bis zuletzt an ihrem Dialogbegehren fest, auch wenn sich manche ihrer damit verbundenen Absichten und Erwartungen im Laufe der Jahre veränderten. Aus vorsichtigem, vielleicht auch zögerlichem Kalkül legte die SPD stets Wert darauf, dass die Kontakte mit der SED nicht als »offizielle Parteibeziehungen« erschienen, also als Beziehungen zwischen »normalen demokratischen Parteien«, wie es sie zwischen den Parteien der Sozialistischen Internationale des Westens gab. Statt dessen charakterisierte man die Beziehungen zu den regierenden kommunistischen Parteien Osteuropas lieber als »Informationskontakte«, als »Gesprächsrunden« oder als »Treffen von Arbeitsgruppen«. In den offiziellen Presseerklärungen wurden daher auf sozialdemokratischer Seite eher die Abgeordnetenfunktionen und weniger die Parteifunktionen hervorgehoben. Um nicht den (durchaus berechtigten) Eindruck zu erwecken, sie »privilegiere« bei diesen Parteikontakten zum Osten allein die SED, verwies die SPD immer wieder auch auf ihre anderen Kontakte zu kommunistischen Parteien des Ostens. Allein mit mäßigem Erfolg.

Auch auf der Seite der SED gab es einen grundlegenden Unterschied zwischen den, wie es damals hieß, »engen, freundschaftlichen, auf dem Marxismus-Leninismus und dem proletarischen Internationalismus basierenden Beziehungen zwischen den kommunistischen Bruderparteien« und den Beziehungen mit der Sozialdemokratie des Westens als eines Dialogs von Partnern in einer »Koalition der Vernunft«. Auch die SED versuchte, ihre SPD-Kontakte öffentlich durch einen Verweis auf die zahlreichen anderen Beziehungen zu sozialistischen und sozialdemokratischen Parteien des Westens zu relativieren. Dennoch, die Kontakte und Beziehungen zwischen SED und SPD waren in der zweiten Hälfte der achtziger Jahre besonders eng und intensiv.

Bei einzelnen Spitzenpolitikern in SPD und SED gab es – und das ist keine Marginalie – unter dem Eindruck der sich entwickelnden Beziehungen zeitweilig Überlegungen, dass hier Brücken gebaut würden, die auf lange Sicht möglicherweise die Spaltung der Arbeiterbewegung überwinden helfen könnten. Sowohl bei Brandt als auch bei Honecker finden sich solche Andeutungen. Brandt hat sich bei seinem Treffen mit dem ungarischen Parteichef Kádár 1985 diesbezüglich geäußert. Darauf bezugnehmend stellte er im Gespräch mit Honecker 1987 in Bonn die Frage, »ob man bei dem Trennungsstrich zwischen Sozialdemokraten und Kommunisten 1918 stehen bleiben müsse«. Er gab zu überlegen, »ob nicht zwischen beiden über die Friedensfrage hinaus Gemeinsamkeiten festzustellen seien, die es gelte hervorzuheben«. Bei Gorbatschow gäbe es, so Brandt zu Honecker, ähnliche Gedanken.[38]

Aktuell aber standen die Kontakte zwischen beiden Parteien ganz im Interesse gemeinsamer Initiativen zur Sicherung des Friedens, der Abrüstung und der Verbesserung der deutsch-deutschen Beziehungen. Der Bereich Frieden und Abrüstung hatte daher absolute Priorität. Meist verwiesen die SPD-Politiker aber auch darauf, dass die Priorität der Friedenssicherung den gesellschaftlichen Wandel nicht nur nicht ausschließe, sondern geradezu bedinge, in West-, insbesondere aber auch in Osteuropa. Fortschritte im Entspannungsprozess würden dafür günstige Voraussetzungen schaffen. Die Bedingung für Wandel und Demokratisierung aber sei Stabilität. Eine Politik der Destabilisierung der östlichen Regime wurde deshalb abgelehnt, wie

Karsten Voigt bereits 1985 betonte.[39] Eine Modellierung der jeweils anderen Seite nach eigenen Vorstellungen wurde von beiden Parteien, so jedenfalls die offiziellen Lesarten, nicht angestrebt.

Mit dem gemeinsamen Papier von 1987 erweiterten sich die Handlungsfelder des Dialogs bedeutend. Damit wurde die innenpolitische Komponente – Frieden durch Entmilitarisierung des Denkens, durch Abbau der Feindbilder, durch gesellschaftlichen Dialog, durch Reform und Wandel – stärker ins Zentrum der Entspannungs- und Dialogpolitik gerückt. Die Chancen und Risiken wurden dadurch neu verteilt. Und keineswegs nur einseitig zu Ungunsten der SED, auch wenn sich dies im Rückblick praktisch so vollzogen hat.

Von den genannten sieben Dialogebenen waren national und international die ersten drei, die Gespräche auf »höchster Ebene«, die Gespräche zu Fragen der militärischen Sicherheit und der Dialog zwischen der Grundwertekommission der SPD und der Akademie für Gesellschaftswissenschaften beim ZK der SED, politisch relevant, auch weil sie vorzeigbare Ergebnisse erzielten. In der DDR erregte das gemeinsame Papier beider Parteien die größte Aufmerksamkeit und erzielte die nachhaltigste Wirkung. In der SED stärkte es das sozialistisch-sozialdemokratische Potential und führte zu heftigen Auseinandersetzungen mit der poststalinistischen Ideologie und Politik. Auch in der Bundesrepublik war es wie kein anderes Ergebnis der sozialdemokratischen »Nebenaußenpolitik« ins Rampenlicht der Öffentlichkeit geraten und bis zuletzt umstritten.

Aufs Ganze gesehen, spielte die SPD in der Deutschlandpolitik der SED eine zentrale Rolle, war aber nicht ihr einziger und wichtigster Bezugspunkt. Das wird schon auf institutioneller Ebene sichtbar. Bereits in den siebziger Jahren konstituierte sich eine »Westkommission«, die Honecker unmittelbar unterstand, die von Günter Mittag geleitet wurde und in der Alexander Schalck-Golodkowski eine wichtige Funktion hatte. Die Bezüge zur SPD standen in dieser Kommission keineswegs im Mittelpunkt. Nach der Bonner Wende von der SPD- zur CDU/CSU-geführten Bundesregierung im Herbst 1982 vollzog sich die Deutschlandpolitik der SED auf drei Ebenen:[40]

Zum einen wurden die bestehenden offiziellen politischen und wirtschaftlichen Beziehungen zur Bundesrepublik weitergeführt und teilweise intensiviert. Dazu gehörten Verhandlungen auf der Ebene von Ministern bzw. deren Beauftragten und Kontakte von Politbüromitgliedern zu westdeutschen Politikern auf Bundes- und Landesebene. Nach anfänglichen Unsicherheiten wurden diese Kontakte zur CDU/CSU-FDP-Regierung kontinuierlich fortentwickelt. Offizielle Besuche in der DDR sowie Gespräche mit Honecker und anderen SED-Oberen gehörten bald zum Alltag westdeutscher bzw. Westberliner CDU/CSU- und FDP-Politiker. Verwiesen sei hier auf Wolfgang Schäuble, Franz-Josef Strauß, Eberhard Diepgen, Richard von Weizsäcker, Lothar Späth, Graf Lambsdorff und Wolfgang Mischnik. Höhepunkt für die SED war der offizielle Staatsbesuch Erich Honeckers in der Bundesrepublik und sein Empfang bei Bundeskanzler Helmut Kohl. Honecker sah sich damit, unter Negierung der zunehmenden wirtschaftlichen Probleme und gesellschaftlichen Konflikte in der DDR, auf dem Gipfel seines politischen Einflusses. Das Jahr 1987 markiert so einerseits den »Höhepunkt« der Deutschlandpolitik der SED und andererseits den beginnenden Fall der DDR. Die DDR-Deutschlandpolitik entwickelte sich nun konzeptionell nicht mehr weiter. Nach einer kurzen Phase scheinbarer »Liberalisierung« im Umfeld des Honecker-Besuches in Bonn und des SPD-SED-Papiers dominierte wieder die doktrinäre Gesellschaftspolitik.

Zum anderen wurden schon früh informelle Kontakte zu Politikern und Wirtschaftsvertretern der Bundesrepublik hergestellt und ausgebaut. Sie liefen vor allem über den Leiter des Bereiches Kommerzielle Koordinierung (KoKo) im Ministerium für Außenhandel, Alexander Schalck-Golodkowski, der zugleich Offizier des MfS war, aber auch über den Rechtsanwalt Wolfgang Vogel. Insbesondere die Kontakte Schalcks zu Strauß, Schäuble, Späth und zu bayerischen Unternehmern erlangten größere Bedeutung. Beide Seiten hatten diese speziellen Gesprächskontakte (»Back Channels«) gewollt.

Und schließlich entwickelte die SED-Führung neben ihrer »offiziellen« Außen- und Deutschlandpolitik Parteikontakte und -beziehungen zur oppositionellen SPD. Hier konnten Fragen diskutiert und Themen angesprochen werden, die bei den »staatsoffiziellen« Begegnungen vernachlässigt wurden oder auch gar nicht verhandelt werden konnten, wie z.B. auch die Bereiche Ideologie, neue politische Kultur des Dialogs und der Streit zwischen Ost und West.

Das Novum: Ideologiegespräche

Die Gesprächsrunden zwischen der Grundwertekommission der SPD und
der Akademie für Gesellschaftswissenschaften beim ZK der SED entwik-
kelten eine Eigendynamik, die weder die unmittelbar Beteiligten noch die
jeweiligen Parteispitzen vorausgesehen hatten. Vieles an diesem Sonderfall der deutsch-deutschen Beziehungen ist nicht nur bis heute umstritten,
sondern auch noch weithin unbekannt und wenig erhellt. Das betrifft schon
die Vorgeschichte dieser Gespräche. Den Anstoß für diese Art von Gesprächen gaben interessanterweise weder die SPD noch der ZK-Apparat der
SED. Helmut Seidel, Professor für Philosophiegeschichte an der Universität Leipzig, hatte gegenüber Erhard Eppler, dem Vorsitzenden der Grundwertekommission der SPD und damaligen Präsidenten des Deutschen
Evangelischen Kirchentages, den er schon seit den siebziger Jahren kannte,
im Frühjahr 1983 angeregt, dass es an der Zeit sei, dass sich anerkannte
Geistes- und Sozialwissenschaftler der Bundesrepublik und der DDR zu
einem Gedankenaustausch treffen könnten und sollten. In der DDR nehme
man inzwischen auch die »Menschheitsaufgaben« ernst, von denen Eppler
in seinen Büchern schreibe, so dass es viel zu besprechen gebe. Die deutschen Schriftsteller aus Ost und West hätten es ja auch geschafft und träfen
sich inzwischen auf Initiative von Stephan Hermlin zu gemeinsamen Debatten. Eppler fand den Vorschlag interessant. Beide dachten zunächst an
ein wissenschaftliches Forum, das nicht streng institutionalisiert, schon gar
nicht auf Parteiebene arbeiten sollte. Nach Epplers erster Überlegung hätten z. B. die Evangelischen Akademien eine Plattform für solche Gespräche
bieten können. Seidel verwies darauf, dass dies für die DDR »eher schwie-
rig« sei. Ihm schien die Akademie der Wissenschaften als geeigneteres Dach
für solche Debatten.[41] Seidels Gespräche mit Eppler seit den siebziger Jahren waren natürlich nicht privater Natur. So etwas war auch einem anerkannten Philosophieprofessor der DDR und SED-Mitglied nicht erlaubt.
Aber Seidel hatte, wie er mir sagte, keinen speziellen Auftrag, gerade einen
solchen Dialogvorschlag zu unterbreiten.*

---

*   Seidel, der an den ersten vier Treffen bis zum Februar 1986 teilnahm, wurde zu den
     weiteren Treffen vom Leiter der SED-Delegation nicht mehr eingeladen.

Selbstverständlich hätte es solche Gespräche von DDR-Gesellschaftswissenschaftlern mit Intellektuellen der SPD ohne Zustimmung der SED-Führung bzw. Honeckers nicht geben können. Auf jeden Fall nahm Seidel nach seinem Gespräch im Frühjahr 1983 mit Eppler keine Reaktion auf seinen Vorschlag seitens der SED oder staatlicher Stellen wahr. Der Ball lag jetzt bei Erhard Eppler. Und bei den ersten SPD-SED-Kontakten (Brandt/Gaus – Honecker, Gaus – Reinhold) war von »Ideologiegesprächen« noch keine Rede gewesen. Aber auch Erhard Eppler konnte die Entscheidung über solche Gespräche nicht allein treffen. Rückblickend schreibt er: »Natürlich war Seidels Vorschlag politisch so brisant, dass auch auf unserer Seite der Parteivorsitzende und das Parteipräsidium gefordert waren. Aber erst musste ich entscheiden, ob ich sie damit behelligen oder von mir aus Nein sagen wollte.«[42] Eppler entschied sich für diesen Dialog, auch um zu sehen, was sich ideologisch auf der anderen Seite getan hatte und welche Neuakzentuierungen und Differenzierungen sich hier möglicherweise vollzögen. Doch ging es ihm von Anfang an um mehr. Die angestrebte Ost-West-Entspannung werde nicht ohne Entfeindung in den Köpfen möglich sein, so Epplers Position, Friedenspolitik verlange deshalb Gespräche auch und gerade über den Gegensatz der Systeme und Ideologien. Das aber konnte, so seine Überlegungen, nicht Aufgabe der Regierungen sein, die die Interessen ihrer Staaten zu vertreten hatten. Für den Dialog über Grundsatzfragen, und damit über die jeweils »eigene« Ideologie, waren auch die Parteiführungen nicht geeignet. Am ehesten kamen für einen solchen Dialog jene Institutionen in Frage, die sich auf beiden Seiten mit politischer Theorie befassten, ohne dass sie für ihre Parteien unmittelbar sprechen mussten.[43] Wenn überhaupt, dann war dazu auf Seiten der SPD allein die Grundwertekommission und auf Seiten der SED wohl am ehesten die Akademie für Gesellschaftswissenschaften in der Lage, eine solche Rolle in dem beginnenden Experiment eines Dialogs der Ideologien zu spielen. »Die Grundwertekommission willigte nach gründlicher Diskussion ein, schließlich auch Richard Löwenthal«, schreibt Eppler später. Willy Brandt habe gefunden, »dies sei kein unproblematischer, aber doch ein interessanter Versuch«.[44] Ob sich die in der Partei anerkannte Grundwertekommission damals schon der ihr dann zuwachsenden deutschlandpolitischen Rolle bewusst war, scheint wohl eher fraglich. Dass die sozialdemokratischen Intellektuellen der Grundwertekommission sich eine Intervention in die bisherige Ostpolitik der SPD und in die deutsch-deutschen Beziehungen gut vorstellen konnten, durfte dagegen sicher sein. Eppler auf jeden Fall schlug erst einmal dem Präsidium die Zustimmung vor. Dort gab es dazu nur eine kurze, nicht kontroverse Diskussion. Manche Präsidiumsmitglieder freilich dachten, dabei werde ohnehin nicht viel herauskommen, lasst den »Ideologen« mal ihre »Spielwiese«. Egon Bahr schienen diese Gespräche deshalb wichtig, um die beginnenden Verhandlungen zwischen den beiden sicherheitspolitischen Arbeitsgruppen von SPD und SED, die ja auch in der SPD nicht als unproblematisch gesehen wurden, »abzudecken«.

Von der SED-Seite lag bislang kein Vorschlag für solche Dispute vor, sieht man von der Initiative Helmut Seidels in dem persönlichen Gespräch mit Erhard Eppler ab. Eppler musste davon ausgehen, dass sie in dieser oder jener Weise mit den »höchsten Stellen« in der SED abgesprochen worden sei. Der Leiter der Westabteilung des ZK der SED Herbert Häber besuchte in der Zeit vom 9.-16. Oktober 1983 die Bundesrepublik und führte dabei unter anderem mit dem damaligen CDU-Ministerpräsidenten Baden-Württembergs, Lothar Späth, Gespräche. In diesen Tagen traf er sich in Stuttgart auch mit Erhard Eppler, um den Vorsitzenden der SPD-Grundwertekommission einmal persönlich kennen zu lernen. Gespräche zwischen SED- bzw. DDR-Wissenschaftlern und der Grundwertekommission der SPD hatten weder Honecker noch Häber und sein Umfeld zu diesem Zeitpunkt im Blick. Herbert Häber hatte, wie er sich erinnert, keine Hinweise oder gar ein Mandat des SED-Chefs für solche Gespräche zwischen der Grundwertekommission der SPD und DDR-Institutionen. Beim gemeinsamen Mittagessen sagte Eppler zu Häber, dass er froh sei, dass es in Übereinstimmung mit Willy Brandt nunmehr möglich werde, zwischen der Grundwertekommission der SPD und Gesellschaftswissenschaftlern der DDR zu gemeinsamen Treffen zu gelangen. Als Häber von seiner Reise zurückkam, berichtete er Honecker, der dem Vorhaben Epplers wohlwollend zustimmte.[45]

Im Frühjahr 1984 kam es dann zum ersten Treffen zwischen der Grundwertekommission der SPD unter der Leitung von Erhard Eppler und der Akademie für Gesellschaftswissenschaften beim ZK der SED unter der Leitung von Otto Reinhold. Dass die Akademie für Gesellschaftswissenschaften (AfG, auch Gewi-Akademie genannt) diese Gespräche für die SED-Seite federführend durchführen sollte, war kaum eine Überraschung. Otto Reinhold hatte, wie bereits erwähnt, schon Ende 1982 von Honecker die Rolle des Vermittlers der Parteikontakte zur SPD übertragen bekommen.* Die AfG galt als parteiverbunden und flexibel genug, diesen Part gegenüber der Grundwertekommission der SPD spielen und es mit ihr aufnehmen zu können. Das Misstrauen Honeckers gegenüber der »SED-Denkfabrik« aus den siebziger Jahren hatte sich längst gelegt, sein generelles Misstrauen gegenüber Intellektuellen aber – auch aus der Partei – war freilich zeitlebens geblieben. Nach der Auffassung von Herbert Häber bildeten die Gespräche zwischen der Grundwertekommission der SPD und der Akademie für Gesellschaftswissenschaften den Beginn des eigentlichen Parteiendialogs zwischen SED und SPD.

Einen förmlichen Beschluss oder eine Diskussion über diese beginnenden Gesprächsrunden gab es im Unterschied zur SPD im SED-Führungsgremium nicht. Honeckers O.K. reichte aus. Das muss überraschen, denn ideologische Grundsatzgespräche zwischen Sozialdemokraten und Kommunisten hatte es seit mehr als einem halben Jahrhundert nicht mehr gegeben und sie berührten den Lebensnerv des sozialistischen Systems, denn die Macht im Sozialismus ist wesentlich ideologisch begründet und legitimiert. Natürlich dachte niemand in der Führung der SED daran, diese Legitimationsbasis zur Diskussion oder gar zur Disposition zu stellen. Das war, auch ohne Beschluss, jedem der auf SED-Seite am Dialog beteiligten Wissenschaftler klar. Ein gemeinsames »Ideologiepapier« stand damals noch nicht zur Debatte. Die SED wollte die gewählte Dialogform ganz ihrer Friedenspolitik und ihrem Konzept der Schaffung einer »Koalition der Vernunft« unterordnen. Für diese »Koalition« sollte die SPD »gewonnen« werden. Zugleich sah man eine Chance, über diese Gesprächsrunden die eigene Politik, die »Vorzüge« der sozialistischen Ordnung gegenüber dem Westen zu propagieren. Dies schien besonders einem Gremium gegenüber sinnvoll

---

* Reinhold stand nicht nur seit 1962 der Gewi-Akademie vor, sondern war zugleich ZK-Mitglied (1967-1989) und verfügte über umfangreiche Erfahrungen im Apparat der Partei. Inzwischen besaß er das Vertrauen Honeckers und hatte sich überdies als Gesellschaftswissenschaftler in der DDR und darüber hinaus einen Namen gemacht. Die Akademie für Gesellschaftswissenschaften beim ZK der SED war 1951 als Institut für Gesellschaftswissenschaften gegründet worden. 1976, anlässlich des fünfundzwanzigjährigen Bestehens der Einrichtung erhielt sie den Status einer »Akademie für Gesellschaftswissenschaften«. Ihre Aufgabe bestand darin, »theoretische Kader« für die SED auszubilden (einschließlich Promotion und Habilitation) und vor allem gesellschaftspolitische Problemfelder zu erforschen, auf die sich die SED bei ihrer Strategie und Politik stützen konnte.

zu sein, das als Denkfabrik der SPD galt und in der programmatischen Arbeit der Partei eine wichtige Rolle spielte. Namen wie Erhard Eppler, Richard Löwenthal, Thomas Meyer, Johano Strasser, Iring Fetscher, Peter von Oertzen, Susanne Miller sprachen für sich. Natürlich wurden Risiken dieses Dialogs gesehen, schienen der Führung der SED damals aber durchaus beherrschbar. Herbert Häber weiß zu berichten, wie sich Erich Honecker gefreut habe, als er Berichte über diese Gespräche mit der SPD las. Honekker meinte, es sei sehr gut, dass zwischen Kommunisten und Sozialdemokraten zum ersten Mal seit der Prager Erklärung des Exilvorstandes der SPD von 1934 wieder Beziehungen aufgenommen werden konnten. Diese galten ihm als historisch bedeutungsvoll. Neben der Friedensfrage war besonders für Honecker die alte Idee der »Aktionseinheit« der Arbeiterbewegung nicht völlig abgeschrieben.

Dass die SPD die DDR bewusst destabilisieren wolle, glaubten in der SED-Führung, bei aller Vorsicht gegenüber den Absichten der SPD, damals nur die wenigsten. Zumindest wurden bei Aufnahme dieser Kontakte solche Befürchtungen nie geäußert, obgleich manchen in der SED-Führung Honeckers Dialogpolitik doch zu weit ging. Dass aus dem früheren Erz- und späteren Lieblingsfeind nun ein vollkommen vertrauensvoller Partner und Freund geworden sei, nahm freilich auch niemand an. In der SED-Führung schien man von der Kraft des Marxismus-Leninismus, des eigenen ideologischen Weltbildes überzeugt zu sein. Der Dialog mit der auch in der DDR-Bevölkerung populären SPD würde der SED, so die unterschwellige Hoffnung, einen Legitimationszuwachs verschaffen. In dieser Stimmungslage sind offensichtlich die Gründe dafür zu finden, dass die SED kein »offensives« Konzept für diesen Dialog, für diesen Streit der Ideologien entwickelte. Dass die SPD als Teil eines pluralistischen westlichen Systems mit diesem Dialogversuch weniger Risiken einging als die SED, ist offensichtlich. Doch auch eine, sich den neuen Herausforderungen flexibel stellende und sich auf die anstehenden Reformen konzentrierende sowie sich dialogisch erneuernde SED konnte darin Chancen sehen und zu nutzen versuchen, zumindest wenn man den Blick nicht vom Ende her auf die Situation von vor zwanzig Jahren richtet. Solche Chancen im Dialog mit der SPD sahen damals aus meiner Sicht nicht wenige Intellektuelle in der SED. Sie erhofften sich ein mehr an Diskussionen innerhalb der DDR und ein Einschwenken der SED auf das sich in Moskau abzeichnende neue Denken. Wer wie ich am Dialog dann unmittelbar beteiligt war, konnte auf einmal hoffen, Chancen zur politischen Intervention zu erhalten.

Von heute aus gesehen lässt sich aber auch belegen, dass die Führungsgremien beider Parteien das Anliegen und die Dynamik gerade dieser ideologischen Grundsatzgespräche lange Zeit unterschätzt haben. Die leicht abwertende Auffassung, lasst den »Ideologen« ihre »Spielwiese« – die wirkliche Politik wird sowieso woanders und von anderen gemacht, gab es zunächst bei der SPD ebenso wie bei der SED. Für das Leben und Überleben der DDR waren dem Politbüro die politischen und wirtschaftlichen Verhandlungen mit der Bundesregierung, die Kontakte und Aktivitäten von Mittag und Schalck-Golodkowski u.a. mit Strauß, Schäuble, Späth und Leisler Kiep wichtiger als die ideologischen Grundsatzdebatten zwischen Eppler, Reinhold und Genossen. Wirtschaftssekretär Mittag und Schalck-Golodkowski wurden so mit der Zeit für Honeckers Westpolitik zu den wichtigsten Personen. Zudem unternahm der ZK-Sekretär für internationale Verbindungen, Hermann Axen, alles, um »seine« sicherheitspolitischen Verhandlungen mit Egon Bahr und Karsten Voigt hoch- und den Dialog zwischen Eppler und Reinhold eher niedrig zu hängen. In den Politbürositzungen waren die Axen-Bahr-Gespräche und -Initiativen ständig Gegenstand gesonderter Informationen und Beschlüsse. Der Dialog zwischen der Grundwertekommission und der Akademie für Gesellschaftswissenschaften hingegen war nicht so unmittelbar zentralisiert. Er war nur einmal Thema ernsthafter Diskussion im Politbüro: als plötzlich ein »gemeinsames Papier« vorlag. Allerdings wurde Honecker von Otto Reinhold stets auf direktem Wege über diese Gespräche informiert. Und Honecker gab ihm wichtig erscheinende Berichte und Informationen Reinholds als Information für die Politbüromitglieder in Umlauf.

Ideologiesekretär Hager schließlich war zwar zuständig für die Akademie für Gesellschaftswissenschaften, aber eben nicht für die Westarbeit und den Dialog mit der SPD. Es gehörte zur Praxis der »kollektiven« Führung, dass keiner in den »Zuständigkeitsbereich« des anderen hineinreden durfte. Das kam Hager in diesem Fall entgegen, denn gleichberechtigte »Ideologiedebatten« mit der SPD schienen ihm von Anfang an nicht sehr geheuer. So meinte er, erst einmal abwarten zu können, um sich später gegebenenfalls von »außen« intervenierend zu Wort zu melden. Ernsthafte Fürsprecher und kritische Begleiter, die sich vernehmbar geäußert hätten, hatte der beginnende Dialog zwischen der Grundwertekommission der SPD und der Akademie für Gesellschaftswissenschaften in der Führung der SED nur wenige. Der deutlichste Befürworter war, nach Aussagen von Insidern, Honecker selbst. Doch Honecker war auch – wie sich immer deutlicher zeigen sollte – von dieser Form eines Ideologie-Dialogs, einer »intellektuellen Politik«, überfordert. Letzteres kann ebenso für die Mehrheit der Führungsriege und des ZK-Apparates gesagt werden. Das Besondere, genau genommen Einzigartige von bilateralen Debatten um die ideologischen Grundlagen beider Systeme wurde in der SED-Führung nicht reflektiert. Das galt weder für die darin liegenden Chancen noch für die tatsächlichen Risiken. Der langjährige Kenner des »großen Hauses« und leitende Mitarbeiter der Abteilung Wissenschaften, Gregor Schirmes, erinnert sich: »Soweit ich die Leute aus der Führung kenne, haben sich viele von denen überhaupt keinen Kopf darüber gemacht. So gab es bei vielen eben kein Problembewusstsein, beginnend mit Honecker oder wenn ich an Dohlus (Politbüromitglied, verantwortlich für Parteiorgane) denke oder an Margarete Müller und wie sie alle heißen mögen. Über ein Ressortdenken sind die meisten von ihnen doch nicht hinaus gekommen. Grundsatzdebatten gab es eben nicht.«[46]

So ging die Akademie für Gesellschaftswissenschaften in die Dialogrunden mit der Grundwertekommission der SPD zwar mit ausdrücklicher Zustimmung der SED-Führung, aber ohne spezielle »Anleitung«, ohne direkte Zielvorgaben, ohne klar umrissenes Ergebnis. Damit war ein gewisser Handlungsspielraum gegeben, ohne den ein ernsthafter Dialog nicht möglich ist. Am Postulat des ideologischen Klassenkampfes sollte natürlich nicht gerüttelt, der Marxismus-Leninismus offensiv vertreten, aber zugleich ein offener und konstruktiver Dialog mit der SPD geführt werden. Wie das im einzelnen gehen sollte, musste sich erst noch zeigen.

Die Gesprächsrunden und ihr wechselvoller Verlauf

Zwischen 1984 und 1989 fanden sieben Treffen statt, auf denen zu verschiedenen gesellschaftspolitischen Themen debattiert wurde.*

---

* Da es weder bei der SPD noch bei der SED Protokolle über die Gespräche gibt, werden die Themen der gemeinsamen Treffen hier so formuliert, wie sie in den ausführlichen Berichten der Akademie für Gesellschaftswissenschaften an Erich Honecker benannt wurden.

1. Treffen: »Technischer Fortschritt und Arbeit in unserer Zeit« vom 22.-24. Februar 1984 in Wendisch-Rietz am Scharmützelsee
2. Treffen: »Das Menschenbild im Sozialismus und Kapitalismus« vom 15.-17. November 1984 in Freudenstadt (Schwarzwald)
3. Treffen: »Gesetzmäßigkeiten in Geschichte und Gesellschaft und Bewusstseinswandlungen in der Welt von heute« vom 13.-14. Juni 1985 in Wendisch-Rietz
4. Treffen: »Friedliche Koexistenz und Sicherheitspartnerschaft. Ideologie und Frieden« vom 27. Februar - 1. März 1986 in Freudenstadt
5. Treffen: »Entwicklungsprobleme in der Dritten Welt und das Ringen um ihre Lösung« vom 27.-29. Oktober 1987 in Wendisch-Rietz
6. Treffen: »Fortschritt in der Welt von heute« vom 28.-30. April 1988 in Freudenstadt
7. Treffen: »Menschenrechte« vom 13.-15. April 1989 in Wendisch-Rietz.

Bei der letzten Zusammenkunft im April 1989 wurde für Februar oder März 1990 das nächste Treffen vereinbart, das sich mit den Gesellschaftskonzeptionen und dem Gesellschaftsbild beider Parteien beschäftigen sollte. Nach dem Programm-Parteitag der SPD im Dezember 1989 und vor dem SED-Parteitag wäre eine solche Diskussion – so die beiderseitige Überlegung – angebracht.

Die Übereinkunft, ein gemeinsames Positionspapier zu erarbeiten, wurde auf dem 4. Treffen im Februar 1986 getroffen (zur Entstehung und zur genaueren Charakterisierung dieses Papiers vgl. Kap. 2). Nachdem es im August 1987 verabschiedet worden war, bildete die Handhabung des Papiers, insbesondere seitens der SED, auf allen weiteren Treffen den Stoff für zumeist kontroverse Diskussionen. Dabei spielten auch jeweils aktuelle Anlässe eine beachtliche Rolle. So zum Beispiel die Hager-Rede mit ihrer indirekten und direkten Kritik an grundlegenden Passagen des Papiers (5. Treffen), die Ereignisse um die Zionskirche im Herbst 1987 und um die Luxemburg-Liebknecht-Demonstration vom Januar 1988 (6. Treffen) und das Thema Dialogverweigerung und Menschenrechtsverletzungen der SED (7. Treffen). Allein dies zeigt schon, dass die Auseinandersetzungen nie als allgemeine oder gar abstrakte, realitätsfremde Debatten geführt wurden.

An den einzelnen Treffen nahmen jeweils zwischen sieben und elf Vertreter beider Institutionen teil. Insgesamt waren von Seiten der SPD fünfzehn und von Seiten der SED dreiunddreißig Wissenschaftler einbezogen. Die Zusammensetzung der SPD-Kommission war konstanter als die der SED. Neben den Mitgliedern der Grundwertekommission* wurden nur zu einigen Treffen zusätzliche Experten einbezogen (zum 5. Treffen die Mitglieder des Bundestages Günter Verheugen und Alwin Brück). Die SED setzte vor allem auf Wissenschaftler der Akademie für Gesellschaftswissenschaften. Sie bildeten den »Kern« der Dialoggruppe. Hier, in der sogenannten »Gewi-Akademie«, liefen die Fäden der Gespräche mit der Grundwertekommission der SPD zusammen. Hier wurden auch die Berichte für Honecker erstellt. Als uneingeschränkter Chef fungierte dabei Otto Reinhold. Er entschied auch wesentlich darüber, wer von der Gewi-Akademie an den Gesprächen teilnahm und wer von anderen DDR-Institutionen eingeladen werden sollte. Innerhalb der Gewi-Akademie war es eine recht kleine Gruppe, die von Anfang an am Dialog mit der Grundwertekommission der SPD beteiligt war. An allen Treffen nahmen die beiden ZK-Mitglieder Otto Reinhold (Rektor der Akademie) und Erich Hahn (Direktor des Instituts für marxistisch-leninistische Philosophie der Akademie) teil. Darüber hinaus gehörten zu dieser Gruppe Rudi Weidig (Chef der Soziologen der Akademie), Harald Neubert (Leiter des Instituts für Internationale Arbeiterbewegung an der Akademie; seit dem 3. Treffen dabei). Es waren Wissenschaftler, die schon lange Zeit an der Akademie arbeiteten, sich dort einen Namen gemacht hatten und das persönliche Vertrauen von Otto Reinhold besaßen. Vom 4. (Februar 1986) bis zum 7. und letzten Treffen (April 1989) nahm auch ich regelmäßig teil, Otto Reinhold hatte mich zunächst wohl nur für die Diskussion der Thematik »Friedliche Koexistenz und Sicherheitspartnerschaft. Ideologie und Frieden« vorgesehen. Je nach Gegenstand wurden stets weitere Mitarbeiter der Akademie für Gesellschaftswissenschaften in einzelne Gesprächsrunden einbezogen; im Verlauf aller sieben Treffen insgesamt weitere 28 Wissenschaftler. Da »Parteilichkeit« in diesem Kreis vorausgesetzt werden konnte, sollte die jeweilige Fachkompetenz entscheiden. An den sieben Treffen nahmen je nach Beratungsthema auch Wissenschaftler der Universitäten Leipzig und Halle, des Instituts für Internatio-

---

* An den Beratungen nahmen von Seiten der Grundwertekommission der SPD teil: Erhard Eppler, Günter Brakelmann, Iring Fetscher, Richard Löwenthal, Klaus Mehrens, Thomas Meyer, Susanne Miller, Peter von Oertzen, Heinz Rapp, Burkhard Reichert, Johano Strasser, Reinhard Überhorst, Dorothee Vorbeck.

nale Politik und Wirtschaft Berlin, des ZK-Instituts für Sozialistische Wirtschaftsführung, der Akademie der Wissenschaften und der Hochschule für Ökonomie, der Pädagogischen Akademie der Wissenschaften und des Instituts für Arbeitswissenschaften Dresden teil. Seit der 4. Zusammenkunft im Februar 1986 waren auf Vorschlag der Grundwertekommission der SPD auch Medienvertreter anwesend. Aus der Bundesrepublik – ständig oder gelegentlich – Die Zeit, Der Spiegel, die Süddeutsche Zeitung, der Stern, die Frankfurter Rundschau, der Westdeutsche Rundfunk, das ZDF und der Evangelische Pressedienst. Aus der DDR Neues Deutschland, Einheit, horizont, Berliner Zeitung, Radio DDR und ADN (Allgemeiner Deutscher Nachrichtendienst).* Für die These über das ambivalente Verhältnis des ZK-Apparats und der Abteilung West zu diesen »Ideologiedebatten« spricht, dass lediglich bei den ersten Treffen der für die Kontakte zur SPD zuständige Mitarbeiter Karl-Heinz Wagner als Beobachter teilnahm.

Die Leitung der Treffen lag abwechselnd bei Erhard Eppler und Otto Reinhold. Beide verstanden sich darin sehr gut. Die Themen der folgenden Tagungen wurden von Fall zu Fall ausgehandelt. Große Differenzen gab es dabei nicht. Die Diskussionen zu den Themenschwerpunkten wurden jeweils durch knappe Einführungsreferate beider Seiten eröffnet. Nur zweimal, bei den Themen »Friedliche Koexistenz und Sicherheitspartnerschaft« und »Fortschritt heute«, tauschten die Beteiligten bereits im Vorfeld wechselseitig Thesenpapiere aus. Während aller Begegnungen wurde ganztägig im Plenum diskutiert. In den Pausen und in den Abend- und Nachtstunden gab es oft spontane, mehr und mehr individuell geprägte Gespräche, an denen sich auch die Journalisten, anders als im Plenum, rege beteiligten. Diese Abendgespräche gingen oft inhaltlich über die Tagespositionen hinaus und waren lockerer und unverkrampfter als die offiziellen Gesprächsrunden. Bei letzteren war selbst bei großer Aufgeschlossenheit nie zu über-

---

* Zum Kreis dieser Journalisten aus der Bundesrepublik gehörten u.a. Peter Bender (WDR), Carl-Christian Kaiser (Die Zeit), Dirk Sager (ZDF), Herbert Riehl-Heyse (Süddeutsche Zeitung), Hans Heigert (Süddeutsche Zeitung), Helmut Lölhöffel (Frankfurter Rundschau), Peter Pragal (Stern), Hans-Jürgen Röder (Evangelischer Pressedienst/ epd), Ulrich Schwarz (Der Spiegel). Zu den DDR-Journalisten gehörten u.a. Harry Klug (Einheit), Peter Kollewe (Neues Deutschland), Thomas Leinkauf (Berliner Zeitung), Hans-Joachim Raabe und Christa Runge (horizont), Harald Wessel (Neues Deutschland), Heinz Winter (Radio DDR).

sehen, dass sich eben »Vertreter« unterschiedlicher, ja entgegengesetzter Parteiinstitutionen gegenüber saßen und von den Medienvertretern genau unter die Lupe genommen wurden.

Nach anfänglichem »Abtasten« und wechselseitigen »Beobachtungen« entwickelte sich in den offiziellen Gesprächsrunden dennoch, so bestätigen es die Teilnehmer beider Seiten, bald eine sehr aufgeschlossene, fast kameradschaftliche Atmosphäre. »Kungeleien« jedoch gab es bei diesen Treffen nicht. Gegenseitiger Respekt und Bereitschaft zum wechselseitigen Lernen prägten die kontroversen Debatten. Nicht selten mussten die Diskussionsleiter Erhard Eppler und Otto Reinhold die Wogen glätten, die polemische Beiträge besonders von sozialdemokratischer Seite aufgewühlt hatten – allen voran jene von Richard Löwenthal, Thomas Meyer, Johano Strasser. Vor allem Meyer und Hahn lieferten sich oft hitzige Debatten. Resümierend schrieb Erhard Eppler 1988: »Es ging nicht darum, die andere Seite zu überzeugen, sondern sie zu verstehen. Alle waren neugierig zu erfahren, was sich auf der anderen Seite tat, was sich dort bewegte. Die Sozialdemokraten stellten, nicht ohne Verwunderung, auf der anderen Seite einen – bisher von außen nicht wahrnehmbaren – Prozess der Differenzierung, der Wandlung, der Öffnung fest, ein Ringen mit neuen Realitäten, das an dem Bild von der dogmatisch verhärteten Funktionärspartei rasch Zweifel aufkommen ließ.«[47]

Von Beginn an wurden die Diskussionen trotz der Gegensätze ausgesprochen sachlich, informativ und fundiert geführt. Peter Bender schrieb nach dem 4. Treffen: »Es waren gleichermaßen theoretische wie politische Köpfe, die da fast durchweg auf hohem Niveau diskutierten. Man blieb sachlich und ging freundlich miteinander um, man sprach deutlich, um nichts zu vernebeln, aber vorsichtig, um nichts zu verderben. Und vielleicht das Bemerkenswerte: Es fehlte aller Dogmatismus, alle Rechthaberei (…) Gerade die kommunistischen Vertreter sprachen selbstkritisch und tastend. Man müsse suchen, lernen, Erfahrungen sammeln, neu durchdenken, umdenken.«[48]

Betrachtet man die Gesamtheit der Gesprächsrunden, so verliefen sie nicht in einer kontinuierlichen Steigerung, sondern waren von unterschiedlicher Intensität. Nach den ersten anregenden und interessanten Debatten (1.-3. Treffen) wird das 4. Treffen von der Mehrzahl der beteiligten Akteure und von den Beobachtern als das spannendste angesehen. Carl-Christian Kaiser von der Zeit sprach nach dem 4. Treffen gar vom Beginn einer »faszinierenden Expedition«. Kein Zufall also, dass gerade hier die Idee geboren wurde, zu versuchen, das Ganze in einem gemeinsamen Papier zusammenzufassen. Die Verabschiedung dieses Papiers zeitigte ein neues, aber wie sich zeigen sollte, nur kurzes Hoch. Der erste Rückpfiff Hagers vom Oktober 1987, die Vorkommnisse im Zusammenhang mit der Umweltbibliothek und der Luxemburg-Liebknecht-Demonstration, die zunehmende Weigerung der SED, auf den frischen Ostwind zu reagieren, und die öffentlichen Polemiken der SED gegen kritische Stellungnahmen der Grundwertekommission der SPD zum innergesellschaftlichen Blockadeverhalten der SED veränderten die institutionellen und gesellschaftlichen Rahmenbedingungen. All das wirkte sich natürlich auch auf die Gespräche zwischen der Grundwertekommission und der Akademie für Gesellschaftswissenschaften aus. Die SED-Wissenschaftler gerieten unter doppelten Druck: seitens »ihrer« Führung und seitens der Erwartungshaltung der SPD-Vertreter, die den Geist des gemeinsamen Papiers mit Leben erfüllt sehen wollten. Auch wenn aus meiner Sicht die folgenden drei Treffen nicht so »unergiebig« und »unerfreulich« verliefen, wie es Erhard Eppler später sah, zeigte die Kurve nun doch mehr nach unten. Die Aufgeschlossenheit in der Gruppe der SED-Wissenschaftler wich nun Verkrampfungen, wissenschaftliche Argumente wurden nicht selten durch ideologische ersetzt.

Auf Seiten der SED-Wissenschaftler waren die Gespräche im Einzelnen gründlich vorbereitet worden. Oft bereiteten Experten die Materialien vor, trugen Zahlen und Fakten zusammen. Im Kreise der Teilnehmer der Akademie für Gesellschaftswissenschaften wurde im Vorfeld über inhaltliche Fragen der anstehenden Tagungen beraten. Es wurde überlegt, mit welchen Themen und Argumenten die Sozialdemokraten zu beeindrucken wären. Man wusste über die jüngsten Arbeiten zum Beispiel von Erhard Eppler, Iring Fetscher, Richard Löwenthal gut Bescheid. Vor allem Erich Hahn drängte, die weltanschaulichen Positionen von Vertretern der Grundwertekommission genauer zu erkunden. So wurden an seinem Institut auch spezielle Forschungsarbeiten zu Iring Fetscher und Thomas Meyer begonnen. Eine in der Akademie vorbereitete und mit dem ZK abgestimmte Linie der Gesprächsführung gab es jedoch nicht. Referate oder Konzepte mussten vorher nicht eingereicht werden. Auch Otto Reinhold, der Leiter der SED-Dialoggruppe, hatte die Referate nicht vorab genehmigen müssen. Das war verwunderlich, denn es gehörte ansonsten zu den Spielregeln der Akademie, dass jede Publikation eines Mitarbeiters durch die Leitung »freigegeben« werden musste. Auch gab es, wie ich selbst erfahren konnte, auf DDR-

Seite keine – wie die SPD-Kommission lange Zeit annahm – abgestimmten
»Rollenspiele«, keine Festlegungen, wer die »öffnende«, die »herausfor-
dernde« und wer die stramm »verteidigende« Funktion wahrnehmen sollte.
Differenzierungen, ja Meinungsunterschiede im Auftreten der Gesellschaftswissenschaftler der DDR waren nicht zu übersehen. Schon bei der ersten
Zusammenkunft wurden sie offensichtlich, was auch der sozialdemokratischen Seite auffiel. Vor allem von den Ausführungen Manfred Lötschs, einem in der Akademie und darüber hinaus anerkannten Soziologen, zeigte
man sich während des ersten Treffens angetan. Dass er an den weiteren
Tagungen nicht mehr teilnahm, so vermuteten die sozialdemokratischen
Gesprächspartner, könne nur mit seinen unkonventionellen und so ganz und
gar nicht dogmatischen Reden zusammenhängen. Tatsächlich gehörte Lötsch
aber zu jenen, die von Reinhold nur zu ihren »Fachthemen« in die Beratungen mit der SPD einbezogen wurden. Doch fand auch der viel zu früh ver-
storbene Manfred Lötsch wie andere Wissenschaftler der Gewi-Akademie
Möglichkeiten, seine Auffassungen in eine breitere Öffentlichkeit zu bringen. Gerade Mitte der achtziger Jahre gab es an der Gewi-Akademie so
etwas wie eine Aufbruchstimmung. Das, wie auch die Meinungsunterschiede
unter den Wissenschaftlern der SED, spürten, wie gesagt, auch die Vertreter
der Grundwertekommission. Und in der Berichterstattung der westdeutschen
Medien nahmen verständlicherweise diese Differenzen und die eher ungewöhnlichen Auffassungen einzelner SED-Wissenschaftler bald einen her-
ausgehobenen Platz ein, was freilich die Betreffenden in der DDR immer
wieder in Schwierigkeiten brachte. Die SED-Oberen forderten umgehend
Erklärungen und selbstkritische Stellungnahmen. Oft brachten die Kritisierten dann »Fehlinterpretationen« der »bürgerlichen Presse« zu ihrer Entschuldigung an. Wo es ging, hielt Otto Reinhold die Hand über den Geta-
delten, was ich ihm stets hoch anrechnete. Forderte das ZK jedoch eine
»Abrechnung«, konnte er sich dem letztlich nicht verschließen.

Tatsächlich gab es unter den DDR-Kollegen recht unterschiedliche Vorstellungen über Sinn und Anliegen dieses Dialogs, über die Rolle der Sozialdemokratie und vor allem darüber, was für die Entwicklung in der DDR
nützlich und was ihr eher zum Schaden gereichen könnte. Offen debattiert
wurde darüber jedoch nur selten. Was am Anfang – ob gemeinsamer Grundüberzeugungen – oft noch überdeckt wurde, zeigte sich ab 1988 und dann
vor allem 1989 immer deutlicher (siehe Kap. 3 und 8). Wie sich die DDR-
Wissenschaftler dem Spagat zwischen Legitimation und Dialog jeweils stell-

ten, hing natürlich auch von individuellen Prägungen und vom Platz des Einzelnen in der hierarchischen Struktur der Partei ab. Ein ZK-Mitglied musste natürlich noch mehr Rücksicht auf die »offizielle Linie« nehmen als ein wissenschaftlicher Mitarbeiter. Doch waren sie im Prinzip alle »Nomenklaturkader« der SED, also auf die Disziplin der Einheitspartei verpflichtet. Um so überraschender für die SPD die sich offenbarenden unterschiedlichen, undogmatischen und kritischen Auffassungen bei SED-Wissenschaftlern. Erhard Eppler und Thomas Meyer wollen gar drei Gruppen unter ihnen ausgemacht haben, darunter »wenige Reformer, die nur schwer verbergen konnten, dass sie mit uns einiger waren, als sie zugeben durften«.[49] Auch wenn die SED-Seite also keineswegs als »geschlossener Block« agierte, so waren, wie Erhard Eppler es rückblickend beschreibt, die vorgetragenen Auffassungen der Sozialdemokraten doch meist spontaner, eigenwilliger, unverkrampfter, bei einigen auch eindeutig polemischer. Doch am Ende, so Eppler, »passte alles zusammen«.[50]

Trotz der aufgeschlossenen Atmosphäre dominierten die Gegensätze, eine »Verbrüderung« fand nicht statt. Gerade weil die Linien in den Diskussionen nicht immer eindeutig entlang der beiden Kommissionen verliefen, gab es ein Verstehen.

Inhalte und neue Fragen

Dadurch dass in den Ideologiegesprächen die entgegengesetzten Wertesysteme, Gesellschafts-, Demokratie- und Menschenrechtskonzepte im Mittelpunkt standen und damit die substanzielle Verfassung von Sozialdemokraten und Einheitssozialisten, waren zugleich die Quellen der Spaltung der Arbeiterbewegung zum Gegenstand der Debatte geworden. Das war ein Novum. Konnte das gut gehen? Es war ein Experiment. Aber – wie es beiden Seiten damals erschien – ein lohnenswertes. Ihm lagen zwei Voraussetzungen zu Grunde.

Zum einen setzte sich auf beiden Seiten die Einsicht durch, dass das wachsende Misstrauen und die permanente Produktion von Feindbildern nicht nur die Folge des Ost-West-Konflikts und des Rüstungswettlaufs waren, sondern eine seiner entscheidenden Quellen. Die neue Devise lautete deshalb: Entfeindung der Ost-West-Beziehungen durch Entmilitarisierung des Denkens, durch Abbau der Feindbilder, durch Austragung der tatsächlichen geistigen und ideologischen Gegensätze als Versuch einer Kultur des Streits. Das war ein radikaler Neuansatz im Ost-West-Konflikt. Erhard Eppler und die Grundwertekommission der SPD haben dies früher und konsequenter formuliert als die Vertreter der Akademie für Gesellschaftswissenschaften. Doch das neue Denken in der Friedensfrage hatte auch dort Einzug gehalten. Davon zeugen so manche Publikationen aus jener Zeit, die auch bald im Westen Beachtung fanden. Ein Wandel vollzog sich auch in der Beurteilung der Sozialdemokratie. In diesem Zusammenhang wurden erste Schlussfolgerungen über einen Wettbewerb der Systeme und über eine Neugestaltung der Dialogpolitik mit der Sozialdemokratie gezogen. Dies alles bevor Gorbatschow in Moskau das »Neue Denken« in den internationalen Beziehungen verkündete. Sowjetische Gesellschaftswissenschaftler schauten damals eher etwas beunruhigt, auch ungläubig, auf diese Debatten unter DDR-Gesellschaftswissenschaftlern. Dass sich das später umkehren sollte, gehört zu den Belehrungen der Geschichte, ist aber für den Beginn dieses Dialogs noch nicht von Bedeutung.

Zum anderen sprangen beide Seiten über ihren Schatten, forderten nicht die Preisgabe der Identität des anderen, sondern akzeptierten diese erst einmal. Sozialdemokraten sollten durch diesen Dialog nicht zu Kommunisten, Einheitssozialisten nicht zu Sozialdemokraten werden. Besonders heikle Fragen, wie die zur Geschichte beider Parteien, wurden zunächst allerdings bewusst ausgespart. Beide versuchten nicht, den anderen »über den Tisch zu ziehen«. Auch dort nicht, wo die Gegensätze, die ich später beschreiben werde, unüberbrückbar blieben. Die Gespräche waren kein taktisches Spiel. Man hörte zu, nahm den anderen – ob man mit ihm übereinstimmte oder nicht – ernst, versuchte gar von ihm zu lernen. Das war bislang nicht typisch für die SPD und schon gar nicht für die SED. Das von der SED-Führung beanspruchte Monopol auf Wahrheit war nicht nur institutionell festgeschrieben, sondern in der Partei massenhaft sozialisiert. Ob sich die Parteiintellektuellen im Dialog mit der SPD davon wirklich befreien konnten, musste sich erst noch zeigen. Da gehörte mehr dazu, als interessante und anregende Ausführungen im kleineren Kreis.

Die von Otto Reinhold an Honecker weiter gereichten Berichte der Akademie über diese Treffen mit der Grundwertekommission der SPD geben das alles nur eingeschränkt wieder. Vor allem in den Berichten über die ersten Treffen waren freilich zumeist nur die Sozialdemokraten die »Lernenden«, die »Staunenden«, die allmählich ihre Vorurteile und »Illusionen«

abbauten. Schon im Bericht zum 1. Treffen hieß es: »Der Inhalt der Gespräche wurde weitgehend durch die von uns vorgetragenen Positionen und Erfahrungen bestimmt. Die Gäste waren überwiegend in der Situation der Fragenden und Reagierenden. Mit erstaunlicher Aufmerksamkeit wurden unsere Darlegungen zur Kenntnis genommen (...) Wie sich erneut zeigte, hatten die Vertreter der SPD keine Kenntnis über den Sozialismus von heute. Ihre Vorstellungen sind weitgehend von bestimmten Klischees bestimmt. Das wichtigste Ergebnis der Diskussion besteht deshalb darin, dass wir ihnen ausführlich unsere Politik und deren praktische Ergebnisse darlegen konnten.«[51] Selbst beim Thema Menschenbild, das auf dem 2. Treffen Gegenstand der Diskussion war, heißt es gleich zu Beginn des Berichts: »Der ganze Verlauf der Diskussion wurde im wesentlichen von uns bestimmt (...) Es wurde offensichtlich, dass sie (die Sozialdemokraten) bis heute keine klare Gesellschaftskonzeption besitzen. (...)«[52] In diesen Berichten widerspiegelte sich eingeübte Parteitaktik. Es musste immer der Eindruck vermittelt werden, dass die eigenen Positionen »offensiv« und »überzeugend« vorgetragen wurden und sie die andere Seite zumindest zum Nachdenken anregten. Dass eine »sozialdemokratische« Argumentation einen Marxisten überzeugt, gar zur Preisgabe einer zentralen Parteithese veranlasst hätte, war in diesen Berichten auszuschließen. Die Teilnahme am nächsten Treffen wäre damit gefährdet gewesen. Doch es bleibt genau so festzuhalten, dass die Überzeugung einer durch die marxistische Weltanschauung garantierten »geistigen Überlegenheit« in diesem Kreis der SED-Wissenschaftler weit verbreitet war. Doch in Wahrheit waren die Verhältnisse während der sieben Treffen ganz offensichtlich weniger eindeutig. Vorausgesetzt, man wollte in der Diskussion »bestehen«, ließen die dort diskutierten Fragen für beide Seiten, besonders aber für die SED-Wissenschaftler, kaum fertige, gar einseitige und stereotype Antworten zu. Rekonstruiert man einige dieser Fragen, so wird das recht deutlich.

Arbeitsfragen zum Thema technischer Fortschritt und Erwerbstätigkeit: Welches Konzept von Wirtschaftswachstum wird favorisiert und wie kann technischer Fortschritt mit sinnvoller Arbeit, sozialer Sicherheit und ökologischem Gleichgewicht verbunden werden? Wie entwickelt sich die Bedürfnisstruktur in der Bevölkerung der DDR und welchen Einfluss hat darauf die »Konsumgesellschaft« der Bundesrepublik? Oder: Wie gelingt eine Humanisierung der Arbeit – allein durch Verstaatlichung oder erst durch eine Demokratisierung am jeweiligen Arbeitsplatz?

Zum Thema Menschenbild: Ist ein festgefügtes Menschenbild Voraussetzung und Zielorientierung für die Politik einer Partei? Können Parteien und politische Systeme Menschen nach ihrem Willen verändern, formieren, gestalten? Setzt die Entfaltung der Individualität des Menschen mehr Zentralisierung oder mehr Pluralisierung voraus?

Zum Thema Gesetzmäßigkeiten und Bewusstseinswandlungen: In welchem Verhältnis steht das marxistisch-leninistische Prinzip von den Gesetzmäßigkeiten in Gesellschaft und Geschichte und deren kontinuierliche Höherentwicklung zum experimentellen Charakter von Politik und der Offenheit der Geschichte?

Zum Thema Koexistenz und Sicherheitspartnerschaft, Ideologie und Frieden: Ist das sowjetische Konzept der friedlichen Koexistenz mit dem der Sicherheitspartnerschaft vereinbar? Gilt im Atomzeitalter noch die marxistisch- leninistische Unterscheidung von gerechten und ungerechten Kriegen? Können sich beide Seiten auf die Formel »Wandel durch Wettbewerb« einlassen? Wie stehen beide Parteien zur Friedens- und Reformfähigkeit des jeweils anderen Systems? Was ist eine »friedensfähige Ideologie« und was sind die Grundsätze einer neuen »Kultur des Streits«?

Zum Thema Entwicklungsprobleme und Dritte Welt: Wo liegen die Quellen von Unterentwicklung heute (Neokolonialismus, Verhalten des internationalen Währungsfonds und der transnationalen Konzerne, Systemkonkurrenz und weltweite Arbeitsteilung) und wo die Lösungsansätze für deren Überwindung (in nachahmenden sozialistischen oder kapitalistischen Entwicklungsmodellen oder in der beiderseitigen Unterstützung eigener, den spezifischen Bedingungen und Traditionen dieser Länder entsprechender Wege)?

Zum Thema Fortschritt heute: Gibt es eine Ost und West gleichermaßen kennzeichnende Fortschrittskrise? Warum halten die Marxisten-Leninisten noch immer an dem eindimensionalen ökonomischen Fortschrittsglauben fest? Brauchen wir gegenüber dem traditionellen Fortschrittsverständnis in der Arbeiterbewegung nicht ein ganz neues Fortschrittskonzept?

Zum Thema Menschenrechte: Sind Menschenrechte »überpositive Normen«, also absolute Werte, angeborene Rechte, ewige Ansprüche der Menschen oder sind sie historisch bzw. durch den Klassencharakter der Gesellschaft bedingt? Wo liegen die strukturellen Garantien der Grundrechtsverwirklichung – in der Vergesellschaftung der Produktionsmittel, der politischen Macht der Werktätigen oder in Rechtsstaatlichkeit, Gewaltenteilung,

Meinungspluralismus und gesellschaftlicher Öffentlichkeit? Ist das Wahrheits- und Entscheidungsmonopol einer Partei nicht das Haupthindernis für eine effiziente Menschenrechtsverwirklichung in der DDR?

Übereinstimmungen, Differenzen, Gegensätze

Die Fragestellungen zeigen, dass ein solcher Grundsatzdialog eine ungewöhnliche Herausforderung für die Wissenschaftler der SED darstellte. Aber auch für die Mitglieder der SPD-Grundwertekommission waren die Gespräche keine Routineangelegenheit. Nicht nur bei aktuellen Fragen, sondern auch bei einigen theoretisch-politischen Positionen gab es deutliche Anzeichen von Annäherungen und Übereinstimmungen. Am deutlichsten wurde dies auf der 4. Tagung, als die Thematik friedliche Koexistenz und Sicherheitspartnerschaft auf der Tagesordnung stand. Die Übereinstimmungen betrafen, wie bereits erwähnt, vor allem die Erkenntnis, dass der Frieden nicht mehr gegeneinander, sondern nur noch miteinander, das heißt durch gegenseitige und gleiche Sicherheit, durch Verzicht auf militärische Überlegenheit und auf Destabilisierung der anderen Seite gewährleistet werden kann. Diese seit Beginn der achtziger Jahre gereifte Erkenntnis bedeutete einen tiefgreifenden Bruch mit dem bislang in Ost und West dominierenden Denken über Krieg, Frieden und Sicherheit.

Auch bei der Tagung zum Thema Fortschritt gab es Annäherungen und Übereinstimmungen, obgleich das Treffen in der Presse der Bundesrepublik wie auch in Erhard Epplers Rückbesinnung ein eher kritisches Echo fand. Der Begriff Fortschritt wurde zwar unterschiedlich definiert, es bestand aber Einigkeit darin, dass es gegenüber dem Fortschritt kein prinzipielles »Für oder Wider« geben könne, sondern lediglich die Art und Weise der Einflussnahme und der politischen Gestaltung zu diskutieren sei. Systemübergreifende Konflikte und Krisenerscheinungen wurden beiderseits wahrgenommen und thematisiert. Während die Sozialdemokraten die Möglichkeit der Gestaltbarkeit von Fortschritt viel zurückhaltender als in früheren Zeiten der Arbeiterbewegung bewerteten, sahen die Marxisten dies nach wie vor recht optimistisch, das heißt – wie man heute weiß – ziemlich illusionär.

Selbst beim letzten Zusammentreffen im April 1989, als auf Vorschlag der Akademie für Gesellschaftswissenschaften die Fragen der Menschenrechte zur Diskussion standen, gab es trotz der grundlegenden Differenzen noch einige übereinstimmende Positionen. So darin, dass Frieden zwar einerseits eine absolute Voraussetzung für die Realisierung von Menschenrechten sei, aber die Verwirklichung der Menschenrechte und die entsprechende internationale Kooperation habe andererseits eine qualitativ neue Bedeutung für Frieden, Entspannung und politisches Vertrauen zwischen den Staaten und Völkern erlangt. Während der erste Teil dieser Aussage seit längerem zum Standard der Ost-West-Debatte der siebziger und achtziger Jahre gehörte, war der zweite Teil – Menschenrechte als Voraussetzung für Friedenssicherung und Entspannung – vor allem auf östlicher Seite eine neue Akzentuierung. Das galt ebenso für meine Feststellung im Einführungsbeitrag, dass die Veränderung der Eigentums- und Machtstrukturen keine Garantie für die Verwirklichung der Menschenrechte sei. Natürlich gäbe es auch einen Zusammenhang zwischen der historischen Entwicklung, der sozialen Lage und der Menschenrechtsverwirklichung, aber Menschenrechte dürften nicht als Geschenk des Staates verstanden werden, sie seien jedem Menschen eigen. In diesem Sinne hätten sie einen absoluten Wert. Es sei auch nicht angemessen, soziale und individuelle Rechte gegeneinander auszuspielen. Das Ideal der Sozialisten bleibe die freie Entfaltung der Persönlichkeit.

Am zweiten Tag, als schon mehrere Referate gehalten und die Diskussion fortgeschritten war, zog Erhard Eppler eine erste Bilanz. Mit Bezug auf die Ausführungen der DDR- Wissenschaftler stellte er fest, dass es in drei wichtigen Punkten Konsens gäbe: über die reale Nutzung der Menschenrechte entscheide ganz wesentlich die soziale Stellung, die »Klassenstellung« der Menschen; die Veränderung der Eigentumsverhältnisse (Verstaatlichung im Sozialismus) reiche nicht aus, um die Menschenrechte zu verwirklichen; und: Menschenrechte bildeten eine Einheit und seien unteilbar.

Weniger überraschen konnten die übereinstimmenden Auffassungen zum Thema Entwicklungspolitik. Aber auch hier waren beiderseits neue Akzente zu hören. So war man sich einig, dass es zur schrittweisen Förderung der Entwicklungsländer systemübergreifender Kooperationen und Politiken bedarf. Die Verbesserung der Situation dieser Länder, so hieß es selbst im Bericht der Akademie für Gesellschaftswissenschaften an Honecker, »ist nicht durch einfaches ›Überstülpen‹ von Erfahrungen oder Modellen des sozialistischen und des kapitalistischen Gesellschaftssystems möglich. Es gibt keine universell gültigen Modelle. Unterstützung für Entwicklungsländer muss mit der Mobilisierung ihrer eigenen Ressourcen und der Durchsetzung ihrer eigenen Wertmaßstäbe verbunden sein (...) Sie (die Entwicklungsländer) dürften nicht zum Gegenstand der Systemauseinandersetzung zwischen Sozialismus und Imperialismus gemacht werden. Die Politik der Einfluss- und Interessensphären in der Dritten Welt muss abgelehnt und bekämpft werden.«[53] Die Entwicklungsländer müssten, auch da war man sich einig, einen neuen, gleichberechtigten Platz in der Weltwirtschaft erhalten. Das erfordere nicht zuletzt eine grundlegende Reform des Internationalen Währungsfonds (IWF), der keinen Spielraum für eigenständige Entwicklungen einräume und zur »Rekolonialisierung« führe. Nötig sei zudem ein Verhaltenskodex für transnationale Konzerne.

Viele dieser Übereinstimmungen kamen zustande, weil beide Kommissionen sich mit wandelnden sozialen Realitäten konfrontiert sahen, neue Erfahrungen sammelten und bemüht waren, dies in ihren theoretischen Konzepten kritisch zu verarbeiten. Es war die Zeit, in der die SPD und die Sozialistische Internationale sich inmitten ihrer Programmdebatten befanden. Auch in den Gesellschaftswissenschaften der DDR gab es damals – oft intern – vielfältige Diskussionen und neue Überlegungen. In einigen anderen osteuropäischen Ländern war diese Diskussion inzwischen schon weiter fortgeschritten. Diese Annäherungen der Positionen im Dialog gingen mehr von den DDR-Gesellschaftswissenschaftlern aus, ohne dass diese ihre Identität, ihre eigenen Gesellschaftsvorstellungen dabei preisgegeben hätten. Im Kern waren sie überzeugt, im Prinzip die richtigen Antworten zu besitzen oder sie zumindest mit dem vorhandenen Instrumentarien erarbeiten zu können. Zweifel wurden meist verdrängt und nur selten gegenüber dem sozialdemokratischen Partner offen eingestanden. Das, so glaubte man, »zieme« sich nicht, und in Berlin verfolgten schließlich nicht nur Freunde, sondern auch manch misstrauische Genossen das Geschehen. Die vorhandenen, wechselseitigen Lerneffekte, die sich aus den Debatten ergaben,[54] wurden von beiden Seiten nur wenige Male eingeräumt. Tatsächlich aber waren sie beachtlich. Sie betrafen zum Beispiel die Forderung an die SED-Seite, in der Politik den anthropologischen Aspekten größere Bedeutung zukommen zu lassen. Nachdenken und Zustimmung bewirkten auch die von SPD-Seite vorgetragenen Auffassungen über die zunehmende Ambivalenz des technischen Fortschritts, ihre Überlegungen zu friedensfähigen Ideologien und zur unabdingbaren Einheit der Menschenrechte und deren strukturelle sowie juristische Garantien.

Eine Einbahnstraße waren die theoretisch-politischen Debatten aber nicht. Auch von sozialdemokratischer Seite gab es damals manche Zeichen, dass sie nicht nur aufgeschlossen zuhöre, sondern hin und wieder auch eigene Positionen kritisch zu durchdenken beabsichtige. Bereits beim 1. Treffen hob Erhard Eppler in seinen Schlussbemerkungen hervor, dass die Erwartungen der Grundwertekommission übertroffen worden seien und dieser Dialog historischen Charakter trage.[55] In seinem Schreiben an Otto Reinhold vom 10. April 1984 stellte er dann nochmals fest:»Dieses Gespräch hat für uns viele wertvolle Einsichten und Anregungen gebracht. Alle Teilnehmer stimmen darin überein, dass dieser Erfahrungsaustausch eine gute Sache war und dass der Verlauf des Gesprächs Anlass für eine Fortsetzung bietet. In diesem Sinne haben wir auch in unseren Führungsgremien berichtet.«[56] Besonderes Interesse hatten während der ersten Diskussionen die Ausführungen von DDR-Wissenschaftlern über praktische Erfahrungen bei der Verbindung von Leistungsprinzip und Sozialpolitik gefunden sowie ihre Überlegungen zu den Folgen des wissenschaftlich-technischen Fortschritts für die Arbeitsprozesse in den Betrieben. In den nachfolgenden Treffen waren es vor allem die Ausführungen von DDR-Wissenschaftlern zur Neudefinition von friedlicher Koexistenz, zu einem Kodex des Systemwettstreits und zur Ko-Evolution von Ost und West, die bei Mitgliedern der SPD-Grundwertekommission besondere Aufmerksamkeit erregten.

Natürlich traten in allen Debatten auch Gegensätze deutlich zutage. Darin spiegelte sich die unterschiedliche Stellung beider Parteien im jeweiligen gesellschaftlichen System: die SED als staatstragende Partei, die SPD als systemimmanente, sich z.Z. in der Opposition befindliche Partei. Legitimation, Akzeptanz und Kritik der jeweiligen Ordnung erhalten dadurch ein je unterschiedliches Gewicht. Während bei den SED-Wissenschaftlern zumindest hinsichtlich der bestehenden Ordnung der Legitimationsdruck dominierte, ging bei den Mitgliedern der SPD-Grundwertekommission die grundsätzlich gegebene Akzeptanz der westlichen Systeme meist mit einer Kritik derselben einher. Insgesamt aber wäre es zu einfach, die gegensätzlichen Positionen allein aus der jeweiligen Stellung im Regierungssystem zu erklären. Das marxistisch-leninistische Wahrheitsmonopol auf der einen und der demokratisch-sozialistische Meinungspluralismus auf der anderen Seite und die sich daraus ergebenden relativ geschlossenen oder relativ geöffneten Denkmodelle spielen demgegenüber eine viel nachhaltigere Rolle. Prägend für die Gegensätze war das unterschiedliche Verständnis vom

Verlauf der Geschichte, den ihr zugrunde liegenden Triebkräften und den von ihr »hervorgebrachten« Gesellschaftsordnungen. Dem historischen Materialismus folgend, beharrten die Marxisten aus der DDR darauf, dass dem Geschichtsverlauf objektive Gesetzmäßigkeiten zugrunde liegen, die eine beständige Höherentwicklung bewirken und letztlich weltweit zum Sozialismus/Kommunismus führen. Der reale Sozialismus sei, bei aller Unvollkommenheit, die bislang höchste Stufe des gesellschaftlichen Fortschritts, eben das gesetzmäßige Resultat der gesellschaftlichen Formationsabfolge und des Kampfes der Arbeiterbewegung. Diese Auffassung vom Sozialismus wurde hinsichtlich ihrer Basiselemente vor allem an die Verstaatlichung, die Vergesellschaftung der Produktionsmittel und an die »politischen Macht der Arbeiterklasse« in Gestalt der führenden Rolle der marxistisch-leninistischen Partei und an den demokratischen Zentralismus gebunden.[57] Solche Positionen wurden von den Mitgliedern der SPD-Grundwertekommission ohne Einschränkung verworfen. Sie rückten die handelnden Menschen und ihre Ambivalenzen in den Mittelpunkt der Geschichtsbetrachtung. Geschichte war für sie keine gesetzmäßige Höherentwicklung, sondern ein relativ offener Prozess. Der Realsozialismus war für Sozialdemokraten, obgleich sie im Detail einige interessante und (damals) nachahmenswerte Entwicklungen konstatierten, keine ernsthafte Alternative zu den kapitalistischen Demokratien des Westens. Gerade weil sich die meisten Mitglieder der Grundwertekommission zu jener Zeit noch zum demokratischen Sozialismus bekannten, war für sie Sozialismus eher Werteorientierung, gesellschaftliche Bewegung, ein ständig anzustrebendes Ziel, aber keine fertige Ordnung. Sozialismus in ihrem Sinne war an konsequente Demokratie, Freiheit des Individuums, Chancengleichheit und soziale Gerechtigkeit gebunden. Die Eigentumsfrage im klassischen Sinne spielte für die Grundwertekommission keine entscheidende Rolle mehr. Vielmehr wurden Ähnlichkeiten zwischen Sozialismus und Kapitalismus konstatiert, so bei der Produktivkraft- und Bedürfnisentwicklung und beim Wertewandel. Ein dritter Weg schien ihnen erforderlich; für die DDR-Gesellschaftswissenschaftler zu jener Zeit ein, zumindest öffentlich, nicht zu diskutierendes Thema.

In einem gesonderten Anhang zum Bericht an Honecker über das dritte Treffen wird ganz in diesem Sinne festgehalten: »Das Bestreben (der SPD-Vertreter, R.R.) war deutlich, über die Leugnung der Objektivität der Gesetzmäßigkeiten die Notwendigkeit und den Charakter des realen Sozialis-

mus in Abrede zu stellen (...) Der marxistisch-leninistischen Gesetzesauf-
fassung wurde eine heilsgeschichtlich-hegelianisierende Tendenz unterstellt.
Eine nicht geringe Rolle spielte der Versuch, das Festhalten des Marxismus-Leninismus am Charakter objektiver Gesetzmäßigkeiten als Ursache
und Ausdruck der Intoleranz und ›Unfähigkeit zum Dialog‹ zu interpretieren (...) Insgesamt trat in den weltanschaulichen Positionen der Grundwertekommission der Einfluss des kritischen Rationalismus, der ›Theorien kom-
munikativen Handelns‹ (Habermas, Apel) sowie christlich begründeter
ethischer und anthropologischer Auffassungen deutlich zutage. In dieser
Einschätzung werden wir durch vorliegende Publikationen der Kommissi-
onsmitglieder bestärkt.«[58]

Dieser Hintergrund prägte auch die gegensätzlichen Auffassungen in
anderen Debatten, etwa die Diskussionen zum Menschenbild. Die Rekla-
mation eines von oben bestimmten Menschenbildes sei, so die sozialdemokratische Seite, schon als erster Schritt zu einer Politik zu werten, dieses
Menschenbild mit Gewalt und Zwang durchsetzen zu wollen. Das »Gegen-
argument«, in einer offenen Situation hätten konservative Kreise allein durch
ihr ökonomisches Potential nahezu unbegrenzte Möglichkeiten der Beein-
flussung der öffentlichen Meinung und damit zur Fixierung eines Menschenbildes, dem man nicht erliegen dürfe, konnte die Sozialdemokraten nur wenig
überzeugen. Tiefgreifende weltanschauliche und theoretische Gegensätze
zeigten sich auch in der Diskussion zur Frage des Fortschritts. Während die
eine Seite (SED) eine Beschleunigung der Entwicklung der Produktivkräfte befürwortete, redete die andere (SPD) eher der Entschleunigung das Wort.

Dass die Debatte zu den Menschenrechten im April 1989 nicht sonderlich harmonisch verlaufen würde, war allseits erwartet worden. Gerade deshalb war es überraschend, dass sich schon eingangs – wie bereits beschrieben – Übereinstimmungen zeigten. Auch in den nachfolgenden Gesprächen
zu konkreten Menschenrechtsfragen kam es, wenn auch nur partiell, zu ähnlichen Wertungen. Beide Seiten betonten, dass es nicht nur um die Frie-
dens-, sondern gerade auch um die Menschenrechtsfähigkeit beider Systeme gehe. Notwendig sei es deshalb, dass Ost und West auch in einen Dialog
über die Menschenrechte einträten. Die Einheit und Unteilbarkeit der Grundrechte der Bürger wurde von allen anerkannt, doch setzten die Parteien in
der Diskussion je unterschiedliche Prioritäten. Die SED betonte die sozialen und die SPD die individuellen Freiheitsrechte. In die Defensive gerieten die DDR-Wissenschaftler, als sie mit Fragen, wie den folgenden, kon-

frontiert wurden: Wenn Sie den Dialog über die Menschenrechte bejahen, warum wird er in der DDR dann nicht geführt? Wie lässt sich der Monopolanspruch der SED auf Wahrheit mit einem offenen gesellschaftlichen Diskurs vereinbaren? Sind tatsächlich die Eigentumsverhältnisse das entscheidende Kriterium für die Verwirklichung und Nutzung der Bürgerrechte oder bedarf es hierzu nicht eher spezieller Bürgerrechtsgarantien?

Die Gegensätze brachen dann besonders schlagartig auf, als es um Menschenrechtsdefizite in beiden Gesellschaftssystemen ging. Susanne Miller von der Grundwertekommission der SPD benannte solche Defizite in westlichen Systemen, speziell in der Bundesrepublik, ohne Umschweife: die Arbeitslosigkeit, die Lage der Ausländer in der Bundesrepublik, der Extremistenbeschluss, die mangelnde Wiedergutmachung von Opfern der NS-Verbrechen, die Verletzung der Würde der Frau (abzulesen u.a. am Prozess gegen einen Arzt aus Memmingen, der Schwangerschaftsabbrüche vorgenommen hatte).

Auf diese Defizit-Diskussion hatte sich die DDR-Seite – im Unterschied zu den anderen Diskussionspunkten dieses Treffens – nicht speziell vorbereitet. Und das, obgleich zu dieser Gesprächsrunde viele DDR-Wissenschaftler eingeladen wurden, die sich mit der Frage der Menschenrechte in der DDR und im internationalen Kontext beschäftigten. Otto Reinhold, der Leiter unserer Delegation, hegte in Vorbereitung der Tagung die Hoffnung, die anderen Fragen wären so brisant und würden so lange diskutiert, dass man zu diesem am Schluss angesiedelten Punkt nicht mehr kommen würde. Aber weit gefehlt. Die SPD-Seite machte gerade diese Frage, obgleich dafür tatsächlich nur noch kurze Zeit zur Verfügung stand, zur Gretchenfrage für die Ernsthaftigkeit und Glaubwürdigkeit der SED-Vertreter im Menschenrechtsdialog. Der schnell per Handzettel durch Otto Reinhold zur Entgegnung aufgeforderte DDR-Wissenschaftler Max Schmidt, ein anerkannter Imperialismusforscher vom IPW, der sich nun gerade nicht speziell mit der DDR beschäftigte, sprach über »neue Herausforderungen für die gesellschaftliche Entwicklung«, über globale Probleme und Menschenrechte, auch über das »Spannungsfeld zwischen sozialistischen Rechtsnormen und gesellschaftlicher Wirklichkeit«, nicht aber konkret über Menschenrechtsdefizite in der DDR. Der Versuch der gesamten DDR-Seite, Missstände und Versäumnisse bei der Verwirklichung der Menschenrechte in der DDR diskursiv zu umgehen, zu beschönigen und zu bemänteln, führte bei den SPD-Vertretern zu Enttäuschung, stellenweise auch zu heftiger Polemik. Johano

Strasser platzte der Kragen: »So kann das nicht weiter gehen«, die Bevor-
mundungspraxis in der DDR sei Ausdruck des »spießigen Gehabes einer
Macht-Elite«, die um ihre Monopolstellung fürchte. Die Ideologie des Marxismus-Leninismus sei für ihn ein »toter Hund«. Er fragte die SED-Genossen, ob die Verweigerung von Menschenrechten in der DDR historisch wirklich noch notwendig sei. Dies alles ramponiere das sozialistische Experiment,
was auch der Linken im Westen schade. DDR-Wissenschaftler versuchten
nun noch zu retten, was zu retten war, verwiesen auf die neuen kritischen
Ansätze in der Menschenrechtsdiskussion im sozialistischen Lager, die auch
um die DDR keinen Bogen mehr machen werde, benannten weiterführende
Auffassungen, die nun auch in jüngsten wissenschaftlichen Arbeiten der
DDR entwickelt wurden.* Der DDR-Korrespondent vom Hamburger Stern,
Peter Pragal, der an der Beratung teilnahm, schrieb kurze Zeit danach: »Und
schließlich macht dann auch Rolf Reißig in offener Diskussion deutlich,
dass es offenbar quer durch die SED Meinungsstreit in dieser Frage gibt.
Als wolle er den verheerenden Eindruck verwischen, den seine Kollegen
gemacht haben, sagte er zwei bemerkenswerte Sätze: ›Menschenrechte sind
keine Gabe des Staates.‹ Und: ›Dialog verlangt auch den Meinungsaustausch
über Fehler, Versäumnisse und Widersprüche.‹«[59] Die konkreten Menschenrechtsdefizite und -verletzungen in der DDR jedoch sprach bei diesem Treffen niemand an, auch ich nicht. Die Situation für die anwesenden DDR-
Wissenschaftler war sicher nicht leicht, denn die SED-Führung hatte
Menschenrechtsdefizite in der DDR zum absoluten Tabuthema erhoben und
zu einer vom Westen initiierten, groß angelegten »Verleumdungskampagne«
erklärt, die das Ziel habe, die DDR zu destabilisieren. Die Grundwertekommission habe sich mit ihrer Erklärung vom März 1989 darin eingereiht.
Dem müsse »offensiv« begegnet werden. Das alles konnten die sozialdemokratischen Gesprächspartner nicht wissen. Eine Entschuldigung für das
Verhalten der DDR-Wissenschaftler ist dies aber keineswegs. Die Vermutung, dass dieser Eklat – zumindest auf SPD-Seite – nicht ohne Folgen für
die weiteren Gespräche bleiben würde, ja für die gesamten Beziehungen
zwischen beiden Institutionen, lag nahe. Erhard Eppler berichtete später,

---

*   So hatte unter Leitung von Frank Berg und mir eine internationale Arbeitsgruppe,
     vertreten v. a. durch sowjetische, ungarische und polnische Wissenschaftler, eine Stu-
     die über die Menschenrechtsentwicklung im Sozialismus und im Systemwettstreit er-
     arbeitet, die mit fast allen alten Tabus brach (vgl. Kap. 3).

dass er und die Grundwertekommission anschließend zu der Meinung gekommen seien, die Fortsetzung der Gespräche ergäbe keinen Sinn mehr. »Aber das Präsidium folgte der Kommission nicht. Es wollte keine spektakulären Abbrüche. Überdies fürchteten viele in der DDR, die SED könnte dann das Gemeinsame Papier für erledigt, für nichtig erklären.«[60] In dem Bericht Otto Reinholds an Erich Honecker fiel die Wertung anders aus: »Insgesamt wurde, trotz gravierender unterschiedlicher Auffassungen und streitbarer Diskussion das Treffen von beiden Seiten positiv bewertet. Eppler unterstrich, dass sich inzwischen eine solche Qualität der Beziehungen herausgebildet habe, die auch Belastungen besser bewältigen könne.«[61] Mag dies auch eine in solchen Berichten übliche Beschwichtigung der SED-Führung sein, Tatsache bleibt, dass beide Seiten offiziell vereinbarten, sich im Frühjahr 1990 wieder zu treffen. Mögliches Thema: Die Gesellschaftskonzepte beider Parteien.

2

Das gemeinsame SPD-SED-Papier von 1987: Entstehung, Entscheidungen, Erwartungen

Entstehung

Hätte jemand zu Beginn der Gespräche die Erarbeitung und Publikation eines gemeinsam verfassten Papiers vorgeschlagen, wäre er mit Sicherheit auf Unverständnis gestoßen. Erst beim 4. Treffen im Februar 1986 in Freudenstadt entstand eine Situation, die die Idee für ein solches Projekt möglich machte. Bei dieser Zusammenkunft sollte ausgelotet werden, was die Priorität der Friedenssicherung, auf die sich beide Seiten inzwischen verständigt hatten, für den Streit der gesellschaftlichen Systeme und Ideologien bedeuten könnte. Erstmals waren zur Vorbereitung des Treffens Thesenpapiere ausgetauscht worden. »Konzept und Politik der friedlichen Koexistenz« nannte die Akademie für Gesellschaftswissenschaften ihr von Harald Neubert verfasstes Papier, »Für eine Kultur des politischen Streits zwischen Ost und West, die den Frieden sichert« hieß der von Thomas Meyer erstellte Text für die Grundwertekommission der SPD.

In einer kurzen, das Treffen im Schwarzwald vorbereitenden Diskussionsrunde der DDR-Teilnehmer hatten die vorgelegten Thesen der Akademie Zustimmung gefunden. In einem weiteren Statement sollten während der Zusammenkunft mit der SPD-Grundwertekommission Überlegungen vortragen werden, welche Folgerungen sich aus dem Konzept einer gemeinsamen Sicherheit für die Beziehungen zwischen den Gesellschaftssystemen in Ost und West ergeben könnten. Da Otto Reinhold mich als Referenten für diese Aufgabe vorgesehen hatte, war ich bei dem Vorbereitungstreffen zum ersten Mal in die Gespräche einbezogen. Inhaltliche Vorgaben für das Referat gab es überraschenderweise nicht. Das Thesenpapier von Thomas Meyer löste in der Beratungsrunde der Akademie zunächst Verwunderung und Irritation aus. Denn was habe eine »Kultur des Streits« mit dem Thema »Friedliche Koexistenz und Sicherheitspartnerschaft« zu tun? Bei genauerem Hinsehen waren diese Thesen jedoch ein prononcierter Vorschlag, wie die entgegengesetzten sozialen Systeme im Nuklearzeitalter mit ihren politischen und ideologischen Konflikten umgehen könnten. Auf dem Treffen in Freudenstadt wurden die Thesen Meyers zum Gegenstand eines heftigen, aber fruchtbaren Streitgesprächs. Das Thesenpapier ging davon aus, dass der Kern des Ost-West-Konflikts in den unterschiedlichen Interessen und Anschauungen darüber läge, wie die politischen und sozial-ökonomischen Grundfragen zu beantworten seien. Das betreffe vor allem die Rolle und Organisation der Demokratie, die Struktur der staatlichen und gesellschaftlichen Organisation, die Sicherung der Menschenrechte, die Legitimationsgrundlagen politischer Herrschaft und das Verhältnis von Individuum und Gesellschaft. Da politische und ideologische Konflikte zwischen beiden Systemen unvermeidlich seien, müsse es darum gehen, die Art und Weise der Austragung dieser Konflikte zu verändern. Oberster Grundsatz dabei sei, die Sicherung des Friedens zu respektieren. Beide Seiten hatten sich in der Vergangenheit gegenseitig als unfriedlich und expansiv wahrgenommen. Und tatsächlich hatten bislang beide einen universalistischen Legitimationsanspruch erhoben, das andere System weder für legitim noch für legitimierbar gehalten und langfristig dessen Überwindung zumindest als wünschenswert angesehen. Notwendig sei nun, grundsätzlich die Friedensfähigkeit des jeweils anderen anzuerkennen. Dies bedinge den Abbau der Feindbilder, nicht aber die Verschleierung der gesellschaftlichen und ideologischen Gegensätze. Es müsse deshalb eine politische Streitkultur entwickelt werden, die den Frieden sichere, aber gleichzeitig eine offene Beurteilung der gesellschaftspolitischen Verhältnisse in Ost und West möglich mache. Kriterien dieser Streitkultur seien das Prinzip der Parität, wonach keine Seite für sich ein Recht auf Kritik in Anspruch nehmen dürfe, ohne dieses auch der anderen Seite in gleicher Weise zuzubilligen. Kritik dürfte nicht als Einmischung in die inneren Angelegenheiten der anderen Seite zurückgewiesen werden.[1]

Die Thesen der Akademie für Gesellschaftswissenschaften von Harald Neubert spiegelten das damals neue Verständnis von Krieg und Frieden im Nuklearzeitalter wider, erläuterten angesichts der potenziellen und realen atomaren Bedrohung das Prinzip der friedlichen Koexistenz, seine geschichtliche Entwicklung sowie seine Beurteilung aus marxistischer Perspektive. »Das Konzept der friedlichen Koexistenz«, so wurde betont, »schließt die Anerkennung der legitimen Sicherheitsinteressen beider Seiten und die Idee

der gemeinsamen Sicherheit ein (...) Friedliche Koexistenz schließt ein,
dass jede der beiden Seiten der anderen prinzipiell die Fähigkeit zur friedlichen Koexistenz zuspricht (und nicht abspricht durch Verteufelung des
anderen Systems als Reich des Bösen). Die Haltung der sozialistischen Staaten hierzu ist klar und unzweideutig: Sie betrachten Rüstungs- und Kriegs-
politik imperialistischer Staaten als systemadäquat, aber nicht als system-
notwendig, d. h. nicht als Existenznotwendigkeit für das kapitalistische
System. In diesem Sinne ist das kapitalistische System an Erfordernisse der
friedlichen Koexistenz anpassungsfähig (...).«[2] Zur Neuformulierung des
Begriffs der friedlichen Koexistenz gehörte auch die Aussage, dass sie »nicht
Mittel der Verwandlung der kapitalistischen Welt in eine sozialistische«
sein könne, aber »auch kein Mittel der Konterrevolution gegenüber sozialistischen Ländern«.[3] Damit wurden im Unterschied zu früheren Auffassungen die kooperativen Aspekte des Koexistenzbegriffs stärker herausgearbeitet und die friedliche Koexistenz als eine Form des Klassenkampfes
relativiert. Eine kritische Reflexion des von Lenin begründeten und von
Stalin »weiterentwickelten« Konzepts der friedlichen Koexistenz wurde
damit noch nicht vorgenommen. Dass der Sozialismus, vor allem die Sowjetunion, als konsequenteste und mächtigste Friedenskraft und der Imperialismus als alleiniger Verursacher des Wettrüstens und als Quelle jeglicher Kriegsgefahr dargestellt werden, gehörte auch weiterhin zu den
Standardargumenten an der Akademie für Gesellschaftswissenschaften.
Ebenso war das Verhältnis zwischen dem Konzept der friedlichen Koexistenz und dem des revolutionären Weltprozesses in seinen Konsequenzen
noch nicht zu Ende gedacht.

Bei einem Vergleich der beiden Thesenpapiere wird deutlich, dass es
Übereinstimmungen, aber auch Differenzen gibt. Beide Texte betonen die
absolute Priorität der Friedenssicherung. Dies verlange, so Neubert, die
Anerkennung der Realitäten, also der Existenz zweier deutscher Staaten,
und den Verzicht auf jegliche Einmischung in die Politik des jeweils anderen
Staates. Meyer hingegen ging davon aus, dass zur Regulierung der weiter
bestehenden Ost-West-Konflikte eine Kultur des politischen Streits
zwischen Ost und West entwickelt werden müsse, die eine »klare und offene
Kritik der gesellschaftlichen Verhältnisse der anderen Seite ermöglicht, ohne
dort den Argwohn hervorzurufen, damit werde die Friedenskooperation
aufgekündigt«.[4] Das Problem des »Wandels durch Annäherung« stand damit
im Raum, ohne dass es in den Thesen schon explizit definiert worden wäre.

Mit beiden Thesenpapieren waren günstige Voraussetzungen für die Diskussion in Freudenstadt gegeben. Die Thesen der Akademie fanden allgemein Anerkennung, zugleich gab es aber Fragen und kritische Einwände. Kann eine Neudefinition der friedlichen Koexistenz, wie sie in der UdSSR und der DDR vorgenommen wird, ohne eine Revision der Leninschen Imperialismus- und Revolutionstheorie glaubwürdig sein, wurden die Gesellschaftswissenschaftler der DDR gefragt. Wie lässt sich den Bedrohungsängsten im Westen begegnen, die mit der im Sozialismus vertretenen These vom »gerechten Krieg« einhergehen, insbesondere, wenn man zugleich vom unausweichlichen und weltweiten Sieg des Sozialismus sowjetischen Typs spricht? Und: Ist der Begriff der friedlichen Koexistenz historisch nicht so belastet, dass man künftig lieber auf ihn verzichten sollte? Ist die SED bereit, dem »Imperialismus« Friedensfähigkeit zu attestieren und wird sie die Existenzberechtigung der westlichen kapitalistischen Systeme ohne Einschränkung akzeptieren? Richard Löwenthal erklärte freundlich, die Thesen »über die immerzu friedliebende Sowjetunion seien im historischen Teil in großen Abschnitten erweislich falsch«[5]. Susanne Miller erinnerte an den Einmarsch der Sowjetunion in Afghanistan und an die Verhaftungen von Mitgliedern der kirchlichen Friedensbewegung in der DDR. »Solche negativen Erfahrungen machen es uns schwer, in der Öffentlichkeit Partnerschaft zu vertreten.«[6] Doch zeigten sich bei den Diskussionen auch unter den sozialdemokratischen Teilnehmern sehr unterschiedliche Auffassungen über den Zusammenhang von Sozialismus, Kapitalismus, Koexistenz und sozialen Bewegungen. So unterstrich zum Beispiel Peter von Oertzen ausdrücklich die Berechtigung revolutionärer Befreiungskriege.

In der nachfolgenden Beratung stieß das von mir für die DDR-Seite gehaltene Referat zu einem neuen Konzept des Wettstreits der Systeme bei den westlichen Kollegen auf Überraschung. Denn vieles deckte sich darin mit der Rede Gorbatschows auf dem XXVII. Parteitag der KPdSU, von deren schriftlicher Fassung die SED-Vertreter gleich mehrere Exemplare gekauft hatten und druckfrisch auf den Tisch des Seminars in Freudenstadt legten. Ausgerechnet der Umstand, dass Kritik am sowjetischen Generalsekretär damals nicht üblich war, stärkte das neue Denken, das sich unter DDR-Wissenschaftlern in bezug auf Krieg und Frieden bereits herausgebildet hatte. Nun fand man es in Moskau bestätigt und weiterentwickelt. Das schuf Selbstbewusstsein, ein Stück Zuversicht und die Hoffnung auf einen Aufbruch zu neuen Ufern. Meine Ausführungen zum »Wettstreit der Syste-

me« stützten sich zudem auf jüngst dazu in unserem Bereich angelaufene
Forschungen. Kernaussagen der Thesen, die in Freudenstadt noch die Gemüter erhitzen konnten, lauteten: Die Erfordernisse gemeinsamer Sicherheit und globaler Menschheitsprobleme machen Ost und West trotz der In-
teressenunterschiede und -gegensätze zu »Partnern für das Überleben. Wir
müssen deshalb lernen, miteinander zu leben und gut miteinander auszukommen.« Neues politisches Handeln sollte sich durch »Berechenbarkeit,
durch die Fähigkeit zum Dialog, zur Vertrauensbildung, zum Konsens, zum
Abbau von Misstrauen und Bedrohungsängsten« auszeichnen. Ost und West
stehen in einer Art Wettbewerb zueinander, der nur noch mit friedlichen und
zivilisierten Mitteln ausgetragen werden kann und soll. Die Messlatte des
Vergleichs lautet: »Welches System hat die besseren Lösungs- und Entwick-
lungsmöglichkeiten für die Menschen zur Bewältigung der anstehenden
Probleme?« In diesem Wettbewerb sollte es nicht mehr um »Sieg« oder die
Gewinnung weltweiter Hegemonie und neuer Einflusssphären gehen, sondern darum, »dass beide Seiten ohne Konfrontation ihre inneren Vorzüge,
Potenzen, Werte und Ideale entwickeln und damit auf das jeweils andere
System einwirken«. Erstmals wurden damit von SED-Wissenschaftlern dem
Kapitalismus öffentlich Vorzüge »zugestanden«. Reform und Wandel – so
hieß es – seien in beiden Gesellschaftsordnungen erforderlich und prinzipiell möglich. Die Chancen in diesem Wettbewerb seien nicht einseitig zugunsten des einen oder des anderen Systems verteilt und die SED müsse bereit
sein »zu jeder Diskussion über Demokratie und Menschenrechte«[7] Dass der
Sozialismus in diesem Wettbewerb bestehen könne, zählte – trotz manch
kritischer Hinterfragungen – damals noch zu unseren Überzeugungen.

In der Diskussion nannte Erhard Eppler die von Reißig vorgetragene
Position einen »vorwärtsweisenden Beitrag« mit »positiven utopischen Ele-
menten«, den »wir so vor drei Jahren nicht gehört hätten«.[8] Einige Zeit
später schrieb er: »Ende Februar 1986 trafen sich die beiden Delegationen
in Freudenstadt zum vierten Mal, erstmals im Beisein von fünf Journalisten
(…) Dabei war die Rede Gorbatschows (…) ein hilfreicher Bezugspunkt.
Aber es gab (…) auch eigenständige Beiträge der SED, die noch präziser
und teilweise auch kühner waren, als die Rede aus Moskau. So entspann sich
für viele eine der aufregendsten Diskussionen ihres politischen Lebens.«[9]
Am Ende des Treffens schlug Eppler vor, ohne die Idee mit jemandem abgesprochen zu haben, etwas gemeinsam zu Papier zu bringen. Der Rektor
der Akademie für Gesellschaftswissenschaften stimmte zu. Niemand wuss-

te zu jener Zeit, welchen Charakter, welche Funktion ein solches gemeinsames Papier haben sollte: eine Zusammenfassung dieser bislang »aufregendsten Diskussion« oder mehr, ein weitreichenderes, gemeinsames Positionspapier? Wahrscheinlich erwarteten alle – sofern es überhaupt gelingen sollte – Ersteres. Den Sozialdemokraten ging es, wie sie später bekannten, darum, zu testen, ob die Einheitssozialisten bereit waren, schriftlich und öffentlich zu bekunden, was sie in Freudenstadt vorgetragen hatten. Eppler und die Grundwertekommission schlugen deshalb nicht zufällig Thomas Meyer vor, federführend am Papier mitzuarbeiten. Er kam aus der DDR, war zugleich politisch bei der Friedrich-Ebert-Stiftung und wissenschaftlich an der Universität Siegen tätig. Zudem hatte er die Thesen zur Streitkultur verfasst und lieferte sich stets heftige Rededuelle mit den DDR-Wissenschaftlern. »Dass die andere Seite Rolf Reißig nominierte, war überraschend und zeigte, dass man dort ein Ergebnis wollte und zu Konzessionen bereit war.«[10]

Wie »hoch« die Arbeit an einem »gemeinsamen Papier« auf Seiten der Akademie zunächst veranschlagt wurde, wird an Folgendem deutlich. In dem achtseitigen Bericht Otto Reinholds an Honecker über die Ergebnisse dieses 4. Treffens heißt es erst auf der letzten Seite im vorletzten Spiegelstrich: »Vereinbart wurde zu prüfen, ob zwischenzeitlich zu dem Thema des jetzigen Seminars ein gemeinsames Papier von Vertretern der SED und der SPD verfasst werden könnte.«[11]

Die Ausarbeitung

Mit dem 4. Treffen waren sich beide Seiten zweifelsohne näher gekommen, übereinstimmende und sich annähernde Standpunkte waren nicht mehr zu übersehen. Peter Bender als kritisch-beobachtender Journalist und Kenner der Materie resümierte unmittelbar nach dem Treffen im Schwarzwald: Beide Seiten stimmen überein, dass dauerhafter Frieden nur noch durch Zusammenarbeit entstehe. Ost und West müssten ihre Vorstellungen übereinander revidieren. Notwendig sei, dass beide einander für friedensfähig halten. Friedenssicherung sei vor allem durch politische, immer weniger durch militärische Faktoren zu bewerkstelligen. Die Idee der gemeinsamen Sicherheit zähle dazu und sei von der SED akzeptiert worden. Beide Seiten hegten jedoch den Wunsch, ihre politischen Vorstellungen auch auf der anderen Seite durchzusetzen. Die dadurch gegebene politische und ideologi-

sche Auseinandersetzung dürfe aber nicht den Frieden gefährden oder das
jeweils andere System destabilisieren. Hingegen sollte die Ausstrahlung
jedes Systems, seiner Vorzüge und Nachteile, nicht behindert werden. Dies
könne im Übrigen auch nicht verhindert werden. Beide Seiten seien sich
bewusst, dass man ganz am Anfang stehe.[12]
Die wirklichen Hürden aber waren noch nicht genommen. Viele Thesen waren in einzelnen Beiträgen zwar angesprochen, aber nicht wirklich
ausdiskutiert worden. Und Konsens war auch auf Seiten der SED-Wissenschaftler nicht ohne weiteres vorauszusetzen. Ganz zu schweigen von der
SED-Führung. Hinzu kam, dass einige der spannendsten Thesen – wie die
von der neuen politischen Streitkultur – keineswegs inhaltlich konkreti-
siert worden waren. Strittig war vor allem, was das Ziel des Systemwettbewerbs und mit welcher historischen Perspektive er zu führen sei. Die
»alte« sozialdemokratische Devise der Ost-Politik, »Wandel durch Annäherung« (Egon Bahr), wurde von Vertretern der SED als eine Politik der
Aufweichung und Unterwanderung abgelehnt. Erhard Epplers »Ersatzva-
riante«, sich auf »Wandel durch Wettbewerb« zu einigen, wurde ernsthaft
diskutiert, mehrheitlich dann aber doch nicht akzeptiert. Wandel ja – aber
ausschließlich auf systemimmanenter Grundlage. Im Bericht an Honecker
hieß es eher beschwichtigend: »Eine von Erhard Eppler in diesem Zusammenhang gebrauchte Formel (Wandel durch Wettbewerb) wurde von ihm
selbst in Folge unserer Argumentation zurückgezogen.«[13] Tatsächlich standen sich aber doch *zwei* politisch unterschiedliche Ansätze gegenüber, die
sich in den vordem ausgetauschten Thesenpapieren bereits deutlich abge-
zeichnet hatten. In der gemeinsamen Diskussion waren sie jedoch um des
Konsenses willen nicht zusätzlich in den Vordergrund gerückt worden. Der
SED-Seite ging es zuerst und vor allem um neue Wege der Friedenssicherung und Zusammenarbeit, den Sozialdemokraten um eine neue politisch-
ideologische Streitkultur zwischen den Systemen, den Gesellschaften und
Bürgern. Konnte dies zu einem tragfähigen Konzept zusammengeführt
werden, auf das sich nicht nur zwei, drei, vier Wissenschaftler beider Institutionen verständigten, sondern das von allgemeiner Gültigkeit war? Wie
würden beide Parteien darauf reagieren? Würde vor allem die SED zustim-
men, dass das Wichtigste ihrer deklarierten Führungsrolle, die Ideologie,
nun ebenfalls Gegenstand eines kritischen Dialogs werden sollte?
Die Erarbeitung des Text-Entwurfs durch die beiden Verantwortlichen,
Thomas Meyer und mir, begann im Frühjahr 1986 und dauerte bis zum

Frühsommer 1987. Abwechselnd trafen wir uns mehrere Male in Freudenberg und in Ost-Berlin. Die zwischen uns vereinbarte Arbeitsteilung sah zunächst vor, dass ich als Vertreter der Akademie für Gesellschaftswissenschaften die beiden Texte »Friedenssicherung durch gemeinsame Sicherheit« und »Friedlicher Wettbewerb der gesellschaftlichen Systeme« vorbereitete und Meyer von der Grundwertekommission der SPD den Text zur »Kultur des politischen Streits«. Zufällig war diese Arbeitsteilung nicht, entsprach sie doch am ehesten den bisherigen »Vorleistungen« beider. Überraschend war vielleicht, dass es Schritt um Schritt in einem intensiven und sehr offenen Diskussionsprozess gelang, unsere Vorlagen am Ende konzeptionell zusammenzuführen. Erst dadurch erhielt das Papier seine Spezifik, sein besonderes Gewicht. Die Grundidee, dass Friedenssicherung vor allem die Fähigkeit zum Dialog nach außen und innen, zum Abbau von Bedrohungsängsten und Feindbildern verlange, also eine neue Kultur des politischen Umgangs miteinander entstehen müsse, war dabei Konsens geworden. Darüber hatten wir auch persönlich ausführlich gesprochen. Debattiert und gerungen wurde um viele konkrete und weiterreichende Thesen, Aussagen, Formulierungen und Schlussfolgerungen. Thomas Meyer und ich waren uns einig, dass es vor allem galt, die SED-Seite für die neuen Positionen zu gewinnen.

Dass das die Erarbeitung des Textes nicht leicht gestaltete, versteht sich von selbst. Otto Reinhold, mit dem ich die Entwicklung des Projekts abzustimmen hatte, hatte stets zu bedenken, dass später der Entwurf in SED-Führungskreisen Zustimmung finden musste. Schon die ersten, ursprünglich von mir erarbeiteten Textentwürfe zur »gemeinsamen Sicherheit« und zum »friedlichen Systemwettstreit« riefen deshalb bei ihm manche Besorgnisse hervor. Deutlicher müsse werden, so Reinhold, dass die Kriegsgefahr von den »aggressivsten Kreisen des Imperialismus« ausgehe, dass Friedenssicherung einen »harten Kampf gegen diese Kräfte erfordere«. Die »verderbliche Rolle der USA und der Reagan-Politik im internationalen Geschehen« müsse klarer benannt werden. Dabei sollte auch die Funktion des Militär-Industrie-Komplexes charakterisiert werden. Im Abschnitt über den Wettbewerb der Systeme müssten die Formulierungen, die den Eindruck erweckten, »als ob wir den Kapitalismus nicht mehr beseitigen wollten«, verändert werden. Und »irgendwie« sollte auch die marxistisch-leninistische Bestimmung des Charakters der Epoche als einer »Epoche des weltweiten Übergangs vom Kapitalismus zum Sozialismus« enthalten sein. Vor allem aber mit dem wesentlich von Thomas Meyer verfassten Text zur »Kultur des politischen Streits« konnte Reinhold sich mit Rücksicht auf die zu erwartenden Reaktionen der SED-Führung nach wie vor nur wenig anfreunden. Gunter Rettner, Leiter der Westabteilung im ZK, dürften solche Thesen gar nicht erst zu Gehör kommen. Schon der Begriff »politische Kultur« sei, so Otto Reinhold, irreführend und solle deshalb vermieden werden. Anliegen sei nicht die Beschreibung der Grundlagen und Regeln einer neuen politischen Streitkultur zwischen Ost und West, sondern der Rolle der Ideologie und der ideologischen Auseinandersetzung im Kampf um Frieden und Sicherheit und der dabei den Sozialdemokraten und Kommunisten gemeinsam zufallenden Verantwortung. Dazu arbeiteten ja auch Gesellschaftswissenschaftler der Akademie. Und keineswegs gehörten zum Sprachgebrauch und zur politischen Praxis der SED die in den Textentwürfen enthaltenen Passagen zur »offenen Diskussion über den Wettbewerb der Systeme, ihre Erfolge und Misserfolge, Vorzüge und Nachteile innerhalb jedes Systems«, zur »umfassenden Informiertheit der Bürger«, zum »gesellschaftlichen Dialog mit allen Organisationen, Kräften und Personen«. Wie sollte man dafür die Zustimmung der SED-Oberen finden? Otto Reinhold war bei seinem notwendigen Spagat nicht zu beneiden.

Alle Bedenken, Kritiken und Vorschläge wurden in den Gesprächen zwischen Meyer und mir offen beraten, ernst genommen und, wo sinnvoll, auch eingearbeitet. Keiner versuchte dabei, den anderen zu übervorteilen. Zu wichtig erschien uns das Vorhaben, zu sehr waren wir inzwischen von ihm »gefesselt«. Eine solche Chance »intellektueller Politik«[4] und der damit verbundenen möglichen Intervention ins politische Geschehen ergibt sich nicht allzu oft. Das Projekt durfte nicht scheitern. Aber ein Zurück hinter die erarbeiteten Positionen sollte es auch nicht geben. Durch gemeinsam gefundene Formulierungen konnte u. E. dem Anliegen des Papiers entsprochen und zugleich potenziellen Einwänden der SED-Seite begegnet werden. Obgleich Meyer eine explizite Distanzierung gegenüber der Politik der Reagan-Administration und auch die Aufnahme des Begriffs »Militärisch-Industrieller Komplex« in das gemeinsame Papier ablehnte, wurde der Hochrüstungskurs der USA wie der der Sowjetunion und beider Streben nach globaler Hegemonie verurteilt. Natürlich wurde auch die Verpflichtung zur »umfassenden Informiertheit der Bürger« und zum »Dialog zwischen allen Bürgern« belassen, aber durch den ebenso abfedernden wie zukunftsweisenden Nebensatz ergänzt, dass dies eine »wachsende Bedeutung für die Friedenssicherung und den Wettbewerb der Systeme gewinne«. Meyer zeigte sich überrascht, wie er rückblickend konstatierte, dass ich den Forderungen nach einem inneren Dialog in der DDR, nach Einbeziehung aller gesellschaftlichen Organisationen, Institutionen und Personen, nach Besuch und Gegenbesuch über Systemgrenzen hinweg voll zustimmte.[15] Für mich war aber klar, dass die DDR und dass der Sozialismus ohne diese Essentials im Wettbewerb nicht bestehen könnten. Da Gesellschaftsanalysen, Kapitalismus wie Sozialismus betreffend, als Inhalte des gemeinsamen Papiers nicht vorgesehen waren, blieben sie entsprechend ausgeklammert. Wichtig war, dass eine Verwässerung der Ausführungen zur »Kultur des politischen Streits« verhindert werden konnte. Vor allem auch deshalb, weil Thomas Meyer sich hier nicht kompromissbereit zeigte: »Entweder es kommt, wie ich es im wesentlichen ausgearbeitet und wie wir beide es jetzt gemeinsam formuliert haben, oder meine Arbeit am Text ist beendet.«

Bald zeigte sich, dass der entstehende Textentwurf nicht nur eine stattgefundene Diskussion zusammenfasste und weiterführte, sondern dass ein ganz eigenes Gewächs entstand. Ob und welche Früchte es einmal tragen würde, war auch jetzt noch nicht entschieden.

Vergleicht man die Textentwürfe mit den vorangegangenen Treffen zwischen der SPD-Grundwertekommission und der Akademie für Gesellschaftswissenschaften und dabei insbesondere mit der 4. Gesprächsrunde, so wurde hier etwas fortgesetzt, was vordem zwar schon angesprochen, andiskutiert oder angedacht worden war, nun aber in neue, weiterführende Überlegungen und Akzente umgesetzt wurde. Vieles sollte jetzt unmissverständlich auf den Punkt gebracht werden. Das betraf alle drei Abschnitte des Papiers: Gemeinsame Sicherheit, Friedlicher Systemwettstreit, Neue politische Kultur des Dialogs und Streits. Die Vermutung von Erich Hahn, die Differenz zwischen dem Thesenpapier zur friedlichen Koexistenz vom Februar 1986 (Neubert) und den Passagen zur friedlichen Koexistenz und gemeinsamen Sicherheit im Papier ergäbe sich daraus, dass hier de facto durch die »Hintertür« ein Artikel von Egon Bahr Eingang gefunden habe, der im *Stern* vom April 1987 erschienen war[16], »also zwischen der Februar-Tagung 86 und der Fertigstellung des Dokuments im Sommer 87«[17] ist im doppelten Sinne verfehlt. Zum einen waren gerade diese Teile des Papiers längst abgeschlossen, als Bahrs Artikel im *Stern* erschien und zum anderen hatte ja gerade Egon Bahr in der Palme-Kommission die entscheidenden neuen

Fragestellungen des Konzepts der »gemeinsamen Sicherheit« erarbeitet. »Ängste«, dadurch seien im gemeinsamen Papier »DDR-Positionen« preisgegeben worden, müssen daher überraschen. Gerade hier erfolgte mit dem Papier eine weitere Qualifizierung der Aussagen. In der Anmerkung Erich Hahns offenbart sich allerdings ein Umstand, den noch heute die wenigsten für möglich halten. Die Textentwürfe wurden zwar auf der SPD-Seite von Thomas Meyer der Grundwertekommission vorgelegt und dort auch diskutiert. Gleiches geschah auf Seiten der SED aber nicht. Die von Meyer und mir ausgearbeiteten Entwürfe sah sich an der AfG allein Otto Reinhold an. Er äußerte sich dazu teilweise mit Zustimmung und teilweise mit kritischen Anmerkungen, um bestimmte Positionen der SED noch stärker im Papier zu verdeutlichen. Eine Diskussion in der Dialoggruppe der Akademie fand aber nicht statt. Erich Hahn meint rückblickend, dass dies wahrscheinlich ganz gut war, denn sonst hätte es das Dokument wegen zu großer Differenzen in der Gruppe am Ende vielleicht gar nicht gegeben. Natürlich konnte uns, sofern überhaupt beabsichtigt, niemand mehr von unserem Vorhaben, das Dokument zu vollenden, abbringen. Erst als alles abgeschlossen war, reichte der Rektor der Akademie das Papier z. B. an Erich Hahn weiter. Mögliche Einsprüche waren nun ohne Folgen. Entsprechend der Hierarchie und der Struktur des ZK-Apparates informierte Reinhold allein den Leiter der Abteilung West im ZK, Gunter Rettner. Dessen zumeist kritische und z.T. ablehnende, Reinhold mündlich bzw. telefonisch übermittelte Bemerkungen zu vielen Essentials des Papiers verzögerten den Gang der Arbeit hin und wieder, konnten ihn aber nicht aufhalten. Darüber, dass an einem Text mit der Grundwertekommission der SPD gearbeitet wird, waren Erich Honecker und wohl auch Herman Axen allgemein informiert. Wohlweislich gab Reinhold aber keine Entwürfe ins »große Haus«. Das schien ihm, wie auch mir, zu riskant zu sein. Das gemeinsame Unternehmen sollte – so die Überlegung – nicht scheitern bevor es gestartet war. Dass es sich dabei dennoch nicht um eine »Untergrundtätigkeit« handelte, muss hier nicht betont werden. Trotz seines direkten Drahtes zu Erich Honecker war sich Otto Reinhold bis zuletzt nicht sicher, ob es in der SED-Führung Zustimmung zu einem solchen Papier geben würde. Auch gegenüber René Wisch von der Universität Mannheim hat Reinhold Anfang 1990 in einem Interview hervorgehoben, »dass das Papier erst erarbeitet und dann dem Politbüro vorgelegt wurde. Auf die Präsentation von Vorentwürfen habe man verzichtet, da nicht abzusehen war, ob das Papier Zustimmung erfahren werde«.[18] Am Tag der Übersendung an Honecker äußerte Reinhold mir gegenüber: »Entweder kommen wir damit groß raus, oder wir fliegen raus.« Ohne Reinholds taktisches Vorgehen hätte es möglicherweise kein gemeinsames Papier mit der SPD-Grundwertekommission gegeben.

Das gemeinsame Papier der SPD-Grundwertekommission und der SED-Akademie für Gesellschaftswissenschaften war in diesem Sinne kein »Auftragswerk« der SED-Führung, des Politbüros. Es gab darüber vorab keine Diskussionen und keine gemeinsamen Beratungen, also auch keine »Anleitung« und keine direkte Kontrolle. Der Grund dafür war natürlich nicht ein neu gewonnenes Politik- und Pluralismusverständnis gegenüber wissenschaftlichen Parteieinrichtungen. Es war vielmehr allein der Tatsache geschuldet, dass die SED-Gremien von diesen Vorgängen zwar allgemein, aber nicht im Detail unterrichtet waren. Bis zur Sitzung des Politbüros am 28. Juli 1987 ist dieses Ideologiepapier kein Thema einer Beratung im SED-Führungsapparat gewesen. Das belegen sowohl die Archivunterlagen als auch die Aussagen der Interviewpartner aus der SED. Auch im Ministerium für Staatssicherheit gibt es – wie die Aktenlage zeigt – darüber bis zur offiziellen Präsentation des Papiers keinerlei Informationen, auch nicht an die Führung der SED. Erstmals ist in einer Information vom 11. Juli 1987 über eine Buchlesung »im politischen Untergrund« die Rede davon, dass der Gastautor Johano Strasser am Ende der Veranstaltung auf »ein vorbereitetes Abkommen der SPD mit der SED« verwiesen habe.[19] Zu dieser Zeit war das Papier im SPD-Präsidium bereits abgesegnet und von der AfG gerade die Übersendung an Honecker eingeleitet.

Dass ein »gemeinsames Papier« von SPD und SED nicht »begutachtet«, diskutiert und mit Auflagen an die SED-Autoren versehen wurde, ist ein höchst seltener, vielleicht einmaliger Fall in der SED-Geschichte. Es widerlegt nicht die übliche Praxis, dass im Prinzip alle Vorhaben in den SED-SPD-Beziehungen vom ZK-Sekretariat bzw. von Honecker persönlich gebilligt werden mussten. In dieser Angelegenheit waren es die konkreten Umstände und die Ein- bzw. Vorsicht der Autoren, dass die Konkretionen des Projekts zunächst am Politbüro vorbei geschahen. Der für die Beziehungen zur SPD verantwortliche Mitarbeiter der Westabteilung des ZK Karl-Heinz Wagner antwortete auf die Frage, wann er zum ersten Mal davon gehört habe, dass an einem SPD-SED-Ideologiepapier gearbeitet werde: »Ich wusste allgemein, dass es so etwas geben soll. Aber ich wuss-

te nicht, was erarbeitet wird und wie es erarbeitet wird. Ich habe diesbezüglich auch nie etwas von meinem Abteilungsleiter, Gunter Rettner, gehört oder bin als Verantwortlicher für die Beziehungen zur SPD darüber
informiert worden. Vor dem Erscheinen des Papiers hatte ich also keine
konkreten Vorstellungen über dieses Papier und seinen Inhalt.«[20] Manfred
Uschner, persönlicher Mitarbeiter von ZK-Sekretär Axen und Mitglied
der Arbeitsgruppe Axen-Bahr, bemerkte zu dieser Frage:»Ich habe das Papier das erste Mal gesehen im Präsidium des Ratssaales in Bremen, während einer Veranstaltung zum Olof-Palme-Marsch. Also nach dessen Veröffentlichung.«[21] Der Mitarbeiter von Kurt Hager und stellvertretende Leiter
der ZK-Abteilung Wissenschaften Gregor Schirmer erinnert sich, dass er
von außen die offiziellen Treffen zwischen der Akademie für Gesellschaftswissenschaften und der Grundwertekommission der SED verfolgt habe.
Dass aber dann ein Dokument erarbeitet und noch dazu so plötzlich veröffentlicht wurde, habe ihn maßlos überrascht.[22] Ähnlich erging es auch
der Abteilung Parteiorgane, die eigentlich über alle Entwicklungen in der
SED Bescheid wissen sollte. Der Leiter dieser Abteilung Heinz Mirtschin
meinte dazu:»Wir wussten allgemein, dass es zwischen SED und SPD Diskussionen gibt, aber wir wussten nicht, was diskutiert wird, was für die
Partei dabei herauskommt und wie es in der Partei zu behandeln sein
wird.«[23]
    Auch im Parteivorstand der SPD wussten sicher zunächst nur einige
von der konkreten Arbeit an einem gemeinsamen Ideologiepapier mit der
SED. Man war auch hier mit anderem und vielleicht auch wichtigerem beschäftigt. Doch die Grundwertekommission nahm im Prozess der Erarbeitung des Papiers mehrfach Berichte von Thomas Meyer entgegen und diskutierte die Entwürfe. Thomas Meyer erinnert sich: Ich gab Berichte und
Informationen über den Stand der Ausarbeitung des gemeinsamen Dialog-
bzw. Ideologiepapiers, darüber welche Fragen es gibt, wer an was arbeitet
und was der Stand ist. Im Juni 1987, als der Entwurf fertig war, habe ich
diesen der Grundwertekommission vorgestellt. Die gab nach einer Diskussion ihr O.K. Sie war einverstanden und zum Teil überrascht über das vorliegende Ergebnis. Anschließend hat Erhard Eppler als Vorsitzender der
Grundwertekommission die Endredaktion vorgenommen.[24]
    In der vorausgegangenen Diskussion innerhalb der SPD-Grundwerte-
kommission war deutlich geworden, dass die einzelnen Kommissionsmit-
glieder durchaus verschiedene Prioritäten setzten oder zumindest unterschied-

liche Akzente in dem gemeinsamen Papier mit der SED hervorgehoben wissen wollten. Erhard Eppler selbst hatte das größte Interesse an dem Abschnitt über die Entfeindung der Auseinandersetzung zwischen Ost und West und deren Friedensfähigkeit. Thomas Meyer und auch Johano Strasser drängten vor allem auf Passagen zur neuen politischen Streitkultur zwischen und in den Systemen. Und es war vor allem Richard Löwenthal, der für eine klare Abgrenzung zwischen Sozialdemokraten und Kommunisten plädierte. Ohne diese Abgrenzung wäre – so Erhard Eppler – seine Zustimmung zum gemeinsamen Papier mit der SED nicht erfolgt. Richard Löwenthal betonte in einem Interview mit der *Welt*, dass er anfangs nicht für ein gemeinsames Papier beider Institutionen gewesen sei und für getrennte, aber sich ergänzende Papiere votiert habe. Damit habe er sich in der Grundwertekommission aber nicht durchsetzen können.[25] Die Grundwertekommission folgte jedoch der Anregung Löwenthals, die Unterschiede und Gegensätze von Sozialdemokraten und Kommunisten im Papier deutlich zu markieren. Die beiden Autoren Thomas Meyer und ich hatten es zunächst als überflüssig erachtet, diese Gegensätze in einem gesonderten Kapitel explizit zu benennen. Alle Welt wusste um die grundlegenden weltanschaulichen Gegensätze von SPD und SED, und im gemeinsamen Papier war trotz der Hervorhebung der übergreifenden politischen Gemeinsamkeiten keine »ideologische Verbrüderung« enthalten. Doch Löwenthal, und wohl auch andere Mitglieder der SPD-Grundwertekommission, wollten jeglichen Anschein vermeiden, dass mit dem gemeinsamen Papier diese Gegensätze relativiert würden. Dieser Vorwurf stand jedenfalls im Raum und wurde in der Folge vor allem von konservativen Kritikern des SPD-SED-Papiers erhoben. Kurz vor Fertigstellung des Entwurfs sahen sich die beiden Autoren deshalb veranlasst, einen Abschnitt zu den weltanschaulichen Gegensätzen zu formulieren. Thomas Meyer hatte diese zunächst für beide Seiten aufgeschrieben, kannte er doch durch seine wissenschaftliche Arbeit auch den »Marxismus-Leninismus« recht gut. Während die Positionsbeschreibungen für die Sozialdemokraten sehr treffend formuliert wurden, schienen mir die für die »Marxisten-Leninisten« dann aber doch etwas zu reduktionistisch zu sein. Beide haben dann in kurzer Frist die gegensätzlichen ideologischen Grundsatzpositionen von SPD und SED idealtypisch beschrieben. Diese entsprachen so nicht unbedingt und in allem den Auffassungen der Autoren bzw. der beiden wissenschaftlichen Institutionen, aber dieser Abschnitt sollte ja auch die weltanschaulichen Gegensätze zwischen beiden Systemen und Parteien

dokumentieren und war ein tragbarer Kompromiss. Auch im Politbüro der
SED fand dieser Abschnitt besonderes Interesse und war wohl letztlich ein
wichtiger Grund für die Zustimmung zum Papier.

Der Textentwurf von Thomas Meyer und mir wurde dann Eppler und
Reinhold vorgelegt. Eppler freute sich:»Es geht also doch.«[26] Am 12. März
1987 schrieb er Otto Reinhold:»Das gemeinsame Papier der Kollegen Reissig und Meyer habe ich mit großem Interesse gelesen, auch mit einer fast
vollständigen Übereinstimmung. Allerdings habe ich mir überlegt, wie man
ein solches Papier auch für diejenigen Bürgerinnen und Bürger der beiden
deutschen Staaten lesbar machen kann, die nicht an unserer Diskussion teilgenommen haben. Daher sind die meisten Änderungen, die Sie in meinem
Entwurf finden werden, stilistischer Art, zum Teil sollen sie auch das Ge-
meinte verdeutlichen.«[27] Reinhold solle sich alle Veränderungen ansehen,
bevor sich beide in etwa 14 Tagen in Bonn treffen würden.»Zu meiner
Überraschung«, so Eppler,»hatte Reinhold an meiner radikal verkürzten
Fassung fast nichts auszusetzen.«[28] In einem späteren Gespräch sagte mir
Erhard Eppler, dass es sich bei Reinholds Anmerkungen um zwei oder drei
kleinere Veränderungen gehandelt habe.[29] Sprache und Stil des Textes fielen selbst einigen Politbüromitgliedern – zum Beispiel dem ehemaligen
Journalisten Horst Sindermann – positiv auf.

Die Entscheidung im SPD-Präsidium
und im SED-Politbüro

Bereits am 22. Juni 1987 lag der Text dem Präsidium der SPD vor (siehe
dazu auch Kap. 6). Man entschied sich dafür, das Papier nicht als »offiziel-
les Parteidokument« zu verabschieden, sondern lediglich als einen Text,
der das Gesprächsergebnis zweier Parteiinstitutionen dokumentiert. Erhard
Eppler hat, wie er später noch einmal betonte, nie an eine andere Version
gedacht. Inhaltliche Schwierigkeiten bereitete einigen Präsidiumsmitgliedern die in dem Papier vertretene Auffassung, dass Sozialdemokraten und
Kommunisten aus der gleichen Wurzel hervorgegangen seien. Diese Passage wurde später, im Einvernehmen mit der SED-Seite, gestrichen. Auf
Pressemeldungen über die Interna dieser Präsidiumssitzung reagierte die
SPD-Führung ausweichend allgemein, ohne auf inhaltliche Einzelheiten einzugehen. Der stellvertretende Parteivorstandssprecher Eduard Heußen wies

Berichte über Differenzen in der Bewertung des Papiers zurück. Der Text sei, so Heußen, begrüßt worden, zu seinem konkreten Inhalt wolle man sich erst nach dessen Veröffentlichung äußern.[30] Ein Grund für diese Zurückhaltung lag sicher darin, dass die Vorlage in den SED-Gremien noch nicht beraten worden war.

Wie sich die SED-Führung gegenüber dem Papier verhalten würde, konnte niemand, auch die Autoren des Papiers nicht, voraussagen. Dass das Präsidium der SPD seine Zustimmung bereits gegeben hatte, bevor das Politbüro über den Text und die Umstände des Vorhabens informiert worden war bzw. diese zur Kenntnis nehmen konnte, war ein ungewöhnlicher Vorgang, der zusätzlich für Unsicherheit sorgte. Bei dem Zusammentreffen von Erhard Eppler und Otto Reinhold im Juni in Bonn war auf Wunsch Epplers vereinbart worden, das Papier erst nach der Sommerpause zu präsentieren. Wenn schon ein gemeinsames Papier, dann sollte es auch ein »Paukenschlag« für die Öffentlichkeit werden. Sorge hatte man nur, dass bis dahin aus der Führungsspitze der SPD etwas nach außen dringen könnte. Aus diesem Grunde war über die erste Diskussion im SPD-Präsidium die Presse nicht informiert worden.

Am 16. Juli 1987, also knapp vier Wochen nach der Zustimmung des SPD-Präsidiums, schickte Reinhold das Papier an Honecker. Da Honecker sich gerade in Urlaub befand, ging das Schreiben zunächst an Egon Krenz, der Honecker im ZK vertrat. Krenz leitete den Text am selben Tag an Honecker weiter. Unter Punkt 4 seiner Informationen vom 16.7.87 bemerkte er lapidar: »Genosse Otto Reinhold hat gebeten, Dir seinen Brief mit der Anlage über ein gemeinsames Papier mit der SPD zum Thema ›Der gemeinsame Kampf um den Frieden und der Streit der Ideologien‹* zu übermitteln. Ich bitte um Kenntnisnahme.«[31]

Reinhold erinnerte Honecker in seinem Brief daran, dass im Frühjahr 1986 Eppler als Ergebnis der Diskussion des 4. Treffens den Vorschlag eines gemeinsamen Textes unterbreitet habe, worüber er, Reinhold, Honecker damals informiert habe. Da es zwischenzeitlich keine weitere Tagung der Grundwertekommission und der Akademie für Gesellschaftswissen-

---

* Der korrekte Titel des Papiers lautete »Der Streit der Ideologien und die gemeinsame Sicherheit«.

schaften gegeben hatte* und Honecker vorerst über den Fortgang der Arbeit an diesem Papier nicht informiert worden war, stellte Reinhold fest: «Nunmehr liegt dieses Papier vor, das ich Dir anbei übersende. Es ist das Ergebnis einer langen, harten Diskussion, die rechten Vertreter der Grundwertekommission waren zunächst prinzipiell dagegen, dass ein solches gemeinsames Papier ausgearbeitet wird. Im ganzen ist es gelungen, unsere Positionen klar zu machen. In einigen wenigen Formulierungen mussten wir einige Kompromisse eingehen.«[32] Gleichzeitig teilte er Honecker mit, dass auch der für die AfG zuständige Ideologiesekretär Hager den Text noch gelesen habe. Er habe Bedenken bei einigen Formulierungen, finde ihn aber insgesamt gut. Dann muss Reinhold jedoch einräumen: »Eppler hat dieses Dokument bereits im Parteivorstand der SPD (tatsächlich war es das Präsidium, R.R.) vorgelegt. Dort gab es darüber eine lange Diskussion. Aber am Ende wurde zugestimmt. Es wurde lediglich vorgeschlagen, einen Satz zu streichen, in dem gesagt wird, dass Kommunisten und Sozialdemokraten aus der gleichen Wurzel hervorgegangen sind. Es müsste nun entschieden werden, ob wir mit diesem Papier einverstanden sind bzw. welche Verbesserungsvorschläge wir noch machen.« Auch Reinhold schlug vor, das Papier als eines der Grundwertekommission der SPD und der Akademie für Gesellschaftswissenschaften zu veröffentlichen. Abschließend macht er Honecker darauf aufmerksam, dass Vogel und Eppler vorgeschlagen haben, das Papier gleichzeitig in Berlin und Bonn auf Pressekonferenzen »zu übergeben«.

Bereits einen (!) Tag später, am 17. Juli 1987, gibt es die Rückantwort Honeckers von seiner Urlaubsinsel mit dem Vermerk auf Reinholds Anschreiben: »Einverstanden. E.H. 17.7.87. PB (Politbüro, R.R.) zur Entscheidung vorlegen. Dokument wäre von großer historischer Bedeutung – für Diskussion und Aktion der Arbeiterbewegung.«[33] Es war also Honecker persönlich, der das Papier nicht nur »zur Kenntnis nahm«, sondern entschied, es dem Politbüro vorzulegen.

---

* Die Treffen fanden in der Regel zweimal jährlich statt. Wegen bevorstehender Wahlen in der Bundesrepublik wurde nach dem 4. Treffen (Februar 1986) eine längere Pause verabredet. Erst nach rund 18 Monaten fand im Oktober 1987 das nächste, 5. Treffen statt. In dieser Zeit wurde – in gebotener Vertraulichkeit – das gemeinsame Papier erarbeitet.

Danach arbeitete die Akademie für Gesellschaftswissenschaften eine »Vorlage für das PB des ZK der SED« aus, die das Datum vom 23. Juli 1987 trägt. Im Beschlussentwurf findet sich hier unter Punkt 1 die Formulierung über die Entscheidung des Politbüros. Änderungsvorschläge sollte, so der Punkt 2, Otto Reinhold mit den Vertretern der SPD beraten. Die gleichzeitige Vorstellung des Dokuments auf Pressekonferenzen am 27. August 1987 in Berlin und Bonn war unter Punkt 3 zu beschließen. *Neues Deutschland* sollte den Text am 28. August publizieren (Punkt 4). In der *Einheit*, im *horizont* und »in anderen Massenmedien« sollten Beiträge veröffentlicht werden, »die unsere Position begründen und erläutern« (Punkt 5). Schließlich sollte zugestimmt werden, dass Otto Reinhold am Gespräch teilnimmt, das der *Spiegel* mit Erhard Eppler über das Dokument* führen wollte (Punkt 6).

Unterzeichnet war die Vorlage von Otto Reinhold, dem Einreicher, und den verantwortlichen ZK-Sekretären Axen und Hager. Die 33 Exemplare der Vorlage erhielten die Politbüromitglieder und eines die Akademie für Gesellschaftswissenschaften.[34]

Das Politbüro diskutierte das SPD-SED-Papier als 4. Tagesordnungspunkt nach der Erörterung von Stand und Verlauf der Getreideernte und der Plandiskussion 1986.[35] Durch die Ferienzeit fehlten vierzehn Politbüromitglieder, darunter SED-Chef Honecker, Ideologiesekretär Hager, Agitationssekretär Herrmann, Wirtschaftssekretär Mittag, MfS-Chef Mielke, Verteidigungsminister Keßler sowie Jarowinsky, Tisch und Schabowski. Anwesend waren lediglich zwölf Mitglieder und drei Kandidaten des Politbüros. Die Sitzung leitete Egon Krenz. Die überaus positive Bewertung des Papiers durch Honecker war ihm natürlich bekannt. Auch im Politbüro wusste aus der gängigen SED-Praxis jeder, dass Honecker die Fäden der Westpolitik fest in Händen hielt. Ohne seine vorherige Zustimmung wäre ein solch ungewöhnliches Papier, zumal es in der SPD bereits verabschiedet war, kaum dem Politbüro zur Beschlussfassung vorgelegt worden. Der Ausgang der Beratung im Politbüro war so m. E. schon vorbestimmt. Egon Krenz meint, die übrigen Mitglieder des Politbüros hätten nichts von der Absegnung des Papiers durch Honecker gewusst, dieser habe die Politbüromitglieder regelrecht testen wollen, wie sie zu dem Papier stehen.[36] Wie auch immer, Krenz plädierte für eine offene Diskussion – und es wurde diskutiert, ein für Polit-

---

* In der Vorlage wie im Sprachgebrauch der SED wurde das gemeinsame Papier stets als »Dokument« bezeichnet.

bürositzungen seltenes Ereignis. Alle anwesenden Mitglieder und Kandidaten meldeten sich zu Wort.* Honecker hatte Krenz in Vorbereitung der Sitzung aufgefordert, *alle* reden zu lassen. Mit Ausnahme von Alfred Neumann befürworteten alle das »Dokument«.[37] Darstellungen, dass es während der Sitzung zu heftigen Auseinandersetzungen gekommen sei, sind nicht zutreffend. Nur Neumann äußerte sich kritisch: Das Papier sei zwar interessant, enthalte aber viele Zugeständnisse, offene Fragen und Probleme. So gebe es keine Antwort darauf, wie sich der Übergang vom Kapitalismus zum Sozialismus weiter vollziehe. Es sei problematisch, beide Gesellschaftssysteme gleichzusetzen, von einem gewaltfreien Wettbewerb zu sprechen und beiden Systemen, also auch dem Kapitalismus, Reformfähigkeit zuzusprechen. Auch gehe die SED als regierende Partei mit einem solchen Papier ganz andere Verpflichtungen ein als die SPD als Oppositionspartei.

Horst Sindermann, Präsident der DDR-Volkskammer, sprach dem Dokument wie Honecker »historische Bedeutung« zu. Es sei das erste Dokument zwischen beiden Parteien, und es sei wichtig, dass die »Unterschiede klar benannt« würden. Das Ganze werde große internationale Auswirkungen haben. Auch Hermann Axen sah wie Honecker im gemeinsamen Papier ein Dokument von »außerordentlicher Bedeutung für die internationale Arbeiterbewegung«. Erstmals sei ein Konzept von Kommunisten und Sozialdemokraten für die Lösung der Friedensfrage formuliert. Das habe auch große Bedeutung für die Sozialistische Internationale. Trotz der Betonung der Gemeinsamkeiten mit der SPD gebe es keine Verwischung in den Grundpositionen. Die eingegangenen Kompromisse seien tragfähig.

Egon Krenz hob den ungewöhnlichen Charakter des Dokuments hervor, der darin bestehe, dass der Kampf um Frieden als gemeinsamer Kampf formuliert werde. Erstmals in der Geschichte der Arbeiterbewegung sei, das unterstrich auch er, von Kommunisten und Sozialdemokraten gemeinsam ein Dokument verfasst worden. Gleichzeitig betonte Krenz: »Zwischen beiden gibt es keine ideologische Einheit. Das ist nicht erst heute so.« Das vorliegende Dokument sei die »historische Konsequenz unserer Marx-Kon-

---

* Ein Wortprotokoll der Diskussion gibt es auch für diese Politbürositzung nicht. Bei der Rekonstruktion der Diskussion stütze ich mich auf die im Parteienarchiv vorhandene ausführliche handschriftliche Protokollierung der Diskussion durch Egon Krenz und seine ebenso ausführliche Information über den Verlauf der Sitzung, die er an Erich Honecker schickte, und auf ein mehrstündiges Gespräch mit ihm.

ferenz und der Rede des Generalsekretärs der SED, Erich Honeckers. Das Dokument steht in voller Übereinstimmung mit den Beschlüssen des Parteitages und des Zentralkomitees.«Da die Grundwertekommission der SPD Einfluss nehmen könne auf die Art und Weise der Programmformulierung der SPD, hätte damit auch die SED Chancen der Einwirkung. Die Konvergenztheorie schlage sich im Dokument nicht nieder. Es bestünden neue Möglichkeiten,»grundlegende Erkenntnisse des Marxismus-Leninismus in unserer Zeit zu diskutieren«.»Die internationale Bedeutung des Dokuments kann deshalb nicht hoch genug eingeschätzt werden«, schrieb er abschließend in seiner Information an Erich Honecker.

Zustimmung formulierten auch die Politbüromitglieder Böhme, Dohlus, Eberlein, Felfe, Krolikowski, Lorenz und Mückenberger. Krenz konnte Honecker anschließend mitteilen, dass die Politbüromitglieder und -kandidaten den»Test«bestanden hatten. Dass der eigentliche Test aber noch bevorstand, schien im Politbüro niemand zu ahnen. Man war sich des Erfolgs sicher, fast. Egon Krenz hatte schon in Vorbereitung der Politbürositzung einige Fragen und Anmerkungen zum gemeinsamen Papier handschriftlich notiert. So fragt er eher besorgt, ob die Forderung im Papier nach»umfassender Informiertheit der Bürger«und nach Austausch von»Zeitungen und gedruckten Veröffentlichungen«nicht»Rechte in der SPD ausnutzen werden«.[38] Auch in der Diskussion betonten Politbüromitglieder, dass der Dialog mit der SPD natürlich nicht den»Klassenkampf in unserer Zeit verharmlosen«dürfe. Damit auch alle 2,3 Millionen SED-Mitglieder sich die richtige, also die Politbüro-Lesart des gemeinsamen Papiers mit der SPD aneigneten, wurde zusätzlich beschlossen, kurzfristig eine interne Parteiinformation zur»politisch-ideologischen Arbeit«mit dem»historischen Dokument«zu erarbeiten. Verantwortlich dafür waren die Akademie für Gesellschaftswissenschaften und die Abteilung Internationale Politik und Wirtschaft (Westabteilung) des ZK der SED. Der Text der Information sollte Honecker persönlich vorgelegt werden.

Bereits die handschriftliche Anmerkung Honeckers zum Papier und seine Diskussion im Politbüro, an der allerdings wichtige Mitglieder der engeren Führungsriege und spätere Widersacher des SPD-SED-Papiers, wie Hager, Mielke, Mittag und Herrmann, nicht teilnahmen, lassen erste Rückschlüsse auf die damaligen Wahrnehmungs- und Deutungsmuster in der SED-Führung zu. Das Papier wurde als Konzept zur Friedenssicherung und daher als Teil der parallel laufenden Friedens- und Sicherheitsgespräche zwischen

SPD und SED wahrgenommen, nicht als »Ideologiepapier« mit einem neuen Politikansatz und schon gar nicht als Aufforderung zu einer neuen politischen Kultur des Dialogs und Streits. Egon Krenz' Umformulierung des Titels in seinem Brief an Honecker war deshalb wahrscheinlich kein Zufall. Die Sozialdemokratie wurde als ein wichtiger Partner in der angestrebten »Koalition der Vernunft« betrachtet. Die »historische Bedeutung« des Papiers lag nach dieser Auffassung gerade darin, dass beide Parteien zum ersten Mal ein solches »Friedensdokument« vorlegten, wie das Politbüro übereinstimmend festhielt. Die erwähnte Kommentierung des Papiers durch Honecker verweist auf einen wesentlichen Aspekt speziell seiner Wahrnehmung. Honecker schwebte auch für die Zukunft ein weiteres gemeinsames Vorgehen »beider Teile der Arbeiterbewegung« vor. Das bestätigen auch intime Gesprächspartner Honeckers bzw. interne Kenner der Führungskreise der SED.[39] Auch später kam Honecker verschiedentlich auf die Frage der »Aktionseinheit« der Arbeiterbewegung zurück. Dabei würdigte er vor dem Politbüro die »revolutionären Traditionen der Sozialdemokratie«, »die auch in der DDR Berücksichtigung gefunden hätten und die in Zukunft vielleicht eine noch größere Rolle spielen könnten«.[40] Natürlich waren solche Ausführungen – etwa wie hier mit Seitenblick auf Gorbatschow – zugleich taktischer Natur. Denn Honecker selbst hatte in der Vergangenheit entscheidend dazu beigetragen, dass sozialdemokratische Traditionen, sozialdemokratisches und demokratisch-sozialistisches Gedankengut in der SED denunziert und bekämpft worden waren.

Der internationalen Bedeutung des Dokuments und des damit verbundenen Zugewinns an internationalem Renommee war man sich sicher. Dass das Papier zugleich aber auch　weitreichende innenpolitische Konsequenzen haben könnte, spielte, zumindest in der Diskussion, vorerst keine Rolle. Niemand sprach vom gesellschaftlichen Dialog, der Informiertheit der Bürger, dem Abbau der Feindbilder, von einer neuen politischen Kultur des Umgangs zwischen den Systemen und innerhalb der Systeme, niemand von der Frage des Wettbewerbs der Gesellschaftsordnungen um ihrer inneren Vorzüge und Qualitäten, von ihrer Friedens- und Reformfähigkeit. Dass Essentiales der marxistisch-leninistischen Ideologie und Staatsdoktrin im Papier anders als bislang üblich formuliert, ja sogar zum Teil revidiert wurden, war, wenn man von den Anmerkungen Alfred Neumanns einmal absieht, kein Gegenstand der Betrachtung im SED-Politbüro. Die Markierung der weltanschaulichen Gegensätze zur Sozialdemokratie wurde hingegen ausdrücklich gewürdigt. Ein besonderes Konzept für den Umgang mit dem »historischen Dokument« hielt man deshalb (vorerst) nicht für erforderlich. Sicherlich hat auch der Verweis in dem Brief Otto Reinholds an Honecker, das Dokument sei gegen den Willen rechter Kräfte in der SPD entstanden und alle »unsere Grundpositionen« seien darin enthalten, zu diesem Gefühl der Bestätigung der eigenen Politik und des eingeschlagenen Weges beigetragen.

Nicht zuletzt spielte für eine Zustimmung zum SPD-SED-Papier das real entstandene Geflecht von Beziehungen und Gesprächen zwischen SPD- und SED-Politikern eine wichtige Rolle. Das traditionelle Misstrauen zwischen Einheitssozialisten und Sozialdemokraten war zum Teil abgebaut und in ein Vertrauensverhältnis übergegangen. Noch nach dem Ende der DDR verwies Honecker darauf, wie sehr er von westdeutschen Politikern wie Herbert Wehner, Helmut Schmidt, Willy Brandt, aber auch von Franz Josef Strauß und Richard von Weizsäcker beeindruckt gewesen sei.[41] Dass bei der Verabschiedung des gemeinsamen SPD-SED-Papiers Honeckers Staatsbesuch in Bonn kurz bevorstand, hat die Zustimmung zusätzlich befördert, ausschlaggebend war das, wie nicht wenige Beobachter vermuten, aber keineswegs. Eher war von Bedeutung, dass im Sommer 1987 die tiefen Konflikte in der DDR-Gesellschaft noch nicht so offensichtlich waren, wie in den Folgejahren 1988/89. Die DDR schien noch relativ stabil – vor allem in den Wahrnehmungen des SED-Politbüros. Das hat die Zustimmung gefördert. In dieser Einschätzung sind sich alle Gesprächspartner aus dem Umfeld der SED-Führung überraschend einig.

Absichten und Erwartungen

Die SED-Führung hat – wie gezeigt – den Dialog mit der SPD, wie er beginnend seit Ende 1982 praktiziert wurde, gewollt. Sie hat dabei spezifische Ziele verfolgt; Friedens- und Abrüstungsinitiativen, aber auch der Ausbau der Kooperationsbeziehungen zur Bundesrepublik waren wesentliche Motive. Der »Dialog war von beiden Seiten ehrlich gemeint und nicht als raffinierte Taktik angelegt«, bemerkte Erhard Eppler rückblickend.[42] Das Ideologiepapier, das dabei zunächst als unbeabsichtigtes »Nebenprodukt« entstand, galt, einmal in die Welt gesetzt, Honecker und anderen Politbüromitgliedern ursprünglich als zusätzliches Mittel politischer Interessenrealisierung. Mit dem »ersten gemeinsamen Konzept von Kommunisten und Sozialdemokraten zur Friedenssicherung« nahm die »Koalition der Vernunft« weiter Gestalt an. Durch das Papier könnte die SPD – so die Überlegung auf DDR-Seite – fester in die »Koalition der Vernunft« eingebunden werden. Zugleich erhoffte man sich damit bessere Chancen zur Einwirkung auf die Politik der Bundesrepublik. Dass zudem ein gemeinsam mit der international renommierten SPD verfasstes Papier einen Prestigegewinn und neue Legitimationsressourcen für die SED bedeuten würde, nach innen, aber vor allem auch nach außen und hier besonders gegenüber Gorbatschow, war ein gern gesehener Effekt. Allein die mit den Gesprächen verbundene offizielle »Anerkennung« der SED erschien als ein Gewinn.

Die nach dem Ende der DDR kontrovers diskutierte Frage, ob die SED-Führung eigentlich genau gewusst habe, welche Inhalte sie im August 1987 mit dem Papier beschlossen habe, lässt sich meines Erachtens aus den Archivstudien, aber auch aus dem nachfolgenden Umgang mit dem Papier und den hierzu von mir mit den Beteiligten im Abstand von fast fünfzehn Jahren geführten Gesprächen beantworten: Eindeutig im Vordergrund stand die Verabschiedung des Papiers als »friedenspolitisches Dokument« zwischen Parteien unterschiedlicher Gesellschaftssysteme. Im Selbstverständnis der SED-Spitze war das Papier eine außenpolitische, aber keinesfalls eine innenpolitische Erklärung. Es war ein Dokument zwischen souveränen Parteien unterschiedlicher Systeme. In diesem Sinne beschreibt auch Egon Krenz die damalige Sicht des Politbüros, die auch heute noch zutreffend sei.[43] Die SED-Führung erkannte also die Tragweite dessen, was sie mit diesem Grundsatzpapier beschloss, nicht oder nur sehr begrenzt. Dabei meine ich nicht die unbeabsichtigten Folgen politischer Entscheidungen, die selten genau vorauszusehen sind, sondern die Erkenntnis des Neuen, des Ungewöhnlichen, der in diesem Grundsatzdialog und in diesem Ideologiepapier enthaltenen Chancen des Wandels. Diese Herausforderungen und Chancen wurden nicht ernsthaft thematisiert und die potenziellen Risiken externalisiert. Es gab – wie es auch Erhard Eppler überrascht bemerkte – kein »offensives Konzept« des Umgangs mit diesem Papier. Dessen zentralen Botschaften lagen außerhalb der traditionellen Wahrnehmungsmuster des SED-Politbüros. Die alte Doppelstrategie – gewisse Verständigungsbereitschaft, Entspannungs- und Normalisierungsschritte, begrenzter Dialog nach außen und Verweigerung des Dialogs mit den Bürgern und der Gesellschaft im Inneren, Verhinderung von Reformen zum Aufbrechen verkrusteter Strukturen – sollte unbekümmert fortgesetzt werden. Im Sommer1987 wiegte man sich noch in Sicherheit. Das Ideologiepapier aber schlug zum ersten Mal den Bogen zwischen Außen- und Innendialog, zwischen einem neuen Konzept des Arrangements der Systeme und einer neuen politischen Kultur des Ideenwettstreits, zwischen Stabilität und Wandel. Die Führung der SED war damit überfordert. Sie blieb Gefangene der von ihr selbst aufgebauten Schein-Wirklichkeit. Natürlich war die Haltung der SED-Führung nicht allein Ausdruck des »Nichtverstehens« des Geistes des Papiers. Sie gründete vor allem in einer durch den uneingeschränkten Anspruch auf das Wahrheits- und Machtmonopol bedingten Starrheit des Nichtwollens und Nichtkönnens. Die einzig noch verbliebene und mit dem Papier geöffnete Chance, den Dialog mit den Bürgern und der Gesellschaft zu suchen, wurde daher nicht ergriffen. Ob auch die SED als Ganzes durch das gemeinsame Papier mit der SPD überfordert war, musste sich noch zeigen. Entschieden schien es Mitte 1987 noch nicht.

Was aber waren die Motive und Absichten der unmittelbar beteiligten Dialogakteure auf Seiten der SED, namentlich die der DDR-Gesellschaftswissenschaftler? Was verbanden sie mit diesem Projekt? Gemeinsam war der Wille, einen Beitrag zum intellektuellen Dialog mit der SPD und zugleich zur Entspannung zwischen Ost und West zu leisten. Hier standen ihre Absichten zu denen der Führung der SED keineswegs im Widerspruch, im Gegenteil. Nicht zu Unrecht glaubten die SED-Wissenschaftler, z.B. mit der im Papier enthaltenen Neudefinition von friedlicher Koexistenz oder mit der Erarbeitung eines neuen politischen Konzepts des friedlichen Systemwettstreits, hierfür eigenständige Beiträge zu erbringen. An das »Bohren dicker Bretter« und an »Millimeterarbeit« waren sie seit langem gewöhnt. Sie wussten auch, dass ein solcher friedlicher Wettstreit, bei dem es um die inneren Potenzen und Vorzüge der entgegengesetzten Gesellschaftssysteme gehen würde, für den Sozialismus beträchtliche Risiken bedeutete. Diese Risiken schienen ihnen aber kalkulierbar zu sein, zumal es keine wünschenswerte Alternative zur friedlichen Systemkonkurrenz gab. Der Dialog mit der Grundwertekommission der SPD und das gemeinsame Grundsatzpapier verbreitete bei mir wie sicher auch bei den anderen beteiligten DDR-Wissenschaftlern ein Gefühl der Erleichterung, der Ermutigung, der Hoffnung. Ich hatte nach Parteiauseinandersetzungen die Universität Leipzig auch deshalb verlassen, weil ich hoffte, an der Akademie für Gesellschaftswissenschaften in Berlin eher meine wissenschaftlichen Ambitionen verfolgen und damit gewisse Chancen zur Intervention in die Politik erlangen zu können. Dazu suchte ich den Kontakt zu gleichgesinnten Mitstreitern. Hier, im Dialog mit der Grundwertekommission und über das in der Öffentlichkeit viel beachtete gemeinsame Ideologiepapier, bot sich eine unverhoffte Chance, solche Absichten praktisch zu verfolgen. Entscheidend, so schien mir, war dabei, ob wir in diesem Zusammenhang eine bestimmte »Deutungshoheit« in der SED und eine Öffentlichkeit in der DDR erreichen. Sicher gab es dabei – trotz gemeinsamer weltanschaulicher Orientierung und parteipolitischer Räson – auch unterschiedliche konkrete Vorstellungen. Eine umstrittene Frage z. B. ist, ob die in der Entstehung des Papiers involvierten Wissenschaftler auf der DDR-Seite die innenpolitischen Konsequenzen des Ideologiepapiers von Anfang an im Auge hatten. Ihre Veröffentlichungen und Stellungnahmen aus der Zeit vor der Wende zeigen, dass auch bei ihnen das Thema Friedenssicherung und Entspannung Priorität besaß. Dies wurde z. B. auch während einer Live-Diskussion zwischen Erhard Eppler und Thomas Meyer von der Grundwertekommission der SPD sowie Otto Reinhold und mir von der Akademie für Gesellschaftswissenschaften am 1. September 1987 im Ersten Fernsehprogramm der DDR deutlich.[44] Gleichzeitig musste jedem der beteiligten DDR-Akteure klar gewesen sein, dass dieses SPD-SED-Papier nicht nur die Beziehungen zwischen Ost und West betrifft, sondern zugleich die innere Verfasstheit der Gesellschaften selbst. Einen ganzen Abschnitt hatten wir explizit diesem Komplex gewidmet. Die meisten, auch ich, spürten das Erfordernis von Veränderungen im Lande. Konsens war aber auch, dass niemand mit dem Ideologiepapier den Sozialismus oder die DDR abschaffen wollte. Unsere Arbeit, so mein Verständnis, zielte auf Reform der DDR und Ko-Evolution in Ost und West, das schien ebenso notwendig wie möglich zu sein. Nur: Welcher Art sollte die Veränderung des Staatssozialismus sein, wie sollte sie in Gang gesetzt werden, welches Ziel müsste anvisiert werden? Darüber gingen die Vorstellungen, besonders als die Konflikte in der DDR deutlicher aufbrachen und die SED-Führung ihren Blockadekurs zementierte, auch unter den gesellschaftswissenschaftlichen Dialogakteuren weiter auseinander. Schon die Hervorhebung, dass es sich bei dem Papier auch um ein innenpolitisches handele, erforderte damals »Mut« angesichts der damit erfolgten »Revision« der parteioffiziellen Lesart, die das Papier ausschließlich als außenpolitisches deklarierte. Und bald musste das Anliegen des Papiers gegen die eigene Führung verteidigt werden. Das alles führte zu taktischem Verhalten, zu Rückzügen, Anpassungen, zu neuen Differenzen, aber auch zu Aufbegehren und Widerspruch in der SED und unter den Dialogakteuren (siehe Kap. 3). Ein wirklich abgestimmtes Vorgehen zwischen den an diesem Dialog beteiligten DDR-Wissenschaftlern gab es zu keinem Zeitpunkt. Ich stimmte mich immer öfter mit Kollegen aus meiner Leipziger Zeit ab, die inzwischen auch den Weg an die Gewi-Akademie gesucht hatten. Von außen gewannen Vertreter der SPD-Grundwertekommission den Eindruck:»Teile der SED-Delegation, vor allem Rolf Reißig, sahen in dem Papier aber auch einen Hebel zur Veränderung der SED, ja sogar eine Magna Charta für eine Perestroika in der DDR.«[45]

Auch die damaligen Motive der SPD werden in der Öffentlichkeit bis heute kontrovers beurteilt (siehe dazu auch Kap. 6 und 9). Mit der Ausarbeitung des Papiers wollte die Grundwertekommission zunächst nur, dass die SED unterschreibt, was ihre Gesellschaftswissenschaftler so »kühn« im verschneiten Schwarzwald Ende Februar 1986 verkündet hatten.[46] Auch für die SPD hatte angesichts des nuklearen Wettrüstens die Friedenssicherung Priorität, nur sollte diese nach ihren Vorstellungen durch eine neue, gesellschaftliche Dimension von Entspannungspolitik gefördert werden. In seinem Essay *Wie Feuer und Wasser* schrieb Erhard Eppler 1988 über seine Beweggründe und Absichten:»Ich begann zu zweifeln, dass Politik nur an den Ideologien vorbei den Frieden wahren und sichern könne (…) Die Frage ist also: Wie können die Ideologien beider Seiten voll friedensfähig werden, ohne dass die jeweils herrschenden Gruppen ihre Legitimationsbasis einbüßten? (…) Vielleicht lassen sich aber doch einige Anforderungen an friedensadäquate Ideologien erfüllen, ohne dass die Identität der jeweiligen Ideologie Schaden nimmt.«[47] Eine Orientierung auf die Erosion der SED, auf die Destabilisierung der DDR gehörte also nicht zu den Zielen sozialdemokratischer Dialogpolitik, wie es nach der Wende von einigen Sozialdemokraten behauptet wurde. Das wurde auch in den Gesprächen, die ich mit Hans-Jochen Vogel, Egon Bahr, Erhard Eppler, Günter Gaus, Thomas Meyer, Gert Weisskirchen und Karsten Voigt führte, betont. Warum auch sollten aus Gründen des Zeitgeistes, für den nur zählt, was zum Ende der DDR beigetragen hat, die einstigen Dialoggegner in Ost und West im Nachhinein noch Recht bekommen, indem der damalige sozialdemokratische Dialogansatz nachträglich umgedeutet wird? Intendiert – ausgesprochen oder unausgesprochen – waren Friedenssicherung und gesellschaftlicher Wandel durch Stabilität, Systemwettbewerb und eine neue politische Kultur des Dialogs, Reform und Öffnung der DDR, letzteres initiiert wesentlich durch die SED und ihre Reformkräfte. Instabilität und Überforderung der anderen Seite konnte da nur hinderlich sein. Wir schrieben das Jahr 1987, nicht 1988/89. Die sozialdemokratischen Dialogpolitiker übersahen dabei nicht, dass auch in ihrem Lande politische und gesellschaftliche Veränderungen anstanden. Mit der Diskussion des 1989 dann verabschiedeten *Berliner Programms*[48] wurden die Prioritäten dieses Wandels im Westen klar definiert und die soziale und ökologische Reformierung der kapitalistischen Industriegesellschaft gefordert. Die deutsche Einheit war für die SPD zur Zeit der Verabschiedung des Papiers mit der SED kein ernst zu nehmendes Thema. Sprachen sich also die SPD-Vertreter mit dem Dialogpapier für ein Stillhalteabkommen mit der SED aus? Suchten sie gar nach zusätzlichen Quellen für deren Legitimation? Keineswegs. Daraus machte gerade die Grundwertekommission der SPD keinen Hehl. Deshalb kann der nachfolgenden Einschätzung durchaus zugestimmt werden. »Wer mit uns reden wollte – und konnte, und zwar ohne Anspruch auf ein Wahrheitsmonopol, der musste dies früher oder später auch mit den eigenen Bürgern tun. Die Grundwertekommission hat diesen Preis denn auch von Mal zu Mal deutlicher eingefordert, am offensten im gemeinsamen Papier und in der öffentlichen Polemik um seine Einlösung.«[49] Im gemeinsamen Papier sind diese Absichten niedergeschrieben. Insofern sollte niemand hinters Licht geführt werden. Doch der Grat, auf dem sich die sozialdemokratische Dialogpolitik damals bewegte, war schmaler und mit mehr Risiken verbunden, als es ihre Protagonisten zunächst vermuteten (siehe Kap. 8).

Richtig ist, dass es von Anfang an eine unterschiedliche Gewichtung gab: während die eine Seite das Schwergewicht auf die gemeinsame Friedenssicherung legte, konzentrierte sich die andere mehr auf die Kultur des Streits und Dialogs. War also das gemeinsame Papier, wie viele Kritiker (siehe Kap. 9) meinen, schon in seiner Substanz ein fauler Kompromiss und ein Konglomerat, das jeder Seite ermöglichte, es nach Belieben zu interpretieren und zu handhaben?

Das gemeinsame Grundsatzpapier – eine kritische Wertung

Dem hier synonym als »gemeinsames Papier«, »Ideologiepapier«, »Dialog-papier«, »SPD-SED-Papier« oder einfach als »Papier« bezeichneten »Dokument« lag die Idee zugrunde, dass die Beziehungen zwischen den gesellschaftlichen Systemen in Ost und West auf eine neue Grundlage zu stellen sind. Die drei zentralen Begriffe dafür lauteten: gemeinsame Sicherheit, friedlicher Systemwettbewerb, neue politische Streitkultur. Das Besondere des Papiers wurde darin gesehen, die Gegensätze der Systemstrukturen und Ideologien in einem neuen Rahmen, bei Akzeptanz gemeinsamer Spielregeln, offen auszutragen. Und zwar so, dass die Bedrohungsängste auf beiden Seiten ab- und das wechselseitige Vertrauen aufgebaut werden konnte. Außen- und Innendialog sollten eng miteinander verknüpft werden. Das gemeinsame SPD-SED-Papier ist deshalb nicht nur eine friedens-, sondern auch eine gesellschaftspolitische, eine außen- und innenpolitische Erklärung. Dabei verfolgte es zwei komplementäre Hauptzwecke: friedlicher Wettbewerb sowie Zusammenarbeit zur Wahrung der übergreifenden Menschheitsinteressen einerseits und Schaffung von inneren Bedingungen in jedem System, um die offene Diskussion über den Vergleich der Leistungen und Schwächen beider Systeme auch tatsächlich zu ermöglichen, andererseits. Da es ein *gemeinsames* Papier *ungleicher* Partner war und es um den Preis des totalen Gesichtsverlustes einer Seite nie zu haben gewesen wäre, wurde es »nur unter dem Dach rhetorischer Parität«[50] möglich. Viele Formulierungen sind deshalb in einer systemneutralen Sprache gehalten, so dass unterschiedliche Interpretationen nie ganz auszuschließen waren. Das hat auch die nachfolgende Diskussion gezeigt. Dennoch ist der Text als Ganzes – eingedenk seines Ursprungs, seines Ziels und seiner Absichten – in der Aussage relativ eindeutig und präzise. Der Text wird im Wesentlichen von drei Grundgedanken bestimmt:

1. Beide Seiten erzielten Übereinstimmung, dass – anders als bis dahin in den Militärdoktrinen und in der internationalen Politik beider Bündnisse angelegt – die Gegensätze und Konflikte, nicht zuletzt die ideologischen, im nuklearen Zeitalter zu entmilitarisieren sind. »Frieden kann heute nicht mehr gegeneinander errüstet, sondern nur noch miteinander vereinbart werden. Daher muss gemeinsame und gleiche Sicherheit für alle organisiert werden (...) Dabei muss jede Seite der anderen das glei-

che Maß an Sicherheit zubilligen, das es für sich selbst beansprucht.«[51] Das war ein Bruch mit dem Freund-Feind-Denken, wie es beide Seiten bislang praktiziert hatten. Für die SED hatte das Freund-Feind-Denken lange Zeit oberste Priorität im Ost-West-Verhältnis. Aber auch die SPD war bis zum Ende der 70er Jahre diesem Wahrnehmungs- und Orientierungsmuster verhaftet. Erst mit dem Konzept der gemeinsamen Sicherheit wurde diese Sicht in den achtziger Jahren revidiert. Auch das im sozialistischen System gültige Konzept der friedlichen Koexistenz wurde allmählich der neuen Situation angepasst. Im gemeinsamen Papier dominierte dann die wegen ihres dialektischen Charakters zunächst verblüffende, dann aber unumgängliche Erkenntnis, dass der potenzielle Gegner zugleich der unentbehrliche Partner der Friedenssicherung ist. Dieses neue Denken, dem auch das gemeinsame SPD-SED-Papier des Jahres 1987 entsprach, ist Ausdruck der »zweiten Phase der Entspannungspolitik«[52].

2. Die unvermeidliche Systemauseinandersetzung sollte nur noch in der Form eines friedlichen und friedensschaffenden Wettbewerbs ausgetragen werden. Erstmals wurden Ziele, Inhalte und Methoden eines solchen Wettbewerbs der Gesellschaftssysteme gemeinsam definiert bzw. präzisiert. Insofern entstand ein – idealtypisch formulierter – politischer Kodex des Systemwettstreits der beiden Systeme. Das Ziel sollte nicht mehr wie bislang militärstrategische Überlegenheit, globale Hegemonie und Destabilisierung der anderen Seite sein, sondern der friedliche Wettbewerb: »Jedes der beiden Systeme kann die von ihm beanspruchten Vorzüge nur durch das Beispiel zeigen, das die Menschen innerhalb und außerhalb seiner Grenzen überzeugt.«[53] Dieser Wettbewerb sollte auf zwei Ebenen geführt werden. Erstens: Welches der beiden Systeme leistet den wirkungsvollsten Beitrag zur Lösung übergreifender Menschheitsfragen, d. h. zur Friedenssicherung, Abrüstung, Überwindung der Umweltgefahren und zur Entwicklung der Länder der so genannten Dritten Welt? Und zweitens: Wie vollzieht sich in den Gesellschaften in Ost und West die Entwicklung lebendiger Demokratie, die Verwirklichung der Menschenrechte, wie befördern sie die Lebenschancen und Partizipationsmöglichkeiten der Menschen? Es wurde gefragt, welches System »die besseren Bedingungen für die Entfaltung von Humanität« bietet und »welches den Menschen die bessere Chance gibt, ihre Interessen und Rechte durchzusetzen, ihre Werte und Ideale zu verwirklichen«.[54]

Der Maßstab eines solchen Wettbewerbs unterschied sich damit gravierend von den bisherigen Vorstellungen der Systemkonkurrenz und insbesondere der gängigen Ost-West-Praxis. Den Menschen selbst, den Bürgerinnen und Bürgern, sollte die Rolle des »Schiedsrichters« zufallen. Also weder einem anonymen Geschichtsprozess, auf den sich jeder nach Belieben berufen konnte, noch der Deutungsmacht von Führungszirkeln. Der anzustrebende, friedliche Wettbewerb sollte durch Kooperation ergänzt werden, um Entspannung und Vertrauensbildung zwischen den Blöcken zu fördern, vor allem aber um sich den anstehenden Menschheitsproblemen zu stellen.

Beide Seiten betonten zugleich die bestehenden grundlegenden strukturellen und ideologischen Gegensätze zwischen den Gesellschaftsordnungen in Ost und West. Sie definierten explizit deren gegensätzliche Ansichten über zentrale politische Grundwerte wie Demokratie, Menschenrechte, Pluralismus, Gesellschaft und Individuum. Doch selbst hinter dieser Beschreibung der Gegensätzlichkeit der Wertorientierung steckte eine neue Erkenntnis. SPD und SED sahen sich – zumindest in diesem Papier – nicht mehr als ideologische Feinde, sondern als ideologische Gegner bzw. Konkurrenten, die ihre ideellen und realen ideologische Auseinandersetzungen auf neue Weise austragen wollten.

3. Für den Wettstreit der Systeme und Ideologien wurde deshalb ein neuer Rahmen vereinbart, auf dieser Grundlage konnten die Autoren wechselseitig akzeptierte Regeln einer »Kultur des politischen Streits« definieren. Die Prämisse aller Vorgaben und Regeln war, dass beide Seiten »sich auf einen langen Zeitraum einrichten« müssten, »währenddessen sie nebeneinander bestehen und miteinander auskommen müssen«. Deshalb galt der neue Grundsatz: »Keine Seite darf der anderen die Existenzberechtigung absprechen. Unsere Hoffnung kann sich nicht darauf richten, dass ein System das andere abschafft. Sie richtet sich darauf, dass beide Systeme reformfähig sind und der Wettbewerb der Systeme den Willen zur Reform auf beiden Seiten stärkt. Koexistenz und gemeinsame Sicherheit gelten also ohne zeitliche Begrenzung.«[55] Das Neben- und Miteinander von Staaten unterschiedlicher Gesellschaftsordnungen stand nicht mehr – wie bislang – unter dem taktischen Vorbehalt, die Abschaffung des jeweils anderen Systems anzusteuern. Dabei verzichteten beide Seiten jedoch nicht auf ihren Anspruch, dass die eigene Vorstellung von der Struktur und Ordnung einer Gesellschaft letzt-

lich die überlegene und zukunftsfähige sei. Die Anerkennung der wechselseitigen Existenz sollte daher einhergehen mit der Möglichkeit zur Kritik der inneren Ordnung des jeweils anderen Systems. Doch allein durch das Beispiel, durch die Ausprägung der Vorzüge, die die Menschen überzeugt, und nicht durch Überwältigung sollten Auseinandersetzungen künftig entschieden werden. Implizit war in diesem Konzept der Gedanke einer Ko-Evolution von Ost und West enthalten.

Die wechselseitige *Akzeptanz von Friedens- und Reformfähigkeit* war *die* Grundvoraussetzung sowohl für den Systemwettstreit als auch für die neue politische Streitkultur. Zu den wichtigsten dieser Regeln zählten u.a. die folgenden Einsichten und Vorgaben:

- Kritik, auch in scharfer Form, darf nicht als Einmischung in die inneren Angelegenheiten der anderen Seite zurückgewiesen werden.
- Eine Kultur des Streits verträgt sich nicht mit der Propagierung von Feindbildern.
- »Die offene Diskussion über den Wettbewerb der Systeme, ihre Erfolge und Misserfolge, Vorzüge und Nachteile, muss innerhalb jedes Systems möglich sein. Wirklicher Wettbewerb setzt sogar voraus, dass diese Diskussion gefördert wird und praktische Ergebnisse hat. Nur so ist es möglich, dass öffentlich eine vergleichende Bilanz von Praxis und Erfahrungen beider Systeme gezogen wird, so dass Misslungenes verworfen, Gelungenes festgehalten und gegebenenfalls übernommen und weiterentwickelt werden kann.«[56]
- Umfassende Informiertheit der Bürger in Ost und West, wozu auch die Verbreitung von periodisch und nicht-periodisch erscheinenden Zeitungen und gedruckten Veröffentlichungen der jeweils anderen Seite gehören sollte.
- Dialog zwischen allen gesellschaftlichen Organisationen, Institutionen, Kräften und Personen auf beiden Seiten. »Das schließt auch Besuch und Gegenbesuch, die Teilnahme an Seminaren, wissenschaftlichen, kulturellen und politischen Veranstaltungen über die Systemgrenzen hinweg ein.«[57]

Der Grünen-Politiker Jürgen Schnappertz schrieb damals in einem Beitrag im *Deutschland-Archiv*: »Der Begriff ›Kultur des politischen Streits‹ ist der fruchtbare Versuch einer Übertragung des kommunikationstheoretischen

Ansatzes eines verständigungsorientierten Diskurses auf die innerstaatliche und -gesellschaftliche Ebene. So verstanden trägt er einen universalistischen Geltungsanspruch in sich. In diesem Sinne sollte deutlich gesagt werden, dass die im SPD-SED-Papier vorgeschlagene politische Streitkultur weder als deutsche Besonderheit noch als spezifischer Kontext des Umgangs zwischen traditionellen Arbeiterparteien verstanden werden darf. Vielmehr sollte sie (...) als Konstitutivum einer zu schaffenden demokratischen gesamteuropäischen Begegnungskultur konzipiert werden. Die Verwirklichung einer solchen Sinngebung kann und darf SPD und SED nicht überlassen werden.«[58] Eine solche erweiterte Intention lag durchaus in der Absicht der Initiatoren und Autoren des Papiers. Zunächst war jedoch die Überwindung eines in der SED festgezurrten, aber auch in der SPD nach wie vor verbreiteten etatistischen, also vorwiegend auf den Staat und die etablierten Parteien bezogenen Dialogbegriffs angestrebt. Nur durch eine Demokratisierung des Dialogbegriffs und seiner Praxis mittels Einbeziehung der Vielfalt der gesellschaftlichen Akteure und Bewegungen konnte diese Intention Wirklichkeit werden. Allein dann konnte ein beginnender Dialog auf Lernprozesse in Ost und West abzielen, Blockkonfrontation abbauen und Reformprozesse in den Gesellschaften auslösen.

Indem neue Rahmenbedingungen und ein neues Regelwerk der Auseinandersetzung zwischen Ost und West definiert wurden, ist das SPD-SED-Papier dem Orte, nicht dem Wesen nach ein deutsch-deutsches Papier. Über deutsch-deutsche Angelegenheiten ist in dem Text von SPD und SED tatsächlich kaum etwas zu lesen. Die Parteien hatten sozusagen stellvertretend für West und Ost, für beide Systeme, eine solche Aufgabe in Angriff genommen, das Papier könnte und sollte den Dialog über beide Parteien hinaus verbreitern.

Auch deshalb gab es die systemneutralen Sprachregelungen im Text. Dies hatte, wie die folgende Diskussion bald zeigen sollte, nicht nur Vorteile. Die analytische Charakterisierung beider Systeme war zu kurz gekommen. Eine Beschreibung der inneren Strukturen und Konflikte sowie der handelnden Akteure ist nicht oder nur »systemneutral« versteckt enthalten. Eine konkrete Analyse beider Gesellschaftsordnungen hätte freilich ein anderes Papier erfordert, eines, das beide Seiten zu diesem Zeitpunkt nicht erarbeiten wollten und konnten. Auch die weitgehende Ausklammerung des historisch belasteten Verhältnisses von Sozialdemokraten und Kommunisten hat hier ihre Ursachen. Lediglich der Verweis, dass sich beide

Parteien auf das »humanistische Erbe Europas« berufen und »für sich in Anspruch nehmen, dieses Erbe weiterzutragen« und »den Interessen der arbeitenden Menschen verpflichtet zu sein«, aber »seit sieben Jahrzehnten in bitterem Streit darüber leben, in welcher Weise dies zu geschehen hat«,[59] fand Eingang in das gemeinsame Papier. Diese Formulierungen sollten dem Wunsch der Sozialdemokraten genügen, das Gravierende der historischen Belastungen zwischen beiden politischen Formationen der Arbeiterbewegung anzusprechen, ohne zugleich die Chance einer möglichen Neuordnung der Beziehungen zu verspielen. Bei einem grundsätzlich anderen Ansatz, detaillierte Gesellschaftsanalysen und Geschichtsbeschreibungen, hätte es kein gemeinsames Papier geben können. Der Dialog zwischen beiden Seiten stand trotz der erzielten Ergebnisse noch am Anfang. In beiden Parteien gab es Vorurteile und Vorbehalte. Besonders die SED-Führung hätte nie und nimmer in einem gemeinsamen Papier mit der SPD einer gesellschaftskritischen Analyse der DDR und des beschrittenen Sozialismusweges zugestimmt. Das alles aber schloss nicht aus, dass vor allem solche Begriffe wie »System« und »Ideologie« oder zentrale Problemfelder wie die unter völkerrechtlichen und legitimatorischen Aspekten besonders für die DDR bedeutsame wechselseitige Anerkennung der Existenzberechtigung des jeweils anderen Staates und deren Friedens- und Reformfähigkeit inhaltlich und sprachlich klarer hätten bestimmt werden können. Auch der Beschreibung des Verhältnisses von »Einmischung« und »Kritik« merkte man den Kompromisscharakter an. Hier hat die kurz nach der Veröffentlichung des Papiers einsetzende kontroverse öffentliche Diskussion neue Erkenntnisse produziert (vgl. hierzu auch Kap. 6).

Das Papier betont die neu erarbeiteten Gemeinsamkeiten von Sozialdemokraten und Einheitssozialisten, ein Paradigmenwechsel im Verhältnis von Sozialdemokraten und Kommunisten ist dem Text meines Erachtens nicht zu entnehmen. Die Sozialdemokraten bekennen sich weiterhin uneingeschränkt zur westlichen Verfassungsordnung und ihren Werten, die Einheitssozialisten – wenn auch mit einigen neuen Nuancen – zum realen Sozialismus und seinen grundlegenden Strukturen. Die weltanschaulichen Gegensätze werden explizit benannt. Dies geschah – wie gesagt – zunächst auf Drängen zuerst der sozialdemokratischen Seite, insbesondere durch Richard Löwenthal, wurde dann aber auch durch die SED-Spitze wohlwollend registriert. Die Selbstbeschreibungen der Systeme finden sich besonders in Kapitel 3 des Papiers. Jede Seite formulierte ihre grundlegenden

Positionen so, wie sie der offiziellen Doktrin entsprachen und weitgehend unabhängig von eigenen, subjektiven Intentionen der Verfasser. Es war daher keine Überraschung, dass sich die marxistisch-leninistischen Positionen nur an wenigen Stellen den neuen Realitäten öffneten. Zumeist dominierten die bekannten, von der SED-Führung festgeschriebenen Postulate, die diese bis zuletzt nicht zu korrigieren bereit war. Jede vom Dogma abweichende Positionsbeschreibung bei den grundlegenden Essentials der SED-Herrschaft (Führungsrolle der Partei, demokratischer Zentralismus, Verstaatlichung der Produktionsmittel) hätte eine Annahme des Papiers unmöglich gemacht. Die Diskussion des Papiers im Politbüro hat dies noch einmal bestätigt. Mit der nachfolgenden Debatte um das Papier, vor allem aber angesichts der aufbrechenden Konflikte und des Drucks der 1988/89 einsetzenden Massenbewegung begannen die inneren Differenzen in der SED auch bei diesen Essentials aufzubrechen. Nicht zuletzt trat in dieser Folgephase auch das in der SED vorhandene sozialistisch-sozialdemokratische Gedankengut verstärkt hervor (siehe Kap. 3 und 8). Vergleicht man den Text des gemeinsamen SPD-SED-Papiers mit früheren Erklärungen der SPD, z.B. dem Unvereinbarkeitsbeschluss von 1971, so wird deutlich, dass frühere Positionen tatsächlich revidiert und Erkenntnisse eingebracht wurden, die bislang nicht oder nicht so vertreten wurden. Das betrifft u.a. die gewandelte Wahrnehmung der Kommunisten, die nicht mehr als ideologische Feinde, sondern als weltanschauliche Gegner und zugleich als politische Partner bei der Neustrukturierung der Ost-West-Beziehungen betrachtet werden. Das gilt auch für die keineswegs selbstverständliche Anerkennung der Existenzberechtigung der anderen Seite und für die Akzeptanz der Friedens- und Reformfähigkeit der östlichen Systeme. Auch die Annahme einer bestimmten Form der Ko-Evolution beider Systeme gehört dazu. Diese gewandelten Anschauungen sind nicht nur der Tatsache geschuldet, dass die Erstellung eines gemeinsamen Papiers zu Kompromissen nötigt, die sich natürlich von einer nur intern zu verantwortenden Grundsatzerklärung unterscheidet. Vielmehr waren die Positionsverschiebungen eine Anpassung an tatsächliche, zum Teil aber auch nur an vermeintliche Veränderungen in der sozialen und politischen Realität jener Zeit. Diese können hier nur allgemein mit den Stichworten Übergang von der scharfen Blockkonfrontation zu einer neuen Phase der Entspannungspolitik, weitreichende Gesprächsbereitschaft der regierenden Parteien des Ostens, Veränderungen in Moskau und Reformentwicklungen im Ostblock beschrieben werden. Das Zustandekommen eines gemeinsamen Papiers mit der SED und noch mehr sein Inhalt waren für die Sozialdemokratie, wie für den Westen überhaupt, ein Novum.

Für die SED kamen zentrale Implikationen des Papiers einer kaum verhüllten Revision fundamentaler Grundannahmen der marxistisch-leninistischen Parteiideologie gleich. Keine Rede mehr vom Feindbild »Sozialdemokratismus«, vom »aggressiven und absterbenden Imperialismus«, vom »Konzept eines revolutionären Weltprozesses«, der »Epoche des weltweiten Übergangs vom Kapitalismus zum Sozialismus« und von der »historischen Überlegenheit und dem gesetzmäßigen Sieg des Sozialismus«. Statt dessen Anerkennung der Existenzberechtigung, der Friedens- und Reformfähigkeit des westlichen, kapitalistischen Systems und Zielorientierung auf einen friedlichen, ergebnisoffenen Wettbewerb, begleitet von einer möglichen und notwendigen Ko-Evolution in Ost und West. In diesen neuen Essentials lagen zugleich geistige Herausforderungen für die Gesellschaftswissenschaften der DDR. Noch gravierender für die SED war das Bekenntnis zum Dialog nicht nur nach außen, sondern auch nach innen. Im Ansatz wurde in dem gemeinsamen Papier Herrschaft und Macht an die Zustimmung in der Bevölkerung gebunden. Die Frage musste sich stellen, wie das mit dem Wahrheits- und Machtmonopol der Partei zu verbinden ist.

Der Text lässt keinen Zweifel daran, dass hier keine Realitätsbeschreibungen, sondern Absichtserklärungen formuliert wurden. Erst durch politisches Handeln konnte aus dem neuen Denken eine neue soziale Wirklichkeit werden. Das galt insbesondere für den Osten, aber auch für den Westen.

Auch wenn der baldige Zusammenbruch des staatssozialistischen Systems 1987 nicht vorherzusehen war, wurden die zunehmende Instabilität der DDR und insbesondere die Reformunfähigkeit und -unwilligkeit der Führung der SED in der Folgezeit deutlicher sichtbar als sie in beiden Kommissionen bislang wahrgenommen wurden. Das hatte Konsequenzen, für beide. Darauf werde ich noch zu sprechen kommen. Was aber auf unterschiedliche Art sowohl die Mitglieder der Grundwertekommission der SPD wie die der Akademie für Gesellschaftswissenschaften beim ZK der SED wussten, war, dass auf Grund der Asymmetrien zwischen den Systemen in Ost und West die Folgen des gemeinsamen Papiers für sie sehr unterschiedlich sein können – und sein werden. Auch die DDR-Autoren konnten sich den Ambivalenzen, die ein offener Systemwettbewerb und ein gesellschaftlicher Dialog für die SED bedeuteten, nicht länger verschließen. Die Frage war, welche Schlussfolgerungen sie daraus ziehen würden.

3
Resonanz, Diskussion und Widerstreit in der SED

Überraschender Start

Nach der Ausarbeitung des gemeinsamen Papiers durch die Grundwertekommission der SPD und die Akademie für Gesellschaftswissenschaften beim ZK der SED konnte zunächst der Eindruck entstehen, die SED wolle einigermaßen konstruktiv mit dieser gemeinsamen Erklärung umgehen. In Berlin-Ost und in Bonn fanden am 27. August 1987 Pressekonferenzen statt, auf denen die Autoren das Papier der Öffentlichkeit präsentierten. Das Medieninteresse war groß. Die Autoren der DDR-Seite, Otto Reinhold und ich, zeigten sich dabei, wie die Presse in Ost und West kommentierte, aufgeschlossen und zum Dialog auch über für die DDR unangenehme Fragen, etwa die der Meinungs- und Reisefreiheit, bereit. Erich Honeckers Befürwortung des Papiers hatte den Weg für eine relativ wohlwollende Aufnahme in den Führungsgremien der SED geöffnet. Das Papier sollte in der gesamten SED-Mitgliedschaft diskutiert werden. Einen Tag nach den Pressekonferenzen veröffentlichte das *Neue Deutschland* den vollen Wortlaut des Textes. Die Zeitung mit einer Auflage von knapp über einer Million Exemplaren war im Nu vergriffen. Viele Interessierte liehen sich die Zeitung aus oder fertigten Kopien an. Am 1. September – zur besten Sendezeit – konnten mit Erhard Eppler und Thomas Meyer zum ersten Mal im DDR-Fernsehen zwei führende Sozialdemokraten mit den DDR-Autoren Otto Reinhold und mir offen debattieren. Die folgende Berichterstattung in den DDR-Medien war sachlich, obgleich gerade die Sozialdemokraten einiges vortrugen, was nicht den Beifall der SED-Führung finden konnte. Erhard Eppler erklärte beispielsweise, für ihn sei die deutsche Frage so offen wie die Geschichte überhaupt, und Thomas Meyer regte eine gemeinsame deutsch-deutsche Schulbuchkommission an.

Jene, die in der SED von vornherein dem gemeinsamen Papier mit der SPD prinzipiell ablehnend oder kritisch gegenüberstanden, hielten sich zunächst zurück. Kritik wurde nur hinter vorgehaltener Hand oder im kleinen Kreis geäußert. Die Gegner des Papiers setzten auf eine Taktik des Abwartens und des Festfahrens der Diskussion. Mit dem bevorstehenden Besuch Honeckers in Bonn, so hoffte man, werde das »historische Dokument« sowieso in den Hintergrund gedrängt.

Die erste interne Information des Ministeriums für Staatssicherheit (MfS) zur »Reaktion in der SPD und in BRD-Regierungskreisen auf das gemeinsame Dokument von SED und SPD«, die Honecker und einige Politbüromitglieder erhielten, sah im gemeinsamen Papier mit der SPD alles in allem mehr positive Signale als Bedenken, das Papier werde als Ausdruck der konsequenten Friedenspolitik der SED national und international anerkannt. Nicht zuletzt würden sich mit dieser Erklärung die Differenzierungen in der Bundesrepublik verstärken und die Chancen für die eigene Einflussnahme auf die politisch-ideologische Arbeit in der Bundesrepublik erhöhen. Natürlich erwarte man in Westdeutschland auch eine »erhebliche Diskussion innerhalb der SED« und das Bonner Regierungslager vermutete sogar »verstärkte Aktivitäten feindlicher Kräfte in der DDR, die gewisse Ansatzpunkte in den Formulierungen finden könnten«.[1] Die SED-Führung konnte hoffen, dass ihre Sicht auf das gemeinsame Papier von der SED insgesamt wie auch von der sozialistischen Dienstklasse* der DDR geteilt werde: In ihrem Selbstverständnis war der SED mit der Vereinbarung des Papiers ein bedeutender Beitrag zur Friedenssicherung, zur Verständigung der Arbeiterbewegung, zur Schaffung einer »Koalition der Vernunft« gelungen. Das Papier lag ganz auf der Linie der von ihr seit den achtziger Jahren entwickelten Friedensstrategie. Sie sah es als Resultat der von der SED organisierten internationalen Marx-Konferenz von 1983, an der auf Einladung der SED erstmals auch zwei Vertreter der SPD als Beobachter teilgenommen hatten. Ansonsten waren, und das war für die SED ein wichtiger Bestandteil des Papiers, die weltanschaulichen Gegensätze zwischen Sozialdemokraten und Kommunisten klar benannt, und eine Konvergenz der Systeme und Ideologien ausgeschlossen. Die zweifelsohne in dem Pa-

---

*   Darunter wird hier das leitende Personal in den Bereichen Wirtschaft, Staatsapparat, Wissenschaft, Kultur, Medien, und Volksbildung verstanden.

pier auch vorhandenen ungewöhnlichen und »unsicheren« Aussagen und
die damit zu erwartenden Diskussionen schienen kontrollierbar, die eingegangenen Risiken alles in allem beherrschbar. Und nicht zuletzt ließ sich
das Papier auf internationaler Bühne gut »verkaufen«.

Honecker würdigte die Erklärung auf dem Treffen von 178 Delegationen kommunistischer, sozialistischer und sozialdemokratischer Parteien
sowie sozialer Bewegungen aus aller Welt zum 70. Jahrestag der Oktoberrevolution in Moskau 1987. Er sprach davon, dass mit diesem Dokument
»erstmals auf konstruktive Weise gemeinsame Antworten auf Fragen gesucht (wurden), die heute die gesamte Arbeiterbewegung und darüber hinaus die gesamte Friedensbewegung gleichermaßen bewegen.«² In gleicher
Weise äußerte er sich vor den ersten Sekretären der Kreisleitungen der SED.³

Im Sommer 1987 schien es, und das gerät im Nachhinein oft aus dem
Blick, noch relativ offen, ob die SED neben den Friedensaspekten des Papiers nicht auch den Dialog im Inneren und den partiellen Wandel befürworten würde, befürworten musste. Manches sprach zunächst dafür: Die
Ost-West-Blockkonfrontation wurde abgebaut. Nach dem zweiten Gipfel-
treffen des Generalsekretärs der KPdSU, Michail Gorbatschow, und dem
Präsidenten der USA, Ronald Reagan, vom 11./12. Oktober 1986 befürworteten beide Großmächte Abrüstungsverhandlungen. In Moskau setzte Gorbatschow auf Glasnost und Perestroika, also auf mehr Offenheit in der Gesellschaft, in den Medien und nicht zuletzt in der Staatspartei sowie auf
Reformierung und Demokratisierung des politischen Systems. Den sozialistischen »Bruderstaaten« versprach er mehr Eigenständigkeit. In Ungarn und
Polen, aber auch in Bulgarien diskutierten die regierenden Kommunisten
weitreichende Reformprogramme des Sozialismus. Die SED baute ihre Kooperationsbeziehungen zur Bundesrepublik weiter aus. Die Kontakte nicht
nur mit der SPD, sondern gerade auch mit den Regierungsparteien CDU/
CSU und FDP wurden intensiviert. Nach dem erneuten Sieg von CDU/CSU
und FDP bei der Bundestagswahl vom 25. Januar 1987 sprach sich Helmut
Kohl für einen »politischen Dialog« und eine Politik der Kooperation gegenüber der DDR aus. Kanzleramtsminister Schäuble traf bei seinem Besuch in Ost-Berlin am 26. März 1987 zunächst DDR-Außenminister Fischer und tags darauf Generalsekretär Honecker. Mit einem breit gefächerten
Themenkatalog von der Einbeziehung weiterer Städte in den grenznahen
Verkehr über Wissenschaft/Technik, Umweltabkommen, Werra-Versalzung,
Städtepartnerschaften bis zur Betreuung von Häftlingen zielte auch Schäuble

auf eine Art von pragmatischem »Arbeitsprogramm«.[4] Hans-Jochen Vogel,
der nach dem Rücktritt von Willy Brandt am 23. März 1987 dessen Nach-
folge als Parteivorsitzender antrat, traf im Mai 1987 zu einer weiteren, der
jährlich stattfindenden Begegnungen mit Honecker zusammen. Es war zugleich der Auftakt für die Fortführung der Gespräche der Bahr-Axen-Gruppe, nun zum Thema vertrauensschaffende Sicherheitsstrukturen in Europa.
Zuvor waren durch diese Abrüstungsgruppe bereits Papiere über chemie-
und atomwaffenfreie Zonen in Europa der deutschen und internationalen
Öffentlichkeit vorgelegt worden. Honecker bereitete seinen Bonn-Besuch
vor. Eine Amnestie zum Jahrestag der DDR-Gründung, die auch politisch
Verurteilte einschließen sollte, wurde beschlossen. Die Todesstrafe wurde
abgeschafft, eine Berufungsinstanz gegen oberste Gerichtsentscheidungen
installiert. Private Besuchsreisen von Personen unterhalb des Rentenalters
in die Bundesrepublik bei dringenden Familienangelegenheiten nahmen zu.
1987 betrug die Gesamtzahl dieser Westreisenden rund 1,2 Millionen (ein
Jahr zuvor waren es lediglich 0,244 Millionen), die der Rentner 3,8 Millionen (1986 waren es 1,516 Millionen). Das alles signalisierte so etwas wie
den Beginn von kontrollierter Öffnung.

Eingebettet in diese Entwicklung weckte das SPD-SED-Papier mit seinem weitreichenden Forderungskatalog Erwartungen unter aufgeschlossenen SED-Mitgliedern, unter DDR-Intellektuellen, in den Kirchen und auch
in Bürgerrechtsgruppen, dass sich in der DDR, zumindest in Ansätzen, ein
gesellschaftlicher Dialog entwickeln könnte. Die ersten Schritte im Umgang mit dem Papier deuteten durchaus auf etwas mehr Öffentlichkeit in
der DDR hin. Nicht zuletzt der wenige Tage nach der Veröffentlichung des
Papiers stattfindende Olof-Palme-Friedensmarsch vom 1.-18. September
1987 quer durch die DDR schien dies praktisch zu bestätigen. Der Vorschlag zu dieser Demonstration war von der Deutschen Friedensgesellschaft
– Vereinigte Kriegsdienstgegner (DFG-VK) aus der Bundesrepublik, dem
Friedensrat der DDR und dem Friedenskomitee der DDR unterbreitet worden. Er sollte die Idee eines atomwaffenfreien Korridors in Mitteleuropa
im Rahmen des Konzepts einer Sicherheitspartnerschaft unterstützen. Auch
der Bund Evangelischer Kirchen wurde eingeladen, sich an dem Friedens-
marsch zu beteiligen. Erstmals in der DDR trafen die staatlich organisierte
Friedensbewegung und die kirchlichen sowie unabhängigen Friedensgruppen auf der Straße aufeinander. An verschiedenen Orten – u. a. in Berlin,
Brandenburg, Torgau, Weimar – kam es zu eigenständigen kirchlichen Ver-

anstaltungen, Pilgerwegen und Friedensgebeten. An anderen Orten beteiligten sich die unabhängigen Gruppen mit eigenen Losungen und Plakaten an den »offiziellen« Kundgebungen. Auf den Demonstrationen und Kundgebungen kam es zum praktizierten Dialog zwischen Marxisten, Christen, Pazifisten und Bürgerrechtlern. Die unabhängigen Friedens- und Umweltgruppen konnten damit erstmals in der DDR legal demonstrieren. Staatliche Gewalt gegen sie wurde nur ganz vereinzelt angewendet. Nicht wenige in den sich weiter formierenden Bürgerrechtsgruppen sahen darin ein Indiz für neue Freiräume. So auch Markus Meckel, Vera Wollenberger und Friedrich Schorlemmer. Stimmen, die im Olof-Palme-Friedensmarsch erste Auswirkungen des SPD-SED-Papiers sahen, waren nicht so selten, wie es später erscheinen mochte (vgl. Kap. 4 und 5).

Die Zeichen deuteten auf Dialog. Aber natürlich blieb die Skepsis gerade bei den Bürgerrechtsgruppen bestehen. Und auch die kritischen Genossen in der SED waren in ihren Hoffnungen noch zurückhaltend. Doch gerade letztere sahen jetzt eine neue, unverhoffte Chance. Insgesamt waren die mit dem Papier verbundenen Erwartungen im Frühherbst des Jahres 1987 zumindest größer als die Befürchtungen, die Skepsis, die Resignation. Doch bis zu welchem Punkt konnten sich diese Erwartungen erfüllen?

Ungewöhnliche Resonanz und heikle Fragen

Offensichtlich gab es keinen direkten Beschluss des SED-Politbüros, das gemeinsame Papier in den Grundorganisationen zu diskutieren. In der entsprechenden Politbürovorlage ist ein solcher Beschluss nicht enthalten, doch allen in der Führungsspitze der SED war klar, dass dieses Papier eine Diskussion in der SED-Mitgliedschaft auslösen könnte. Ob sich dabei die Interpretation Honeckers und seiner Politbüro-Kollegen allgemein durchsetzen würde, schien von Anfang an nicht ganz sicher zu sein. Deshalb wurde – wie bereits erwähnt – beschlossen, binnen weniger Tage eine Parteiinformation zu erarbeiten. Diese sollte die Diskussion in den verschiedenen Gliederungen der Partei »unterstützen«, in die richtige Bahn lenken und auftretende Fragen von vornherein »offensiv« beantworten. Erarbeitet wurde diese vertrauliche Information[5] von zwei Mitarbeitern der Akademie für Gesellschaftswissenschaften, die nicht unmittelbar an der Ausarbeitung des Dialogpapiers beteiligt waren. Otto Reinhold stimmte den ihm vorgelegten Entwurf mit der

Abteilung IPW (Westabteilung) des ZK der SED ab. Die Information orientierte sich am Text des gemeinsamen Papiers und gab wesentliche Aussagen davon wieder, entschärfte jedoch die für die SED heikelsten Thesen und »versöhnte« sie mit den bisherigen gängigen Aussagen der Partei. Die innenpolitischen Folgerungen wurden nicht thematisiert.

Im September/Oktober/November 1987 war das SPD-SED-Papier offizieller Tagesordnungspunkt in fast allen Mitgliederversammlungen der SED. In vielen Grundorganisationen wurde es ein zweites und drittes Mal diskutiert. Auch in den Kreis- wie Bezirksparteischulen gab es außerhalb der offiziellen Lehrpläne Vorträge, Seminare, Tagungen zu den Inhalten des Papiers. Grundorganisationsversammlungen bzw. Parteiaktivtagungen fanden besonders an den Universitäten, Hoch- und Fachschulen, im Volksbildungsbereich, den Schriftsteller- und Künstlerverbänden sowie beim Fernsehen der DDR, den Rundfunkanstalten und den Redaktionen der Zeitungen und Zeitschriften statt. Nicht zuletzt bei der Nationalen Volksarmee, der Deutschen Volkspolizei, dem Zoll und dem Ministerium für Staatssicherheit spielte das SPD-SED-Papier zunächst eine beachtliche Rolle. Besonders Gesellschaftswissenschaftler, die in die theoretische und praktische Dialogpolitik involviert waren, erhielten Einladungen zuhauf. Sie sollten das Papier erläutern, vor allem über »Hintergründe« (ein damals beliebtes Wort) informieren, die »neuen Fragen« erörtern und entsprechende »Argumente« liefern. Auch ich sprach damals, und das in einem kurzen Zeitraum, u.a. auf Versammlungen und Foren der Universitäten Berlin, Leipzig und Jena, der Akademie der Wissenschaften, des Künstlerverbandes, des Rundfunks, verschiedener Zeitungsredaktionen (u.a. *Berliner Zeitung* und *Lehrerzeitung*), des Kulturbundes in Berlin, der URANIA in Frankfurt/Oder, der SED-Bezirksparteischulen von Berlin, Neubrandenburg und Frankfurt/Oder und nicht zuletzt in Betrieben und Genossenschaften. Das galt auch für andere dialogorientierte Gesellschaftswissenschaftler der Gewi-Akademie, des Instituts für Politik und Wirtschaft, der Humboldt-Universität, der Akademie der Wissenschaften oder der Leipziger Karl-Marx-Universität. Die Chance, endlich politische Öffentlichkeit erzeugen zu können, wurde genutzt.

Die für die ideologische Arbeit in der Partei zuständigen Abteilungen im Zentralkomitee aber, die Abteilungen Agitation, Propaganda und Parteiorgane, hielten sich zurück, um nicht zu sagen, zogen sich zurück. Sie, die ansonsten alles unternahmen, um die Agitations- und Propagandatätigkeit der SED zu forcieren, sahen diese Diskussion von Anfang an mit Unbehagen. Die mit dem Papier aufgeworfenen und nun in der SED und in Teilen der Bevölkerung tatsächlich diskutierten Probleme der Friedens- und Reformfähigkeit der Systeme in Ost und West, des beiderseitigen Abbaus der Feindbilder, der Entwicklung eines breiten gesellschaftlichen Dialogs unter Einbeziehung aller Bürger passten nicht mehr in das bisherige System der Agitation und Propaganda. »Offizielle« Antworten auf die jetzt gestellten Fragen gab es nicht. Die Unsicherheit gerade in den genannten Abteilungen des ZK war groß. Vor allem fürchteten sie, die Kontrolle über diese Diskussion zu verlieren. Die Abteilung Parteiorgane im ZK entwickelte zunächst die Linie: Lasst die Diskussion erst einmal laufen, wir werden sie nicht fördern, aber auch nicht beschränken.[6] Die sonst übliche »Auftragsinformation« wurde von der Abteilung Parteiorgane in diesem Fall nicht ausgegeben. Während bei anderen Diskussionsrunden durch diese Abteilung genau Statistik darüber geführt wurde, wie viele Mitgliederversammlungen stattfanden, wie viele Genossen teilnahmen, wie viele zur Diskussion sprachen, wurde in diesem Falle keine Statistik erarbeitet. Auch wurde diese Diskussion nie ernsthaft ausgewertet – anders z.b. als die zur alljährlichen Planerfüllung, zu den Wettbewerbsverpflichtungen der »Sozialistischen Brigaden« und »Jugendkollektive«. Dennoch bieten die Durchsicht der Akten im Parteienarchiv, insbesondere die Gespräche mit Teilnehmern dieser Diskussionen, die Befragung der Akteure und die Auswertung der »Lageberichte« der Sicherheitsorgane ein recht eindeutiges Bild: Was hier in der SED ablief, war die lebhafteste, interessanteste und auch strittigste Diskussion seit Jahren, wahrscheinlich sogar seit den in den sechziger Jahren geführten Diskussionen um das Neue Ökonomische System und um den Prager Frühling 1968. Rund 2 Millionen Mitglieder und Kandidaten der SED, also mehr als 20 Prozent der erwachsenen Bevölkerung der DDR, waren darin einbezogen. Es dominierte ein Gefühl der Erleichterung und der Hoffnung, dass mit den Veränderungen in Moskau und mit dem gemeinsamen SPD-SED-Papier nun endlich diskutiert werden kann, dass man die ideologischen Schützengräben verlassen, das Lagerdenken überwinden und sich auf das weite, offene Feld der Diskussion und des Dialogs begeben möchte. Trotz der erheblichen Vorbehalte gegenüber der Sozialdemokratie, hofften viele Genossen auf eine gemeinsame Sprache beim Abbau der Spannungen zwischen Ost und West. Wenn man bedenkt, wie einseitig kritisch, ja verfälschend die SED das Bild von der Sozialdemokratie lange Zeit gezeichnet hatte, war diese Reaktion ungewöhnlich und bemerkenswert. In aller Regel gab es jetzt ein Gefühl des Stolzes, dass die eigene Partei mit der Sozialdemokratie ein gemeinsames Papier erarbeiten konnte. Doch gab es zugleich gerade bezüglich der Sozialdemokratie auch Stimmen unter SED-Mitgliedern und Funktionären, die von Verunsicherungen und neuen Besorgnissen gegenüber der SPD zeugten. So erinnert sich der ehemals leitende Mitarbeiter im ZK der SED, Heinz Mirtschin, dass in den Informationsberichten Fragen auftauchten wie: Leisten wir damit nicht der sozialdemokratischen Politik »Wandel durch Annäherung« Vorschub? Ist das Papier nicht ein Abgehen, vielleicht sogar ein Verrat an den Prinzipien der revolutionären Arbeiterbewegung?[7]

Genau betrachtet, gab es in diesen Diskussionen mehr Fragen als Antworten. Das begann bereits damit, dass unklar war, *wer* nun eigentlich der Träger und wer die Verantwortlichen des SPD-SED-Papiers waren – die beiden Parteien oder lediglich die Grundwertekommission der SPD und die Akademie für Gesellschaftswissenschaften beim ZK der SED? Und damit stand zugleich im Raum, wie verbindlich dieses Dokument überhaupt sei. Wie sich erst später zeigen sollte, hatte die SED-Führung dies offensichtlich bewusst offen gelassen, um es von Fall zu Fall nach Belieben handhaben zu können. In den immer schöngefärbten Berichten der Grundorganisationen und Kreisleitungen der SED spiegelte sich die Auseinandersetzung zwischen dem Festhalten an alten Glaubenssätzen und den Bestrebungen zu neuem Denken wieder. Schon die folgenden Mitgliederversammlungen im September und Oktober zeigten, wie sehr die Apparate nicht nur in der Zentrale, sondern auch vor Ort durch die ungewöhnliche Resonanz und die damit verbundenen Fragen vieler SED-Mitglieder verunsichert waren, da sie eine solche Situation mit einer derart intensiven Diskussion nicht erwartet hatten und »von oben« – besonders von den zuständigen Abteilungen des Zentralkomitees – allein gelassen worden waren.

Reaktionen unter den Funktionären und in der Bevölkerung im Spiegel der Informationen des Ministeriums für Staatssicherheit

Eine Diskussion über die Aufnahme des Papiers in der Bevölkerung der DDR hat es im SED-Politbüro nie gegeben. Auch entsprechende Analysen wurden nicht angefertigt. Dabei offenbarten diese Diskussionen exemplarisch Kontinuität und Wandel in den Einstellungen und Stimmungslagen des politisch interessierten Teils der Bevölkerung. Einzig das Ministerium für Staatssicherheit erstellte mehrere »Hinweise über beachtenswerte Aspekte aus den Reaktionen der Bevölkerung auf das von der SED und der SPD gemeinsam erarbeitete Dokument ›Der Streit der Ideologien und die gemeinsame Sicherheit‹«.[8] In diesen Informationen wurde sowohl über die verschiedenen Haltungen und Fragen innerhalb der SED als auch in der Bevölkerung insgesamt sowie speziell unter den »negativ-feindlichen« Kräften informiert. Dabei wird man davon auszugehen haben, dass in diesen »Hinweisen«, wie allgemein üblich, zugleich die bei den Sicherheitskräften selbst wahrgenommenen oder befürchteten Folgen des Papiers als Stimmungslagen unter Teilen der Bevölkerung wiedergegeben werden. Ein Vergleich der vorliegenden fünf Informationen, von 1987 bis 1989, zeigt, dass die Hinweise über die mit dem Papier verbundenen Gefahren zu-, die Hervorhebungen der »historischen Bedeutung« des Dokuments hingegen abnehmen. Bereits im Übergang von 1987 zu 1988 wird dieser Wandel in der Bewertung der Folgen des Papiers sichtbar. Darin spiegelt sich auch die wahrgenommene Konfliktanhäufung in der DDR, auf die die SED keine adäquaten Antworten suchte oder fand.

Knapp einen Monat nach der Veröffentlichung des Papiers erarbeitete die Zentrale Auswertungs- und Informationsgruppe (ZAIG) des Ministeriums für Staatssicherheit eine erste Stellungnahme, zunächst für die Leitung des Ministeriums selbst gedacht.[9] Sie wird mit dem Satz eingeleitet: »Nach vorliegenden Informationen aus allen Bezirken der DDR, einschließlich der Hauptstadt Berlin, wurde das genannte Dokument insbesondere von Mitgliedern und Funktionären der SED und anderen progressiven Kräften in allen Bevölkerungskreisen der Republik mit großem Interesse zur Kenntnis genommen und hat eine Vielzahl von Diskussionen ausgelöst. In den insgesamt sehr differenzierten Meinungsäußerungen ist als Grundtendenz prinzipielle Zustimmung zum grundsätzlichen Anliegen des Dokuments erkennbar.« Das Dokument werde als »Erfolg des beharrlichen Bemühens der SED gewertet, die SPD als Partner im Kampf um die Sicherung des Friedens zu gewinnen«. Erstmals seit Jahrzehnten sei es gelungen, Gemeinsamkeiten zwischen Kommunisten und Sozialdemokraten zu formulieren, die aber zugleich die »fundamentalen Gegensätze« nicht verwischen. Es werde erwartet, dass es auch künftig ideologische Auseinandersetzungen zwischen der marxistisch-leninistischen sowie der sozialreformistischen und den anderen bürgerlichen Ideologien geben wird. Damit wird die offizielle und generelle Sicht der SED auf das gemeinsame Papier mit der SPD wiedergegeben. Anschließend werden auf mehreren Seiten »beachtenswerte Standpunkte« formuliert, die bestimmte Zweifel, Vorbehalte, »Unklarheiten« und auch Befürchtungen in der SED und bei anderen »progressiven Kräften« in der Bevölkerung der DDR reflektieren. Gleichzeitig werden die ersten Reaktionen der – wie es heißt – »feindlich-negativen Personen« benannt. Ich gebe diese Einschätzung aus der Sicht der zentralen Auswertungs- und Informationsgruppe des Ministeriums für Staatssicherheit hier etwas ausführlicher wieder, weil sie – mit den gebotenen Abstrichen bei solchen Informationen und besonders bei den vorgenommenen Wertungen – Einblick sowohl in die damaligen Diskussionsprozesse in der DDR als auch in die Wahrnehmungs- und Deutungsmuster der politischen Führungskreise ermöglicht. Nach der positiven Hervorhebung der Bedeutung des Dokuments wird unmittelbar auf die Gefahren, die in diesem Zusammenhang gesehen werden, eingegangen: »So vertreten insbesondere Mitglieder und Funktionäre der SED älterer Jahrgänge, aus staatlichen Organen und wirtschaftsleitenden Einrichtungen sowie Gesellschaftswissenschaftler die Auffassung, dass der Handlungsweise der SPD lediglich taktische Erwägungen zu Grunde lägen und diese nicht auf einen Umdenkungsprozess zurückzuführen wären.« Es sei auf Grund der bitteren Erfahrungen aus der Geschichte der Arbeiterbewegung »sehr zweifelhaft, dass die SPD ehrlich und mit aller Konsequenz am Vereinbarten festhalten werde«. Ausgehend »vom Wesen der Sozialdemokratie sei es gefährlich, vertrauensselig zu sein«.

Tatsächlich gab es in der SED als Folge jahrzehntelanger Auseinandersetzungen zwischen ihr und der SPD große Vorbehalte gegenüber der Sozialdemokratie. Der Kampfbegriff »Sozialdemokratismus« wurde in der SED inzwischen zwar nicht mehr verwendet, wirkte verständlicherweise aber nach. Darauf konnten konservative Kreise in der SED stets bauen, wenn sie der Dialogpolitik einen anderen Schwenk versetzen wollten. Gefahren des »Sozialdemokratismus« werden auch in dieser Einschätzung der ZAIG sofort benannt, auch um die eigenen Besorgnisse zu thematisieren. »Beachtenswerten Einzelmeinungen zufolge gehe es der SPD darum, die SED als führende Kraft in der sozialistischen Gesellschaft zu unterwandern, ihre Mitglieder ideologisch aufzuweichen und durch Reformbestrebungen nach westlichem Muster pluralistische und liberalisierende, die sozialistische

Staats- und Gesellschaftsordnung destabilisierende Wirkungen zu erreichen.« Durchaus zutreffend heißt es dann weiter:»In beachtlichem Umfang zeigen sich in Meinungsäußerungen progressiver Personen unterschiedlicher Bevölkerungskreise Vorbehalte und Unklarheiten zu getroffenen inhaltlichen Feststellungen im Dokument, vor allem bezogen auf die Aussagen über den Abbau von Feindbildern und die Friedens-, Entwicklungs- bzw. Reformfähigkeit beider Gesellschaftssysteme, verbunden mit den daraus resultierenden Befürchtungen, Fragestellungen und Erwartungshaltungen.« Dann heißt es jedoch, intentional bestimmt: In gewissen Kreisen befürchte man,»die SED sei damit von allgemeingültigen marxistisch-leninistischen Grundpositionen abgewichen, habe im Interesse der Friedenssicherung und der Entspannung zu große politisch-ideologische Zugeständnisse gemacht«. «Vorrangig bei Angehörigen der bewaffneten Organe, Pädagogen, aber auch Mitarbeitern staatlicher Organe lösten die im Dokument fixierten Forderungen zum Abbau von Feindbildern Diskussionen verbunden mit Fragestellungen aus. (…) In zahlreichen Meinungsäußerungen wird die Auffassung deutlich, dass der Imperialismus und alle dieses Gesellschaftssystem tragenden Kräfte der Klassenfeind bleiben.« Durch die Feindbildproblematik im Dokument von SPD und SED»werde es zunehmend schwieriger, der jungen Generation Orientierung zur Ausprägung ihrer Verteidigungsbereitschaft zu geben«. Und weiter:»Während die Einheit von Frieden und Sozialismus hervorgehoben wird, zweifeln progressive Bürger aus allen Klassen und Schichten der Bevölkerung an der Friedensfähigkeit des Imperialismus.« Es werde häufig die Frage gestellt,»ob sich die SED damit nicht im Widerspruch zu grundsätzlichen Einschätzungen über das Wesen des Imperialismus begebe«.

Gleich im Anschluss daran wird eine andere zentrale Formel des SPD-SED-Papiers kritisch beleuchtet.»Eine beträchtliche Anzahl von Mitgliedern und Funktionären der SED, darunter Mitarbeiter staatlicher Organe und wirtschaftsleitender Einrichtungen, Wissenschaftler, Pädagogen und weitere progressive Kräfte äußern Unverständnis hinsichtlich der im Dokument festgeschriebenen Aussagen über die Reformfähigkeit und Existenzberechtigung beider Gesellschaftssysteme. Ihrer Meinung nach stünden diese Feststellungen im Widerspruch zur marxistisch-leninistischen Theorie vom gesetzmäßigen Untergang des Kapitalismus sowie zur Epoche-Einschätzung der marxistisch-leninistischen Parteien. Beide Systeme für reformfähig zu halten, werde als Widerspruch zur marxistisch-leninistischen Revolutionstheorie aufgefasst.« Es gebe Befürchtungen, »dass hinter dem Zugeständnis einer Reformfähigkeit der sozialistischen Gesellschaft in der DDR Anzeichen für eine mögliche Liberalisierung unserer Gesellschaft stehen, verbunden mit Feststellungen, ob künftig in der DDR mit mehr ›Pluralismus‹ zu rechnen sei (…) Auch die Aussage vom ›Kampf der Werte‹ wäre unmarxistisch, weil eine Gleichstellung von Idealen von einer kommunistischen und einer sozialdemokratischen Partei einfach undenkbar sei«. Eine »Vielzahl von Meinungsäußerungen progressiver Kräfte« erwarte deshalb »detaillierte Hinweise zur inhaltlichen Auswertung des Dokuments und (…) dementsprechende überzeugende Argumentationen«. Dies sei umso wichtiger, da durch die im Dokument enthaltenen »Festlegungen zur Entwicklung einer gegenseitigen Kritik« und den Vertrieb westlicher Presseerzeugnisse »die ideologische Einwirkung auf die DDR zunehmen werde«. Durchaus problemorientiert wird dann festgehalten: »Außerdem werde die angestrebte Diskussion über den Wettbewerb der Systeme, den Vergleich ihrer Erfolge und Misserfolge, die DDR angesichts der angespannten wirtschaftlichen Lage, insbesondere der Schwierigkeiten der Versorgung, vor harte Prüfungen stellen, um unsere Überlegenheit gegenüber der eigenen und der Bevölkerung der BRD glaubhaft zu machen.«

Im Einzelnen werde auch die Meinung vertreten, »man müsse sich auf eine völlig neue Denkweise einstellen. Die DDR werde nicht umhinkommen, noch mehr ›Informationsreisen‹ in die BRD zu gestatten, damit sich ›auch der einfache DDR-Bürger‹ ein objektives Bild vom Leben in der BRD machen könne. Auch werde sich auf allen Gebieten des gesellschaftlichen Lebens eine ›weitere Öffnung‹ erforderlich machen«.[10] Damit wird einerseits – anders als in der SED-Spitze – durchaus die Bandbreite der Diskussionen des SPD-SED-Papiers wiedergegeben. Andererseits dürften wie gesagt vor allem die eigenen Bewertungen des Papiers als Stimmungslagen in der SED und in der Bevölkerung gedeutet werden. Die Schlussfolgerungen daraus sind recht deutlich: Verteidigung alter ideologischer Glaubenssätze, auch wenn die Geschichte sie widerlegt hat. Weiter so wie bisher, statt Suchen nach angemessenen neuen Antworten und praktischen Lösungswegen für die angestauten Probleme und Konflikte in der DDR. Alles getreu den mutmaßlichen Erwartungen der Adressaten dieser Information. Doch wie wir heute deutlicher wissen, gab es diesbezüglich auch unterschiedliche Auffassungen innerhalb des Macht- und Sicherheitsapparates der DDR. Auch dort nahmen die Differenzierungen zu (siehe unten).

Die von verschiedenen Bezirksverwaltungen des Ministeriums für Staatssicherheit im September und Oktober 1987 erstellten Informationen (u.a. durch die Bezirksverwaltungen Berlin, Karl-Marx-Stadt und Neubrandenburg) über die Reaktionen in der Bevölkerung gleichen der hier wiedergegebenen der ZAIG in Berlin. Das gemeinsame Dokument von SPD und SED wird als ein wesentlicher Erfolg der SED bei der Durchsetzung der Politik der friedlichen Koexistenz und bei der Schaffung einer Koalition der Vernunft bezeichnet.[11] Dies werde auch von der Mehrheit der Bevölkerung so gesehen. Was aber bei der Zustimmung Honeckers und des Politbüros zum Papier zunächst nicht öffentlich thematisiert wurde, hier wird es dann doch benannt:»Anderseits kommt in derartigen Gesprächen auch zum Ausdruck, dass Begriffe wie ›Abbau von Feindbildern‹, ›Friedensfähigkeit‹ sowie ›Reformfähigkeit‹ und ›Reformbedürftigkeit‹ derzeit nicht einzuordnen sind, der Imperialismus verniedlicht und seine Aggressivität verharmlost wird.« Und vor allem Lehrer meinten, dass es nach dem Dokument »schwer werden wird, in der Zukunft der Jugend die Notwendigkeit des militärischen Schutzes des Sozialismus zu erklären.«[12]

Ähnlich fällt die Analyse und Information der Bezirksverwaltung Berlin des Ministeriums für Staatssicherheit aus, als sie bereits am 3. September 1987 über erste »Reaktionen von Bürgern der Hauptstadt der DDR auf das gemeinsame Dokument von SPD und SED«[13] berichtet. Das gemeinsame Papier werde als wichtig für die Friedenssicherung in Deutschland und in Europa angesehen. Es sei Ausdruck des neuen Denkens und ein konkreter Beitrag der Friedenspolitik der SED. Nachdem darüber berichtet wird, dass es bei einer ganzen Reihe von Bürgern Fragen gebe, ob die SPD dieses Papier ernst nehmen werde und ob man ihr vertrauen könne, werden die eigentlichen Probleme benannt: »Bei vielen Berlinern wirft das Dokument eine Reihe von Fragen auf, die sich vor allem auf die Aussagen über den Abbau von Feindbildern und über die Friedens- und Entwicklungs- bzw. Reformfähigkeit beider Gesellschaftssysteme beziehen. Die Feindbildproblematik ist besonders unter Angehörigen bewaffneter Organe (PdVP, VPI Treptow, Grenzkommando Mitte, Wehrkreiskommando Lichtenberg) Diskussionsgegenstand. Aber auch andere Bürger, u.a. Berufsschullehrer des VEB Kühlautomat Berlin, fragten sich, wie denn nun das künftige Feindbild aussehe, welches sie zum Beispiel jungen Menschen in Vorbereitung auf den Wehrdienst vermitteln sollen.« Kurz danach wird festgestellt: »Hinsichtlich der Friedens-, Entwicklungs- und Reformfähigkeit beider Systeme entstand bei Bürgern die Frage, ob ›wir uns damit nicht in Widerspruch begeben zu der grundsätzlichen Einschätzung des Wesens des Imperialismus‹ und ob der Imperialismus tatsächlich friedensfähig sei (z. B. Pädagogen im Stadtbezirk Berlin-Marzahn). Aus anderen Meinungsäußerungen ist ersichtlich, dass die Feststellung der Reformfähigkeit beider Systeme nicht verstanden wird (z. B. Angehörige des Strafvollzuges, Mitarbeiter des Rates des Stadtbezirkes Berlin-Marzahn). Einzelne Berliner befürchten hinter dem Zugeständnis der Reformfähigkeit der sozialistischen Gesellschaft in der DDR Anzeichen für eine mögliche Liberalisierung und fragen sich, ob mit den im Dokument enthaltenen Aussagen nicht das Wesen des Klassenkampfes verwischt werde (Rat des Stadtbezirkes Berlin-Friedrichshain, BBS des VEB Kühlautomat Berlin). Weitere Meinungsäußerungen beinhalten Überlegungen über mögliche sich aus dem Dokument ergebende Konsequenzen für die DDR (…) Wissenschaftler aus dem Bereich Militärmedizin der Humboldt-Universität äußerten dahingehend Bedenken, dass bei einem Teil der Parteimitglieder ›doch erhebliche Unklarheiten‹ entstehen könnten, da ›bisherige Aussagen von Klassikern des Marxismus-Leninismus teilweise recht einseitig ausgelegt wurden‹. Einige Bürger äußerten ihre Besorgnis hinsichtlich der praktischen Untersetzung des Dokuments. So waren Angestellte des VEB Berlin-Chemie der Ansicht, dass unter der Bevölkerung mit verschiedenen im Dokument enthaltenen Aussagen gewisse Erwartungen u. a. bezüglich der Reisemöglichkeiten sowie des Austausches von Presseerzeugnissen geweckt würden, die nur schwer zu erfüllen wären. Mitarbeiter der Hauptverwaltung Planung beim Ministerrat der DDR meinten, dass man sich auf eine völlig neue Denkweise einstellen müsse (…) Mitarbeiter der Charité waren der Auffassung, dass sich ›die Partei mit so einem Dokument nur unnötige Probleme ins Land geholt‹ habe.« Abschließend wird informiert, dass viele Bürger »darüber verärgert« seien, dass gerade an dem Tag, als das Papier im *Neuen Deutschland* veröffentlicht worden sei, die Zeitungen besonders schnell vergriffen waren und sie oft leer ausgegangen seien.[14]

Ein besonderes Interesse bestand offensichtlich darin, rechtzeitig zu erfahren, wie sich die Intellektuellen zum SPD-SED-Papier verhielten. Die Hauptabteilung XX des Ministeriums für Staatssicherheit hat deshalb schon am 9. September 1987 dazu eine erste Information über ihren »Verantwortungsbereich« – Akademie der Wissenschaften, Ministerium für Kultur, Ministerium für Hoch- und Fachschulwesen, ND-Druckerei, Redaktion des

Sonntag, Aufbau-Verlag, Staatsverlag, Sekretariat des Schriftstellerverbandes – erarbeitet. Es wurde darin eingangs festgehalten, dass das »Dokument mit Befriedigung und großer Zustimmung« aufgenommen werde, weil es der Dialogpolitik der SED und dem neuen Denken, »wie dies auch von Michail Gorbatschow vertreten wird«, entspreche. »Dessen Erfüllung sei zugleich aber auch eine große Herausforderung an unsere Gesellschaft.« So gebe es »beträchtliches Staunen und eine gewisse Skepsis über die Realisierungschancen (des Dokuments, R.R.) innerhalb unserer Gesellschaftsordnung (…) In einigen Fällen wurden erneut Erwartungshaltungen bezüglich mehr Reisemöglichkeiten und Informationen an die DDR-Bevölkerung auf allen Gebieten formuliert.« Nicht zuletzt würden, wie vor allem im Aufbau-Verlag, Auffassungen vertreten, »dass Feindbilder an den Oberschulen, Fach- und Hochschulen abgebaut, Werke bürgerlicher Ideologie zugänglich gemacht und breiter diskutiert werden (müssten) sowie eine Neuformulierung verschiedener ideologischer Grundaussagen wie Reformfähigkeit, Existenzberechtigung und Entwicklungsfähigkeit der beiden Systeme vorzunehmen sei«.[15]

Dass man sich – gerade in der SED – mit den neuen Begriffen und Aussagen schwer tun würde, ist mehr als verständlich. Etwas anderes konnte gar nicht erwartet werden. Gerade deshalb aber ist der Verlauf der Diskussion differenziert zu bewerten. Die Bezirksverwaltung Neubrandenburg machte auf Sichtweisen in der Bevölkerung aufmerksam, die in den DDR-Medien eher Tabuthemen waren.[16] So heißt es gleich zu Beginn »es wird zunehmend Besorgnis spürbar, ob innere Entwicklungsprobleme der DDR, vorrangig bezogen auf den ökonomischen Bereich, sich nicht hemmend auf die Durchsetzung der politischen Ziele auswirken würden«. Bezogen auf den privaten Besuch Honeckers bei seiner Schwester in Wiebelskirchen, der im Rahmen seiner offiziellen Reise in die Bundesrepublik vorgesehen war, werden Meinungen aus der Bevölkerung wiedergegeben wie: »Dieser Verwandtenbesuch wäre ungerecht gegenüber DDR-Bürgern, die diese Möglichkeit nicht hätten. Die Notwendigkeit der Abgrenzung gegenüber der Westverwandtschaft bestehe immer nur für die Kleinen (Leitungskader Industrie und Landwirtschaft). Pädagogen, Mitarbeiter des Staatsapparates sowie Geheimnisträger vertreten in diesem Zusammenhang die Meinung, dass sie sich im zunehmenden Maße benachteiligt fühlen, weil sie nur auf Grund ihrer Tätigkeit nicht in das nichtsozialistische Ausland reisen dürfen.« Nach dem gemeinsamen SPD-SED-Dokument und vor al-

lem nach dem Staatsbesuch Honeckers bei Kohl dominierten Erwartungshaltungen hinsichtlich der »Erweiterung der Reisemöglichkeiten für DDR-
Bürger«, nach »Importen hochwertiger Konsumgüter aus der Bundesrepublik
zur Verbesserung des Versorgungsniveaus«, nach »Zufuhr von Valutamit-
teln (...) für die Sanierung bzw. Rekonstruktion verschlissener Maschinen
und Anlagen«, nach »Einfuhr und Vertrieb von Presse- und Druckerzeugnissen westlicher Herkunft«. Schließlich wird konstatiert, dass die mit dem
SPD-SED-Papier verbundenen »ideologischen Unsicherheiten« (Feindbild,
Imperialismus- und Sozialismusbild, Werteproblematik) die Partei veran-
lassen müssten, »ihre politisch-ideologische Arbeit zu verstärken«.[17]

Was in diesen Berichten und Protokollen als »Meinung einiger«, als »verstärkte Einzelmeinungen« wiedergegeben wird, waren – wie auch die Verfasser dieser Informationen wussten – längst Grundstimmungen in der Bevölkerung. Im Grunde wurde das SPD-SED-Papier in allen politischen
Bereichen und unter allen sozialen Schichten und Gruppen der DDR zur
Kenntnis genommen und in dieser oder jener Weise diskutiert. So berichtete der Kulturbund der DDR am 14. November 1987 über »Stimmungen,
Meinungen, Haltungen – vor allem der Intelligenz – zu aktuellen politischen und kulturellen Fragen«: Besonders diskutiert würden in der Folge
des Honecker-Besuchs »und auch im Zusammenhang mit dem gemeinsamen Dokument von SED-SPD Fragen zum ›Feindbild‹, zur ›Nation‹, zur
›Friedensfähigkeit des Imperialismus‹, zur ›Reformfähigkeit des Sozialismus‹ u. v. a.«.[18]

Ganz allgemein kann hier zunächst festgehalten werden: Das SPD-SED-
Papier wurde nicht nur in den Reihen der SED heftig diskutiert, sondern
auch im Spektrum der gesamten Dienstklasse. Es wurde von breiten Bevöl-
kerungsschichten wahrgenommen. Das gilt vor allem für den politisch interessierten Teil. Davon zeugen nicht nur die zitierten Informationen, sondern auch öffentliche Veranstaltungen, die u.a. in Berlin, Leipzig, Jena,
Potsdam, Frankfurt/Oder und anderen Städten und Gemeinden der DDR zu
den Thematiken des Papiers stattfanden. Der Zusammenhang des Papiers
mit der von der DDR und Honecker persönlich vertretenen Friedens- und
Dialogpolitik gegenüber dem »Westen« wurde registriert und schuf Zustimmung, partiell Akzeptanz und Loyalität. Auch die in der SED besonders
umstrittenen drei Formeln – Akzeptanz der Existenzberechtigung des Kapitalismus, Friedens- und Reformfähigkeit beider Systeme, Entwicklung
einer neuen politischen Kultur des Dialogs und Streits – wurden in breiten

Kreisen der Bevölkerung mehr oder minder aufmerksam wahrgenommen. Sie warfen Fragen nach dem Feindbild und nach dem Verhältnis zum westlichen »Imperialismus« auf, aber diese Fragen spielen in der Bevölkerung eine weit geringere Rolle als in der SED, in der Nationalen Volksarmee, bei Pädagogen und Journalisten. Die allgemeine, mit dem SPD-SED-Papier verbundene Erwartungshaltung war eine andere: Mehr Offenheit in den Medien, mehr Transparenz in der Politik und vor allem Verbreiterung des Kreises jener, die in den Westen reisen dürfen. Hinzu kam die Hoffnung auf den Ausbau der wirtschaftlichen Beziehungen zur Bundesrepublik, um die Infrastruktur und die Versorgungslage in der DDR verbessern zu können. Das gemeinsame Papier war für diesen »Forderungskatalog« nicht der Auslöser, denn der Problemdruck bestand seit langem, aber es erhöhte die Erwartungen auf Veränderungen und Verbesserungen in der DDR. Die veränderte Bewusstseinslage wurde von den einen im Apparat der SED als Preisgabe marxistisch-leninistischer Positionen, als ideologische Aufweichung und als gefahrvolle Pluralisierungstendenz gewertet und von den anderen, den reformorientierten Kreisen in der SED und in der Gesellschaft, als Chance zur kritischen Bilanz, zur sozialistischen Reform der DDR gesehen. Dass die Zeit dafür möglicherweise schon vorüber war, spielte im Kontext der Diskussionen des SPD-SED-Papiers Ende 1987 noch keine entscheidende Rolle. Nicht bei den an der Diskussion noch beteiligten Teilen der Bevölkerung und schon gar nicht bei den Mitgliedern der SED. Das gemeinsame Papier signalisierte noch einmal so etwas wie einen Aufbruch, eine Chance auf Bewegung in der Starrheit des Systems.

Die ideologische Dimension: Der Streit um die neuen Begriffe und die alten Glaubenssätze

Wäre das SPD-SED-Papier eine nur sicherheits- und abrüstungspolitische Erklärung gewesen, hätte es in der SED, wie auch in breiteren Bevölkerungskreisen Zustimmung gefunden, ohne besonders beachtet zu werden. Die Brisanz des Papiers ergab sich aber daraus, dass das neue Denken zwischen den Systemen in Ost und West mit dem neuem Denken im innergesellschaftlichen Bereich untrennbar verknüpft war. Dies wollte die SED-Führung von vornherein ignorieren bzw. in ihrer Bedeutung minimieren. Immer mehr Genossen konzentrierten sich aber auf die Passagen vom fried-

lichen Wettstreit der Systeme, von der wechselseitigen Anerkennung der
Friedens- und Reformfähigkeit, vom Wettbewerb der Ideologien und Werte, von Demokratie und Menschenrechten und nicht zuletzt auf die Idee
einer neuen politischen Streitkultur. Vieles war für viele neu und ungewohnt
und kam nicht peu à peu sondern sehr geballt. Die alten Bilder und Orientierungen bekamen Risse, die bekannten Politikmuster begannen zu wanken. Besonders in der Anfangsphase wurde die Diskussion dadurch nicht
etwa eingeengt, sondern aufgeschlossen. Charakteristisch war das Suchen
nach neuen Antworten, die Hoffnung auf mehr Offenheit in der Partei und
in der DDR. Diese Phase des Aufbruchs reichte von August bis etwa Oktober 1987, ein bewegter Herbst.

Die SED sah sich fortan mit zwei Problemfeldern konfrontiert: Wie
konnte sie die Thesen von der Anerkennung der Existenzberechtigung, der
Friedens- und Reformfähigkeit des »Imperialismus« und des offenen Systemwettstreits mit ihren bisherigen Positionen verbinden? Und wie sollte
sie sich der Forderung nach einem Dialog im Inneren, in den alle Bürger,
ohne Ausgrenzung und Diskriminierung, einbezogen werden, stellen? Beide Fragen waren ungewöhnliche Herausforderungen für die SED. Sowohl
für ihr Selbstverständnis als Staatspartei mit einem Monopolanspruch auf
Wahrheit, als auch für ihre daraus abgeleitete Praxis, die jeden ernsthaften
gesellschaftlichen Dialog bislang ausschloss. Niemand konnte erwarten, dass
sich mit dem Ideologiepapier ein fest gefügtes ideologisches Gerüst und
eine jahrzehntelange politische Praxis schnell und kurzfristig grundlegend
wandeln würden. Aber dass ein Wandel anstand, daran ließ das Papier keinen Zweifel. Die der lebendigen und offenen Diskussion immer mehr ent-
wöhnten Mitglieder der SED begannen in den Beratungen zumindest Fragen in diese Richtung zu stellen und Veränderungen anzumahnen, nicht
zuletzt unter dem Einfluss der Glasnost- und Perestroika-Debatte in Moskau. Diese Wirkungsweise des Papiers hatte die Führung der SED sicher
nicht einkalkuliert. Ihr strategisches Kalkül war gewesen, durch das Papier
mit der SPD im Inneren des Landes die Glaubwürdigkeit zu erhöhen, neue
Legitimationsressourcen zu mobilisieren und vor allem die Binnenlegitimität in der Partei selbst zu stärken. Das schien so nicht aufzugehen. Die SED-
Führung war, zumal sie keine Diskussion über diese von ihr nicht vorgesehene Entwicklung führte, verunsichert. Aus den »heiklen Fragen«, die im
Zusammenhang mit dem Papier in der Partei gestellt wurden, entwickelte
sich auf unterschiedlichen Ebenen ein Streit um die neuen Begriffe und die

alten Glaubenssätze. Zugleich – und ab 1988 zunehmend – rückte auch in der SED die Frage des inneren gesellschaftlichen Dialogs und des Bedürfnisses nach Reformen in den Mittelpunkt der Auseinandersetzung. Sie bilden gewissermaßen die *zwei Ebenen der Auseinandersetzung* um die Folgen des gemeinsamen Papiers von SPD und SED.

Der Streit der Ideologien zwischen den Systemen, zwischen SPD und SED, wovon im gemeinsamen Papier schon in der Überschrift die Rede war, wurde zu einem Streit der Ideologien *in* der SED. In dieser »ideologischen Diskussion« ging es vordergründig um Begriffe wie Imperialismus und Sozialismus und deren Friedens- und Reformfähigkeit, friedliche Koexistenz und Klassenkampf, Menschheits- und Klasseninteressen, inneres und äußeres Feindbild, Epoche und revolutionärer Weltprozess, gesetzmäßiger Sieg des Sozialismus und Niedergang des Kapitalismus. Für die Mehrheit der Bevölkerung hatten diese Begriffe inzwischen an Bedeutung verloren. Für die SED aber, ihre Mitglieder und Funktionäre sowie für die sozialistische Dienstklasse spielten sie noch immer eine zentrale Rolle. Sie bildeten das ideologische Gerüst der marxistisch-leninistischen Weltanschauung und damit der Binnenlegitimität in der SED. Hinter dem Streit um die Begriffe verbarg sich das wichtigere Problem, ob sich die SED auf die neuen gesellschaftlichen Realitäten einlassen oder weiterhin primär ideologischen Leitbildern und damit engen Machtkalkülen folgen würde. Insofern war die Diskussion höchst politisch. Zusätzliche Brisanz bekam sie dadurch, dass vor allem die evangelischen Kirchen der DDR sich auf das Papier »stürzten« und es breit diskutierten (vgl. Kap. 4), verbunden mit eigenen Forderungen, und sich gleichzeitig in der Bürgerrechtsbewegung eine kontroverse Debatte über das Papier entwickelte (vgl. Kap. 5). Das war für die Führung der SED ungewohnt, hatte sie doch schon genug mit der Diskussion in der eigenen Partei und unter den sozialistischen Intellektuellen zu tun.

Aus der Fülle der in der SED und ihrem Umfeld stattfindenden Diskussionen werden in Folgenden einige Bereiche näher beschrieben, die repräsentativ für die allgemeinen Diskussionen sind und Aussagen über die SED in der Vor-Wende-Zeit ermöglichen. Es war eine der spannendsten Diskussionen in der SED. Da die zuständige Abteilung im ZK der SED damals keine Gründe sah, diese für die Verfasstheit der DDR so zentralen Debatten genauer zu erfassen und auszuwerten, wurde sie weder »offiziell« beschrieben noch systematisiert und analysiert. Umso wichtiger scheint mir ein verständiger Blick zurück zu sein. Die folgenden Berichte stützen sich auf die Durchsicht von Monatsberichten der SED-Grundorganisationen, Kreis- und Bezirksleitungen, auf Archivprotokolle, Erfahrungsberichte ehemaliger »Propagandisten« und auf Gespräche und Interviews mit beteiligten Akteuren.

Diskussionen an den Hochschulen

Zentren dieser Diskussionen waren Berlin, Leipzig, Jena, aber auch Rostock und Greifswald.* Bereits Mitte September stellte die Kreisleitung der *Karl-Marx-Universität Leipzig* fest, dass das SPD-SED-Papier unter Wissenschaftlern und Studenten rege Diskussionen auslöse und ideologische Fragen aufwerfe.[19] Die Debatte wurde über mehrere Wochen, teilweise sogar über Monate geführt. Gerade jüngere Wissenschaftler, ein Teil der Studenten, aber auch einzelne Gesellschaftswissenschaftler begrüßten das Dialogpapier als Ausdruck eines neuen Politikansatzes, den es weiter zu entwickeln gelte. Der Prorektor für Erziehung und Ausbildung der Karl-Marx-Universität, Horst Möhle, sprach in seinem Referat vor der SED-Kreisleitung am 14.9.1987 von »oft lebhaft geführten Auseinandersetzungen«. Inhaltlich hob er hervor: »Nicht wenige Studenten haben aber auch illusionäre Vorstellungen von den erreichten Abrüstungsschritten und den dazu erforderlichen Zeiträumen und diskutieren aus dieser Sicht Probleme wie Soldat sein im Sozialismus/Feindbild und damit zusammenhängende Haltungen. Nicht immer konnten diese Fragen ausreichend geklärt werden.«

Fragen gebe es vor allem zu den im Papier angesprochenen Punkten der »Reformfähigkeit« und »Friedensfähigkeit« der Systeme. Manche ordneten diese Aussagen den Diskussionen über innenpolitische Entwicklungen in der Sowjetunion und in anderen osteuropäischen Ländern zu und verknüpften damit Forderungen nach innenpolitischen Veränderungen, wie z.B. einer neuen Informationspolitik und der Weiterentwicklung der sozialistischen Demokratie, auch in der DDR.[20]

---

* Neben meinem Studium der Akten im Zentralen Parteiarchiv (SAPMO) wurden hierzu von Olaf Ziermann zugleich die Monatsberichte der Grundorganisationen der SED der Universitäten Leipzig, Rostock und Greifswald, der Hochschulparteileitungen/Kreisleitungen der SED sowie der Bezirksleitung der SED Leipzig ab August 1987 ausgewertet. Alle Kopien befinden sich in meinem Besitz.

Vor allem in den gesellschaftswissenschaftlichen Sektionen hielt die Diskussion bis in das Frühjahr des Jahres 1988 an. Das zeigen die Monatsberichte der Grundorganisationen Geschichte, Philosophie, Sprachwissenschaften. In einem Bericht der Sektion Sprachwissenschaften heißt es, offensichtlich erfreut: »Die jahrzehntelange Feindschaft zwischen SPD und SED ist beendet.« Das ließ verschiedene Deutungen zu. Die Kreisleitung der SED stellte kategorisch fest: »Mit diesem gemeinsamen Dokument ist keine Um- oder Neubewertung der SPD vorgenommen« und »deshalb (ist es) wichtig zu betonen, dass in dem Dokument keine Positionen der Kommunisten preisgegeben werden«. Das Sekretariat der SED-Kreisleitung der Universität Leipzig hielt es angesichts der kontroversen Diskussion für notwendig, eine »operative Beratung für die gezielte politisch-ideologische Arbeit« durchzuführen. Auf dieser außerordentlichen Zusammenkunft wurde allen Mitgliedern und Kandidaten der SED-Kreisleitung, allen Parteisekretären der Grundorganisationen und Abteilungsorganisationen der Universität die interne Parteiinformation und die »weitreichenden Festlegungen des Sekretariats für die politische Arbeit im Zusammenhang mit der Veröffentlichung des gemeinsamen Dokuments von SPD und SED« vorgetragen.[21] Notwendig sei insbesondere ein einheitliches Auftreten aller Lehrkräfte vor den Studenten. Dennoch wird von vielen SED-Mitgliedern an der Universität Leipzig auch hervorgehoben, dass »die festgehaltenen theoretischen Positionen und Prinzipien des Meinungsstreits interessant, nachdenkenswert und außerordentlich wichtig für die politisch-ideologische und wissenschaftlich-theoretische Arbeit« seien.[22]

Auch unter den Genossen der *Ernst-Moritz-Arndt-Universität Greifswald* gab es viele Fragen. Schon im Monatsbericht vom September 1987 werden diese fast anklagend gestellt:

- »Was heißt ›Friedensfähigkeit des Imperialismus‹?
- Was bedeutet Reformfähigkeit der beiden Systeme?
- Wie stellt sich unser Feindbild heute dar?
- Ergeben sich daraus neue Formen des Klassenkampfes?
- Ist das ein neuer ›Renner‹ der SPD in der BRD, um an die Macht zu kommen?
- Hat sich unsere Haltung zur SPD so geändert, dass wir solch ein Dokument mit ausarbeiten?
- Rüttelt das Dokument nicht an verschiedenen Aussagen der Klassiker?«

Im darauffolgenden Monatsbericht vom Oktober werden zusätzliche Probleme, die sich aus der Diskussion heraus ergeben haben, formuliert. Dort hieß es:»Dennoch gibt es nach wie vor viele Fragen und auch Unsicherheiten wie z.B:

- Haben wir uns von unserem Feindbild verabschiedet?
- Was heißt Friedensfähigkeit des Imperialismus?
- Hat er sein aggressives Wesen aufgegeben?
- Was heißt Reformfähigkeit des Sozialismus?(...)«[23]

Die zentrale Parteileitung hielt es für notwendig, darauf hinzuweisen:»Wir sollten uns betreffs der ›Gemeinsamkeiten‹ mit der BRD nicht allzu großen Illusionen hingeben (...) Bei aller Offenheit gegenüber den zu lösenden globalen Problemen und humanitären Fragen, müssen wir gezielt offensive und konkrete politisch-ideologische Arbeit mit unseren Bürgern leisten, so z.b. über die Notwendigkeit der Erhöhung der Verteidigungsbereitschaft. Eine humanistische, entideologisierte Gefühlsduselei, die vom Westen aus betrieben wird, bringt uns nicht weiter.« Die Diskussion blieb nie völlig auf das SPD-SED-Papier begrenzt, meist stand sie im Zusammenhang mit der generellen Entwicklung des Sozialismus, besonders mit der von Gorbatschow formulierten Politik von Glasnost und Perestroika. So gesellten sich auch in Greifswald zu wichtigen Stichpunkten aus dem SPD-SED-Papier weitere hinzu:

- »Müssen wir nicht Begriffe der UdSSR (Perestroika, Glasnost) für uns übernehmen?
- Welche Rolle spielt unsere Ideologie heute noch?
- Ist die historische Mission der Arbeiterklasse heute noch diskutabel?
- Ist nicht auch in der DDR der Verwaltungsapparat zu aufgebläht und arbeitet uneffektiv?«[24]

Ähnlich wie in Greifswald wurde auch an den anderen Hochschulen und Universitäten diskutiert.

Im »marxistisch-leninistischen Grundlagenstudium«, dem Pflichtfach für alle Studenten an den Universitäten und Hochschulen, sahen sich viele Dozenten nach dem 27. August 1987, dem Tag der Veröffentlichung des SPD-SED-Ideologiepapiers, mit einer für sie ungewohnten Situation konfrontiert. Studenten lasen aus dem *Neuen Deutschland* vor und fragten, was es denn heiße, dass die beiden Systeme friedens- und reformfähig seien, der Systemwettstreit ergebnisoffen geführt werden sollte und dass die Feindbilder ab- und ein gesellschaftlicher Dialog aufgebaut werden müsse? Und sie fragten, was denn nun gelte: das bislang Gelehrte über die Aggressivität des Imperialismus, seine Reformunfähigkeit und den gesetzmäßigen Sieg des Sozialismus oder das, was in dem gemeinsamen Papier von SPD und SED stünde? Die Dozenten reagierten auf solche Fragen sehr unterschiedlich. Einige zeigten sich überfordert, andere nutzten die Chance zu einer offenen Diskussion. Gregor Schirmer, in der Abteilung Wissenschaften im ZK der SED auch für das Grundlagenstudium verantwortlich, spürte diese Veränderungen. Rückblickend resümiert er: Das gemeinsame SPD-SED-Papier sei ein wesentlicher Anstoß für kritischere Diskussionen in der DDR und in der SED, auch im marxistisch-leninistischen Grundlagenstudium, gewesen. Denn zum ersten Mal hätte man im *Neuen Deutschland* etwas lesen können, was sich doch beträchtlich von den üblichen Parteitagsreden oder ND-Artikeln abgehoben habe. Mit der Veröffentlichung des Papiers sei ein Fass, bildlich formuliert, maßgeblich gefüllt worden, das dann an den Hochschulen und darüber hinaus mit dem *Sputnik*-Verbot* zum Überlaufen kam.[25]

Das Beispiel eines Stadtbezirks

Auch in vielen volkseigenen Betrieben und landwirtschaftlichen Genossenschaften fand das Ideologiepapier von SPD und SED Aufmerksamkeit. In den SED-Grundorganisationen wurde es meist durch Festlegung der SED-Kreisleitungen auf Mitgliederversammlungen diskutiert. So fragten die Genossen des Werkes »Elektronische Bauelemente« in Teltow: »Ist ein ›friedensfähiges‹ kapitalistisches System noch aggressiv und imperialistisch?« Und die SED-Mitglieder des Kombinats »Metallaufbereitung« Halle meinten: »Das Dokument zwischen der SED und der SPD schließt den Abbau von Feindbildern in sich ein. Ist dies nicht ein Grund, das bisher geprägte Feindbild in unseren bewaffneten Organen zu korrigieren?« Obwohl also auch hier die neuen Thesen und Formeln von der Friedensfähigkeit, der Reformfähigkeit, vom friedlichen Systemwettstreit um die inneren Vorzü-

---

* Auf Anordnung von Erich Honecker wurde im November 1988 die in der DDR viel gelesene sowjetische, deutschsprachige Monatszeitschrift *Sputnik* verboten, weil sie – wie es am 25.11. im *Neuen Deutschland* hieß – die »historische Wahrheit entstelle«.

ge und Potenzen der Gesellschaften überraschten, erregten sie doch nicht
so die Gemüter wie an den Hochschulen, bei den Künstlerverbänden und in
den Redaktionen von Presse, Funk und Fernsehen. Die alltäglichen Probleme der Planerfüllung, der Versorgung mit den »Grundgütern« oder der genehmigten und nicht genehmigten »Westreisen« waren für die Arbeiter,
Techniker, Angestellten und Meister wichtiger als der Streit der Ideologien.
Doch auch diese Alltagsprobleme wurden oft in Verbindung zu diesem Dialogpapier gebracht. Die Hallenser Genossen überlegten: »Warum wird die
umfassende Informiertheit der Bürger in Ost und West nur auf die Zeitungen bezogen und der Empfang der Informationen über Rundfunk und Fernsehen nicht einbezogen?« Und: »Der Wettbewerb der Systeme und die offene Diskussion hierzu, wie soll das praktiziert werden?« Die Elektroniker
in Teltow fragten sich: »Drei Millionen Bürger der DDR reisen '87 in die
BRD. Sie bringen Fragen und Auffassungen mit, wie setzen wir uns mit
ihnen auseinander? Was heißt praktisch der ›freie und ungehinderte Austausch‹ von Meinungen und Informationen zwischen DDR und BRD, insbesondere bei Druckerzeugnissen?«* Das Papier stimulierte also, sofern es
zur Kenntnis genommen wurde, die Diskussion. Es traf auf eine Grund-
stimmung innerhalb des politisch interessierten Teils der Betriebe, der noch
auf Veränderungen in der DDR setzte und Reformen »von oben« erwartete.
Am Fall des ehemaligen Berliner Stadtbezirkes Weißensee wurde diese
Diskussion rekonstruiert.[26] Einbezogen in die Untersuchung waren das
Kombinat *Werkzeugmaschinenbau »7. Oktober«*, der Volkseigene Betrieb
Taxi, die *Kunsthochschule Weißensee* sowie die *Erweiterte Oberschule »Paul
Oestereich«* und die Widerspiegelung dieser Diskussion in den Unterlagen
der SED-Kreisleitung Weißensee.

Die ausgewerteten Berichte und die Befragungen einiger damaliger Akteure belegen, dass das Papier eine gewichtige Rolle in den Grundorganisationen der SED spielte und auch unter den Arbeitern, Angestellten, Künstlern und Wissenschaftlern des Stadtbezirks eine Diskussion hervorrief. Vor
allem an der Basis der Partei, in den Parteigruppen, Abteilungsparteiorgani-
sationen und den Grundorganisationen stießen die alten Dogmen und die
neuen Denkansätze aufeinander. Die Lebhaftigkeit der Auseinandersetzungen war durchaus nicht normal für SED-Mitgliederversammlungen dieser
Zeit. Das Papier wurde von vielen Genossen als Übergang der SED zu Gor-

---

* Die Fragen sind an mich gerichteten Briefen entnommen.

batschows neuem Denken gewertet. Es verbreitete die Hoffnung, dass sich ihre Partei in Richtung Dialog und Reform bewegen könnte. So wurde in der SED-Grundorganisation des Werkzeugmaschinenbaukombinates »7. Oktober« hervorgehoben, »dass über den Streit der Ideologien überhaupt geredet wird, empfinden viele als bemerkenswert.« Und: »Das Dokument (sei) auch ein Beispiel für die Frage des Umgangs miteinander, für die Führung der Auseinandersetzungen«.[27] Die Grundorganisation der Erweiterten Oberschule »Paul Oestereich« stellte fest, dass die »Kultur des politischen Streits auch bei uns zu entwickeln sei – Fähigkeit zum Meinungsaustausch, zur Argumentation usw.« Doch zugleich wird besorgt gefragt: »Setzt die Einschätzung, dass der Imperialismus zu fortschrittlicher Entwicklung fähig ist, nicht Lenins Imperialismus-Definition außer Kraft?«[28] An der Kunsthochschule Weißensee wurde die Diskussion zum SPD-SED-Papier mit der Diskussion der Probleme in der DDR verbunden, ein Vorgehen, das hier, wie in den meisten Mitgliederversammlungen der SED, ungewöhnlich und neu war. Die Grundorganisationsleitung hob hervor: »Das Dokument zwischen SPD und SED spielt in der Diskussion eine Rolle (…) eine besondere Rolle spielt wiederum die Demokratieentwicklung«. Schon im September-Bericht hieß es: »Viele Fragen zum gemeinsamen Dokument SED/SPD. Ist der Imperialismus friedensfähig? Wie geht es in der Zusammenarbeit mit den imperialistischen Ländern weiter? Welche innenpolitischen Aufgaben müssen in diesem Zusammenhang gelöst werden?«[29] Den örtlichen Akteuren, die Träger dieser Ansätze waren, gelang es in dieser Phase punktuell, innerhalb der Parteiorganisationen die Meinungsführerschaft zu übernehmen.

In allen Versammlungen standen auch ideologische Fragen zur Diskussion. Zusammenfassend hält die Kreisleitung der SED »Erste Reaktionen in der Bevölkerung« fest. Es wurden, heißt es, »eine Reihe empfindlicher Fragen gestellt«:

– »Abbau des Feindbildes – wie ist das militärisch zu sehen?

– Das Dokument rückt scheinbar von gefestigten Positionen hinsichtlich der unverminderten Aggressivität des Imperialismus ab?

– Wie schaffen wir eine Überzeugung zum Schutz der sozialistischen Errungenschaften, wenn es keinen Feind mehr gibt?

– Nach marxistischer Geschichtsauffassung ist der Imperialismus für uns Klassenfeind – aber wie passt das zusammen mit – kein Feindbild schaffen?

– Falsches Verständnis zur Notwendigkeit des militärischen Berufsnachwuchses.

– Hat die SED mit diesem Dokument nicht zu viele Zugeständnisse gemacht: Entwicklungsfähigkeit des Kapitalismus, Menschenrechte nicht eindeutig definiert, Reformbedürftigkeit des Sozialismus.

– Werden wir im Kampf um das beste gesellschaftliche System bestehen können, wenn wir nicht endlich leistungsorientierte Veränderungen in unserer Wirtschaft herbeiführen?

– Welche Schlussfolgerungen sind dazu zu erwarten?

– Keine Seite darf der anderen die Existenzbedingung absprechen – wie ist dies mit dem Charakter unserer Epoche zu vereinbaren?

– Heißt das nun, dass es nach diesem vorliegenden Dokument auch auf dem Gebiet der Ideologie friedliche Koexistenz gibt?

– Bietet dieses Dokument Leuten, die uns nicht wohlgesinnt sind, nicht größeren Spielraum?

– Wie wird der verstärkte Zeitungsaustausch aussehen?«[30]

Es ist nicht uninteressant, dass eine SED-Kreisleitung diese Fragen aus den Diskussionen aufgreift, systematisiert und sie in dieser Form zusammenfasst. Auch im hauptamtlichen Apparat gab es in dieser Zeit bislang nicht gekannte Differenzierungen und neue Überlegungen. Die Gegner des gesellschaftlichen Dialogs und der Reformorientierung innerhalb der SED waren jedoch, wie diese Stadtbezirkuntersuchung auch zeigt, wahrscheinlich in der Mehrheit. Diese »Mehrheit« ist jedoch differenziert zu betrachten: Zahlenmäßig insgesamt überwiegend, dürfte sie in Bereichen mit hohem Bildungsniveau zu dieser Zeit qualitativ schon eine Minderheit gewesen sein. Vom Verhalten her blieben sie, solange keine Instruktionen von »oben« kamen, zunächst jedoch regungslos. Aktuell, Ende 1987/Anfang 1988, gab es auf jeden Fall auf den verschiedenen Ebenen der SED – von den Grundorganisationen bis zur SED-Kreisleitung – angeregte und anregende Diskussionen über die neuen Politikansätze der SED und die damit verbundenen Risiken und Chancen. Erst als die Diskussion später von oben wieder abgepfiffen wurde, setzten sich die linientreuen Funktionäre schnell wieder durch. Das lag auch daran, dass die reformorientierten Kräfte an der Basis über keinerlei kommunikative Verbindungen verfügten, die über zufällige persönliche Kontakte hinausreichten.

Debatten unter Wissenschaftlern

Vor allem in wissenschaftlichen und speziell in gesellschaftswissenschaftlichen Bereichen verursachte das SPD-SED-Papier heftige Diskussionen und Auseinandersetzungen. Verbunden mit den Ideen von Glasnost und Perestroika trug es zur Aufbruchstimmung bei. Gleichzeitig bemühten sich konservative Apparate von vornherein, diese Diskussion einzugrenzen. An der *Akademie der Wissenschaften* fanden die Thesen des SED-SPD-Papiers besonderes Gehör. In vielen Instituten und Wissenschaftsbereichen der Akademie gab es gesonderte Diskussionen dazu. Der damalige Wissenschaftsbereichsleiter am Institut für Allgemeine Geschichte, Fritz Klein, berichtet, dass viele der Thesen die Kollegen regelrecht aufhorchen ließen. Er selbst organisierte in seinem Bereich umgehend Diskussionen u.a. zur Friedens- und Reformfähigkeit der kapitalistischen Gesellschaften, um das bisher in Ost und West vorherrschende Lagerdenken zu überwinden.[31] Am Institut für Staat und Recht diskutierten die Genossen das Papier sowohl auf einer außerordentlichen Mitgliederversammlung als auch in ihren Forschungsbereichen. Einigen Diskutanten gingen die Thesen des Papiers von der Friedens- und Reformfähigkeit des Kapitalismus, vom Abbau der Feindbilder und dem offenen Systemwettstreit »zu weit«, könnten damit doch bisherige Forschungsergebnisse relativiert werden, doch insgesamt überwog die Zustimmung.

An der *Humboldt-Universität Berlin* wurde das Papier breit diskutiert, obgleich sich hier die zentrale Parteileitung von Anfang an besonders bedeckt hielt. Wissenschaftler, u.a. der Sektion Philosophie und Wirtschaftswissenschaften, sahen darin die Bestätigung und zugleich die Herausforderung, Positionen der marxistisch-leninistischen Ideologie und politischen Ökonomie neu zu bestimmen. Philosophen, Ökonomen und Gesellschaftswissenschaftler arbeiteten hier an einem speziellen Forschungsprojekt über dialogisches Denken und Handeln. Der Prorektor für Gesellschaftswissenschaften, Dieter Klein, referierte gemeinsam mit Erhard Eppler in den Räumen der Universität über die Dialogpolitik zwischen Ost und West. Die Wirkungen des Ideologiepapiers begünstigten das sich an der Universität konstituierende Projekt »Moderner Sozialismus«, in dem Wissenschaftler wie Dieter Klein, Rainer Land, Michael und André Brie, Dieter Segert, Rosemarie Will zur Frage der Reformierung und Modernisierung des Sozialismus arbeiteten.

Auch unter Wissenschaftlern der *Karl-Marx-Universität Leipzig*, namentlich den Geistes- und Gesellschaftswissenschaftlern, fand das Papier beachtliche Aufmerksamkeit. Einzelne Institute organisierten gesonderte Vorlesungen, es kam zu ersten Debatten über die Friedens- und Reformfähigkeit der Systeme, die aktuelle Bedeutung der Leninschen Imperialismus- und Revolutionstheorie sowie über die Perspektive des Systemwettstreits. Auch hier betrachtete die SED-Kreisleitung diese Diskussionen zunächst mit Misstrauen, später griff sie unmittelbar disziplinarisch ein. Ein Professor für Romanistik an der Leipziger Universität schrieb über die von ihm erlebten Auseinandersetzungen dem Bürgerrechtler Friedrich Schorlemmer:»Das gemeinsame Papier von SPD und SED hat 1988 unter vielen kritischen und zum Nachdenken bereiten SED-Mitgliedern wie eine Bombe eingeschlagen. Wenn es auch kurz nach seinem Erscheinen von Hager offiziell verharmlost wurde und in den mündlich gegebenen Parteiinformationen als rein taktischer außenpolitischer Akt hingestellt wurde, aus dem nichts für die interne Arbeit der Partei abgeleitet werden dürfte, hatte man aber zum ersten Mal ein veröffentlichtes Dokument in der Hand, mit dem man entweder Toleranz und die Respektierung anderer politischer Ansichten einklagen konnte oder, falls sein prinzipieller Wert geleugnet werden sollte, die Parteiführung bis hinunter zu den Funktionären, mit denen man konkret zu tun hatte, der Doppelzüngigkeit anklagen konnte.« Mit dem Papier seien »zumindest programmatisch ideologische Positionen geschaffen worden, die als nahezu revolutionär erschienen. An erster Stelle stand die Aufgabe des Monopols über die Wahrheit; wurde dem bisherigen ›Gegner‹ oder gar dem ›Klassenfeind‹ ein Recht auf Wahrheit zugebilligt, dann musste auch der Standpunkt der Partei nicht in allen Punkten richtig sein.« Das Papier habe, so resümiert er,»einen großen Teil der SED-Mitglieder in ihrem kritischen Denken ermutigt«.[32]

Unter SED-Mitgliedern wuchs zunächst das Gefühl, dass in eine erstarrte Sache wieder Bewegung kommen könnte. Plötzlich traten die Genossen »Propagandisten« in Lehrveranstaltungen, in Parteiversammlungen, aber auch bei Vorträgen in der URANIA oder dem Kulturbund mit eigenen Meinungen und kritischen Anmerkungen zur Politik der SED-Führung auf. Die dogmatische Auslegung der marxistischen Ideologie, die Verweigerung einer offenen Debatte und auch die undemokratische Informationspolitik wurden kritischer als bisher hinterfragt. Das SPD-SED-Papier war dafür eine wichtige Berufungsgrundlage. Es sprach für die damalige Aufbruchphase, dass die meisten Veranstalter solcher Diskussionen Wert darauf legten, dass nur noch solche Wissenschaftler als »Propagandisten« referierten, die sich den neuen Fragen und Herausforderungen »offen und kritisch« stellten. Die Hoffnung, aus den geistigen Blockaden des dogmatischen Sozialismus und der ideologischen Ost-West-Konfrontation herauszukommen, dominierte. Dabei suchten sozialistische Intellektuelle verstärkt den sachlichen Umgang mit den Arbeiten westlicher Kollegen, die bislang als »bürgerliche Ideologen« zu kritisieren und zu bekämpfen waren. Das SPD-SED-Papier mit seinem Credo einer neuen politischen Dialog- und Streitkultur entsprach solchen Überlegungen, die es unter DDR-Wissenschaftlern, nicht zuletzt den Geistes- und Gesellschaftswissenschaftlern, bereits gab. Die bisherige Praxis der Abgrenzung nach innen und außen bekam zusätzliche Risse.[33]

Realistisch und selbstkritisch wussten die reformorientierten Kreise in der SED zugleich, dass sich die alten Kräfteverhältnisse in der Partei durch das Papier zunächst nicht grundlegend gewandelt hatten, denn die als dogmatisch geltenden Genossen würden auch durch die neuen Ideen des SPD-SED-Papiers nicht grundsätzlich ihr Denkgebäude ändern, v.a. nicht ihre politische Praxis. Das zeigte sich auch an der Sektion Philosophie/Wissenschaftlicher Kommunismus der Universität Leipzig. Während ein Teil der Wissenschaftler vor allem darüber diskutierte, was es heißt, dass sich Ost und West nun wechselseitig als lebens-, reform- und friedensfähig ansehen und welche Konsequenzen sich daraus für die Leninsche Imperialismus- und Revolutionstheorie ergeben, versuchten die anderen die These von der ungebrochenen Aggressivität des Imperialismus und dem gesetzmäßigen Voranschreiten des revolutionären Weltprozesses weiter zu stützen. Während die einen auf den SPD-SED-Text verwiesen, in dem der Sozialismus nicht mehr a priori als höhere und überlegenere Gesellschaftsformation dargestellt wurde, wollten die anderen am bisherigen Konstrukt festhalten, wonach der Sozialismus dem Kapitalismus eine historische Epoche voraus sei. Ging es den einen also um die Überwindung dogmatischer Verkrustungen, verteidigten die anderen die herrschende Parteiideologie und sahen in den Grundthesen des Papiers »Revisionismus« und die Preisgabe der Positionen des »ideologischen Klassenkampfes«.

Diese Auseinandersetzung durchzog auch die direkt der Partei zugeordneten wissenschaftlichen Institutionen. Auch hier prallten Für und Wider aufeinander, wie ich es an der Gewi-Akademie persönlich erleben konnte.

Insgesamt dominierte auch an diesen Institutionen zunächst eine geistige Aufbruchstimmung. Das Papier von SPD und SED stimulierte bzw. verstärkte neue Forschungsrichtungen. Die *Akademie für Gesellschaftswissenschaften* gehörte zunächst zu den »Vorreitern« der Forderungen nach einem neuen Denken. Viele ihrer Mitarbeiter nutzten die Chance des Papiers und reisten unentwegt durchs Land, um die neuen Thesen zu propagieren. Im Kontext des Papiers wurden die Forschungen zur Friedensfähigkeit des Kapitalismus, zum Wandel der Sozialdemokratie, zum Wettbewerb der Systeme, zum Systemvergleich und zur Problematik von Demokratie und Menschenrechten weiterentwickelt oder neu aufgenommen. Durch Initiativen einzelner Autoren konnten selbst im »Lehrbuch für wissenschaftlichen Sozialismus« entsprechend den neuen Begriffen einige Texte neu formuliert werden. Das betraf die Einschätzung von der Reform- und Entwicklungsfähigkeit des Kapitalismus, des Systemwettstreits zwischen Ost und West als Auseinandersetzung um die inneren Vorzüge und Potenzen und die Notwendigkeit der Reformentwicklung im Sozialismus.[34] Am *Institut für Internationale Politik und Wirtschaft* Berlin (IPW) wurden die Forschungen zur Friedensfähigkeit des Imperialismus, zur gemeinsamen Sicherheit und zu Abrüstungsfragen intensiviert.

Kaum überraschend, dass diese ersten Ansätze eines neuen Diskurses misstrauisch beargwöhnt und bald auch offen denunziert wurden. Das galt sowohl für einflussreiche Kreise im zentralen Parteiapparat des ZK der SED – vor allem in den Abteilungen Agitation, Propaganda, Parteiorgane und Volksbildung – als auch für die Leitungen wissenschaftlicher Parteieinrichtungen wie z. B. der *Parteihochschule »Karl Marx«* beim ZK der SED. An der Parteihochschule durfte das Papier ab Anfang 1988 kaum noch erwähnt, geschweige denn zitiert oder gar als Herausforderung für neues Denken gehandhabt werden. Dem »Revisionismus«, wie er sich in bestimmten Bereichen der Akademie für Gesellschaftswissenschaften und an anderen Instituten breit mache, dürfe die »Kaderschmiede« der SED nicht verfallen, hieß es. Aber selbst an der Parteihochschule gab es die für die SED zu jener Zeit typischen Diskussionen, wenngleich oft nur im kleinen Kreis oder unter »vorgehaltener Hand«.

Nicht nur Insider haben diese von Wissenschaftlern geführten Auseinandersetzungen in der SED im Zusammenhang mit der SPD-SED-Erklärung wahrgenommen. Auch Bürgerrechtler spürten die innere »Erregung« in der SED und unter DDR-Intellektuellen. Jens Reich z.B erinnert sich:

»Die Hauptwirkungen hatte es (das SPD-SED-Papier) (…) innerhalb der SED. Dort war die Mobilisierung derjenigen, die eine Kursänderung, Glasnost usw. wollten, enorm. Es wurde wochenlang darüber diskutiert. Ich entsinne mich, dass ich in Rostock (…) zu einer Vorlesung eingeladen war und Schwierigkeiten hatte, den Gastgeber und den Vorlesungsraum zu finden. Ich irrte durch sämtliche Stockwerke des Universitätsgebäudes, klopfte überall an und fragte nach meinem Weg. Es gab nicht ein Büro, in dem nicht das ND mit ›dem Papier' aufgeschlagen lag und offenbar beim Nachmittagskaffee heftig diskutiert wurde. Die Wirkungen unter den Genossen war so, dass Hager bekanntlich später die Notbremse ziehen musste.«[35] Und Werner Schulz schrieb später: »Das Papier hat in der Einheitspartei selbst, soweit ich das beurteilen kann – wir standen mit einigen kritischen Genossen in Verbindung – den Angriff auf alte Dogmen und die Skepsis gegenüber der Parteiführung verstärkt.«[36]

Hagers Intervention

Ideologiechef Hager war über die durch das Dialogpapier ausgelöste breite Debatte in der Mitgliedschaft der SED und in weiten Kreisen der DDR-Gesellschaft beunruhigt. Er nutzte seine Rede vor dem Parteiaktiv in Frankfurt/Oder am 28. Oktober 1987, die kurze Zeit später im *Neuen Deutschland* veröffentlicht wurde, um seine Blockadeposition vorzubereiten.[37] Kurze Zeit nach der Billigung des Papiers durch das Politbüro und der wohlwollenden Hervorhebung des »historischen Charakters« durch Generalsekretär Honecker wagte er allerdings noch nicht, die Vereinbarung und ihre zentralen Thesen frontal anzugreifen. Hagers Äußerungen vor dem Parteiaktiv pendelten zwischen Begriffsklitterungen und einer beginnenden Rücknahme einiger zentraler Leitsätze des Textes. Zu den Begriffsklitterungen können seine relativierenden Ausführungen zur Friedensfähigkeit des Imperialismus gerechnet werden: »Es handelt sich also darum, dass der Imperialismus friedensfähig gemacht werden muss, nicht dass er von Natur aus friedensfertig ist.« Damit knüpfte Hager zwar an das gemeinsame Papier an, revidiert darin enthaltene Positionen zur Friedensfähigkeit beider Systeme aber noch nicht grundlegend, sondern versuchte sie durch verlagernde Gewichtungen in Übereinstimmung mit den alten Begriffen und Denkstrukturen aus der marxistisch-leninistischen Imperialismus- und Kapitalismustheorie zu bringen.[38] Kapitalismus, respektive Imperialismus seien in Gestalt der westlichen Systeme nicht friedensfähig. Angesichts der sozialökonomischen Strukturen, des Privateigentums an Produktionsmitteln, entsprächen ihrer Natur allein Wettrüsten, Expansion, Aggressivität und Krieg. Hager gestand ein, dass dem heute auch im Kapitalismus Faktoren entgegenwirken, die er im einzelnen aber nicht benannte. Letztlich könne der Imperialismus aber nur durch die ökonomische, politische und militärische Macht des Sozialismus zur Friedensfähigkeit gezwungen werden. So waren fürs Erste beide Positionen scheinbar gerettet: die wechselseitige Akzeptanz der Friedensfähigkeit (nicht jedoch der Friedfertigkeit) und die dem Imperialismus wesenseigene Gesetzmäßigkeit zu Aggressivität und Krieg, die bislang allein die offizielle Parteiideologie war. Explizit betonte Hager, dass sich an der Leninschen Bestimmung des Imperialismus nichts, aber auch gar nichts geändert habe und diese »voll gültig« bleibe. Und selbst wenn es Reformen im Kapitalismus geben sollte, was er wohl im Unterschied zu den Autoren des SPD-SED-Papiers für unwahrscheinlich hielt, werde sich am Wesen des Kapitalismus »überhaupt nichts verändern«. Das in dem Papier zaghaft erprobte neue Denken stieß hier an die Grenzen der alten dogmatischen Begrifflichkeit. Eine offene Diskussion des Für und Wider der marxistisch-leninistischen Kapitalismus- und Imperialismustheorie sollte von vornherein unterbunden werden.

Mit anderen Äußerungen begab sich Hager schon auf das Terrain der Rücknahme – zunächst »nur« einige Normen und Leitsätze des Papiers betreffend. Das gilt vor allem für seine Ausführungen zum Feindbild. Im gemeinsamen Papier war noch vereinbart worden, auf die Propagierung pauschaler Feindbilder künftig zu verzichten und diese Schritt um Schritt abzubauen. Hager hingegen formulierte:»Unser Feindbild ist klar (…) Die Rassisten, Militaristen, Faschisten, die Ausbeuter und die Unterdrücker.« Damit konnte im Prinzip jeder politische Gegner, und solche wurden ja auch im gemeinsamen Papier nicht negiert, in die Kategorie des Feindes, den es zu bekämpfen gilt, gepresst werden.

Die Rede Hagers sorgte für Wirbel. Die Grundwertekommission der SPD kritisierte diesen »Rückfall« in die Zeit vor dem gemeinsamen Papier.[39] Selbst in der SED und ihrem Umfeld gab es beachtliche Vorbehalte und Kritik. Das belegen nicht zuletzt Briefe, die sein Büro im ZK erreichten.*

---

* Positionsklärungen unter Genossen, vor allem über mehrere Ebenen hinweg, fanden nur selten öffentlich statt. Und selbst wenn Genossen auf öffentliche Diskussion drängten,

Noch schien es also im Herbst 1987 nicht endgültig entschieden, ob die neuen Begriffe des Ideologiepapiers auch in der SED ein neues Denken hervorrufen würden oder die offizielle Rücknahme der gerade publizierten Thesen bereits dominierte. Hagers Rede stärkte jene konservativen Kreise im Apparat, die trotz Honeckers Zustimmung von Anfang an dem Papier misstrauisch oder völlig ablehnend gegenübergestanden hatten. Sie witterten nun Morgenluft. Die ideologische Debatte in der SED ebbte nach Hagers Rede nicht ab. Im Gegenteil. Die Diskussionen und Auseinandersetzungen nahmen erst einmal weiter zu.

wurden die Probleme parteiintern »geklärt«, so auch im Fall eines in Neuhaus am Rennsteig tätigen Propagandisten der SED. Er hatte die Widersprüche in Hagers Rede bemerkt und sich deshalb mit einem Brief an Hager gewandt. Darin heißt es: »Es geht mir um den Begriff der Friedensfähigkeit des Imperialismus und der dazu von Ihnen im Referat auf der Parteiaktivtagung in Frankfurt/O. (ND vom 28.10.1987) vertretenen Auffassung. In ihrem Referat zitieren Sie aus dem SED-SPD-Papier die Feststellung, dass sich beide Systeme gegenseitig für friedensfähig halten müssen und kommen letztendlich zu der Schlussfolgerung, dass ›der Imperialismus friedensfähig gemacht werden muss, nicht, dass er von Natur aus friedfertig ist‹. Nun wird aber in dem SED-SPD-Papier nicht schlechthin von Friedfertigkeit gesprochen, sondern von einer ›prinzipiellen Friedensfähigkeit‹, von einem ›authentischen Interesse an der Erhaltung des Friedens‹. Zwischen einem ›authentischen‹ (laut Duden echten, glaubwürdigen, zuverlässigen) Interesse am Frieden und einer – kraft des Sozialismus – aufgezwungenen Friedensfähigkeit besteht nach meiner Meinung aber ein so prinzipieller Unterschied, dass nur eine Auffassung richtig sein kann. Ich wäre Ihnen dankbar, wenn Sie mir Ihre Auffassungen zu dem von mir aufgezeigten Sachverhalt erläutern würden.« (SAPMO. Büro Hager. Brief vom 1.2.1988) Natürlich hielt es Hager nicht für nötig, darauf persönlich zu antworten. Er ließ über seinen Sekretär mitteilen, dass der Genosse ja seine Rede noch einmal nachlesen könne und sich auch andere Dokumente von ZK-Tagungen und Reden des Generalsekretärs dazu ansehen solle. Gleichzeitig wies Hager die SED-Kreisleitung Neuhaus an, die Aussprache mit diesem Propagandisten zu führen. Und dies, obwohl mit der aufgeworfenen Frage des Genossen aus Neuhaus eine der fundamentalen Begriffsdiskussionen zum Papier von SPD und SED und den bisherigen Leitsätzen der SED möglich und notwendig geworden wäre, die Hager jedoch vermied. Charakteristisch für die SED-interne Lösung von Problemen ist dann auch die Antwort der Kreisleitung an Hager: »Im Ergebnis einer ausführlichen Diskussion konnte festgestellt werden, dass die bei Genossen (…) bestehenden Unklarheiten ausgeräumt und das Verständnis vor allem zu Fragen der Durchsetzung der friedlichen Koexistenz und zum Kampf um weitere Schritte zur Rüstungsbegrenzung und Abrüstung vertieft wurden.« (SAPMO. Bestand Hager. DY 30, vorl. SED 42280/1) Der geschilderte Fall ist keine Ausnahme, die nur im Falle eines »einfachen« Genossen zur Anwendung gekommen wäre, sondern zeigt das übliche Verfahren mit seinem ebenso üblichen Ergebnis.

Wenn die Grenzen überschritten werden

Am Beispiel eines dem SPD-SED-Papier gewidmeten Interviews in der *Berliner Zeitung* und der Reaktion der SED-Spitze darauf, können exemplarisch die ideologischen und politischen Differenzen in der SED gezeigt werden, besonders die Verhaltensweisen der »Ideologiewächter« im Apparat.

Das Interview, das ich als Beteiligter an der Ausarbeitung des Papiers Thomas Leinkauf, Redakteur der *Berliner Zeitung*, der als Beobachter an den Dialoggesprächen teilgenommen hatte, gab, bescherte der Zeitung im Januar 1988 einen Beitrag, in dem nach der Veröffentlichung des gemeinsamen Papiers eigentlich nicht Außergewöhnliches, aber für DDR-Verhältnisse offenbar doch ganz Ungewöhnliches stand. Das galt schon für die Überschrift: »Soll doch jeder im Wettstreit seine Möglichkeiten zeigen«. Ausgangspunkt des Gesprächs bildete die These, dass die Systemauseinandersetzung anders als im bisherigen Denken der SED keine Übergangsperiode sei, in der der Sozialismus seine Vorzüge immer deutlicher ausprägen und der Kapitalismus seine Konflikte, Krisen und Gebrechen immer spürbarer offenbaren werde. Statt dessen hieß es jetzt: »Diese Art des Systemwettstreits lässt beiden Seiten die Chance, eigene Vorzüge vorzuweisen; sie geht davon aus, dass diese Chancen im friedlichen Wettstreit noch nicht einseitig ›verteilt‹ sind.« Der Sozialismus sei in diesem Wettstreit auf ganz neue Weise gefordert und der Kapitalismus verfüge über wesentliche Potenzen, sich »erheblich weiterzuentwickeln«. Auch der Inhalt dieses Wettstreites sei neu zu definieren: »Wettstreit zum einen darum, welches der beiden Systeme den wirksamsten Beitrag zur Lösung der oben genannten übergreifenden Menschheitsfragen leistet und zum anderen darum, welches die günstigsten Bedingungen für die Entwicklung der Menschen, für die Verwirklichung seiner Interessen, Werte, Ideale und Rechte bietet.« Als die neuen Felder dieses Wettbewerbs seien die »Einheit von wissenschaftlich-technischem und sozialem Fortschritt, die Entwicklung der Demokratie und die volle Entfaltung der Persönlichkeit« anzusehen. Es gehe also um die inneren Vorzüge und Potenzen der Gesellschaften in Ost und West. Diese könnten allein noch durch das praktische Beispiel, das die Menschen überzeugt, demonstriert werden.[40]

Vorzüge des Kapitalismus! Gleiche Chancen im Wettstreit! Offener Ausgang! Ausgesprochen von einem DDR-Gesellschaftswissenschaftler in einer Zeitung der SED. Das war dann doch zu viel, viel zu viel, wie sich zeigen sollte, obgleich es so oder etwas anders bereits im Streitpapier mit der SPD gestanden hatte. Eine ernsthafte Diskussion sollte in der SED und in der DDR nach dem Willen der SED-Hardliner verhindert werden. Eine öffentliche Reaktion auf das Interview musste deshalb vermieden werden, obgleich sich entsprechende »Scharfschützen« bereits bei Hager, der als Ideologiesekretär für ideologische Fragen, mehr noch für ideologische Antworten, zuständig war, gemeldet hatten. Statt dessen bestellte Hager mich und Otto Reinhold, den Chef der Akademie für Gesellschaftswissenschaften, zu sich. Angesagt war Kopfwäsche. Eineinhalb Stunden sprach nur einer, der Ideologiechef. Widerrede war nicht erlaubt. Wer so das gemeinsame SPD-SED-Papier interpretiere, handle ideologisch fahrlässig, unterstütze objektiv jene rechten Kräfte in der Sozialdemokratie und in der DDR-Bürgerbewegung, die die Erosion der DDR anstrebten. Die (Ver-)Warnung war eindeutig. Aber nicht genug: Hager hielt die Angelegenheit für so wichtig, dass er Honecker persönlich in einem fünfseitigen Brief seinen Unmut über einen »seiner« Gesellschaftswissenschaftler kundtat.[41] Interessant und für die Auseinandersetzung in der SED um das gemeinsame Papier mit der SPD aufschlussreich sind seine grundlegenden inhaltlichen Einwände. Hier werden die zwei Linien in der SED deutlich sichtbar. Gleich zu Beginn des Briefes betont Hager, dass er mit den »wesentlichen Feststellungen dieses Artikels nicht einverstanden« sei. Seine Kritik bezieht er dann auf nahezu alle in dem Interview gemachten Aussagen – zur friedlichen Koexistenz, zum Systemwettstreit, zum Kapitalismusbild, zur Bewertung des Sozialismus, zur Rolle der Ideologie und der Klassen. Doch es ging ihm nicht um eine theoretische Debatte, die angesichts der Thesen des Papiers notwendig gewesen wäre. Ihm ging es allein darum, klarzustellen, dass am Wahrheitsmonopol des Politbüros, am dogmatischen Weltbild der SED-Führung und den alten Formeln nicht gerüttelt werden dürfe. Schon gar nicht durch Gesellschaftswissenschaftler, die vor allem auf Legitimation eingeschworen sein sollten. Hager hatte offensichtlich früher als andere im Politbüro erkannt, dass das gemeinsame Papier der Grundwertekommission der SPD und der Akademie für Gesellschaftswissenschaften beim ZK der SED die Hefe für eine Revision des erstarrten Weltbildes der SED-Führung bildete. Das zumindest meinen Insider aus dem früheren Umfeld von Kurt Hager. Der Aufweichung des ideologisch-politischen Systems sollte Einhalt geboten werden. Dazu bedurfte es einiger Argumente, vor allem jedoch der

»Anklage«. »Ich habe den Genossen gesagt«, schreibt Hager an Honecker,
»dass ich entschieden dagegen bin, dass wir von den inneren Vorzügen und
konstruktiven Potenzen des Kapitalismus sprechen und den Eindruck erwecken, als ob die kapitalistische Gesellschaft eine Einheit von wissenschaftlich-technischem und sozialem Fortschritt erreichen könne oder das
sie fähig ist zu einer wirklichen Demokratie und zur vollen Entfaltung der
Persönlichkeit. Ich habe auch darauf hingewiesen, dass es einfach den Tatsachen widerspricht, wenn gesagt wird, dass im friedlichen Wettstreit noch
nicht entschieden ist, wer die besten Vorzüge hat oder wie sie sie ›verteilt‹ sind.
Insgesamt wird hier ein Bild des Kapitalismus entworfen, das nicht nur
Illusionen, sondern auch Verwirrung erzeugen muss, und das der Wirklichkeit überhaupt nicht entspricht. Klassen und Klassenkampf spielen in dieser Betrachtung überhaupt keine Rolle (...)«, obwohl er, Honecker, die Bedeutung des Klassenkampfes mit Recht gerade jüngst in seiner Rede auf
der Moskauer Konferenz hervorgehoben habe. Man müsse die inkriminier-
te Interview-Darlegung »deshalb so ernst nehmen«, weil sie die »richtige«
Diskussion des SPD-SED-Papiers gerade auch in der Bundesrepublik ver-
hindere. Wenn Genossen, darunter der besagte Gesellschaftswissenschaftler Reißig, »so auftreten, dass sie dem Kapitalismus innere Vorzüge und
konstruktive Potenzen bescheinigen und die Errungenschaften des Sozialismus auf den verschiedensten Gebieten weitgehend außer Acht lassen,
dann begeben sie sich auf eine *Position, die Zugeständnisse an sozialdemokratische Auffassungen enthält*« (Hervorhebung R.R.). Nur die »scharfe
Kritik am Kapitalismus« und die Hervorhebung, dass allein der Sozialismus in der Lage sei, sozialen Fortschritt, Demokratie und Persönlichkeits-
entfaltung zu gewährleisten, werde auch die Arbeit »jener Kräfte in der
Führung der Sozialdemokratie, die das Dokument zur Diskreditierung des
Sozialismus benutzen wollen« erschweren und die »Positionen der linken
Sozialdemokraten festigen«. Das Notwendigste sei »mehr Klarheit in der
ideologischen Auseinandersetzung« – und die vermisse er hier deutlich.[42]
    Wie sehr müssen die Diskussionen und die Ansätze einer kritischen Ge-
sellschaftsdebatte in der SED Ideologiechef Hager erregt haben, dass er
schon kurze Zeit nach der Veröffentlichung des Papiers meinte, Honecker
vor den Gefahren dieser Diskussion warnen zu müssen? Der Grund dafür
ist sicher nicht nur »Selbstschutz«, sondern auch die ausgeprägte Furcht,
dass das konstruierte ideologische Gebäude zusammenbrechen könne. Die
in der beginnenden Diskussion liegenden Chancen eines Aufbruchs muss-

ten daher völlig negiert werden. Das Beispiel bestätigt aber auch meine These, dass die Führung der SED zunächst selbst nicht genau bedacht hatte, was sie tat, als sie das Papier absegnete. Denn dass damit zentrale Dogmen zur Diskussion gestellt würden, war zunächst nicht oder nur partiell wahrgenommen worden. Erst nachdem die Diskussion angelaufen war, wurde der eigentliche Gehalt, die brisante Seite des Papiers offenbar. Nun sollten die Zugeständnisse zwar nach »außen« noch vertreten, nicht aber als Herausforderung nach »innen« verstanden werden. Doch in weiten Teilen der Bevölkerung und ansatzweise auch in der SED war das alte Denken bereits aufgebrochen, wenngleich die kritischen Meinungsäußerungen 1987/88 allzu oft nur in persönlichen Gesprächen oder im Rahmen der Parteigruppe vorgetragen wurden. Immerhin taten einige ihren Unmut bald auch in Schreiben an die »zuständigen« ZK-Sekretäre Hager und Herrmann kund. Die meisten aber schreckte noch immer, dass die Verletzung der Norm, das öffentliche Thematisieren überholter Grundsätze Parteiauseinandersetzungen, Verwarnungen und Ausschlüsse zur Folge hatte.

Das »ungewöhnliche« Interview in der *Berliner Zeitung* hatte neben der Hager-Rüge noch ein anderes, bezeichnendes Nachspiel. Der stellvertretende Chefredakteur Fritz Werfel wurde in Joachim Herrmanns Agitationsabteilung bestellt und »abgebürstet, weil seine revolutionäre Wachsamkeit gründlich zu wünschen übrig ließ«.[43] Unverzüglich arbeiteten die Genossen dort ein mehrere Dutzend Seiten starkes Papier aus. Es sollte unwiderlegbar beweisen, dass Kapitalismus Synonym für gesellschaftliche Gebrechen bliebe und nach wie vor keinesfalls über irgendwelche Vorzüge verfüge. Diese wohnten, so wurde argumentiert, allein dem Sozialismus inne und prägten sich dort immer weiter aus. Das in der Redaktion der *Berliner Zeitung* ursprünglich als »beispielgebend« verstandene Interview musste daraufhin umgehend von der damals in jedem Betrieb zum Zwecke der Leistungssteigerung aushängenden »Wettbewerbstafel« abgenommen werden. Eine Diskussion über diese »Vorgänge« fand nicht statt. Weder in der *Berliner Zeitung* noch in der Akademie für Gesellschaftswissenschaften.

In immer größeren Teilen der Bevölkerung, aber auch innerhalb der SED, wurden die Schwarz-Weiß-Malereien der Hardliner immer weniger ernst genommen. Die klassische Agitations- und Propagandatätigkeit der SED wurde dadurch mehr und mehr kontraproduktiv. Was immer sie einleitete, bewirkte das Gegenteil.

Bewegung im Kulturbereich

Unter *Künstlern* und *Schriftstellern*, den Kulturschaffenden, wie es in der
DDR hieß, fanden die neuen Töne in der SPD-SED-Erklärung aufmerksa-
mes Gehör. Die meisten stuften das Papier wie die Schriftstellerin Christa
Wolf als »recht positiv« ein, hatten sie damit doch eine neue Berufungsgrundlage für ihre Forderungen nach Veränderungen in der DDR. Gerade
im Kunstbereich spürte man den Widerspruch zwischen den neuen Formeln und den alten Glaubenssätzen, den Versprechungen einer offenen Diskussion und der Praxis der Abschottung und Abgrenzung besonders deutlich. Die Gespräche über das Papier fanden meist in kleineren Kreisen statt,
doch gab es auch eine Reihe öffentlicher Veranstaltungen und Foren, organisiert u. a. von Schauspielern, Filmregisseuren und Drehbuchautoren. Darüber, ob sich mit der Verabschiedung der SPD-SED-Vereinbarung wirklich
etwas ändern werde, gingen die Meinungen auseinander. Die einen – wie
Christa Wolf[44] – waren eher skeptisch, andere – wie der Schriftsteller Rolf
Schneider – sahen in dem Papier eine neue, unerhoffte Chance. Schneider
bezeichnete in einem *Spiegel*-Essay[45] das SPD-SED-Papier als »Magna
Charta einer möglichen Perestroika für die DDR«. Denn, so seine Beobachtung, »die Dinge sind in Bewegung geraten«. In Moskau. Ein wenig aber
auch in der DDR. Die internationale Friedens- und Dialogpolitik, aber auch
die Abschaffung der Todesstrafe waren für Schneider Zeichen dieser Bewegung. Die kommentarlose Veröffentlichung der Tischreden von Kohl,
von Weizsäcker, Rau, Vogel und Strauß beim Honecker-Besuch in Bonn im
ND sei bemerkenswert. »Aber auch dies wird für meine Empfindungen noch
in den Schatten gestellt durch den Abdruck jener Vereinbarung zwischen
SPD und SED, die, Zufall oder nicht, dem Besuch Erich Honeckers prälu-
dierte.« »Es wird darin nämlich nichts anderes propagiert (und auch vorge-
führt) als die ideologische Koexistenz: In der Definition des Georg Lukács
von 1956, der dafür in der DDR fast zwei Jahrzehnte währende Ächtung
erfuhr (…) Richtig gesehen und richtig bedacht ist dieses Dokument nichts
anderes als die Magna Charta einer möglichen Perestroika für die DDR.«
Angesichts der Glasnost- und Perestroikapolitik Gorbatschows, angesichts
der drängenden Probleme in der DDR, aber auch angesichts seiner noch
gegebenen Möglichkeiten, »steht der sozialistische deutsche Staat, sehe ich
es recht, vor einer historischen Chance. Es ist dringlich zu hoffen, dass er
sie nutzt. Perestroika in der DDR? Aber ja.« Dieser Auffassung waren da-

mals durchaus zahlreiche kritische Intellektuelle und SED-Reformer sowie Vertreter kirchlicher und unabhängiger Gruppen. Auch im Rückblick konstatiert Rolf Schneider: »Das Streitpapier von SPD und SED hat auf mich – und nicht nur auf mich – fast wie eine Erlösung gewirkt, es war ja eine Konterbande, die unter der Hand umlief, es war sakrosankt, gedruckt im ›Neuen Deutschland‹.«[46]

Entgegen der auf Veränderung zielenden Wirkung des Papiers lautete die Devise der Hardliner in der SED: Den Anfängen wehren, die aufbrechende ideologische Debatte blockieren! Entsprechend agierten die verantwortlichen Mitglieder des Politbüros und Sekretäre des ZK der SED, Hager und Herrmann, während einer Beratung mit den Film- und Fernsehschaffenden der DDR. Anwesend waren u. a. die Mitglieder des Präsidiums dieses Verbandes, bekannte Film- und Fernsehleute der DDR, die Leiter des Fernsehens, der DEFA, der Filmhochschule und der Kunsthochschulen. Bei diesem Treffen spielte das SPD-SED-Papier, wenige Wochen nach seiner Veröffentlichung, eine bemerkenswerte Rolle. Auf die vielfältigen und nachdenklichen Fragen, die in diesem Zusammenhang vorgetragen wurden, reagierten Hager und Herrmann mit der Betonung ihrer eigenen, restriktiven Positionen. In ihrer Information an Honecker teilten sie anschließend mit: »Zum gemeinsamen Dokument der Akademie für Gesellschaftswissenschaften beim ZK der SED und der Grundwertekommission der SPD haben wir zwei Hauptaspekte herausgearbeitet. 1. – als das wichtigste – die Übereinstimmung in der Frage der Notwendigkeit, gemeinsam für die Sicherung des Friedens zu handeln. 2. Die Nichtübereinstimmung in den ideologischen Positionen und gesellschaftspolitischen Zielen. Für unsere Film- und Fernsehschaffenden kommt es darauf an, unsere ideologischen Positionen mit noch mehr Überzeugungskraft darzustellen und dabei unseren Vorteil gegenüber der Sozialdemokratie auszuschöpfen, der darin besteht, dass die Kommunisten ihre Theorie vom Sozialismus praktisch realisiert haben, wogegen die sozialdemokratische Konzeption vom Sozialismus in keinem Land verwirklicht wurde.«[47]

Auf Forderungen des bekannten DDR-Filmregisseurs Heiner Carow nach mehr Risikobereitschaft und Spontaneität im künstlerischen Schaffen, weniger staatlicher Einmischung und medialer Reflexion der Widersprüche und Konflikte im Sozialismus hatte Hager in der Diskussion mit Plattitüden geantwortet: »Die Wahrheit in unseren Filmen hat die vollständige Klarheit über den historischen Weg der DDR, über ihre Entstehung und über ihre Feinde, über ihren konfliktreichen, aber auch erfolgreichen Weg zur Voraussetzung. (…) In diesem Sinne sind wir auch für die Darstellung der widerspruchsvollen Geschichte. Da der große Durchbruch, den wir heute im Friedenskampf erreicht haben, nicht ohne den Beitrag jedes Einzelnen möglich wäre, könnte es eine lohnende Aufgabe für Filmschöpfer sein, z.b. die tiefe Wahrheit unserer Losung ›Mein Arbeitsplatz – ein Kampfplatz für den Frieden‹ für alle begreifbar zu machen.« Hager warnte in seinen Ausführungen – wie er Honecker mitteilte – »vor Illusionen gegenüber imperialistischer Politik«[48].

Von besonderem Interesse war, wie sich in dieser Auseinandersetzung die *Medien der DDR* verhielten, die ja unmittelbar mit der »Kultur des Dialogs und Streits« zu tun hatten. Obwohl die Medien weitgehend zu einem Sprachrohr der SED-Propaganda umgeformt worden waren, zeigten die zahlreichen Debatten zu der SPD-SED-Erklärung in den Redaktionen von Presse, Rundfunk und Fernsehen, dass das Papier auch hier von vielen Mitarbeitern hoffnungsvoll aufgenommen wurde. Vielleicht – so die Überlegung – könne Parteilichkeit doch mit mehr Offenheit, Information und Dialog verbunden werden. Illusionen hinsichtlich einer schnellen Veränderung hatte aber auch hier kaum jemand. Doch die Glasnost-Entwicklung in Moskau und das von vielen als »sensationell« bezeichnete Papier mit der SPD nährte Hoffnungen. Einige Journalisten versuchten, durch gezielte Interviews mit ost- und westdeutschen Teilnehmern der SPD-SED-Dialogrunden bestehende Denk- und Schreibblockaden in den Redaktionen aufzubrechen und die Leser bzw. Hörer vorurteilsfreier zu informieren. Neben den überall diskutierten zentralen Begriffen des Papiers fanden hier die Grundsätze und Regeln der Streitkultur besondere Aufmerksamkeit. Dem Drängen auf Fortentwicklung dieses Weges stand die Skepsis, »ob wir uns das an der Nahtstelle der Blocksysteme« leisten können, und die knallharte Ablehnung der neuen Streitkultur gegenüber. Differenzen, die vormals nur in kleinen Gesprächsrunden deutlich geworden waren, traten nun während der öffentlichen Debatten in den Redaktionen oder bei SED-Versammlungen deutlicher zutage. Als Beispiel für diese Entwicklung wären zu nennen die *Berliner Zeitung*, der *horizont*, die *Stimme der DDR* und *Radio DDR II*. Dort zumindest konnte ich diese Für und Wider-Diskussion persönlich erleben. Die neuen Begriffe und die alten Dogmen stießen unmittelbar aufeinander. In Vorbereitung auf eine SED-Mitgliederversammlung der Redaktion der *Berliner Zeitung* fasste diese die Diskussionspunkte in einem Brief zusammen:

- »SPD als Partner, nicht mehr als Helfer der Kapitalisten oder Verräter der Arbeiterklasse – woher dieser Wandel?
- Beiden Systemen wird Friedensfähigkeit im Sinne von wirksamen Beiträgen zur Sicherung des Friedens bescheinigt. Wo bleibt da die Leninsche Einschätzung des Imperialismus?
- Der Systemwettstreit kann den sozialen Fortschritt in beiden Systemen fördern – also sind soziale Fortschritte im Imperialismus nicht nur generell möglich, sondern es wären u. U. auch durch Systemwettstreit größere soziale Fortschritte als im Sozialismus erreichbar? Wozu dann sozialistische Revolutionen?
- Beide ›Seiten‹ (d. h. Systeme) bescheinigen sich Reformfähigkeit – ist das nicht eine Neuauflage des Reformismus und eine Annahme zeitlich unbegrenzter Lebensfähigkeit des Imperialismus?
- Die ›neue Kultur des politischen Streits' schließt den Abbau von Feindbildern ein (Absage an die ›Propagierung pauschaler Feindbilder‹). Ist das eine partielle Absage an ideologischen Klassenkampf? Welche Feindbilder können (müssen) heute Soldaten haben?
- Wie könnte die (sogar zu fördernde) Diskussion über Vorzüge *und* Nachteile des Sozialismus praktisch geführt werden? Findet sie nicht außerhalb der Medien bereits statt? Wäre sie in den Medien denkbar? Gehört die in der BZ geübte öffentliche Kritik bereits dazu? Wie weit kann eine Diskussion über Nachteile gehen?«[49]

Insgesamt kamen die Diskussionen in den DDR-Medien zumeist über Ansätze nicht hinaus, da die SED-Hardliner auf allen Ebenen schnell dazwischen gingen. Das oben geschilderte Beispiel des Interviews in der *Berliner Zeitung* mag exemplarisch dafür stehen. Vor allem die Abteilungen Agitation und Propaganda im ZK der SED gehörten, wie Otto Reinhold beobachtete, zu jenen, die von Anfang an dem Dialogpapier ablehnend gegenüberstanden, weil sie durch die geforderte neue Streitkultur und die in Ansätzen aufbrechende Diskussion in der SED ihr bisheriges »Agitationskonzept« gefährdet sahen.[50] Deshalb sollte das gemeinsam mit der SPD erstellte Papier schon bald wieder aus den Redaktionsstuben verschwinden. Rasch erfolgte von oben die Order, »gar nichts mehr zu diesem Thema zu bringen«, weil es »Konfusion und Illusion in der SED« hervorgebracht habe, wie sich ein ehemaliger Redakteur der Parteizeitung *Neues Deutschland* erinnert.[51] Andererseits fehlte es sicher auch an Mut in den

Redaktionen, die eigenen, durch das SPD-SED-Papier gestützten Intentionen deutlicher zu verfolgen.

Der Konflikt zwischen altem und neuem Denken blitzte auch in der Kreisparteiorganisation des *Fernsehens* der DDR in Adlershof auf. Das zeigen die im Archiv vorhandenen Protokolle und Niederschriften. Anders als bei den Sitzungen der Bezirksleitungen, z.B. in Leipzig oder Berlin (siehe unten), sah sich die SED-Kreisleitung des DDR-Fernsehens veranlasst, auf viele der im Papier enthaltenen neuen Regeln und Grundsätze explizit einzugehen. In den Referaten der Kreisleitung[52] zeigten sich allerdings nur zaghafte Bemühungen, die Tür zu einem ernsthaften gesellschaftlichen Dialog in der DDR zu öffnen. Versuche, alte marxistisch-leninistische Grundsätze des ideologischen Klassenkampfes entsprechend den grundlegend veränderten sozialen und politischen Realitäten kritisch zu hinterfragen, gab es nicht. Kein Wunder also, wenn die Kreisleitung des Fernsehfunks, Bezug nehmend auf den Grundsatz des Papiers, die »offene Diskussion über die Vorzüge und Nachteile in beiden Systemen« zu führen, trotzig und beharrlich feststellt: »Die Massenmedien der DDR verhalten sich schon lange nach diesen Grundsätzen.« Das gelte auch für die Forderung nach »Abbau der Feindbilder«. In den Parteiaktivtagungen und den Kreisleitungssitzungen des DDR-Fernsehfunks wurde auf diese Weise zwar tatsächlich über alle im Papier enthaltenen neuen Grundsätze und Formeln gesprochen, aber das Reaktionsmuster der leitenden Genossen war deutlich: Die bisherigen Lehr- und Grundsätze der Parteiideologie sollten auch fortan ihre Gültigkeit behalten. Sie müssten in keiner Weise revidiert, neu durchdacht oder modifiziert werden. Anerkannt wurde lediglich, dass es neue Gegebenheiten geben könne, die man berücksichtigen müsse, was als Ansatz einer Öffnung des eigenen Denkgebäudes gedeutet werden kann und durchaus dem Geist des Papiers entsprach. Dieser beginnende, bescheidene »Öffnungsprozess«, ohne Preisgabe der für sich beanspruchten Überzeugungen, hätte im Herbst 1987 vorangetrieben werden können. Ansätze und Voraussetzungen waren da, auch das Drängen vieler Mitglieder und mancher Funktionäre in der SED-Organisation. Doch dieser Prozess blieb in seinen Anfängen stecken, da sich die konservativen Kräfte auf allen, nicht nur den zentralen, Ebenen dieser Entwicklung massiv entgegen stellten. Als sich die sozialen und politischen Konflikte in der DDR-Gesellschaft im Jahre 1988 weiter zuspitzten, wurden selbst die bescheidenen Öffnungsideen von 1987 verdrängt. Entsprechend hieß es 1988 z.B. im Bericht der SED-Kreisleitung des DDR-Fernsehfunks in Abschottung gegenüber den Glasnost-Forderungen aus Moskau und in Abkehr vom SED-SPD-Papier: »Je konsequenter wir die Gesellschaftspolitik unserer Partei durchführen, desto weniger Einfluss wird es für solche ›Empfehlungen‹ geben, auch bei uns müsse ›eine prinzipiell neue politische Situation in der Gesellschaft‹ herbeigeführt werden, eine ›Revolution des Bewusstseins‹, ein ›Meinungspluralismus‹, eine ›Gegenüberstellung von Ideen und Interessen‹, müsse ein ›Kampf gegen konservatives, bürokratisches Bewusstsein‹ usw. stattfinden.« Gegen die »zunehmende ideologische Diversion« gerichtet hieß es: Wir müssen »offensiv und treffsicher die Ziele der Feinde des Sozialismus, der Gegner von Abrüstung und Entspannung entlarven, Verleumdungen und Provokationen gegen die Politik der Partei und unseren sozialistischen Staat entschieden entgegentreten und nirgendwo das Eindringen antisozialistischer Auffassungen zulassen (…) Wir haben Dialog und Koalition der Vernunft auf unsere Fahnen geschrieben, aber der Klassenkampf bleibt.«[53] Beharrung statt Aufbruch. Das neue Denken war das der Gegner. Die Traditions-Funktionäre sahen sich von ideologischer Diversion und politischen Provokationen der Feinde des Sozialismus umstellt. Dem müsse, wie es der stellvertretende Leiter der Abteilung Agitation im Zentralkomitee der SED, Eberhard Fensch, vor den Mitarbeitern des DDR-Fernsehfunks formulierte, die »Offensive der Ideen des Sozialismus und des Friedens« und die »einmalige erfolgreiche ökonomische Leistungsbilanz der DDR« entgegengesetzt werden.[54]

Ideologiekommission beim Politbüro – neue Nuancen, alte Wahrheiten

Die erste Beratung der Ideologiekommission beim SED-Politbüro* nach der Verabschiedung des SPD-SED-Papiers fand am 28. September 1987 statt und zeigte den teils gegensätzlichen und teils gleichgerichteten Verlauf zweier Linien.[55] Einige Gesellschaftswissenschaftler, wie Erich Hahn,

---

* Offiziell hieß sie »Kommission der Leiter der gesellschaftswissenschaftlichen Institute beim Politbüro des ZK der SED«. Ihr gehörten unter Leitung des Ideologiesekretärs Hager die Chefs der ZK-Abteilungen Agitation, Propaganda, Kultur, IPW, der Einheit und des Neuen Deutschland, der zentralen Parteiinstitute, ideologierelevanter Wissenschaftlicher Räte (u. a. Philosophie, Geschichte, Rechtswissenschaften), die verantwortlichen Leiter der gesellschaftswissenschaftlichen Einrichtungen des Hoch- und Fachschulministeriums, des Dietz-Verlages, der Akademien und der NVA an.

Otto Reinhold und Max Schmidt, trugen Überlegungen vor, welche Konsequenzen sich aus diesem Papier, das freilich gar nicht auf der Tagesordnung der Beratung stand, für die gesellschaftswissenschaftliche Forschung und für die ideologische Arbeit der SED ergeben können. Arbeitsfelder könnten sein: Fragen der Entspannungspolitik, des Wettbewerbs der Gesellschaftssysteme und der notwendigen stärkeren Differenzierung bei der Auseinandersetzung mit den Sozialdemokraten und der bürgerlichen Ideologie. Die weitere Entwicklung des Sozialismus hänge vor allem von der Stärkung seiner inneren Potenziale ab. In diesen Positionen waren neue Nuancen und Akzente enthalten, die sich von den bisherigen ideologischen Standards der Partei abhoben. In einem offenen Diskussionsprozess hätten sie partielle Möglichkeiten bieten können für das Aufbrechen der ideologischen Strukturen des dogmatischen Marxismus-Leninismus-Gebäudes. Zumeist wurden die Überlegungen freilich so vorgetragen, dass sie nicht mit der dominierenden Parteiideologie in Widerspruch gerieten. Angleichung dominierte vor Distanz. Einerseits wegen des internalisierten Primats der Parteilichkeit und andererseits, weil sich niemand offen mit Hager anlegen wollte. Chefideologe Hager beobachtete auch hier mit Misstrauen schon die geringsten Ansätze, die auf ein Hinterfragen der alten ideologischen Grundsätze hinauslaufen und überkommene Perspektiven verschieben könnten. Über die Sozialdemokraten dürften, so seine Position, keine Illusionen entstehen. Es sei ganz klar, dass sich der ideologische Klassenkampf verschärfe. »Die Gesellschaftswissenschaftler haben die Frage zu beantworten, ob sie schon genug tun, um in allen Vorgängen das Wirken von Klassenkräften, das Prinzip des Klassenkampfes aufzudecken.«[56] Wer wie ich, der als einer von 14 geladenen Gästen an der Beratung teilnahm, die Entwicklung von Demokratie, von Menschenrechten und von staatlichen Entscheidungsprozessen auch nur zu ernsthaften Forschungsfragen erheben wollte,[57] erhielt eine Abfuhr. Dabei stand Hager mit seinem Vorgehen bezüglich des SPD-SED-Papiers in diesem Kreis nicht allein. Auch aus den Reihen der Gesellschaftswissenschaftler betrachteten einige das Papier von vornherein als Abweichung, als Gefährdung der reinen Lehre. Auch wenn sie sich, wie der Rektor der Parteihochschule »Karl Marx« Kurt Tiedke, in der ersten Sitzung noch nicht äußerten, machten sie bald keinen Hehl mehr aus ihrer Einstellung zu diesem Ideologiepapier mit der SPD. Die nachfolgenden vier Beratungen der Ideologiekommission – 17. Juni 1988, 22. Dezember 1988, 7. April 1989, 5. Juli 1989 – sind symptomatisch für den zunehmenden ideologischen und politischen Niedergangsprozess der SED, der im Herbst 1987 in dieser Weise noch nicht vorauszusehen war. Immer stärker wurde das SPD-SED-Papier als Impuls für neues Denken an den Rand gedrängt. Zwar informierten in den Beratungen Teilnehmer des SPD-SED-Dialogs sachlich korrekt über die Entwicklung der Gespräche, freilich nicht ohne den üblichen Verweis, wie sehr sich die andere Seite von den eigenen Argumenten »beeindruckt« gezeigt habe, aber die Inhalte des Dialogs wurden nun völlig von der inneren Entwicklung in der DDR separiert. Neue Fragen, wie sie noch auf der ersten Beratung im September 1987 formuliert wurden und die sich daraus ergebenden Schlussfolgerungen für die sozialwissenschaftliche Forschung und die ideologische Arbeit der Partei fehlten nun völlig. Der Wind in der SED hatte sich mit der endgültigen Blockadehaltung Honeckers gegenüber den Glasnost- und Perestroika-Forderungen aus Moskau gedreht. Die Gesellschaftswissenschaftler spürten das sehr schnell – und passten sich weitgehend an.

Ab der zweiten Sitzung zielten die Positionen der Ideologiekommission auf das Gegenteil von Dialog, der von leitenden Parteiwissenschaftlern nun wieder verstärkt als ideologischer Klassenkampf interpretiert wurde.[58] Auch die Sozialdemokratie rückte seit Ende 1988/Anfang 1989 wieder stärker in den Mittelpunkt des abgrenzenden Interesses. Sie bleibe zwar eine wichtige politische Kraft im Friedenskampf, aber, so Hager, »führende Sozialdemokraten« hätten sich »in die imperialistische Strategie eingereiht, insbesondere mit der Propagierung marktwirtschaftlichen Denkens und der These von der Nützlichkeit einer pluralistischen Gesellschaft.«[59] Das bestimmende Ziel der Sozialdemokratie sei die Erosion des Sozialismus. Die konservativen Kritiker des Dialogprojekts mit der SPD in der DDR triumphierten, hatten sie doch schon immer gewusst, wohin dieser ganze Dialog mit den Sozialdemokraten führen würde: zu Problemen für die sozialistische Position. Die zunehmenden inneren Konflikte in der DDR, nicht zuletzt im »geistig-kulturellen Leben«, wurden daher vor allem als Ausdruck der verstärkten Angriffe des imperialistischen Gegners gedeutet. Die marxistisch-leninistischen Gesellschaftswissenschaftler hätten diese Angriffe offensiver zu bekämpfen und zu entlarven, forderte Hager. »Zugeständnisse hinsichtlich der Veränderung der Gesellschaftsordnung, der ›Öffnung‹ für den Westen«[60] dürfe es nicht geben. Zunehmende kritische Diskussionen über interne Probleme des Sozialismus und über die Geschichte des Stalinismus müssten schleunigst eingestellt werden. Die gegnerische These, die

DDR sei nicht reformfreudig, müsse überzeugender widerlegt werden. Mit diesen Forderungen sollten die Gesellschaftswissenschaftler noch stärker politisch instrumentalisiert werden. Jene Intellektuellen, Künstler und Gesellschaftswissenschaftler, die sich den Konflikten im Sozialismus aber tatsächlich stellten, nach neuen Bewegungsformen suchten und über sozialistische Reformen nachdachten, wurden als »Abweichler«[61] denunziert, isoliert und ausgegrenzt. Der innere ideologische Differenzierungsprozess in der SED war so auch in dieser Kommission nicht mehr zu übersehen. Auf der Tagung am 5. Juli 1989 stellte Hager – wohl eher beschwörend als selbstgewiss – fest, dass »die SED eine einheitlich kämpfende Partei vom ZK bis zu den Grundorganisationen ist. Das ist ein Gut, das wir sorgsam schützen und wahren müssen.«[62]

Mit dem Schlagwort von der Einheit und Geschlossenheit der Partei war seit jeher in der kommunistischen Bewegung versucht worden, jede ernsthafte, kontroverse Debatte zu verhindern. Besonders, wenn es die Parteiideologie selbst betraf. Diese Tradition war in der SED bestens aufgehoben, wie auch ich immer klarer erkennen musste. Sie wurde auch bei der Eingrenzung der Diskussion des Ideologiepapiers aktiviert.

Differenzen im Partei- und Machtapparat

Trotz allen Einheitsdenkens machte der Konflikt um die neuen Begriffe und die alten Glaubenssätze auch vor den Funktionären und Nomenklaturkadern der Partei und des Staates nicht Halt. Das betraf alle Ebenen und Gliederungen der SED. Der hauptamtliche Parteisekretär einer großen DDR-Einrichtung fasste am 19. Oktober 1987 die Fragen und Probleme, die das Papier bei ihm und seinen Genossen hervorgerufen hatte, in einem Brief an mich in Vorbereitung der Versammlung seiner Grundorganisation zusammen: Das SPD-SED-Papier werde heftig diskutiert, weil es »Grundfragen zwischen den beiden Weltsystemen und des neuen Denkens aufwirft und in sofern weit über die Beziehungen zwischen SPD und SED hinaus geht«. Als solche Fragen benennt er: »Bei den Diskussionen und kritischen Fragestellungen stehen sehr oft die im Dokument für beide Seiten gebrauchten Aussagen und Begriffe wie: Fähigkeit zum Dialog, zur Vertrauensbildung, zum Konsens (…), Reformfähigkeit, Friedensfähigkeit beider Systeme, Feindbilder usw. im Vordergrund, weil damit im bestimmten Maße Antithesen zu dem bisher Gesagten, Gelehrten und Geschriebenen aufgestellt wurden.« Weiter stellt er fest: »Ein solcher Wettbewerb (wie er in dem Papier beschrieben wird) wäre notwendigerweise ein Wettbewerb um die inneren Triebkräfte beider Systeme. Spätestens hier wird die untrennbare Einheit und dialektische Wechselwirkung zwischen Innen- und Außenpolitik bei letztendlicher Durchsetzung des Primats der Innenpolitik deutlich. (...) Wenn das richtig ist, bedeutet dies, dass der *inneren Entwicklung* der einzelnen sozialistischen Staaten und des Sozialismus als System – und dem RGW (Rat für Gegenseitige Wirtschaftshilfe, der im Westen damals als COMECON bekannt war, R.R.) als seinem Kern – in diesem Gesamtprozess eine kaum zu überschätzende Bedeutung beigemessen werden muss.« Und er schlussfolgert: »Daraus ergeben sich einige besorgte Fragen: Ohne den von uns erreichten Stand zu unterschätzen, ergibt sich doch die Frage, ob die DDR und die anderen sozialistischen Staaten mit den gegenwärtigen Mitteln und Methoden in der Lage sein werden, die dem sozialistischen System objektiv innewohnende Triebkräfte auf sozialistisch-humanistischer Basis so zu entwickeln, dass sie denen des Kapitalismus nicht nur gleichwertig, sondern auch überlegen sind? Und wie muss man unter diesen Bedingungen Perestroika und Glasnost einschätzen? (...) Was müssen wir in dieser Hinsicht tun? Müssen wir nicht durch eine größere Objektivität und Realität in der Einschätzung des Erreichten und des Erreichbaren unsere Politik verändern, ergänzen? Gerade darin, nicht in den Einzelmaßnahmen, sehen viele Genossen das Wesen von Perestroika und Glasnost!« Der Chefredakteur der *Einheit*, des theoretischen Organs der SED, Manfred Banaschak, habe »von den zwingend sich äußernden Grenzen für die Entwicklungsfähigkeit des Kapitalismus« gesprochen. Der Parteisekretär meint dazu: Zweifellos müsse man über diese Grenzen nachdenken und sie analysieren: Aber – »wie schätzen wir die *Anpassungs- und Entwicklungsfähigkeit* des Imperialismus unter den gegenwärtigen und künftigen Bedingungen ein?« Der Aussage des Papiers, dass sich das zukünftige Bild der Gesellschaftsordnungen in Ost und West von dem heutigen wesentlich unterscheide, werde von den Genossen zugestimmt. Der Parteisekretär schloss jedoch eine pointierende Tendenzfrage an: »Dabei wird zweifellos die Reformbedürftigkeit des Kapitalismus im Vordergrund stehen müssen. Aber nur des Kapitalismus? Wie weit wird sich denn der Sozialismus ›morgen‹ von dem ›heute‹ unterscheiden?«[63]

Auch an den *Bezirksparteischulen der SED*, wo zumeist künftige Funktionäre der unteren und mittleren Ebene ein Jahr im Marxismus-Leninismus unterrichtet wurden, gab es infolge des SPD-SED-Papiers hef-

tige Diskussionen. Die Meinungen prallten aufeinander, die Differenzen
waren nicht zu übersehen. Bereits am 4. September 1987, also gut eine
Woche nach Veröffentlichung des Papiers, fasste die Leitung der Bezirksparteischule Berlin die Fragen der ersten Diskussionsrunde in einem fünfseitigen Papier zusammen, wobei rückversichernd zu Beginn hervorgehoben wird: »Generell ist festzustellen, dass die Bedeutung des Dokuments
begriffen wurde.« »Nicht ganz eindeutige Meinungen« gäbe es in folgen-
der Richtung:

- »Inwieweit sind die Forderungen nach kulturvollem Streit bereits politische Praxis? Können sie das überhaupt werden?
- Warum gibt es in unseren Medien keine bzw. kaum Reaktionen auf das
  Dokument seitens der Bruderparteien? Kann es nicht zusätzliche Diskussionen zu den jetzt schon vorhandenen (z.B. zum Kurs der SU) hervorrufen?«

Zur SPD würde gefragt werden:

- »Wäre die SPD in der Regierungsverantwortung, wäre ein solches Do-
  kument sicher nicht zustande gekommen. Wie ernst kann man die Be-
  kundungen der SPD nehmen? Ist ihre ›Standortveränderung‹ nicht nur
  Taktik?
- Die SPD hat ihre Grundlinie geändert und dadurch war ein solches Do-
  kument möglich, ›die SPD hat sich unserer Politik der friedlichen Ko-
  existenz angeschlossen‹. Das Dokument ist doch wohl ausschließlich
  Verdienst der SED?
- Was ist ›Grundwertekommission‹? Welche Rolle spielt sie in der SPD?
  Wie ist Eppler einzuordnen?
- Wenn man die Geschichte betrachtet, muss an der Ehrlichkeit der SPD
  gezweifelt werden.«

Eine Vielzahl Fragen gäbe es auch zum Inhalt des Dokuments:

- »Was ist unter Entwicklungsfähigkeit und Reformfähigkeit des imperialistischen Systems zu verstehen? Geben wir damit unsere Position
  auf, dass der Kapitalismus eine überlebte Gesellschaftsordnung ist?
- Ist der Sozialismus reformbedürftig? Inwieweit können wir vom Imperialismus Erfahrungen übernehmen.

- Kann der Imperialismus friedensfähig sein? Widerspricht das nicht seinem Wesen? Was heißt, kein ›pauschales Feindbild‹ aufzubauen? Wie soll da die Werbung für die NVA laufen?
- Steht die Anerkennung der Existenzberechtigung beider Systeme, vor allem des Imperialismus, nicht im Widerspruch zum Marxismus-Leninismus?
- Ist friedlicher Wettbewerb und Zusammenarbeit mit dem Klassenkampf vereinbar? Warum Wettbewerb zwischen den Gesellschaftssystemen, unsere wissenschaftlichen Erkenntnisse besagen doch, dass wir ohnehin siegen werden? Warum müssen wir überhaupt in Wettbewerb treten – stimmt es, wenn Eppler sagt ›die Geschichte ist ›nach vorn offen'?«

Natürlich erregte auch in der Bezirksparteischule die Forderung nach einer Kultur des politischen Streits die Gemüter. So fragten die Genossen:

- »Besteht nicht bei dieser Art des politischen Streits und Dialogs die Gefahr der ideologischen Erosion? Wie soll die Aussage zur Informiertheit bei uns realisiert werden? Kann das Dokument nicht ausgelegt werden als ›Zusammengehörigkeitsgefühl‹ der Deutschen?
- Bei den Werktätigen wird jetzt viel diskutiert, leider immer nur negative Probleme, so zur Staatsgrenze Berlin, Reiseverkehr und andere. Öffnen wir mit einem solchen Herangehen nicht dem Gegner Tür und Tor? Ist die Aussage zu den Menschenrechten nicht mit negativen Folgen für uns verbunden? (Antragsteller zu Ausreisen können sich darauf berufen)
- Haben wir Grundpositionen aufgegeben? Weshalb erscheinen solche Begriffe nicht wie sozialistische Planwirtschaft, demokratischer Zentralismus, Diktatur des Proletariats, Klassenkampf?«[64]

Viele Fragen und Verunsicherungen gab es unter den Funktionären im Bereich der *Volksbildung*, denn die meisten der im SPD-SED-Papier formulierten Grundsätze standen im Widerspruch zu dem, was bislang gelehrt wurde. So fragten Leitungskader eher besorgt:

- »Ist der Imperialismus tatsächlich friedensfähig? Wie soll bzw. kann der Lehrer die Friedensfähigkeit nachweisen? (Die Geschichte spricht doch dagegen!)
- Wie ist das mit dem Klassenkampf, welche Positionen beziehen wir zum Feindbild, zur Feindbilderziehung?

– Kann man von der Notwendigkeit der Reform unseres Systems sprechen? Fördert nicht die Formulierung, dass ›das zukünftige Bild der Gesellschaftsordnungen sich vom heutigen wesentlich unterscheiden wird‹ die Konvergenztheorie? Kann der Kapitalismus überhaupt reformiert werden?

– Wird mit dem Dokument nicht unsere Auffassung über die Haupttendenz der Entwicklung des Übergangs vom Kapitalismus zum Sozialismus unterlaufen (Charakter der Epoche)?«

Das Dokument sei »eine Herausforderung an die politisch-pädagogische Arbeit«. Doch wie sollte sich ihr gestellt werden? Es gelte nachzuweisen, »dass der Sozialismus im friedlichen Wettstreit die besseren Ausgangspositionen, die besseren Argumente, hat« und alles zu unternehmen, damit der »Stolz auf das Erreichte, auf die Heimat weiter ausgeprägt wird« und die Lehrer »offensiv unsere Weltanschauung vermitteln und sich mit dem Imperialismus auseinandersetzen«.[65] Sich mit diesen alten Schlagworten Mut zu machen, war kein Ersatz für die auf der Tagesordnung stehende offene und öffentliche Debatte über die neuen Fragen der Entwicklung des Sozialismus und des internationalen Systemwettstreits.

Selbst im *zentralen Macht- und Parteiapparat* löste das Papier Differenzierungsprozesse aus. Der stellvertretende Leiter der ZK-Propagandaabteilung, Günter Schneider, erinnerte sich: »Mit diesem Papier setzte ein Differenzierungsprozess im politischen Denken ein. Die einen hofften, dass mit diesem Papier und flankiert durch Perestroika und Glasnost ein anderer Kurs eingeschlagen wird. Und ich würde mal sagen, mit einigen Jahren Abstand, es war auch so, dass dieses Papier dazu beigetragen hat, gewisse Denkstrukturen aufzubrechen. Andere hielten das für Revisionismus und Verrat, für eine Ausgeburt des Teufels, wo einige Gesellschaftswissenschaftler, wie Reißig und andere, versuchen, die Partei auszuhöhlen (…) Dagegen müsse man sein. Sie hielten das Ding für total falsch. Das haben sie auch laut gesagt, weil sie meinten, dass sich Honecker über den Tisch habe ziehen lassen.«[66] Auch andere Funktionsträger aus dem ehemaligen Apparat des ZK – aus den Abteilungen Wissenschaften, Internationale Verbindungen, Internationale Politik und Wirtschaft (Westabteilung), Parteiorgane – berichteten in reflektierenden Gesprächen, die ich bei meinen Recherchen für dieses Buch mit ihnen geführt habe, von Verunsicherungen und Diskussionen, die das SPD-SED-Papier in ihrem Umfeld ausgelöst hatte.

Vielfach verbanden sich mit dem Papier Hoffnungen, die SED werde sich nun doch den »Problemen des Landes stellen« und einen »Dialog mit den Bürgern« einleiten. Freilich wurden die Stimmen der Befürworter des Papiers im ZK-Apparat mit der Zeit immer leiser. Allenfalls untereinander und mit jenen, die als »aufgeschlossen« galten, zu denen man persönliches Vertrauen haben konnte, fanden offene Gespräche statt. Das zumindest berichteten Interviewpartner, die den Apparat des Zentralkomitees durch jahre- und zum Teil jahrzehntelange Tätigkeit genau kannten, wie Günter Schneider, Manfred Uschner und Karl-Heinz Wagner. Ideologische Fragen spielten in diesen Gesprächen eine zentrale Rolle. Über Veränderungen im Ideologiegebäude erhofften sich reformerische Kräfte, die es auch im zentralen Apparat gab, Veränderungen in der Politik der SED.

Wie reagierten die »Parteiaktivisten« und *Apparate in den Bezirken* auf das Ideologiepapier? Anhand von Akten und Diskussionsprotokollen aus *Leipzig* und *Berlin* soll diese Diskussion, auch weil darüber bislang kaum Erkenntnisse vorliegen, im Folgenden exemplarisch nachgezeichnet werden.

Auf den SED-Tagungen und -Sitzungen wurden von verschiedenen Rednern – Kreissekretären, Propagandafunktionären, Kombinats- und Schuldirektoren – die »heiklen« Fragen des Papiers benannt, mehr noch, es wurde offen nach Antworten gesucht. Das war durchaus ungewöhnlich, hatte man doch mit dem Marxismus-Leninismus auf jede, noch dazu ideologische Frage vermeintlich auch zugleich die richtige Antwort. Jetzt aber suchte man zum ersten Mal nach Antworten auf Fragen, die in dieser Weise bislang noch nie offiziell thematisiert worden waren, und dies auf öffentlichen Parteiaktivtagungen, Bezirks- und Kreisleitungssitzungen. Doch hielt sich die Suche, wie sich bald zeigen sollte, in engen Grenzen. Die leitenden Genossen mussten nicht lange nachdenken. Sie beharrten auf ihren Glaubenssätzen, die ihnen noch immer geholfen hatten, wenn die gesellschaftlichen Realitäten nach neuen Antworten verlangten. Das SPD-SED-Papier war den meisten der Genossen des Partei- und Machtapparats auf Bezirksebene nicht geheuer. An einer wirklichen Diskussion waren sie nicht interessiert. Da aber »Parteiaktivisten« aus den verschiedensten Bereichen entsprechende Fragen stellten, ließ sie sich nicht ganz vermeiden.

Noch im September 1987, nachdem das Papier schon in aller Munde war, hielt es das Sekretariat der Bezirksleitung der SED Leipzig nicht für erforderlich, darauf näher einzugehen. Erst im Dezember 1987 musste im

Bericht »Zu politischen Grundfragen« rückblickend festgehalten werden,
dass es während der letzten Monate bei den Diskussionen in der Partei und
in der Bevölkerung drei Schwerpunkte gegeben habe:

1. Friedens- und Dialogpolitik.
2. Die Entwicklung der BRD, darunter besonders die Fragen: Was heißt
   Friedensfähigkeit des Imperialismus und haben wir jetzt ein anderes
   Feindbild? Inwieweit werden die Reisemöglichkeiten in die BRD erweitert?
3. Die Entwicklung in der Sowjetunion.[67]

Die Fragen aus dem SPD-SED-Papier hatten damit die nach Perestroika
und Glasnost in Moskau von Platz eins der Diskussion verdrängt. Und dies
obwohl der erste SED-Bezirkssekretär Horst Schumann bereits auf der
Bezirksparteiaktivtagung zur Eröffnung des Parteilehrjahres 1987/88 am
17. September 1987 versucht hatte, den Rahmen für die Diskussion eindeutig abzustecken: »Keine Illusionen, Genossen. Wir bleiben Marxisten-Leninisten und die bürgerliche Ideologie bleibt bürgerliche Ideologie. Keine
ideologische Koexistenz. Die Grenzen werden nicht – wie gefordert – durchlässiger, sondern bleiben fest gesichert. Die Menschenrechte sind bei uns
verwirklicht, aber in der BRD gibt es Arbeitslosigkeit. Der Imperialismus
gibt freiwillig keine Position preis. Wir müssen ihn zu allem zwingen. Eine
Konvergenz der Systeme wird es nicht geben. Mit der SPD gehen wir zusammen im Friedenskampf. Ansonsten aber bleibt sie mit ihren reformistischen Positionen eine Stütze des Systems. Nur der Marxismus-Leninismus
gibt die richtigen Antworten.«[68]
    Dennoch kam es schon auf der folgenden Bezirksleitungssitzung am
22. Oktober 1987 unter den Funktionären zu einer ambivalenten Diskussion des SPD-SED-Papiers. Im Bericht des Sekretariats der Bezirksleitung
war zwar zunächst mit keinem Wort auf das SPD-SED-Papier eingegangen
worden, stattdessen wurde ausführlich der Staatsbesuch Erich Honeckers
in der Bundesrepublik gewürdigt, doch in der Diskussion brach dann der
Bann. Der Erste Sekretär der Kreisleitung Altenburg, Wolfgang Neber, kam
nicht umhin festzustellen, dass es »bei allen Fortschritten« »aber auch vielfältige Fragen« gebe, wie z. B.: »Gehen wir in der Kompromissbereitschaft
gegenüber der BRD nicht zu weit? Ist es überhaupt realistisch, von Friedensfähigkeit im imperialistischen Staat zu sprechen bzw. diese für möglich zu halten, kann nach den jüngsten Dokumenten von einem Gegner oder

Feind noch gesprochen werden? Haben militärische Berufe bei uns künftig noch eine Perspektive?«[69] Auch der Parteiorganisator des ZK im Kombinat Takraf, Gerhard Fürbringer, kam, nachdem er Honeckers Besuch in Bonn gewürdigt hatte, auf das gemeinsame Papier mit der SPD zu sprechen. Er versicherte, wie stolz die Werktätigen seines Betriebes diesen Besuch sehen: »Dafür, Genossen, und deshalb sage ich das eigentlich, treten aber neue Fragen auf, die uns entgegentreten und eine Beantwortung verlangen, wie z. B.: nach der Friedensfähigkeit des Imperialismus, zum Feindbild für unsere Armee und die Kampfgruppen, zu neuen inhaltlichen Fragen zur Umgestaltung der sowjetischen Wirtschaft oder auch zur Reformpolitik in anderen sozialistischen Staaten. Und, Genossen, wir haben die Erfahrung gemacht, dass es nicht wenigen Genossen schwer fällt, diese neuen inhaltlichen Fragen zu erfassen, zu erkennen und dazu schnell, inhaltsreich und richtig zu argumentieren. Sprechen wir es aus, dass wir spüren, dass mancher auf seinem marxistisch-leninistischen Niveau, seiner fachlichen Ausbildung stehen geblieben ist, er vor Jugendlichen oder vor kollektivem Auftreten nicht selten in die Gefahr verfällt, das Bild vom Kapitalismus und Sozialismus als schwarz/weiß- oder gut/böse–Verhältnis darzustellen. Und wir alle wissen, dass das weder überzeugt noch neue Fragen beantwortet.«[70] Der Redner hoffte auf Antworten der Bezirksleitung.

Ein weiteres Beispiel: Auch die Direktorin einer Polytechnischen Oberschule in Leipzig, Brunhilde Voigt, beginnt ihren Beitrag mit einer überschwänglichen Würdigung der Besuchsreise Honeckers, um dann festzustellen: »Ich möchte aber nicht verschweigen, dass es für uns keine leichte Aufgabe auch in Zukunft sein wird, die Differenzierungen im Feindbild, in Unterscheidung von Feind und Gegner unseren Partnern gegenüber begreiflich zu machen (…) Das tiefe Eindringen der Genossen in dieses Dokument (von SPD und SED) offenbarte uns immer neue Fragen. Bei den Klassikern fanden wir die Antworten darauf. Dabei entdeckten wir die Notwendigkeit, dass sich unsere Pädagogen insgesamt einem noch tiefgründigerem Studium widmen müssen. Das erfordert Zeit.«[71] Im Namen der angesprochenen Genossen aus dem Sekretariat antwortete der Erste Bezirkssekretär »Wenn man so will«, seien hier »Fragen genannt worden«. Wir müssten erkennen, »die Politik der friedlichen Koexistenz ist immer wieder aufs neue im harten Klassenkampf durchzusetzen und hier darf es zu keiner Zeit Illusionen oder ein Nachlassen unserer Wachsamkeit geben«. Die Politik der USA in der Golfregion zeige ja, »dass man die Bande zwingen muss zum Frieden.

Und wenn das gelingt, sie zum Frieden zu zwingen, dann sind sie auch friedensfähig. Und wenn man nach der anderen Frage fragt, das Feindbild, na wenn die Bundeswehr, wie das ›Neue Deutschland‹ mitteilte, erklärt, dass es keine Abstriche am Feindbild gibt, also sozusagen Kommunisten, Sozialisten, Friedenskämpfer alles Feinde sind, da sollen wir sie umarmen als Freunde. Nein, Genossen. Selbst wenn wir mit ihnen reden, haben wir noch keinen Grund, sie als Freund zu umarmen (...) Daraus ergibt sich, Genossen, für die Parteiorganisationen die Notwendigkeit, die gesamte politisch-ideologische Arbeit differenzierter zu führen.«[72] Von einer differenzierten politisch-ideologischen Arbeit ist angesichts solcher Reden aber nichts zu spüren, und auch anderswo war man in den Apparaten meilenweit davon entfernt.

Auch und besonders in Berlin entwickelte sich in den meisten SED-Grundorganisationen eine breite Diskussion zum SPD-SED-Papier. Noch vier Monate nach Veröffentlichung des Papiers im Dezember 1987 verweisen die Informationsberichte der dortigen Bezirksleitung auf eine »anhaltende Diskussion«. Das war für SED-Verhältnisse sehr ungewöhnlich. Auch in Berlin stellten sich die Fragen wie anderswo:

– »Wir betrachten kein Land und kein Volk als unseren Feind – Ist deshalb jeder unser Freund?

– Bedeutet die Feststellung im gemeinsamen Dokument SPD-SED über die Friedensfähigkeit beider Systeme eine Abkehr von der Leninschen Imperialismustheorie?

– Erfordert Friedenspolitik und neues Denken heute eine andere Haltung zum Wehrdienst in der NVA?

– Wie sichern wir, dass es in der täglichen Arbeit nicht zu einem Widerspruch zwischen Ideal und Wirklichkeit im Sozialismus kommt?

– Kann man als Parteiloser genauso gut die Politik der Partei vertreten wie ein Genosse?«[73]

Die Parteiorganisationen – heißt es in den Protokollen – hätten es verstanden, bei diesen Diskussionen, die Vielfalt, Kompliziertheit und Widersprüchlichkeit im Friedens- und Klassenkampf zu erläutern und feste Klassenpositionen weiter zu entwickeln. Nach Ansicht der Bezirksleitung der SED konnte man sich dabei besonders auf die Rede des Genossen Kurt Hager vor dem Parteiaktiv in Frankfurt/Oder stützen. »Insbesondere die Argumentationen zum Feindbild und zur Friedensfähigkeit des Imperialismus werden dadurch bereichert.«Auch für den Ersten Sekretär der SED-Bezirksleitung Berlin, Günter Schabowski, war es eine ausgemachte Sache, dass sich nach der Verabschiedung des SPD-SED-Papiers der »ideologische Klassenkampf« verschärfen würde. Als Beleg dafür dienen ihm u.a. die Aktivitäten der Umweltbibliothek und der Friedens- und Umweltgruppen in der Samariterkirche: »Genossen, in der Samariterkirche ist es Gepflogenheit, dass die, die dort mit ihren Westwagen vorfahren, aussteigen, und nach Abschluss irgendeiner Veranstaltung, die sich gegen die DDR richtet, mit Hetzliedern den Klingelbeutel herumreichen und scheineweise das Westgeld« abladen. »So werden die finanziert.« Sie (die dortigen unabhängigen Bürgerrechts- Ökologie- und Friedensgruppen, R.R.) benutzten »Kirche und Religion nur als Vehikel für ihre Umtriebe gegen die DDR«. Kein Wunder also, dass in der Bevölkerung gefragt werde, wie lange man da noch so »großzügig« zuschauen wolle, zumal dort auch »staatsfeindliche Schriften gedruckt« würden.[74]

Zugleich – so Bezirkschef Schabowski weiter – sei die ideologisch-politische Arbeit zu verstärken. Das hieße, die Friedenspolitik der SED, die ihresgleichen suche, offensiv darzulegen und alle Machenschaften des imperialistischen Gegners zu entlarven. Niemals hätte Helmut Kohl »die seine Netzhaut reizende Flagge der DDR hissen lassen, wenn diese DDR nicht so solide und stark in der Welt dastünde, dass sie jegliche Spekulation auf ihren provisorischen Bestand als politische Geistesschwäche entwertet«. Deshalb bleibe »die bewährte Losung ›Mein Arbeitsplatz – mein Kampfplatz für den Frieden‹ das Entscheidende der politisch-ideologischen Arbeit«[75]

Die *Nationale Volksarmee* (NVA) der DDR berührten die Konflikte an einem spezifischen Punkt. Die These von der »Friedensfähigkeit des Imperialismus« und die Aufforderung zur Entmilitarisierung des Denkens, zum Abbau der Feindbilder traf die Militärs nachhaltig und zumeist unvorbereitet. Höchste Wehr- und Gefechtsbereitschaft ohne klares Feindbild schien unvorstellbar. Die einsetzende gesellschaftliche Diskussion über die Funktion der Feindbilder in einer Zeit, da um politische Entspannung und militärische Abrüstung gerungen wurde, führte auch in der NVA zu vielen Fragen, zu Verunsicherungen und Auseinandersetzungen. Die 1987/88 in der NVA zahlreich stattfindenden Beratungen zum Ideologiepapier von SPD und SED waren von dem Ringen mit der neuen Problemlage geprägt. Selbst die stark geschönten Parteiinformationen der Politischen Hauptverwaltung der NVA an Erich Honecker und Egon Krenz können diese Entwicklung nicht ganz verbergen. In dem Maße, wie sich die wirtschaftliche und politische Situation im Sozialismus und in der DDR verschlechterte und die Konflikte zunahmen, wurden von der Führung der NVA wie von der SED dafür vor allem äußere Feinde, die »die Dialog- und Entspannungspolitik missbrauchen«, verantwortlich gemacht. Sie steigerten die ideologische Diversion und verstärkten subversive Handlungen gegen die DDR. Die Versuche der Einmischung in die inneren Angelegenheiten der DDR nähmen zu. Die Schutz- und Sicherheitsorgane seien daher aufgefordert, die öffentliche Ordnung und die staatliche Sicherheit umfassend zu gewährleisten.[76] Gleichzeitig – und entgegen diesen Versuchen der Beharrung – gab es nach Berichten von Insidern in der NVA Diskussionen über das Papier von SPD und SED, die mit großer Sachlichkeit und Ernsthaftigkeit geführt wurden.[77]

Selbstverständlich wurde auch in den Parteiorganisationen und Diensteinheiten innerhalb des *Ministeriums für Staatssicherheit* das SPD-SED-Ideologiepapier aufmerksam zur Kenntnis genommen. In den verschiedenen Diensteinheiten gab es, wie vorhandene Protokolle und Akten belegen, rege Diskussionen dazu. So wurde am 24.9.1987 von der SED-Kreisleitung in ihrem Bericht festgehalten: »Überall findet ein reger Meinungsaustausch statt, indem sich die Kollektive einheitliche Standpunkte dazu erarbeiten. Die inhaltlichen Schwerpunkte dieser Diskussion lassen erkennen, dass es vielen Genossen nicht leicht fällt, verschiedene Aussagen im Dokument beispielsweise zur Friedens- und Reformfähigkeit beider Gesellschaftssysteme und zum Abbau der Feindbilder mit marxistisch-leninistischen Grunderkenntnissen in Einklang zu bringen, das Verhältnis zur Sozialdemokratie unter den heutigen Bedingungen mit ihrem Bild, das wesentlich von geschichtlichen Erfahrungen geprägt ist, zu vereinbaren sowie sich die praktische Verwirklichung der erzielten Übereinkünfte vorzustellen.«[78] Zum Umgang mit dem Papier wurde eigens das Argumentationsmaterial »Streit der Ideologien gleich Fortsetzung des kalten Krieges?!« erarbeitet, das als Grundlage für die Diskussion dienen sollte. Auch darin dominierte der Versuch, die neuen Ansätze den bisherigen Aussagen der Parteiideologie anzupassen. Differenzierungen und unterschiedliche Erwartungen gab es dennoch auch innerhalb der Sicherheitsorgane der DDR. Der ehemalige Mitarbeiter Gerd Knauer schrieb darüber später in der Zeitschrift *Deutschland-Archiv*: »Das im MfS anfangs begrüßte, dann aber alsbald verdammte Dialogpapier zwischen SED und SPD hatte zunächst die Hoffnung darauf mit sich gebracht, dass ›unsere Menschen‹ wieder mehr Vertrauen in die

SED-Politik setzten würden, der Dialog über kurz oder lang also auch in der Gesellschaft selbst führbar sein würde. Reformfähigkeit des Systems, so die Hoffnung, könne den innenpolitischen Druck auf das System mindern und den Einsatz administrativer Mittel weniger erforderlich machen, also auch die Anforderungen der Parteiführung an das MfS erträglicher werden lassen. Das Gegenteil aber wurde Wirklichkeit: Je wohlfeiler sich die SED-Spitze auf internationalem Parkett den Nimbus menschenrechtsverwirklichender Reformfähigkeit gab, desto kompromissloser richtete sie den Auftrag an das MfS, *mit spezifischen Mitteln* die Geister in die Schranken zu weisen, die man zwar keineswegs gerufen hatte, aber zu tolerieren vorgab. Ein Zitieren des SED-SPD-Papiers innerhalb des MfS galt schon bald als Beweis dafür, die Politik der Partei nicht richtig verstanden zu haben – und das war es wohl auch. Ein Versuch beispielsweise einer Abteilungsparteiorganisation der ZAIG, einen Mitautor des Dialogpapiers, Rolf Reißig, in das MfS einzuladen, war von der Parteileitung strikt abgelehnt und mit der Begründung verhindert worden, Leuten wie Reißig, die sich mit Vertretern der SPD an einen Tisch setzten, sei weder zu trauen noch wären ihre Auffassungen gar mit der Linie der Partei gleichzusetzen. Sie hätten im MfS keineswegs orientierenden Charakter.«[79]

In der Summe kann festgestellt werden, dass die gemeinsame Erklärung von SPD und SED in der SED auf allen Ebenen, von der Basis über die Bezirksebene bis zur Spitze des Partei- und Machtapparates, eine bemerkenswerte Rolle spielte. Viele in der SED sahen darin Chancen für einen neuen, offenen Diskussionsprozess und für den Übergang zu einem neuen Denken auch in Anwendung auf die DDR. Sie beriefen sich bei ihren Bemühungen explizit auf das gemeinsame Papier. Die konservativen Kräfte hingegen klammerten besonders die in dem Papier enthaltenen Grundsätze für eine neue politische Streitkultur aus und beharrten unbeirrt auf ihren alten Glaubenssätzen. Gerade der zentrale Machtapparat, ob in Berlin oder in den Bezirken, war sich alsbald einig, dass das Papier keine neue Kultur des Dialogs und des Streits begründen dürfe. Man glaubte stattdessen, die neuen Inhalte mit einigen geistigen Verrenkungen an die alten und überholten Dogmen rückkoppeln zu können. Eine offene Diskussion entsprach nicht den Traditionen einer »Partei neuen Typus« und sie sollte auch jetzt vermieden werden. Hager stand mit seiner Position ganz und gar nicht allein da. Im Gegenteil, die Mehrheit der konservativen Apparate bildete eine starke Basis, die sich jedem neuen Denken widersetzte. Zwar gab es zwischen den

Bezirken – z. B. zwischen Dresden und Leipzig, Berlin und Suhl – in einigen Fragen der Umsetzung der Wirtschafts- und Sozialpolitik und des Umgangs mit den Kritiken aus der Bevölkerung Unterschiede, doch bei den »ideologisch-politischen Grundfragen«, wie sie das SPD-SED-Papier stellte, blieben sie sekundär.

Ideologischer Reformdiskurs

Durch das Ideologiepapier von SPD und SED nicht direkt ausgelöst, aber doch davon angeregt und forciert, vollzog sich unter Intellektuellen eine Debatte, in deren Zentrum die folgenden Fragen standen:

1. Was heißt Friedensfähigkeit des Imperialismus?
2. Was bedeutet Reformfähigkeit des Kapitalismus?
3. Worin bestehen Anliegen und Ziel eines friedlichen Wettstreits der Gesellschaftssysteme?
4. Weshalb gewinnen gesellschaftlicher Dialog, Demokratie und Menschenrechte für den Sozialismus einen neuen Stellenwert?

In Arbeiten und Diskussionen entwickelten eine Reihe Gesellschaftswissenschaftler und DDR-Intellektuelle der Akademie für Gesellschaftswissenschaften, der Humboldt-Universität, des Instituts für Internationale Politik und Wirtschaft, der Akademie der Wissenschaften hierzu erste Thesen und Argumente, die dem Geist und dem Anliegen des Papiers entsprachen. Nicht selten waren diese Suchprozesse jedoch noch halbherzig. Neue Erkenntnisse wurden mit bisherigen Auffassungen verbunden, denn Erneuerung – sollte sie nicht sogleich mit dem Verdikt des »Revisionismus« ausgeschaltet werden – verlangte den Nachweis von »Kontinuität«. Zu diesen neuen und doch auch ambivalenten gesellschaftswissenschaftlichen Thesen, die in diesem Zeitraum in der DDR entwickelt wurden, gehörten:

– *Friedensfähigkeit* könne dem anderen System, hier dem der Bundesrepublik, nicht aufgezwungen werden. Vielmehr gebe es neben den Interessen von Rüstungskonzernen auch ökonomische Interessen des Kapitals, die auf eine friedliche Entwicklung hindeuteten. Der neue, wissenschaftlich-technische »Produktivkraft-Typ« könne nur unter friedlichen Bedingungen genutzt werden. Rüstungsstreben müsse deshalb nicht mehr notwendigerweise zu militärischer Herrschaftsausdehnung und Aggres-

sivität führen. Vor allem die Politik erlange für die Frage der Friedensfähigkeit des Kapitalismus einen neuen Stellenwert.[80] Mit dem dogmatischen Bild eines nur aggressiven, stets kriegslüsternen, ausschließlich
auf militärische Expansion setzenden Imperialismus waren diese Thesen kaum noch vereinbar.

– Wurde der Kapitalismus bislang meist als ein einheitliches und geschlos-
senes System verstanden, so betonten neuere Arbeiten, dass es sehr *unterschiedliche Varianten von Kapitalismus* gebe.[81] So seien in Vergangenheit und Gegenwart konservative und progressive, militante und nicht
expansive, reformblockierende und *reformöffnende kapitalistische Gesellschaften* auszumachen. Der Kapitalismus stecke voller Krisensymptome, stehe zugleich jedoch in einem permanenten Anpassungsdruck
und -zwang. Die bisherigen Thesen vom krisengeschüttelten, chaoti-
schen, letztlich dem Untergang geweihten kapitalistischen System unterlagen damit einer Revision – zumindest einer beachtlichen Relativierung.

– Der *friedliche Wettstreit der entgegengesetzten Gesellschaftssysteme* sei
im Nuklearzeitalter ohne vernünftige Alternative. Das Ziel der Systemauseinandersetzung sei nicht mehr die Erlangung militär-strategischer
Überlegenheit, globaler Hegemonie und Destabilisierung der anderen
Seite, sondern Kooperation und friedlicher Wettbewerb um die Ausprägung der inneren Vorzüge und Potenzen. Sozialer Fortschritt, Lebensqualität, Demokratie und Ökologie wurden nun als wichtige Vergleichs-
kriterien dieses Wettbewerbs angesehen. Der Systemwettstreit stelle
deshalb neue Herausforderungen an die Leistungsfähigkeit des Sozialismus auf dem Gebiet der Wirtschaft, aber immer stärker auch auf dem
Gebiet von Demokratie und Menschenrechten. Der Ausgang dieses
Wettbewerbs sei nicht schon entschieden. Beide Systeme stellen eine
Alternative dar, die von jedem Volk, jeder Partei eine freie Entscheidung
zugunsten des einen oder anderen Systems erfordert. Deshalb sei auch
ein wissenschaftlicher Vergleich notwendig, um die Vorzüge auf beiden
Seiten genauer zu bestimmen, frei von ideologischen Verzerrungen.
Notwendig sei zugleich – hier wurden die Thesen des Ideologiepapiers
aufgegriffen – eine neue Ost-West-Streitkultur. Offene Kritik, so wurde
zitiert, sei zulässig. Pauschale Feindbilder, propagandistische Überhö-
hungen der eigenen Systemleistungen und die Denunzierung des Gegen-
übers seien dagegen keine legitimen Mittel. Der Streit solle auf sachli-

chen Grundlagen und mit umfassenden Informationen geführt werden.[82]
Solche Thesen beinhalteten beachtlichen Sprengstoff, waren sie doch
nur schwer vereinbar mit den Auffassungen vom gesetzmäßig sich ver-
schärfenden ideologischen und politischen Klassenkampf und vom Charakter der Epoche als einem weltweiten und gesetzmäßigen Übergang
der Menschheit vom Kapitalismus zum Sozialismus, von der historischen Überlegenheit des Sozialismus.

– Friedlicher Wettstreit und Dialog beruhten auf der Anerkennung der
Unteilbarkeit und wechselseitigen Bedingtheit aller Menschenrechte.
Als neuer Ausgangspunkt galt die These von den allgemeindemokrati-
schen Werten der Demokratie- und Menschenrechte. Der Kapitalismus
hätte bislang wirtschaftliche und soziale, der Sozialismus politische und
individuelle Rechte unterschätzt. Wechselseitige Kritik sei auch hier mit
der Bereitschaft zu verbinden, voneinander zu lernen. Im Sozialismus
müsste der Vielfalt der Interessen und den Individualrechten größere
Bedeutung beigemessen werden. Gerade im Wettbewerb der Systeme
gehe es zunehmend um die Verwirklichung demokratischer Mechanismen und Prinzipien, die auch in der bürgerlichen Demokratie zu
finden seien und über die in anderen sozialistischen Staaten bereits debattiert werde. Dazu gehörten u.a. die Verfassungs- und Verwaltungs-
gerichtsbarkeit; die Unabhängigkeit der Richter, der Staatsanwaltschaf-
ten und der juristischen Verteidigung und Fragen der Gewaltenteilung.
Ausgehend von diesen politischen und theoretischen Prämissen wurde
schrittweise, verbunden noch mit Inkonsequenzen und Legitimations-
hüllen, eine neue Sicht auf Demokratieprobleme der DDR-Gesellschaft
entwickelt. Als Ziel wurde seit 1988, zuerst im internen Kreis und dann
auch öffentlich, die Ausarbeitung einer neuen Demokratiekonzeption
für die weitere Gesellschaftsentwicklung formuliert.[83] Gerade die in der
SED besonders heiklen Thesen vom gesellschaftlichen Dialog, von
Demokratie und Menschenrechten wurden nun unter anderem mit Bezugnahme auf das gemeinsame Ideologiepapier aufgegriffen und neu
begründet.

Die Erörterung solcher und ähnlicher Reformideen im Sozialismus widersprach grundlegend der gängigen Ideologie und Praxis des Realsozialismus in der DDR, wonach die bürgerliche Demokratie als eine Form der
Diktatur der Monopolbourgeoisie mit der sozialistischen Demokratie der

Werktätigen nicht vereinbar sei und mit ihr daher nicht im Wettbewerb stehen könne, nicht zuletzt weil die kapitalistische der sozialistischen Formation historisch unterlegen sei. Dieses ideologische Grundgerüst der Demokratieauffassung der SED wurde mehr als in Frage gestellt, zumal individuelle Menschenrechte und Gewaltenteilung im Sozialismus in der DDR Tabuthemen waren. Mit der Vergesellschaftung der Produktionsmittel sah der Marxismus-Leninismus die Grundlagen der Übereinstimmung gesellschaftlicher und individueller Interessen bereits als gegeben an. Da war kein Raum für Gewaltenteilung und Parteienkonkurrenz. Diese Thesen stießen bei der SED-Führung auf besonders heftige Ablehnung. Als Honecker aus einem Bericht des *Tagesspiegel* (24.5.1984) erfahren musste, dass diese »ketzerischen« Auffassungen von mir gar öffentlich vorgetragen worden waren, ging der »General unter die Decke«, wie die »Zeit« (28.8.1992) diese Vorkommnisse rückblickend betitelte (siehe dazu die Ausführungen weiter unten).

Im Westen wurden die Versuche des neuen Denkens unter SED-Intellektuellen aufmerksam registriert und kritisch-wohlwollend kommentiert, so u. a. in Aufsätzen von Ammer, Bruns, Kuppe, Huthmacher und Ziegler.[84] Die amerikanische Politologin Ann Phillips, die eigens eine Studie dazu anfertigte, sah darin die ersten Ansätze eines neuen Reformdiskurses unter den mit der SED eng verbundenen Intellektuellen der DDR.[85]

Dieser Reformdiskurs unter DDR-Geistes- bzw. Sozialwissenschaftlern war verglichen mit dem gängigen Denkgebäude des Marxismus-Leninismus ein beträchtlicher Fortschritt. Es waren jedoch nur einzelne Gruppen, die ihn beförderten und zudem wurden wichtige Gesellschaftsbereiche wie das zentrale Herrschaftssystem, die Monopolstellung der Partei, die Eigentumsstrukturen, die Rolle einer demokratischen Opposition weiterhin nicht oder nur partiell einer kritischen Analyse unterzogen. Die normative Voraussetzung der Grundstruktur der DDR-Gesellschaft dominierte 1987/88 auch unter diesen reformorientierten Wissenschaftlern. Erst 1889/90 vollzogen sich hier tiefgreifendere Veränderungen (vgl. auch Kap. 8).

Die ideologischen Reaktionsmuster in der SED – ein Resümee

Zusammenfassend können die ideologischen und theoretischen Reaktionen in der SED auf die Verabschiedung des gemeinsamen Papiers und die damit verbundene »Ideologiedebatte« in vier Kategorien eingeteilt werden.

1. Der Versuch, ausgehend von dem Papier und dem generell sich abzeichnenden neuen Denken, marxistisch-leninistische Grundpositionen entsprechend den veränderten sozialen und politischen Realitäten kritisch zu hinterfragen, zu verändern, teilweise zu verlassen bzw. zu wandeln. Dabei sollte marxistisches Denken nicht preisgegeben, sondern »erneuert« werden. Diese Versuche waren eingebettet in den Mitte der siebziger Jahre beginnenden und in den achtziger Jahren sich entwickelnden Reformdiskurs unter SED-Intellektuellen. Die im Kontext des Papiers sich abzeichnenden Diskurselemente – von der Friedens- und Reformfähigkeit der beiden Systeme bis zu den Fragen der Demokratie und der Menschenrechte als entscheidende Ebene des Systemwettbewerbs – bildeten einen Bestandteil dieser »Erneuerungsdebatte«. Das Papier hat diese Debatte nicht direkt initiiert, aber nachhaltig belebt und erweitert. Auch externe Beobachter verfolgten die Debatte mit großem Interesse. Sie gingen davon aus, dass hier – nicht zuletzt im Zusammenhang mit Glasnost und Perestroika – ideologische Veränderungen im Profil der SED möglich werden könnten. Dennoch blieb das geistige Reformpotential in der SED in der Minderheit. Wirkungen auf Veränderungen in der SED im Prozess des demokratischen Umbruchs von 1989 sind jedoch nachweisbar, wie das unterschiedliche historische und politikwissenschaftliche Untersuchungen von Land/Possekel, Meuschel, Meyer, Phillips, Rochtus, Sabrow und Wilhelmy belegen.[86]

2. Bestrebungen, das gemeinsame Papier der Sprache der bislang dominierenden Parteiideologie anzugleichen.[87]
   Nach der Veröffentlichung der SPD-SED-Erklärung war dies eine weit verbreitete Reaktion in der SED. Es wurde argumentiert: Die bisherigen Lehren vom Klassenkampf, vom Charakter der Epoche und vom Sieg des Sozialismus behalten auch fortan ihre Gültigkeit. Sie treffen jedoch auf neue Gegebenheiten, die es zu berücksichtigen gilt. Der Klassenkampf darf dem Friedenskampf nicht widersprechen. Das sozialistische System ist dem westlich-kapitalistischen historisch überlegen und wird

sich letztlich weltweit durchsetzen, allerdings nur im friedlichen Wettstreit und nicht durch Export der Revolution. Diese Öffnung des eigenen Denkgebäudes für die neue Situation in der Welt, ohne auf die Überzeugung von der eigenen »Überlegenheit« zu verzichten, entsprach dem Geist des gemeinsamen Papiers, kam aber nicht ohne Rückbindungen aus. Ein typisches Beispiel für dieses Reaktionsmuster in der SED war die von der Akademie für Gesellschaftswissenschaften ausgearbeitete und mit der Abteilung IPW des ZK abgestimmte Parteiinformation zur Erläuterung des gemeinsamen Papiers, auf die ich bereits oben verwiesen habe. Generell entsprachen viele Thesen und Artikel der Gesellschaftswissenschaftler aus jener Zeit diesem hier charakterisierten Angleichungsmuster.

3. Begriffsklitterungen, um alte Begriffe und Denkstrukturen zu retten, die durch die gemeinsamen Formulierungen und Positionsbeschreibungen des Papiers schon überwunden wurden.

Besonders deutlich wurde dies bei den von mir geschilderten Auseinandersetzungen in der SED um die Formulierungen zur Friedensfähigkeit des Imperialismus und zur Reformfähigkeit beider Systeme.

4. Rücknahme einzelner zentraler Leitsätze des gemeinsamen Papiers, als die aufgebrochene Diskussion das Wahrheitsmonopol der SED-Führung gefährdete und diese ideologisch und damit politisch verunsicherte.

»Begriffsklitterungen« und »Rücknahme« zentraler Fixpunkte des gemeinsamen Papiers wurden seit Ende 1987, Anfang 1988 zu den dominierenden ideologischen Reaktionsmustern in der SED. Besonders aktiv daran beteiligten sich die ZK-Sekretäre Kurt Hager, Joachim Herrmann und Horst Dohlus, die ideologierelevanten ZK-Abteilungen für Agitation und Propaganda, das Neue Deutschland, die Parteihochschule Karl Marx und nicht zuletzt viele Bezirks- und Kreissekretäre der SED. Die Akademie für Gesellschaftswissenschaften, maßgeblich am Dialogprojekt mit der SPD beteiligt und dieses zunächst weitertreibend, verließ ab 1988/89 Schritt um Schritt ihre ursprünglichen Positionen zur Beförderung des neuen Denkens, wobei gleichzeitig die inneren Differenzierungen zunahmen (vgl. dazu auch die Ausführungen weiter unten und im Kap. 8).

Im zeitlichen und inhaltlichen Verlauf verschoben sich die Reaktionsmuster in der SED mehr und mehr von 1 nach 4. Schon drei Monate nach

Hagers erster Korrektur stellte das Politbüro im Dezember 1987 in seinem Bericht an die 5. Tagung des ZK der SED fest, das Dokument stelle »hohe Anforderungen an die ideologische Arbeit«[88], eine Formulierung, die als Mahnung zu »ideologischer Wachsamkeit« und als Absage an eine offene Problemdiskussion zu verstehen ist. Im Januar 1988 warnte Hager die Lehrkräfte im marxistisch-leninistischen Grundlagenstudium ganz offen, in Fehlerdiskussionen zu verfallen, stattdessen komme es darauf an, sich an die »bewährten Prinzipien« der marxistisch-leninistischen Wissenschaft zu halten. Man müsse »zu den gesellschaftlichen und geistigen Problemen einen klaren, klassenmäßigen Standpunkt beziehen«.[89] Auch die ZK-Tagungen im Juni und Dezember 1988 orientierten auf Intensivierung der »klassenmäßigen und patriotischen Erziehung« und forderten mehr ideologische Wachsamkeit. Die Eskalationsspirale nach hinten war in Bewegung gesetzt. Es blieb nicht bei verbalen Aufrufen und Verwarnungen. Die innerparteilichen Repressionsorgane entfalteten eine »hektische Betriebsamkeit bei der Abstrafung vermeintlich ideologisch Abtrünniger«.[90] Vor allem Intellektuelle in der Partei, die in den Augen der SED-Oberen nicht mehr wie gewohnt als verlässliche Träger der dogmatischen Ideologie erschienen, wurden, wie die Leipziger Sozialwissenschaftlerin Monika Gibas festhält, diszipliniert. Die Parteikontrollkommissionen bildeten Arbeitsgruppen und schickten ihre Beobachter in gesellschaftswissenschaftliche Vorlesungen, Weiterbildungsveranstaltungen und selbst in die Zirkel des Parteilehrjahrs, um die »ideologische Einheit und Reinheit« der dort lehrenden und agierenden Genossen zu überwachen. Wo es notwendig erschien, wurden Parteiordnungsverfahren verhängt und die »kritischen Geister« mit Verwarnungen, Rüge oder auch Ausschluss belegt.[91]

Die gesellschaftspolitische Dimension: Dialog, Öffentlichkeit oder Machtmonopol der Partei

Die Diskussion in der SED kreiste zunächst um die *ideologischen Formeln*, um die neuen Begriffe und Ideen im Streitpapier von SPD und SED. Dies stand im Mittelpunkt des Interesses, hier gab es die meisten Fragen und Dispute. Doch nach und nach rückten die direkten innenpolitischen Aspekte verstärkt in den Blick. Damit gewann das Papier einen stärkeren *praktischen, gesellschaftspolitischen* Bezug. Über die ideologische Debatte in der

SED hinaus ging es jetzt um Fragen des *gesellschaftlichen Wandels* in der DDR. Bot das Papier eine Chance für die allmähliche Öffnung der Strukturen in der DDR, für einen Weg zur Reform? Die Meinungen darüber gingen auseinander. Die dogmatischen Kräfte wollten das Papier als Friedens-, nicht aber als gesellschaftspolitisches Dokument verstanden wissen. Auch viele SED-Mitglieder erkannten nicht die Tragweite der innenpolitischen Dimension des Dialogpapiers. Die reformorientierten und gesellschaftskritischen Kräfte betonten die Ansatz- und Orientierungspunkte für Reformen und einen gesellschaftlichen Wandel in der DDR. Der 1985 aus der DDR ausgewiesene Philosoph Guntolf Herzberg listete am 30. Oktober 1987 – kurz nach Veröffentlichung des Papiers – Konsequenzen auf, die sich aus seiner Sicht daraus für die DDR ergaben: »1. Der größte Teil der ideologischen Literatur der letzten Jahrzehnte wäre damit Makulatur. Wie verkraften das die Ideologen? 2. Die Medien müssten auf einer neuen theoretischen Grundlage arbeiten – sie lebten bisher von der Schwarz-Weiß-Darstellung. 3. Die Abgrenzungspolitik gerät in etlichen Punkten in Gefahr, je objektiver die Informationen über die Bundesrepublik werden sollen. 4. Unabsehbar sind zur Zeit die Folgen, wenn es gelingt, die Kritik der SPD an Defiziten in der DDR der Bevölkerung zugänglich zu machen. 5. Innenpolitisch wird es immer schwieriger, Fehlleistungen und Defizite in der DDR zu erklären, wenn das bisherige Instrumentarium (Desinformation, Abschottung, apriorische Überlegenheit, Verweigerung bestimmter Grundrechte) transparent gemacht und dadurch stumpf werden sollte. 6. Für die Wehrpolitik entsteht eine völlig neue Situation: Armee und Kampfgruppen leben von einem massiven Feindbild, das nun abgebaut werden soll. 7. Oppositionelle Kräfte in der SED würden es leichter haben, kritische Positionen zu entwickeln und tabuisierte Problemfelder anzusprechen, wenn sie sich auf dieses Papier beziehen. 8. Der heimliche Verdacht vieler Intellektueller in der DDR, dass sich ideologische Orthodoxie und realpolitische Vernunft immer weiter auseinanderentwickeln, bestätigt sich auch mit diesem Papier (...) 9. Für die Altgläubigen in der SED bedeutet dies eine Niederlage. Das wird die Partei weiter – und vielleicht auch nach außen sichtbar – differenzieren. 10. Die blockübergreifende unabhängige Friedensbewegung in der DDR könnte neue Anhänger gewinnen.«[92]

Natürlich ging die Mehrheit der reformorientierten Kräfte in der SED 1987 in ihren Formulierungen zu den sich aus dem gemeinsamen Papier mit der SPD ergebenden Konsequenzen nicht so weit. Aber auch sie sahen deutlich die Chance, damit eine Reformierung der DDR einleiten zu können. Und diese Rolle *konnte* das Papier auch spielen. Sowohl aufgrund der in ihm enthaltenen Forderungen als auch aufgrund seiner breiten gesellschaftlichen Befürwortung. Erstmals bezogen sich SED-Reformer, kritische DDR-Intellektuelle, Kirchenvertreter und Bürgerrechtler gemeinsam auf einen Text. Wie aber würden sich die Kräfteverhältnisse in der SED-Staatspartei selbst gestalten? Konnten reformorientierte Kräfte in dieser Partei überhaupt an Einfluss gewinnen und die »bewährte Politik der Partei- und Staatsführung« beeinflussen, gar verändern? Oder waren Veränderungen nur noch über den offenen Ausbruch von Konflikten in der Gesellschaft möglich?

Aufbruch zum innergesellschaftlichen Dialog

»Gesellschaftlicher Dialog« hieß das neue Schlüsselwort. In der SED-Debatte wurde dies verstanden als Forderung nach einer anderen »Problemwahrnehmung durch die Führung«, nach mehr »Transparenz bezüglich der getroffenen Entscheidungen im Politbüro«, einer »sachlicheren und offeneren Informations- und Medienpolitik« und vor allem nach einem »vertrauensvollen und offenen Gespräch der Partei mit den Bürgern«. Das SPD-SED-Papier wurde hierfür in aufgeschlossenen Kreisen der SED geradezu als Befreiungsschlag erlebt. Wenn nicht jetzt das »kleine« und »große« Gespräch, wann dann? Die Ansprüche waren natürlich bescheiden gesetzt, aber es war viel mehr, als bisher zur Diskussion stand.

Der Anfang schien gemacht. Das gesellschaftliche Gespräch hatte im August/September 1987 zunächst fast unvermittelt begonnen. Es führte Genossen und »Nichtgenossen« zusammen, in Hörsälen, Versammlungsräumen, auf der Straße. Die Nachfrage nach dem Text des gemeinsamen Papiers war ungebrochen. Die Akademie für Gesellschaftswissenschaften wandte sich an Kurt Hager mit dem Vorschlag, das SPD-SED-Papier – einschließlich einiger Kommentare aus Ost und West – als Broschüre im Dietz-Verlag drucken zu lassen. Trotz mehrfacher Nachfrage hielten es Hager und das Politbüro bereits im Frühherbst 1987 nicht mehr für ratsam, das »historische Dokument« als Broschüre aufzulegen. Noch ließ sich die Akademie für Gesellschaftswissenschaften davon nicht beirren.

Innerhalb der Akademie entwickelten einige reformorientierte Wissenschaftler – zunächst in lockeren Gesprächen – Gedanken zur Öffnung und Entwicklung eines gesellschaftlichen Dialogs, sowohl zwischen Ost und

West als auch innerhalb der DDR, um den Kreis der Diskutanten über das SPD-SED-Papier zu erweitern. Ich entwickelte daraufhin einen 8 Punkte umfassenden Katalog, den ich Otto Reinhold als Vorschlag unterbreitete. Da er zeigt, welche Überlegungen und konkreten Vorschläge für einen breiten gesellschaftlichen Dialog es damals gab, soll er hier in vollem Wortlaut dokumentiert werden:

1. »Veröffentlichung des Dokuments, zusammen mit Kommentaren, in Broschürenform.
   Textkommentare sollen zu folgenden Problemen verfasst werden:
   - Historische Bedeutung des Dokuments.
   - Wurden Positionen aufgegeben?
   - Wie sind Formulierungen über Friedensfähigkeit und Reformfähigkeit beider Systeme zu erklären?
   - Was bedeutet friedlicher Wettstreit der Systeme?
   - Epochencharakter und Anerkennung der Existenzberechtigung beider Systeme.
   - Was heißt und was verlangt eine ›neue Kultur des politischen Streits‹?
   - Feindbild und Wehrmotivation.
   Verantwortlich: Dietz-Verlag, Akademie für Gesellschaftswissenschaften.

2. Durchgängige Berücksichtigung der im Dokument berührten theoretischen Fragen an Parteischulen und im Parteilehrjahr, im marxistisch-leninistischen Grundlagenstudium und in der Volksbildung, und zwar in enger Verbindung mit dem Studium der Beschlüsse der Partei.
   Verantwortlich: Abteilung Propaganda, Wissenschaften, Volksbildung.

3. Information und Erläuterung zum Dokument gegenüber Bruderparteien und anderen befreundeten Parteien (in Abstimmung mit den Abteilungen Internationale Verbindungen und Auslandsinformation).
   Herausgabe der geplanten Broschüre in den wichtigsten Fremdsprachen und deren gezielte Verbreitung, Organisierung von Gesprächen mit Vertretern der Bruderparteien, Lektorenaustausch zur Erläuterung und Diskussion des Papiers, Rundtischgespräche in der Zeitschrift *Probleme des Friedens und des Sozialismus.*

4. Organisierung von Foren, Vorträgen und Gesprächen mit verschiedenen gesellschaftlichen Kräften in der DDR zum Thema des Dokuments.
   Durchführung von interdisziplinären thematischen Rundtischgesprächen

in wissenschaftlichen und kulturpolitischen Zeitschriften (Jugendliche, Künstlerverbände, Studenten, Kirchen).

5. Realisierung einer Artikelserie zu Diskussionsfragen zum Dokument im *Neuen Deutschland* (siehe Anlage). Gezielte Artikel sollten in der *Einheit* und in weiteren Presseorganen unseres Landes erscheinen.

6. Behandlung der Probleme des Dokuments in geplanten Büchern und Broschüren sowie Ausarbeitung spezieller Bücher und Broschüren.

a) Staatsmonopolistischer Kapitalismus heute.

b) Sozialismus und neues Denken.

c) Friedliche Koexistenz und Rolle der Arbeiterklasse.

d) Sozialismus und friedlicher Wettstreit der Gesellschaftssysteme.

7. Teilnahme an SPD- und öffentlichen Veranstaltungen in der Bundesrepublik.

8. Gemeinsame Maßnahmen mit der SPD:

a) Internationale Tagung, zu der beide Seiten Parteien aus Ost und West einladen.

b) Es wird geprüft, von beiden Seiten in Zusammenarbeit mit den zuständigen Gewerkschaften beider Staaten einen Schulbuchvergleich vorzunehmen. Zunächst soll hierzu eine kleine Gruppe aus Vertretern beider Seiten Vorschläge über Themen, Zweck und Methoden des Vergleichs erarbeiten.

c) Geprüft werden soll die Idee eines Vergleichs von Presseerzeugnissen beider Staaten. Unsererseits wurde zugesagt, entsprechende Konsultationen mit dem Journalistenverband der DDR aufzunehmen.«[93]

Auch die in der Anlage enthaltenen Vorschläge für eine Artikelreihe im *Neuen Deutschland* verweisen darauf, welche Diskussionen in der SED und in der DDR mit dem Papier initiiert werden sollten. Als Themenvorschläge wurden folgende Fragen formuliert: »Kann bürgerliche Ideologie Friedensideologie sein?«, »Systemöffnender Dialog – was ist sein Ziel?«, »Ist Systemwettstreit Systemwandel?«, »Warum kann der Imperialismus (können die imperialistischen Staaten) friedensfähig sein?«, »Sind Kapitalismus und Sozialismus gleichermaßen reformbedürftig und reformfähig?«, »Hat sich der Charakter der SPD gewandelt?«, »Dialog auch über Werte und Menschenrechte?«, »Ist die Geschichte offen?«.

Meine Vorschläge fanden nur abgeschwächt den Weg ins ZK, das Anliegen der Entwicklung eines Dialogs in der DDR wurde aber beibehalten.

Trotz Drängens aus der Akademie und mehrfacher Nachfragen blieben die Vorschläge unbeantwortet. Oder sie wurden – mit wenigen Ausnahmen – nicht akzeptiert bzw. brüsk zurückgewiesen. Das Papier durfte als Broschüre nicht gedruckt werden. Hager sah dafür im Spätherbst 1987 »keinen Bedarf« mehr. Artikel im *Neuen Deutschland* waren genehm, wenn sie die Krise des Kapitalismus und die Überlegenheit des Sozialismus propagierten, so wie es Hager in seiner Rede zum SPD-SED-Papier schon im Oktober 1987 gefordert hatte. Die »heiklen« Fragen des Papiers aber sollten nicht noch mehr in den Mittelpunkt gerückt werden, als sie es durch die Debatte in den SED-Gliederungen ohnehin schon waren. Gespräche zum Papier sollten zunächst weitergeführt werden, aber möglichst nicht auf öffentlichen Foren. Über die Teilnahme an kirchlichen Veranstaltungen, auf denen das SPD-SED-Papier diskutiert werden sollte, wollte allein das SED-Politbüro entscheiden. Diskussionen mit den Bürgerrechtsgruppen waren strikt untersagt. Ihre Aufwertung als gesellschaftliche Kraft sollte mit allen Mitteln verhindert werden. Die Fortsetzung des Dialogs nach außen war hingegen erwünscht. Auch eine internationale Tagung mit Parteien aus Ost und West fand deshalb Zustimmung.

Am meisten provozierte die Idee des Schulbuchvergleichs. Die Volksbildungsministerin Margot Honecker verbat sich eine solche »Einmischung«. Als die zuerst von Thomas Meyer in der Fernsehdiskussion am 1.9.1987 geäußerte Schulbuch-Idee von mir öffentlich bekräftigt und von Westmedien aufgegriffen wurde, intervenierte sie drastisch. Auch als wir von der ursprünglichen Idee, in dem geplanten Vergleich der Frage des Feindbildes in den Schulbüchern von DDR und BRD nachzugehen, abgerückt waren, konnte kein Stimmungswandel in der SED-Führung erzielt werden. Otto Reinhold formulierte im Schreiben an Frank-Joachim Herrmann, ZK-Mitglied und persönlicher Referent von Generalsekretär Honecker, das Anliegen nun so: »Einen solchen allgemeinen Vorschlag, etwa nach dem Muster der Schulbuchkommission von Polen und der BRD sollten wir ablehnen (was natürlich bereits geschehen war, R.R.). Wir könnten aber einen Gegenvorschlag machen; eine Diskussion darüber zu führen, wie der Faschismus in Schulbüchern dargestellt wird.«[94] Doch selbst dieser Vorschlag wurde von Margot Honecker und dem auch für die Volksbildung zuständigen Kurt Hager abgeschmettert. Gegenüber den sozialdemokratischen Partnern war es nicht einfach, diese Blockadehaltungen zu erklären und dennoch die Fortsetzung des Dialogs voranzubringen. Noch aber war ihr Interesse am Dialog – trotz dieser inneren »Komplikationen« auf DDR-Seite – ungebrochen. Ihre Überlegungen und ihr Handeln gingen von der, auch aus unserer Sicht stimmigen, Prämisse aus, dass die anstehenden Wandlungen in der DDR allein oder doch vordergründig über die SED laufen müssten.

Die bei den SED-Hardlinern auftretenden Widerstände gegen die Forderungen nach gesellschaftlichem Dialog und demokratischen Reformen waren von den am Dialog beteiligten Akteuren erwartet worden. Wir setzten jedoch darauf, dass der innere und äußere Wandlungsdruck die SED zu Reformen nötigen und die Reformkräfte durch das Dialogpapier gestärkt würden. Gewissheit, ob das Erhoffte auch eintreten würde, hatte niemand. Nur – wo sollte 1987 die Alternative liegen? Der Versuch musste also unternommen werden, gerade nach dem Aufbruch vom August/September 1987.

Erstrittene Öffentlichkeit

Die Frage, die sich im Herbst 1987 noch einmal mit neuer Brisanz stellte, lautete: Kommt es zum gesellschaftlichen Dialog, zur Herausbildung einer Öffentlichkeit in der DDR, die eine reformorientierte Veränderung in der SED bewirken kann? Die poststalinistische Verfasstheit der SED ließ diesbezüglich keine Illusionen zu. Doch noch schien nicht alles entschieden. Und schon »kleine Signale« in Richtung Veränderung wurden damals als ernsthafte Bemühungen wahrgenommen, die verkrusteten institutionellen Strukturen schrittweise zu reformieren und vor allem die alten Denkstrukturen in der SED in Frage zu stellen und zu überwinden. Was außerhalb der SED als ganz selbstverständlich angesehen wurde, dass das SPD-SED-Papier vor allem *innenpolitische* Relevanz besitzt, war innerhalb der SED nur mühsam gegen die Führungsgruppe durchzusetzen. Und da jeder um die große Bedeutung des SPD-SED-Dialogs, des Ost-West-Dialogs überhaupt und die Neugestaltung der internationalen Beziehungen wusste, gab es immer wieder Unsicherheiten und ein teils vordergründiges, taktisches, teils aber auch tatsächliches Sicheinlassen auf die offiziellen Argumentationsmuster der SED. Wie sehr die verschiedenen politischen Kräfte und Gruppen in der SED auch diesbezüglich schwankten, die Notwendigkeit des »offenen Gesprächs« wurde nun immer stärker erhoben. Wie der Maßnahmekatalog aus der Akademie für Gesellschaftswissenschaften bereits zeigte, gab es ernsthafte Bemühungen, das Dialogprojekt auch als Projekt des gesellschaftlichen Dialogs in der DDR zu verstehen und zu entwickeln.

Und zunächst schien es tatsächlich auch so zu sein, als ob das SPD-SED-Papier ein Stück mehr Öffentlichkeit in der DDR bewirkt hätte. In den Monaten nach seiner Veröffentlichung kam es schließlich nicht nur in der Staatspartei zu einer der aufregendsten Diskussionen, sondern es gab zugleich die verschiedensten Initiativen von unten, um öffentliche Debatten über Sinn, Anliegen und Konsequenzen des von SPD und SED erarbeiteten Papiers zu führen. Es waren zumeist einzelne Personen, oft SED-Mitglieder, die solche Veranstaltungen organisierten. Sie firmierten unter dem Dach des Kulturbundes, der Urania, des Gewerkschaftsbundes, von Künstlerverbänden, der Nationalen Front oder auch wissenschaftlicher Institutionen wie der Akademie der Wissenschaften bzw. der Universitäten sowie Hoch- und Fachschulen der DDR. Diese Veranstaltungen wurden meist zu lebhaften Foren, auf denen kontroverse Interpretationen des Papiers und die damit verbundenen unterschiedlichen Erwartungen aufeinander stießen. Davon zeugen u. a. öffentliche Veranstaltungen in Berlin, Potsdam, Jena, Leipzig, Frankfurt/Oder, Karl-Marx-Stadt und Altenburg. Der in der DDR schmale Raum für Öffentlichkeit wurde offensiv genutzt. Unter den Beteiligten waren neben den SED-Mitgliedern Parteilose, Angehörige der evangelischen Gemeinden und Bürgerrechtler. Es waren sowohl die DDR allseits bejahende, wie sie kritisch hinterfragende und prinzipiell ablehnende Bürger aus verschiedenen sozialen Gruppierungen, die sich hier trafen.

Eines dieser Diskussionsforen, das hier für viele steht, fand am 10. März 1988 in Berlin unter dem Dach des Kulturbundes statt. Eingeladen hatte der bekannte Historiker Prof. Dr. Fritz Klein von der Akademie der Wissenschaften. Als Mitautor des Dialogpapiers gab ich eine kurze Einführung. Gekommen waren ältere Genossen und junge Studenten, Wissenschaftler, Lehrer, Angestellte, Kirchenmitglieder und Bürgerrechtler (u.a. von der Gruppe »Initiative für Frieden und Menschenrechte«) sowie ganz offensichtlich auch Mitarbeiter der Sicherheitsorgane. Die meisten stellten sich in der Diskussion kurz vor, sprachen zumeist offen und bekundeten ihre spezifischen Vorstellungen, die sie mit dem Ideologiepapier verbanden. Dies geschah zu einer Zeit, als die Führung der SED immer stärker zu den Inhalten des Papiers auf Distanz gegangen und ihr Vorgehen gegen Bürgerrechtler im Herbst 1987 (Umweltbibliothek) sowie während und nach der Luxemburg-Liebknecht-Demonstration im Januar 1988 zu einer schweren Belastung der Dialogpolitik der SED geworden waren. Mitglieder und Sympathisanten der SED, soweit sie als solche zu erkennen waren, verteidigten das Papier vor allem unter außenpolitischen Aspekten. Sie sahen in ihm ein Ergebnis der internationalen Dialogpolitik der SED und betonten die gemeinsame Sicherheit als einzigen Weg zu einer stabilen Friedensordnung in der Mitte Europas. Sie erörterten die Fragen der Friedensfähigkeit des »Imperialismus«, forderten jedoch auch eine Verbesserung der Informationspolitik der SED und mehr lebendige demokratische Mitsprache der Bürger vor Ort. Einzig Macht- und Eigentumsfragen dürften nicht zur Disposition stehen. Man wolle mehr Glasnost und, ähnlich wie in Moskau, eine »ideologische Offensive« für die sozialistischen Ideale. Doch fühle man sich von der Presse, den Medien dabei allein gelassen. Für die DDR-kritischen Teilnehmer, darunter die Bürgerrechtler, war das SPD-SED-Papier vor allem ein innenpolitisches Dokument mit dem die DDR vor ganz neuen Herausforderungen stehe. Wie sich die SED, die DDR diesen Herausforderungen stellen werde, daran könne die Ernsthaftigkeit und Glaubwürdigkeit der Unterschrift der SED unter dem gemeinsamen Papier mit der SPD gemessen werden. Die Frage sei, wie sie künftig mit Andersdenkenden in der DDR umgehe, die ja auch einen Sozialismus, wenngleich einen grundlegend verbesserten und reformierten, wollten? Was für eine Strategie der Konfliktbewältigung in der Gesellschaft werde die Partei einschlagen? Die Praxis der letzten Monate sei diesbezüglich enttäuschend. So werde das Papier entwertet. Die Gegner säßen zumeist nicht in der SPD oder im Westen, sondern in der DDR, in der SED. Und wer, so wurde gefragt, sei eigentlich die Jury für den angekündigten Systemwettstreit – die Funktionäre oder die Menschen selbst? Könne man nun die sozialdemokratischen Positionen auch direkt kennen lernen, wo sei die Hamburger *Zeit* denn zu lesen? Das Bild der Sozialdemokratie in der DDR, besonders in den Schulbüchern, sei zu revidieren. Das betreffe die Vereinigung von KPD und SPD ebenso wie das Verhältnis der Kommunistischen Internationale zur Sozialdemokratie. Nutze die SED das Papier am Ende nur für den Ausbau ihres internationalen Renommees, um ihre in die Sackgasse geratene Ideologie im Inneren zu verbergen?

Die Interpretationen des Papiers und die damit verbundenen Erwartungen waren mithin sehr unterschiedlich, die Meinungen prallten aufeinander. Das konnte nicht anders sein. Aber die Mehrzahl der Anwesenden – von den SED-Genossen über die DDR-Intellektuellen bis hin zu den kritischen Bürgerrechtlern – suchte den gemeinsamen gesellschaftlichen Dialog. Auch wenn noch selten Brücken gebaut wurden, es ging beiden Seiten um den Wandel der DDR, nicht um deren Abschaffung. Die vorgetragenen gesellschaftskritischen Positionen reflektierten speziell diejenigen Konflikte und Problemlagen, die von der SED nicht öffentlich thematisiert wurden. Für die eingeladenen Referenten war es deshalb nie leicht, in solchen öffentlichen, gesellschaftskritischen Diskussionen gut zu »bestehen«. Auch wenn sie die genannten Probleme oft nicht anders sahen, haben sie diese mit (falscher) Rücksicht auf »die« Partei in der öffentlichen Debatte eher relativiert oder verharmlost. Dennoch – immer wieder nutzten marxistische Gesellschaftswissenschaftler und Mitglieder der SED die Chance des Papiers, um in der Öffentlichkeit entsprechende Debatten zu organisieren. So auch während eines ökumenischen Symposiums im Februar 1988 an der Humboldt-Universität, wo vor allem die anschließenden kleineren Gruppengespräche recht offen und aufgeschlossen waren und so gar nicht dem sonstigen Bild der DDR-Öffentlichkeit entsprachen.[95] Neue Impulse verlieh das Papier auch dem, freilich sehr bescheidenen, Dialog zwischen Christen und Marxisten in der DDR (vgl. dazu Kap. 4).

Auch an der Basis der SED gab es nicht wenige Genossen, die sich auf das Papier bezogen, um mit ihm öffentliche Diskussionen über die Entwicklung in der DDR zu organisieren. In einem Brief an das *Neue Deutschland* berichtet Fred Löwenberg, damals Propagandist der SED und Urania-Referent: »Für mich, einen ehemaligen Sozialdemokraten, der SED-Mitglied wurde, war das Papier eine Genugtuung, weil es Hoffnung auf politische Vernunft erlaubte. Als Agitator und Propagandist der Partei, als Urania-Referent und Gesprächspartner von Lehrern und Schülern habe ich – überzeugt von der Richtigkeit und Notwendigkeit dieses Dokuments – versucht, dessen Inhalt zu vermitteln (…) Die Zustimmung zu diesem Papier muss in der Parteiführung nicht sehr ausgeprägt gewesen sein. Ich hatte jedenfalls den Eindruck, dass so manchem der Verantwortlichen die Sympathie, die es bei jungen Menschen, aber auch nicht zuletzt bei SED-Mitgliedern ausgelöst hat, nicht willkommen war. Da es nicht meine Art ist«, schreibt er weiter, »jemand zu denunzieren, möchte ich nicht die Namen führender SED-Genossen nennen, die mich ernsthaft ermahnt haben: ›Nimm das doch nicht zu ernst! Wir wissen ja gar nicht, ob die SPD es ehrlich meint.«[96] Ein anderer ehemaliger Agitator der SED aus dem sächsischen Raum schreibt über seine Erfahrungen: »Als damaliger Bildungsstättenleiter des FDGB in Borna hatte ich im Oktober 1987 die Gelegenheit, einen Vortrag über das SPD-SED-Dokument vor 70 BGL-Vorsitzenden zu halten. Das Papier war für mich erlösend, endlich Meinungsstreit und nicht nur Monologe. Am Ende des Vortrags zeigte der Beifall, dass das Thema angekommen war. Zufall war das nicht. Die Gewerkschaftsfunktionäre an der Basis wurden, besonders Ende der 80er Jahre, hart mit den damaligen DDR-Realitäten konfrontiert. Zudem gab es sowohl bei SED-Mitgliedern als auch bei vielen parteilosen FDGB-Mitgliedern Sympathie für Glasnost und Hoffnung auf Reformen. Die Treffen mit Spitzenleuten der SPD und der Besuch Honeckers in Bonn beeinflussten günstig die politische Atmosphäre, was sich auch bei den Gewerkschaftsspitzen in Ost und West widerspiegelte.«[97]

Dialog mit DDR-Dissidenten

Ein für die SED nahezu spektakulärer Akt des deutsch-deutschen *und* innergesellschaftlichen Dialogs war das Podiumsgespräch am 14. Oktober 1987 in Freudenberg/Siegen. Dazu hatte – kurz nach Veröffentlichung des SPD-SED-Papiers – die Gustav-Heinemann-Akademie der Friedrich-Ebert-Stiftung Freudenberg, der Thomas Meyer vorstand, eingeladen. An der Diskussion nahmen Karl-Franz Lamers (MdB) von der CDU/CSU-Bundestagsfraktion, Jürgen Schnappertz als Vertreter der Fraktion der Grünen im Bundestag, der in der DDR inhaftiert gewesene und 1977 in die Bundesrepublik ausgewiesene Psychologe und Schriftsteller Jürgen Fuchs sowie die beiden Autoren des Papiers von Seiten der SPD und der SED, Thomas Meyer und ich, teil. Das mehrstündige Gespräch vor rund 200 Teilnehmern wurde u. a. vom Deutschlandfunk, vom Westdeutschen Rundfunk und vom ARD-Fernsehen aufgenommen. Die zahlreich anwesenden Korrespondenten regionaler und überregionaler Tageszeitungen kommentierten in den folgenden Tagen dieses Treffen ausgiebig. Hätte die SED-Führung die Zusammensetzung des Podiums im Vorhinein gekannt, wäre meine Teilnahme zweifellos nicht gestattet worden, denn Jürgen Fuchs galt inzwischen als »Staatsfeind Nr. 2«. Dass dann auch noch Roland Jahn, der in Jena verhaftete und gewaltsam ausgebürgerte Bürgerrechtler, an dem Gespräch aktiv beteiligt war, konnte die Lage nur noch verschärfen. Gegen Fuchs und Jahn lief in den DDR-Medien gerade eine Kampagne, die zeigen sollte, dass sie von West-Berlin aus und mit Unterstützung des Bundesnachrichtendienstes (BND) die DDR-Opposition steuerten. Vielleicht hätte ein »behutsameres« Vorgehen, z. B. eine vorgelagerte Diskussionsrunde mit Vertretern der Kirchen und der unabhängigen Gruppen in der DDR, die Chancen einer schrittweisen Öffnung zu einer Kommunikation aller mit allen erhöht, so meine damalige Überlegung. Doch nun ging es gleich ums »Ganze«. In der Diskussion waren dann die bekannten Formeln des Papiers Gegenstand heftiger Debatten. Kernfragen waren auch hier: Halten die Sozialisten den Kapitalismus wirklich für friedensfähig? Ist die DDR reformfähig? Was heißt friedlicher Systemwettstreit und was Anerkennung der Existenzbedingungen der anderen Seite? Thomas Meyer und ich betonten übereinstimmend die außenwie die innenpolitischen Seiten des Papiers. Einseitigen Interpretationen sei zu widersprechen. Am Ende, so meinte die Westfälische Rundschau, habe es sogar zwischen dem DDR-Vertreter und dem Christdemokraten Lamers einen kleinsten gemeinsamen Nenner gegeben: »Erkennen Sie die Friedens-, Entwicklungs- und Reformfähigkeit sowie die Existenzberechtigung der DDR an?«, fragte ich den CDU-Bundestagsabgeordneten. »Vorausgesetzt, dass Sie dasselbe für unsere Seite akzeptieren – ja«, antwortete Lamers.[98]

Im Verlauf der Diskussion hatten sich die Fragen jedoch immer nachhaltiger und bohrender auf die Entwicklung in der DDR konzentriert. Wann beginnen Sie in der DDR mit dem Dialog, fragte Jürgen Fuchs. Wann lassen Sie Biermann in Leipzig singen? Wie geht die SED mit der Zeit um, in der Sozialdemokraten von den Kommunisten der DDR verfolgt wurden? Wann kann in der DDR das Papier so wie hier öffentlich diskutiert werden? Werden wir, so Jahn und Fuchs, dann dazu eingeladen? Wird es eigene Gesprächsrunden mit der unabhängigen Friedensbewegung geben? Wird der etatistische Dialog zwischen SPD und SED um die gesellschaftliche Komponente, d. h. die Einbeziehung der Bürger, erweitert (Jürgen Schnappertz)? Werden mit der aufkeimenden neuen Öffentlichkeit in der DDR nun auch die politischen Strafgesetze geändert (Roland Jahn)? Der DDR-Wissenschaftler Rolf Reißig »sah sich einem insistierenden Dauerfeuer von links und rechts ausgesetzt«, schrieb anschließend die Westfälische Rundschau.[99] »Ich nehme es niemandem übel«, hatte ich geantwortet, »wenn er die DDR kritisiert. Ich könnte auch viel vortragen, was ich am Kapitalismus auszusetzen habe (…) Lassen Sie uns aber jetzt erst einmal die Fähigkeit zum Dialog erwerben und einander zuhören.« Dies sei »der neue Zeitgeist« in dem Dokument von SPD und SED, denn es wende sich ab »von alten Feindbildern und wolle ein neues ideologisches Vertrauensverhältnis begründen.«[100] Letztlich kreise alles um die Frage, ob das SPD-SED-Papier »nur« ein neues friedenspolitisches Dokument oder auch ein innenpolitisches sei. Die Anwesenden verlangten darauf eine eindeutige Antwort, Lavieren sei nicht gestattet.

Die offizielle SED-Position war sicher vielen, aber vor allem mir, klar: Das Papier ist eines zwischen zwei Parteien unterschiedlicher Gesellschaftssysteme, die ihre Politik selbständig und ohne jegliche Einmischung von außen bestimmen und entwickeln. Das Papier dient der Vertiefung der Entspannung und der Zusammenarbeit zwischen Ost und West. Eine innenpolitische Konsequenz ergibt sich daraus nicht. Die Antwort auf die insistierenden Fragen fiel angesichts dieser Vorgaben nicht leicht, aber sie war am Ende m. E. auch nicht von jener Zweideutigkeit, wie sie SED-Wissenschaftler in solchen Situationen oft anwandten oder anwenden mussten: »Alles was in diesem Dokument steht, wird von uns nicht nur unterschrieben, sondern ist Anleitung zur Verwirklichung.« Das heißt u.a.: »Wie steht es mit der lebendigen Demokratie und den Menschenrechten? Wie steht es mit Ökologie? Daran muss gemessen werden, da muss man sich stellen. Da muss man Rechenschaft geben, da muss man diskutieren. Und da gibt's viele Fragen in der DDR, und jede muss gelöst werden. Die DDR kann sie gar nicht anders stellen als in einer breiten Entwicklung der Demokratie. Als in einer allseitigen Verwirklichung der sozialen, der politischen, der individuellen Menschenrechte.« Und zum gesellschaftlichen Dialog: »Wir müssen uns alle bemühen, weiter dialogfähig zu werden (…) In diesem Sinne, ich will überhaupt nicht ausweichen, das ist meine Antwort auf das, was Herr Fuchs und Herr Jahn gesagt haben, muss man über weitere Schritte nachdenken (…) Dieser Dialog muss verbreitert, vertieft werden (…) Daran bitte messen Sie, und wir werden den Dialog erweitern, auf allen Ebenen, er muss nicht nur zwischen den Funktionären stattfinden, er muss viel breiter sein (…) keiner darf ausgeschlossen werden. Es geht um den Dialog zwischen den Staaten, den Systemen, den Gruppen und den Menschen. Innenpolitisch heißt das für uns: Entfaltung der sozialistischen Demokratie. Man muss darüber diskutieren. Meinungsvielfalt, Individualität, Einbeziehung all jener, die auch von pazifistischen, von christlichen, also von eindeutig nichtkommunistischen Positionen den Friedenskampf führen, die Friedensbewegung entwickeln, sich einsetzen für eine neue Art von Beziehung.«[101]

In den Medien der Bundesrepublik wurde über die Podiumsveranstaltung ausgiebig berichtet. Die Tageszeitung *taz* publizierte schon bald ein

Wortprotokoll mit wichtigen Passagen des Streitgesprächs.[102] Der Deutschlandfunk, in Freudenberg durch Karl-Wilhelm Fricke vertreten, berichtete
ausführlich über das Diskussionsforum.[103] Die *Frankfurter Rundschau* informierte korrekt unter dem, auch von der *taz* gewählten, etwas reißerisch-
provozierenden Titel »Lassen Sie Biermann in Leipzig singen«.[104] Ein
Wortprotokoll des Streitgesprächs kursierte bald auch in der DDR, vornehm-
lich in Bürgerrechtsgruppen.[105] Das *Ost-West-Diskussionsforum* veröffentlichte kurz darauf den gesamten Mitschnitt (66 Seiten) der Debatte.[106]
Bei allen unterschiedlichen Interessen und Perspektiven der beteiligten Akteure, Beobachter und späteren Rezipienten, dominierte die Erkenntnis: Ein
Dialog sehr verschiedenartiger politischer und gesellschaftlicher Akteure
ist möglich und nützlich. Der Anfang ist gemacht, die »Streitkultur« unter
Beweis gestellt.[107]

Für größere Teile der Bürgerbewegung der DDR war nicht der 27. August 1987 (Tag der Präsentation des Papiers in Berlin und Bonn), sondern
der 14. Oktober 1987, eben das Podium in Freudenberg, der Auslöser, sich
mit dem Papier ernsthaft zu beschäftigen (siehe dazu auch Kap. 5). Zweifelsohne eine Chance für die SED, die DDR. Wenn selbst der Disput mit
Sozialdemokraten, Konservativen, Grünen und den »hartgesottensten«
DDR-Dissidenten möglich und sinnvoll ist, warum sollte man sich dann
dem gesellschaftlichen Dialog in der DDR weiterhin verweigern? Wohl-
gemerkt, noch war die Zeit, da die unterschiedlichsten politischen Kräfte
auf den gesellschaftlichen Dialog mit der SED, aber vor allem auch auf
den gesellschaftlichen Dialog in der DDR unter Einbeziehung aller Bürger setzten.

Allein die maßgeblichen Genossen in der DDR sahen darin keine Chance sondern ausschließlich eine Provokation und eine Gefahr. Dementsprechend wurde auf Freudenberg reagiert: nicht politisch, sondern administra-
tiv, repressiv. Das Wortprotokoll von Freudenberg wurde bei der späteren
Besetzung der Umweltbibliothek als »staatsfeindliches« Dokument beschlagnahmt. Hager und das Politbüro forderten umgehend eine Stellungnahme der Akademie für Gesellschaftswissenschaften. Speziell von mir als
Teilnehmer der Diskussion. Ein zweites Mal würde es so etwas nicht geben
und geduldet werden, hieß es unmissverständlich aus dem »großen Haus«
des ZK der SED.

Ernüchterung, Kritik und zaghafte Reformforderungen

Der kurzen Phase des Aufbruchs folgte die erste Ernüchterung. Hagers Rede in Frankfurt/Oder setzte dafür den Anfang, seine Abrechnung mit dem Interview in der *Berliner Zeitung* und die Reaktion der SED-Führung auf Freudenberg waren noch deutlicher, verblieben aber zunächst in den engen Zirkeln der Partei.

Vor allem die Vorgänge um die Umweltbibliothek im November 1987 und um die Luxemburg-Liebknecht-Demonstration im Januar 1988 spitzten die Auseinandersetzungen erheblich zu. In der Nacht vom 24. zum 25. November 1987 wurde die Umweltbibliothek in der Berliner Zionsgemeinde von DDR-Sicherheitskräften besetzt, um die Herstellung des *Grenzfall* – einer von Bürgerrechtlern der Gruppe »Initiative für Frieden und Menschenrechte« (IFM) herausgegebenen Zeitung – zu unterbinden. Der Versuch schlug fehl. Mitarbeiter der Umweltbibliothek wurden verhaftet. Dem folgte eine breite Solidarisierungsbewegung in den evangelischen Kirchen der DDR und in großen Teilen der Öffentlichkeit, vor allem auch im Ausland. Die auf internationale Reputation bedachte DDR musste daraufhin die Inhaftierten wieder freilassen. Die Freilassung wurde zum Triumph für jene Gruppen, die sich noch in der Nacht als Mahnwachen in der Zionskirche versammelt hatten und sich dort mehrere Tage in Auseinandersetzungen mit der Staatsmacht behaupteten. Als sich am 17. Januar 1988 während der Liebknecht-Luxemburg-Demonstration Ausreisewillige und Bürgerrechtler mit eigenen Forderungen – wie dem von Rosa Luxemburg formulierten Satz »Freiheit ist immer auch die Freiheit der Andersdenkenden« – den Demonstrierenden anschlossen, schlug die Staatsmacht ein weiteres Mal zu. Was Monate zuvor vielleicht noch schweigend hingenommen worden wäre, löste nun eine unerwartete Solidarisierung aus. Sie übertraf die im Zusammenhang mit der Umweltbibliothek organisierten Aktionen um ein Vielfaches. Die evangelischen Kirchen setzten sich für die Verhafteten ein. Im Ausland kam es zu einer breiten Welle von Protesten und Solidarisierungen mit den Inhaftierten. Die DDR-Führung verstand diese Signale noch immer nicht. Sie hing weiter der Illusion nach, sie könne demokratische Prozesse mit administrativen Mitteln bekämpfen. Als das misslang und die erneut beschworene internationale Reputation des Landes und seiner Führung auf dem Spiel stand, sahen die Hardliner im Politbüro wie in der Staatssicherheit nur noch einen Ausweg in einer Aktion, die sich für sie wie ein »Befreiungsschlag« darstellen mochte: Ein für allemal sollte mit der inneren Opposition aufgeräumt werden. Eine Woche nach den »Vorkommnissen« und Verhaftungen vom 17. Januar wurden die Bürgerrechtler Bärbel Bohley und Werner Fischer sowie Lotte und Wolfgang Templin »wegen des begründeten Verdachts auf landesverräterische Beziehungen« festgenommen. Als Begründung dienten ihre Aktivitäten in der Zeit nach der Liebknecht-Luxemburg-Demonstration. Das Kalkül, mit diesen Festnahmen die Opposition in der DDR für immer auszuschalten, ging nicht auf. Die beabsichtigten Abschreckungen traten nicht ein – im Gegenteil. Die Zahl der Teilnehmer an den täglichen Fürbittandachten in Verbundenheit mit den Verhafteten und als Protest gegen das Vorgehen der Staatsmacht schwoll an. Nicht nur in Berlin, auch in vielen anderen Städten und Gemeinden der DDR breitete sich eine Welle der Solidarität aus. In Westdeutschland und mehreren westlichen Ländern nahmen die Solidaritätsbekundungen ebenfalls zu. Eine schnelle Lösung musste gefunden werden. Das SED-Politbüro sah die »Lösung« in der Abschiebung der Inhaftierten in die Bundesrepublik und andere westeuropäischen Staaten, deklariert in der Öffentlichkeit als »freiwillige« Ausreise. Was aus Sicht des SED-Politbüros als Demonstration der Stärke gedacht war, erwies sich so, bereits vor dem Ende der DDR, als Schwäche. Die zarten Pflänzchen des beginnenden Dialogs in der DDR erhielten einen schweren Dämpfer. Auch unter SED-Intellektuellen gab es – wie z. B. Lutz Rathenow Jürgen Fuchs bezugnehmend auf Äußerungen von Rolf Reißig damals berichtete – für dieses Vorgehen Unverständnis. Öffentlich wollten sich die meisten kritischen Genossen jedoch nicht solidarisieren.[108] Aber so wenig, wie sich mit den staatlichen Aktionen die Aktivitäten von Bürgerrechtsgruppen unterbinden ließen, so wenig war die aufgebrochene kritische Diskussion unter größeren Teilen der SED-Mitglieder wieder zurückzudrängen. Sie verband sich nun stärker mit den Forderungen Gorbatschows nach Perestroika und Glasnost, die in der SED Ende 1987 immer größeren Widerhall fanden. Die Schwerpunkte der durch das gemeinsame SPD-SED-Papier ausgelösten Diskussionen verlagerten sich. Zwar spielten die »drei berüchtigten Formeln« des Papiers noch immer eine Rolle, aber jetzt ging es mehr um die innenpolitischen Konsequenzen, die dort ebenfalls formuliert waren: offene Diskussion über die Vorzüge und Nachteile der eigenen Gesellschaftsordnung im Systemwettstreit, Dialog mit allen Bürgern, Entwicklung der Demokratie und der individuellen und kollektiven Menschenrechte. Dazu kam, dass das Papier – für viele in der SED über-

raschend – gerade in den Kirchen auf große Resonanz gestoßen war. Auch
die Bürgerrechtsgruppen setzten sich inzwischen kritischer damit auseinander. Sie bemühten sich nach Freudenberg um einen Dialog mit Vertretern
des Staates und mit Wissenschaftlern der SED. Letztere erhielten Einladungen, um mit Bürgerrechtsgruppen und systemkritischen Kirchenvertretern
zu diskutieren Die SED blockte zunächst ab, eine offene Ablehnung aber
mochte sie zu diesem Zeitpunkt (Herbst 1987) noch nicht aussprechen. Jedoch wurde intern die Annahme von Einladungen strikt untersagt. Ein Zu-
sammengehen von SED-Reformern und DDR-Bürgerrechtlern sollte unter
allen Umständen und mit allen Mitteln verhindert werden (siehe Kap. 5).

Trotz aller Schwierigkeiten ließ sich der begonnene Prozess der offenen
Aussprache und kritischen Reflexion zumindest in den Reihen der aufgeschlossenen Teile der SED nicht mehr umkehren. Dafür sorgte nicht zuletzt
die Entwicklung in Moskau und Osteuropa. Die Mehrheit in der SED stand
auch dann noch hinter dem gemeinsamen Papier mit der SPD, als die SED-
Führung begann »zurückzurudern«. Die offene Auflehnung aber war, bis
zum Oktober 1989, selten. Die verinnerlichte Parteidisziplin und das Hoffen auf Veränderungen von »oben« wirkten dem entgegen.[109] Doch die Kritik nahm zu. Sie bezog sich vor allem auf die Informations- und Medienpolitik der Partei und die Verweigerung des öffentlichen Dialogs. Kritik
wurde nicht mehr nur parteiintern geübt, sondern auf öffentlichen Foren
vorgetragen und in Protestschreiben an das Zentralkomitee der SED artiku-
liert. Letzteres betraf vor allem das Interview Hagers vom April 1987 mit
dem *Stern*, in dem dieser die Gorbatschowsche Politik der Umgestaltung
als »Tapetenwechsel« einstufte, und in noch höherem Maße das Verbot des
Sputnik durch Generalsekretär Honecker. Eine vergleichbare Lawine von
Protestschreiben und Resolutionen wie anlässlich des Verbots der sowjetischen deutschsprachigen Monatszeitschrift *Sputnik* vom 19. November 1988
hatte es in der SED noch nicht gegeben. Nach Einschätzung der Zentralen
Auswertung- und Informationsgruppe (ZAIG) des Ministeriums für Staatssicherheit stand hier erstmals die Meinung der DDR-Bevölkerung und der
SED-Mitgliederbasis geschlossen gegen die Auffassung der Parteiführung.[110]
Unübersehbar zeigte sich an diesem Beispiel die eindeutige Ablehnung der
in dem Verbot zum Ausdruck kommenden Form politischer Herrschafts-
praxis. Doch das Politbüro ignorierte die Warnsignale konsequent.[111] Nach
dem Verbot des *Sputnik* gingen binnen fünf Wochen über 800 Eingaben
allein beim ZK der SED ein, in denen das Vorgehen der SED-Führung mas-

siv kritisiert wurde. 75 Prozent der Schreiben stammten von SED-Mitgliedern, insbesondere aus Berlin (250), Dresden (115), Leipzig (85) und Potsdam (45). Jene, die zu Gesprächen vorgeladen wurden, wiederholten ihre Kritik mündlich und bemängelten fehlende Meinungsfreiheit und Vertauensdefizite zwischen Partei, Regierung und Bürgern. Gegen sie wurden wegen »grober Verletzungen der Parteidisziplin«, »Verlassen des Klassenstandpunktes« und »Verstoß gegen die Einheit der Partei« Disziplinarverfahren eingeleitet.[112]

Die mit dem SPD-SED-Papier verbundenen Forderungen und Folgerungen spielten eine entscheidende Rolle in diesen Auseinandersetzungen. In einem im April 1988 vom Sekretär für Wissenschaft und Volksbildung der SED-Bezirksleitung Leipzig vorgelegten Informationspapier »Über einige negative politisch-ideologische Probleme, die im Verantwortungsbereich von Grundorganisationen gesellschaftswissenschaftlicher und einiger anderer Sektionen an der Karl-Marx-Universität Leipzig aufgetreten sind« wurden Mitgliedern und Kandidaten der SED aus den Sektionen Wirtschaftswissenschaften, Geschichte, Wissenschaftlicher Kommunismus, Medizin und Physik »opportunistische und revisionistische Positionen« vorgeworfen. Neben indirekten Angriffen auf die Politik der SED und Zweifeln an der Richtigkeit der auf dem XI. Parteitag der SED beschlossenen Strategie und Taktik der Partei werde dabei »der opportunistische, revisionistische und verleumderische Inhalt ihres Auftretens« u.a. durch folgende Punkte charakterisiert:

- Forderungen nach neuem Denken zu Grundfragen der SED-Politik,
- zum Charakter unserer Epoche und
- dass man sich davon lösen müsse, dass der Imperialismus aggressiv und feindlich sei;
- eine Neubewertung von geschichtlichen Themen wie dem Hitler-Stalin-Pakt, der Niederschlagung des Prager Frühlings,
- einer neuen Sicht des Krieges in Afghanistan,
- Forderung nach Veränderung der Informationspolitik der SED,
- einer Solidarisierung mit den festgenommenen Oppositionellen auf der Liebknecht-Luxemburg-Demonstration und der Forderung nach ihrer Freilassung sowie
- die Verurteilung der Unterdrückung von kritischen Äußerungen und der Forderung nach Meinungspluralismus im Sozialismus.

Aus diesen Diskussionen heraus hätten sich kleinere Gruppen von Mitstudenten, darunter Genossen, gebildet. Mit ihrer Meinung wandten sich diese Universitätsangehörigen schriftlich an das ZK der SED und das Präsidium der Volkskammer bzw. verbreiteten sie bereits in Vorträgen außerhalb der Universität. Alle Betreffenden würden sich jedoch, das wurde eingeräumt, zu einer sozialistischen Grundeinstellung bekennen und sorgten sich um die Entwicklung in der DDR.[113]

Auch die SED-Abteilungsorganisation des zweiten Studienjahres der Sektion Staats- und Rechtswissenschaften der Friedrich-Schiller-Universität Jena schrieb einen Brief an den ZK-Sekretär Joachim Herrmann, dem Verantwortlichen für Agitation und Propaganda. Die angehenden Staatsanwälte kritisierten unumwunden »die Widersprüche zwischen den gesellschaftlichen Realitäten und der Art und Weise ihrer Darstellung«. Als Beispiele wurden u. a. die Ereignisse in der Zionskirche, die Verhaftung von Bürgerrechtlern während und nach der Luxemburg-Liebknecht-Demonstration, die Nichtauslieferung mehrerer Ausgaben der Zeitschrift *Neue Zeit* und die Polemik von DDR-Medien gegen den sowjetischen Film »Die Reue« genannt. Nie habe es diesbezüglich eine sachliche Berichterstattung gegeben, oft sogar nur verzerrte Darstellungen. Die Genossen würden sich deshalb außer Stande sehen, im Gespräch mit anderen Studenten ihre Meinung fundiert vorzubringen. »Unseres Erachtens« – so schlussfolgerten die Autoren des Briefes – »muss die Presse die gesellschaftliche Realität umfassend, d. h. in ihrer ganzen Widersprüchlichkeit, darstellen. Dafür ist notwendig, von all unseren Erfolgen, aber auch von Misserfolgen, Problemen und Schwierigkeiten bei der Verwirklichung der Strategie unserer Partei ausgewogen zu berichten.« Anschließend forderten sie, dass ZK-Sekretär Herrmann ihnen seine »Überlegungen zur Gestaltung der Informationspolitik« mitteilen möge. Für ein persönliches Gespräch wären sie dankbar.[114]

Als Ergebnis dieses Schreibens besuchte der Mitarbeiter der Agitationsabteilung des ZK Dieter Langguth die Universität Jena, um dort am 27. Oktober 1988 mit ca. 100 Jurastudenten der Universität zu sprechen. Die im Gespräch gestellten Fragen und Kritiken hielt er penibel fest:

»Warum werden Fehler und Probleme nicht offener gezeigt? Die Medien diskutieren zu wenig über Mängel und Ärgernisse, es wird kein ausgewogenes Bild der Realität gezeichnet. (…) Warum wird die Aktuelle Kamera immer weniger gesehen? (…) Die Leute erleben im Alltag etwas anderes, als ihnen in den Medien gezeigt wird. (…) Wir brauchen mehr

Pluralismus, mehr Offenheit und Ehrlichkeit in den Medien. Warum sind wir gegen solchen Pluralismus, solche Offenheit – etwa weil der Westen darunter etwas anderes versteht? Warum erfährt man aus dem Westfernsehen mehr Kritisches aus der DDR als bei uns selbst? Warum werden viele Informationen erst dadurch rund, indem man West gesehen und gehört hat? (...) Medien sollen Leute interessieren, nicht ablenken. Seitenlange Reden oder Berichte (zur 3-millionsten Wohnung z.b.) werden nicht gelesen, weil sie in solcher Länge keinen interessieren, warum ist das so? Bei der Fertigstellung der 3-millionsten Wohnung wurde neunmal Erich Honecker gedankt, nur einmal den Werktätigen. Muss man das im Fernsehen nicht klüger machen? (...)

Warum gibt es in den Medien so wenig Diskussionen über Grundfragen unserer Zeit? Wie breit ist das Spannungsfeld für geistigen Streit im Sozialismus? (...) Die gewachsene Macht bei uns hat die Menschen sensibler gemacht, der Wille zu mehr Mitsprache ist da. (...) Warum setzen wir die Gorbatschow-Forderungen nicht um, dass die Massen alles wissen müssen, dann würden sie auch besser mitmachen, nur so kann sich doch Demokratie verwirklichen?

Warum lesen wir nur Negatives über die Sowjetunion, warum zeigen wir nicht die Erfolge, die es mit der Perestroika und Glasnost in der SU gibt? Wir finden in den durch Glasnost aufgeworfenen Fragen doch auch eigene Probleme wieder. (...) Warum nehmen wir das Wort Glasnost nicht im sozialistischen Sinne an, so, dass es dem Sozialismus bekömmlich ist? Nur weil der Westen Glasnost strapaziert? (...)

Warum wird uns vorenthalten, was die sowjetische Presse über Stalin schreibt? Welchen Einfluss haben z. B. die Entwicklungen in anderen Ländern des Sozialismus auf unsere Strategie, z. B. in Ungarn und Polen?«

Die Diskussion in Jena mit den »Genossen Studenten« dauerte, wie der Mitarbeiter der Abteilung Agitation Joachim Herrmann mitteilte, über fünf Stunden.[115]

Die Forderung nach gesellschaftlichem Dialog statt einseitigem Wahrheitsmonopol der SED, im Prinzip von der SED in dem gemeinsamen Papier mit der SPD unterschrieben, war nicht mehr zu verdrängen. An der Filmhochschule Babelsberg z.B. forderten Studenten und große Teile des Lehrkörpers von der SED, endlich die Versprechen des Dialogpapiers einzulösen. In kleineren Gesprächskreisen und auf größeren Versammlungen wurde dies deutlich und ohne Umschweife zum Ausdruck gebracht, wie ich es selbst erleben konnte. Nach den Beobachtungen des damaligen Rektors, Lothar Bisky, hatte das Papier nachhaltige Wirkungen an der Filmhochschule, es sei »genauso wichtig« gewesen »wie einzelne Reden von

Gorbatschow«.[116] Damit wuchs nicht nur der Widerspruch zur Politik der SED-Führung, sondern auch der Mut, diesen offener zu benennen. Die Stimmungslage an der Filmhochschule war inzwischen so, dass die meisten Studenten auch die Protestresolution an das ZK der SED, die sich gegen das *Sputnik*-Verbot richtete, unterschrieben.

Die geschilderten Beispiele waren keine Einzelfälle. Ähnliches vollzog sich in zahlreichen SED-Organisationen an anderen Hochschulen, aber auch in Betrieben, Kombinaten, Dienstleistungseinrichtungen und selbst in Parteiinstitutionen. Die Akten des ehemaligen Zentralkomitees der SED geben darüber Auskunft. Dabei steht außer Frage, dass die Kritik an der Dialogverweigerung der SED-Führung außerhalb der Partei bedeutend größer und vehementer als innerhalb der Partei war. Offene Protestaktionen nahmen jetzt mehr und mehr zu. Achtzehn Studenten der Theologie an der Humboldt-Universität Berlin formulierten Ende Februar 1988 einen »Offenen Brief an alle, denen am Dialog in unserer Gesellschaft gelegen ist«. In ihren Thesen stellten sie u. a. fest:

»Die Entwicklung unserer Gesellschaft wird behindert, wenn Menschen ausgegrenzt werden, die Kritik äußern. Es ist nötig, diese Kritik konstruktiv aufzunehmen, auch wenn sie in bisher ungewohnten Formen geäußert wird.
Eine Gesellschaft, die die umfassende Persönlichkeitsentwicklung aller garantieren will, entsteht nur unter Einbeziehung der schöpferischen Fähigkeiten aller. (...)
Eine offene Darstellung und Diskussion gesellschaftlicher Widersprüche bzw. Fehlleistungen gehören unseres Erachtens zum Wesen sozialistischer Demokratie. Für die Entwicklung unseres Landes sind sie unerlässlich. Ein Dialog über gesellschaftliche, ökonomische sowie politische und ideologische Probleme sollte gefördert werden (...)«. Am Ende heißt es in diesem offenen Brief: »Wir sind uns bewusst, dass unsere Thesen auf Widerspruch stoßen werden. Wir hoffen aber, dass sich daraus fruchtbare Gespräche ergeben werden. Wer an Gesprächen mit uns interessiert ist, kann sich an folgende Kontaktpersonen wenden (...).«[117]

Auch hier glaubten die verantwortlichen Stellen der Humboldt-Universität durch »Information der zuständigen Organe«, durch »Eingrenzung der Empfänger des offenen Briefes« und durch »ideologische Auseinandersetzung mit den Studenten« sich der Sache entledigen zu können.[118]

Das Dialogpapier von SPD und SED hatte besonders Studenten und Wissenschaftler ermutigt, sich kritischer mit den Dogmen der Parteiideologie und verschiedenen Aspekten der SED-Politik auseinander zu setzen. Der für die Universitäten und Hochschulen verantwortliche Parteifunktionär im Zentralkomitee der SED Gregor Schirmer sieht zwischen dem Papier und der kritischer gewordenen Haltung unter den Studenten und Wissenschaftlern einen unmittelbaren Zusammenhang.[119] Die meisten Funktionäre im Apparat der SED bewerteten den neuen Geist jedoch als Angriff auf die SED und auf die Verfasstheit der DDR, oft sogar als Ausdruck gegnerischer Aktivitäten. Jahrzehntelang an Monologe gewöhnt, konnten sie die Inhalte und den Tonfall der Diskussionen nicht als Aufbruch zum gesellschaftlichen Dialog wahrnehmen. Wo es trotzdem geschah, griffen umgehend die übergeordneten Leitungen ein, denn das Ganze war kein Wahrnehmungs- sondern ein strukturelles Problem realsozialistischer Macht.

In den Medien der DDR vollzog sich trotz des Drängens vieler Mitglieder der SED und der Kritik aus der Bevölkerung kein Wandel zu mehr Offenheit, zu mehr Diskussionen über die Vorzüge und Nachteile der gesellschaftlichen Entwicklungen in Ost und West. Auch die nach der Verabschiedung des Papiers feststellbaren internen Verständigungen und Auseinandersetzungen um die neuen Begriffe und die alten Glaubenssätze ließen rasch wieder nach.

Die SED-Führung zeigte keinerlei Bereitschaft zum Einlenken. Die mit dem Papier verbundenen Hoffnungen schwanden zusehends. Im Verlaufe des Jahres 1988 spitzte sich die innenpolitische Situation in der DDR weiter zu. In der Bevölkerung, nicht nur in oppositionellen Kreisen, wuchs die Unzufriedenheit. Die Ideen von Glasnost und Perestroika wurden immer populärer. Innerhalb der SED setzten sich die Diskussionen und Auseinandersetzungen fort, trotz der Verschärfung des politischen Kurses und zunehmender innerparteilicher Repressionsmaßnahmen. Die SED-Bezirksleitung Leipzig stellte in ihrem Bericht vom 22.6.1988 fest: »Der Trend einer deutlichen Gewichtsverlagerung in der Diskussion zu innenpolitischen Fragen setzt sich fort, wobei die dominierende Rolle der Entwicklung der sozialistischen Demokratie und den Vorzügen, Werten und Triebkräften des Sozialismus zukommt.«[120] Hinter dieser Aussage verbirgt sich – aus der gängigen Diktion rückübersetzt – die Feststellung, dass die Diskussion über die Defizite realsozialistischer Entwicklung, insbesondere hinsichtlich der Demokratieprobleme, zunahm und die These von der Überlegenheit des DDR-Sozialismus, seiner Vorzüge, Werte und Triebkräfte, vermehrt in Frage gestellt wurde. Damit ging immer stärker die Forderung nach notwendigen Reformen und Veränderungen einher. Der Sektor Wissenschaft der SED-Bezirksleitung berichtet am 24. Mai 1988: »Es kommt immer wieder zur Infragestellung der Lebensqualität des Sozialismus in der DDR. Wirkun-

gen werden zu schnell an subjektiv erlebte negative Dinge gebunden.«[121]
Und die Abteilung Schulen, Fach- und Hochschulen meldet am 30.
Juni 1988:»In den politischen Diskussionen in den Parteiorganisationen unseres Verantwortungsbereiches dominieren gegenwärtig innenpolitische Fragen. Dabei sind die Diskussionen überwiegend kritisch-konstruktiv. Nicht selten aber wird von Genossen ungenügend selbstkritisch und einem ›Unten-Oben-Modell‹ folgend Position bezogen: Die anderen (da oben) müssen ihre Verantwortung wahrnehmen, ihre Arbeit besser machen.« Wenn man nach Moskau schaue, heißt es weiter, wolle man nicht die sowjetischen Vorschläge mechanisch übernehmen, es gehe »vielmehr darum, Anregungen für unsere gesellschaftliche Entwicklung aufzunehmen (z.B. Medienpolitik, Verhältnis Partei – Staat, Wahlmodus), kritisch zu verarbeiten, umzusetzen und das ›Umgestaltungsdenken‹, die reale Politisierung der Bevölkerung als ›Schwungmasse‹ für die politische und soziale Entwicklung in der DDR zu nutzen«.[122]

Der Drang nach inneren Reformen seitens eines nicht mehr nur geringen Teils der SED-Mitglieder war 1988 unübersehbar geworden. Die Differenzierungen in der SED wurden nun verstärkt auch von Bürgerrechtlern registriert. Auch der SPD waren die SED-internen Entwicklungen nicht verborgen geblieben. Man setzte weiter auf das Gespräch mit SED-Vertretern, aber die inneren Dialogaspekte wurden nun stärker betont. Offensichtlich war zu diesem Zeitpunkt auch für die SPD außerhalb der SED kein ernstzunehmendes Potenzial sichtbar, mit dem Veränderungen und Reformen in der DDR hätten durchgesetzt werden können. Andererseits nahm die Kritik an der SED mit Berufung auf das gemeinsam verabschiedete Papier allmählich deutlichere Züge an.[123]

Was von der SED-Führung nicht erwartet worden war, war somit eingetreten: Das gemeinsame Papier mit der SPD wurde auch innerhalb der SED nicht allein als »friedenspolitisches Dokument« betrachtet, sondern zugleich in seiner innenpolitischen Bedeutung thematisiert. Ein Dialog zwischen den Systemen, zwischen den Gesellschaften, zwischen den Parteien in Ost und West, verlangte zwangsläufig auch den Dialog im Inneren der Systeme. Diese Erkenntnis wurde durch das Papier beträchtlich stimuliert. Sie gewann unter SED-Mitgliedern zunehmend an Einfluss vor allem weil sie mit den eigenen Erfahrungen »vor Ort« korrespondierte. Das wirtschaftliche, soziale und vor allem geistig-kulturelle Konfliktpotenzial in der DDR war immer deutlicher zu spüren, doch eine offene und öffentliche Diskussion war den Genossen nicht erlaubt. Und dies zu einer Zeit, da in Moskau schon Glasnost dominierte und die SED sich in ihrem Papier mit der SPD zur öffentlichen Diskussion über die Vor- und Nachteile der beiden Systeme und zur umfassenden Informiertheit der Bürger bekannt hatte und Kritik nicht als Einmischung in die inneren Angelegenheiten verstanden werden sollte.

Das Dialogpapier mit der SPD hatte als eine Initialzündung gewirkt, hatte »stimulierende Auswirkungen innerhalb der DDR« und hat »eine wachsende Kritik von unten«[124] hervorgebracht. Die SED war von dieser Entwicklung nicht mehr ausgenommen. Dem Wesen nach zielten die entsprechenden Forderungen in der SED auf Herstellung demokratischer Öffentlichkeit. Diese Einschätzung scheint mir berechtigt, auch wenn »demokratische Öffentlichkeit« in der SED 1987/88 nicht als explizite politische Forderung formuliert oder gar als Wesensmerkmal eines »neuen, demokratischen Sozialismus« thematisiert wurde, wie es – und auch da nur ansatzweise – im Diskurs einiger SED-Intellektueller geschehen war.[125] Erst Ende 1989/Anfang 1990 wurde der Begriff »demokratische Öffentlichkeit« als Teil eines pluralistischen Gesellschafts- und Sozialismusverständnisses problematisiert. Im Unterschied zur Bürgerbewegung banden kritische SED-Genossen den Begriff jedoch nach wie vor an die Avantgarde-Funktion der SED. Das zeigte sich auch bei den Debatten um die innenpolitischen Folgerungen des SPD-SED-Papiers. Für die konservativen Kräfte im Partei- und Staatsapparat bedeutete aber schon dies das Überqueren der Trennlinie. Die Auseinandersetzung nahm deshalb ab Mitte 1988 an inhaltlicher Schärfe zu.

Die »Missbrauchs-Kampagne« als Disziplinierungsmittel

1988/89 vollzog sich in der SED-Führung endgültig die Abkehr von dem gemeinsamen Papier mit der SPD. Die Medien waren schon längst angewiesen, es nicht mehr zu erwähnen. Eine öffentliche Diskussion sollte, wo möglich, unterbunden werden. Kritische Auslegungen des innenpolitischen Dialoggehalts des Papiers wurden schon seit geraumer Zeit scharf zurückgewiesen. Offiziell wurde das Papier von Honecker jedoch weiterhin bei bestimmten Anlässen herausgestellt und seine Bedeutung für die Friedenssicherung unterstrichen. Die sicherheitspolitischen Kommissionen von SPD und SED unter der Leitung von Egon Bahr und Hermann Axen entwickelten neue Vorschläge für Abrüstung und Entspannung. Auch der Dialog zwischen der Akademie für Gesellschaftswissenschaften und der Grundwertekommission wurde fortgesetzt. Sogar die Bildung neuer Arbeitsgruppen, u. a. zu den Themen »Menschenrechte« und »Feindbild«, wurde vorerst nicht untersagt. Der »Polittourismus« westdeutscher Politiker in die DDR und deren Gespräche mit DDR-Repräsentanten hielten unvermindert an. Doch unterhalb dieser Entwicklung kam es in der Führung der SED zu einer nachhaltigen Abkehr vom gemeinsamen Dialogpapier. Mehr noch. Die Rede vom »Missbrauch« des »Dokuments« machte die Runde. Zunächst parteiintern und dann in aller Öffentlichkeit. Offiziell richtete sich die Missbrauchs-These gegen Kräfte in der SPD, die angeblich versuchten, ihre sozialdemokratischen, bürgerlichen Gesellschaftsvorstellungen mit Hilfe des Papiers schrittweise in der DDR umzusetzen. Doch die Hauptfunktion der These war innenpolitischer Natur. Sie sollte all jene Kräfte in der SED, in den Kirchen und in der Bürgerbewegung treffen, ausgrenzen und isolieren, die die innenpolitische Seite des Dialogpapiers ernst nahmen und die Umsetzung der darin von der SED eingegangenen Verpflichtungen einforderten. Vor allem die kritischen Kreise in den Kirchen würden unter Berufung auf das SPD-SED-Papier den Staat zum Dialog »herausfordern« und sich damit als politischer Partner des Staates aufzuspielen versuchen. Zudem nutzten »negativ-feindliche Gruppen«, gemeint war die Bürgerbewegung, das Papier für Zwecke der Unterwanderung der DDR und zur Provokation der staatlichen Stellen (siehe dazu Kap. 4 u. 5). Dieser Strategie würden jene Genossen, die mit ihrem Bekenntnis zum gesellschaftlichen Dialog allzu große »Zugeständnisse« in Kauf nähmen und denen es an »ideologischer Wachsamkeit« mangele, verfallen. Damit müsse nun ein für allemal Schluss sein. Widersinnigerweise richtete sich die Missbrauchs-Kampagne vor allem gegen jene reformerischen Kräfte in der DDR, denen es nicht um die Abschaffung, sondern um eine Veränderung der DDR ging. Die genannten Gruppen anerkannten durchaus den Beitrag der DDR zur Entspannungs- und Dialogpolitik zwischen den jahrzehntelang sich bekämpfenden Blöcken in Ost und West, doch die Doppelstrategie der SED-Führung – begrenzte Entspannungs- und Dialogpolitik nach außen, Verweigerung des gesellschaftlichen Dialogs und Niederhaltung aller reformerischen und vor allem oppositionellen Bestrebungen im Innen – stieß an ihre Grenzen. Die Führung der SED versuchte deshalb, die gesamte Partei auf die Linie der Missbrauchsthese einzuschwören. Während sie selbst sich strikt an den Geist des Papiers halte, also die Fortsetzung des Dialogs mit der SPD und den anderen politischen und wirtschaftlichen Führungskräften der Bundesrepublik anstrebe und weitere Schritte zur Normalisierung der Beziehung zwischen der DDR und der BRD vorbereite, würden »andere Kreise« im Westen und in der DDR versuchen, das Papier umzudeuten und es letztlich gegen die Souveränität der DDR zu verwenden.[126] Auch die immer zahlreicher werdenden Informationen, die das Ministerium für Staatssicherheit zur Wirkung des SPD-SED-Papiers für einen ausgewählten Kreis des Politbüros erarbeitete, wandelten sich. Unmittelbar nach Veröffentlichung des Papiers wurden auf die sich in ihm widerspiegelnden Erfolge der SED im Ringen um Entspannung und um eine Koalition der Vernunft verwiesen und neue Chancen ausgemacht, die sich daraus für die politische Arbeit in der Bundesrepublik ergäben. Seit 1988 und vor allem seit Beginn des Jahres 1989 standen die sich durch den »Missbrauch« des Dokuments ergebenden Risiken und Gefahren eindeutig im Mittelpunkt (siehe dazu auch Kap. 8). Das gemeinsame Dokument solle »als innenpolitisches Instrument zur Dialogführung« betrachtet und »als ein geeignetes Mittel« für »einen ständigen Dialog ›zu ungelösten Fragen‹« benutzt werden.[127] Die kritische Stellungnahme der Grundwertekommission der SPD vom März 1989[128] zur Entwicklung in der DDR wurde als Einmischung zurückgewiesen.[129] Honecker persönlich untersagte die Teilnahme von Otto Reinhold und mir an einer von der Journalistin Lea Rosh langfristig vorbereiteten Fernsehdiskussion, an der u.a. auch Erhard Eppler, Rolf Schneider und Barbara Thalheim teilnehmen sollten.

Auch die Einschätzung kirchlicher Bezugnahmen auf das Ideologiepapier durch die SED, anfangs vor allem durch die Gemeinsamkeiten hinsichtlich des Eintretens für Entspannung und Normalisierung der Staat-Kirche-Beziehung geprägt, verschob sich in Richtung der These vom Missbrauch des Papiers als innenpolitisches Dokument. Zur Bekräftigung einer deutlicheren Abgrenzungspolitik wurde die Einladung der SED durch die evangelischen Kirchen der DDR, auf den Kirchentagen in Halle, Erfurt und Rostock 1988 mit Erhard Eppler, Egon Bahr und Helmut Schmidt über das gemeinsame Papier zu diskutieren, zurückgewiesen. Ganz und gar ausgeschlossen wurden solche Gespräche zwischen den sich inzwischen stärker formierenden Bürgerrechtsgruppen und SED-Genossen. Das Streitpapier hatte demgegenüber noch dazu aufgefordert, niemanden aus dem gesellschaftlichen Dialog auszugrenzen. Auch hier sollte die Missbrauchs-These der SED helfen, das Gesicht zu wahren. Mit »subversiven Kräften« führe keine Staatspartei eines Landes einen Dialog. Das Ziel dieser Gruppen bestehe allein darin, sich über den Dialog mit Vertretern der SED oder des Staates einen offiziellen Status erstreiten und diesen provokativ und konfrontativ gegen die SED und die DDR nutzen zu wollen. Schon die an mich gerichtete Einladung der Initiative für »Frieden und Menschenrechte« zu einem solchen Gespräch über das SPD-SED-Papier sorgte in der SED-Führung für entsprechende Aufregung. SED und Sicherheitskräfte waren sich einig, dass ein solches Treffen »unter allen Umständen verhindert werden muss«, da »ansonsten die Initiative an Ansehen gewinnt«. Und weiter hieß es in einer gesonderten Information: »Es muss eingeschätzt werden, dass diese Veranstaltung von den negativ-feindlichen Kräften missbraucht werden soll, um in der Diskussion (…) hinlänglich bekannte staatsfeindliche Positionen zu vertreten und die Dialogpolitik der Partei anzugreifen.«[30] Ähnlich verhielt man sich zu dem von Pfarrer Reiner Eppelmann in der Samariterkirche organisierten Podium zum SPD-SED-Dialog im April 1989. Verhindert werden konnte die SED-Teilnahme, die Diskussion des Papiers aber nicht. Sie fand statt. Ein »Sieg« der SED, der sich alsbald als Teil ihrer strategischen Niederlage erweisen sollte (vgl. dazu und zum Verhältnis von SED und Bürgerbewegung Kap. 5).

Differenzierung und Stimmungswandel in der SED

Das Bild einer monolithischen Partei war damit immer weniger aufrechtzuerhalten. Schon seit Gorbatschows Machtantritt 1985 hatten die Differenzen in der SED beträchtlich zugenommen. Glasnost und Perestroika, von der SED-Führung anfangs zurückhaltend, dann zunehmend offener zurückgewiesen und bekämpft, wurden zu den »Zauberformeln« unter SED-Mitgliedern und DDR-Intellektuellen. Der neue Politikansatz in Moskau polarisierte die SED wie kaum ein anderes Ereignis. Auch als sich zeigte, dass Gorbatschow die notwendige Umgestaltung zwar auf die Tagesordnung gesetzt hatte, diese letztlich jedoch nicht zu organisieren und zu führen vermochte, ja sich sein Niedergang abzuzeichnen begann, blieb das Problem einer spezifischen Dialog- und Reformpolitik in der DDR innerhalb der SED virulent und sorgte für permanenten Zündstoff. Der Gegenkurs der SED-Oberen konnte diesen nicht mehr entschärfen. Die Differenzierungen in der SED nahmen weiter zu, damit aber auch der Druck von oben. Die Reaktionen darauf waren in der SED zunächst diffus. Die Akademie für

Gesellschaftswissenschaften, der unmittelbare Partner der Grundwertekommission der SPD, wurde aufgefordert, das Dialogpapier mit der SPD stärker gegen seinen »Missbrauch« zu verteidigen. In der »SED-Denkfabrik«, wie die Akademie auch genannt wurde, kam es zu Verunsicherungen und neuen Differenzen. Ihre einst öffnende Rolle für Dialog und Reformgedanken in der SED ging 1988/89 immer mehr verloren. Zwar stand sie nie auf der Seite der konservativ-dogmatischen Fraktion in der SED, aber die an sie geknüpften reformerischen Erwartungen erfüllte sie immer weniger. Ein deutliches Indiz dafür war der von ihr herausgegebene Sammelband »Sozialismus in der DDR«, der kaum noch Reformideen, dafür jedoch um so mehr Abgrenzungen zur Sozialismusdiskussion in Ost und West enthielt.[131] Die in Vorbereitung des dann nicht mehr abgehaltenen XII. Parteitages der SED erarbeitete »Sozialismusstudie« machte zwar erstmals den Sozialismus insgesamt zum Gegenstand der Analyse, aber eine durchgängige neue Leitidee ist darin nicht enthalten. Der rote Faden hieß eher »Vervollkommnung«, nicht – worauf eine Minderheit drängte – »neue Qualität des Sozialismus«. Es mangelte an Grundlagenforschung, mehr noch aber am Mut der Leitung, sich in offenen Widerspruch zur Parteiführung zu begeben. Die strukturelle Anbindung an das ZK der SED und subjektive Blockaden wirkten sich immer hemmender auf die Arbeit der Akademie aus. Als ebenfalls in Vorbereitung des XII. Parteitages einige Wissenschaftler der Akademie im Sommer/Herbst 1989 unter meiner Verantwortung eine Studie zur Fortsetzung der Dialogpolitik in den neunziger Jahren erarbeiteten,[132] traf sie Kritik aus den eigenen Reihen. Im Protokoll der entsprechenden Kollegiumssitzung heißt es: Notwendig sei u. a. die

- »Abweichungen der SPD vom Dialogpapier aufzuzeigen;
- klare Positionen zum Verhältnis innerer – äußerer Dialog zu beziehen (inneren nicht als Bedingung setzen);
- Differenzierungen in Bezug auf Dialogpartner aufzeigen;
- offensivere Positionen zu unseren Zielen in der Dialogpolitik beziehen.«[133]

Dabei war die Studie lediglich bemüht, Schlussfolgerungen aus den Erfahrungen des bisherigen Dialogs zwischen SPD und SED zu ziehen, kritisch die neue Situation in der DDR und den Beziehungen zwischen der DDR und der Bundesrepublik zu verarbeiten und ein tragfähiges, flexibles Konzept für die Fortführung des Dialogs zu entwickeln. Dass dabei auf die – vorsichtig formulierte – immer problematischere »Dialogpolitik« der SED

eingegangen werden musste und die Notwendigkeit einer Richtungsände-
rung hin zu einem gesellschaftlichen Dialog in der DDR herauszustellen
war, sollte selbstverständlich sein. Dass es das nicht war, charakterisierte
die Situation der SED im Frühherbst 1989, sprach aber auch für die Rolle
»ihrer« Gesellschaftswissenschaftler. Doch vollzog sich unter Sozialwissenschaftlern der DDR gerade 1988/89 eine zunehmende Differenzierung.
Während z.B. noch im August/September 1989 im »Neuen Deutschland«
führende Gesellschaftswissenschaftler die »Dynamik« der »entwickelten
sozialistischen Gesellschaft« und den »unaufhörlichen Übergang der
Menschheit vom Kapitalismus zum Sozialismus« begründeten und die These
kolportierten, dass die »Kommunisten immer Recht hatten und haben«[34],
traten andere (Gruppen der Humboldt-Universität, der Akademie der Wissenschaften, der Akademie für Gesellschaftswissenschaften) jetzt verstärkt
mit Reformüberlegungen zum Wirtschaftsmechanismus, zum Leistungsprinzip, zum Rechtssystem, zur sozialistischen Demokratie und einige sogar mit weitreichenden und neuen Sozialismusvorstellungen auf. Letzteres
traf vor allem auf das von Wissenschaftlern der Humboldt-Universität Berlin erarbeitete Projekt »Moderner Sozialismus« zu.[35] Hinsichtlich der Demokratieentwicklung in der DDR erarbeiteten Wissenschaftler der Gewi-
Akademie, der Humboldt-Universität, der Akademie der Wissenschaften
und der Hochschule für Ökonomie Karlshorst ein Papier, das auf Gewaltenteilung und Rechtsstaatlichkeit im Sozialismus orientierte.[36] Auf einer
internationalen Tagung des amerikanischen Aspen-Instituts in Berlin im
Frühjahr 1989 zum Thema »Die DDR in den neunziger Jahren« stellte ich
Reformüberlegungen aus unserem Institut zum politischen System und zur
Demokratieentwicklung in der DDR vor. Sozialismus, so lautete eine der
Thesen, habe nur noch dort eine Chance und Zukunft, wo er umfassend mit
Demokratie verbunden ist. Die Vielfalt sozialer Gruppen und Interessen
müsse sich politisch differenziert artikulieren und manifestieren können.
Notwendig sei ein demokratischer Meinungs- und Willensbildungsprozess.
Demokratie müsse Arbeit, Wirtschaft, Staat, Politik und Gesellschaft gleichermaßen einbeziehen. Individuelle Bürgerrechte seien grundlegend zu
gewährleisten. Erforderlich werde eine neue politische Kultur in der DDR,
in der Dialog und Toleranz einen festen Platz einnehmen müssten. Der *Tagesspiegel* berichtete darüber unter der Überschrift »Glasnost in der DDR
der 90er Jahre?«[37]. Im SED-Politbüro und namentlich bei Erich Honecker
rief dies, wie Insider berichteten, einen Zornesausbruch hervor. Hermann

Axen forderte im Auftrag von Honecker umgehend eine »selbstkritische« Stellungnahme. Trotz dieses Aufbegehrens auch unter DDR-Sozialwissenschaftlern war die sozialistische Reform- und Oppositionsbewegung zu schwach, um eine Wende herbeizuführen (vgl. auch Kap. 9). Das Bild der SED wandelte sich 1988 und 1989 zusehends. Die Erwartungen, die mit dem SPD-SED-Papier aufgekommen waren, waren enttäuscht worden. Überall spürte man, dass die SED ihre Vereinbarungen, die sie einst im *Neuen Deutschland* veröffentlicht hatte, nicht einhielt. Von einem öffentlichen Dialog konnte keine Rede mehr sein. Gleichzeitig spitzte sich die ökonomisch-politische Lage in rasantem Tempo zu. Die Führung aber schwieg und übte sich weiter in Erfolgspropaganda. Die Folgen waren Resignation, Unmut, aber auch zunehmende Kritik und sich artikulierender Protest, den es so in den vergangenen Jahren kaum gegeben hatte. Auch die Führung der SED wurde damit mehr und mehr konfrontiert. So schrieb z.B. die Parteigruppe Schauspiel am Mecklenburgischen Staatstheater Schwerin an Hager und kritisierte die Streichung der Zeitschrift *Sputnik* und die Absetzung von fünf sowjetischen Filmen sowie das Aufführungsverbot von Werken des sowjetischen Dramatikers Schatrow. Diese Form der Administration sei nicht mehr hinzunehmen. »Im Ergebnis entsteht in unseren Kollektiven ein Klima der Verunsicherung, politischen Desorientierung und ein Verlust an Glaubwürdigkeit unserer Parteipolitik zu Fragen unserer Geschichtsbetrachtung, unseres Verhältnisses zur Politik der KPdSU (…)«.[138] Ähnlich argumentierte die Grundorganisation des »VEB Robotron-Elektronik Radeberg« in einem Brief an Hager vom 7. Dezember 1988.[139] Die Seminargruppe 86-01 der Sektion marxistisch-leninistische Philosophie der Karl-Marx-Universität Leipzig sammelte Unterschriften unter ihren Kommilitonen und protestierte gegen die zunehmende Abschottungspolitik der SED. Die Gruppe plädierte in einem Brief an Hager für eine offene Diskussion über die weitere Entwicklung des Sozialismus.[140] Speziell das Verhalten der SED-Führung gegenüber den sowjetischen Diskussionen um Perestroika und Glasnost wurde zunehmend zum Anlass für Kritik, und immer wieder wurde diese Kritik, direkt oder indirekt, auch in Bezug zum Dialogpapier von SPD und SED gebracht, so etwa von der Theaterhochschule »Hans Otto« in Leipzig oder vom Theaterensemble in Frankfurt/Oder.[141] Die Genossen des »VEB DEFA-Studio für Spielfilme Babelsberg« mahnten die Parteiführung, endlich »einen breiten, umfassenden Dialog in der Partei und einen öffentlichen Verständigungsprozess über die

Probleme in der DDR und im sozialistischen Lager zu führen«. Um diesbezüglich endlich weiterzukommen, wurde Hager zur Diskussion in das DEFA-Studio eingeladen.[142] In diesem Zusammenhang beschloss eine Abteilungsparteiorganisation des DEFA-Studios für Spielfilme ein interessantes Papier, dem sie den Titel gab: »Zur Notwendigkeit einer breiten, öffentlichen, kritisch-konstruktiven Diskussion in unserer Partei und Gesellschaft«. Darin wurde festgestellt, dass die »außergewöhnliche, unübersehbare Zuspitzung gegenwärtiger Entwicklungswidersprüche in unserem Land« es mehr als erforderlich mache, »nicht nur die eine oder andere Frage unserer gesellschaftlichen Entwicklung nüchtern« zu diskutieren, »sondern die Perspektive des Sozialismus in der DDR« generell. »Dieser Dialog muss vor allem in der Partei erfolgen«, heißt es weiter. »Uns fehlt mittlerweile jegliches Verständnis dafür, mit welcher Konsequenz wir in unseren öffentlichen Selbstverständigungsprozessen unsere Schwierigkeiten verschweigen oder bestenfalls in allgemeinsten, zeitlosen Wendungen und vorsichtigster Dosierung kund tun; ganze Bereiche unserer Wirklichkeit tabuisieren; diesbezügliche Information dem Gegner überlassen, um danach und nur darauf zu reagieren (…) Auf diese Weise erzeugen wir im Kampf der Systeme eine wesentliche Schwäche selbst und setzen – was das perspektivisch Schlimmere ist – die Kraft unserer Partei zur Führung dieser Prozesse zunehmend aufs Spiel.« Dadurch »verliert die Partei ihre Überzeugungskraft bei der Mehrheit der Bevölkerung, die aber eine unverzichtbare Bedingung ihrer Führungstätigkeit ist (…) Dies alles betrifft Gegenwart, Geschichte und Zukunft des Sozialismus gleichermaßen. Mit einem Ausweichen vor der ganzen Wahrheit in Gegenwart und Geschichte kann man den jetzigen Zustand nur ein wenig verlängern. Zukunft ist so nicht zu gewinnen!«[143]

Selbst in der »linientreuen« Volksbildung wurden jetzt DDR-Probleme öffentlich benannt. Die Abteilung Volksbildung im ZK der SED teilte Hager diesbezüglich mit: »Unverständnis gibt es allerdings darüber, dass wir in der Öffentlichkeit solange zu diesen Problemen geschwiegen haben und die BRD-Medien die hauptsächlichen Informationsquellen sein mussten. Es wird der Eindruck im wachsenden Maße geäußert, wir hätten keine Konzeption zum Beherrschen der Lage und wären nicht bereit, nach Ursachen im eigenen Lande zu suchen (…) Erwartet wird eine klare Orientierung durch die Parteiführung, eine Stellungnahme durch leitende Parteifunktionäre.« Fragen gebe es u.a.: »Stimmt unser Sozialismuskonzept noch? (…) Warum wird unsere eigene Entwicklung in der Presse problemlos und damit unglaubwürdig dargestellt? Es gibt viele demokratische Gremien, aber was kann man wirklich erreichen und verändern? Welche Entscheidungsbefugnis haben diese Gremien real? Oft wird man verwaltet.«[144] Die veränderte Stimmungslage in der Bevölkerung und in der SED-Mitgliedschaft registrierte auch die Hauptabteilung der Kriminalpolizei, wie ihre Berichte an das ZK der SED zeigen.[145]

Eine ganz andere, völlig entgegengesetzte Beschreibung der Situation verfasste die Abteilung Parteiorgane im ZK an Egon Krenz für dessen Brief an den Generalsekretär: »Die politische Lage in der Republik ist stabil. Sie ist vom Vertrauen der Kommunisten und anderen Bürger in die Friedenspolitik der SED sowie von großen Initiativen und Ideenreichtum bei der Vorbereitung des 40. Jahrestages der DDR zur Fortsetzung der Einheit von Wirtschafts- und Sozialpolitik geprägt. Die 8. Tagung des Zentralkomitees, ihr realistischer, konstruktiver und optimistischer Geist fördern die parteiliche, sachliche und kritische Atmosphäre in den Partei- und Arbeitskollektiven.« Das ganze Land sei gekennzeichnet durch »neue Initiativen für eine gute Vorbereitung des XII. Parteitages«, der 1990 stattfinden sollte.[146] Eine vor allem sich selbst blendende Analyse.

Die tatsächliche Stimmung unter vielen Genossen war inzwischen eine völlig andere. Immer offener kritisierten Parteimitglieder auf SED-Versammlungen, aber auch in ihren Arbeitskollektiven, die gravierenden Mängel in der Produktion (mangelnde Investitionen, fehlende Ersatzteile, verspätete Zulieferungen), in der Versorgung der Bevölkerung, in der Bereitstellung »hochwertiger Konsumgüter«. Selbst Bezirksleitungen wie die von Karl-Marx-Stadt und Berlin mussten erstmals davon sprechen, dass es eine regelrechte »Enttäuschung über die Politik der SED« gebe.[147] Die Diskussion beziehe sich, wie die Betriebsparteiorganisation des Werkes für Fernsehelektronik Berlin berichtete, nicht mehr nur auf wirtschaftliche Mängel, auf Fragen des Gesundheitswesens und Defizite in der Infrastruktur, sondern betreffe nunmehr auch Fragen der Gesellschaftskonzeption insgesamt.[148] Noch immer erwarteten die Genossen Hilfe von »oben«. Doch von da kam nichts. Es dauerte bis zum Herbst 1989, bevor die »Basis«, bevor kritische Mitglieder mit Kundgebungen und Demonstrationen die SED-Führung unter Druck setzten und die Initiative in der Partei selbst in die Hand nahmen.

Der Pyrrhussieg der Konservativen und Hardliner

Der vom ZK angeordnete Umtausch der Parteidokumente als Mittel einer
so genannten »Parteiaussprache« mit allen Genossen, die in Wahrheit als
Disziplinierung gedacht war, sollte die SED-Mitgliedschaft noch einmal
auf Kurs bringen. Doch das Unternehmen verfehlte sein Ziel, auch wenn
dies nicht sofort deutlich wurde. In dieser von der SED-Führung als Verschärfung des ideologischen Klassenkampfes gekennzeichneten Situation
galt die Diskussion der im SPD-SED-Papier enthaltenen neuen Thesen nicht
mehr nur als »Abweichung«, wie es noch 1987/88 der Fall war, sondern als
grobe ideologische Fahrlässigkeit, ja als Unterstützung der politisch-ideologischen Unterwanderungsarbeit des Gegners.

In der Auseinandersetzung um die Handhabung des Papiers konnten sich
trotz des Aufbegehrens vieler Genossen die konservativ-dogmatischen Kräfte
in der SED noch einmal durchsetzen. Die 7. Tagung des ZK der SED (Dezember 1988) dokumentierte die einsetzende politische Stagnation und
Reformfeindlichkeit der SED-Führung. Gegen »Nörgler und Meckerer« sollte
konsequenter vorgegangen werden. Aber der Sieg der Hardliner sollte sich
alsbald als Pyrrhussieg erweisen, denn die entscheidende Folge der Auseinandersetzungen um das Papier war die zunehmende *Glaubwürdigkeitskrise*
der SED-Führung. Gerade das Dialogpapier hatte wie kaum etwas zuvor
Erwartungen geweckt, die sich nicht erfüllten, es war zum Prüfstein des
Willens bzw. Nichtwillens zum gesellschaftlichen Wandel geworden. So
sehr die Parteiführung auch versuchte, die Gründe für ihre starre Haltung
nach außen zu verlegen (im Osten Gorbatschow, im Westen »der Imperialismus und die ihn inzwischen wieder unterstützenden SPD-Führungskräfte«),
erkannten immer mehr Mitglieder das Problem als eines der eigenen Partei.
In dem Maße, wie die SED die Dialog- und Reformpolitik abblockte, wirkte
das Streitpapier *delegitimierend* auf sie selbst zurück.

Die nur nach außen betriebene Dialogpolitik isolierte sich dadurch mehr
und mehr von den gesellschaftlichen Bewegungen in der DDR und in Osteuropa. Dies hatte sowohl für die SED als auch für die SPD gravierende
Folgen, wenngleich mit unterschiedlichem Gewicht (siehe dazu Kap. 8).

Rückblickend lässt sich die Entwicklung des Dialogprojekts und die
darum gruppierte Diskussion und Auseinandersetzung in der SED in der
Zeit von 1987 bis 1989 in folgende Phasen einteilen: Ungewöhnlicher Start
(August/September 1987); Aufbruch (September/Oktober 1987); Ernüch-

terung (Oktober 1987 bis Januar 1988); Auseinandersetzung um die innenpolitische Handhabung des Papiers (ab Frühjahr 1988); Pyrrhussieg der konservativen Apparate (ab Sommer 1988); Differenzierung in der SED: Anpassung, Widerspruch und zunehmende Erosion (Ende 1988 bis Oktober 1989); und »Aufstand« der Basis (Oktober bis Dezember 1989). Die letzte Phase, der »Aufstand« der SED-Basis (Sigrid Meuschel) im Spätherbst 1989 wird in Kapitel 8 näher betrachtet werden. Er ist keine direkte Folgewirkung des Ideologiepapiers, aber das Papier hat diese Bewegung in der SED und in der DDR wesentlich mitbeeinflusst.

4

Aufnahme und Bewertung durch die evangelischen Kirchen in der DDR

Die Kirchen in der DDR waren die einzigen legalen Institutionen, die nicht unmittelbar ein Bestandteil der sozialistischen Gesellschaft und ihrer Organisationsstruktur bildeten. Sie bewahrten ihre innere Autonomie und entschieden selbst über ihre Tätigkeit. Die SED und der Staat hatten kaum direkte Eingriffsmöglichkeiten. Dennoch war die Kirchenpolitik der SED auf eine Einschränkung der Wirkungsmöglichkeiten der Kirchen, auf deren Anpassung an und Integration in die gegebene sozialistische Ordnung gerichtet. Gleichzeitig sollte das kritische Potenzial der Kirchen nicht in die Gesellschaft dringen. Für unsere Thematik ist es deshalb von erheblichem Interesse, wie sich die Kirchen zum gemeinsamen SPD-SED-Papier positionierten. Dabei stellt sich zunächst die Frage: Konnte ein Papier politischer Parteien, in dem die Kirchen mit keinem Wort erwähnt wurden, überhaupt deren Interesse finden? Dass im SPD-SED-Papier auf die Kirchen nicht explizit Bezug genommen worden war, musste diese nicht sonderlich stören, denn erstens wurden in dieser Erklärung generell keine Organisationen und Institutionen konkret benannt, und zweitens gehörten die Kirchen, wenn dort von »Kräften und Gruppen« in der DDR die Rede ist, allemal dazu.

Die Zustimmung und ihre Gründe

Während von der Katholischen Kirche in der DDR keine Stellungnahmen zum SPD-SED-Papier bekannt sind, fand es in den evangelischen Kirchen der DDR ein ausgesprochen breites und positives Echo. Es stieß dort auf eine Zustimmung wie kaum anderswo in der Gesellschaft. Die V. Synode des Bundes der Evangelischen Kirchen in der DDR, die vom 18.-22. September 1987 in Görlitz tagte, unterstützte die Inhalte des Papiers und maß ihnen für die Gestaltung der Ost-West-Beziehungen und die weitere Entwicklung in der DDR grundlegende Bedeutung bei.[1] Landesbischof Werner Leich, zugleich Vorsitzender des Bundes der Evangelischen Kirchen in der DDR, signalisierte bereits in einem Interview am 4. September 1987 anlässlich des Olof-Palme-Friedensmarsches seine Zustimmung.[2] Frühzeitig begrüßt wurde das Papier auch durch die Kirchenleitung Greifswald und die Kirchenprovinz Sachsen.[3] Die Kirchenleitung Magdeburg gab eine Empfehlung an alle Gemeinden, »den Text sorgfältig zur Kenntnis zu nehmen«.[4] Besonders aufmerksam wurde das Papier im Sekretariat des Bundes der Evangelischen Kirchen in der DDR (BEK) diskutiert. Vor allem der Ausschuss »Kirche und Gesellschaft« des BEK wertete es gründlich aus und prüfte, welche Schlussfolgerungen sich daraus für die Arbeit der Kirchen ergeben könnten und sollten. Zur Diskussion des Papiers wurde deshalb gemeinsam mit der Evangelischen Akademie Berlin-Brandenburg eine Tagung in Buckow vorbereitet, an der Vertreter der Evangelischen Akademien und des Bundes der Evangelischen Kirchen (BEK) sowie der SPD und der SED teilnehmen sollten. Naheliegend war, dass gerade auch die Theologische Studienabteilung des BEK, die sich seit längerem mit der Neugestaltung der Ost-West-Beziehungen beschäftigte, das Papier gründlich reflektierte. Die kirchliche Presse kommentierte es positiv.

Reinhard Höppner, damals Präses der Synode der Evangelischen Kirche der Kirchenprovinz Sachsen, berichtet, dass man den im *Neuen Deutschland* abgedruckten Text kopierte, um ihn an möglichst viele Kirchenmitglieder verteilen zu können.[5] Günter Krusche, 1987 Superintendent in Berlin (Ost), erinnert sich: »In den Gesprächen und Gruppen wurde immer wieder gesagt: Habt ihr das SPD-SED-Papier schon gelesen, das müsst ihr unbedingt lesen!«[6] Nicht nur bei den Repräsentanten der Kirchen, auch in den Gemeinden gab es, sofern das Papier bekannt und diskutiert wurde, viel Zustimmung.* Manfred Falkenau, damals Pfarrer einer Leipziger Gemeinde und späterer Mitarbeiter beim BEK, bestätigt diese Einschätzung in einem Gespräch: Eine positive Reaktion auf das SPD-SED-Dialogpapier habe es nicht

---

* Natürlich gibt es keine verlässlichen Aussagen oder gar Erhebungen, in wie vielen Gemeinden das Papier bewusst zur Kenntnis genommen oder diskutiert wurde. Schätzungen von Kirchenvertretern gehen davon aus, dass es in einem guten Drittel bis der Hälfte der Kirchengemeinden in dieser oder jener Weise eine Rolle spielte. Dabei gilt es zu bedenken, dass auch die offiziellen Kirchendokumente in den Gemeinden kaum größere Beachtung fanden und sich die Mitglieder nur selten explizit dazu äußerten.

nur bei den offiziellen Repräsentanten der evangelischen Kirchen gegeben, sondern auch bei dem politisch aufgeschlossenen Teil in den Gemeinden. Er zumindest habe diese Erfahrung in seiner Gemeinde gemacht, wo er das Papier erläuterte und diskutierte. Stärker habe es natürlich in der SED selbst gewirkt. Hier sei ja vieles ganz neu und ganz anders formuliert gewesen als es bislang in den Papieren der SED gestanden habe. Und auf die Frage »Keine Differenz in der Kirche?« meinte er: Nein, in diesem Punkt nicht. Er habe dort keine Differenzen festgestellt. Die Beurteilung des Papiers war durchweg positiv. Sonst habe es freilich viele Differenzen und Differenzierungen, viele Unterschiede gegeben; schon bei der Beurteilung der politischen Situation und den sich daraus ergebenden Schlussfolgerungen.[7]

Die Kirchen beriefen sich auf den Text des Papiers bei Fragen der gemeinsamen Sicherheit, den Forderungen nach Abbau der Feindbilder und der Entwicklung einer Kultur des politischen Streits, der Achtung der Andersdenkenden und der Akzeptanz der Friedensfähigkeit der anderen Seite. »Kein politisches Papier« – so resümierte die kirchliche Nachrichtenagentur *idea* – »hat in den zurückliegenden Jahren so schnell und nachhaltig auf die Evangelische Kirche in der DDR gewirkt« wie das von SPD und SED.[8] Das konnte nicht so sehr überraschen, wie es zunächst zu vermuten wäre. Die weitgehende Zustimmung der Evangelischen Kirche der DDR hatte verschiedene Gründe:

Zum einen erkannten die DDR-Kirchenvertreter im Papier »vertraute Formeln« wieder.[9] »Bis in die sprachliche Formulierung hinein« konnte man »Anklänge von Äußerungen des Bundes feststellen«.[10] Dahinter stand eine weitgehende Übereinstimmung in der Frage der Entschärfung des Ost-West-Konflikts durch das Konzept gemeinsamer Sicherheit. In den evangelischen Kirchen der DDR wurde seit längerem das »Neue Denken im Atomzeitalter«[11] diskutiert, konzipiert und praktiziert. Die Synoden 1984, 1985 und 1986 bekannten sich zur Friedenssicherung durch Abrüstung und gemeinsame Sicherheit, erteilten der Abschreckungspolitik eine Absage und forderten den Abbau von Feindbildern in Ost und West. Alles Forderungen, die im SPD-SED-Papier einen zentralen Platz einnahmen. Joachim Garstecki, damals Referent für Sicherheitsfragen in der Theologischen Studienabteilung beim BEK, und einer derjenigen im kirchlichen Bereich, der viel zur Verbreitung dieses Papiers beitrug, analysierte schon Ende 1987/Anfang 1988 das gemeinsame Papier im Spiegel der Einsichten und Erfahrungen der Friedensarbeit der evangelischen Kirchen. Er schrieb: »Tatsächlich war die erste

Lektüre des Textes im Neuen Deutschland für den kundigen Leser aus dem Bereich kirchlicher Friedensarbeit so etwas wie ein Spaziergang durch vertrauliches Gelände. Denn was SED und SPD im Grundsätzlichen als ihre gemeinsame Position beschreiben, entspricht genau dem, was die Kirchen in der DDR seit Anfang der achtziger Jahre in Wahrnehmung ihrer Friedensverantwortung als ethische Einsicht formuliert, als politische Forderung vertreten und als ihren Beitrag in das ökumenische Friedensgespräch zwischen Kirchen in Ost und West eingebracht haben.«[12]

Ähnliche Gemeinsamkeiten gab es nicht allein im zwischengesellschaftlichen, sondern auch im innergesellschaftlichen Bereich. Die im SPD-SED-Papier herausgehobene Forderung nach einem breiten gesellschaftlichen Dialog gehörte zu den ureigensten Anliegen der evangelischen Kirchen. Keine Überraschung also, dass gerade diese zentrale Idee des Papiers in den Kirchen auf breiten Widerhall stieß. Zwar hatte man seit geraumer Zeit Gemeinsamkeiten mit der SED in Ost-West-Sicherheitsfragen feststellen können, aber die Unterschrift der Staatspartei unter der Forderung nach einer neuen politischen Kultur des Streits und Dialogs überraschte die Kirchenvertreter dann doch erheblich. Manfred Stolpe, damals Konsistorialpräsident beim BEK, referierte dazu ausführlich in einer Gastvorlesung an der Ernst-Moritz-Arndt-Universität Greifswald unter dem Titel »Christen und Kirche im Dialog mit der Gesellschaft zu Fragen der Zeit«. Stolpe ging davon aus, dass Christen und Marxisten im Grunde gleiche Grundwerte verfechten, wenn es um die Erhaltung des Lebens, die Menschenwürde und die soziale Gerechtigkeit gehe. Und er betonte, dass das von SPD und SED erarbeitete Ideologiepapier Regeln für den Dialog und für Streitgespräche enthalte, die auch »direkt für unsere Gespräche mit der Gesellschaft anwendbar« seien. Dazu gehöre die Akzeptanz des Existenzrechts des jeweils anderen, dessen realistische und differenzierte Darstellung, sachliche Kritik, Lernfähigkeit, Möglichkeiten der Zusammenarbeit wahrzunehmen, Geduld zu üben, von der Veränderbarkeit des anderen auszugehen, die andere Seite nicht zu überfordern und sie realistisch und differenziert darzustellen.[13] Martin Ziegler, damals Oberkirchenrat des BEK in der DDR und Leiter des Sekretariats, erinnert sich in einem rückblickenden Gespräch genau: Es sei eine große Überraschung für ihn und auch für sein Umfeld gewesen, denn hier sei ein Tabuthema, eben das der Ideologie aufgegriffen worden. Das habe die Machtfrage und das Wahrheitsmonopol tangiert. Diese Fragen der Ideologie und des Dialogs aber wären seit Jahren nicht mehr zur Sprache gekommen.[14] Manfred Falkenau erging es ähnlich: Das Überraschende sei gewesen, dass das nun alles von der SED gemeinsam mit der SPD formuliert wurde. Er habe sich damals die Frage gestellt, ob sich die Verfasser dieses Papiers aus der SED über die Dynamik dieser Argumentationsketten voll im Klaren gewesen seien. Denn im Kern sei damit das Wahrheitsmonopol der SED aufgekündigt worden. Überhaupt wäre das Papier mit dem Marxismus-Leninismus der SED nicht mehr vereinbar gewesen. Man war erstaunt, dass das in der SED-Führung durchging. Wäre das Papier ohne Zeitdruck dort vordem diskutiert und beraten worden, hätten sich bestimmt verschiedene Positionen und Gruppen herausgebildet und auch die Gegner dieses Papiers hätten sich sicher von Anfang an deutlicher geäußert.[15]

Die evangelische Wochenzeitung *Die Kirche* warnte die Kirchen in Ost und West davor,»sich stolz an die eigene Brust zu schlagen, als seien sie die Sachwalter der Politik. Anders herum wird eher ein Schuh daraus. Das Parteiendokument sollte die Kirchen beider deutscher Staaten fragen lassen, ob sie denn intensiv genug um gemeinsame Positionen zu den brennenden Fragen an der Nahtstelle der beiden Machtblöcke bemüht waren.« In einem den Artikel begleitenden Kommentar wird das recht kritisch gesehen und die Kirchen werden aufgefordert, sich am Beispiel des SPD-SED-Papiers zu orientieren und»diese Anregung ernsthaft (zu) bedenken«.[16]

Die Zustimmung in den DDR-Kirchen erklärte sich zum anderen aus der»personellen Verflechtung« von SPD-Politikern in Partei- und Kirchenfunktionen und den sich daraus ergebenden Kontakten zu DDR-Kirchenvertretern. Erhard Eppler zum Beispiel war zugleich Vorsitzender der SPD-Grundwertekommission und über viele Jahre Präsident des Deutschen Evangelischen Kirchentages. In letzterer Funktion hatte er enge Beziehungen zu den Kirchen der DDR. So lag es nahe, dass er u.a. Konsistorialpräsident Manfred Stolpe, aber auch Superintendent Günter Krusche und Propst Heino Falcke über die Treffen mit der SED und über einige Passagen aus dem Entwurf des gemeinsamen Papiers vertraulich informierte. Auf diese Weise waren die Kirchenvertreter früher über die Arbeit am Streitpapier informiert als Honecker und Hager. Diese Beziehungen zwischen Personen und Gremien der SPD – das betrifft zum Beispiel auch Jürgen Schmude und Johannes Rau – und Kirchenvertretern der DDR waren kein einseitiger Prozess, sondern ein stetiges, wechselseitiges Geben und Nehmen, bei dem beide Seiten voneinander lernten. Auf diese Feststellung legen beide Partner inzwischen großen Wert.

Neben den inhaltlichen und personellen Faktoren wirkte sich schließlich auch der Zeitpunkt der Verabschiedung des Papiers günstig auf dessen Aufnahme in den evangelischen Kirchen der DDR aus. Im Herbst 1987 schien sich eine gewisse »Liberalisierung« in der DDR abzuzeichnen. Vor allem der Olof-Palme-Friedensmarsch, der eine Woche nach der Präsentation des Papiers stattfand, zeitigte in den Kirchen Wirkungen. Erstmals war die Maxime der SED, das Wirken der unabhängigen kirchlichen Gruppen auf den kirchlichen Bereich zu begrenzen, außer Kraft gesetzt worden. »Ein Stück ›Glasnost‹ – um des Friedens willen. Olof-Palme-Friedensmarsch mit ungewöhnlichen kirchlichen Ansätzen« überschrieb die in Berlin-West herausgegebene Zeitschrift *Kirche im Sozialismus* ihren Bericht.[17] Darin war u. a. zu lesen: »Der lange Weg bot viel Gelegenheiten zum persönlichen Dialog zwischen Christen und Nichtchristen. Gesprächsstoff war das in der Vorwoche veröffentlichte Papier von SED und SPD. (…) Die Tatsache, dass sich die SED zur gleichen Zeit zusammen mit der SPD zur ›Entwicklung einer Kultur des politischen Streits‹ und des ›kontroversen Dialogs‹ bekannt hat, eröffnete die Chance, dass bewiesene Offenheit in sicherheitspolitischen Fragen auch im Inneren nicht ein einmaliges Ereignis bleibt.« Auch Markus Meckel und Vera Wollenberger, beide damals Mitglieder in unabhängigen Friedenskreisen der Kirche, zeigten sich von ihren Erlebnissen während des Friedensmarsches durch die DDR sehr angetan. Meckel sprach in einem Brief des Friedenskreises Vipperow an den BEK von einer »wichtigen neuen Erfahrung für uns« und einem »Hoffnungszeichen in unserer Gesellschaft«.[18]

Nicht zuletzt konnten die beiden Verantwortlichen für das Papier, Erhard Eppler auf Seiten der SPD und Otto Reinhold auf Seiten der SED, darauf verweisen, dass sie gerade an den jeweiligen Kirchentagen in Ost und West teilgenommen hatten. Erhard Eppler war – einmal mehr – Gast des DDR-Kirchentages 1987, der in Berlin (Ost) stattgefunden hatte. Und mit Otto Reinhold nahm, ebenfalls 1987, erstmals ein hochrangiger SED-Politiker am Deutschen Evangelischen Kirchentag in Frankfurt-Main teil. Bei der Vorstellung des Papiers auf der Pressekonferenz in Berlin (Ost) verwies Reinhold, wie das *Neue Deutschland* berichtete, »auf die Friedens- und Dialoginitiativen der Kirchen, mit deren Zielen das gemeinsame Dokument vielfach übereinstimme«[19]. Die Kirchen hörten diese Botschaft gern. Einigen Amtsträgern des BEK war es auch wichtig, dass ihr DDR-Gesprächspartner, die SED, nun auch offiziell als Dialogpartner der SPD anerkannt war. Das konnte ihre Position in der DDR nur stärken. Auf jeden Fall schien sich nun einiges zu bewegen, worauf die Kirchen seit langem, wenngleich stets sehr behutsam, gedrängt hatten.

Kirchliche Erwartungen und Forderungen

Die Erwartungen, die sich mit dem Papier in den evangelischen Kirchen verbanden, zielten in zwei Richtungen: Friedens- und Gesellschaftsdialog. Natürlich waren die Kirchen daran interessiert, dass es nicht bei den ersten Schritten einer Ost-West-Entspannung blieb, sie wollten diese stabilisiert und fortgeführt sehen. Das friedenspolitische Engagement des Papiers wurde deshalb keineswegs unterschätzt. Schon im Bericht der Konferenz der Evangelischen Kirchenleitungen auf der Görlitzer Synode vom September 1987 hieß es: »Das Dokument ›Der Streit der Ideologien und die gemeinsame Sicherheit‹ (...) ist ein Versuch, in der besonderen Gefährdung an der Trennlinie zwischen den Blöcken Streitfragen friedlich auszutragen. Die Konferenz begrüßt diese Absichtserklärung. Wenn sie in Taten erfahrbar wird, wird die Erklärung an Bedeutung gewinnen. Die Grenze zwischen Staaten unterschiedlicher gesellschaftlicher Ordnung darf nicht Trennlinie sein, sondern muss als Nahtstelle begriffen und gestaltet werden, an der die unlösbar miteinander verbunden sind, die nur gemeinsam überleben können.«[20] Die evangelischen Kirchen befürworteten die Initiativen der UdSSR wie der DDR zur Ost-West-Normalisierung und Abrüstung. Ganz offiziell nahmen sie auch an dem internationalen Treffen für atomwaffenfreie Zonen in Berlin im Jahre 1988 teil, das von der SED mit großem Propagandaaufwand veranstaltet wurde. Gleichzeitig erkannten sie sehr wohl den neuen Ansatz sicherheitspolitischen Denkens, wie er in dem gemeinsamen Papier mit der SPD formuliert worden war: Frieden gewinnen durch die Entmilitarisierung des Denkens und durch Verzicht auf Abschreckungspolitik in Ost und West. Dieser Ansatz stand den Kirchen besonders nahe. Schon die Görlitzer Synode hatte die EKD in der Bundesrepublik, die sich bislang nicht offiziell zum Papier geäußert hatte, aufgefordert, sich in den systemöffnenden Dialog im Sinne des Papiers einzuschalten. Der Präses der Synode der Evangelischen Kirche der Union (EKU) im Bereich der DDR, Oberkirchenrat Herbert Karpinski, ging vor der rheinischen Landessynode auf das Papier ein und erklärte im Januar 1988: »Für uns hat das Papier eine große Bedeutung. Es wird von der Führung unseres Landes und unseren Menschen ernst genommen. Nicht wenige berufen sich darauf. Es bedeutet für die führende Partei in der DDR eine Wendung um 180 Grad, wenn in Zukunft auf Feindbilder verzichtet wird und dem ›aggressiven Imperialismus‹ die ›prinzipielle Friedensfähigkeit‹ konzediert wird.« Mahnend und einschränkend zugleich fuhr er fort: »Ein neues Denken ist im Alltag noch wenig zu erkennen (…).«[21] Der letzte Satz verweist schon auf die zweite Seite der kirchlichen Erwartungen, die vor allem den innenpolitischen Aspekten des Papiers galten. Das Dialogpapier stärkte in den Kirchen die Hoffnung, dass die SED auf Dauer vielleicht doch von ihrem Absolutheits- und Unfehlbarkeitsanspruch sowie von ihrer Abgrenzungspraxis abrücken und die Existenz verschiedenartiger, gleichberechtigter Weltanschauungen hinnehmen könnte. Vor allem aber verbanden die Kirchen mit dem Papier die Erwartung eines Dialogs in der DDR, den es ja bislang nicht wirklich gab. Es ging ihnen um fruchtbare Gespräche zwischen Staat und Kirche, aber auch um einen Dialog in der Gesellschaft, der nicht von vornherein »unliebsame« Bürger, Andersdenkende oder die unabhängigen Gruppen, die es in den Kirchen gab, ausschloss. Diese Forderungen wurden auch während der Ökumenischen Versammlung für »Gerechtigkeit, Frieden und Bewahrung der Schöpfung« 1988 erhoben. So befasste sich eine der von der Vollversammlung eingesetzten drei Arbeitsgruppen mit dem Thema »Mehr Gerechtigkeit in der DDR – unsere Aufgabe und unsere Erwartung«. Der inhaltliche Ausgangspunkt dieser Diskussion war die Erkenntnis: »Weil mehr Gerechtigkeit in der DDR den inneren Frieden und den Frieden in Europa fördert und damit unsere Gesellschaft zu einem einladenden Beispiel in unserer bedrohten Welt werden kann, fragen wir: (…) Wie können wir zu einer Öffentlichkeit kommen, die Wahrhaftigkeit fördert, sachgerechte und vielfältige Informationen ermöglicht und eine offene und öffentliche Diskussion über Wege in die Zukunft eröffnet. Wie können wir zu einer Entwicklung des Dialogs zwischen einzelnen Gruppen, Institutionen, staatlichen Organen beitragen?«[22] Dabei erkannten sie zunächst die Chance, die SED nun an ihre eingegangenen Verpflichtungen erinnern zu können und einzuklagen, was dort im Interesse der Menschen formuliert worden war. Denn noch hoffte man auf positive Veränderungen. Anknüpfend an die Erfahrungen des Olof-Palme-Friedensmarsches stellte die Görlitzer Synode in ihrem Beschluss fest: »Der Olof-Palme-Friedensmarsch für einen atomwaffenfreien Korridor in Mitteleuropa hatte zwischen kirchlichen und gesellschaftlichen Gruppen der Friedensarbeit zu neuen Erfahrungen geführt. Erstmalig konnten in diesem Rahmen Inhalte christlicher Friedenszeugnisse in bisher nicht gewohnter Weise öffentlich sichtbar gemacht werden. Die darüber geführten Gespräche helfen den Teilnehmern, andersdenkende Partner neu zu verstehen und Berührungsängste zu überwinden. Die Öffnung füreinander hat gemeinsames Handeln ermöglicht, ohne dass die Unterschiede in der Motivation verwischt werden mussten. Das gilt im politischen Handeln auch über Grenzen hinweg. Das zeigt das gemeinsame Arbeitsergebnis von SED und SPD ›Der Streit der Ideologien und die gemeinsame Sicherheit‹. Es könnte eine handhabbare Methode für andere Bereiche bieten: Gemeinsame Überzeugungen feststellen, Unterschiede benennen und nach Richtungen suchen, in denen eine Zusammenarbeit möglich wird.‹[23]

Das SPD-SED-Papier als »handhabbare Methode für andere Bereiche« – dies sollte nach Auffassung der evangelischen Kirchen nicht zuletzt auch für die Gespräche zwischen Staat und Kirche in der DDR gelten. Hier gab es schon einige positive Erfahrungen. Die Synode begrüßte diese Gespräche, doch für die Zukunft wollte man über mehr sachbezogene, die Christen in der DDR besonders berührende Themen beraten. »Wehrdienstfragen, Fragen des Bildungswesens, Fragen des Umgangs mit dem Bürger bei Entscheidungen, die seinen persönlichen Lebensbereich betreffen, Fragen der Rechtspraxis und Pressefragen sind Bereiche, die für das Leben der Christen und der ganzen Gesellschaft von Bedeutung sind. Ergebnis dieser geplanten Informationsgespräche (wie sie der Staatssekretär für Kirchenfragen vorgeschlagen hatte, R.R.) könnte sein: Gemeinsame Einsichten festhalten, grundsätzliche Meinungsverschiedenheiten aussprechen und praktische Regelungen suchen.«[24]

Damit wurden Themen benannt, die in der DDR von größter Relevanz waren, aber von der SED nicht ernsthaft aufgegriffen wurden, da hier die entscheidenden Konfliktfelder zwischen Staat und Kirche lagen. Viele Repräsentanten der Kirchen glaubten, dass sich mit dem SPD-SED-Papier neue Chancen böten, mit dem Staat näher ins Gespräch zu kommen. Interessant an dem zitierten Beschluss der Görlitzer Synode ist der Verweis auf das »Dreierschema« des angestrebten Staat-Kirche-Dialogs: Gemeinsamkeiten festhalten, Gegensätze aussprechen, politische Regelungen suchen – ein »Dialogmodell«, wie es auch dem SPD-SED-Papier zugrunde lag.

Doch den Kirchen war auch der ambivalente Charakter der SPD-SED-Absprache bewusst. Trotz aller Hoffnungen, die sie damit verbanden, war ihnen klar, dass die SED weiterhin die Definitionsmacht hatte und bestimmen konnte, wie weit die Konsequenzen aus dem Papier gehen sollten. Nach wie vor herrschte Ungewissheit und Skepsis in den Kirchen, wie tragfähig das Papier im praktischen Leben der DDR werden würde. Landesbischof Werner Leich sprach deshalb zunächst von einer Absichtserklärung.»Wenn die Taten folgten, könnten wir froh sein.« Die Bürger der DDR müssten die Inhalte des Papiers praktisch erfahren können. Dazu gehörten auch der Austausch von Presseerzeugnissen und das »Erleben im jeweils anderen Land«. Der Dialog dürfe sich nicht allein auf die beiden Parteien beschränken, sondern solle auf alle Bereiche des gesellschaftlichen Lebens Anwendung finden.[25]

Der Beschluss der Evangelischen Landeskirche Greifswald verwies nicht nur auf die Ambivalenz des Papiers, sondern auch auf die Gegenkräfte und ihre ideologischen sowie politischen Machtpositionen. »Die Bereitschaft zu einem wirklich neuen Herangehen an strittige Fragen auch in der gemeinsamen Erklärung von SED und SPD« wurde anerkannt. »Insbesondere der erklärte Verzicht auf den Alleinvertretungsanspruch der Wahrheit ist ein historisches Ereignis, das neue Möglichkeiten auch zum toleranten und partnerschaftlichen Umgang unserer Gesellschaft erschließen wird. Es ist gewiss kein Anlass gegeben zu einer euphorisch-verklärenden Sicht unserer Zeit. Mächte und Kräfte des alten Denkens der Stärke, der Repression und der intoleranten Rechthaberei gibt es allenthalben noch zur Genüge – aber der Ausdruck ›noch‹ ist schon erlaubt!«[26] Auf der Ökumenischen Versammlung der Christen und Kirchen der DDR im Februar 1988 in Dresden sprach Hans-Jürgen Fischbeck die Widersprüche zwischen der Abgrenzungsstrategie der SED und ihrem Dialogversprechen im gemeinsamen Papier mit der SPD nachdrücklich an: »Die DDR hat sie (die Abrüstungsinitiativen der Sowjetunion, R.R.) durch deutliche Beiträge gefördert. Das gemeinsame Papier von SPD und SED und der Besuch Honeckers in der Bundesrepublik hatten positive Rückwirkungen auf die inneren Verhältnisse bei uns, die besonders beim Olof-Palme-Marsch sichtbar wurden.« Die DDR versuchte »an der außenpolitischen Entspannung aktiv teilzunehmen, aber gleichzeitig an der inneren und folglich auch der äußeren Abgrenzung festzuhalten (…) Die Chance des Sozialismus ist, so meine ich, nicht die Abgrenzung, in deren Schutz er, wie man glaubte, seine Vorzüge voll entfalten kann, sondern die bedachtsame innere und äußere Öffnung.«[27]

Es gab in den evangelischen Kirchen der DDR also genügend Leute, die
sahen, worauf sich die SED-Führung mit der Zustimmung zum Papier »Der
Streit der Ideologien (...)« eingelassen hatte. Ideologie und Machtfragen,
das waren die Heiligtümer der Partei. Darüber wurde (bislang) nicht diskutiert, schon gar nicht mit den Kirchen. Sollte sich das nun ändern? Die evangelischen Kirchen in der DDR blieben skeptisch. Sie hatten den Monopolanspruch der SED auf Wahrheit zur Genüge zu spüren bekommen. Aus den
Zugeständnissen, die das SED-SPD-Papier offensichtlich enthielt, wurden
deshalb keine überzogenen Forderungen abgeleitet, man blieb »immer unterhalb der Reizschwelle (...) jedenfalls bis Ende 1988«[28]. Dennoch hatten
die Forderungen eine klare Tendenz: Öffnung nach innen und nach außen.
Am deutlichsten positionierte sich hinsichtlich der Folgen des Papiers die
bereits erwähnte Görlitzer Synode vom September 1987. Nach der Öffnung
zum Gespräch der Ideologien, nach ersten Schritten zur Abrüstung und dem
veränderten politischen Klima im Anschluss an den Besuch des Staatsratsvorsitzenden in der Bundesrepublik Deutschland gelte es, dass »auch andere bestehende Abgrenzungen schrittweise überwunden werden«. Man erwarte Fortschritte u. a. beim Austausch von Publikationen, Zeitschriften und
Informationsmaterial; eine Erweiterung des Austausches auf kulturellem
und wissenschaftlichem Gebiet; rechtliche Regelungen von Reisemöglichkeiten für alle DDR-Bürger. Ohne Umschweife wird konstatiert: »Dialog
und Öffnung für den Andersdenkenden sind auch innerhalb unserer Gesellschaft eine Chance. Sie tragen zum Abbau von Belastungen und Isolie-
rungserfahrungen einzelner Bürger und ganzer Gruppen bei. Sie werden als
eine Form des neuen Denkens erfahren.« Dabei seien die Christen zur Mit-
arbeit und Mitgestaltung bereit.[29]

Vor dem Hintergrund einer prinzipiellen Zustimmung zum SPD-SED-
Papier gab es bei den evangelischen Kirchen aber auch Differenzen bezüglich der daraus abzuleitenden Schlussfolgerungen für kirchliches Handeln.
Schon auf der Görlitzer Synode wurde dies deutlich. Das SPD-SED-Papier
ermutigte die Basis, die Kirchenführung aufzufordern, für Gespräche über
gesellschaftliche Veränderungen und öffentlich für mehr Reisefreiheit ein-
zutreten. »Absage an Praxis und Prinzip der Abgrenzung« hieß ein Antrag,
den die Berliner Bartholomäus-Gemeinde noch vor der Veröffentlichung
des Papiers und vor dem Honecker-Besuch in der Bundesrepublik formuliert hatte. Der den Antrag vortragende Erfurter Propst Heino Falcke forderte, die im SPD-SED-Papier enthaltene Vereinbarung einer freien Dis-

kussion über Vor- und Nachteile eines jeden Systems müsse auch in der
DDR gelten. Er sah in diesem Papier ein erstes Anzeichen für einen Wandel
in der DDR hin zu einer mündigen Gesellschaft.[30] Die Synode lehnte den
Antrag jedoch mit der Begründung ab,»dass die DDR gegenwärtig eine
Politik der Öffnung vertritt, die Abgrenzung überwinden soll. Zwar gibt es
noch viele dem widersprechende Erfahrungen, aber eine förmliche Absage
an Praxis und Prinzip der Abgrenzung ist nicht an der Zeit.«[31]

Es gab in der Kirche stets Gruppierungen, die die Vereinbarungen des
SPD-SED-Papiers drängender einforderten als die Mehrheit. Und dies nicht
nur zu Beginn der Diskussion, sondern über die ganzen Jahre hinweg bis
zum Ende der DDR. Die Ablehnung des von Heino Falcke begründeten
Antrags drückte die Sorge der Mehrheit aus, die SED nach ihren Ansätzen
einer Öffnung – wie sie sich im SPD-SED-Papier und im Olof-Palme-Friedensmarsch äußerte – nicht zu»überfordern«. In diesem Sinne sprach auch
Friedrich Schorlemmer auf der Bundessynode in Görlitz, dem es zugleich
darum ging, trotz von»Trümmern zerbrochener Träume« diesen begonnenen Dialog fortzusetzen und zu erweitern.[32]

Staatliches Misstrauen

Die SED-Kirchenpolitik war darauf gerichtet, die Kirchen auf ihren institutionell festgelegten Binnenraum zu beschränken. Hier und nicht in der öffentlichen Sphäre sollten sie ihre Freiräume nutzen können. Eine politische
Rolle hatte die SED für die Kirchen nicht vorgesehen. Vor allem die Synoden galten als Gradmesser dafür, ob die Kirchen diese»ihre« Rolle einnahmen. Die Berufung der Kirchen auf das SPD-SED-Papier, verbunden
mit eigenständigen gesellschaftlichen Forderungen, sahen die SED und die
staatlichen Institutionen von Anfang an mit Besorgnis und Misstrauen. Das
Ministerium für Staatssicherheit wurde von der SED-Führung beauftragt,
dafür zu sorgen, dass die Kirche diese ihr zugedachte Rolle nicht überschrei-
tet und damit nicht als politischer»Störfaktor« wirkt. Auftretende Konflikte – nicht zuletzt durch das Wirken der unabhängigen Gruppen in den Kirchen – wurden insbesondere in den Zuständigkeitsbereich des MfS
delegiert.[33] Die internationale Entspannungs- und Dialogpolitik sollte so
unterstützt werden und»als gesichert« gelten, spektakuläre Repressionsmaßnahmen sollten möglichst vermieden werden.[34]

Anders als im ZK der SED wurde im MfS deshalb das SPD-SED-Papier schon kurz nach seinem Erscheinen dahingehend »geprüft«, welche Wirkung es nicht nur in der Bevölkerung der DDR, sondern speziell auch in den Kirchen und bei den unter ihrem Dach operierenden Gruppen auslösen könnte. Die entsprechende Beobachtung der Diskussion des Papiers in den Kirchen und unter den kirchenleitenden Personen erfolgte systematisch und über den gesamten Zeitraum von 1987 bis 1989 hinweg. Als besonders wichtig angesehene Informationen wurden an Honecker und einige andere Politbüromitglieder gesandt. Im Politbüro gab es jedoch – wie die Aktenlage zeigt – nie eine Diskussion über die Kirchen und ihre Haltung zum SPD-SED-Papier. Besonders heikle Fragen wurden zwischen Erich Honecker und Erich Mielke persönlich abgesprochen. Ansonsten gab es eine enge Zusammenarbeit zwischen der Arbeitsgruppe Kirchenfragen im Apparat des ZK der SED, der Dienststelle des Staatssekretärs für Kirchenfragen sowie deren nachgeordneten Gliederungen in den Bezirken und Kreisen der DDR, den entsprechenden Mitarbeitern der Bezirks- und Kreisleitungen der SED und den zuständigen Mitarbeitern im Bereich Inneres der Räte der Bezirke und Kreise sowie dem Ministerium für Staatssicherheit.[35]

Am meisten beunruhigte, dass die Kirchen das Papier vor allem auch als ein innenpolitisches Dokument betrachteten. Die SED-Führung hatte diese Lesart von Anfang an zu negieren versucht. Das Ministerium für Staatssicherheit und insbesondere die für die Kirchen zuständige Abteilung sandte stets neue »Notsignale« über den »Missbrauch des Papiers« in und durch die Kirchen aus. In einer achtseitigen Analyse des »kirchlichen Gebrauchs und Missbrauchs des SED-SPD-Dokuments« vom Februar 1988 hieß es: »Das Dokument wird nicht nur als bedeutsam für die beiden genannten Parteien und ihre entsprechende Politik eingeschätzt, über die Systemgrenzen hinweg also als ein Dokument der jeweiligen Außenpolitik, SED für die DDR und SPD für die BRD, sondern auch als nützlich für die Innenpolitik bzw. für die inneren Verhältnisse insbesondere der DDR. Dies wird auf das Verhältnis Staat-Kirche bezogen mit allen kirchlicherseits behaupteten ungelösten Fragen, des weiteren auf eine ›innere Reformfähigkeit in der DDR‹ und auf die ›Glaubwürdigkeit des Zusammenlebens in unserem Land‹.«[36] »Ein Dialog«, so werde argumentiert, »zwischen Ost und West verlangt auch den Dialog innerhalb der DDR«. Aus west- und ostdeutschen kirchlichen Stimmen könne resümiert werden: »Insgesamt ergibt sich, dass sich die Evangelische Kirche in der DDR eine unverzichtbare Partnerschaft

vor allem DDR-innenpolitisch, im Sinne des SED-SPD-Dokuments zuspricht und zusprechen lässt. Dies bedeutet, dass damit zu rechnen ist, dass
sie in allen zur Diskussion stehenden Fragen und Grundfragen ihre Ansichten und Forderungen zur Vorlage bringen wird.«Als solche Fragen im Kontext des Papiers werden u.a. genannt:»offene Diskussionen über Vor- und
Nachteile des Gesellschaftssystems«,»Dialog unter gleichen Partnern bei
Verzicht auf ideologischen Alleinvertretungsanspruch, aber auch Reiseerleichterungen, die Möglichkeit von Wehrdienstverweigerungen, Erziehung
an den Schulen zur Toleranz statt zum Hass auf den Klassenfeind«.
Welche Absichten verfolgten die evangelischen Kirchen bzw. ihre Repräsentanten, als sie sich so nachdrücklich auf das SPD-SED-Papier beriefen? Betrachtet man die entsprechenden kirchlichen Erklärungen und das
praktische Verhalten der evangelischen Kirchen in der DDR einerseits und
die entsprechenden staatlichen Deutungen andererseits, so ergibt sich eine
kaum zu überbrückende Kluft. Den evangelischen Kirchen ging es mehrheitlich um demokratische, durch Dialog und Reform herbeizuführende Veränderungen in der DDR. Eine»Gefährdung« oder gar»Abschaffung« der
DDR war nicht ihr Ziel. Im Unterschied zu einigen Bürgerrechtsgruppen
haben sie deshalb den Dialog von SPD und SED auch nie kritisiert. Die
evangelischen Kirchen waren an einem Dialog mit dem Staat und der SED
interessiert. Mit diesem Ansatz standen sie natürlich, so Oberkirchenrat
Ziegler, der sozialdemokratischen Linie»Wandel durch Annäherung« nahe.[37]
Manfred Falkenau vom BEK sah dabei unterschiedliche Akzente zwischen
der Kirche und den unter ihrem Dach agierenden Gruppen: Die Bürgerrechtsgruppen hätten das Papier eher für ihre Tagesforderungen, für ihre
unmittelbare Praxis genutzt und es nicht so wie der BEK in Bezug zu den
strategischen Fragen des Wandels durch Annäherung und dem neuen Denkgebäude gesetzt. Die gesellschaftliche Dimension sei dort weniger thematisiert worden.[38]
Führungskreise in der SED und im Staat sahen in der relativ moderaten
Haltung der Kirchen dennoch keinen Ansatz zu einem gemeinsamen Dialog, sondern eine»Gefährdung der DDR«. Die im Papier enthaltenen Forderungen nach gesellschaftlichem Dialog und Reformfähigkeit klangen
ihnen aus dem Munde von Kirchenvertretern schnell wie»subversive Handlungen«. In persönlichen Gesprächen, so betonen Kirchenvertreter, standen
gleichzeitig manche SED- und Sicherheitsfunktionäre dem innenpolitischen
Anliegen des SED-SPD-Papiers durchaus positiv gegenüber und hätten sich

für einen ernsthaften Dialog in der DDR ausgesprochen.[39] Doch die vorge-
gebenen Deutungsmuster und der übergeordnete Partei- und Klassenauf-
trag schienen offiziell keine »Abweichungen« zu ermöglichen.

Die Gratwanderung der Kirchen

Die innenpolitische Intention des SPD-SED-Papiers wurde in der SED-
Führung bald nur noch als »Uminterpretation« und »Missbrauch« deklariert. Je enger der Spielraum durch die Veränderungen der weltpolitischen
Lage und die zunehmenden Krisensymptome im Land wurde, desto mehr
rückte die Führung der SED vom Geist des Ideologiepapiers ab (siehe Kap.
3). Das spürten gerade die evangelischen Kirchen, die es so hoffnungsvoll
aufgenommen hatten, besonders schmerzhaft.

Der Olof-Palme-Friedensmarsch, der Besuch Erich Honeckers in der
Bundesrepublik, der neue Kurs Gorbatschows in der Sowjetunion und auch
das gemeinsame Ideologiepapier von SPD und SED brachten Bewegung in
das erstarrte System. Die Führung erschrak und versuchte die Bewegung
rückgängig zu machen. Gerade nach dem Honecker-Besuch in der Bundesrepublik verschlechterte sich die politische Lage in der DDR erneut. Die
vorgesehenen Gespräche der Evangelischen Kirche mit Vertretern des Staates über Fragen der Wehrdienstverweigerung und Volksbildung wurden ohne
Begründung abgesagt. Ende November 1987 erfolgte die Durchsuchung der
Berliner Zionskirche, die zur Beschlagnahme von Materialien der Umweltbibliothek führte, und es kam zu Festnahmen von Bürgerrechtlern. Die Kirchenrepräsentanten verurteilten dieses Vorgehen. In einem Interview vom
23. Dezember 1987 unterstrich der Vorsitzende der Konferenz der Evangelischen Kirchenleitungen Werner Leich die Bedeutung des Papiers und be-
wertete das Eintreten der Menschen für den Frieden, wie es in der Umweltbibliothek zum Ausdruck kam, zugleich als Zeichen ihrer Mündigkeit.[40] In
gleicher Weise forderte Bischof Gottfried Forck von den staatlichen Stellen
mehr Geduld im Dialog mit Andersdenkenden sowie den Abbau von Feindbildern im Sinne des SPD-SED-Streitpapiers.[41] Eine weitere Belastungs-
probe im Verhältnis der Kirchen zum Staat entstand im Januar 1988, als die
DDR-Führung im Zuge der Luxemburg-Liebknecht-Demonstration protestierende Ausreisewillige und Bürgerrechtler verhaften ließ und einige Bürgerrechtler in den Westen abschob. Die Kirchen hatten diese Form oppositio-

nellen Protests zwar nicht gewollt, versagten den Inhaftierten aber nicht ihre Solidarität. So hieß es in einer Stellungnahme der Kirchenleitung Berlin/ Brandenburg vom 30. Januar 1988: »Die Kirchenleitung (…) tritt daher nach wie vor für die Freilassung der Inhaftierten ein und unterstützt ihre Angehörigen. (…) Die Kirchenleitung kann die Aktivitäten am Rande der Demonstration zu Ehren von Karl Liebknecht und Rosa Luxemburg nicht gutheißen. Mitglieder der Kirchenleitung haben vor einer Beteiligung gewarnt. Die Kirchenleitung tritt dringend dafür ein, die laufenden Verfahren so abzuschließen, dass das friedliche Zusammenleben der Menschen in unserem Land gefördert und positive Entwicklungen in der Gesellschaft nicht behindert werden. Das ist nach ihrer Auffassung nur durch die volle Ausschöpfung aller rechtlichen Mittel möglich. (…) Die Kirche und ihre Gruppen werden darauf bedacht sein müssen, dass ihre Solidarität mit den inhaftierten Menschen nicht ihr Anliegen verdunkelt, gewaltlos, unprovokativ und dialogbereit das Zusammenleben in unserer Gesellschaft mitzugestalten.«[42] Die Kirchen wollten sich auch nicht von ihrer Linie des Gesprächs mit den staatlichen Stellen und der Entwicklung eines gesellschaftlichen Dialogs abbringen lassen. Dies wurde für sie immer mehr zu einer Gratwanderung. Aber die Kirchen glaubten, nur so ihrer Verantwortung für die von ihnen vertretenen Menschen wie für die Entwicklung der Gesellschaft gerecht werden zu können und hofften weiter auf Einsicht der DDR-Führung.

In Bezug auf das Streitpapier von SPD und SED wurden die Diskrepanzen zwischen Anspruch und Wirklichkeit nun auch kirchlicherseits z.T. klarer benannt. Konsistorialpräsident Manfred Stolpe brachte dies in einem *Spiegel*-Interview mit den Worten zum Ausdruck: »Der 17. Januar (Datum der Luxemburg-Liebknecht-Demonstration, R.R.) ist schon ein Signal für die Gesellschaft dieses Landes, eine Erinnerung an anstehende Fragen (…) Ich denke aber auch an die Notwendigkeit, in diesem Lande die Kultur des Meinungsstreites zu pflegen, die Notwendigkeit, mit unterschiedlichen Positionen umzugehen.«[43] Bischof Albrecht Schönherr forderte noch deutlicher, die Kultur des Streits zwischen den Ideologien zweier Parteien in zwei unterschiedenen Gesellschaftsordnungen zu einer »Kultur des Miteinanders zweier verschiedener, teilweise gegensätzlicher Grundüberzeugungen von Menschen in einer Gesellschaft und in einem Staat, von Menschen die sich weder ausweichen können noch dürfen« zu entwickeln.[44] In den Jahren 1988/89 vertiefte sich das Spannungsverhältnis zwischen Staat und Kirche in der DDR. Aber das war nicht, wie es in internen Einschätzungen der Sicherheitsorgane verlautete, auf das SPD-SED-Papier zurückzuführen. Das Papier, seine Aufnahme und Diskussion in den Kirchen, hatte im Kontext der zunehmenden Konflikte zur neuen »Unruhe« in der DDR beigetragen, diese aber nicht ursächlich hervorgerufen. Die Kirchenvertreter stellten ihre, mit Bezug auf das Papier, erhobenen Forderungen so, dass der Staat sich gerade nicht »provoziert« fühlen sollte. Die Ereignisse um die Umweltbibliothek, die Luxemburg-Liebknecht-Demonstration und die staatlichen Eingriffe in die kirchliche Presse ließen die begonnene konstruktive Diskussion des Papiers vorerst in den Hintergrund treten. Selbst die für das Frühjahr 1988 vorgesehene und bereits vorbereitete Tagung über den »Streit der Ideologien und die gemeinsame Sicherheit« wurde erst einmal abgesagt.[45] Das Papier fungierte jedoch weiter als Berufungsgrundlage.

Einzelne Kirchenleitungen und Kirchenvertreter suchten zugleich nach neuen Möglichkeiten des Dialogs zwischen Christen und Marxisten in der DDR. So rief die Synode Mecklenburgs die Christen zum verstärkten Gespräch mit Marxisten auf.[46] In den Jahren 1987 bis 1989 kam es zu einer Anzahl institutionalisierter und nichtinstitutionalisierter Gesprächskreise. Die Initiative ging dabei – von Fall zu Fall unterschiedlich – sowohl von Christen als auch von Marxisten aus. Der Ausschuss »Kirche und Gesellschaft« beim BEK veranstaltete mehrere Seminare zwischen Christen und marxistisch-leninistischen Gesellschaftswissenschaftlern der DDR. In einem Bericht über ein gemeinsames Symposium* zum Konzept der »Gemeinsamen Sicherheit« vom Dezember 1986 in Zingst hieß es: »Der Dialog war, wie die Beteiligten gemeinsam feststellten, ein Lernprozess auf beiden Seiten (...) Ein Prozess des Umdenkens in Richtung auf eine ›Neue Logik im nuklear-kosmischen Zeitalter‹ ist in der DDR offenbar in vollem Gange unter Experten, marxistischen Theoretikern und Politikern, obwohl die Diskussionen in manchen Bereichen erst am Anfang stehen und nicht ohne Kontroversen verlaufen, besonders dort, wo es um die Neufassung von Aussagen geht, die traditionelle ideologische Positionen betreffen.« Für die Konsequenz und Glaubwürdigkeit der marxistischen Gesprächspartner

---

* Neben den 14 Teilnehmern vom Bund der Evangelischen Kirchen waren auch 5 Experten aus staatlichen Institutionen anwesend. Zu letzteren gehörten: Prof. Dr. Manfred Müller und Dr. Wolfgang Kubitschek von der Akademie für Staats- und Rechtswissenschaften Babelsberg, Prof. Dr. Peter Klein vom IPW, der Mediziner Prof. Dr. Friedrich Jung von der Akademie der Wissenschaften und Dr. Gregor Putensen von der Universität Greifswald.

spreche auch »die Auseinandersetzung mit einer Äußerung von Prof. Erich Hahn (...) über das Verhältnis von Friedenskampf und Klassenkampf« in der Zeitung *Junge Welt* und insbesondere mit dem »Satz: ›Das Ziel des Friedenskampfes ist nicht die Beseitigung des Kapitalismus. Wenn es sein Resultat sein sollte, so ist das eine andere Frage.‹ Diese Sätze wurden einer harten Kritik unterzogen, da sie mit einem glaubwürdigen Eintreten für friedliche Koexistenz nicht vereinbar seien.«[47] Informelle Gesprächskreise zwischen Marxisten und Christen gab es u.a. in Berlin, Leipzig und Rostock. Die Theologische Studienabteilung beim Bund der Evangelischen Kirchen in der DDR hatte im August 1986 Überlegungen für ein »Programm zum christlich-marxistischen Dialog« entworfen. Ein solcher Dialog sei heute notwendig, aber auch »aufgrund der neuen Entwicklungen und Äußerungen in sozialistischen Ländern und kommunistischen Parteien, die das Verständnis der Religion und die Beziehungen von Marxisten und Christen betreffen«, möglich. Dennoch könne er nur schrittweise entwickelt werden und bedürfe auch auf Seiten der Kirche einer gewissenhaften Vorbereitung und eines Lernprozesses, »um für diesen Dialog bereit und fähig zu sein«[48]. »Wachsende Offenheit in den Gesprächen zwischen Christen und Marxisten konstatierten Teilnehmer einer theoretischen Beratung zum Dialog-Thema, zu der für Ende Januar vom Kirchenbund eingeladen worden war. Von marxistischen Gesprächspartnern werde der Dialog zunehmend als notwendig für das Zusammenleben in der Gesellschaft und für die Bewältigung ihrer Probleme angesehen.«[49] In den evangelischen Kirchen hatte es bereits in der Vergangenheit immer wieder einzelne Versuche gegeben, Gespräche mit Marxisten zu führen. Friedrich Schorlemmer zum Beispiel lud bereits im Januar 1967 Milan Machovec zum Vortrag »Marxismus und Bergpredigt« in die Stadtmission nach Halle ein. Vortrag und Podiumsdiskussion zeitigten bei allen Beteiligten nachhaltige Wirkungen.[50] Neuere Initiativen für einen solchen Dialog gab es u. a. an den Universitäten Rostock und Berlin (Ost), der Akademie für Wissenschaften, der Akademie für Gesellschaftswissenschaften beim ZK der SED und der Ingenieurhochschule für Seefahrt in Warnemünde-Wustrow.[51] Allen Beteiligten war klar, dass diese Annäherung nur allmählich und behutsam in Gang kommen konnte. Denn zum Dialog gehört die Bereitschaft, sich in Frage stellen zu lassen. 1988 war man noch auf beiden Seiten hoffnungsvoll, gegen alle Widerstände allmählich vorankommen zu können. Albrecht Schönherr am 6. März 1988: »Es ist deutlich, dass sich ein Dialog zwischen Marxisten und Christen anbahnt. Nicht in apologetischer oder polemischer Absicht wie bei früheren Dialogen.«[52] Insgesamt blieb es letztlich nur bei vereinzelten Ansätzen. Ein öffentlichkeitswirksamer, gesellschaftlicher Dialog entwickelte sich daraus nicht. Die ambivalente Situation in der DDR des Jahres 1988 zeigte sich in den Kirchen als (Noch-) Hoffnung, als Drängen auf Veränderungen, aber zunehmend auch schon als Enttäuschung. Deutlich wurde diese Stimmung auch auf den vier Kirchentagen 1988 in Halle, Erfurt, Rostock und Görlitz. Das SPD-SED-Papier mit seiner Forderung nach einer neuen Kultur des Streits und des Dialogs war hier zumeist nicht mehr explizit, aber der Sache nach durchaus Gegenstand von kontroversen Debatten, »inoffiziellen« Rundbriefen und »offiziellen« Resolutionen. Der Dialog sollte, entgegen der Hardlinerstrategie in der SED, auf den verschiedenen Ebenen fortgesetzt oder überhaupt erst initiiert werden. Auch deshalb waren die SPD-Politiker Erhard Eppler (Halle), Egon Bahr (Erfurt) und Helmut Schmidt (Rostock) eingeladen worden. Die SED-Führung schlug entsprechende Einladungen aus. Die Teilnahme Otto Reinholds oder von mir bzw. von anderen Wissenschaftlern, die am Dialogprojekt aktiv beteiligt waren, wurde vom Politbüro untersagt. Auch Jürgen Kuczynski konnte nicht kommen. Nur auf dem Rostocker Kirchentag kam es zu einem Dialog zwischen Christen und marxistischen Wissenschaftlern der dortigen Universität. In Halle blieb während des Symposiums »Freiheit als Einsicht«, an dem Erhard Eppler, Edelbert Richter, Friedrich Schorlemmer, der Schriftsteller Rolf Schneider und Peter Schmidt von der (Ost-)CDU-Schulungsstätte in Burg Scheidungen teilnahmen, der für den SED-Vertreter vorgesehene Stuhl symbolisch leer. Der Dialog fand dennoch statt, unter aktiver Beteiligung der im Saal Versammelten. Man war sich einig: Am öffentlichen und offenen Dialog wird auch die DDR nicht vorbeikommen. Der Kirchentag zeichnete sich durch eine neue Offenheit aus[53] und machte deutlich, dass sich die Uhren auch in der DDR nicht mehr zurückdrehen ließen. Erhard Eppler sprach noch einmal über die neuen Grundsätze im SPD-SED-Papier. Er verwies auf das alte Feinddenken in Ost und West und resümierte: »Dass im gemeinsamen Papier von SPD und SED mit diesen Dogmen aufgeräumt wurde, dass sich hier erstmals beide Systeme gegenseitig die Friedensfähigkeit zusprachen, ist etwas, was in den siebziger Jahren noch undenkbar erschien.« Dies war für ihn, auch 1988 noch, der »entscheidende geschichtliche Fortschritt«. Ebenso wichtig sei aber, dass der Dialog über die Grenzen auch den »Dialog innerhalb der einzelnen Gesellschaften« verlange.[54] An diesem Innendialog waren die Kirchenvertreter nun mehr denn je interessiert, erlebten sie in der DDR doch tagtäglich das Gegenteil dessen, was die SED im gemeinsamen Papier mit der SPD zugesagt hatte. Friedrich Schorlemmer hatte dem Kirchentag ein 20-Thesen-Papier unterbreitet, das auf geistigen und gesellschaftlichen Wandel in der DDR orientierte. Seine Forderungen waren überzeugend und eindeutiger, als sie bislang die reformsozialistischen Intellektuellen gestellt hatten: »Lebendige Kultur des Streits um die Wahrheit und um den besten Weg des menschlichen Miteinanders«, Verzicht der Kommunisten auf das »mit Macht ausgeübte Wahrheitsmonopol und auf den prinzipiellen gesellschaftlichen Überlegenheitsanspruch«, »offener und öffentlicher Dialog«, »friedliche Konfliktbewältigung«, »neue Medien- und Informationspolitik«, Revision des Strafgesetzbuches, Reform des Wahlsystems, demokratische Mitbestimmungsmöglichkeiten der Bürger, Einheit von Ökologie und Ökonomie und nicht zuletzt Beiträge zu einer »gerechten Weltwirtschaftsordnung«.[55] Diese Botschaften waren geprägt vom Engagement für eine demokratische Erneuerung der DDR. In seiner Rede zur Erläuterung der Thesen widmete sich Schorlemmer deshalb besonders der Frage gesellschaftlicher »Reformbedürftigkeit und Reformfähigkeit«. Denn: »Jede Gesellschaft hat offenbar in ihrer Entwicklung Tendenzen zur Verknöcherung, zum Machtmissbrauch, zum Zielverlust durch bloßen Machterhalt, ja zur ängstlichen und darum Angst machenden Blindheit gegenüber den Problemen. Und in Gesellschaften oder Gruppen, die eine Zielutopie haben, treten immer wieder Menschen auf, die an die Differenz, ja den Gegensatz von Ideal und Wirklichkeit erinnern. (…) Eine gesellschaftliche Erneuerung funktioniert nur, wenn die einzelnen umkehren *und* es zu einer Reform der gesellschaftlichen Strukturen kommt.« Deshalb lohne es sich, »das Vorhandene zu reformieren, statt es zu verwerfen, abzuschütteln oder sich zynisch abzuwenden«.[56] Doch in der SED stießen diese Reformüberlegungen auf scharfe Ablehnung. Der SED-Bezirkssekretär von Halle Hans-Joachim Böhme charakterisierte die 20 Thesen der Wittenberger in einem Vortrag an der Akademie für Gesellschaftswissenschaften im Herbst 1988 als ein »konterrevolutionäres Programm«.

Die kritischen Stimmen in den Kirchen wurden angesichts der Verweigerungshaltung und Reformunfähigkeit der SED lauter. Und sie kamen vor allem von unten. Auf dem Kirchentag in Halle z.B. machte eine Gruppe mit einem programmatisch betitelten, offenen Brief, »Neues Handeln«, auf

sich aufmerksam, mit dem die Unterzeichner ihre Bereitschaft zum öffentlichen Dialog signalisieren wollten. Zu ihnen gehörten u.a. die Bürgerrechtler
Almuth Berger, Hans-Jürgen Fischbeck, Stephan Bickhardt, Martin Böttcher, Ludwig Mehlhorn und Wolfgang Ullmann.[57]

Die Bundessynode in Dessau vom September 1988 bezog sich im Unterschied zu jener in Görlitz schon nicht mehr direkt auf das SPD-SED-
Papier, aber die damit verbundenen Forderungen blieben und waren aktuel-
ler denn je. Die Synode fasste dieses Mal sogar einen eigenen Beschluss zu
»Fragen des innergesellschaftlichen Dialogs«. Dort hieß es schon einleitend: »Die Synode ist überzeugt, dass die künftige Entwicklung in unserem
Land von Dialogfähigkeit und Dialogbereitschaft in Kirche und Gesellschaft
wesentlich abhängt. Wir müssen miteinander reden lernen, damit wir miteinander leben können. Die persönliche und öffentliche Auseinandersetzung über den künftigen Weg unserer Gesellschaft, aber auch unserer Kirche, darf keinen Lebensbereich ausklammern.« Als vordringliche Bereiche
wurden genannt »Gespräche über Bildungswesen, Wehrdienst und den
Umgang staatlicher Stellen mit dem Bürger«. Der einzelne Bürger sollte
Chancen erhalten, sich frei zu entfalten, um am gesellschaftlichen Leben
aktiv teilnehmen zu können. »Nur wenn der einzelne seine persönliche Verantwortung und Initiative weit entfalten kann, wird er mit seinem ganzen
Leben an den gesellschaftlichen Prozessen teilhaben und für sie Verantwortung übernehmen. Mündige Bürger müssen mit der Vielfalt ihrer Erfahrungen in Kirche und Gesellschaft mitbestimmen können. Kritik darf nicht
von vornherein als Gegnerschaft, sondern im Gegenteil in ihrem konstruktiven Anliegen gesehen und ernstgenommen werden.«[58]

Was eigentlich konnte die SED mehr erwarten als die Bereitschaft zur
kritischen Mitgestaltung der Gesellschaft, die Dialog voraussetzt und Wandel bedingt? Doch zum Dialog war sie nicht fähig, zum Wandel nicht bereit.
Kritik wurde deshalb in direkter Umkehrung der im Dialogpapier festgeschriebenen Grundsätze pauschal als »Einmischung« (von außen) und »Gegnerschaft« (von innen) abqualifiziert. In den Kirchen wirkten, nach Auffassung der Gralshüter der SED, »negativ-feindliche Kräfte«. Auch bei den
offiziellen Gesprächen zwischen staatlichen Stellen und Repräsentanten der
evangelischen Kirchen verschlechterte sich nun zusehends die Atmosphäre.

Oberkirchenrat Martin Ziegler erinnert sich an die damalige Situation
des Jahres 1988: Werner Jarowinsky, der im Politbüro für Kirchenfragen
verantwortlich war, hatte im Februar die Kirchenleitung eingeladen, für die

u.a. Werner Leich und Martin Ziegler teilnahmen. Nicht, wie bislang üblich, zu einem Gespräch, sondern zu einer »Verwarnung«. Stein des Anstoßes waren die Vorkommnisse während der Luxemburg-Liebknecht-Demonstration und die Rolle der Kirchen bei der sich anbahnenden »Unruhe« in der DDR. Jarowinsky verlas einen Text und forderte die Kirchenvertreter auf, ihre Mitschriften als Information an alle Kirchenleitungen weiterzugeben. Für den 3. März 1988 lud dann der Staatsratsvorsitzende Erich Honekker zum Gespräch. Die Einladung kam kurzfristig, so dass sich die Kirchenvertreter nicht, wie sonst üblich, auf das Treffen vorbereiten konnten. Es wurde ein sehr einseitiges »Gespräch«. Honecker verlas mit ernster Miene einen Text und charakterisierte die Situation als zugespitzt und die Beziehungen zwischen Staat und Kirche als stark belastet. Danach herrschte, obgleich es bei den früheren Treffen aufgeschlossene Gespräche zwischen dem Staatsratsvorsitzenden und der Kirchenleitung gegeben hatte, Funkstille. Das Verhältnis Staat-Kirche war aus Sicht der teilnehmenden Kirchenvertreter schwieriger geworden. Deshalb habe die öffentliche Diskussion über das Papier in den Kirchen auch nicht mehr diese Rolle gespielt.[59] Aufschlussreich ist der Vergleich der Gespräche von 1985 und 1988, wie ihn Oberkirchenrat Ziegler zieht: 1985 sei er von dem Gespräch beeindruckt gewesen und habe geglaubt, dass man mit denen über alle Probleme und Fragen offen reden könne. 1988 dagegen sei er persönlich sehr deprimiert gewesen und hätte kaum noch etwas erwartet, denn die Rede zielte auf Abgrenzung. Und man habe nicht gewusst, welche Leute sich in der DDR und in der SED durchsetzen würden.

Die SED-Führung hatte dem Papier mit der SPD zugestimmt, doch ein Konzept, wie man damit im Inneren umgehen könnte, hatte man nicht. Besonders das Verhältnis Staat-Kirche hätte auf der Grundlage des Papiers konstruktiv gestaltet werden können. Die Voraussetzung dafür wäre natürlich eine Umkehr in der SED-Führung gewesen. Die aber, verwurzelt im alten Freund-Feind-Denken, versuchte, jede Kritik zu unterdrücken und keine Öffentlichkeit zuzulassen. Nach außen wurde das Verhältnis Staat-Kirche weiterhin als »beispielgebend« für sozialistische Gesellschaften gepriesen, tatsächlich aber vertieften sich die Konflikte und Spannungen. Auch die zahlreichen »Lageeinschätzungen« und Informationsberichte des MfS zeugten von dem wachsenden Misstrauen gegenüber den Kirchen und ihren Aktivitäten. Dabei wurde vor allem ein enges Zusammenspiel von westdeutschen Politikern und führenden Kirchenvertretern vermutet, das die

Destabilisierung der DDR zum Ziel habe. Der Verdacht richtete sich insbesondere auf das Zusammenwirken von SPD-Politikern und Vertretern der evangelischen Kirchen der DDR. Im SPD-SED-Papier sah man gewissermaßen eine »Scharnierfunktion« für diese als subversiv eingestuften Kontakte (siehe dazu Kap. 8). Natürlich gab es innerhalb der Kirchen unterschiedliche politische Kräfte und Orientierungen, wobei die Dominanz – wie im Rückblick auch ehemalige Mitarbeiter der Kirchenabteilung des Ministeriums für Staatssicherheit meinen – jene Personen hatten, die die gesellschaftliche Entwicklung der DDR kritisch begleiteten und reformerische Prozesse befürworteten.[60]

Das Festhalten am Papier und seine verschiedenen Deutungen

Obgleich also die Erwartungen, die die Kirchen mit dem SPD-SED-Papier verbanden, tief enttäuscht wurden, hielten sie bis zuletzt daran fest. Selbst dann noch, als sich die SED-Oberen schon längst davon verabschiedet hatten und ihre Praxis dem Anliegen des Papiers immer mehr widersprach. Wie nur wenige Institutionen hatten die Kirchen dabei beide Aspekte des Papiers, den außen- wie den innenpolitischen, im Blick. Als Beispiel dafür mag die Rede des Magdeburger Altbischofs Werner Krusche vom 10. Juni 1989 auf dem West-Berliner Kirchentag dienen: »Dass in der DDR Veränderungen großen Umfangs notwendig sind, wissen wir und weiß auch die Staats- und Parteiführung (›Kontinuität und Erneuerung‹). Die Sorge vor möglichen Destabilisierungen ist zur Zeit offenbar noch zu groß, um in der Kirche einen hilfreichen, wenn auch unbequemen Gesprächspartner sehen zu können. Die Kirchen müssten bei der begonnenen Öffnung der Systeme füreinander dazu helfen, bei den jeweils anderen das zu entdecken, was bei einem selber fehlt und was davon es zu verwirklichen gälte. Das SPD-SED-Dokument dürfte hier in die richtige Richtung zeigen.«[61]

Warum diese »Treue« zum SPD-SED-Papier? Ein Beleg für die Staatsgläubigkeit und übermäßige Anpassung an das DDR-System, die den evangelischen Kirchen der früheren DDR von manchen Kritikern angelastet werden? Ausschlaggebend waren meines Erachtens folgende Gründe:

Zum einen waren die Forderungen im SPD-SED-Papier nach Entmilitarisierung des Denkens in Ost und West und nach gesellschaftlichem Dialog mit denen der Kirchen nahezu deckungsgleich. Es war eine Grundprämisse kirchlichen Denkens und Handelns, dass der offene und öffentliche Dialog ohne überzeugende Alternative ist. Von daher bot es sich auch an, dass gerade die Kirchen, namentlich Oberkirchenrat Martin Ziegler vom BEK, in der Wendezeit 1989/90 den Runden Tisch* moderierten.

Zum anderen ließen sich die evangelischen Kirchen damals – wie nahezu alle politischen Kräfte in Ost und West – von der Erkenntnis leiten, dass der anstehende und anzustrebende Wandel in der DDR nur schrittweise, nur friedlich und möglichst im breiten Konsens vollzogen werden sollte. So versuchte Manfred Stolpe immer wieder Verständnis dafür zu wecken, dass sich in der SED-Führung aufgrund der Erfahrungen aus den fünfziger und sechziger Jahren Besorgnisse regten, wenn sie zu Öffnungen und Reformen aufgefordert wurde. »Ich kann mir gut vorstellen, dass solche Besorgnisse da sind. Deshalb setzt man wohl insgesamt in der Reform und in der Medienpolitik auf einen behutsamen, auf einen unspektakulären Weg, auf einen Weg, der mit langsamen Schritten auf Veränderung der gesellschaftlichen Strukturen, auf Neugestaltung der Medienlandschaft führt (…) Der Fortschritt kann getrost wie eine Schnecke kriechen, aber es muss erkennbar sein, dass es sich bewegt. Und es muss erkennbar sein, dass sie ein Ziel hat (…) Wir sind aber der Meinung (…), dass man so etwas nicht überstürzen darf. Also Freunde, bitte habt Geduld. Wir schaffen das, und die nächste Etappe, wo wir einen kräftigen Schritt nach vorn machen werden, wird etwa der 40. Jahrestag der DDR sein.«[62] Zugleich mahnte Stolpe gesellschaftliche Reformen in der DDR an, etwa die führende Rolle der Partei und die Informations- und Rechtspolitik betreffend.[63] Andere Amtsträger der Evangelischen Kirche der DDR sahen dies kaum anders.[64] Ganz im Sinne des SPD-SED-Papiers thematisierten sie zugleich Reformbedarf in den westlichen Ländern. Die Implosion der DDR und ihre »Freigabe« durch Moskau konnte in jener Zeit, 1987 bis Mitte 1989, niemand voraussehen,

---

* Auf Einladung des Bundes der Evangelischen Kirchen tagte der Runde Tisch am 7. Dezember 1989 zum ersten Mal. In einem Machtvakuum des demokratischen Umbruchs in der DDR gelang es, alle relevanten politischen und gesellschaftlichen Kräfte, darunter vor allem die neuen demokratischen Gruppierungen und Parteien, an einen Tisch zu versammeln. Am zentralen Runden Tisch in Berlin waren 17 Parteien und Gruppierungen vertreten. Runde Tische entstanden in der Folgezeit auf allen Ebenen der staatlichen Hierarchie und in vielen nichtstaatlichen Institutionen. Sie wurden zu einem wichtigen Element im demokratischen Transformationsprozess.

deshalb setzten die Kirchen auf einen »besseren Staat«, und »nicht auf dessen Abschaffung«, wie es der DDR-Korrespondent der *Frankfurter Rundschau*, Karl-Heinz Baum, in seiner Betrachtung der Ökumenischen Versammlung der christlichen Kirchen in der DDR 1988 formulierte.[65] Schließlich hofften viele Kirchenvertreter – wie andere Reformkräfte auch – auf einen inneren Differenzierungs- und Wandlungsprozess innerhalb der SED. Das SPD-SED-Papier schien geeignet, diesen Prozess zu forcieren. So erwartete oder erhoffte Martin Ziegler, dass vielleicht doch die aufgeklärten Positionen und die Reformkräfte in der SED Oberwasser bekommen könnten. Der Dialog und das Papier seien richtig gewesen, auch aus heutiger Sicht. Denn dieses Papier hätten ja Leute in der SED ausgearbeitet, mit denen man reden konnte und auch reden wollte und musste.[66]

Matthias Hartmann, damals Redakteur der Zeitschrift *Kirche im Sozialismus*, meint dazu: »Es gab halt immer die Hoffnung oder die positive Unterstellung, dass es in der DDR neben der Beton-Fraktion auch andere gebe, die sich auf Dauer durchsetzen oder irgendwie in einer Weise auch etwas ändern könnten, so wie in der Sowjetunion. Deshalb die Taktik, dass man die kleinen Schritte unterstützt und die Beton-Fraktion nicht durch Überreizen der Forderungen zu Überreaktionen führt. Ich denke, da war die Haltung der Kirchenleitung der DDR genauso angelegt wie die derjenigen in der SPD, die auf diesen Dialog mit der SED gesetzt haben.«[67]

Die Kirchenvertreter hatten bis 1989 den Eindruck, dass in der SED durch das Papier einiges in Gang gekommen war. Man müsse den Flügel stärken, der sich öffnet und Reformen will, und verhindern, die Konservativen zu ermutigen. Im Protokoll über ein Gespräch von Mitgliedern des Ausschusses »Kirche und Gesellschaft« beim BEK mit Vertretern der »Deutschen Friedensgesellschaft DFG-VK« vom 25. Februar 1989 heißt es: »Wie kann ›Wandel bei gleichzeitiger Stabilität des Gesellschaftssystems‹ erreicht werden?« Wenn man der Gefahr der Eskalation begegnen wolle, müsse man berücksichtigen: »Veränderungsbewegungen in der DDR haben nur eine Chance, wenn sie vom Reformflügel aus der SED selbst heraus kommen, nicht über Anti- oder Bürgerrechtsbewegungen.«[68] Aber die Geschichte ging, wie so oft, ihre eigenen Wege. Die historischen Ereignisse haben die Annahme einer reformierbaren SED widerlegt. Das freilich spricht noch nicht gegen die damalige Haltung der evangelischen Kirchen in der DDR zum SPD-SED-Papier.

5.
Die Positionen und die kontroverse Debatte in den politisch-alternativen und oppositionellen Gruppen

Seit den siebziger Jahren fanden sich unter dem schützenden Dach der evangelischen Kirchen zumeist jüngere Menschen in unabhängigen Gruppen zusammen. Sorgen über die Gefährdung der Existenz der Menschheit, Friedensengagement, die Forderung nach einer neuen Entwicklungspolitik und die Suche nach Formen eines alternativen Zusammenlebens bildeten die Konsenselemente dieser ansonsten heterogenen Gruppen. Anfang der achtziger Jahre verstanden sie sich noch nicht als Opposition im Sinne einer offenen Ablehnung des Realsozialismus und einer Gegnerschaft zum herrschenden System. Das wandelte sich erst mit der weiteren Zuspitzung der sozialen und politischen Konflikte in der DDR und der Politisierung der Gruppen seit Mitte der achtziger Jahre. Die Dynamik dieses Prozesses stand auch im Zusammenhang mit dem Machtantritt Michail Gorbatschows und den Veränderungen in der Sowjetunion, in Polen und in Ungarn. Die Forderungen gingen nun eindeutiger in Richtung politischer Reformen und gesamtgesellschaftlicher Veränderungen. Ziele waren eine Demokratisierung und Entmilitarisierung der Gesellschaft, Bürgerrechte und Basisdemokratie.

Das MfS registrierte im Frühjahr 1989 rund 150 »feindlich-negative Personenzusammenschlüsse« mit 2500 aktiven Mitgliedern[1] und ca. 5000 Sympathisanten. 60 Personen bildeten damals den »harten Kern«. 1989 vollzogen viele Gruppen den entscheidenden Schritt, den kirchlichen Raum zu verlassen und direkt Öffentlichkeit zu suchen. Frühestens im Jahr 1988 beanspruchten viele von ihnen nun für sich auch den Begriff Opposition. Erst jetzt gelang eine stärkere organisatorische Vernetzung. Diese Opposition in der DDR der achtziger Jahre hatte zwei Wurzeln: »die halblegalen Gruppen der Bürgerbewegung« unter dem Dach der Kirche und die »illegalen bzw. konspirativen marxistischen Zirkel (ehemaliger) SED-Mitglieder der siebziger Jahre«, die sich ab Anfang der achtziger Jahre in die kirchlichen Gruppen integrierten.[2]

Welche Reaktionen löste das SPD-SED-Papier von 1987 in diesen politisch-alternativen Gruppen aus? Wie im vorausgehenden Kapitel möchte
ich hier zunächst die Rekonstruktion der damaligen Diskussionen, Stellungnahmen und Aktivitäten in den Vordergrund stellen. Auf den später, vor
allem nach der Wende, ausgebrochenen Deutungsstreit in der Bürgerbewegung der DDR über das SPD-SED-Dialogprojekt und seine Folgen wird im
Kapitel 9 näher eingegangen werden.

Die SPD-SED-Erklärung hatte sich für »gemeinsame Sicherheit« und
einen »systemöffnenden gesellschaftlichen Dialog« ausgesprochen. Beide
Positionen waren für die politisch-alternativen Gruppen keine unbekannten Größen. »Gesellschaftlicher Dialog« war dort seit langem ein Schlüsselbegriff. Und auch die Forderung, am Dialog nicht nur die Parteien, sondern alle Menschen und gesellschaftlichen Gruppen zu beteiligen, entsprach
ihrem Anliegen.

Andererseits kam das Papier aus der Sicht dieser Gruppen von »oben«
und war völlig unabhängig von ihnen, ohne ihre Einbeziehung entstanden.
Dies musste ihr Misstrauen und den Verdacht auf »Geheimdiplomatie« er-
regen. Die Entstehungsmodalitäten des Papiers standen dem eigenen, eher
basisdemokratischen Selbstverständnis diametral entgegen. Das Misstrau-
en galt vor allem der SED, die sich bislang dem innergesellschaftlichen
Dialog strikt verweigert hatte und autonome, kritische und oppositionelle
Gruppen mit allen Mitteln auszugrenzen versuchte. Die Skepsis lag nahe.
Wollte die SED mit diesem Papier nur ihr Image aufpolieren, ohne Veränderungen im Innern zuzulassen?

Die ersten Reaktionen dieser nur schwer auf einen Begriff zu bringen-
den, später als »Bürgerrechtsbewegung« charakterisierten Gruppen waren
– wie die der Kirchen – vom Zeitpunkt der Veröffentlichung des gemeinsamen SPD-SED-Papiers beeinflusst. Vor allem der Olof-Palme-Friedensmarsch, verbunden mit dem von Gorbatschow geprägten »Neuen Denken«,
weckte manche Hoffnungen. Vielleicht könnte das Dialogpapier doch Teil
eines sich anbahnenden Wandels in der DDR sein? Hoffnung vor Skepsis?
Tatsächlich sorgte das Papier in vielen Gruppen zunächst für Aufsehen und
Diskussion. Schon am 9. September 1987, wenige Tage nach seiner Veröffentlichung, hielt das Ministerium für Staatssicherheit Reaktionen aus dem
Kreis dieser Gruppen fest: »Die Aussagen im Dokument müssten ja jeden
›strammen Funktionär‹ erschüttern, denn ihm werden von Kindesbeinen an
die heiligen ›Marxschen und Leninschen Thesen‹ ›eingetrichtert‹ und dies

entspreche nicht mehr dem, was im Dokument stehe. Auch könne nun dieses Papier für den Einzelnen zum Anlass genommen werden, seine Rechte einzuklagen. Es gebe eine Reihe alter Positionen, die dieses Dokument, wenn es einen Sinn haben soll, unmöglich machen würde. Das wäre entweder Heuchelei oder man müsste deutlich machen, welche Positionen heute wirklich anders gesehen werden. Grundmangel des Dokuments sei, dass nie deutlich werde, wo es um Gespräche und wo es um politisches Handeln gehe.«[3] Die Aufnahme des Papiers war zumeist nicht so eindeutig positiv wie bei den Leitungen der evangelischen Kirchen. Aber sie war auch nicht – wie es nach der Wende in Abhandlungen zur DDR-Opposition heißt – nur kritisch oder gar ablehnend.[4] Zunächst überwog sogar die Zustimmung, vor allem das Grundanliegen und die zentrale Forderung des Papiers betreffend. Zweifel hingegen gab es an der ernsthaften Bereitschaft der SED zur Umsetzung der dort formulierten Positionen. Doch selbst zu dieser Frage gab es im August/September 1987 bei vielen noch einmal vage Hoffnungen, die man nicht in die Führungsriege des SED-Politbüros setzte, sondern in die Dynamik der Ereignisse und den damit verbundenen Druck auf die SED und deren Politik. Nur wenige, wie etwa Freya Klier, lehnten das SPD-SED-Dialogpapier von vornherein ab, wie in ihrem Ende 1988 erschienenen *Abreiß-Kalender* unter dem Datum des 28. August 1987 nachzulesen ist. Denn das Papier könne nur den DDR-Machthabern nutzen, die nun auch noch Rückendeckung von der SPD erhielten.[5]

Gesellschaftskritische Theologen und kirchliche Arbeitskreise zum SPD-SED-Papier

Kritische Theologen und die um sie entstandenen informellen, alternativen Gesprächskreise und Gruppen reagierten zu jener Zeit ausgesprochen positiv auf das Dialogpapier von SPD und SED. Das galt z.B. für Friedrich Schorlemmer und seinen Freundeskreis und die Gruppe »Frieden konkret«. Hier wurde das Papier gelesen und diskutiert, gemeinsam überlegte man, wie es für die eigene Arbeit genutzt werden könnte. Bereits während des Olof-Palme-Marsches brachte dieser Kreis die Inhalte des Papiers in die dortigen Diskussionen ein. Gemeinsame Sicherheit war dabei der Schlüsselbegriff, das »Zauberwort«.[6] Schon lange vor dem SPD-SED-Papier kreisten die friedenspolitischen Überlegungen in diesen Gruppen um die Fragen der Friedenssicherung durch Abrüstungsschritte in Ost und West, mit dem Ziel, Sicherheit nicht mehr gegeneinander, sondern miteinander organisieren zu wollen. Im Kern ging es dabei um ein christliches Grundanliegen. Die eigenen Texte stimmten insofern mit den Formulierungen des SPD-SED-Papiers überein. Die Strategie der Gruppe um Schorlemmer war deshalb, das Papier, bzw. wesentliche Textstellen daraus, zu verbreiten und zu popularisieren, um der SED und den staatlichen Stellen zu zeigen: Wir nehmen es ernst und euch beim Wort! Man suchte das Gespräch in der Öffentlichkeit, auch mit der SED. Mit einzelnen Genossen gelang dies auch, doch bei der Staatspartei und ihren Funktionären fand man diesbezüglich kein Gehör. Das Dialogverlangen Friedrich Schorlemmers und seiner Mitstreiter wurde vielmehr brüsk zurückgewiesen und bekämpft.

Bereits die am 5. September 1987 während des Olof-Palme-Marsches organisierte öffentliche Friedens-Diskussion in Wittenberg, zu der trotz der staatlichen Verhinderungsstrategien 80 junge Leute kamen, wurde durch Sicherheitskräfte und deren provokantem Auftreten in der Diskussion gezielt behindert und gestört. Jene hatten sich – wie Friedrich Schorlemmer berichtet – bereits vor Veranstaltungsbeginn an der Eingangstür postiert, um die Teilnehmer zu verunsichern. Tatsächlich schwiegen die »westlichen« Anwesenden, wohl auch, weil sie Weisung hatten, nicht an solchen »Nebenveranstaltungen« teilzunehmen. Die von den Sicherheitskräften gezielt eingesetzten »Diskutanten« provozierten während der Veranstaltung, indem sie versuchten, die Diskussionen für sinnlos zu erklären. Die Gruppe Schorlemmer ließ sich jedoch in ihrem weiteren Vorgehen davon nicht abhalten. Zu wichtig schien ihr die friedenspolitische Debatte mit ihren neuen Prämissen, zu wichtig vor allem die Initiierung des gesellschaftlichen Dialogs. Als sie an einer vom ersten SED-Kreissekretär organisierten Diskussionsveranstaltung zum SPD-SED-Papier teilnehmen wollte, wurde ihr der Zugang verwehrt. Obgleich eine Stunde vor Beginn der Veranstaltung erst etwa zehn Leute im Saal anwesend waren, teilte man der Gruppe am Eingang mit, dass bereits alle Plätze besetzt seien. Als schließlich allein Friedrich Schorlemmer Zugang gewährt werden sollte, lehnte dieser aus Solidarität mit seinen ausgeschlossenen Freunden ab. Er schrieb anschließend einen Brief an den SED-Kreissekretär mit dem Angebot einer gemeinsamen Diskussion zu den Inhalten des SPD-SED-Papiers, gleich an welchem Ort. Eine Antwort bekam er nicht.

Wie andere kritische Theologen und Bürgerrechtler versuchte Schorlemmer weiterhin, Chancen für die Herstellung von Öffentlichkeit in der DDR zu nutzen. Deshalb nahm er auch die Einladung von der Christlichen Friedenskonferenz (CFK) zu einem ökumenischen Symposium am 3. Februar 1988 in den Räumen der Humboldt-Universität Berlin an. Gleich seinen Freunden hatte Schorlemmer noch immer die Hoffnung,»dass der durch das SPD-SED-Papier angestoßene Dialog nun endlich auf dem Boden der DDR geführt werden könnte«[7]. Referenten des Symposiums waren Erhard Eppler von der Grundwertekommission der SPD und der Prorektor für Gesellschaftswissenschaften der Humboldt-Universität, Professor Dieter Klein. Statt eines Schlagabtauschs kam es trotz der äußerst angespannten Situation im Lande, es war kurz nach den Ereignissen um die Liebknecht-Luxemburg-Demonstration, zu einem anregenden Dialog. Schorlemmer zeigte sich einerseits erfreut darüber, dass ein solcher Dialog in den Räumen der Humboldt-Universität möglich war, andererseits verwies er in seinem Diskussionsbeitrag auf die »doppelte DDR-Wirklichkeit« – Dialog hier, repressives Vorgehen gegen Andersdenkende dort. Die Veranstaltung verlief, für viele überraschend, ohne »Zwischenfälle« und sachlich. Dazu hatten auch SED-ler der Humboldt-Universität Berlin beigetragen, die sich hier gegen übergeordnete SED-Leitungen kurzfristig durchgesetzt hatten, wollte doch die SED-Bezirksleitung Berlin ursprünglich die Veranstaltung absagen.[8]

Derartige Positivbeispiele gab es in der DDR 1987/1988 verschiedentlich, aber sie blieben die Ausnahme. Das bekamen die kritischen, auf die sozialistische Reformierung der DDR setzenden Theologen und Bürgerrechtler bald wieder deutlicher zu spüren. Der Versuch Schorlemmers z.b., SED-Vertreter zu einer öffentlichen Podiumsdiskussion mit Erhard Eppler auf dem Kirchentag 1988 in Halle zu gewinnen, schlug fehl. Das SED-Politbüro untersagte die Teilnahme. Zunächst sollte sogar die Einreise der sozialdemokratischen Podiumsteilnehmer verhindert werden. Die Kirchentags-Diskussion zum Thema »Freiheit als Einsicht« fand dennoch statt. Schorlemmer befand später:»So offene Gespräche wie auf dem Kirchentag 1988 hatte ich noch nicht erlebt.«[9]

Als für den 15. November 1987 eine Diskussion zum SPD-SED-Papier in der Paulusgemeinde in Halle vorbereitet wurde und Superintendent Günther Buchenau dazu Pfarrer Friedrich Schorlemmer, den Präses der Synode Reinhard Höppner und einen Philosophieprofessor der Universität Halle einlud, wurde die Blockadehaltung der SED erneut deutlich. Wenige Tage vor Beginn der Veranstaltung erreichte den Veranstalter die Mitteilung des DDR-Philosophen Reinhard Mocek: »Ich kann jetzt nicht kommen.« Über die Gründe musste niemand spekulieren. Die Enttäuschung über die Dialogverweigerungen der SED war groß und viele meinten nun, wie sich Friedrich Schorlemmer erinnert: Mit denen nicht mehr! Dennoch versuchten Einzelne immer wieder, eine »Koalition der Vernünftigen« (Schorlemmer) zustande zu bringen und dafür auch weiterhin das Gespräch mit der Staatspartei zu suchen. Als der SED-Bezirkssekretär von Halle, Hans-Joachim Böhme, die 20 Thesen der Wittenberger Gruppe um Schorlemmer, die diese dem Kirchentag von Halle im Sommer 1988 unterbreitet hatten (vgl. dazu auch Kap. 4), als das Werk »verantwortungsloser Erneuerungsapostel« denunzierte[10], wollten die Wittenberger zunächst mit einer öffentlichen Stellungnahme reagieren, entschlossen sich dann aber nur zu einem Brief an den SED-Bezirkschef, in der Hoffnung, auf diese Weise eher Gehör zu finden. Die Autoren des Briefes erinnerten darin die SED an ihr Versprechen aus dem gemeinsamen Papier mit der SPD, die »offene Diskussion über den Wettbewerb der Systeme, ihrer Erfolge und Misserfolge, Vorzüge und Nachteile« zuzulassen. Wenn dieses Papier Makulatur würde, stehe die Glaubwürdigkeit der SED endgültig auf dem Spiel. Noch einmal setzte man auf eine Kultur des Dialogs in der DDR. Als nach 12 Wochen immer noch keine Antwort eingetroffen war, gab Schorlemmer den Brief schließlich zur Veröffentlichung frei. Es dauerte nur einen Tag und er wurde zum Gespräch »geladen« – nicht zum SED-Bezirkschef, sondern in den Rat des Kreises. Das »Gespräch« sollte unmissverständlich verdeutlichen: Die Partei war im Besitz der Wahrheit und hatte alles im Griff. Dialog und Reform in der DDR blieben für sie Fremdwörter. Der Dialog mit kritischen Theologen und Bürgerrechtlern wurde verwehrt. Die SED-Führung verfolgte auch nach den Vereinbarungen des Papiers mit der SPD die Linie, dass es mit den so genannten »negativ feindlichen Kräften des politischen Untergrunds«, zu denen auch diese Wittenberger Gruppen gezählt wurden, keine und vor allem keine offiziellen Gespräche geben dürfe. Unter keinen Umständen, so legte MfS-Chef Erich Mielke fest, dürften diese Gruppen das gemeinsame Papier mit der SPD nutzen, um sich als politische Partner des Staates zu positionieren.[11] Die Gruppe um Schorlemmer setzte ihre Aktivitäten dennoch unbeirrt fort. Da die SED das mit der SPD vereinbarte Papier nie offiziell zurücknahm, wurde es auch weiterhin immer wieder herangezogen und eingefordert. Vor allem Passagen, in denen es um Reformwilligkeit und Reformfähigkeit ging sowie um den Dialog in der Gesellschaft, waren nach Auffassung Schorlemmers geradezu ein Hebel für den streitbaren Dialog, der dann in das Jahr 1989 mündete. Anders als es die vielen Berichte des MfS offerierten, sahen sich Friedrich Schorlemmer und seine Gruppe bis zuletzt nicht als »Feinde der DDR«, sondern als potenzielle Erneuerer. Das verkrustete Freund-Feind-Denken der SED und ihrer Apparate war außerstande, diese Differenzierung der DDR-Gesellschaft wahrzunehmen und politisch zu verarbeiten.

1987 entstand der Initiativkreis »Absage an Prinzip und Praxis der Abgrenzung«, aus dem später in der Wendezeit die Bewegung »Demokratie Jetzt« hervorging. Zu diesem Initiativkreis gehörten u.a. Wolfgang Ullmann, Pfarrer und Dozent für Kirchengeschichte am Sprachenkonvikt der Evangelischen Kirche Berlin-Brandenburg, Stephan Bickhardt, Theologe, Mitarbeiter der Evangelischen Studentengemeinde in der DDR, Reinhard Lampe, Vikar in Berlin, Ludwig Mehlhorn, Mathematiker und diakonischer Mitarbeiter in Berlin, Hans-Jürgen Fischbeck, Physiker. In Vorbereitung der Synode der Berlin-Brandenburgischen Kirche vom 24.-28. April 1987 erarbeitete der Initiativkreis einen Antrag, in dem deutlich festgestellt wurde, dass die Entspannungspolitik auf Regierungsebene mit einer Abgrenzungspolitik in der DDR einhergehe, an der das gesellschaftliche Leben schwer erkrankt sei. Die im KSZE-Prozess mühevoll in Gang gekommene Vertrauensbildung könne nur gelingen, wenn auch die Bürger der verschiedenen Staaten in einen freien Dialog treten könnten. Dazu sei es jedoch notwendig, dass die diesen Dialog behindernden Abgrenzungen überwunden würden.[12]

In Vorbereitung der Görlitzer Bundessynode vom September 1987 gab der Initiativkreis das Heft *Aufrisse. Absage an Praxis und Prinzip der Abgrenzung* heraus. Darin waren Dokumente und Aufsätze enthalten, die sowohl die Ost-West-Abgrenzungen als auch speziell die der DDR-Gesellschaft kritisch thematisierten. Wolfgang Ullmann schrieb später über die Wirkungen des SPD-SED-Papiers auf den Initiativkreis: »Gerade für den 1987 entstandenen Initiativkreis (...) war das SED-SPD-Papier eine wichtige und motivierende Unterstützung. Wurde doch mit ihm die bisherige Position der SED ›Anerkennung der politischen Koexistenz bei Nichtanerkennung der ideologischen Koexistenz‹ aufgeweicht. Für uns ein wichtiges Argument gegen die Fortführung der Abgrenzungspolitik auf ideologischer Ebene.«[13]

Ein kritisch-konstruktives Verhältnis zum SPD-SED-Papier entwickelte auch Heino Falcke, Propst in Erfurt. Er hatte den Antrag der Initiative gegen die Abgrenzung auf der Bundessynode in Görlitz im September1987 vorgetragen und begründet. Offen und ohne Umschweife sprach er dabei die Ab- und Ausgrenzungspraktiken in der DDR an: Mauer, Reisebeschränkung, Ausbürgerung, Ausgrenzung von Andersdenkenden, Dialogverweigerung. Gleichzeitig fragte er sich, »ob es jetzt an der Zeit ist, der Praxis und dem Prinzip der Abgrenzung eine Absage zu erteilen, wo unser Staat ja gerade eine Politik der Öffnung, der Entspannung, der Vertrauensbildung betreibt«. Als Zeichen dieser Öffnung nannte er das SPD-SED-Papier, aber auch die »Ausweitung der Besuchsreisen in die Bundesrepublik« und schließlich »den Besuch von Erich Honecker in der Bundesrepublik, der die Verantwortungsgemeinschaft der beiden deutschen Staaten in den Friedens- und Umweltfragen unterstrichen« habe. Aber – so schlussfolgerte Heino Falcke – diese Politik der Öffnung bedürfe der »kritischen Assistenz«. Der Öffnung nach außen müsste »eine Öffnung und Offenheit nach innen entsprechen«. Falcke bezog sich dabei mehrfach und sehr dezidiert auf das soeben verabschiedete SPD-SED-Papier. Auch für ihn waren die beiden darin enthaltenen Grundgedanken richtig: »Hier ist ganz auf der Linie des Neuen Denkens der Streit der Ideologien, der ›gemeinsamen Verantwortung für den Frieden, für die Erhaltung der Biosphäre und für die Überwindung von Hunger und Elend in der Dritten Welt‹ (Zitat aus dem gemeinsamen Papier) untergeordnet. Hier wird also der Versuch gemacht, die Systemgegensätze nicht zu verschleiern, aber so mit ihnen umzugehen, dass der friedenssichernde und friedensgefährdende Effekt der Abgrenzung eben gerade nicht eintritt, sondern Kooperation möglich wird. Das bedeutet ja, dass aus einem antagonistischen Gegensatz, wie er bisher gesehen wurde, also einem Gegensatz des Gegeneinanderkämpfens, ein Wettbewerb wird, ja sogar (Zitat aus der gemeinsamen Erklärung) ein ›Wettbewerb in der Kooperation‹. Hier wird das Prinzip der Abgrenzung jedenfalls im Dialog und im Denken überwunden.« Und auch für seine Forderung nach Offenheit im Innern kann sich Falcke auf das Papier berufen, indem er zitiert: »Im gemeinsamen Dokument der SED und der SPD heißt es: ›Kritik und Kooperation dürfen einander nicht ausschließen‹.« [14]

Heino Falcke, einer der kritischsten Persönlichkeiten in der evangelischen Kirche der DDR, war zugleich derjenige, der die Rolle der unabhängigen Gruppen gegenüber der verfassten Gemeinde und Kirche besonders betonte und sich für sie mit Nachdruck auch beim Bund der Evangelischen Kirchen einsetzte. Er sah zahlreiche inhaltliche Übereinstimmungen zwischen dem Ansatz des Papiers und den friedensethischen Grundsätzen der Kirche. Er verstand das Papier als Instrument für den kritischen Dialog mit der eigenen Regierung und für den so bitter notwendigen Dialog in der Gesellschaft. Im Unterschied zu manchen anderen Kollegen war er hinsichtlich der möglichen Wirkung des Papiers jedoch skeptisch. Obgleich er frühzeitig für einen »verbesserlichen Sozialismus« eintrat, traute er der SED den Wandel nicht mehr zu. Deren Haltung zu Perestroika und Glasnost habe dies schon zu einer Zeit gezeigt, als viele noch ihre Hoffnungen auch auf die Reformierung der SED setzten.[15]

Auch im »Pankower Friedenskreis«, der durch Initiative der Pastorin Ruth Misselwitz und ihres Mannes Hans Misselwitz bereits Anfang der 80er Jahre entstand, wurde das SPD-SED-Papier diskutiert und insgesamt positiv aufgenommen. Die Berufung darauf konnte die eigenen Legalisierungsbestrebungen stärken. Man wollte und musste in der damaligen Situation der DDR versuchen, auch die »andere Seite«, die SED, in Richtung Dialog und Reform zu drängen. Hans Misselwitz' strategische Überlegung war, den Dialog von oben, wie den zwischen SED und SPD, mit einer Bewegung von unten zu gesellschaftlichen Veränderungen in der DDR zusammenzuführen. Solche Überlegungen waren damals noch selten. Die einen setzten ausschließlich, oder doch zu lange, auf die Veränderung von oben, die anderen allein auf die Bewegung von unten. Mit einem solchen Ansatz sollten die eigentlich unvereinbar scheinenden Gegensätze produktiv, gesellschaftsverändernd nutzbar gemacht werden.[16]

Auch Richard Schröder, damals Dozent an der Kirchlichen Hochschule Berlin-Brandenburg, sah im SPD-SED-Papier günstige Möglichkeiten, dieses als Berufungsinstanz für das Anliegen der kritischen kirchlichen Gruppen zu nutzen und damit die SED unter Druck setzen zu können.[17]

Bei Steffen Reiche, zu jener Zeit Pfarrer in einer Gemeinde in Brandenburg, der sich an verschiedenen informellen und öffentlichen Diskussionen zum Papier beteiligte und sich in Auseinandersetzungen mit SED-Funktionären wiederholt auf die darin formulierten Ansprüche berief, löste das Papier noch eine ganz andere Wirkung aus. Dazu äußerte er sich später so: »(...) wie die Sozialdemokraten in dem Papier ihre Position beschrieben haben, habe ich wortwörtlich so übernehmen können und habe dabei das erste Mal gemerkt: dann bist du vermutlich selber einer. Und mir kam zum

ersten Mal die Idee – auch im Zusammenhang mit dem Lesen von Texten
von Herrn Hermann Weber über die Geschichte der DDR und von Wolfgang Leonhard – dass man auch auf der Grundlage eines solchen Papiers
diese andere Gruppe, nämlich die Sozialdemokratie auch in der DDR in
irgendeiner Form wiederbeleben und institutionalisieren müsste.«[18] Noch
in der Wendezeit 1989 nahm er bei seinem Besuch im Erich-Ollenhauer-
Haus in Bonn einen Stapel des SPD-SED-Papiers mit, um es in Ostberlin
zu verteilen.

Die oppositionellen Gruppen und die SPD-SED-Gespräche

Nicht nur unter gesellschaftskritischen Theologen erregte das Streitpapier
von SPD und SED Aufmerksamkeit. Auch in vielen der sich in der zweiten
Hälfte der 8oer Jahre immer stärker systemoppositionell verstehenden Gruppen wurde es diskutiert. Dabei war die Verflechtung von kritischen Theologen und oppositionellen Gruppen oft eng, wie die Beispiele Schorlemmer,
Falcke und Eppelmann zeigen. Die Mehrheit der Mitglieder dieser Gruppen lehnte das Streitpapier von SPD und SED keineswegs ab. Das zeigt die
Aktenlage und wird in Gesprächen mit früheren DDR-Bürgerrechtlern und
Oppositionellen bestätigt. Differenzen innerhalb und verschiedentlich auch
zwischen den Gruppen bestanden hinsichtlich der Fragen, welche praktische Bedeutung das Papier für die Arbeit der Gruppen haben könnte und
welche Wirkungen von ihm für gesellschaftliche Veränderungen in der SED
wie in der DDR insgesamt ausgehen könnten.

Die ersten Reaktionen auf die überraschende Veröffentlichung des Papiers Ende August 87 fielen eher zurückhaltend aus. Skeptisch fragten viele,
was die SED da wohl wieder »veranstalte« und welche »Integrations-
fallen« sie damit für systemkritische Kräfte auslege. Der Verdacht auf
eine hintersinnige Entlastungsstrategie der SED lag nahe. Andererseits
konnte man sich mit den zentralen Forderungen des Papiers durchaus
anfreunden, sogar identifizieren. Die inhaltlichen Grundanliegen – gemeinsame Sicherheit, Entmilitarisierung des Ost-West-Konflikts und systemöffnender Dialog – fanden in aller Regel Zustimmung. Je nachdem
welcher Aspekt stärker ins Blickfeld rückte, fielen aber die ersten Stellungnahmen zu dem Papier zwischen den oppositionellen Gruppen unterschiedlich aus.

In der von der Initiative für Frieden und Menschenrechte (IFM) herausgegebenen Zeitschrift *Grenzfall** hieß es in einem Kommentar unmittelbar nach Veröffentlichung des Papiers lakonisch:»Der DDR-Bürger Erich Honecker reist also nach langer, intensiver Medienvorarbeit in die Bundesrepublik (...) Da gehen auch plötzlich die Zahlen der Reisegenehmigungen hoch und SPD und SED bringen auch noch schnell ein unverbindliches und an den wirklich konkreten Problemen völlig vorbeigehendes gemeinsames Ideologiepapier zustande. Im Westen schafft man im Gegenzug eine angenehme Atmosphäre. Den Fernsehzuschauern und Radiohörern wurde in vielfacher Weise nahegebracht, was für ein intelligenter, fähiger Mann der Generalsekretär sei.«[19]

Wolfgang Templin, einer der führenden Köpfe der Initiative für Frieden und Menschenrechte, verwies in einem von Roland Jahn ausgehenden (Telefon-)Gespräch noch am Abend nach der am 1.9.1987 im DDR-Fernsehen gesendeten Livediskussion von SPD und SED auf die in dem SPD-SED-Papier und in der Diskussion enthaltenen Widersprüchlichkeiten. Alte und neue Positionen stünden oft nebeneinander. Noch wisse man nicht, was in der SED künftig gelten solle. Und gegenüber einem Vertreter der Presseagentur AP wagte er schon damals die interessante Prognose, dass ein großer Teil der DDR-Bürger das Dokument ernster nehmen würde als die hiesigen Verfasser. Die Formulierung »für eine Kultur des politischen Streits« würde daher schon sehr bald an ganz anderen Orten, zu anderen Gelegenheiten und von ganz anderen Leuten auf den Tisch gelegt werden. So würde das Papier in der DDR Wirkung auf Leute haben, für die es eigentlich gar nicht bestimmt war, während man im Westen nach ein paar Tagen oder Wochen von diesem Dokument überhaupt nicht mehr sprechen werde.[20]

---

* Die von unabhängigen kirchlichen Gruppen und Bürgerrechtlern herausgegebenen Informationsblätter bzw. Zeitschriften dienten der Herstellung von Öffentlichkeit. Ihre zumeist formale Anbindung an kirchliche Gemeinden oder auch Leitungsorgane und der Vermerk »Nur zum innerkirchlichen Dienstgebrauch« sollte vor staatlichen Repressionen schützen. Zu diesen Informationsblättern, Zeitungen und Zeitschriften, die jeweils nur in geringer Auflagenhöhe erscheinen konnten, gehörten u.a.: *Aufrisse, Friedrichsfelder Feuermelder, Grenzfall, Kontakte, Kontext, Umweltblätter, Streiflichter.* Der von der Initiative für Frieden und Menschenrechte Berlin herausgegebene *Grenzfall* war eine der wenigen Zeitschriften, die auf kirchliche Anbindungen verzichteten. Die staatlichen Institutionen gingen gegen den Samisdat mit vielfältigen Mitteln vor, konnten aber dessen Ausbreitung gerade in der Vorwendezeit nicht verhindern.

Unter dem Titel »Neue Wege?« veröffentlichte der *Grenzfall* im Dezember 1987 – also nach den Ereignissen um die Umweltbibiliothek – einen Beitrag von Ulrike Poppe, der bereits zuvor geschrieben worden war, aber nach Meinung des Blattes »nichts an Aktualität verloren« habe. Poppes Text begann mit dem Satz: »Allen Skeptikern zum Trotz: Es ist Bewegung zu spüren.« Bewegung – durch die Entwicklung im Ostblock, die Konflikte in der Wirtschaft, die nukleare Bedrohung, die Umweltgefahren. Dies mahne zur Vernunft und zwinge zum Dialog. Offensichtlich müssten sich selbst die Staatspartei oder einzelne ihrer Vertreter diesem Problemdruck stellen. Davon zeuge wohl auch die Gründung eines internationalen Problemrates »Menschenrechte«. Nachdem aus der Podiumsdiskussion, die im Oktober 1987 zum SPD-SED-Papier in Freudenberg stattgefunden hatte (vgl. hierzu Kap. 3), einige Passagen meines dortigen Redebeitrags zur Notwendigkeit einer breiten gesellschaftlichen Diskussion in der DDR und zur Entwicklung der sozialistischen Demokratie wiedergegeben wurden, stellte die Autorin fest: Illusionen über einen Wandel in der SED seien fehl am Platze, doch die Chance eines innergesellschaftlichen Dialogs sollte genutzt werden. Von »oben« sei die Veränderung nicht zu erwarten. Die unabhängigen Gruppen müssten ihre Basis erweitern und neue Wege suchen und beschreiten. Auch im *Grenzfall* müsse man darüber das Gespräch führen. »Es sollte meines Erachtens mehr Dialog und Zusammenarbeit mit Menschen verschiedenster gesellschaftlicher Ebenen angestrebt werden.« Die strategische Schlussfolgerung Ulrike Poppes lautete deshalb: »Sowohl autonomes Handeln als auch ein souveränes sich Einlassen auf Reibungen und Bündnisse mit Vertretern anderer Interessengruppen innerhalb der gesellschaftlichen Hierarchie sind beides notwendige Wege zur Demokratie.«[21] Auch für diese interessanten Überlegungen gibt es im Sicherheitsapparat nur die Kennzeichnung »feindlich-negativ«.[22]

Die *Umweltblätter*, herausgegeben von der Umweltbibliothek Berlin, reagierten ebenfalls zunächst zurückhaltend auf das Papier, das sich vielleicht – so die Mutmaßung – nur als »neuer Trick der SED« herausstellen könnte. Erst in der Ausgabe vom 1. November 1987 kam man näher und – nun sehr ausführlich – auf das Papier zu sprechen. Wie schon im Umfeld der IFM zu beobachten war, bildete auch hier das Freudenberger SPD-SED-Forum vom Oktober 1987 den Anlass, sich dem Dialog der beiden Parteien näher zuzuwenden. Zweifellos war dabei die aktive Teilnahme von Jürgen Fuchs auf dem Podium und Roland Jahn im Publikum ausschlaggebend.

Beide gehörten nach ihrer Verhaftung und Abschiebung zu den Dissidenten, die die DDR-Opposition nachhaltig förderten, unterstützten und berieten. Besonders Roland Jahn war es, der Ralf Hirsch, Wolfgang Templin und Ulrike Poppe aufforderte, die Chance des neuen Dialogversprechens der SED zu testen und mögliche neue Anknüpfungspunkte zu nutzen. Er wollte, dass das, was Wissenschaftler der SED im Westen an neuen Überlegungen vortrugen, nicht unberücksichtigt bliebe. Man müsse diese beim Wort nehmen und generell offensiver mit dem SPD-SED-Papier umgehen, gerade auch in Auseinandersetzung mit den herrschenden Kreisen und ihrer Politik. Die SED und ihre Sicherheitsorgane reagierten auf diese Positionierung allergisch. In einer Information des MfS vom 24. Oktober 1987 heißt es:»Die Analyse aller bisher der HA XX/5 bekannt gewordenen Informationen und Hinweise zu den Operativ-Vorgängen ›Weinberg‹ (Jahn, Roland), ›Opponent‹ (Fuchs, Jürgen) und ›Netz‹ (Esche, Dieter) lässt zweifelsfrei eine Ausrichtung ihrer Aktivitäten auf den Missbrauch des gemeinsamen Dokuments der Akademie für Gesellschaftswissenschaften beim ZK der SED und der Grundwertekommission der SPD ›Der Streit der Ideologien und die gemeinsame Sicherheit‹ (im weiteren gemeinsames Dokument genannt) zur Inspirierung und Organisierung feindlicher Handlungen erkennen. Sowohl Jahn als auch Fuchs sehen dieses gemeinsame Dokument übereinstimmend als eine wesentliche Grundlage

– für einen möglichen ›Dialog‹ feindlich-negativer Kräfte in der DDR mit offiziellen Vertretern von Staat und Gesellschaft der DDR, um dadurch als Dialogpartner anerkannt zu werden;

– um den bekannten Forderungen feindlicher Kräfte nach Liberalisierung der gesellschaftlichen Verhältnisse in der DDR wirkungsvoll Ausdruck zu verleihen;

– zur Verunglimpfung der Idee durch das Konstruieren von Widersprüchen zwischen gemeinsamem Dokument und gesellschaftlicher Realität in der DDR.

Diesbezüglich wirken Jahn und Fuchs inspirierend auf solch hinlänglich bekannte feindliche Kräfte in der DDR ein (Templin, Poppe Ulrike, Bomberg, Rathenow, Hirsch, Eppelmann). In ihrem aktuellen Vorgehen fühlen sich Fuchs und Jahn gestärkt durch ihre Teilnahme an der von der SPD organisierten Diskussionsveranstaltung zum gemeinsamen Dokument am 14.10.1987 in der Gustav-Heinemann-Akademie in Freudenberg/BRD un-

ter Mitwirkung von Rolf Reißig von der Akademie für Gesellschaftswissenschaften beim ZK der SED sowie von Thomas Meyer, Mitglied der
Grundwertekommission der SPD, als Mitautoren des Dokuments.«[23]
Was den einen als verheißungsvoller Dialogbeginn unterschiedlicher politischer Kräfte erschien, war für die anderen ein Verstoß gegen die festgelegten Regeln der Staatsmacht. Die SED-Führung war ob der Wirkung des
Freudenberger Symposiums, das in den Medien der Bundesrepublik breiten Niederschlag fand, verunsichert. Ein »Überschwappen« solcher Debatten auf die DDR sollte verhindert werden. Das Wortprotokoll des Freudenberger Podiums wurde gleich mehrfach beschlagnahmt, u.a. wie bereits
erwähnt beim Vorgehen gegen die Umweltbibliothek. Die *Umweltblätter*
vom 1. November veröffentlichten einen ausführlichen Bericht der *Frankfurter Rundschau* vom 16.10.1987 zum Freudenberger Dialog und Ausschnitte aus dem Wortprotokoll. Zugleich wurden einige wesentliche Punkte aus
dem SPD-SED-Papier wiedergegeben. So unter anderem:

– Austausch von Zeitungen und Veröffentlichungen zwischen den KSZE-
  Ländern.
– Dialog zwischen den gesellschaftlichen Organisationen, Institutionen,
  Kräften und Personen. Gegenseitige Besuche und Teilnahme an Semi-
  naren wissenschaftlichen, kulturellen, politischen Veranstaltungen.
– Zusammenarbeit zwischen Ost und West bei Lösung der ökologischen
  Frage und der Frage des Hungers.
– Realistische und differenzierte Darstellung der anderen Seite statt Feind-
  bilder und Bedrohungsängste.
– Kritik sollte auf nachprüfbaren Tatsachen beruhen.
– Keine Einmischung in die inneren Angelegenheiten anderer Staaten –
  aber Kritik darf nicht als Einmischung in innere Angelegenheit betrach-
  tet werden.[24]

Die Autoren zeigten sich überrascht, dass diese Forderungen, die auch aus
den Kreisen der Umweltbibliothek hätten stammen können, die Unterschrift
der SED hatten finden können. Und auch meine aus dem Wortprotokoll der
Freudenberger Diskussion zitierten Äußerungen widersprachen wohl kaum
den Forderungen, wie sie in der Umweltbibliothek erhoben wurden: »Wir
werden den Dialog erweitern, auf allen Ebenen, allen Bereichen; er muss
nicht nur zwischen Funktionären (der SED und SPD) stattfinden, er muss
viel breiter sein. (…) Er muss alle Gruppen einschließen (…) Keiner darf

ausgeschlossen werden aus diesem Dialog (...) Und die nächsten Schritte müssen ernsthaft angegangen werden. Im Sinne, dass der Dialog wirklich weitergeht, fortschreitet, für beide Teile zum Vorteil ist, Nutzen bringt, dass für den Menschen etwas herauskommt.«[25] Den Realitätsgehalt solcher Ansprüche machten die Herausgeber der *Umweltblätter* bereits in der gleichen Ausgabe deutlich, indem sie über die behördlichen Übergriffe gegenüber zweien ihrer Mitarbeiter unter der, mit Fragezeichen versehenen, Überschrift »Untersuchung statt Dialog?« berichteten.[26]

Auch aus dem Westen kam Hilfe von unten. Im *Radio Glasnost*, einer oppositionellen Stimme aus Westberlin für die Bürgerrechtsgruppen in der DDR, wurde über das SPD-SED-Papier und seine Diskussion in West und Ost mehrfach informiert.[27]

Dass sich die oppositionellen Kreise in der DDR nach anfänglicher Zurückhaltung dem SPD-SED-Papier bald stärker zuwandten, hing nicht zuletzt damit zusammen, dass man erste Wirkungen des Papiers in der DDR zu spüren begann, vor allem kontroverse Debatten in der SED, aber auch in Teilen der DDR-Öffentlichkeit. Dies hatte man zunächst nicht erwartet. Das Papier wirkte für die SED also doch nicht nur im Sinne der Entlastung. In Absprache mit Roland Jahn suchten Wolfgang Templin und andere Angehörige der Gruppe IFM nun auch Gesprächskontakte zu SED-Wissenschaftlern, um sie – und in diesem konkreten Fall mich – zu einer Diskussionsrunde zum SPD-SED-Papier in die Umweltbibliothek einzuladen. Für die Sicherheitsbehörden gab es umgehend den Auftrag: »Dieses Gespräch darf unter keinen Umständen stattfinden.«[28], denn solche Veranstaltungen wurden durchweg als »Missbrauch des Dokuments« durch »feindlich-negative Kräfte des politischen Untergrunds« gewertet und staatlich unterbunden.[29] In den Augen der Opposition war dies ein klarer Beweis dafür, wie wenig sich mit dem Papier an der Dialogverweigerung durch die SED geändert hatte und wie angepasst sich die SED-Wissenschaftler verhielten, da sie gegen die Gesprächsverbote offiziell nicht aufbegehrten. Versuche, diese Verbote aufzuheben, hatte es freilich immer wieder gegeben. So wurden auch seitens der Akademie für Gesellschaftswissenschaften entsprechende Schreiben an die SED-Führung gerichtet. Vergeblich. Hin und wieder wurden die Kontaktverbote auf Umwegen durchbrochen, so durch die Organisierung von Gesprächen zwischen SED-Genossen und DDR-Bürgerrechtlern in kleinen informellen Kreisen, aber auch im Rahmen des Kulturbundes oder innerhalb wissenschaftlicher Institute der Akademie der Wissenschaften, der Akademie für Gesellschaftswissenschaften, der Humboldt-Universität bzw. auf »neutralem Boden«, etwa bei der Ständigen Vertretung der Bundesrepublik in der DDR oder in ausländischen Botschaften. Eine Veränderung der absurden Situation wurde aber bis zum Herbst 1989 nicht erreicht. Die Gründe für das Verhalten der SED-Wissenschaftler waren unterschiedlicher Natur: Anpassung; Angst vor dem Rauswurf und damit vor der sozialen Isolation, sofern man nicht den Weg eines Dissidenten wählen wollte; vor allem aber die Überzeugung, das eigene »reformsozialistische Projekt« damit zu gefährden, wenn man entgegen den Weisungen handeln würde. Für die oppositionellen Kreise konnte das alles nicht zählen. Der Bruch zwischen Reformsozialisten und DDR-Oppositionellen hatte freilich tiefere Wurzeln und basiert auf kulturell-mentalen und politisch-strategischen Gründen.[30] Aus unterschiedlichen Milieus kommend und unterschiedliche Wege in der DDR beschreitend, hielten die Reformsozialisten – in dieser oder jener Weise – an der »führenden Rolle« der SED fest und unterschätzten das gesellschaftskritische und -verändernde Potential der Bürgerrechtsgruppen. Dass aber der Dialog gerade im Kontext des weitreichenden gemeinsamen SPD-SED-Papiers nicht zu Stande kam, hat das spätere Verhältnis von Reformsozialisten und DDR-Oppositionellen zusätzlich belastet.

Die Diskussionsrunde der Initiative für Frieden und Menschenrechte (IFM) fand am 4. Juni 1988 dennoch statt, allerdings ohne offizielle Beteiligung von SED-Genossen. Zu den Teilnehmern gehörten Gert Poppe, Ibrahim Böhme, Reinhard Weißhuhn (Berlin), Thomas Rudolph (Leipzig), Frank Eigenfeld (Halle), Ingrid Fröhlich und Erika Drees (Stendal). Den Berichten über diese Veranstaltung zufolge hatten sich die Meinungen zum Papier, seinen Folgen und zum weiteren Umgang damit offensichtlich stärker als anfangs ersichtlich ausdifferenziert. Einige der Teilnehmer informierten darüber, dass sie die Inhalte des Papiers »bei jeder Gelegenheit einbringen« würden. Mehrere forderten, unabhängig vom Verhalten der SED-Führung, die Staatspartei auch weiterhin öffentlich mit der darin eingegangenen Verpflichtung zum Dialog mit Andersdenkenden zu konfrontieren. Andere wiederum lehnten das Papier grundsätzlich ab, weil es »weit hinter den KSZE-Menschenrechtspapieren« zurückbleibe.[31] In den Tagesinformationen für Erich Mielke, in denen jeweils die wichtigsten Ereignisse knapp zusammengefasst wurden, heißt es dann schon am Abend des 4. Juni, 20.30 Uhr, über die Veranstaltung der IFM zum SPD-SED-Papier: »In der Diskussion wurde durch die Teilnehmer in verschiedenen Varianten zum Ausdruck gebracht, dass das Dokument geeignet ist für eine Grundlage zur Entwicklung des Dialogs zwischen den Basisgruppen und dem Staat.«[32] Damit stand fest: Nicht nur die oppositionellen Gruppen sind auszugrenzen, auch das Dialogpapier ist zurückzunehmen. So wie es Hager, Dohlus, Herrmann und andere im SED-Politbüro inzwischen schon vorgegeben hatten.

Zu den Gruppierungen, die sich mit dem SPD-SED-Papier befassten, gehörte auch die »Gegenstimme«, die sich als linke, marxistisch orientierte Gruppe verstand. Hier wurde das Papier in zwei Diskussionsrunden wegen seiner Orientierung auf Entspannung und Dialog begrüßt, zugleich aber auch sein instrumenteller Charakter hervorgehoben. Während das Papier ausschließlich auf Dialog und Reform setzte, ging es gerade den Mitgliedern dieser Gruppe vorrangig um die Mobilisierung der gesellschaftskritischen Kräfte, auch der Reformkräfte in der SED, mit dem Ziel der Überwindung des bestehenden, politbürokratischen Herrschaftssystems und der Schaffung einer demokratischen Gesellschaft sozialistischen Typs.[33] Das Dialog- und Streitpapier könne diese Differenzierungsprozesse auch in der SED verstärken.[34] Weniger was sich »oben« tue sei entscheidend, sondern vor allem die Konflikte und die Prozesse »unten«. Anfang Februar 1988 richteten Thomas Klein, Herbert Mißlitz und Wolfgang Wolf einen »Offenen Brief an die Mitglieder der SED und SPD«,[35] der Erhard Eppler anlässlich seines Vortrages an der Humboldt-Universität übergeben wurde. Auch in diesem Brief sind die fundamentalen Gegensätze zwischen dem Geist des SED-SPD-Papiers und der politischen Wirklichkeit in der DDR Ausgangspunkt der Überlegungen. Nachdrücklich wird gegen den Repressions- und Ausgrenzungsdruck der staatlichen Behörden, wie er sich bei den Ereignissen um die Umweltbibliothek und anlässlich der Luxemburg-Liebknecht-Demonstration offenbarte, protestiert. Gesellschaftskritik werde mit politischer Denunziation und Kriminalisierung, Dialogforderungen mit Kampagnen gegen angeblich antisozialistische und staatsfeindliche Kräfte begegnet. »Zu einer Zeit, in der die Hoffnung auf mehr Realismus im konstruktiven Bemühen um die Sicherung des äußeren Friedens durch grenzüberschreitenden Dialog zwischen politischen Repräsentanten unterschiedlicher Systeme wächst und andererseits in einigen sozialistischen Ländern ermutigende Ansätze einer wachsenden Bereitschaft zur Erweiterung auch des innenpolitischen Dialogs sichtbar werden, kann eine solche Eskalation nur Schaden zeitigen.« Es sei ein durchsichtiges Manöver, dafür westliche Medien und ausreisewillige Kreise der DDR, mit deren Ziel man sich keineswegs identifiziere, verantwortlich zu machen. Der Umkehrschluss sei notwendig. »Wir appellieren an die Mitglieder der SED und insbesondere an die politischen Verantwortungsträger in ihrem Politbüro, eine solche Entwicklung nicht zuzulassen und keine Situation zu schaffen, in der Feinde des Sozialismus gegen politische Entspannung und gegen die gesellschaftliche Perspektive des Kommunismus Front machen können.« Der Appell richtete sich zugleich an die SPD. »Wir appellieren an die Mitglieder der SPD und insbesondere an ihren Parteivorstand, über die uns trennenden politischen Positionen hinweg beharrlich den Weg der Entspannung weiter zu verfolgen und sich durch Provokationen von rechts im eigenen Lager nicht beirren zu lassen. Ein Protest der SPD gegen Repression, Berufsverbote und politisch motiverte strafrechtliche Verfolgungen in unserem Land ist unserer Auffassung nach nur dann glaubwürdig, wenn diese Partei sich endlich ihrer politischen Mitverantwortung für den Radikalenerlass und die Berufsverbotspraxis in der BRD entledigt, sowie sich für die Aufhebung des KPD-Verbots einsetzt.«[36] Der Offene Brief wurde in der Bundesrepublik bzw. in der SPD nicht veröffentlicht. Die erhoffte Wirkung blieb aus. Mitglieder der Gruppe Gegenstimme verteilten den Brief unter SED-Genossen im Arbeits- und Bekanntenkreis. Auf jeden Fall sollten die Adressaten »vertrauensvolle Genossen« in Berlin und in der Republik sein.[37] Wenn staatlicherseits diese Aktion schon nicht völlig verhindert werden konnte, so doch die von den Verfassern angestrebte Öffentlichkeit.

Das Papier blieb ein Thema in den Diskussionen oppositioneller Gruppen. Dabei wurde immer wieder versucht, auch SED-Genossen einzubeziehen. Werner Schulz, DDR-Bürgerrechtler vom Friedenskreis Pankow, erinnert sich: »Die SED musste sich fortan innenpolitisch an den Ansprüchen bzw. Behauptungen des Papiers, insbesondere zur Friedenspolitik, zur Dialogbereitschaft, zur Kultur des Streits messen lassen. Das gab uns die Gelegenheit, hochangebundene Apparatschiks in die Diskussion zu holen. Eine Chance, die von etlichen Friedenskreisen aufgegriffen wurde. Der Friedenskreis Pankow, dessen Stärke darin lag, dass er ›unterm Kirchendach‹ öffentlich politische Veranstaltungen durchführte, hat z.B. im Kontext mit dem Papier verschiedene Diskussionsrunden organisiert, die den Partei- und Sicherheitsapparat ins Schwitzen brachten und das oppositionelle Klima verstärkten.«[38]

Auch in den Leipziger Gruppen spielte das SPD-SED-Papier zeitweilig eine beachtenswerte Rolle. Dabei lassen dies die Archivstudien weniger vermuten, als es damalige Aktivisten der Friedens-, Umwelt- und Menschenrechtsgruppen selbst erlebten. Die Bewertung des Papiers und die mit ihm verbundenen Erwartungen gingen auch in den Leipziger Gruppen oft weit auseinander. Ein aktives Mitglied der Leipziger Gruppe Frieden und Menschenrechte und späterer Mitbegründer des »Neuen Forums« in Leipzig erinnerte sich: Dieses SED-SPD-Papier sei allen sehr wohl bekannt gewesen. Sie hätten es gelesen und darüber diskutiert. Vor allem habe man es vervielfältigt bzw. mühsam mit der Schreibmaschine abgeschrieben und dann kopiert. Es sollte vor allem den SED-Genossen weitergereicht werden, denn das Papier – im Neuen Deutschland veröffentlicht – sei ja schnell vergriffen gewesen und viele hätten es nicht bekommen. Die Diskussion in den Reihen der SED sollte damit befördert werden. Bei dem Diskussionsprozess in der eigenen Gruppe sah eine Mehrheit die Wirkung des Papiers eher negativ. Aber für die Genossen in der SED, vor allem für die vielen einfachen Mitglieder, sei das ein Sakrileg, ein Frevel. Bislang habe der feste Glaube an die historische Überlegenheit des Sozialismus, an seinen weltweiten Sieg gegolten. Und nun hieß es auf einmal in diesem Papier, die SED sei für einen offenen Wettbewerb der Systeme und entscheidend seien dabei die inneren Vorzüge der beiden Gesellschaftsordnungen. Wir meinten, dass dies vor allem für die Außendarstellung der SED gedacht war. Höhere Funktionäre, so unsere Überzeugung, würden dieses Papier nicht ernst nehmen und sich dadurch nicht in ihrer Politik belehren lassen oder diese gar verändern. Aber für die einfachen Genossen konnte dieses Papier schon aufhorchen lassen, für diese sei das Papier auf jeden Fall von Bedeutung und von Nutzen gewesen.[39]

Edgar Dusdal, Aktivist der Leipziger Arbeitsgemeinschaft Friedensdienste, der ältesten, autonomen Friedensgruppe in der DDR, und späterer Mitbegründer des »Neuen Forums« in Leipzig schildert seine damaligen Eindrücke und seine Erfahrungen wie folgt: »Als ich die Veröffentlichung wahrnahm und den Text las, war ich tatsächlich sehr überrascht, aber das fand ich auch gut. Denn die Entspannungspolitik der SPD war ja ein Beitrag und war angelegt auf Entdogmatisierung. Wir hatten damals, und gerade auch ich, den Eindruck, die SED habe sich damit angreifbar gemacht. So sahen es auch die Studenten bei uns, am Theologischen Seminar. Warum? Wir gingen von der Erfahrung eines Diskurses aus, dass man, wenn man sich in einen solchen Diskurs hineinbegibt, ihn auf jeden Fall nicht ohne eigene Veränderung verlässt. Und diese Erkenntnis, auch aus unserem Stu-

dium, übertrugen wir auf dieses Projekt. (...) Die Erwartungen an dieses
Papier und an diesen Dialog aber waren am Anfang sehr hoch. Hier wird, so
unser Eindruck, von der alten Klassenkampfdoktrin abgegangen. Wir glaubten, dass sich damit Freiräume öffnen, wo offen diskutiert werden konnte,
z. B. was nun Frieden wirklich ist, nachdem Frieden zum ersten Mal dem
Klassenkampf vorgeordnet wurde. Das war eine Umkehrung der bisherigen
Doktrin. Wichtig war auch, dass Frieden nicht allein auf die staatliche Ebene beschränkt bleiben sollte, dass er zu einem Diskussions- und Dialogprozess werden sollte. Gerade das aber war die größte Enttäuschung, dass wir
aus diesem Diskurs ausgegrenzt blieben. Warum die SED ein solches Dialogpapier mit der SPD unterschrieb, wurde bei uns unterschiedlich beurteilt. Ja, das war für uns eine völlige Irritation. Wir wussten es nicht. Manche glaubten, damit sollten neue Westkredite vorbereitet werden. War es
also das strategische Zugeständnis dafür? Deutungen unterschiedlichster
Art waren jetzt Tür und Tor geöffnet. Zugleich kam es ja zu vermehrten
Städtepartnerschaften seit `87, zur Erleichterung bei Westreisen, zur Lok-
kerung in den Ost-West-Beziehungen insgesamt. Darin sahen wir zugleich
auch, dass der Druck kanalisiert werden sollte – nach dem Motto Brot und
Spiele. Aber das SED-SPD-Papier war zweifellos mehr als diese Brot- und
Spieleveranstaltungen. Wir glaubten, dass gerade von der SPD-Seite auf
Wandel gedrängt würde. Ich und auch andere hatten den Eindruck, die SPD
hat die SED jetzt an der Angel. Mit dem Papier ist ein inoffizieller Vertrags-
text entstanden, eine neue Charta des Umgangs miteinander. Und wir meinten, wenn nun die SPD in der Bundesrepublik noch an die Regierung kommt,
dann hat sie viele Möglichkeiten, um mit diesem Papier Druck auf die DDR-
Regierung ausüben zu können. Durch die nachfolgenden Ereignisse, wie
die bei der Liebknecht-Luxemburg-Demonstration in Berlin, fiel die Auseinandersetzung um das Papier dann stark ab in unseren Kreisen. Andere
Themen waren nun relevanter in der Bürgerrechtsbewegung.«[40]

Dieser frühzeitige Bruch in der Debatte der Bürgerrechtler ist in allen
Gruppen feststellbar. Die Ereignisse in der Umweltbibliothek und während
der Luxemburg-Liebknecht-Demonstration verdrängten erst einmal die Diskussionen um das Papier. Doch die Debatten waren nicht am Ende. Die
Prioritäten wandelten sich. Das Papier diente jedoch auch weiterhin jenen,
die sich noch darauf bezogen, als Berufungsgrundlage gegen staatliche
Übergriffe, für das Anprangern der Ausgrenzungspraktiken der SED und
– noch immer – für das Einklagen des Dialogversprechens der Staatspar-

tei. So schrieben z.B. die im Bund der Evangelischen Kirchen und in den Bürgerrechtsgruppen engagierten Rudi K. Pahnke, Jugendpfarrer in Berlin, und Dr. Martin Böttcher, Physiker, am 29. November 1987 einen Offenen Brief an den Staatsratsvorsitzenden und an den Präsidenten des Friedensrates der DDR. Darin protestierten sie gegen die Übergriffe staatlicher Organe auf die Zionsgemeinde in Berlin und forderten die umfassende Wiederherstellung ihrer Arbeitsmöglichkeiten, die Aufhebung sämtlicher Verfahren und die volle Rehabilitierung der Vorgeführten und Vernommenen.[41] Eindringlich mahnten sie die Verantwortlichen des Staates zu begreifen, dass man die Glaubwürdigkeit der Politik der DDR vollends aufs Spiel setze, wenn man zwar nach außen, aber nicht nach innen den Dialog führe. Sie verwiesen dabei auf ihre eigenen jüngsten Erfahrungen: »Im September dieses Jahres waren wir Unterzeichneten als Delegierte des Bundes der Evangelischen Kirche u.a. mit Mitgliedern des Friedensrates der DDR im Rahmen des Olof-Palme-Friedensmarsches in der ČSSR und BRD. Wir hatten uns vor Menschen unterschiedlicher Überzeugung für die Verwirklichung der Idee des atomwaffenfreien Korridors eingesetzt, haben auch immer wieder erklärt, dass sich die DDR dem Neuen Denken verpflichtet weiß, konnten auch deutlich machen, dass das SED-SPD-Papier diesem Neuen Denken entspricht, was selbstverständlich auch innenpolitische Konsequenzen haben wird – für einen neuen Dialog über alle gesellschaftlichen Probleme in der DDR. Es ist seitens der verschiedenartigen Gesprächspartner (u.a. SPD/Grüne/DFG-VK/Christen/DKP) immer wieder darauf hingewiesen worden, dass die Glaubwürdigkeit der DDR-Politik daran gemessen wird, ob das Neue Denken auch innenpolitische Konsequenzen haben wird. Dies wird außenpolitisch bedeutsam sein als vertrauensbildende Maßnahme. Der innenpolitische Prozess wird mit großer Aufmerksamkeit verfolgt werden. Wir haben unsererseits darauf hingewiesen, dass wir die Praxis während des Olof-Palme-Friedensmarsches in der DDR für unumkehrbar halten, wenn die DDR nicht der politischen Täuschung bezichtigt werden will.

In diesen Tagen geschah es nun, dass die Glaubwürdigkeit der Politik der DDR und viele Hoffnungen von Menschen außerhalb unseres Landes und hier bei uns förmlich mit Füßen getreten wird.« Die Erfüllung ihrer, von vielen anderen Menschen in der DDR geteilten, Forderungen seien unverzichtbar »zur Wiederherstellung der Glaubwürdigkeit der Politik unseres Staates.«[42]

Auch in anderen Protestschreiben, Briefen, öffentlichen Erklärungen und
Solidaritätsschreiben an die Zions-Kirchengemeinde wird darauf verwiesen, dass diese staatlichen Repressionsmaßnahmen so ganz und gar nicht
vereinbar seien mit den Erklärungen des SPD-SED-Papiers über die Kultur
des politischen Streits.

Der Liedermacher Stephan Krawczyk richtete bereits am 9. November
1987 einen Offenen Brief an Politbüromitglied Kurt Hager, nachdem dieser
Ende Oktober eine erste Uminterpretation des SPD-SED-Papiers vorgenommen hatte. Einleitend stellte Krawczyk fest:»Mit großer Betroffenheit haben wir Ihren Artikel ›Friedenssicherung und ideologischer Streit‹ im ND
vom 28.10.1987 aufgenommen – wir sehen in ihm eine klare Absage an den
von vielen Menschen dieses Landes erhofften Prozess sozialistischer Umgestaltung.« Nachdem er Hagers Bekenntnis zum Dialog »mit allen verständigungsbereiten Kräften in der Welt« zitiert hatte, stellte Krawczyk fest:
»Wir begrüßen diese aufs Weltweite zielende Dialogbereitschaft. Wir ver-
missen jedoch in Ihrem Artikel jeden Ansatz, diesen Dialog endlich auch
mit den ›verständigungsbereiten Kräften‹ hier, in unserem Land, in Gang
zu bringen.« Nur eine an Gorbatschow angelehnte Politik der Offenheit
und Umgestaltung sei in der Lage, »das Vertrauen vieler Menschen in eine
wirklich sozialistische Entwicklung unseres Landes neu zu beleben.«[43]

Selbst Mitglieder der Zionsgemeinde um den Pfarrer Hans Simon sahen
während ihres Protests gegen die »unsachgemäße Darstellung und Kommentierung« der Ereignisse um die Umweltbibliothek in der DDR-Presse
noch die Chance, mit Hilfe des SPD-SED-Dialogpapiers die akute Krise im
Verhältnis von Staat und Kirche anzugehen. »Wir weisen diese Diffamie-
rung zurück und fordern die Möglichkeit einer eigenen Stellungnahme in
der DDR-Tagespresse ein. Wir fragen uns, wer hier zu welchem Zweck das
Verhalten zwischen Staat und Kirche auf das Niveau der 50er Jahre zurück-
werfen will und vor einer Antastung der Eigenständigkeit der Arbeit in der
evangelischen Kirche in Berlin-Brandenburg nicht zurückschreckt. Überzeugt sind wir von der Notwendigkeit, dass diejenigen politischen Kräfte
nicht länger ›freie Hand‹ haben, die an einem politischen gleichberechtigten Dialog nicht interessiert sind und somit die Austragung gesellschaftlicher Konflikte wollen. In den, im Dialogpapier zwischen SPD und SED
festgelegten, Richtlinien sehen wir eine gute Chance, um die derzeitige Situation zu überwinden.«[44] Auch mehrere der im Zusammenhang mit der
Luxemburg-Liebknecht-Demonstration im Januar 1988 Verhafteten bzw.

Ausgewiesenen nahmen bei ihren Protesten noch Bezug auf das gemeinsame Papier von SPD und SED. So z. B. Vera Wollenberger, die sich bei ihrer Verteidigung vor Gericht u. a. darauf berief, wie sie in einem Brief aus Cambridge (England) vom 10.4.1989 an Otto Reinhold schrieb. In diesem Schreiben setzte sie sich kritisch vor allem mit Reinholds ADN-Interview vom 31.3.1989 auseinander, einer Antwort auf die Stellungnahme der Grundwertekommission der SPD zur innenpolitischen Entwicklung in der DDR.[45]

Bärbel Bohley und Werner Fischer schrieben nach ihrer Abschiebung aus der DDR:»Seit vielen Jahren sind die an demokratischen Veränderungen innerhalb der DDR interessierten Bürger aus dem Land ›gegangen worden‹ – entweder direkt in den Westen oder über den Umweg Gefängnis. Diese Praxis muss sich ändern, wenn die DDR glaubwürdig bleiben will, ansonsten stellt sie ihre gesamte Außenpolitik der letzten Jahre in Frage. Ebenso erweist sich die Unterzeichnung sämtlicher entsprechender Papiere, angefangen von den Menschenrechtskonventionen über die KSZE-Schlussakte bis hin zum SPD-SED-Papier als Farce. Wir hoffen, dass die Regierenden in der DDR in diesem halben Jahr (solange sollte ihre Abschiebung aus der DDR in den Westen dauern, R.R.) zu der Einsicht gelangen, dass in einer lebendigen Gesellschaft auch kritische Menschen ihren Platz haben müssen, und dieser kann nur auf den Plätzen und in den Räumen der freien Diskussion und Auseinandersetzungen liegen.«[46] Auch Wolfgang und Regina Templin, ebenfalls in die Bundesrepublik abgeschoben, erinnerten in ihrem Protestschreiben die DDR-Führung an die Verpflichtungen, die die SED im Papier mit der SPD eingegangen war.[47]

Natürlich hatte niemand von denen, die sich auch in den Folgejahren 1988 und 1989 (noch) in dieser oder jener Weise auf das Papier bezogen, Illusionen über den Umgang der SED-Führung mit diesem, wie sie es nannte,»historischen Dokument«. Doch der Inhalt des Papiers eignete sich ganz offensichtlich zur Begründung und Legitimierung eigener Forderungen und Ziele. Zugleich beabsichtigten die kritischen Kräfte der DDR mit der Bezugnahme auf das Papier die eigene Dialogbereitschaft zu unterstreichen und die Tür für eine Zusammenarbeit mit den Reformkräften der SED offen zu halten. Bärbel Bohley führte dazu nach ihrer Rückkehr aus Großbritannien 1988 in einem Gespräch mit Stephan Bickhardt aus:»Der SED sollten wir allerdings weiter sagen: wir sind dialogbereit. Klar muss aber auch gesagt werden: die SED-Spitze ist der Verursacher der Misere, ihre Gesprächsbereitschaft gegenüber der Bevölkerung und diversen Interessen-

gruppen im Lande ist jetzt gefragt.« Bärbel Bohley plädiert nachdrücklich
für Druck von unten, für die Selbstorganisation der unterschiedlichen gesellschaftlichen Gruppen. Die entscheidende Veränderung, die anzustreben
sei, seien »Freiräume für die Menschen«. Dabei sollte das Differenzierungs-
vermögen gestärkt werden. »Denn in diesem Staat gibt es auch vernünftige
Leute, veränderungsbereite, reformwillige. Und es gibt unvernünftige Be-
tonköpfe, das sind diejenigen im Apparat, die uns im Januar hinter Schloss
und Riegel gebracht haben. Zukünftig sollten wir also mit den reformwilli-
gen SED-Genossen die Zusammenarbeit nicht ausschließen.«[48]

Nicht zuletzt durch solche Aufforderungen gerieten SED-Funktionäre
und staatliche Behörden, vor allem wenn sie an ihre eigenen Dialogpapiere
erinnert wurden, in die Defensive. In der Öffentlichkeit veränderte sich partiell die Gewichtung des Streitpapiers. Ab Sommer 1988 spielte es in der
DDR-Bürgerbewegung eine zunehmend geringere Rolle, auch als Berufungsinstanz. Doch ebbte die Diskussion und Auseinandersetzung um das Dialogprojekt schon deshalb nicht ab, weil beide Parteien ihre Gespräche fort-
setzten und zunehmend ihre Kontroversen in der Öffentlichkeit austrugen.

Zu den DDR-Oppositionellen, die sich immer wieder auf das SPD-SED-
Papier beriefen, gehörte auch Rainer Eppelmann, Pfarrer in der Berliner
Samariter-Kirche. »SPD und SED hatten«, so schreibt er später, »ein gemeinsames Ideologiepapier verabschiedet, in dem die Einheitspartei sich
unter anderem dazu verpflichtete, den Streit der Ideen in der DDR zuzulassen. Darauf konnten wir uns in der Folge berufen, wenn wir die Führung
kritisierten.« Wir »gingen davon aus, dass das Politbüro sich nicht jeden
Tag vorwerfen lassen wollte, wortbrüchig geworden zu sein. (…) Das Papier nutzte der SED letztlich nicht viel, uns brachte es aber taktische Vorteile im Umgang mit unserer Staatsführung.«[49] Auch bei seinen Gesprächen
mit führenden SPD-Politikern wie Schmude, Sielaff und Weisskirchen spielte der SPD-SED-Dialog und das Ideologiepapier stets eine besondere Rolle. Bei Eppelmann war – wie bei vielen oppositionellen Kreisen – der Zugang zum SPD-SED-Papier ein eher pragmatischer, denn dass die SED ihnen
gegenüber nicht ansatzweise zu einem ernsthaften Gespräch bereit war, spürten sie seit Jahren. Das Dialogpapier hatte daran nichts geändert. So blieb
ihnen nur, das Papier entweder zu ignorieren, zu kritisieren oder es als Legitimationsbasis für ihre Forderungen und Kritiken zu nutzen. Eppelmann
entschied sich für die letztere Variante. Noch im April 1989 organisierte er
eine Diskussionsrunde zum Dialogpapier im Gemeindesaal der Samariter-

Gemeinde. Er wollte, dass der SPD-SED-Dialog endlich öffentlich unter Einbeziehung der oppositionellen Gruppen der DDR geführt wurde. Ein Schritt in diese Richtung sollte die Teilnahme von Thomas Meyer und mir an dieser Diskussion in der Samariter-Kirche sein. Entgegen den damaligen Verlautbarungen in der Samariter-Kirche und in den »Westmedien« hatte ich mich zwar für meine Nichtteilnahme entschuldigt, da ich zu dieser Zeit nicht in der DDR weilte, doch das änderte nichts an der grundlegenden fatalen Situation, dass die SED-Führung an ihrer Strategie der Dialogverweigerung gegenüber den Bürgerrechtsgruppen festhielt. Die Teilnahme von SED-Genossen an solchen Diskussionsveranstaltungen der oppositionellen Gruppen war strikt untersagt worden. Eine Aufwertung der »Untergrundtätigkeit« sollte nicht zugelassen werden. So blieb bei dieser Dialogrunde, für alle sichtbar, ein Stuhl frei. Im Gemeindesaal der Samariter-Kirche diskutierten Rainer Eppelmann, Friedrich Schorlemmer und Bärbel Bohley erstmals gemeinsam mit dem Vertreter der Grundwertekommission der SPD und maßgeblichem Mitautor des Papiers, Thomas Meyer. Alle kritisierten die fortschreitende Verhärtung der politischen Situation in der DDR. Eppelmann plädierte dafür, dass jeder Einzelne etwas für die Entwicklung des Dialogs in der Gesellschaft tun müsse. Er forderte einen Dialog zur Aufarbeitung von geschichtlichen Ereignissen wie dem 17. Juni 1953, dem 13. August 1961 und dem »Prager Frühling«1968. Er stellte die Frage nach der Rehabilitierung von Robert Havemann und setzte sich für mehr Reisefreiheit ein. Eine Kultur des politischen Streits, wie sie im SPD-SED-Papier vereinbart sei, gebe es in der DDR – so Eppelmann – nicht.

»Pfarrer Schorlemmer wiederholte auch auf dieser Veranstaltung«, hieß es anschließend in einer Information von Erich Mielke an Erich Honecker, »seine hinlänglich bekannten feindlichen, oppositionellen Auffassungen. So hob er die Notwendigkeit eines ›innergesellschaftlichen Dialogs‹ in der DDR hervor und forderte eine Verfassungsreform, die die Tätigkeit einer ›sozialistischen Reformpartei‹ ermögliche. Sowie Gesetzesveränderungen, wie die ›Revision des Strafgesetzbuches‹, das auf die Höhe internationaler Verträge, besonders der KSZE-Beschlüsse gehoben werden müsse.«[50] Schorlemmer selbst schrieb später, er habe dort endlich ausgesprochen, was ihn seit langem bewegt habe.[51] Bärbel Bohley ging, bezogen auf das Ideologiepapier, in ihrem Beitrag deutlicher als früher auf Distanz: »Das Papier hat mit dem Leben der Menschen in der DDR nichts zu tun.«[52] Trotz des immer krasser zu Tage tretenden Widerspruchs zwischen den Aussagen des Papiers

und der Wirklichkeit in der DDR, blieb – so beobachtete es die taz –»Bohley's
Verdikt an diesem Abend doch die Ausnahme. Die Stimmung im Saal trifft
Pfarrer Friedrich Schorlemmer, der als Bundessynodaler zu den profilierte-
sten SED-Kritikern des Landes zählt. Das Papier, das er damals als ›Dokument des Aufbruchs‹ empfunden habe, suggeriere Gegenwart, sei aber der
SED-Wirklichkeit weit voraus (...) Das Dialogpapier sei ›Zukunftsmusik‹.«53
Ein Wechselbad aus Resignation und Hoffnung kennzeichnete die Stimmung an diesem Abend. Scharf ins Gericht gingen die Diskutanten nicht nur
mit den Verhältnissen in der DDR, sondern auch mit der SPD, die sich nicht
nachdrücklich genug gegen die Dialogverweigerungs- und Einschüchterungs-
politik der SED stelle. Sie tue zu wenig, damit der Dialog in die Gesellschaft
der DDR getragen werde. Den Abbruch des SPD-SED-Dialogs wollte die
Mehrheit der Anwesenden jedoch nicht. Auch Thomas Meyer plädierte für
die Fortsetzung des Parteiendialogs, aber »mit noch mehr Bereitschaft zur
Kritik«. Mehr sei – bezogen auf den inneren Dialog in der DDR – von außen
nicht machbar. »Führen Sie den Dialog weiter« wandte sich Schorlemmer,
fast beschwörend, an Meyer. Und Pfarrer Eppelmann rief »Fürchtet Euch
nicht, redet nur, schweigt nicht!«54 Doch begnügten sich beide nicht mit
dieser Aufforderung an die SPD. Sie wollten endgültig ein eigenständiger
Partner sein, der auch öffentlich politisch auftritt. Schorlemmer und Eppelmann beschlossen, umgehend die politische Opposition zu organisieren,
weil die kirchlichen Kanäle und die gesellschaftlichen Diskussionsforen
nicht mehr ausreichten und sie keine Gesprächspartner von Seiten der SED
gewinnen konnten. Der Entschluss, den Demokratischen Aufbruch zu gründen, ist – so Friedrich Schorlemmer – unmittelbar nach dieser Veranstaltung
in der Samariter-Kirche gefasst worden.55

Noch in der unmittelbaren Vor-Wendezeit, im Herbst 1989, gab es in
oppositionellen Kreisen Diskussionen darüber, welche aktuelle Bedeutung
das SED-SPD-Papier habe. Am 19. Oktober 1989 hieß es im Bonner Pressedienst, Mitglieder des Freundeskreises um den Ostberliner Pfarrer Rainer
Eppelmann hätten die Bedeutung des SPD-SED-Streitpapiers für die Opposition in der DDR unterstrichen und SPD-Politiker – u.a. Gerd Weisskirchen, Jürgen Schmude und Heidemarie Wieczorek-Zeul – gebeten, an dem
Papier als »wichtigem Fortschritt festzuhalten«. Die Ost-West-Gespräche
von Politikern aus der Bundesrepublik sollten – so der Wunsch –»mit allen,
alten und neuen, gesellschaftlichen Gruppen und Kräften in der DDR fortgesetzt werden«. Dabei sollten »immer wieder die Prinzipien des Dialogpa-

piers geltend« gemacht und ihre »Verwirklichung eingefordert« werden.[56]
Über das, was nicht in dieser Bonner Pressemitteilung zu lesen war, berichtet
Friedrich Schorlemmer, der ebenfalls am Treffen in Ostberlin teilgenommen hatte: Bei diesem Gespräch mit sozialdemokratischen Politikern sei auf
Vorschlag von ihm und Rainer Eppelmann verabredet worden, sich im März
1990 in der DDR zu einem gemeinsamen Seminar mit der SPD zu treffen.
Die folgenden Ereignisse hätten dieses Vorhaben überrollt. Aber es war ein
weiteres Indiz dafür, dass sich DDR-Oppositionelle daranmachten, außerhalb der bisherigen Strukturen die Diskussion weiterzuführen.[57]

Die Bezirksverwaltung des Ministeriums für Staatssicherheit Potsdam
registrierte die Gründungsveranstaltung des »Neuen Forums« für Potsdam
und Umgebung vom 9. und 10. September. »In diesem Zusammenhang
wurde herausgearbeitet, dass am 15.9.1989, 19.30 Uhr, im Pfarrhaus der
Friedrichsgemeinde Babelsberg, Lutherstr. 01, die Durchführung eines ›In-
formationsabends‹ zu ideologischen Fragen stattfindet, der durch den Ge-
meindepfarrer Flade organisiert wird. Nach vorliegenden Erkenntnissen soll
das Dialogpapier SED-SPD aus sozialdemokratischer Sicht diskutiert werden.« Interesse für die Veranstaltung bekunde auch Pfarrer Steffen Reiche.
Später wurde festgehalten: »Die Arbeit des (Potsdamer) Friedenskreises ist
durch Gründlichkeit geprägt. So haben sich nach seiner Darstellung die
Mitglieder über 20 Stunden mit dem Dialogpapier SED-SPD beschäftigt
und an der Auswertungsveranstaltung nahmen Vertreter aus Berlin (West)
teil.«[58] Bereits im Dezember 1988 war über den Potsdamer Friedenskreis
berichtet worden: »Im Mittelpunkt der ideologischen Auseinandersetzung
dieser Gruppierung steht gegenwärtig die Beschäftigung mit dem zwischen
dem Institut für Gesellschaftswissenschaften beim ZK der SED und der
Grundwertekommission der SPD verfassten Dokument ›Der Streit der Ideologien‹. Dabei sind die Aktivitäten darauf gerichtet, ständig ›Versäumnisse
und Rückstände‹ unserer Partei und ihrer Führung bei der Umsetzung von
Geist und Buchstaben dieses Dokuments herauszuarbeiten und dies im internen Kreis auszuwerten.«[59] Mitarbeiter der Akademie der Wissenschaften, die im Potsdamer Friedenskreis mitwirkten, hatten zuvor ein öffent-
lichkeitswirksames Projekt zum Dialogpapier SED-SPD für 1989 geplant
und vorbereitet, um ihre Positionen »mit hoher Öffentlichkeit zu verbreiten«.[60] Dazu sollten Politiker und Wissenschaftler aus der DDR und der
Bundesrepublik eingeladen werden. Realisiert wurde das Vorhaben infolge
der einsetzenden Umbruchsdynamik in der DDR nicht mehr.

Die kontroverse Debatte um Dialog, Protest und Öffentlichkeit

Obgleich die Auseinandersetzung um das SED-SPD-Papier in den alternativen, oppositionellen Gruppen vorwiegend pragmatischen Erwägungen folgte, gab es doch auch Diskussionen und Arbeiten, die eher strategischen und konzeptionellen Charakter trugen. Das betraf z.b. Publikationen in einigen Samisdatblättern, allen voran der Zeitschrift *Kontext*. Allein hier erschienen 1987/88 vier ausführliche Artikel zur SPD-SED-Erklärung. In Heft 1 berichtete die Zeitschrift zunächst über das Dialogpodium in Freudenberg und verband damit den Wunsch, eine breite Diskussion zum SPD-SED-Dialog zu eröffnen. Im *Ost-West-Diskussionsforum*, das in Düsseldorf herausgegeben wurde und in oppositionellen Kreisen der DDR zirkulierte, fanden sich gleichfalls einige Beiträge zum SPD-SED-Dialogprojekt.

Mehrere Gesprächspartner berichteten in den vorbereitenden Hintergrundinterviews für dieses Buch ebenfalls über solche konzeptionell-strategischen Debatten im Zusammenhang mit dem SPD-SED-Ideologiepapier. Dabei ging es um inhaltliche Aspekte dieser Grundsatzerklärung, aber auch um die Folgen für die Legitimation der SED und für gesellschaftliche Reformen in der DDR. Diskutiert wurden ferner mögliche Differenzierungsprozesse in der SED. Und nicht zuletzt ging es immer wieder um die eigene Haltung zur Dialogpolitik der SPD. Fragen also, die nach dem Umbruch in der DDR noch einmal, unter geänderten Voraussetzungen und retrospektiv, für eine leidenschaftliche und kontroverse Auseinandersetzung gesorgt haben. Die folgende knappe Rekonstruktion der damaligen Diskussionen könnte helfen besser zu unterscheiden und zu erklären, was in jener Zeit in politisch-alternativen, oppositionellen Kreisen der DDR gedacht und geschrieben wurde und was erst später an Informationen, Positionen und Reflexionen hinzugekommen ist. Die inhaltlichen Grundprämissen des SPD-SED-Papiers fanden in den letzten DDR-Jahren nicht nur unter pragmatischen Gesichtspunkten, sondern auch in der kritischen Rezeption mehr Zustimmung als heute angenommen wird. Gerade die inhaltlichen Forderungen des Papiers waren in der Opposition weniger Gegenstand der Kritik und inneren Differenz als die Bewertung des Papiers in seiner Bedeutung für die eigene Bewegung.

Einige zentrale Thesen – wie die des neuen Sicherheitsdenkens – gehörten zum weitgehend unumstrittenen Konsens. Die Zeitschrift *Kontext* eröffnete die Diskussion daher wahrscheinlich nicht zufällig mit Joachim Garsteckis Beitrag zum gemeinsamen Papier und den Sicherheitsfragen. Die Kirchen der DDR hätten seit den 80er Jahren ähnliche Überlegungen geäußert und vergleichbare friedenspolitische Forderungen erhoben. Zugleich lässt Garstecki keinen Zweifel daran, dass der Abbau von Abgrenzungen nach außen Öffnungen nach innen bedingen müsse. Es handle sich um zwei Seiten desselben Prozesses. Er hoffe deshalb, dass das Dokument im innergesellschaftlichen Leben spürbar werden möge, »etwa in Bezug auf die Lern- und Reformfähigkeit des Sozialismus oder auf eine offene Diskussion seiner Vorzüge und Nachteile«[61].

In Heft 4 der *Kontext*-Reihe setzte sich der Redakteur Benn Roolf mit den – aus seiner Sicht – inneren Widersprüchlichkeiten des SPD-SED-Papiers kritisch auseinander. Roolf sieht in dem Papier einen eher etatistischen Politik- und Dialogansatz. Dialog nur zwischen Politikern, ohne die Gesellschaften einzubeziehen, bedeute aber »Häuser in den Sand zu bauen, dem Frieden ein Stück Fundament vorzuenthalten«. Auch sei die vorgenommene Auflistung der Gegensätze beider Parteien, vor allem die unterschiedlichen Auffassungen über Grundwerte und ihre Verwirklichung, problematisch. Denn hier handle es sich nicht um »Streitpunkte zu politischen Sachthemen, sondern um fundamentale Rahmenbedingungen für den Streit selbst«. Demokratie, Menschenrechte und Pluralismus seien nicht etwa »Eigentum der SPD oder des Westens schlechthin, über die man als Repräsentant derselben verhandeln könnte«. Sie bildeten »die politische Kultur der Moderne« und seien »unverzichtbar zum Zwecke der Friedenssicherung«. Frieden dürfe deshalb nicht nur auf die zwischenstaatlichen, sondern müsse auf die innergesellschaftlichen Verhältnisse bezogen werden. Nach Roolfs Meinung unterschätzt Epplers Friedensbegriff diesen Sachverhalt. In dem Papier bleibe die »Wechselbeziehung von Innerem und Äußerem ausgespart«. Und schließlich: Die Formel vom »friedlichen Systemwettstreit« halte am »Zwei-Lager-Weltbild« fest, was die gedankliche und ideologische Abgrenzung legitimiere und befestige. Dem wird von Roolf das Konzept der Auflösung der Blöcke gegenübergestellt. Auch dürften Staat und Ideologie nicht wie bei Eppler und auch im Papier als statische Größen gesehen werden. Epplers Annahme, die Träger der Ideologien seien identisch mit den Akteuren an der Spitze des Staates, enge den »Rahmen z.B. für Reformen des sozialistischen Systems« ein. »Entwicklungstendenzen wie sie sich in der Sowjetunion, in Ungarn und in Polen zeigen, fallen aus dem Blickwinkel.« Gorbatschow z.b. habe schon offen den Verzicht der marxistisch-leninistischen Lehre auf das Wahrheitsmonopol verkündet.[62] Wolfgang Templin bringt in seinem im *Ost-West-Diskussionsforum* erschienenen Beitrag »Ein Jahr SPD-SED-Papier – Für einen blockübergreifenden Dialog von unten« einige weitere Aspekte in die Diskussion ein. Als vor einem Jahr das SPD-SED-Papier an die Öffentlichkeit kam, so resümiert er, hielten sich »Hoffnung und Skepsis auf den verschiedenen Seiten fast die Waage«. »Auf die Toleranz des Olof-Palme-Marsches und der entsprechenden Atmosphäre des Honecker-Besuches in Bonn folgte schnell der politische Alltag mit neuen Repressionen und Tiefschlägen.« Mit diesen Erfahrungen könnten nun aber auch neue Fragen an den Dialog der Parteien und an die politischen Kräfte in Ost und West gestellt werden. Der Dialog von Parteirepräsentanten des bürokratischen Staatssozialismus einerseits und des Spätkapitalismus andererseits führe nur zur Stabilisierung beider Systeme, solange dieser nicht an die Ursachen der systemimmanenten Konflikte gehe. »Was wichtiger ist als alle Kritik an einem solchen Text: Die Diskussion über die Chancen gesellschaftlicher Veränderungen in Ost und West, über die mögliche Einheit von Demokratie und Sozialismus, darf nicht in der Enge parteipolitischer Profilierung und der Isolation und Exklusivität kleiner Oppositionsgruppen stehen bleiben. Mit der Existenz unabhängiger Bewegungen in Osteuropa wächst die Chance eines blockübergreifenden Dialogs von unten. Interesse füreinander und Begegnungskontakte, die es schon lange gibt, sind der Anfang, reichen aber auf Dauer nicht aus. Von der Linken im Westen wird die Herausforderung dieses Dialogs nur zögernd aufgenommen.« Von der Realität dieses Dialogs aber werde letztlich auch der Druck auf die Parteien bestimmt.[63]

In den Diskussionen einiger linker Gruppen, für die die Namen solcher bekannter DDR-Oppositioneller wie Thomas Klein, Klaus Wolfram, Reinhard Schult, Herbert Mißlitz und Bernd Gehrke stehen, wurden, wie damalige Akteure berichten, die kritischen Akzente noch stärker gesetzt. Das SPD-SED-Papier habe keine fundierte Gesellschaftskritik am Kapitalismus und Staatssozialismus vorgenommen. Es sei daher »bürgerlich«, trage illusionäre Züge. Dies sei vor allem der SPD anzulasten, die ihre traditionellen sozialistischen Positionen längst verlassen habe.[64]

Über diese Kritik hinaus berührten die Diskussionen in alternativen und oppositionellen Kreisen vor allem die Funktion des Papiers für die Opposition und seine Bedeutung für gesellschaftliche Veränderungen in der DDR.

Einigkeit bestand darin, dass das Papier als Berufungsgrundlage genutzt werden kann, um die eigenen Forderungen an die SED und die staatlichen Stellen zusätzlich zu untermauern und zu legitimieren. Dadurch war es zugleich möglich, den Widerspruch zwischen Worten und Taten der SED-Politik immer wieder aufzudecken. Da es in der DDR für die als staatsfeindlich bezeichneten Kräfte wichtig war, ihre »Legalität« nachzuweisen, bot das Papier, so die Überlegung, neben den KSZE-Dokumenten dafür eine besonders günstige Möglichkeit. In einigen Gruppen und bei einzelnen Bürgerrechtlern und Oppositionellen gab es auch eine weitergehende Deutung der Funktion des Papiers. Da die Öffnung der DDR auf verschiedene Weise denkbar sei und Reformen von oben und Bewegung von unten nicht von vornherein nur als sich ausschließende Gegensätze betrachtet werden könnten, könne die Funktion des Papiers auch noch eine andere sein, als nur die einer Berufungsgrundlage. Über das Papier, so die Hoffnung, könnte auch die Option einer Systemreform eine Chance erhalten. Freilich war dies nicht die Mehrheitsmeinung der Opposition. Und der praktische Umgang der SED »mit ihrem Papier« brachte jenen, die eine Öffnung auch von »oben« einkalkulierten, nicht gerade Zulauf.

In den Diskussionen gab es folglich zwei unterschiedliche Ansätze, wie mit dem Papier umzugehen sei. Sie ordneten sich ein in die Differenzen zwischen »Menschenrechtlern« und »Basisdemokraten«, die unterschiedliche Konzepte zur Einleitung der gemeinsam angestrebten Demokratisierungsprozesse verfochten.[65] Die einen – wie z. B. die Gruppe *IFM* – ordneten es eher in ihr Konzept gesellschaftlicher Veränderungen durch politischen Druck über mehr »Öffentlichkeit« ein, andere, etwa die *Gegenstimme*, in ihr Konzept eines gesellschaftlichen Wandels primär durch »Basisarbeit« und »soziale Basisprozesse«. Damit einher gingen unterschiedliche Vorstellungen, welche Rolle die SED dabei noch spielen könne und solle. Für die Mehrheit der Opposition war diese Frage damals schon kein ernsthaftes Thema mehr. Die SED gab es, man ließ sie reden, aber man nahm sie nicht mehr so wichtig, ging eigene Wege. Neben und verwoben mit diesem einigenden Band gab es, wie der DDR-Oppositionelle Klaus Wolfram formulierte,[66] zwei Minderheitenpositionen: Die eine lehnte jegliche Zusammenarbeit mit der SED, auch mit den »kritischen Genossen« oder »Reformsozialisten«, ab. Das sei eher ideologisch begründet gewesen. Die andere Minderheitenposition, mehr von der linken Opposition präferiert, ging von möglichen Wandlungen innerhalb der SED aus und setzte auch auf

Bündnisse mit den »Reformsozialisten«. Letztere beobachteten deshalb aufmerksam die möglichen Differenzierungs- und Ansatzpunkte in der SED,
insbesondere der SED-Basis, und versuchten diese gegen das poststalinistische Herrschaftssystem zu nutzen. Dabei wurden, u. a. in Berlin und Leipzig, Gespräche mit kritischen, reformorientierten Kräften in der SED gesucht und praktiziert. Man war davon überzeugt, dass reformorientierte
Genossen nachdem die Führung der SED vom »historischen Dokument«
abgerückt war, innerhalb der Partei mit Hilfe des Papiers auf legale Weise
»subversiv« tätig sein könnten. Die erste Denkrichtung, so stellte es Klaus
Wolfram in den Diskussionen oppositioneller Kreise 1988/89 am Beispiel
der Überlegungen von Gerd Poppe fest, glaubte demgegenüber nicht (mehr)
an Wandlungen in der SED, sah im Staatssozialismus und auch im Marxismus keine Anknüpfungspunkte für das Agieren der oppositionellen Gruppen. Dementsprechend sei das Interesse am Sozialismus, gleich in welcher
Form, bzw. an realsozialistischen und kommunistischen Parteien, an den
herrschenden Eliten und deren Politik bei ihnen gering oder überhaupt nicht
mehr gegeben. Dem SED-SPD-Papier wurde deshalb weder für die Opposition noch für gesellschaftliche Veränderungen in der DDR größere Bedeutung beigemessen. Einladungen an SED-Wissenschaftler und Berufun-
gen auf das Papier sollten vielmehr der Entwicklung von Öffentlichkeit
und der Entlarvung der Politik der SED-Führung dienen. Dass in der SED
verschiedene Kreise gerade mit dem Papier ernsthaft Öffnungstendenzen
anstrebten, wurde zwar nicht bestritten. Aber daraus konnten – so die Überzeugung von Wolfgang Templin[67] – nur individuelle Emanzipationsbestre-
bungen entstehen, keine generellen, strukturellen Veränderungen. Dafür böte
die SED aufgrund ihrer totalitären Verfasstheit keinen Raum.

Interessant ist, dass trotz dieser sehr unterschiedlichen Sichtweisen damals nur die wenigsten annahmen, mit dem Papier könne die SED neue
Legitimationsressourcen gewinnen. Dass die SED dies anstrebte und erhoffte, stand außer Frage und begründete, als Gegenreaktion, die anfängliche Zurückhaltung der oppositionellen, alternativen Gruppen gegenüber dem
Papier. Doch die alsbald auftretenden Widersprüche zwischen dem Dialogversprechen und der Dialogverweigerung der SED und die damit einhergehenden Diskussionen und Auseinandersetzungen innerhalb der Staatspartei und in der DDR-Öffentlichkeit zeigten, dass sich die mit dem Papier
durch die SED angestrebte und beabsichtigte Entlastungsfunktion nicht wie
gewünscht realisieren ließ. Statt der erhofften Legitimation kam es eher zu

Differenzierungen und Verunsicherungen in der SED.[68] Selbst einer der schärfsten Kritiker des SPD-SED-Textes, Benn Roolf, schloss im November 1988 seinen Beitrag im *Kontext* mit der Beobachtung: »Jeder liest das heraus, was er lesen will: SPD, SED und auch die ›einfachen‹ Menschen hierzulande. Sie waren wohl diejenigen, die die ›Grundregeln einer Kultur des politischen Streits‹ am eifrigsten studierten. In diesem Sinne hat das SPD-SED-Papier dazu beigetragen, das gesellschaftliche und politische Bewusstsein der DDR-Bürger zu sensibilisieren.«[69]

Ein wesentlicher Aspekt der Diskussion um das Papier war schließlich auch die Rolle der SPD (vgl. dazu auch Kap. 6). Viele Oppositionelle in der DDR befürworteten die Ost- und Entspannungspolitik der SPD. Manche gestanden den Gesprächen der SPD mit der Staatspartei SED sogar eine »Stellvertreterfunktion« zu, da ihnen eigene Gespräche mit der SPD verwehrt waren. Eine Gesprächsverweigerung des Westens gegenüber der SED wäre nicht geeignet gewesen, Veränderungen in der DDR auszulösen oder zu begleiten. Letztlich ging es bei den Gesprächen auch – wenngleich oft nur indirekt – um die Rahmenbedingungen für das Wirken der gesellschaftskritischen Kräfte in der DDR, wie es der Mitbegründer des Neuen Forums in Leipzig Edgar Dusdal rückblickend sieht.[70] Das wurde in den oppositionellen Gruppen durchaus von nicht wenigen akzeptiert. Aber vielen war die SPD dabei zu zurückhaltend, zu wenig kritisch gegenüber der DDR und der SED. Sie fühlten sich von der SPD nicht richtig »verstanden«. Die durch das Fernsehen und die Presse der DDR zahlreich übermittelten Bilder, die Erich Honecker in scheinbar trauter, freundlicher Eintracht mit SPD-Genossen zeigten, während gleichzeitig die systemkritischen Kräfte in der DDR ausgegrenzt wurden, waren für viele nicht einfach zu verkraften. Da kamen immer wieder Zweifel auf über Sinn, Anliegen und Form der Verhandlungen der SPD mit der SED. Die Urteile waren so vielfältig wie die oppositionelle Bewegung selbst. Einige meinten, wie könne sich die SPD nur so herablassen und diesen Dialog mit der SED führen. Sie sei naiv, wenn sie der SED vertraue und auf diese baue. Andere gingen davon aus, dass die Sozialdemokratie und ihre Dialogpolitik von großer Raffinesse seien, um die SED an sich binden, gar unterwandern und die einfachen Genossen frustrieren zu können.[71] Quellen und Äußerungen aus jener Zeit zeigen jedoch, dass kaum jemand die SPD-Dialogpolitik als bewusste Kungelei oder als gezielte Stärkung der SED betrachtete. Doch die Forderung, den Blick stärker auch auf die Opposition in der DDR und auf Osteuropa zu richten,[72] zu ihr Kontakte herzustellen und Menschenrechtsverletzungen öffentlich zu thematisieren, nahmen in dem Zeitraum von 1987 bis 1989 beständig zu. In dieser Frage wurde die oppositionelle Sicht auf die SPD zunehmend kritischer, ohne dass damit die Forderung nach Abbruch des Dialogs mit der SED mehrheitsfähig geworden wäre. So kann sich auch Gerd Weisskirchen, SPD-MdB, der regelmäßig Kontakt zu DDR-Bürgerrechtlern hatte, nicht daran erinnern, jemals jemanden getroffen zu haben, der das SPD-SED-Dialogprojekt schlichtweg ablehnte. Es gab – so Weisskirchen – manche Unmutsäußerungen und ein zunehmendes Drängen gegenüber der SPD, die Veränderungen in der DDR-Gesellschaft, speziell das Entstehen alternativer und oppositioneller Gruppen, zu berücksichtigen, aber die Dialogpolitik sei überwiegend akzeptiert worden, auch von denen, die sie später kritisierten.[73]

Die SED und die politisch-alternativen, oppositionellen Gruppen

Die SED aber verweigerte diesen, auch von der DDR-Opposition geforderten, Dialog. Sie denunzierte und kriminalisierte die alternativen und oppositionellen Gruppen, obgleich viele von ihnen lange Zeit auf eine »bessere«, d. h. grundlegend demokratisierte DDR gesetzt hatten.[74] Ihrem totalitären Anspruch nach vollkommener Zustimmung und Gleichschaltung folgend, sah die SED-Führung im Wirken dieser Gruppen allein »negativ-feindliche politische Untergrundtätigkeit«. Und diese konnte im Denken orthodoxer SED-Kader nur von außen gesteuert sein, denn innergesellschaftliche Gründe konnte und sollte es dafür nicht geben. Systemkritisches, gar oppositionelles Handeln aus demokratischen, reformsozialistischen Grundüberzeugungen war undenkbar. Diese Grundhaltung zeigte sich durchgehend auch in den Bewertungen des Ministeriums für Staatssicherheit. Gesellschaftskritische Äußerungen wurden als negativ-feindliches Verhalten, demokratische Reformforderungen als oppositionelle Untergrundtätigkeit interpretiert. Partei- und Sicherheitskräfte reagierten in der Regel mit der Anwendung administrativer, staatlicher Mittel, obgleich man schon im Zusammenhang mit der Besetzung der Umweltbibliothek im November 1987 und den Verhaftungen Anfang 1988 politische Niederlagen einstecken musste. Nachhaltige Wirkungen zeitigte dieses Vorgehen kaum noch. Das MfS war zwar über alle internen Vorgänge in der Opposition informiert, konnte allerdings die Unmenge an Informationen politisch nicht mehr verarbeiten. Über eine bloße Symptombekämpfung kam diese Politik der SED nicht hinaus. Daran änderte auch die Taktik nichts, die Opposition öffentlich zu ignorieren und, als dies immer weniger möglich war, DDR-Behörden der unteren oder mittleren Ebene zu einzelnen Gesprächen mit Umweltgruppen und Bürgerrechtlern zu ermächtigen.[75] Was dennoch überraschen mag, ist, dass es in der SED-Führung bis zur Wende 1989 nie eine Diskussion über Anliegen, Absichten und Forderungen dieser Gruppen und die entsprechende Strategie der SED gegeben hat. Ehemalige Mitglieder des Politbüros wie Egon Krenz und Wolfgang Herger berichten rückblickend[76], dass Honecker und das Politbüro bis zum Sommer/Frühherbst 89 der festen Überzeugung waren, das »Problem im Griff« zu haben. Zuständig für die oppositionellen Gruppen seien im Auftrag der SED hauptsächlich die DDR-Sicherheitsorgane gewesen. Eine von diesen Gruppen ausgehende, ernsthafte Gefährdung der Herrschaft der SED sei in SED-Führungskreisen offensichtlich lange Zeit nicht wahrgenommen worden.[77] Wolfgang Herger, Leiter der Abteilung Sicherheit im ZK der SED und in der Wendezeit Politbüromitglied, erinnert sich: Bis 1989 sei die Opposition nicht als ein ernst zu nehmender Faktor betrachtet worden. Diese Handvoll Leute, so die Überlegung, könne nichts Wesentliches ausrichten. Es wäre als ein Problem des MfS angesehen worden. In der SED-Führung sei das bis 1989 nicht einmal diskutiert worden und auch nicht Gegenstand der Abteilung Sicherheit im ZK gewesen. Erst im Sommer '89 hätte man es überhaupt als Problem in der SED-Führung wahrgenommen, aber auch da sei es nicht zu einer ernsthaften Diskussion im Politbüro gekommen.[78]

Im Wahrnehmungsmuster der SED-Führung konnte die eigene Herrschaft, wenn überhaupt, nur durch die Arbeiterklasse, der man propagandistisch die »führende Rolle« zusprach, gefährdet werden. Solange die oppositionellen Gruppen von der Arbeiterschaft getrennt blieben, schien diese Herrschaft nicht ernsthaft in Gefahr. Klaus Wolfram – der sowohl im alternativen wie im arbeiterlichen Milieu lebte und agierte – gewann damals den Eindruck, dass die alternativen Gruppen lange Zeit von den Arbeitern, Intellektuellen und Bauern entfernt lebten und dachten.[79] Die meisten ihrer politischen Themen – Frieden, Umwelt, Menschenrechte – waren bis zum Sommer 1989 in der DDR-Bevölkerung nicht mehrheitsfähig. Hier wirkten die Mechanismen der SED-Herrschaft ebenso wie die lange dominierende Skepsis in der DDR-Bevölkerung gegenüber den Bürgerrechtsgruppen.

Die SED unterschätzte am Ende jedoch das Widerspruchspotenzial in den alternativen und oppositionellen Gruppen, deren Rolle für die Entstehung der Bürgerrechtsbewegung und als ein Katalysator des in der Krise aufbrechenden Massenprotests. Sie überschätzte hingegen das Loyalitätspotenzial in der Arbeiterschaft. Als sich beide Milieus und politischen Ströme im Herbst 1989 für kurze Zeit fanden und interagierten, war es bald um die Macht der Politbürokratie geschehen. Aber auch um eine Reform der DDR und des Sozialismus. Der dritte Weg, den selbst verschiedene Bürgerrechts- und Oppositionsgruppen damals noch anstrebten,[80] war nicht mehr möglich.

6
Die Diskussion und Wirkung des SPD-SED-Papiers in der Bundesrepublik

Der Auftakt in Bonn

Im Juni 1987 lag der gemeinsame Entwurf der Grundwertekommission der SPD und der Akademie für Gesellschaftswissenschaften der SED in Bonn vor. Das Präsidium der SPD nahm ihn am 22. Juni zur Kenntnis und plädierte nach einer grundsätzlichen Diskussion für seine Veröffentlichung.[1] Nur sollte dies auf Wunsch Erhard Epplers erst nach der parlamentarischen Sommerpause geschehen, denn für ein solch ungewöhnliches Papier bräuchte es auch ein entsprechendes Timing (siehe auch Kap. 2). Bis dahin sollte es »ruhen« und keine Vorabinformation geben. Für die zentralistisch strukturierte SED und DDR konnte man fast sicher sein, dass dies auch gelingen würde. Nur – wie sollte in der Bundesrepublik ein solches, zum ersten Mal mit der SED gemeinsam erarbeitetes »Ideologiepapier« zwei Monate lang in der SPD-Parteizentrale, dem Erich-Ollenhauer-Haus, »versteckt« werden können? Würden alle SPD-Präsidiumsmitglieder und die Mitglieder der Grundwertekommission bis dahin »dicht« halten? Doch es gelang. Was im Nachhinein noch erstaunlicher erscheint als seinerzeit.

Erst wenige Tage vor der für den 27. August 1987 geplanten Veröffentlichung des Papiers auf Pressekonferenzen in Bonn und Ostberlin berichteten der *Spiegel* und die *Frankfurter Allgemeine Zeitung* von einem bislang »geheimgehaltenen«, ominösen, unbekannten gemeinsamen Text von SPD und SED.[2] Auf Nachfrage in der Parteizentrale der SPD war bestätigt worden, dass es sich um einen 17 Seiten umfassenden »gemeinsamen Text der Grundwertekommission der SPD und der SED-Akademie für Gesellschaftswissenschaften handele«. Auf die Frage nach dem Wortlaut des Textes hatte das Ollenhauer-Haus geantwortet: »Sie kennen doch Eppler, der hütet diesen Text wie seinen Augapfel.« Und es gebe nur ein Exemplar. Auch habe man Ostberlin zugesagt, die Niederschrift über das Ergebnis der Ge-

spräche nicht vorab zu veröffentlichen.[3] Nachfolgenden Spekulationen in
der Presse, dem Präsidium der SPD komme das Papier »ungelegen«, es
gebe größere Vorbehalte, man wolle es »so tief als möglich hängen«, trat
der stellvertretende Pressesprecher der SPD, Eduard Heußen, einen Tag
später energisch entgegen. Diese Darstellungen seien »unzutreffend«. Das
Präsidium habe die Arbeit begrüßt.[4] Das unerwartet Erwartete trat ein. Das
Interesse an dem ungewöhnlichen Papier der beiden »verfeindeten Brüder«
war geweckt. Vorerst in der Medienwelt. Die Beachtung des Textes in den
Medien entschied bereits viel über den Fortgang der Diskussion. Epplers
erster »Schachzug« war aufgegangen.

Die Pressekonferenz im Bundespressehaus, auf der das Papier vorgestellt werden sollte, war bestens besucht. Am Eingang verteilte die CDU
ein Flugblatt, auf dem sie ihre Ablehnung des SPD-SED-Papiers bekunde-
te. Erhard Eppler trug seine einführenden Erläuterungen, die anschließend
an die Presse übergeben wurden,[5] in gewohnt überzeugender Weise vor. Er
erläuterte das Papier der beiden Partei-Institutionen, das er nun lieber »Streitkultur als Friedenspolitik« oder »Friedenspolitik durch systemöffnenden
Dialog« nennen wollte. Es handele sich dabei nicht um Außenpolitik in
Konkurrenz zu den Regierungen, sondern um die Aufarbeitung von Fragen,
die keine Regierung ansprechen könne und dürfe, die aber für eine ernsthafte Friedenspolitik immer dringlicher würden. »Friede zwischen Ost und
West und ungezügelte ideologische Polemik vertragen sich auf Dauer nicht.
Das Gespräch über Systeme und Ideologien ist unerlässlich geworden.« Alle
politischen Kräfte seien gefordert, sich am Dialog der Systeme zu beteiligen, nicht nur die Sozialdemokratie, sondern auch die »andere große Volks-
partei«. Eppler ließ keines der heißen Eisen aus: Beide Seiten setzten nicht
mehr auf Abschaffung des anderen Systems, sondern auf seine Existenzberechtigung, seine Friedens- und Reformfähigkeit. Kritik, auch in scharfer
Form, dürfe nicht mehr als Einmischung in die inneren Angelegenheiten
zurückgewiesen werden. Beide Seiten wollten die offene Diskussion über
den Wettbewerb der Systeme, ihre Erfolge und Misserfolge. Und sie träten
für eine neue politische Kultur des Streits zwischen Ost und West ein, die
zugleich eine neue Kultur des Dialogs in den Gesellschaften erforderlich
mache. »Wir wissen sehr wohl, dass wir Neuland gepflügt haben, wo bisher
nur Disteln gewachsen sind. Dies ist das erste Grundsatzpapier zwischen
Sozialdemokraten und Kommunisten seit 1919.« Aber politische Entspannung sei ohne ideologische Abrüstung auf Dauer nicht denkbar. Die Grund-

wertekommission der SPD und die SED-Akademie für Gesellschaftswissenschaften haben die »Knochenarbeit der ideologischen Entkrampfung« auf sich genommen.»Wir laden alle anderen politischen Parteien dazu ein, auf ihre Weise sich daran zu beteiligen.« Eppler betonte nachdrücklich, dass die ideologischen Gegensätze damit nicht aufgehoben würden.»Wir legen kein Manifest der Verbrüderung vor.« Eppler wusste genau, dass dies zu betonen gerade in der Bundesrepublik, in der die konservative Verdächtigung der »Sozis« ihre Geschichte hat, wichtig ist.

Als Abgesandter der Akademie für Gesellschaftswissenschaften nahm ich an der Pressekonferenz teil. Da ich erst kurzfristig von dem vorgesehenen Auftritt erfahren hatte, war ich ohne ausgearbeiteten Text nach Bonn gereist. Dass auf bundesdeutschen Pressekonferenzen zunächst längere Texte verlesen werden, schien mir ohnehin unwahrscheinlich. Da aber das Gegenteil der Fall war, musste am späten Abend des 26. August im Hotelzimmer noch ein knappes Statement erarbeitet werden. Das wichtigste am gemeinsamen SPD-SED-Papier, sagte ich, sei sein Zustandekommen überhaupt, zumal es kein »geplantes« Werk beider Parteien war. Die weltgeschichtlich neue Situation erfordere neues Denken und neues Handeln in Ost und West. Die unterschiedlichen sozialen Systeme könnten im Nuklearzeitalter nur noch gemeinsam überleben. Daraus ergäben sich nachhaltige Folgerungen für die Staaten und Gesellschaften, für ihre Kooperation, ihren Wettbewerb und nicht zuletzt für die Inhalte und Formen der ideologischen Auseinandersetzung. Anerkennung der Existenzberechtigung der unterschiedlichen sozialen Systeme, Verzicht auf den Export des eigenen Modells, Akzeptanz der Friedens- und Reformfähigkeit der anderen Seite gehörten ebenso dazu wie der Abbau der Feindbilder, eine neue politische Streitkultur zwischen Ost und West sowie in den östlichen und westlichen Gesellschaften. Alte Dogmen seien zu überwinden. Das werde nicht von heute auf morgen gehen. Der Diskussionsbedarf, gerade auch in der SED und in der DDR, werde nicht gering sein. Das gemeinsame Papier mit der SPD werde im vollen Wortlaut morgen im *Neuen Deutschland* abgedruckt und wohl auch in der »Bezirkspresse« erscheinen. Zudem gebe es am 1. September die erste Live-Sendung zum SPD-SED- Papier im DDR-Fernsehen, an der auch die beiden SPD-Autoren des Papiers, Eppler und Meyer, teilnehmen würden.[6]

Die Journalisten überhäuften uns mit Fragen. Eppler sollte erklären, warum er gerade mit der SED ein Papier erarbeitet habe, weshalb er die

Existenzberechtigung des kommunistischen Regimes anerkennen wolle, worauf sich seine Hoffnung auf die Friedens- und Reformfähigkeit der DDR und der realsozialistischen Systeme stütze und wie er die Dialogentwicklung in der DDR beurteile. Aber auch, warum so wenig Konkretes über die Entwicklung in der Bundesrepublik, u.a. zu den Gewerkschaften, zu Fragen der Mitbestimmung und zur sozialen Entwicklung, im Papier zu finden sei. Die Fragen an mich als den Vertreter der SED-Akademie waren nicht weniger brisant: Hat sich die SED damit von ihrem Konzept des »revolutionären Weltprozesses« verabschiedet? Verzichtet sie mit dem Papier auf die Finanzierung der DKP? Wird friedliche Koexistenz tatsächlich nicht mehr als Klassenkampf verstanden? Ist nun in der DDR mit mehr Bewegungsfreiheit, auch mit offener Diskussion und Kritik zu rechnen? Wie sollen die Menschen die Ergebnisse des Systemwettbewerbs praktisch vergleichen können? Und – ob nun auch mit der Zulassung einer sozialdemokratischen Partei in der DDR zu rechnen sei? Die *FAZ* urteilte anschließend, der DDR-Professor habe ganz verbindlich zu diesen Fragen geredet und »Selbstbewusstsein herausgekehrt (...) als er sagte, dass er den Text (des gemeinsamen Papiers, R.R.) nicht mit dem Politbüro habe abstimmen müssen«.[7]

Insgesamt war die Pressekonferenz ein gelungener Auftakt. Manche Ängste in der SPD ob ihres Wagnisses, mit der SED ein gemeinsames »Ideologiepapier« zu erarbeiten, fanden erst einmal keine zusätzliche Nahrung. Das Medieninteresse überstieg die Erwartungen. Die Presse, der Rundfunk und das Fernsehen berichteten ausführlich über das auch für Bonn ungewöhnliche Ereignis. Fast schien es, als werde Helmut Kohl und Erich Honecker, deren Bonner Treffen gerade vorbereitet wurde, die Show gestohlen.[8] Vogel und Eppler zeigten sich zufrieden, nicht zuletzt mit dem Auftreten ihres östlichen Dialogpartners, wie es auch eine Information aus Bonn an Erich Mielke festhielt.[9]

Konnten also am Ende alle zufrieden sein? Ja und Nein. Ein Medienereignis ist das eine, das reale Beschreiten von Neuland das andere. Die eigentliche »Knochenarbeit« stand noch bevor. Dass diesbezügliche Bedenken und Fragen sich fast ausschließlich an den Osten, an die SED und an die DDR richteten, war verständlich. Dabei wurde nicht so sehr die Friedenspolitik der DDR bezweifelt als vielmehr ihre Fähigkeit zum gesellschaftlichen Dialog, zur Kultur des Streits. Ohne Wandel in der SED und in der DDR konnte das Experiment nicht gelingen. Doch das Papier sprach auch die westlichen Systeme, die Bundesrepublik an. Auch hier bedurfte es des neuen Denkens, des Abrückens vom traditionellen Feindbilddenken zur Neugestaltung der Ost-West-Beziehungen. Streitkultur als Friedenspolitik war auch für die Bundesrepublik Neuland. Dies geriet beim Auftakt in Bonn nur selten in den Blick.

Die Aufnahme des Papiers in der veröffentlichten und öffentlichen Meinung

In der veröffentlichten politischen Meinung der Bundesrepublik gab es in der Folge eine heftige Diskussion zum SPD-SED-Papier. Der sozialdemokratische *Vorwärts*, das *Deutschland-Archiv*, aber auch die *Frankfurter Allgemeine Zeitung* und die *Frankfurter Rundschau* dokumentierten die Erklärung in vollem Wortlaut. Andere Medien gaben einzelne Passagen wieder. Die Kommentare waren unterschiedlich, ja zwiespältig. Zustimmung, Skepsis, Kritik und prinzipielle Ablehnung durchzogen die öffentliche Debatte: Marion Gräfin Dönhoff lobte in der *Zeit* das Papier, da es pragmatische und vernünftige Schritte zur Friedenssicherung weise. Bedenke man darüber hinaus die Formulierung der Spielregeln einer neuen politischen Streitkultur und deren Voraussetzung, dann gewinne man den Eindruck, dass das Papier »keine Zustandsbeschreibung, sondern eine Vision« sei, »eine Zielperspektive«. Nachdem nun auch die »Chefs der beiden Deutschlands miteinander Gespräche führen (...) gewinnt das Papier den Charakter eines Meilensteins«.[10]

Carl-Christian Kaiser, einer, der die Arbeit der beiden Kommissionen seit Anfang 1986 genauestens beobachtet und sich tief in die neue Dialogform zwischen Sozialdemokraten und Einheitssozialisten hineinversetzt hatte, schrieb in seinem *Zeit*-Beitrag schon am 28. August 1987: »Wenn er (der gemeinsame Text, R.R.) nicht in eben den Schützengräben wieder beerdigt wird, die er zu überbrücken trachtet, kann er dem Begriff der Friedenssicherung eine neue Dimension geben.« Denn beide Seiten hätten den Begriff der Koexistenz wesentlich erweitert und neu interpretiert – und zwar weit über die deutsch-deutschen Beziehungen und Umstände hinaus. »Das Umdenken ist offensichtlich.« Beide setzten ihre Hoffnung nicht mehr länger auf die Abschaffung der anderen Seite und sprächen sich zum ersten Mal nicht mehr die Existenzberechtigung ab, dafür die Friedens- und Reformfähigkeit zu. Der friedliche Wettstreit der Systeme solle zeigen, welche Gestalt sie einmal annehmen werden. Dies werde im einzelnen offen gelassen. Der fortbestehende Streit der Ideen und Weltanschauungen solle nicht mehr wie bislang zu neuem Misstrauen und ideologischer Eskalation führen. Ob diese Absichten tatsächlich Realität würden, sei nicht vorauszusagen. Aber ein Anfang sei gemacht.[11]

Solche verständig positiven Kommentare blieben freilich die Ausnahme. Hans Heigert von der *Süddeutschen Zeitung* war eher skeptisch und analysierte unter der Überschrift »Ein riskanter Dialog«, dass das Risiko auf Seiten der SED größer sei. Diese habe überraschenderweise einer Reihe von Formeln und Grundsätzen zugestimmt, die man bisher so von ihr nicht gehört habe. »Das alles ist erstaunlich, weckt deshalb Skepsis. Man wird sehen, was daraus wird. In der DDR werden, wenn dieses Dokument im Zentralorgan der SED veröffentlicht wird, sehr viele Menschen aufhorchen, zumal in den Kirchen und in mancherlei intellektuellen Zirkeln. Fazit fürs erste: je mehr Öffentlichkeit, desto besser.«[12]

Hans-Herbert Gaebel gewichtete in seinem Kommentar in der *Frankfurter Rundschau* die verschiedenen Elemente des Papiers folgendermaßen: »Der wirkliche Wert dieses Papiers von SPD und SED könnte daher eher in jenem Teil liegen, wo es fordert, beide Systeme müssten einander für friedensfähig halten. Beide sollen die Furcht abstreifen, die andere Seite sei infolge ihrer herrschenden Ideologie zwanghaft auf die Ausdehnung ihres Einflusses und Herrschaftsbereiches aus.«[13] Dietrich Möller beschrieb im *Tagesspiegel* seine Zweifel, ob das, was im Papier so schön formuliert stehe, je Wirklichkeit werden könne. Ob es sich um einen Trugschluss der Sozialdemokraten handele, könne nur die Praxis des weiteren Umgangs mit der SED und deren Umgang mit den Bürgern der DDR belegen.[14]

Das Feld der Kritiker des SPD-SED-Papiers war breit. Gert Bucerius von der *Zeit* fragte polemisch: Aus der Vergangenheit nichts gelernt? Der Trennstrich zwischen Sozialdemokraten und Kommunisten sei 1918 gezogen worden. »Soll der Trennstrich von damals jetzt ausradiert werden? Die Frage stellt sich mir bei der Lektüre des gemeinsamen ›Papiers‹ von SPD und SED«. Zudem – und dies vor allem – sei die Stringenz der Gegenwartsanalyse zu bestreiten. Von einer Bedrohung der Menschheit könne nicht gesprochen werden. Die atomare Rüstung habe große Kriege fast unmöglich gemacht und die kleinen erleichtert. »Eppler glaubt an den unmittelbar bevorstehenden Untergang der Welt. (…) So ist es der SED gelungen, die

Diskussion auf eine falsche Grundlage zu stellen.« Bucerius kritisierte, dass zwar gleiche Begriffe, wie Demokratie und Menschenrechte, verwendet, von jedem Partner aber unterschiedlich gedeutet würden. Fazit: Auf staatlicher Ebene sei zwischen Ost und West vieles möglich, nicht aber auf gesellschaftlicher. Erhard Eppler sei zu schätzen, nicht aber sein Papier.[15] So sachlich gehalten fiel die Kritik nicht immer aus. *Die Welt* sprach von einem »schmachvollen Papier«. Die *FAZ* schrieb »Fragwürdige Hoffnung«, »Wer wen?«. Der *Rheinische Merkur / Christ und Welt* bezeichnete die Sozialdemokraten als »nützliche Idioten«. Der *Münchner Merkur* meinte: »Karl Marx verbindet«.[16] Für Peter Philipps, *Die Welt*, war das Dokument überflüssig, da doch die Unterschiede bekannt seien. Die Geschichte von Sozialdemokraten und Kommunisten verbiete geradezu ein gemeinsames Papier. Es dränge sich eher der Eindruck auf, man sei übereingekommen, über diese nicht mehr zu sprechen.[17]

Für Konrad Adam, *FAZ*, stellte die SPD Grundwerte zur Disposition. Möglich geworden sei das Papier nur, weil die SPD die Lehren aus der Parteigeschichte vergessen habe. Die Frage »Wer schwächt, korrumpiert, überwältigt wen?« werde von demjenigen entschieden, der die Regeln bestimmt. Das scheine die SPD vergessen zu haben.[18] Walter Bajohr spitzte die Polemik noch zu und fragte im *Rheinischen Merkur*, ob »die Wachsamkeit mancher SPD-Funktionäre gegenüber kommunistischer Einstellung bereits dermaßen geschrumpft« sei, »dass schon ein paar Friedensschalmeien aus Ostberlin ausreichen, um freiheitliche Demokraten ins Paradiesgärtchen für nützliche Idioten zu locken?« Mit kommunistischen Machthabern müsse pragmatisch über Politik geredet werden. »Aber wenn aus ideologischen Erzfeinden plötzlich so etwas wie Brüder im Geiste werden, müssen die Alarmglocken schrillen.« »Wandel durch Annäherung« bedeute hier, dass sich die SPD wandele.[19] Auffallend an den distanziert kritischen Kommentaren war insgesamt, dass die konservativen Kritiker damals die Risiken weniger bei der SED als vielmehr bei der SPD sahen.

So hoch die Wellen um das gemeinsame Papier von SPD und SED in der Bundesrepublik zunächst schlugen, in den folgenden Wochen und Monaten verschwand es den Gesetzen der Medienwelt folgend fast gänzlich aus der aktuellen Berichterstattung. Doch andernorts blieb das Thema präsent: Im Bundestag wurde das Papier im Zusammenhang mit Menschenrechtsverletzungen in der DDR weiter kontrovers diskutiert. Es gab Diskussionen in der SPD, im kirchlichen Bereich, bei den Gewerkschaften, in

Vereinen, in Bildungseinrichtungen und bei öffentlichen Veranstaltungen
auf kommunaler und regionaler Ebene. Davon berichteten auch Erhard
Eppler und Thomas Meyer während des vom 27. bis zum 29.10.1987 stattfindenden 6. Treffens der SPD-Grundwertekommission mit der Akademie
für Gesellschaftswissenschaften.

Diese Bildungsveranstaltungen, Tagungen, Seminare und Foren waren
fast durchweg rege besucht.[20] Anders als bei den meisten der DDR-Veran-
staltungen zum gleichen Thema waren hier oft Referenten *beider* Parteien
zugegen; nicht selten sogar jene, die am Zustandekommen des Papiers auf
die eine oder andere Weise beteiligt waren. Von Seiten der SPD u. a. Erhard
Eppler, Thomas Meyer, Iring Fetscher, Egon Bahr, Horst Ehmke, Kathrin
Fuchs, Susanne Miller, Jürgen Schmude und Karsten Voigt; von Seiten der
Akademie für Gesellschaftswissenschaften u.a. Otto Reinhold, Erich Hahn,
Werner Paff, Frank Berg und ich. Allein schon diese Konfrontation und
Kooperation der verschiedenen Standpunkte sorgte für Interesse. Kritisch
wurde hinterfragt, welche Absichten die beiden Parteien mit ihrem Papier
verfechten und wie sie diesen Dialog der Parteien zu einem der Staaten
verbreiten wollten. Wie könnte das neue Denken in eine neue Politik trans-
formiert werden? Durch die zeitlich nach der Veröffentlichung des Papiers
einsetzenden Repressionsmaßnahmen in der DDR gegen Ausreisewillige
und oppositionelle Bürgerrechtler waren etwaige euphorische Erwartungen
von vornherein gekippt. Die dem Dialogversprechen der SED widersprechende Praxis der DDR wurde, etwa auf Veranstaltungen in Bonn, Essen
und Frankfurt/Main, deutlich kritisiert. Auf einer Veranstaltung des Friedens-
arbeitskreises Tempelhof in West-Berlin am 27. Januar 1988 z. B. wiesen
Teilnehmer nachdrücklich darauf hin, dass die Inhaftierung politisch An-
dersdenkender in der DDR ein Widerspruch zum Geist des Dokuments sei.
Die SED verliere mit dieser Politik an Glaubwürdigkeit. Friedenspolitik
müsse auf innerem Frieden beruhen, die Inhaftierung sei ein Rückfall in
den Kalten Krieg. Sie fragten: Wie lässt sich das Bekenntnis gegen »pauschale Feindbilder« mit der Verwendung von Kriegsspielzeug in Kinder-
gärten der DDR vereinbaren? Warum sind kritische Diskussionen in der
DDR nur unter dem Dach der Kirchen möglich? Könnte man nicht toleran-
ter und gelassener mit Andersdenkenden umgehen?[21] Fast ungeteilt fanden
die Prinzipien des Papiers auf diesen Veranstaltungen Zustimmung. Noch
setzte man auf den Wandel in der SED und in der DDR. Viele Teilnehmer
gingen davon aus, dass sich auch im Westen erst noch eine neue politische

Kultur des Ost-West-Dialogs herausbilden müsse, damit dieser den Ansprüchen des Ideologiepapiers gerecht werde. Erhard Eppler beklagte mehrfach, dass sich im Westen kein gleichwertiger Dialogpartner für Gorbatschow fände. Die überwiegend positive Resonanz, die das Anliegen des Papiers auf diesen Veranstaltungen fand, resultierte auch daraus, dass sich hier in der Regel Teilnehmer versammelten, die der Sozialdemokratie aufgeschlossen gegenüber standen.

Auch mehrere Evangelische Akademien organisierten Tagungen zu dem SPD-SED-Papier und seinen Folgerungen für die DDR und die Bundesrepublik, so z. B. die Evangelische Akademie Baden, auf der vom 4. bis 5. März 1988 Hermann Weber, Erhard Eppler, Werner Paff, Chrysostomos Zodel und Gerhard Langguth für die gastgebende Akademie referierten.[22] Auch im universitären Bereich wurden das Dialogprojekt und seine Anliegen diskutiert, z. B. auf einer Tagung an der Universität/Gesamthochschule Siegen, wo der Soziologe Rainer Geißler eine sich über mehrere Monate erstreckende deutsch-deutsche Veranstaltungsreihe mit acht Referenten aus der DDR organisierte.

Besonders aufmerksam wurde das Papier natürlich auch in der institutionalisierten DDR-Forschung der Bundesrepublik registriert und analysiert. Am 19. November 1987 trafen sich DDR-Forscher der Bundesrepublik mit sowjetischen und tschechischen Sozialwissenschaftlern und Dissidenten in Räumen der Friedrich-Ebert-Stiftung in Freudenberg. Das SPD-SED-Papier spielte dabei eine herausragende Rolle. Inspiriert durch das kurz zuvor ebenfalls in Freudenberg stattgefundene Forum, auf dem neben SPD, CDU, Grünen und SED-Referenten auch die DDR-Dissidenten Jürgen Fuchs und Roland Jahn aufgetreten waren, schmiedete man hier schon Pläne über die Fortführung und Ausweitung des Dialogs auf europäischer Ebene.[23] Auf die Frage, welche Motive die SED-Führung veranlasst haben mögen, einem solch »weitreichenden Papier« zuzustimmen, fielen auch den DDR-Spezialisten schlüssige Antworten schwer.

Besonders unter den DDR-Forschern in der Bundesrepublik war das Papier Gegenstand mehrerer Diskussionen. Viele interpretierten das Papier als Chance für einen »systemöffnenden Dialog« und als ein Indiz für »Wandel durch Annäherung«. DDR-Forscher wie Johannes Kuppe und Rüdiger Thomas sahen darin eine Bestätigung ihrer seit langem verfochtenen These von der Konvergenz der Systeme. Wissenschaftler der Freien Universität West-Berlin betonten, dass die SED hier beachtliche ideologische Zuge-

ständnisse gemacht und »einen hohen Preis gezahlt« habe, um mit den Sozialdemokraten in der Friedensfrage Gemeinsamkeiten formulieren zu können. Bei DDR-Besuchen hatten DDR-Forscher, wie Gero Neugebauer, gespürt, welche Wirkung das Papier unter SED-Mitgliedern und kritischen
Intellektuellen zeitigte. Er sprach von sozialreformistischen Positionen, die
sich in diesem Zusammenhang verbreitern könnten. An der Akademie für
Gesellschaftswissenschaften – so wurde beobachtet – sei man dabei, das
politische System der Bundesrepublik neu zu beleuchten. Das Dokument
werde in der SED eine »Langzeitwirkung im Sinne einer Öffnung zum Revisionismus entwickeln«. Doch es fehlte auch nicht an Stimmen, die vor all
zu großen Erwartungen warnten. Hagers Rede zur Umdeutung des Papiers
dürfe nicht unterschätzt werden. Sie stünde – so der bekannte DDR-Forscher
Hartmut Zimmermann – eindeutig in Widerspruch etwa zu den Äußerungen
Rolf Reißigs auf der Podiumsveranstaltung in Freudenberg. Ganz offensichtlich sei infolge des gemeinsamen Ideologiepapiers mit der SPD eine
interne Auseinandersetzung in der SED im Gange, deren Ergebnis noch
nicht entschieden sei. Dabei setzten die meisten dieser DDR-Forscher damals noch auf Reformierung der DDR und des Sozialismus wie auch auf
sozialen und kulturellen Wandel in den westlichen Gesellschaften.[24]

Im *Deutschland Archiv* entspann sich eine Debatte zu dem SPD-SED-
Dialogprojekt, die sich über mehrere Jahre hinzog. Insgesamt fand das Anliegen dieses Dialogs und vor allem das gemeinsame Papier, bei allen kritischen Anmerkungen, Akzeptanz. Dass man 1987/88 auf Dialog, Öffnung
und Wandel von innen setzte, war unumstritten. Unterschiedlich wurden
die Chancen bewertet, wie sich die Absichten des Papiers in der gesellschaftlichen Wirklichkeit des geteilten Landes allmählich umsetzen ließen.[25]
Die westdeutsche DDR-Forschung war bereit, dazu auch einen politischen
Beitrag zu leisten. Die von Thomas Meyer und mir ausgehende Idee, eine
gemeinsame Arbeitsgruppe »Systemvergleich« zu schaffen, fand schnell
Zustimmung. Nach außen gedacht als Signal, zu prüfen, wie der begonnene
Dialog materialisiert werden könnte, sollten damit zum ersten Mal Wissenschaftler der Bundesrepublik und der DDR ein gemeinsames Konzept zum
Vergleich der beiden Systeme in Ost und West entwerfen und über theo-
retisch-methodische und praktisch-politische Fragen dieses Vergleichs diskutieren. Dass ein solches Unterfangen überhaupt angedacht werden konnte, hing damit zusammen, dass inzwischen auch in der DDR, u.a. an der
AfG, Wissenschaftler am Konzept eines »Systemvergleichs« arbeiteten. Da

es für dieses Konzept von Seiten des Ideologiechefs Hager jedoch keine Zustimmung gab, musste es als »gemeinsames Dialogprojekt« über Frieden und gesellschaftliche Entwicklung in Ost und West »verkauft« werden. Die Gruppe konstituierte sich im Jahre 1988. Von westdeutscher Seite gehörten ihr u. a. bekannte DDR-Forscher und Sozialwissenschaftler wie Wilhelm Bleek, Gert-Joachim Glaeßner, Horst Heimann, Rainer Geißler, Rüdiger Kipke, Ralf Rytlewski und Thomas Meyer an. Von der ostdeutschen Seite waren u. a. Wissenschaftler der Akademie für Gesellschaftswissenschaften und der Humboldt-Universität Berlin beteiligt: Frank Berg, Michael Hagen, Bärbel Möller, Dieter Klein und ich. Inhalte der jeweils zweitägigen Beratungen waren konzeptionelle Fragen eines Ost-West-Systemvergleichs und der praktische Vergleich am Beispiel der Themen »Sozialer Fortschritt«, »Demokratie« und »Menschenrechte«. Weitgehend Übereinstimmung herrschte bei der Beurteilung der Funktion des SPD-SED-Ideologiepapiers für die weitere Gestaltung der Ost-West-Beziehungen, bei der Betrachtung des Systemwettstreits und der notwendigen Kooperation zur Lösung der globalen Menschheitsprobleme. Strittiger ging es zu bei den Themen Wesenseigenschaften des Kapitalismus, Offenheit der Geschichte sowie Garantie für die Verwirklichung der Menschenrechte.

Das gemeinsame Papier fand nach seiner Präsentation in der Öffentlichkeit der Bundesrepublik mithin eine erhebliche Resonanz. Freilich war sie nie so groß wie in der DDR.[26] Obgleich die SPD-SED-Gespräche zumeist bekannt waren, war die Verabschiedung des Papiers für die bundesdeutsche Öffentlichkeit dennoch eine Überraschung. Anders als in der DDR konnten die unterschiedlichen Auffassungen öffentlich ausgetragen werden. Inhaltlich lagen die Reizpunkte in Ost und West oft nicht weit auseinander, waren jedoch mit jeweils anderen Vorzeichen versehen. Analysiert man die Diskussion in der Bundesrepublik, so zeigt sich, dass auch die bundesdeutsche Öffentlichkeit vom Anliegen des Papiers zumeist überfordert war. Viele Kommentare in den Medien belegten, dass die bisherigen Denkgewohnheiten und die alten Freund-Feind-Bilder auch hier unvermindert fortwirkten. Dass mit einer neuen Streitkultur engagierte Friedenspolitik möglich werden sollte, galt vielen als wenig nachvollziehbar. Dass hier Neuland beschritten wurde, ein Experiment mit zunächst offenem Ausgang eingeleitet wurde, schienen nur wenige zu sehen.

Mit der Verlagerung der Debatte aus der Sphäre der veröffentlichten Meinung in die Zentren der Parteien, Gewerkschaften, der politischen Bildung und der Universitäten gewann die Diskussion an inhaltlicher Qualität. Die zunächst dominierende, oft einseitige Kritik des Papiers und seiner sozialdemokratischen Urheber verlor in der Öffentlichkeit an Boden. Das Ansehen des DDR-Staatsratsvorsitzenden und SED-Chefs Honecker war bei der westdeutschen Bevölkerung durch dessen Besuch in der Bundesrepublik, wie der Politikwissenschaftler Karl-Rudolf Korte schrieb, gestiegen. Zugleich wuchs in breiten Kreisen der Bevölkerung die latente Bereitschaft, die Grundordnungen, die politisch-gesellschaftlichen Systeme der Bundesrepublik Deutschland und der DDR pauschal gleichzusetzen und ihre grundlegenden Unterschiede weniger deutlich als früher zu akzentuieren.[27] Die Verlagerung der Diskussion verschob die Gewichte in der Wahrnehmung der politischen Öffentlichkeit. Die alten Gräben in der Bundesrepublik waren damit jedoch nicht zugeschüttet, wie sich später wieder deutlicher zeigen sollte. Auch die Auseinandersetzung um das Papier und sein Anliegen polarisierte sich 1988/89 erneut.

Akzeptanz und Differenz in den Führungsgremien der Sozialdemokratie

Die allgemeinen Parteikontakte zur SED fanden in der SPD mehrheitlich Zustimmung, das galt für die zentralen Gremien wie für die Basis. Doch das Dialogprojekt der Grundwertekommission und insbesondere das Ideologiepapier waren nie unumstritten. Der Meinungsstreit betraf sowohl inhaltliche als auch taktische Fragen.

Die Arbeit der Grundwertekommission der SPD war in die Strukturen und Mechanismen der Partei eingebunden. Der Dialog mit den SED-Gesellschaftswissenschaftlern und die Erarbeitung eines gemeinsamen Papiers war kein »Sonderweg« der Grundwertekommission. Präsidium und Vorstand wurden regelmäßig informiert. Lange Zeit betrachteten Genossen im Präsidium diesen Dialog jedoch eher als »Spielwiese« für Parteiintellektuelle, spiegelverkehrt zur Sichtweise des SED-Politbüros. Ob dabei etwas Ernsthaftes herauskommen könnte, wurde meist skeptisch betrachtet. An ein »gemeinsames Papier« dachte niemand. Am 22. Juni legte Erhard Eppler dem Präsidium den Entwurf des gemeinsamen Papiers über Streitkultur als Friedenspolitik vor (siehe dazu auch Kap. 2). Er verwies dabei auf die darin enthaltene neue Dimension im Kontext der Ost- und Entspannungspolitik der SPD. Natürlich sei das Papier ein Kompromiss, aber die Zugeständnisse, die die SED gemacht habe, seien viel größer als die auf Seiten der SPD. Das Präsidium diskutierte das Papier lebhaft. Die Begeisterung war bei den einzelnen Präsidiumsmitgliedern unterschiedlich ausgeprägt. So hatte Hans Apel manche Bedenken und stellte eine Reihe kritischer Fragen zum weiteren Umgang mit der SED. Für die Annahme des Papiers war nicht zuletzt das Plädoyer von Hans-Jochen Vogel, dem damaligen Vorsitzenden der SPD, bedeutsam.[28] Auch ihm gefielen, wie er rückblickend schrieb, einige Formulierungen nicht, aber Anliegen und Grundidee des Papiers hielt er durchweg für beachtenswert. Die Tragweite des Vorgangs lag für ihn auf der Hand. Immerhin sei es seit der Spaltung der Arbeiterbewegung das erste Mal, dass sich Sozialdemokraten und Kommunisten auf ein gemeinsames Papier verständigt hätten. Neu sei auch, dass die sozialdemokratische Partei mit der SED zur wechselseitigen Beurteilung grundsätzlicher Positionen zu gelangen versuchte. Vogel später: »Ich war mir des Wagnisses und der Gefahr von Fehldeutung durchaus bewusst, zumal sich in der Partei bereits Stimmungen gegen das Vorhaben erhoben hatten. So warnte Helmut Schmidt davor, sich mit der SED als Partei einzulassen. Ich setzte dagegen, dass es keinen substantiellen Unterschied mache, ob man sich – wie das ja auch Helmut Schmidt regelmäßig getan hatte – mit den Führungspersonen der DDR in ihren staatlichen Funktionen zusammensetze oder ob das in ihrer Eigenschaft als Parteifunktionäre geschehe. Es handelte sich im Ergebnis immer um die gleichen Personen, deren Führungsanspruch der Staat DDR genauso unterliege wie die Partei. Entscheidend war für mich jedoch, dass die SED mit den zitierten Sätzen den Wettbewerb der Systeme akzeptierte, zugleich ihr Wahrheitsmonopol und damit ein zentrales Element der kommunistischen Ideologie in Frage stellte und dennoch bereit war, den vollen Text des Papiers im ›Neuen Deutschland‹ zu publizieren. Das wog schwerer als Bedenken gegen die eine oder andere Formulierung, die hingenommen werden mussten, wenn diese Sache überhaupt zu Stande kommen sollte.«[29] Hans-Jochen Vogel empfahl deshalb dem Präsidium die Annahme des Papiers, das Votum fiel positiv aus. Einen formalen Beschluss fasste das Präsidium aber nicht. So hoch sollte das Papier nun auch wieder nicht gehängt werden. Aus diesem Grund einigte man sich auch darauf, dass es sich bei dem Papier nicht um ein gemeinsames Dokument beider Parteien, sondern nur um eines zwischen der Grundwertekommission der SPD und der Akademie für Gesellschaftswissenschaften beim ZK der SED handeln sollte. Damit wurde nach außen und für die Partei dokumentiert, dass das Präsidium das Papier zur Kenntnis nimmt, es befürwortet, aber nicht als Parteidokument deklariert. Erhard Eppler hatte damit kein Problem, der Vorgang lag durchaus auf seiner »Linie«.

Eine Formulierung allerdings wollte das Präsidium, wie bereits an anderer Stelle erwähnt, gestrichen wissen: jene, die von der gemeinsamen historischen Wurzel der sozialdemokratischen und kommunistischen Bewegung sprach. Zwar ließ sich nicht bestreiten, dass diese Stelle den historischen Gegebenheiten entsprach, es stand aber zu befürchten, dass diese Passage in der Sozialdemokratie auf Widerspruch stoßen würde. Aus diesem Grund hatte man in dem Bemühen um Annäherung das historisch belastete Verhältnis zwischen beiden Parteien bereits in den dem Papier vorausgegangenen Gesprächen bewusst ausgeklammert. Manche Präsidiumsmitglieder glaubten zudem, dass eine solche, zudem verknappte Aussage den Konservativen zusätzliche Möglichkeiten zur Polemik bieten könnte.

Willy Brandt hatte sein Einverständnis mit dem Papier signalisiert. Und dass auch der in der Partei anerkannte, als »rechts« geltende Richard Löwenthal das Papier unterstützte und voll mittrug, verfehlte seine Wirkung gerade auf zweifelnde Genossen nicht.

Am 31. August 1987, nach den Pressekonferenzen zum gemeinsamen Papier in Bonn und Ostberlin, beschäftigte sich das SPD-Präsidium noch einmal mit dem Grundsatzpapier. Inzwischen war in der bundesdeutschen Öffentlichkeit die Kontroverse um das Papier ausgebrochen. Ein Blick in die Presse zeigte dies sehr deutlich. Die CDU hatte mit ihren Angriffen begonnen. Das Präsidium bestätigte nun auch offiziell, dass es bereits am 22.6.1987 der Veröffentlichung des gemeinsamen Textes der Grundwertekommission der SPD und der Akademie für Gesellschaftswissenschaften beim ZK der SED zugestimmt habe. Es sei der »Überzeugung, dass dieses *Papier einen wichtigen, nach vorn weisenden Beitrag zu einer umfassenden Friedenspolitik* leistet«.[30] Mit der Hervorhebung von elf Grundsätzen des Papiers sollte dies eindrucksvoll demonstriert werden. Alle brisanten und umstrittenen Formeln (wechselseitige Existenzberechtigung, Friedens- und Reformfähigkeit beider Seiten, gemeinsame Aufgaben trotz fundamentaler Gegensätze, individuelle und soziale Menschenrechte als Maßstab) sind darin enthalten. Das Präsidium resümierte, dass das Papier »sozialdemokratischen Grundpositionen entspreche«. Und: *»Die SPD vergisst und* *verdrängt weder die Geschichte ihres mehr als 70jährigen Kampfes gegen die Kommunisten noch das Ansehen der Opfer.«* Mit diesem Papier »muss sich die *SED an Maßstäben messen lassen, die für Sozialdemokraten entscheidend sind«.* Der Text beziehe sich auf das »Verhältnis von Parteien in verschiedenen Systemen«. Das Verhältnis von Sozialdemokraten und Kommunisten in der Bundesrepublik sei davon nicht betroffen. Abschließend bringt das Präsidium der SPD sein Bedauern zum Ausdruck, *»dass vor allem CDU und CSU sich in eine billige Polemik geflüchtet haben,* die in allen Punkten durch das Papier selbst widerlegt« werde.[31]

Mit dieser Nacharbeitung reagierte das Präsidium offensichtlich auf kontroverse Positionen in der Partei sowie auf die aufgebrochene Polemik in der Öffentlichkeit der Bundesrepublik. Beruhigend hielt es allen Kritikern entgegen, dass der Text sozialdemokratischen Grundpositionen entspreche. Ebenso hatte ja auch Otto Reinhold Erich Honecker in einem Begleitbrief zu dem Papier versichern müssen, dass die Vertreter der Akademie für Gesellschaftswissenschaften nahezu alle ihre Grundpositionen »durchsetzen« konnten.

Für die Nach-Wende-Interpretationen (vgl. Kap. 9) der SPD-Dialogpolitik sind m. E. drei Aspekte der Präsidiumserklärung aufschlussreich:

- Der »strategische Wert« des Papiers liege in seinem nach vorn weisenden Beitrag zu einer umfassenden Friedenspolitik.
- Das gemeinsame Papier beziehe sich auf das Verhältnis von Parteien in unterschiedlichen Systemen.
- Streitkultur als Friedenspolitik habe innenpolitische Folgerungen (systemöffnender Dialog). Das Papier solle solche Wandlungen anstoßen.

Der Parteirat der SPD nahm das Papier erst am 18. November 1987 zur Kenntnis. Er billigte den Text ohne Gegenstimmen bei einer Enthaltung. Wie das Präsidium sah auch der Parteirat darin »einen wichtigen, *nach vorne weisenden Beitrag zu einer umfassenden Friedenspolitik«.*[32] Die anschließenden Passagen, darunter die Hervorhebung der Leitideen des Papiers und der Verweis auf die Geschichte der Auseinandersetzung mit dem Kommunismus, stimmen mit denen in der Präsidiumserklärung vom 31. August fast wörtlich überein. Trotz dieser Demonstration von Einmütigkeit verabschiedete der Parteirat ein zusätzliches »Diskussionspapier«, mit dem er sich an die Grundwertekommission der SPD wandte, da am

Beginn einer solchen ideellen Auseinandersetzung »noch viele Fragen offen« seien. Zu den offenen Fragen zählte der Parteirat die Krieg-Frieden-Problematik. Auch wenn die Verhinderung eines nuklearen Weltkrieges Vorrang habe, sei damit das generelle Problem von Krieg und Frieden nicht erschöpfend behandelt. In bestimmten Situationen könne die Anwendung militärischer Mittel unvermeidlich, legitim oder sogar geboten sein, etwa im »Kampf gegen politische und soziale Unterdrückung« oder bei der »Verteidigung gegen Aggressionen von außen«. Weiter setzte der Parteirat ein Fragezeichen hinter die Aussage, dass die Probleme der Entwicklungsländer mittels des Wettstreits zwischen östlichem und westlichem System zu lösen seien. Zugleich problematisierte er die im Papier vorhandene Fixierung der SPD auf das westliche Gesellschaftssystem. Die SPD lehne doch »ungebändigten Kapitalismus und Imperialismus« genauso prinzipiell ab, wie den sogenannten »realen Sozialismus«. Die Perspektive des Demokratischen Sozialismus solle offengehalten werden. Ungeachtet der Bejahung des friedlichen Wettbewerbs und eines sachlichen Dialogs zwischen den unterschiedlichen Gesellschaftssystemen plädierte der Parteirat abschließend für eine Solidarität mit all denen, die für die Idee der Menschenrechte und für eine pluralistische Demokratie einstehen. Unabhängig davon, ob dies im Osten, in den Entwicklungsländern oder auch im Westen geschehe.

Die vom Parteirat aufgeworfenen Fragen spiegelten die in der SPD vorhandenen unterschiedlichen geistig-politischen Strömungen wider. Unzweifelhaft sollte mit diesem ergänzenden Diskussionspapier nicht nur auf die kontroverse Debatte in der Öffentlichkeit, sondern auch auf die in der Partei Bezug genommen werden.

Die eigentliche Kritik in der SPD am gemeinsamen Papier mit der SED kam aus der Bundestagsfraktion. Die Fraktion verfügte inzwischen über zahlreiche Kontakte in die DDR und setzte sich für die »Aufnahme offizieller Beziehungen zwischen dem Deutschen Bundestag und der Volkskammer der DDR« ein. Sie hatte, wie sie stolz erklärte, »auf diesem Felde eine Vorreiterfunktion eingenommen und entsprechende Kontakte stetig ausgebaut und gepflegt, noch ehe die anderen Fraktionen entsprechende Initiativen ergriffen«. Endlich sei nun »auch die CDU/CSU bereit, Kontakte zur Volkskammer aufzunehmen«.[33] Zum SPD-SED-Papier wird im Jahrbuch der SPD unter der Rubrik »Bundestagsfraktion« auffallend knapp vermerkt, dass im August 1987 ein Dialogpapier zwischen SPD und SED veröffentlicht wurde, welches von der Grundwertekommission »unter Beteiligung der SPD-Bundestagsfraktion« und der Akademie für Gesellschaftswissenschaften beim ZK der SED erarbeitet worden sei. Über kritische Diskussionen und unterschiedliche Positionen in der Fraktion erfährt der Leser nichts. Doch die gab es, von Anfang an.

Annemarie Renger, sozialdemokratische Bundestagsvizepräsidentin, hatte noch vor der Präsidiumssitzung vom 31. August 1987 angemerkt, dass das Papier eine »klare Interpretation« des Parteivorstandes brauche. Sonst sei sie besorgt wegen der möglichen »Gefahr einer Irritation«, insbesondere vor dem Hintergrund der laufenden Programmdiskussion.[34] Annemarie Renger gehörte auch in den folgenden Debatten zu jenen, die das Papier kritisch beurteilten.

In der Bundestagsfraktion wurde der Text bald nach Erscheinen diskutiert.[35] Anwesend war – neben Hans-Jochen Vogel als Fraktions- und Parteivorsitzender – auch der Vorsitzende der SPD-Grundwertekommission, Erhard Eppler. Drei Kritikpunkte standen dabei zur Debatte: 1. der Wettbewerb der Systeme und die proklamierte Offenheit seines Ausgangs, 2. die Betonung einer gemeinsamen humanistischen Tradition von Sozialdemokraten und Kommunisten, 3. die Anerkennung der Existenzberechtigung der DDR über die Akzeptanz dessen hinaus, was ohnehin geschieht.[36] Die Kritik wurde insbesondere von Hans-Jürgen Wischnewski und Annemarie Renger vorgetragen. Eppler und Vogel schienen zunächst von der Intensität der Kritiken überrascht. Doch im Ergebnis dieser heftigen Diskussion stand die Bundestagsfraktion in ihrer Mehrheit hinter dem SPD-SED-Dialogpapier.[37]

Die Vorbehalte der Kritiker in der Fraktion konnten jedoch nie völlig ausgeräumt werden, so schildern es Beteiligte später. Auch das Ministerium für Staatssicherheit weiß in den zunächst wöchentlich erstellten Informationen aus Bonn über die Diskussion des SPD-SED-Papiers in den SPD-Gremien davon zu berichten. Schon am 14. September 1987 hieß es: »Rechte SPD-Politiker schätzen ein, dass das Dokument die SPD vor eine Reihe von Problemen stellen werde. Es könne nicht nur der Eindruck entstehen, dass sich die SPD der SED anbiedere, sondern die Partei müsse im Interesse ihrer Glaubwürdigkeit künftig auf eine völlige Isolierung der Kommunisten der BRD verzichten. Nach dem Besuch von E. Honecker in der BRD sei mit einer Zunahme der Auseinandersetzung um dieses Papier innerhalb der SPD, insbesondere im ›Seeheimer Kreis‹, zu rechnen. Während Kräfte um Bahr eine derartige Diskussion für die Formulierung des künftigen Kurses der

Partei für nützlich halten, befürchten rechte Politiker eine weitere Schwächung ihrer Position. Den größten Nutzen aus dieser Initiative werde nach ihrer Ansicht die SED ziehen, obwohl auch für sie innenpolitische Probleme erwachsen könnten. Die Veröffentlichung des Dokuments im unmittelbaren Vorfeld des BRD-Besuchs von E. Honecker stelle für die DDR einen weiteren Schritt zur Respektierung der SED durch die SPD dar.«[38]

Rund einen Monat später hieß es in einer MfS-Information, dass die »rechten« Kritiker nun, da das Papier existiere, dafür plädierten, es »für die ideologische Einflussnahme auf die DDR« zu nutzen. Wischnewski beispielsweise habe betont, der SPD-Parteivorstand müsse nun mit dem Dokument »verstärkt sozialdemokratisches Gedankengut in der DDR verbreiten«. Es müsse überlegt werden, ob nicht, wie die SED in der Bundesrepublik mit der DKP, »auch die SPD eine Filiale in der DDR haben sollte«[39]

Insgesamt hielt sich, trotz der genannten Tendenzen, die Kritik am gemeinsamen Papier in den Parteigremien der SPD sehr in Grenzen. Nicht einmal der »Seeheimer Kreis«, der Zusammenschluss »rechter« Kreise in der SPD, fand sich mehrheitlich zur Unterstützung der Kritiker des Papiers bereit. Dass das Papier auf sozialdemokratischer Seite federführend von Erhard Eppler initiiert, vom »rechten« Richard Löwenthal nachhaltig unterstützt, von Willy Brandt befürwortet und von Hans-Jochen Vogel immer wieder gewürdigt wurde, verfehlte seine Wirkung in den SPD-Gremien nicht. Die große Mehrheit in den Führungsebenen der SPD stand hinter dem Dialogpapier, sah man in ihm doch einen eigenständigen sozialdemokratischen Beitrag zur Ost- und Deutschlandpolitik. Nicht zuletzt ließen sich, wie gezeigt, mit dem Papier unterschiedliche »rechte« und »linke« Optionen verbinden.

Zustimmung und inhaltlicher Meinungsstreit in der SPD

Die Diskussion in den Gliederungen der SPD begann zunächst zögernd. Zumindest wurde das Papier hier keineswegs so »verschlungen« und erregt diskutiert wie in der SED. An Treffen und Gesprächen zwischen SPD- und SED-Politikern war man längst gewöhnt. Davon konnte man regelmäßig in der Presse lesen und einige Genossinnen und Genossen hatten auch schon selbst daran teilgenommen. Doch jetzt gab es in den Medien eine aufgeregte Debatte um ein ungewöhnliches Papier. Und der politische Gegner bezichtigte die SPD der Preisgabe der eigenen Identität und des Verrats an der westlichen Wertegemeinschaft. Alsbald setzte daher auch in der SPD ein verstärkter Diskussionsprozess zum gemeinsamen Papier mit der SED ein. Was sich zunächst herausstellte, war ein beachtliches Informationsdefizit. Auf vielen Sitzungen von Ortsvereinen bzw. Tagungen von regionalen SPD-Gliederungen wurde bemängelt, dass man nur wenig über Verlauf und Hintergründe dieser spezifischen SPD-SED-Ideologiegespräche und über die mit dem Papier verfolgten Absichten und Ziele der SPD wisse. Dort wo das Papier beraten wurde, entwickelte sich zumeist eine aufgeschlossene und sachliche Diskussion. Viele Mitglieder der SPD-Grundwertekommission, wie Erhard Eppler, Thomas Meyer, Iring Fetscher, Susanne Miller, Peter von Oertzen, Johano Strasser und Klaus Mehrens, aber auch der sicherheitspolitischen Arbeitsgruppe der Bundestagsfraktion, wie Egon Bahr, Karsten Voigt, Gernot Erler und Hermann Scheer, sowie Präsidiums- und Vorstandsmitglieder traten als Referenten auf. Die der SPD nahe stehende Friedrich-Ebert-Stiftung organisierte mehrere bildungspolitische Veranstaltungen zu dem Ideologiepapier und seinen Folgen für die DDR und die Bundesrepublik. Insbesondere für diesen Zweck wurde von der Abteilung »Politische Bildung« ein gesondertes Heft mit »Erläuterungen zum gemeinsamen Papier von SPD und SED« erstellt.[40] Die Friedrich-Ebert-Stiftung nahm es mit dem Begriff »Streitkultur« ernst, neben den eigenen inhaltlichen Erläuterungen wurden in dieser Broschüre auch Beiträge aus der theoretischen Zeitschrift der SED *Einheit* sowie die Rede Kurt Hagers vom 28. Oktober 1987 abgedruckt.

Am meisten konnten sich die SPD-Genossen mit den Passagen des Papiers anfreunden, die von der Friedenserhaltung durch Organisierung gemeinsamer Sicherheit, von Abrüstung und der Notwendigkeit einer Ost-West-Kooperation und der Verbesserung der Beziehungen zwischen den Menschen in der DDR und der Bundesrepublik handelten. Die Forderungen nach offener Diskussion über Vorzüge und Nachteile beider Systeme und nach Dialog mit allen gesellschaftlichen Gruppen und Bürgern fanden uneingeschränkte Zustimmung, zumal sie sowieso nur auf die andere Seite bezogen erschienen. Warum musste dafür aber ein »Ideologiepapier« zusammen mit dem politischen Gegner des anderen Systems erstellt werden? Warum die ausdrückliche Anerkennung der Existenzberechtigung von SED und DDR, zumal die leidvolle Geschichte zwischen der sozialdemokratischen und kommunistischen Bewegung ganz ausgeklammert wurde? Sollen wir nun auch die Kommunisten der Bundesrepublik als Dialogpartner anerkennen? Diese und ähnliche Fragen wurden von SPD-Genossen und Sympathisanten immer wieder gestellt. Besorgt sah man auf die kurz nach der Veröffentlichung des Papiers auftretenden Vorkommnisse in der DDR, die so ganz und gar nicht dem Geist dieses Dialogpapiers entsprachen. Insgesamt aber konstatierten Erhard Eppler, Thomas Meyer und weitere Mitglieder der Grundwertekommission der SPD während des 6. Treffens mit der Akademie für Gesellschaftswissenschaften, dass das gemeinsame Papier »in der SPD eine ganz überwiegend positive Zustimmung erfahren habe, unabhängig von sozialer Strukturiertheit und anderweitigen Differenzierungen«.[41] Ein ähnliches Bild zeichneten die Herausgeber der erwähnten Broschüre der Friedrich-Ebert-Stiftung. Und der *Vorwärts* schrieb bereits am 12. September: »Das von SPD- und SED-Mitgliedern gemeinsam erarbeitete Papier (...) ist in der SPD überwiegend zustimmend zur Kenntnis genommen worden. Dass die Autoren die Scheidelinie zwischen Freiheit und Diktatur verwischen, fanden, wie kaum anders zu erwarten, nur einige rechte Kritiker – ohne freilich im Text einen sachlichen Beleg dafür finden und nennen zu können.«[42] Tatsächlich wurde das Papier innerhalb der SPD von nur wenigen grundsätzlich abgelehnt, etwa mit dem Argument, Sozialdemokraten dürften mit Kommunisten generell kein gemeinsames Ideologiepapier erstellen. Inhaltliche Kritik aber wurde geübt, auch von einigen prominenten SPD-Mitgliedern. Dies führte zu einem Meinungsstreit, der öffentlich ausgetragen wurde, auch wenn das vom SPD-Präsidium nicht besonders gern gesehen wurde.

Vor allem Gesine Schwan, Professorin für Politikwissenschaft an der Freien Universität Berlin und von 1978 bis 1984 selbst Mitglied der Grundwertekommission der SPD, sowie Dieter Haack, sozialdemokratischer Bundestagsabgeordneter, stellten sich an die Spitze dieser Kritik. Ihre Einwände betrafen zentrale Aussagen und Intentionen des Papiers.

Unter dem programmatischen Titel »Ein Januskopf – Gefahren und Chancen« veröffentlichte Gesine Schwan in der *Frankfurter Allgemeinen Zeitung* einen längeren Beitrag zur Kritik des SPD-SED-Papiers.[43] Für Gesine Schwan überwogen eindeutig die mit dem Papier verbundenen Gefahren für die Sozialdemokratie. In der Festschreibung der Gemeinsamkeiten von Sozialdemokraten und Kommunisten sah sie sowohl die eigene »Identität gefährdet« wie die »Gemeinsamkeiten der Demokraten«. Sie verglich das Papier von 1987 mit dem das Verhältnis von Sozialdemokraten und Kommunisten bestimmenden »Unvereinbarkeitsbeschluss« des SPD-Parteirats aus dem Jahre 1971. In dem Papier von 1987 sah sie einen »politischen Paradigmenwechsel«. So auch Dieter Haack in seinen kritischen Anmerkungen zum Ideologiepapier.[44] Schwan und Haack wandten sich gegen eine ihrer Meinung nach alles andere relativierende Priorität der Friedenssetzung. Der Wert der Freiheit sei nun eindeutig zurückgenommen und damit der Gegensatz zu den Kommunisten verwässert. Der Friedensbegriff sei entleert, wenn Frieden ohne Freiheit, ohne Demokratie und Menschenrechte gedacht werde. Egon Bahr verteidigte in einer Antwort auf Gesine Schwan die Vorrangigkeit der Friedenssicherung.[45] Für Bahr und andere, wie Thomas Meyer, war die Bewahrung des Friedens im Zeitalter der Massenvernichtungswaffen Voraussetzung für die Realisierung aller anderen Werte.[46] Der Minimalansatz, Frieden als Abwesenheit von Krieg zu verstehen, erlange insofern Priorität, als Frieden im umfassenden Sinne erst auf dieser Grundlage eine reale Chance erhalte. »Mit Kommunisten erst reden, wenn sie keine mehr sind«, habe lange Zeit als Credo der Politik der Bundesrepublik gegolten. Diese Politik sei aber nicht erfolgreich gewesen, schlussfolgerte Egon Bahr.

Weiter kritisierte Gesine Schwan am Streitpapier den »grundlegenden Ansatz der formellen Gleichstellung beider Systeme«. Übertrage sich dieser Ansatz auch auf das Verhältnis von Sozialdemokraten und Kommunisten, bleibe die Kritik am Kommunismus aus und sozialdemokratische und kommunistische Positionen würden »gleichberechtigt präsentiert«. Schwan erblickte darin eine Legitimierung des Kommunismus als Gesellschaftssystem, zumal nun erstmals durch die SPD nicht schlechthin dessen Existenz, sondern seine Existenzberechtigung anerkannt würde. Für die Protagonisten des Papiers hingegen waren die Unterschiede von Kommunisten und Sozialdemokraten klar festgeschrieben. Sie konnten darauf verweisen, dass auf Drängen Richard Löwenthals eigens ein Kapitel in die gemeinsame Erklärung eingearbeitet worden war, in dem die weltanschaulichen und gesellschaftspolitischen Gegensätze beider Parteien explizit beschrieben waren. Der Begriff Existenzberechtigung sei im völkerrechtlichen Sinne als Recht auf Existenz zu verstehen und sei insofern etwas anderes als Anerkennung der Legitimität. Eine Legitimierung des Herrschaftssystems könne aus dem Papier folglich nicht herausgelesen werden. Wenn aber, so Egon Bahr, aus potenziellen Gegnern Partner würden, obwohl sie ideologische Gegner blieben, könne keine Seite der anderen die Existenzberechtigung absprechen.

Kritiker des Papiers vermissten Einlassungen zum Verhältnis von Kommunisten und Sozialdemokraten in der Vergangenheit, z. B. Hinweise auf die »Sozialfaschismus«-These der Kommunisten in der Zeit der Weimarer Republik, besonders aber auf die Zwangsvereinigung von KPD und SPD zur SED nach 1945 und die Verfolgung von Sozialdemokraten durch die SED.[47] Der »SPD-Arbeitskreis ehemaliger politischer Häftlinge« argumentierte, man könne sich nicht mit Leuten über gemeinsame Ziele verständigen, die die SPD in ihrem Machtbereich liquidiert hätten.[48] Zumindest hätte die SPD darauf drängen sollen, dass die SED ihr Bedauern über diese Vorgänge ausspricht.[49] Erhard Eppler und Thomas Meyer hatten zu diesem Punkt bereits bei der Vorstellung des Papiers und in der anschließenden Live-Diskussion im DDR-Fernsehen darauf hingewiesen, dass eine gemeinsame Interpretation der bisherigen Geschichte von Sozialdemokratie und kommunistischer Bewegung nicht beabsichtigt war, da anderenfalls das gemeinsame Papier nicht zu Stande gekommen wäre. Die Diskussion über die Geschichte beider Parteien galt als aufgeschoben, nicht aber als aufgehoben. Thomas Meyer und auch der SPD-Vorsitzende Hans-Jochen Vogel versicherten, dass der Abschnitt Geschichte, der den Mitgliedern dieses Arbeitskreises ehemaliger Häftlinge besonders anliege, nicht vergessen werde. Die Erfahrungen der ehemaligen DDR-Häftlinge sollten in die weitere Diskussion der Grundwertekommission einbezogen werden, der Arbeitskreis werde über die Umsetzung des Papiers mit dem Parteivorstand im Gespräch bleiben.[50] In der Folgezeit konnten die Spannungen und Meinungsdifferenzen offensichtlich abgebaut werden. Thomas Meyer und Siegbert Heid schrieben sogar, dass der Arbeitskreis unter diesen Bedingungen »zugesagt hat«, sich an der »Erarbeitung einer politischen Streitkultur zwischen Ost und West« zu beteiligen.[51]

Innerparteiliche Kritik am Papier kam auch von links. Beachtung fand vor allem ein im *Vorwärts* erschienener Artikel von Helga Grebing.[52] Grebing, Historikerin und Mitglied der Historischen Kommission und der Programmkommission beim SPD-Parteivorstand, kritisiert die ihrer Meinung nach viel zu starke Fixierung auf die gegenwärtig existierenden Staaten und Machtverhältnisse, die im Gegensatz zu den Aufgaben der Sozialdemokratie stehe, in der Perspektive eine freiheitliche, fortschrittliche und demokratische Gesellschaftsordnung anzustreben. »Kein dritter Weg?«, fragte Helga Grebing. Die »Partner von der SED« gingen davon aus, dass »ihr System, ihr Sozialismus sich im Wettbewerb der Systeme als das bessere erweisen«

wird. Da mache es »Sinn, nun endlich auch zuzugestehen, dass ihr System reformfähig, weil reformwürdig ist«. »Und wir?« fragt sie und antwortet: »Wir Sozialdemokraten verwenden in dem Text gerade zweimal den Begriff des demokratischen Sozialismus; wir schlagen uns auf die Seite des westlichen, des bürgerlich-kapitalistischen Systems (…)«. Also doch wieder – so ihre polemische Frage –»Grenzträger des Kapitalismus«? Und sie argumentiert dann: »Natürlich stehen wir demokratischen Sozialisten auf der ›westlichen‹, nichtkommunistischen Seite, aber doch in eigenständiger, geschichtlich gehärteter Tradition, und zu ihr gehören gewiss: pluralistische Demokratie, Wettbewerb und ganz oben die individuellen Menschenrechte. Aber nicht doch auch einiges von dem, was in dem Text nur den Kommunisten in Anspruch zu nehmen zugestanden worden ist: Erkenntnis der Gefahr der kapitalistischen Verwertungslogik, Monopolismus- und Imperialismus-Kritik (und nicht bloß die Bereitschaft, die ›Gefahren des kapitalistischen Wirtschaftens nicht zu verkennen‹), Gemeineigentum und soziale Menschenrechte?« Dies zusammen begründe den sozialdemokratischen »dritten Weg«, den des demokratischen Sozialismus. Grebing wollte den Dialog, aber vor allem als Auseinandersetzung über die Ziele des Sozialen: »Aus dieser Sicht können sich Kommunisten und demokratische Sozialisten nicht nur gemeinsam ›auf das humanistische Erbe Europas‹ berufen, sondern sie haben auch gemeinsame Wurzeln. Was jeder bisher daraus gemacht hat und wie er sich dafür vor der Geschichte legitimiert, darüber sollten sie siebzig Jahre danach beginnen, sich friedlich auseinanderzusetzen (…)«.

Helga Grebings Ausführungen stehen stellvertretend für die damalige linke Kritik und Positionsbeschreibung in der SPD. Auch Detlef Albers, Mitglied der Programmkommission des SPD-Parteivorstands, hatte sich diesbezüglich geäußert.[53] Eine größere Debatte zu diesen Kritikpunkten gab es in der SPD nicht. Verwiesen wurde von Hans-Jochen Vogel, Erhard Eppler und Thomas Meyer darauf, dass das gemeinsame Papier mit der SED »kein sozialdemokratisches Parteiprogramm« sei. Zustimmung fand Helga Grebings Hinweis, dass nicht nur das östliche, sondern auch das westliche System als reformbedürftig gelten müsse.

In einem waren sich »rechte« und »linke« Kritiker mit den sozialdemokratischen Autoren des Streitpapiers aber einig: der Notwendigkeit eines »systemöffnenden Dialogs«. Die Kultur des politischen Streits und dessen Realisierung galt allen als entscheidendes Kriterium. Egon Bahr macht in seiner Erwiderung auf Gesine Schwan allerdings einschränkend deutlich, dass sie auch hier »altem Denken« verhaftet bleibe, wenn sie annehme, das Papier setze dabei vor allem auf Veränderungen durch die Einwirkung von außen. »Die Chance, die ich sehe«, schrieb Bahr, »ist noch anders. Sie setzt auf Reformfähigkeit im Lichte neuer Erkenntnisse drüben nicht weniger als hier.«[54]

SPD und Oppositionsgruppen in der DDR

Der Dialog der SPD mit der DDR war ursprünglich hauptsächlich auf die SED konzentriert gewesen. Dies entsprach der Strategie des von Egon Bahr entwickelten Ansatzes »Wandel durch Annäherung«. Ost-West-Entspannung, Normalisierung der Beziehungen zwischen beiden deutschen Staaten und menschliche Erleichterungen bedurften der Gespräche mit jener Partei, die im real-sozialistischen System das Sagen hatte. In der DDR war das nun einmal die SED. Zudem gingen zu jener Zeit alle politischen Kräfte von der langfristigen Existenz der Sowjetunion und des real-sozialistischen Systems aus. Veränderungen wurden vor allem von oben und aus dem systemimmanenten institutionellen Gefüge heraus erwartet. Gorbatschows Reformkurs schien dies zu bestätigen. Auch die Grundwertekommission der SPD sah bewusst in Ideologen und Theoretikern der SED sowie DDR-Gesellschaftswissenschaftlern die Partner und ideologischen Konkurrenten für den Grundsatzdialog um Frieden und Demokratie, Sicherheit und Menschenrechte, Fortschritt und Ökologie, Individualität und Gesellschaft. Es sollte ausgelotet werden, inwieweit sich das »neue Denken« innerhalb dieses sensiblen Ideologiebereichs der SED manifestiert hatte und welche Rückschlüsse sich daraus für die Reformerwartungen in der Staatspartei ergaben. Zudem bedurfte das Projekt einer in verbindliche Regeln gegossenen neuen politischen Streitkultur, eines »autorisierten« Partners auf der anderen Seite. Diese Ausrichtung der Politik auf die Staatspartei SED entsprach im Grunde der offiziellen Politik der CDU/CSU/FDP-Bundesregierung, obwohl diese »Ideologiegespräche« in ihrer Außendarstellung stets als »störend« abgelehnt hatte. Auch in den Kirchen der DDR und selbst bei der Mehrheit der Bürgerrechtler fand dieses Vorgehen »an sich« Zustimmung. Kritik war, wie alle Akten und Zeitzeugen-Gespräche belegen, damals die Ausnahme. Die Gespräche der Grundwertekommission mit der SED fanden seit dem 4. Treffen öffentlich, d. h. unter Einbeziehung west-

und ostdeutscher Journalisten statt. Die Debatten selbst waren verbindlich in der Form, aber »knallhart« in der Sache. Ein Grundsatz war, am verabredeten Projekt festzuhalten, solange seine Voraussetzungen fortbestehen und seine Grundregeln eingehalten werden. Die Grundwertekommission hat die SED-Gesprächspartner auch nie aufgefordert, Vertreter der Kirchen oder der Bürgerbewegung in diese Debatten bzw. Tagungen beider Institutionen einzubeziehen. Die Idee gemeinsamer Initiativen hinsichtlich zusätzlicher gemeinsamer Treffen, Podien und Veranstaltungen in der DDR gab es nicht bzw. wurden nie zur Diskussion gestellt. Nicht, dass die Grundwertekommission dies als »störend« empfunden hätte, aber sie wollte das Projekt nicht von vornherein mit Vorschlägen belasten, die in SED-Führungskreisen als »Provokation« betrachtet und mithin auf Ablehnung gestoßen wären. Das eingegangene Experiment des SPD-SED-Dialogs sollte nicht beendet sein, bevor es wirklich begonnen hatte.

Dennoch hatten Erhard Eppler und andere Sozialdemokraten parallel zu den Gesprächen mit der SED stets auch enge Kontakte zu den Kirchen der DDR. Eppler, der von 1981 bis 1983 und von 1989 bis 1991 Präsident des Deutschen Evangelischen Kirchentages war, nutzte seine DDR-Reisen zu vielfältigen offiziellen und inoffiziellen Gesprächen mit kirchlichen Würdenträgern, kritischen Pfarrern und Vertretern der unabhängigen kirchlichen Gruppen. Er sprach während kirchlicher Veranstaltungen über das gemeinsame Papier und informierte Stolpe, Krusche und andere Kirchenrepräsentanten. Probst Heino Falke legte er den Entwurf seiner Rede zum 17. Juni 1989 vor und bat ihn um seine Meinung. Er traf sich mit Schorlemmer und diskutierte mit ihm über die unabhängige Friedensbewegung in der DDR. Eppler stand damit nicht allein, auch andere Sozialdemokraten hatten Kontakte zu Kirchen- und Bürgerrechtskreisen. In einer MfS-Information, die Erich Mielke nach den Kirchentagen in der DDR an Erich Honecker und die Politbüromitglieder Hager, Krenz, Jarowinsky und Stoph sandte, heißt es darüber:»SPD-Führungskräfte unterhalten seit langem traditionell enge Kontakte zu leitenden Amtsträgern der evangelischen Kirchen in der DDR, die nach der Publizierung des gemeinsamen Dokuments ›Der Streit der Ideologien und die gemeinsame Sicherheit‹ an Umfang und Intensität zunahmen (…) Mit der Präsenz und dem Auftreten führender SPD-Politiker während der Kirchentage wurde die bisher breiteste und direkteste Darstellung von Positionen der SPD vor einer größeren kirchlichen Öffentlichkeit in der DDR erreicht.«[55]

Auch zu einigen Exponenten der sich in der zweiten Hälfte der achtziger Jahre aus dem Netz der kirchlichen Gruppen formierenden DDR-Opposition hatten SPD-Politiker Kontakt. Allen voran Gert Weisskirchen, aber auch Jürgen Schmude, Freimut Duve und Horst Sielaff gehörten zu diesem Kreis. Von ihnen wurden u.a. die Verbindungen zu Rainer Eppelmann hergestellt. Dabei spielte das Dialog-Papier von Anfang an eine besondere Rolle. Das dokumentieren sowohl die sozialdemokratischen Gesprächspartner[56] als auch die zahlreichen Berichte und Informationen des MfS.[57] Zwischen Dezember 1987 und Oktober 1989 kam es zu fünf solcher Treffen zwischen SPD-Politikern und Mitgliedern der Kreise um Eppelmann. An ihnen nahmen stets Vertreter verschiedener Bürgerrechts-, Friedens- und oppositioneller Gruppen teil, so u.a. die Pfarrer Simon und Pahnke sowie Gert und Ulrike Poppe, Friedrich Schorlemmer, Stephan Bickhardt, Konsistorialpräsident Stolpe und Rechtsanwalt Schnur. Gemeinsame *öffentliche* Auftritte von Sozialdemokraten und kirchlichen Gruppen bzw. DDR-Bürgerrechtlern waren die Ausnahme. Zu denen, die Aufsehen erregten, gehörte die bereits erwähnte, von Eppelmann initiierte öffentliche Diskussion vom 19. April 1989 in der Samariter-Kirche. Diese Veranstaltung, an der mit Thomas Meyer erstmals auch ein Vertreter der Grundwertekommission der SPD teilnahm, schien Erich Mielke so »provokant«, dass er am Rand seiner Information an Erich Honecker handschriftlich vermerkte: »Lieber Erich!«, »Ich bitte um eine Aussprache zu dieser Information am Dienstag, dem 25.4.1989«[58], was vermutlich auch als Warnung gedacht war, wohin dieser Dialog mit der SPD geführt und was man diesbezüglich noch zu erwarten habe, wenn dem nicht Einhalt geboten werde. Schon früher hatte Mielke mehrfach vor einem Zusammenwirken von SPD-Politikern mit DDR-Oppositionellen gewarnt, das allein auf »subversive Unterwanderung« der DDR abziele (vgl. auch Kap. 8: Mielkes Warnungen).

Die SED unternahm entsprechend alles, um solche Diskussionen wie in der Samariterkirche zu unterbinden, gleichzeitig war Honecker daran gelegen, die Gespräche mit der SPD fortzusetzen, um die daraus gewonnene internationale Reputation nicht zu verspielen. Die für ihn wichtige deutschlandpolitische Karte wollte er nicht preisgeben. Noch glaubte Honecker, wie sich ehemalige Politbürokollegen erinnern, dass die innenpolitischen Risiken dieses Dialogs beherrschbar blieben und die deutsch-deutschen und außenpolitischen Gewinne der Dialogpolitik nicht beeinträchtigen würden.[59] Die internationale Entspannungs- und Dialogpolitik sollte deshalb möglichst nicht durch spektakuläre Repressionsmaßnahmen im Innern gefährdet werden.[60] Einige Sozialdemokraten suchten auch Kontakte zu osteuropäischen Bürgerrechtsgruppen. Gert Weisskirchen z.B pflegte engere Beziehungen zu Oppositionsgruppen in mittelosteuropäischen Ländern. Thomas Meyer organisierte über Tagungen in der Friedrich-Ebert-Stiftung Treffen mit verschiedenen osteuropäischen Dissidenten und Reformsozialisten.

Obwohl diese Politik in der SPD nur von einer Minderheit betrieben wurde[61], gab es insgesamt mehr Kontakte von Sozial- als von Christ- oder gar von Freidemokraten zu Bürgerrechtlern in der DDR. Die sozialdemokratische Parteiführung billigte diese Kontakte, verstand sie jedoch nicht als immanenten Bestandteil der sozialdemokratischen Deutschland- und Ostpolitik. Die Wandlungen in der Sowjetunion, die Ausbreitung der Demokratiebewegung in Polen und Ungarn, vor allem in ihren Folgen für den Bestand des sowjetischen Hegemonialsystems, wurden vorerst nur partiell wahrgenommen. Wie von fast allen Politik-Akteuren in West und Ost wurden auch von sozialdemokratischer Seite die bestehenden Machtstrukturen über-, deren Auflösung und die Abwendung der Menschen vom Sozialismus hingegen unterschätzt. Bis zum Umbruch in der DDR bzw. im gesamten sowjetischen Machtbereich gab es keine *praktische* Umkehr in der Reihenfolge der Dialogpartner. Die SED und die anderen staatstragenden Parteien des Ostens (KPdSU, PVAP, USAP und die KP der Tschechoslowakei) blieben aus den genannten Gründen die Hauptansprechpartner der SPD. Nach den »Korrekturbeschlüssen« vom Juni und September 1989 brachte erst der politische Umbruch eine grundlegende Veränderung auf der Handlungsebene der SPD.

Die kirchlichen Gruppen und die Bürgerrechtler bejahten in ihrer großen Mehrheit die sozialdemokratische Ost- und Deutschlandpolitik, vielen war aber die SPD in ihren Gesprächen mit der SED zu zurückhaltend, zu unkritisch gegenüber den Verhältnissen in der DDR. Einige hielten die SPD wegen ihres Vertauens zur SED für naiv (vgl. dazu auch Kap. 5). Doch die Mehrheit setzte darauf, dass die SPD-Dialogpolitik die SED letztlich in Schwierigkeiten bringen, Funktionäre frustrieren, viele überfordern und auf diese Weise die Partei im Inneren differenzieren werde. Fast ausnahmslos herrschte jedoch Einigkeit darüber, dass die Sozialdemokraten stärker das Gespräch mit den kirchlichen und späteren oppositionellen Gruppen suchen sollten. Hier gab es Unmut über ein, wie sich DDR-Bürgerrechtler

erinnern, »zögerliches« und den »SED-Forderungen angepasstes Verhalten«
vieler Sozialdemokraten.[62]

Die Stellung von CDU/CSU, FDP und Grünen zum Ost-West-Parteiendialog

Das konservative politische Lager der Bundesrepublik stand dem SPD-SED-
Dialog und dem Streitpapier überwiegend ablehnend gegenüber. Die dem
konservativen Spektrum zuzurechnende Presse kritisierte das Grundsatz-
Papier und vor allem die SPD in ungewöhnlicher Schärfe. Die Rede war,
wie bereits zitiert, von einem »schmachvollen Papier« und die Sozialdemokraten galten in diesem Zusammenhang als »nützliche Idioten«. Kritisiert wurde, dass das Papier den Gegensatz von diktatorischer und demokratischer Herrschaftsform nivelliere; die grundlegenden Unterschiede der
Werte und Menschenbilder beider Systeme würden verwischt. Vor allem
der »Werterelativismus« habe die Wirkung, den Kommunismus in der Bundesrepublik salonfähig zu machen.[63] Damit kündige die SPD den Konsens
der demokratischen Parteien des Westen auf.

Am Tag der Präsentation des Grundsatzpapiers von SPD und SED und
kurz vor dem Honecker-Besuch in Bonn erklärte die CDU durch ihren damaligen Generalsekretär, Heiner Geißler, ihre prinzipielle Ablehnung der Parteigespräche zwischen SPD und SED. Auch hier waren die Argumente ähnlich denen der konservativen Presse: Die SPD verwische den fundamentalen
Unterschied zwischen Freiheit und Diktatur. Statt eine Nebenaußenpolitik
zu betreiben und ideologische Grundsatzdebatten mit der SED zu führen,
solle sich die SPD der Deutschlandpolitik der Bundesregierung und der
CDU anschließen, die darauf abziele, die Folgen der Teilung zu lindern und
am Ziel der Einheit der Nation festzuhalten.[64] Auch der Chef des Bundes-
kanzleramtes, Bundesminister Wolfgang Schäuble, erklärte in einem Rund-
funkinterview, die grundsätzlichen Unterschiede der beiden Ordnungen in
Ost und West dürften nicht verwischt werden. »Das war bei den Sozialdemokraten nie klar und ist heute völlig unklar geworden.« Es sei überhaupt nicht
zu verstehen, wie SPD und SED »zu einem Papier über gemeinsame Grundwerte kommen« könnten.[65] Der parlamentarische Geschäftsführer der CDU-
CSU-Bundestagsfraktion, Friedrich Bohl, warf der SPD vor, sie habe trotz
der Zwangsvereinigung nichts aus ihrer Vergangenheit gelernt. Mit diesem

Papier gerate die Geschichte beider Parteien in Vergessenheit. Es sei zu befürchten, dass es nun auch zu einer Zusammenarbeit von Kommunisten und Sozialdemokraten in der Bundesrepublik kommen könne. Der Bundestagsabgeordnete und Deutschlandexperte der CDU, Eduard Lintner, kritisierte das Friedensverständnis der SPD. Erst Freiheit ermögliche einen menschenwürdigen Frieden. Der SPD warf er vor, sie betreibe zu viel Gemeinsamkeit mit der SED.[66] Volker Rühe,1987 Stellvertretender Vorsitzender der CDU/CSU-Fraktion im Deutschen Bundestag, kritisierte in seinem Artikel »Statt Lösungen zusätzliche Probleme« in der Zeitschrift *trend* das sozialdemokratische Konzept der »gemeinsamen Sicherheit«, wie es auch im SPD-SED-Papier enthalten sei. Gemeinsame Sicherheit zwischen Ost und West sei nur möglich, wenn es auch eine Gemeinsamkeit der Werte Freiheit, Demokratie und Recht sowie gemeinsame Grundüberzeugungen gebe. Das sei in der westlichen Gemeinschaft, nicht aber zwischen West und Ost der Fall. Das Konzept der »gemeinsamen Sicherheit« verneble deshalb die grundsätzlichen Unterschiede.[67] Ausgesprochen polemisch fiel der Beitrag des Politikwissenschaftlers Werner Kaltefleiter in derselben Zeitschrift aus. Unter der Überschrift »Angst hat der SPD die Feder geführt« kritisierte er, dass die SPD beide Systeme hinsichtlich ihrer Friedens- und Reformfähigkeit gleich behandele, dass sie der totalitären Diktatur eine Bestandsgarantie gebe, die alte Konvergenzvorstellung auferstehen lasse, den sowjetischen Expansionismus als tatsächliche Ursache des Ost-West-Konflikts nicht benenne bzw. bagatellisiere und dass sie letztlich in ihrer Argumentation die kommunistische Semantik übernehme. Die SPD kennzeichne eine »Sehnsucht nach Wir-Gefühlen mit der SED«. Die Angst vor einem atomaren Krieg habe zur »Lähmung des eigenen Willens« und zur »normativen Desorientierung« in der Sozialdemokratie geführt. Kaltefleiters Fazit: »Nach der Lektüre dieses Papiers kann man sich des Eindrucks nicht erwehren, dass, wer mit Kommunisten in der Wir-Form spricht, mit einem Bein aus der Gemeinschaft freier Völker ausgetreten ist.«[68]

Unmittelbar nach seiner Veröffentlichung erfuhr das SPD-SED-Papier speziell im konservativen Mainstream keine ausgewogene Darstellung und Kritik. Dies mag – wie Erhard Eppler 1988 vermutete – an der »Neuartigkeit des Unternehmens« gelegen haben, und sicher ist der Text auch nur von den wenigsten, die ihn kurz nach seinem Erscheinen rundweg ablehnten, gründlich gelesen worden. Eine inhaltliche Auseinandersetzung mit den zentralen Thesen und den ihnen zugrunde liegenden gesellschaftspoli-

tischen Ideen und Zielen – die man befürworten oder ablehnen konnte –
fand daher erst einmal nicht oder nur partiell statt. Auch die ebenfalls in
dem Papier enthaltene Problematik gemeinsamer Menschheitsaufgaben und
der dafür zu leistenden Beiträge des Ostens und Westens blieb in den Kommentaren unberücksichtigt. Nur wenige erkannten, dass die Forderungen
des Papiers nach offener Diskussion, gesellschaftlicher Kritik, Informationsaustausch und Reisemöglichkeiten wichtige Bezugspunkte für gesellschaftskritische und reformorientierte Kräfte in der DDR sein könnten. Eher
vermutete man Rückwirkungen, ja Gefährdungen, für die Bundesrepublik
Deutschland. Insgesamt vermittelten die Kommentare der CDU/CSU und
der ihr nahe stehenden Presse den Eindruck, die Sozialdemokraten stünden
noch immer unter dem Generalverdacht der »Verbrüderung« mit den Kommunisten im Osten.

Wie aber stand die von der CDU/CSU geführte Bundesregierung zu dem
SPD-SED-Papier? Welche Auswirkungen hatte es auf das konkrete Regie-
rungshandeln? Der Politikwissenschaftler Rudolf Korte schreibt dazu: »Eine
Durchsicht der deutschlandpolitischen Regierungsakten ergab: Es fanden
sich nur wenige Papiere im Bestand der Regierungsdokumente, die eine
Analyse und Bewertung des SPD/SED-Papiers zum Gegenstand hatten. Eine
interne Studie, die im Bundesministerium für innerdeutsche Beziehungen
erstellt wurde, schien symptomatisch für die Aufmerksamkeit, die man seitens der Bundesregierung dem ›Streit der Ideologien‹ entgegenbrachte.«⁶⁹
Das Fazit dieser Studie lautete: »Das Papier hinterläßt einen zwiespältigen
Eindruck. Einerseits ist es der SPD gelungen, die SED auf einen Umgangs-
ton zu verpflichten, der unseren (den westlichen) Vorstellungen von einem
autoritätsfreien Diskurs weitgehend entspricht. Andererseits wurde dieser
Erfolg mit dem Abrücken vom für die Bundesregierung und den gesamten
Westen essentiellen Ursachenzusammenhang zwischen Menschenrechten
und Sicherheitsfragen erkauft – eine Tatsache allerdings, die angesichts der
früheren Zusammenarbeit von SED und SPD auf sicherheitspolitischem
Gebiet (atom- und chemiewaffenfreien Zonen) nicht allzu überraschend ist.
Die Wirkungen des Papiers dürften in West und Ost verschieden sein. Während es hier – mangels eines größeren Neuheitswerts – schnell in Vergessenheit geraten dürfte, wird die Resonanz in der DDR – nicht zuletzt durch
die volle Veröffentlichung des Dokuments im ND vom 28.08. – wohl nachhaltiger sein: Für die DDR-Bürger ist – insbesondere durch (Kapitel, R.R.)
V. eine weitere Berufungsgrundlage für ein wenig mehr Freiheit geschaffen

worden.«[70] Im Unterschied zu vielen anderen vereinfachenden Angriffen auf das Dialogpapier enthält diese Ausarbeitung eine Reihe abgewogener Bewertungen. Da das Papier kurz vor dem Besuch Erich Honeckers in Bonn veröffentlicht worden war, spielte es auch in den Vorbesprechungen zum Redeentwurf Helmut Kohls für das Treffen mit Honecker eine Rolle. Vor allem die im obigen Zitat monierte Auflösung des Zusammenhangs zwischen Menschenrechten und Sicherheitsfragen griff Helmut Kohl in seiner Tischrede während des offiziellen Abendessens mit Erich Honecker am 7. September 1987 unmittelbar auf und verwies auf die seiner Meinung nach unmittelbare Verbindung zwischen Menschenrechten und Sicherheitsfragen. Auch in seinem Bericht zur Lage der Nation vom Ende des Jahres 1988 spielte Kohl auf das gemeinsame SPD-SED-Papier an, indem er jeglicher Art von Werterelativismus zwischen beiden Systemen eine Absage erteilte.[71] Kohl befürchtete wie andere Autoren aus dem konservativen Spektrum eine Aufweichung des Fundaments der westlichen Wertegemeinschaft. Er sprach sich deshalb grundsätzlich gegen eine Zusammenarbeit mit der SED auf *Parteiebene* aus. Tatsächlich aber war von einem Werterelativismus im Papier keine Rede. Die unterschiedlichen Werteorientierungen von Sozialdemokraten und SED waren explizit formuliert worden. Umso überraschter musste Kohl feststellen, dass 1988 in seiner eigenen Partei eine Grundwertediskussion zur Deutschlandpolitik entbrannte. In dieser wurden die normativen Grundlagen der bisherigen Deutschlandpolitik auf den Prüfstand gestellt: die Rangfolge einer möglichen Vereinigung – erst Europa dann Deutschland oder umgekehrt? – sowie der Begriff der Wiedervereinigung in seiner Bedeutung als nationalstaatliches Konzept und vordringliches Ziel deutscher Politik.[72] Helmut Kohl musste daher nicht nur dem Ideologiepapier der SPD-Opposition, sondern auch der von Heiner Geißler initiierten Diskussion eine Abfuhr erteilen.

Dennoch entwickelten die Bundesregierung und die CDU keine breite Kampagne gegen das von der SPD mit der SED erarbeitete Papier. Wollten oder konnten sie es nicht? Vielleicht traf beides zu. Angesichts des bevorstehenden Besuchs des SED-Generalsekretärs beim Bundeskanzler und der damit verbundenen politisch-diplomatischen Zwänge war Zurückhaltung geboten. Hinzu kamen der sich in diesen Monaten vollziehende Stimmungswandel in der Bundesrepublik in Bezug auf die DDR und die deutsch-deutschen Beziehungen sowie die ungewöhnliche, irritierende Diskussion des Papiers in der DDR.

Zu denjenigen, die in dem Dialogpapier von SPD und SED eine Chance für einen »systemöffnenden Ost-West-Dialog« sahen, gehörte Bundespräsident Richard von Weizsäcker. Auf ihn und auf den von ihm geprägten Begriff der »systemöffnenden Zusammenarbeit« bezogen sich im Zusammenhang mit der Diskussion des Papiers des öfteren auch der SPD-Vorsitzende Hans-Jochen Vogel und der Vorsitzende der Grundwertekommission der SPD, Erhard Eppler. Schon bei der Erarbeitung der Friedensdenkschrift der Evangelischen Kirchen Deutschlands Ende der sechziger Jahre, bei der Richard von Weizsäcker und Erhard Eppler eng zusammenarbeiteten, war Weizsäcker von der Überlegung ausgegangen, dass es auch in der SED, und sei es nur aus Selbsterhaltungsgründen, Reformüberlegungen geben müsse. Um wie viel näher lag es nach dem Auftreten von Gorbatschow, diesen Strömungen auf die Spur zu kommen. Parteikontakte konnten und durften die staatlichen Bemühungen um die Milderung des Ost-West-Konflikts nicht ersetzen, aber nur sie waren in der Lage, gesellschaftspolitische und ideologische Fragen im Ost-West-Verhältnis zu thematisieren und zu prüfen, ob und wie sich im sowjetischen Machtbereich einschließlich der DDR das neue Denken durchgesetzt hatte bzw. sich durchsetzen könnte.[73] Gerade in der CDU waren solche Überlegungen allerdings eine Minderheitenposition.

Nach der ersten Aufmerksamkeitswelle ebbte die Diskussion um das SPD-SED-Grundsatzpapier im konservativen Lager – wie in der Bundesrepublik insgesamt – ab. Wo es noch diskutiert wurde, blieb es zumeist bei den grundlegenden Kritikpunkten. Die späteren Debatten waren jedoch meist stärker inhaltlich geprägt, auch sachlicher und verschiedentlich differenzierter. So beriefen sich z. B. im Bundestag auch CDU/CSU-Abgeordnete auf das Papier, als in einer Aktuellen Stunde am 9. Dezember 1987 zum Vorgehen von DDR-Behörden gegen die Umweltbibliothek debattiert wurde. Karl Lamers, CDU-Bundestagsabgeordneter und außenpolitischer Sprecher seiner Partei, diskutierte das Papier auf Einladung der Friedrich-Ebert-Stiftung gemeinsam mit SPD, SED, Grünen und DDR-Dissidenten. Auf der bereits erwähnten Tagung der Evangelischen Akademie Baden vom März 1988 wurde das SPD-SED-Papier auch aus konservativer (Chrysostomos Zodel) und christlicher Sicht (Gerhardt Langguth) betrachtet. Im Vorwort des Protokollbandes wurde zur Fortführung dieses systemübergreifenden Dialogs aufgerufen.[74] In seinem Referat »Beurteilung der politischen Studie aus konservativer Sicht« zog Chrysostomos Zodel, Chefredakteur der

Schwäbischen Zeitung Leutkirch, drei Schlussfolgerungen: Zum einen: Die Einsicht, dass im Nuklearzeitalter der Krieg als Mittel der Politik auszuschließen sei, »bildet die solide, inhaltlich gesicherte und glaubhafte Übereinstimmung des Papiers«. Freilich werde sie von allen demokratischen Parteien der Bundesrepublik geteilt und sei deshalb »keine Errungenschaft der Beteiligten«. Zum anderen: Wichtige Gemeinsamkeiten im Papier seien nur zustande gekommen, weil bei wesentlichen Begriffen auf eine inhaltliche Ausfüllung verzichtet worden sei. Die verkündeten Gemeinsamkeiten zwischen beiden Parteien seien im Grunde nicht vorhanden. Und schließlich: »Die Botschaft des Papiers, und das ist das Gute daran, geht über die SED hinweg an die Bürger der DDR. Darin liegt ja ihr eigentlicher Wert, den jeder freiheitliche Demokrat gutheißen muß.«[75]

Das Institut für politische Bildung Schloss Eichholz der Konrad-Adenauer-Stiftung e. V. erarbeitete eine Analyse des »historischen Dokuments« und veröffentlichte diese als Broschüre. Darin sollte der »Substanz dieser gemeinsamen Grundsatzerklärung« nachgespürt werden, da es mit dem Vorwurf an die SPD, sie betreibe eine »Nebenaußenpolitik«, oder der Unterstellung, sie plädiere für eine »Verbrüderung« mit der SED, nicht getan sei. Wesentliche Aussagen des Papiers wurden kritisch betrachtet: Die Situationsanalyse, die »Gleichstellung« der Systeme und ihre Wertevorstellungen. Inhaltlich berufen sich die Autoren mehrfach auf sozialdemokratische Kritiker des Papiers wie Gesine Schwan oder Annemarie Renger. Trotz Kritik wird jedoch strategisch gefordert: »Das Papier einfordern! Natürlich von der SED und DDR. Immerhin hat sich die SED darin bereit erklärt zur offenen Diskussion über den Wettbewerb der Systeme, ihre Erfolge und Misserfolge; zur umfassenden Informiertheit der Bürger, zur Kritik auch in scharfer Form, die nicht als Einmischung zurückgewiesen werden dürfe.«[76]

Über unterschiedliche und differenzierte Reaktionen in »BRD-Regierungskreisen auf das gemeinsame Dokument von SED und SPD« informierte auch das Ministerium für Staatssicherheit der DDR. Am 14. September 1987 hieß: »Vertreter des BRD-Regierungsapparates heben u. a. hervor, dass in diesem Dokument das neue Denken in der DDR-Führung zum Ausdruck komme. Der BRD-Regierung werde damit signalisiert wie ernsthaft und konzessionsbereit sich die DDR um Verständigung bemühe. Realistischer denkende Unionspolitiker appellieren an ihre Parteiführung, nicht nur scharfe Vorwürfe an die SPD zu richten, sondern das Dokument

unter dem Gesichtspunkt von Ansätzen für Fortschritte in den eigenen Beziehungen zur DDR grundsätzlich zu analysieren.«[77]

Ab Mitte 1988 spielte das SPD-SED-Papier für die Union kaum noch
eine Rolle. Das lag nicht zuletzt daran, dass die Unionsparteien kaum Kontakte zu den Kräften in der SED, in der Ost-CDU oder auch in der Bürgerbewegung der DDR hatten, die sich in dieser oder jener Weise weiterhin auf
das Dialogpapier bezogen. Erst in der Phase des Auf- und Umbruchs in der
DDR entdeckte die CDU/CSU, sogar mehr als im September/Oktober1987,
das SPD-SED-Papier wieder: als Instrument in der Auseinandersetzung mit
dem politischen Gegner SPD. Die SPD habe mit ihren Kontakten zur SED
und insbesondere mit dem gemeinsamen Papier der SED lediglich Legitimität verschafft und deren Leben verlängert. Sie solle sich endlich offiziell
davon distanzieren. Wer dabei »gesiegt« und wer »verloren« habe, könne
nun jedem deutlich werden. Die SPD zeigte sich ob dieser Angriffe verunsichert und stufte das Papier eilends zurück.

Mit der Ostpolitik der SPD hatte sich die Union mehrheitlich nie anfreunden können, auch wenn die Regierung Helmut Kohl praktisch daran
anknüpfte. Man wollte keine »Nebenaußenpolitik«, obgleich die SPD die
Regierungskoalition regelmäßig über ihre DDR-Gespräche informierte. Die
Verdächtigungen gegenüber der SPD, sie »kungele« mit der SED und »gefährde« die Position der Bundesrepublik, entsprachen nicht nur konservati-
vem Misstrauen gegenüber den »schwankenden Sozis«, sondern schienen
dazu geeignet zu sein, die CDU/CSU zugleich als einzige nationale Kraft
darzustellen. In den Parteikontakten der SPD zur SED und deren gemeinsamem Papier fand man die Bestätigung für das, was man schon immer ge-
argwöhnt und abgelehnt hatte. War es bislang um die praktischen Schritte
der SPD gegangen, so ging es nun um die dem Ganzen zugrunde liegende
Philosophie. Manche in der Union betrachteten das Papier daher geradezu
als »Geschenk«, das sich gegen die Sozialdemokratie als den politischen
Gegner verwenden ließ. Die Kritik und Ablehnung der SPD-Dialogpolitik
war Ausdruck einer anderen deutschlandpolitischen Konzeption der Union
und der Bundesregierung, einer eher ein- als zweigleisigen Strategie. Die
Bundesregierung suchte das Gespräch, die Kontakte mit den Verantwortlichen und Machthabern in der DDR. Mit ihnen traf sie Vereinbarungen über
wirtschaftliche, sportliche, kulturelle Zusammenarbeit, über Erleichterung
für die Menschen in Ost und West angesichts der deutschen und europäischen Spaltung. CDU/CSU und Bundesregierung lehnten, wie die SPD-

Opposition, eine Politik der Destabilisierung der DDR ab, weil diese die Gefahr der Eskalation und des Blutvergießens in sich barg. Sie setzten bis zuletzt auch auf Evolution, nicht auf Revolution. Einen über diese pragmatische Kooperation hinausgehenden gesellschaftlichen Dialog jedoch lehnten sie ab. Gesellschaftspolitische und ideologische Fragen sollten ja gerade ausgeklammert werden, da sie nach Auffassung der Union und der Bundesregierung nicht in die deutsch-deutschen oder West-Ost-Beziehungen gehörten. Wo es keine Gemeinsamkeiten bei den Werten gebe, könne es auch keinen Dialog darüber geben. Ein ganz anderes Verständnis von Dialog als das der Sozialdemokraten. Helmut Kohl, aber auch den meisten anderen Unionspolitikern, war deren Dialogpolitik völlig suspekt. Damit konnten sie nichts anfangen, damit wollten sie nichts zu tun haben. Menschliche Erleichterungen durch finanzielle Zuwendungen an die DDR, das konnte man sich vorstellen, nicht aber eine Kultur des Streits über Frieden, Demokratie, Menschenrechte und gesellschaftlichen Fortschritt.

Die Gespräche der Union und der Bundesregierung mit der DDR spielten sich fast durchweg auf Regierungsebene ab. Dafür stehen u.a. die Gespräche von Kohl, Strauß, Schäuble, Diepgen, Späth und Bernhard Vogel mit Honecker, aber auch mit anderen »DDR-Größen« wie Mittag und Schalck. Nur vereinzelt, etwa bei Diepgen oder bei Leisler-Kiep, hatten die Kontakte auch den Charakter von Parteigesprächen. Ansatzweise sind einige Äußerungen bekannt, etwa von Diepgen, Späth und Leisler-Kiep, die Parteikontakte nicht unbedingt ausschließen wollten. Mit der CDU der DDR wurden offizielle Beziehungen abgelehnt. Erst als die politische Revolution in der DDR längst im Gange war, plädierte die CDU-West für Gespräche mit der CDU-Ost, die dann rasch zu einem Wahlbündnis, zur Kooperation und schließlich zur Einverleibung der Ost-CDU in die CDU der Bundesrepublik führten.

Gespräche der CDU mit der DDR–Opposition waren selten, viel seltener als die der SPD. Vom 1. Januar 1987 bis August 1988 registrierte das MfS lediglich bei zwei CDU/CSU-Repräsentanten, dem Regierenden Bürgermeister von Berlin (West), Eberhard Diepgen, und dem Mitglied des Bundestages, Jürgen Warnke, besondere Kontakte zu Amtsträgern der evangelischen Kirchen in der DDR bzw. DDR-Oppositionellen.[78] Dabei hielten die CDU-Politiker, wie alle anderen Politiker der Bundesrepublik auch, an der Einheit der Nation fest. Eine »direkte Einflussnahme von außen bzw. ein offensichtliches Hineinwirken in die Beziehungen DDR-Kirche« lehnten sie jedoch ab, denn dies »gefährde« nur die »Freiräume und den Dialog, der sich in den zurückliegenden Jahren zwischen Staat und Kirche in der DDR entwickelt habe«[79]. In einer anderen MfS-Information hieß es: »Während die Kontakte führender SPD-Politiker zu den evangelischen Kirchen in der DDR auf einer konzeptionellen Grundlage und langfristigen politischen Zielstellungen basierten, wiesen die Kontakte führender Vertreter der CDU/CSU vorrangig pragmatische Ziele aus.«[80] Davon unterscheide sich jedoch das Treffen des Vorsitzenden der Arbeitsgruppe »Deutschlandpolitik« der CDU, Lintner, sowie der Bundestagsabgeordneten der CDU Scharrenbroich und Schreiber, das mit »Vertretern der politischen Untergrundtätigkeit in der DDR um die hinlänglich bekannten Pfarrer Eppelmann und Hirsch« stattgefunden habe. Dieses Treffen sei eine »ausschließlich politisch motivierte Zusammenkunft« gewesen. In oppositionellen Kreisen der DDR hatte es wegen dieser Zusammenkunft von einigen Bürgerrechtlern mit Vertretern der CDU eine heftige Auseinandersetzung gegeben. Eine Reihe bekannter Bürgerrechtler kritisierte Eppelmann ob dieses Treffens und seiner Kontakte zur CDU/CSU.

Von der *FDP* ist keine offizielle Stellungnahme zum SPD-SED-Papier bekannt. Diese Zurückhaltung deutet nicht auf eine Ablehnung oder gar Verurteilung des SPD-SED-Dialogs und dessen Ergebnis in Form eines gemeinsamen Streitpapiers, sondern ist eher als Rücksichtnahme auf den Regierungspartner CDU/CSU zu werten. Denn Lob für die Opposition gehört nicht gerade zur Regel im bundesdeutschen Parteienwettbewerb. Abweichend von dieser Linie charakterisierte Hans-Dietrich Genscher gegenüber Otto Reinhold das SED-SPD-Papier als »sehr bedeutend«.[81] Auch wenn sich die FDP nicht offiziell zu dem SPD-SED-Papier äußerte, trat sie doch in den achtziger Jahren verstärkt für einen Parteiendialog im Kontext der deutsch-deutschen Beziehungen ein. Noch zu Zeiten der sozial-liberalen Koalition hatte die FDP bereits im Frühjahr 1982 die seit 1972 abgerissenen Kontakte zur Liberal Demokratischen Partei Deutschlands, LDPD, durch ein Geheimtreffen Genschers mit dem LDPD-Vorsitzenden Manfred Gerlach in Halle wieder aufgenommen.[82] Die LDPD galt der FDP als ihr »natürlicher« Dialogpartner in der DDR. Dennoch waren natürlich auch Kontakte mit dem SED-Generalsekretär hoch willkommen. Der FDP-Fraktionsvorsitzende im Deutschen Bundestag, Wolfgang Mischnick, traf Honecker im Frühjahr 1984, wobei auch über die Ausweitung des Parteiendialogs von FDP und LDPD gesprochen wurde. Ein gesonderter, informeller Kanal wurde über die Gespräche von Hans-Dietrich Genscher und Otto Reinhold aufgebaut. Reinhold führte diese Gespräche in direkter Abstimmung mit dem SED-Generalsekretär.

Nach der Verabschiedung des SPD-SED-Papiers und dem Besuch Honeckers in Bonn kam es zu einer Intensivierung der FDP-LDPD-Kontakte und ihrer Ausdehnung auf untere Parteiebenen. Beteiligt waren auch die FDP-nahe Friedrich-Naumann-Stiftung und Organisationen der Parteienklientel wie z. B. die Handwerkskammern.[83] Im Mittelpunkt der Gespräche standen Fragen der Friedenssicherung, der Rüstungsbegrenzung und der Abrüstung sowie die Verbesserung der deutsch-deutschen Beziehungen. Auch humanitäre Fragen wurden beraten. Weil und obwohl die LDPD in allen substantiellen Angelegenheiten von der Staatspartei SED abhängig war, dienten diese Kontakte ganz gewiss der Förderung der deutsch-deutschen Vertrauensbildung und der Normalisierung. Anders als beim SPD-SED-Dialog waren jedoch bei den FDP-LDPD-Gesprächen die prinzipiellen Unterschiede und Gegensätze zwischen den Parteien nicht Gegenstand der Diskussion, sondern wurden höchstens als Informations- und Hintergrundfragen registriert.[84] In Anlehnung an die sicherheitspolitischen Vereinbarungen zwischen SPD und SED befand sich ein gemeinsames Papier von FDP und LDPD zu Fragen der Friedenssicherung in Planung.[85]

Die FDP verzichtete auf Kontakte und Beziehungen zu den oppositionellen Gruppen in der DDR. Daher tauchten FDP-Politiker in den MfS-Informationen über die Gespräche westdeutscher Politiker mit kritischen Amtsträgern der evangelischen Kirchen der DDR bzw. Vertretern oppositioneller Gruppen nicht oder nur am Rande auf.

Die FDP setzte ihren Stabilitätskurs bis zuletzt fort. Sie führte in der Zeit des Umbruchs und danach den Dialog mit den Liberaldemokaten der DDR weiter; nicht zuletzt natürlich, um sich im Prozess der Einheit die Ressourcen dieser Blockpartei zu sichern. Auch mit dem neuen SED-Chef und Staatsratsvorsitzenden Krenz traf sich Mischnick Ende Oktober 1989. Trotz dieser Kontakte war die FDP deutschlandpolitisch in den achtziger Jahren wenig präsent. Erst Genschers medienwirksamer Auftritt auf dem Balkon der bundesdeutschen Botschaft in Prag, wo er den dort wartenden 4500 DDR-Bürgern die direkte Ausreisemöglichkeit in die Bundesrepublik verkündete, brachte die FDP schlagartig ins Rampenlicht.[86]

Die *Grünen* sahen in den Gesprächen zwischen SPD und SED und in deren gemeinsamem Dialogpapier Chancen und Fallen zugleich.[87] Begriff

und Regeln einer »Kultur des politischen Streits« – wie sie im SPD-SED-
Papier entwickelt worden seien – seien, so der Mitarbeiter der Bundestagsfraktion der Grünen Jürgen Schnappertz, ein fruchtbarer Versuch, einen
»verständigungsorientierten Diskurs auf die innerstaatliche und innergesellschaftliche Ebene zu übertragen«. Betrachte man dies nicht nur als deutsche Besonderheit, sei das »Modell« geeignet für eine noch zu schaffende
»europäische Begegnungskultur«. Diese dürfe freilich SPD und SED nicht
allein überlassen bleiben. Begrüßt wurde auch die gegenseitige Bejahung
der Friedens- und Reformfähigkeit, die der SED mehr abverlangt habe als
der SPD. Kritisiert wurde die im Papier enthaltene Verkürzung des Ost-
West-Konflikts auf eine bipolare Struktur. Alle relevanten Konflikte und
Probleme würden aus diesem Gegensatz erklärt, was der Wirklichkeit widerspreche. Die ungleichen Handlungsmöglichkeiten beider Parteien blieben damit ebenso unberücksichtigt wie die Differenziertheit der sozialen
und politischen Realitäten und Bewegungen. So würden etwa die verschiedenen Oppositionsbewegungen im Osten nicht reflektiert.

Die Grünen drängten seit jeher auf einen breiteren Demokratie- und Dialogbegriff und kritisierten SPD und CDU, zu sehr auf Verhandlungen mit
den offiziellen Vertretern der Regierung der DDR fixiert zu sein. Statt dessen forderten sie, den herrschaftsbezogenen um einen offenen Dialog mit
den verschiedenen sozialen und politischen Gruppen zu erweitern. In dem
Papier von SPD und SED sah man den begrüßenswerten Ansatz eines »Po-
sitionswechsels«, weil in ihm »ausdrücklich der Dialogbegriff auf die gesellschaftlichen Kräfte ausgeweitet wird« und hier die »offene Diskussion
innerhalb jedes Systems« gefordert werde. »Angesichts solcher Formulierungen fühlen sich die Grünen ermutigt, ihre bisherige Dialogpolitik fortzusetzen«, betonte Waltraud Schoppe, Fraktionssprecherin der Grünen, im
Namen der Bundestagsfraktion der Grünen in einem offenen Brief an das
Politbüro des ZK der SED[88]. Die Grünen seien deshalb auch für »einen
intensiven Dialog mit der SED« und befürworteten die »völkerrechtliche
Anerkennung der DDR durch die BRD«. Für sie aber seien »die staatsunab-
hängigen Friedens- und Ökologiegruppen eine ebenso originäre Erscheinung der DDR wie die SED (…) Wenn wir uns mit den Menschen in diesen
Gruppen treffen, dient das dem Erfahrungsaustausch und dem gegenseitigen Verstehen.« Deshalb protestierten die Grünen gegen die Ausgrenzung
dieser Gruppen durch die SED und die DDR-Regierung, registrierten aber
die neuen Töne im SPD-SED-Papier aufmerksam. »Zwischenzeitlich ist es

ja«, schreibt Schoppe weiter, »nicht nur bei den schriftlichen Äußerungen geblieben. Im Oktober fand in der Gustav-Heinemann-Akademie eine Podiumsdiskussion statt, bei der (...) Prof. Reißig mit einem aus der DDR ausgebürgerten Schriftsteller, Jürgen Fuchs, gemeinsam mit Vertretern der SPD, CDU und den Grünen an einem Tisch saßen und konstruktiv miteinander diskutierten. Dabei schloß Herr Reißig eine ähnliche Diskussion in ihrer Hauptstadt oder an einem anderen Ort in der DDR nicht aus.« Heute jedoch sei man von einem gleichberechtigten Dialog zwischen allen gesellschaftlichen Gruppen sowohl in der DDR als auch in der Bundesrepublik noch weit entfernt.

Die Grünen setzten sich nicht nur theoretisch mit dem Dialogprojekt von SPD und SED auseinander. Vertreter der Grünen beteiligten sich auch an öffentlichen Diskussionen zum SPD-SED-Papier in der Bundesrepublik, etwa dem bereits erwähnten Freudenberger Podium von 1987. Sie luden aus der DDR Schriftsteller, Gesellschaftswissenschaftler und Oppositionelle zu von ihnen organisierten Tagungen ein, die dem Thema des Dialogs gewidmet waren.[89] Bereits in Einladungen, wie in der des Fraktionssprechers Helmut Lippelt, wurde kritisch gefragt: »Hat die Verwirklichung einer politischen Streitkultur, hat ›Glasnost'‹ in der DDR eine Chance?«[90]

Es kam zu mehreren Gesprächen mit der SED, aber regelmäßige Kontakte blieben aus. Die gegenseitigen Vorbehalte konnten nie ganz abgebaut werden. Die SED, der viele der deutschlandpolitischen Forderungen der Grünen entgegenkamen, stieß sich an den konsequenten Bemühungen der Grünen, vor allem mit den unabhängigen Gruppen in der DDR das Gespräch zu suchen. Petra Kelly hatte schon 1983 auf dem Ostberliner Alexanderplatz ihre Solidarität mit der DDR-Friedensbewegung öffentlich bekundet und kurze Zeit später bei einem Treffen mit Erich Honecker demonstrativ ein T-Shirt mit der Aufschrift »Schwerter zu Pflugscharen« getragen. In einer Aktuellen Stunde des Bundestages kritisierte sie die SPD, die aus ihrer Sicht zu wenig Kontakt zu den Oppositionsgruppen in der DDR und Osteuropas hätte und bei Menschenrechtsverletzungen zu oft einer »stillen Diplomatie« den Vorzug gebe.[91] In einer Pressemitteilung forderten die Grünen »die bundesdeutsche SPD auf, den postulierten Dialog mit der SED zu nutzen, um die freiheitsbeschneidenden Maßnahmen gegen die Umwelt- und Friedensgruppen rückgängig zu machen. Ein offener Dialog muss dies nach Ansicht der Grünen notwendigerweise einschließen. Insofern ist das gemeinsame SPD-SED-Papier schneller auf den Prüfstand

gekommen als erwartet.«[92] Viele Grünen-Politiker erhielten immer wieder
ein Einreiseverbot in die DDR. Das Konzept des »doppelten Dialogs« der
Grünen ging somit nicht auf. Es scheiterte am Willen der Staatspartei, die
allein zu entscheiden beanspruchte, wer mit wem und wann in der DDR
einen Dialog führen kann. Die Grünen, genauer diejenigen, die regelmäßig
Kontakte in die DDR suchten, sahen in den unabhängigen Friedens-, Um-
welt- und Menschenrechtsgruppen ihren natürlichen Ansprechpartner. Über
die ganzen achtziger Jahre hinweg kam es zu Treffen, Kontakten und Diskussionen.[93] Obwohl diese Aktionen sporadisch und zumeist spontan blieben, wurden sie von den betreffenden Gruppen in der DDR als wichtige
moralische Unterstützung betrachtet.

Die Stellung der Grünen zum Dialogprojekt von SPD und SED war somit durch ihre generellen Positionen zur deutschen Frage, zum Umgang
mit der DDR, der Staatspartei und den Oppositionsgruppen bestimmt: Sie
lehnten die Überwindung der Zweistaatlichkeit Deutschlands und die Wie-
dergeburt eines deutschen Nationalstaates ab und sprachen sich für die völkerrechtliche Anerkennung der DDR aus. Im Vordergrund ihres Interesses
standen Schritte zu entmilitarisierten und demokratischen deutsch-deutschen
Beziehungen, durch die schließlich die trennende Wirkung der Grenze aufgehoben werden und Freizügigkeit und Kommunikation auf allen Gebieten
entstehen sollte.[94] Sie plädierten für einen innerdeutschen Dialog, der auch
die Regierungsebene einschließt, vor allem aber unterhalb derselben zu
entfalten sei. Ziel seien gesellschaftliche Veränderungen in der DDR und
der Bundesrepublik.

Dennoch gerieten die Grünen der Bundesrepublik in der Zeit des Sys-
temumbruchs in der DDR ins Abseits, da sie auf die neue Situation konzeptionell und praktisch nicht vorbereitet waren.

Zusammenfassung

Das Interesse der Öffentlichkeit der Bundesrepublik an diesem Dialog von
SPD und SED verlief wellenförmig. Als er im Frühjahr 1984 mit Aufnahme der Gespräche zwischen der Grundwertekommission der SPD und der
Akademie für Gesellschaftswissenschaften beim ZK der SED begann, wurde das Unterfangen in den Redaktionen der westdeutschen Zeitungen nur
kurz registriert. Gleichzeitig debattierten die Abrüstungskommissionen bei-

der Parteien unter Leitung von Karsten Voigt bzw. Egon Bahr und Hermann
Axen über Vorschläge einer chemiewaffenfreien Zone. Zum ersten Mal fand
der Ideologiedialog ein größeres Echo, als im Februar 1986 einige Journalisten zum 4. Treffen eingeladen wurden. Sie waren über die Atmosphäre
und den Inhalt der Gespräche überrascht und berichteten ausführlich darüber.[95] Die Öffentlichkeit konnte sich nun in der *Zeit*, dem *Spiegel*, der
Süddeutschen Zeitung und der *Frankfurter Rundschau* über diesen ungewöhnlichen Dialog informieren. Danach wurde es wieder ruhiger. Über die
Ausarbeitung eines gemeinsamen Papiers war nichts zu lesen. Das Ganze
schien fast in Vergessenheit geraten zu sein. Als dann am 27. August 1987
das gemeinsame Papier in Bonn und Ostberlin überraschend präsentiert
wurde, stieß es auf ein außerordentlich großes mediales Interesse. Die
veröffentlichte und die öffentliche Meinung reagierten unterschiedlich, ja
zwiespältig. Zustimmung, Skepsis, Kritik und prinzipielle Ablehnung durchzogen die öffentliche Debatte. Auch die politischen Parteien der Bundesrepublik positionierten sich kontrovers zu diesem Projekt. Pro und Contra
dominierten – ausgewogene Stellungnahmen gab es nur selten. Entgegen
späterer Wahrnehmungen und Darstellungen fand das Papier aber in der
Bundesrepublik zunächst eine erhebliche Resonanz, die freilich nie so groß
war wie die in der DDR. Nach einer heftigen Debatte verschwand das Papier wieder aus dem Blick der Öffentlichkeit. Zu einer breiten Kampagne
gegen die SPD und das Streitpapier kam es nicht. Die es wollten, konnten
nicht und die es konnten, wollten nicht. In der Folgezeit spielte das Papier
eher in Verbänden, Stiftungen und Bildungseinrichtungen eine Rolle. Gegenstand der öffentlichen Debatte wurde es erst wieder während der Um-
bruchsphase in der DDR, als die CDU/CSU die Sozialdemokraten wegen
ihrer Dialogpolitik heftig attackierte.

Die Reizpunkte der frühen Diskussionen lagen, nur mit jeweils anderen
Vorzeichen, in der Bundesrepublik und der DDR nicht so weit auseinander:
Akzeptanz der Existenzberechtigung der jeweils anderen Seite, Anerkennung ihrer prinzipiellen Friedens- und Reformfähigkeit, Verzicht auf Feindbilder, vorurteilsfreier und gleichberechtigter Dialog. Dennoch war das
Papier in der DDR wegen des tradierten Wahrheits- und Machtmonopols
der SED von größerer Sprengkraft. Im Westen störte es nicht, dass das
Papier öffentliche Kritik, Meinungsvielfalt und Informationsaustausch ein-
forderte. In der DDR hingegen wurden diese Punkte – entgegen den Erwartungen des SED-Politbüros – alsbald zur »Gretchenfrage« der Einhaltung

des mit der SPD vereinbarten Papiers. Deshalb musste es überraschen, dass gerade die westdeutschen konservativen Kritiker des Papiers das größere Risiko nicht auf Seiten der DDR, sondern der Bundesrepublik sahen. Anders als in der DDR fand in der Bundesrepublik eine durch politischen und wissenschaftlichen Pluralismus gekennzeichnete öffentliche Debatte statt. Allerdings gab es auch hier nur wenige inhaltlich fundierte Kritiken. Erhard Eppler meint gar, dass es eine seriöse Diskussion des Papiers bis heute in der Bundesrepublik nicht gegeben habe. Das substanziell Neue und Andere dieses »Ideologiepapiers« blieb jedenfalls weitgehend unterbelichtet, da die meisten Diskutanten den traditionellen, durch den Ost-West-Konflikt geprägten Wahrnehmungs- und Deutungsmustern verhaftet blieben. In dieser Hinsicht war nicht nur die SED, sondern auch die politische Klasse der Bundesrepublik überfordert.

In der SPD entfachte das Papier einen internen Disput, fand aber in den Parteigremien und bei der Mehrheit der Basis, soweit sie es zur Kenntnis nahm, Zustimmung. Die SPD-Gremien und ihre Grundwertekommission wussten, dass es sich um ein Experiment handelte, für dessen Gelingen es keine Garantie gab. Sie konzentrierten ihre Politik bis zum Sommer 1989 bewusst auf die SED als hauptsächlichem Partner des Dialogs mit und in der DDR. Dafür wurden manche Kompromisse in Kauf genommen. Zugleich gab es enge Kontakte zu den Kirchen der DDR, verschiedentlich auch Gespräche mit unabhängigen Gruppen und oppositionellen Kreisen. Lange Zeit setzte die SPD auf eine reformfähige SED-Führung. Nicht Destabilisierung, sondern Wandel durch Dialog und Reform lautete das Leitmotiv. Diese Politik fand in der DDR – bis weit hinein in die dem Staat und der SED kritisch gegenüberstehenden Gruppen – bis zum Herbst 1989 mehrheitlich Zustimmung. Die DDR-Sicherheitsorgane bewerteten die gesellschaftliche Dialogpolitik der SPD und das Streitpapier schon früh als kritisch, viel kritischer als die deutsch-deutsche Verhandlungspraxis der CDU/CSU.

Als sich die Konflikte im sowjetischen Machtbereich und auch in der DDR rapide zuspitzten, immer mehr Menschen sich von der DDR abwandten und die Bürgerrechtsgruppen verstärkt in die Öffentlichkeit gingen, die SED aber jeglichen Reformkurs blockierte und den gesellschaftlichen Dialog verweigerte, gerieten Grundprämissen der SPD-Dialogpolitik ins Wanken. In der SPD setzte eine kontroverse Debatte um ihre Politik gegenüber der DDR und der SED ein (vgl. dazu Kap. 8).

7
Internationale Resonanz

Das Papier »Der Streit der Ideologien und die gemeinsame Sicherheit« ist aus einem deutsch-deutschen Diskussions- und Dialogprozess hervorgegangen. Gemeinsame Geschichte, Sprache, die unmittelbare geografische Nähe und die vorhandenen menschlichen Beziehungen haben dazu geführt, dass das Papier gerade hier entstanden ist. Auch wenn der Ort des Geschehens somit kein Zufall war, gingen die Intentionen der Autoren doch über ihn hinaus. Es ging um die politischen und ökonomischen Systeme in Ost und West, um ihr wechselseitiges Verhältnis. Deutschland, die DDR und die Bundesrepublik, oder die spezifisch deutsch-deutschen Beziehungen spielten in den Vereinbarungen des Papiers keine explizite Rolle. Auch wo von Friedensfähigkeit, Reformfähigkeit und Existenzberechtigung gesprochen wurde, meinte das Papier die beiden Systeme und nicht allein die beiden deutschen Staaten.[1]

Irritation und verspätete Befürwortung in Moskau

Die spezifische Entstehungsgeschichte des Papiers und der Ort seiner Erarbeitung lösten international zunächst Verwirrungen und Vorbehalte aus. Besonders in der KPdSU. Das mag verwundern, da das Papier dem damaligen Anliegen Gorbatschows nicht nur nicht widersprach, sondern ihm sogar entgegenkam. Die sowjetische Hegemonialpartei war jedoch von der SED vorab nicht über das gemeinsame Papier mit der SPD informiert worden, im Unterschied zu den Sicherheitsvorschlägen der Bahr-Axen-Gruppe, bei deren Erarbeitung die SED alle Initiativen im Vorfeld mit der KPdSU abgestimmt hatte. Die sowjetische Bruderpartei war daher im Falle der Ideologiegespräche verärgert, dass die SED mit der SPD Dinge besprach, die sie ausschließlich für sich beanspruchte. Der sowjetische Botschafter in der Bundesrepublik, Juli Kwizinski, ironisierte den Vorgang gegenüber Erhard Eppler mit der Bemerkung, hier solle wohl wieder einmal am deutschen Wesen die Welt genesen.[2] Doch gab es zunächst auch inhaltliche Bedenken. Kwizinskis Kollege in der DDR, Wjatscheslaw Kotschemassow, überreichte der DDR-Führung ein vertrauliches Schreiben der KPdSU, in dem es hieß: Die Führung der KPdSU stimme den Aussagen über den gemeinsamen Kampf um Frieden und Abrüstung, über friedliche Koexistenz, den Wettbewerb zwischen den Gesellschaftssystemen und den dafür formulierten Regeln zu. Diese Positionen würden auch in der sozialistischen Staatengemeinschaft vertreten. Weiter hieß es dann aber:»Wir haben Verständnis dafür, dass es in einem zwischen zwei Parteien vereinbarten Dokument nicht ohne einzelne Kompromissformulierungen oder auf den ersten Blick ungewohnte Terminologie abging. Jedoch bei aller Rücksichtnahme auf den Kompromisscharakter möchten wir, wie es zwischen unseren Parteien üblich ist, mit aller Offenheit sagen, dass das Dokument auch Mängel enthält, die nach unserer Meinung hätten vermieden werden können. Wir sind bereit, unseren Standpunkt dazu beim bevorstehenden Meinungsaustausch mit den Genossen der DDR darzulegen. Wir teilen die Schlussfolgerung des Genossen Hermann Axen, dass die Führung der Sozialdemokraten der BRD einzelne Thesen des gemeinsamen Dokuments für das ideologische Eindringen in die Länder des Sozialismus, vor allem die DDR, zu nutzen beabsichtigt.«[3] Im üblichen Schriftverkehr zwischen den Parteiführungen war dies eine ungewöhnliche, direkte Ankündigung von Kritik. Vermutlich wurde der Brief deshalb nur einem kleinen Kreis im Politbüro zugänglich gemacht, denn von der deutschen Übersetzung des Schreibens wurden nur 4 Exemplare angefertigt.[4]

Neben der Verärgerung über die Verstöße gegen die Rangordnung gab es also auch innerhalb der KPdSU inhaltliche Einwände und Bedenken gegen das Papier mit der SPD, zumindest gegen einige wesentliche Passagen. Wenngleich das Schreiben im Namen Moskaus verfasst worden war, war schon damals offensichtlich, dass es in der Führung der KPdSU interne Differenzen und unterschiedliche Auffassungen gab. Offen ausgetragen wurden sie nicht. Schon während der Pressekonferenz zur Vorstellung des Papiers in Ostberlin hatte ein Journalist der Moskauer Gewerkschaftszeitung besorgt gefragt, warum in dem Papier nur von sowjetischem, nicht aber von amerikanischem Hegemonialstreben die Rede sei.

In der DDR und der SED herrschte Verwunderung, dass dieses ungewöhnliche, von Rolf Schneider im *Spiegel* als DDR-spezifische Perestroika-Variante bezeichnete Papier, in der Sowjetunion keine größere Resonanz fand. In der Moskauer *Prawda* hatte es zunächst nur eine kurze Mitteilung über die Veröffentlichung eines gemeinsamen Papiers von SPD und SED in Ostberlin und Bonn gegeben. Interviews von Otto Reinhold für *Die Neue Zeit* erschienen in Moskau nicht. Mit Genugtuung verwies Erich Honecker auf dem Treffen von 178 Parteien und politischen Bewegungen, das anlässlich des 70. Jahrestages der Oktoberrevolution in Moskau stattfand, auf das »historische Dokument« von SED und SPD: Das Papier trage internationalen Charakter. »In diesem Dokument wurden erstmals auf konstruktive Weise gemeinsame Antworten auf Fragen gesucht, die heute die gesamte Arbeiterbewegung und darüber hinaus die gesamte Friedensbewegung gleichermaßen bewegen.«5

Nach einer Phase der Irritation, die bis Anfang 1988 anhielt, begrüßte schließlich auch die KPdSU das Papier, zu einem Zeitpunkt, als in der SED bereits die Gegner des Papiers immer deutlicher auf Distanz gingen. Hans-Jochen Vogel berichtete, er habe bei seinem Gespräch mit Gorbatschow 1988 deutlich gespürt, dass dieser das Papier kannte und nachhaltig befürwortete.6

Insgesamt fand das Dialogpapier von SED und SPD bei den meisten regierenden kommunistischen Parteien in Osteuropa eine positive Resonanz, obgleich auch hier der deutsch-deutsche »Alleingang« Fragen aufwarf. Dabei fiel der jeweilige Blick auf seine Inhalte und Prioritäten unterschiedlich aus. Die Spannbreite der Charakterisierungen reichte von »gemeinsames Friedensdokument von Kommunisten und Sozialdemokraten« bis zu seiner Bewertung als einem wichtigen Signal für die mögliche Neuordnung der Beziehungen zwischen den zwei grundlegenden Strömungen der Arbeiterbewegung.7 Wissenschaftliche Parteiinstitute, u.a. in Moskau, Budapest und Peking, organisierten Vorträge, Tagungen und Seminare, auf denen das SPD-SED-Papier diskutiert wurde. Im Lehrmaterial für das Parteilehrjahr der KPdSU 1988/89, für das der Leiter der Internationalen Verbindungen im ZK der KPdSU, Sagladin, verantwortlich zeichnete, wurde ausdrücklich darauf Bezug genommen: »Ein neues Herangehen«, so hieß es in den Materialien, »entwickelt sich überall in der Welt. Die Akademie für Gesellschaftswissenschaften beim ZK der SED und die Programmkommission der SPD (gemeint ist die Grundwertekommission, R.R.) veröffentlichten gleichzeitig in Berlin und Bonn das Dokument ›Der Streit der Ideologien und die gemeinsame Sicherheit‹, das eine grundlegende Erklärung über die Perspektiven der Beziehungen zwischen Kommunisten und Sozialdemokraten darstellt.« Dabei hob Sagladin die beiden wesentlichen Seiten der Vereinbarung hervor:»Neues Herangehen an den Kampf um das Überleben der Menschheit« und»Entwicklung einer neuen Kultur des politischen Streits und Dialogs«. Explizit genannt wurden die Ziele: Verbreitung objektiver Informationen, Abbau der Feindbilder, Verständnis für die Ziele und Ideale des anderen, Messung der Systeme in Ost und West an ihren Leistungen und Fehlleistungen, Erfolgen und Misserfolgen.[8]

Die Sozialistische Internationale und das deutsch-deutsche Papier

Erhard Eppler und Thomas Meyer informierten während des 5. Treffens der SPD-Grundwertekommission und der SED-Akademie für Gesellschaftswissenschaften 1987 über die Diskussion des gemeinsamen Papiers auf dem jüngsten Kongress der Parteien der Sozialistischen Internationale in Dakar. Neben Zustimmung habe es auch Vorbehalte und Ablehnungen gegeben. Die Ablehnung beziehe sich nicht so sehr auf die Grundideen des Papiers, sondern resultiere vielmehr aus einem Misstrauen gegenüber»deutsch-deutschen Alleingängen«. Grundwertekommission und Akademie für Gesellschaftswissenschaften vereinbarten deshalb, ein internationales Treffen vorzubereiten, um das Papier in erweitertem Rahmen besprechen zu können.[9]

Auch Hans-Jochen Vogel fand bei seinen Begegnungen mit Politikern sozialdemokratischer und sozialistischer Parteien meist Zustimmung zu den Inhalten des Papiers, obwohl die Vereinbarung natürlich für einige, etwa für die britische Labour-Party, nicht so von unmittelbarem Interesse war wie für die SPD. Auch die französischen Sozialisten setzten gerade in der Sicherheitspolitik einige Akzente anders als das Papier von SPD und SED. Das betraf vor allem ihre kritische Sicht auf das Konzept der»gemeinsamen Sicherheit«.

Weniger bekannt sind die Gespräche, die die SED mit sozialdemokratischen und sozialistischen Parteien des Westen führte. Sofern es dabei um das Papier ging, an dessen Thematik diese Parteien in hohem Maße interessiert waren, wurde meist die Akademie für Gesellschaftswissenschaften»eingeschaltet«. Die Vertreter der sozialistischen bzw. sozialdemokratischen Parteien Belgiens (flämische und frankophone Partei), Dänemarks, Finnlands, Norwegens, Schwedens und Japans äußerten sich ausnahmslos zustimmend. Einige von ihnen, darunter die Vertreter der Sozialistischen Partei Japans, konnten sich gut vorstellen, ebenfalls ein gemeinsames Ideologiepapier mit der Akademie für Gesellschaftswissenschaften zu erarbeiten.[10]

Internationale Parteientagung in Freudenberg und die neuen ideologischen Differenzen im Osten

Im Oktober 1988 kam es zu der von der Grundwertekommission und der Akademie für Gesellschaftswissenschaften ein Jahr zuvor verabredeten internationalen Tagung in der Friedrich-Ebert-Stiftung Freudenberg/Siegen. Das Papier sollte damit »europäisiert« werden. An der Tagung nahmen Vertreter von sechs kommunistischen Parteien teil, außer SED und KPdSU waren auch Abgesandte der regierenden Parteien Bulgariens, Jugoslawiens, Ungarns und der Tschechoslowakei anwesend. Hinzu kamen Vertreter von elf sozialdemokratischen/sozialistischen Parteien: neben denen der gastgebenden SPD die der sozialdemokratischen Parteien Dänemarks, Finnlands, Luxemburgs, Schwedens und der USA sowie der sozialistischen Parteien aus Frankreich, den Niederlanden, Italien, Österreich und der Schweiz. Unter den Versammelten waren einige hochrangige sozialdemokratische Funktionäre, Sekretäre für Internationale Beziehungen und stellvertretende Parteivorsitzende, zumeist jedoch Parteitheoretiker und Mitarbeiter der den Parteien nahestehenden sozialwissenschaftlichen Forschungsinstitute. Für die Medien nahmen west- und ostdeutsche Journalisten teil. Zum Abschluss der Tagung wurden die Diskussionsergebnisse auf einer Pressekonferenz vorgestellt, wo Journalisten sie kritisch hinterfragten.

Die Debatte war für die Beobachter voller Überraschungen, da die bislang bekannten Ost-West-Denkmuster kaum noch dominierten und sich ganz neue Differenzierungen auftaten. Übereinstimmend wurde festgestellt, dass die SPD-Grundwertekommission und die SED-Akademie mit ihrem Text Neuland betreten hätten. Teilnehmer aus Ungarn, Bulgarien und der Sowjetunion sowie aus Schweden, Dänemark, Österreich und den Niederlanden berichteten, dass das Papier in der Öffentlichkeit ihrer Länder aufmerksam registriert worden sei. Norman Birnbaum verwies auf die Resonanz, die es in der Friedensbewegung und in den Kirchen der USA gefunden habe. Diese Initiative, da waren sich alle einig, habe entscheidend den Dialog zwischen kommunistischen und sozialdemokratischen Parteien, zwischen Ost und West, in Gang gesetzt bzw. belebt, erstmals werde in einem gemeinsamen Dokument zu sensiblen ideologischen Fragen Stellung genommen. Friedenssicherung und Abrüstung blieben gemeinsames Anliegen. Auch zukünftige Beziehungen zwischen Sozialdemokraten und Kommunisten würden von dem Papier und von den gemeinsamen Diskussionen darüber profitieren können. Neben dem Konsens im Allgemeinen gab es jedoch auch Differenzen im Besonderen. Die französischen Sozialisten konnten sich mit den sicherheitspolitischen Auffassungen in der SPD-SED-Erklärung nicht anfreunden, da sie die Forderung nach Überwindung der Abschreckung für unrealistisch hielten. Ihr Vertreter hatte schon vor Beginn der Tagung erklärt, dass es in seiner Partei eine »gewisse Skepsis« gegenüber diesem Dokument gäbe. Es war unübersehbar, dass sich die französischen Sozialisten auch daran störten, dass die Diskussion ausgerechnet von einem deutsch-deutschen Papier bestimmt war.

Weniger die Friedens- als vielmehr die ideologischen Fragen spielten auf der Tagung eine zentrale Rolle. Dabei gab es von den Parteitheoretikern aus dem Osten ganz und gar ungewöhnliche Reden. Die bulgarischen Vertreter befanden die in dem SPD-SED-Text vorgenommene Gegenüberstellung von marxistisch-leninistischer und sozialdemokratischer Ideologie heute nicht mehr für zweckmäßig. Im Bericht Otto Reinholds an Erich Honecker und das SED-Politbüro ist hierzu nachzulesen:»Eine solche Gegenüberstellung müsse zwangsläufig zur Quelle schädlicher Konfrontation werden. Heute vollziehen sich bei einer Reihe von kommunistischen Parteien bedeutende ideologische Veränderungen. Auffassungen, die vor zehn und zwanzig Jahren bestimmend waren, seien überholt, die Haltung zum Marxismus-Leninismus wird einer Überprüfung unterzogen, was alles zu einer Annäherung beider Ideologien führen würde. Viel wichtiger als eine Abgrenzung der Ideologien sei die Suche nach gemeinsamen ideologischen Positionen.«[11] Die Bulgaren standen mit ihren Äußerungen nicht allein. Auch Parteitheoretiker aus Ungarn, Jugoslawien und der UdSSR betonten, dass die ideologischen Grenzen heute nicht mehr so sehr zwischen kommunistischen und sozialdemokratischen Parteien verliefen, sondern beide Lager durchzögen. Ihre Positionen zu Demokratie- und Menschenrechtsfragen sowie zu ideologisch-theoretischen Problemen stünden den sozialdemokratischen näher als manchen östlichen Parteien. Beide Strömungen der Arbeiterbewegung sollten daher stärker nach Gemeinsamkeiten suchen. Die Kommunisten könnten – so Jurij Krassin, Parteitheoretiker der KPdSU – aus der Geschichte und den Erfahrungen der internationalen Sozialdemokratie lernen. Doch auch die Sozialdemokratie stünde vor einem Erneuerungsprozess. Dialog und Erfahrungsaustausch erlange da eine neue Bedeutung. Das Verhältnis zwischen Sozialdemokraten des Westens und Marxisten des Ostens solle aus einem Faktor der Konfrontation zu einem der gegenseitigen Bereicherung werden. Auch sozialdemokratische Vertreter plädierten für einen Wandel im Verhältnis zu den sich reformierenden kommunistischen Parteien des Ostens, ohne die grundlegenden Unterschiede preiszugeben. Erhard Eppler erinnerte daran, dass eine solche Diskussion wie hier in Freudenberg einen Neuanfang für die gespaltene Arbeiterbewegung markieren könnte.

Die Sozialdemokraten der Bundesrepublik und einiger anderer west- bzw. nordeuropäischer Länder registrierten diese Diskussion – wie es im Bericht der Akademie für Gesellschaftswissenschaften hieß – mit Wohlwollen. Falls sich diese ideologische Entwicklung in kommunistischen Parteien fortsetze, so die sozialdemokratische Reaktion, führe dies »konsequenterweise zu den Auffassungen des demokratischen Sozialismus« und sie hätten die Hoffnung, dass die Umgestaltung im Osten noch zu einem »Modell sozialdemokratischer Vorstellungen werden könne«.[12]

Die SED befand sich angesichts dieser Diskussionen in einer Zwickmühle. Das von ihr selbst mitinitiierte »historische Dokument« bekam nun eine Wendung, die von der SED so nicht beabsichtigt war. Noch einmal der SED-Bericht: »Wir waren gezwungen, uns in diesen Fragen sowohl mit Vertretern sozialdemokratischer Parteien auseinander zu setzen, als auch uns klar von den Auffassungen einiger Vertreter von kommunistischen Parteien zu distanzieren.«[13] Heinz Timmermann vom Bundesinstitut für Ostwissenschaftliche Studien (BIOST) in Köln, der an der Tagung als Beobachter und Experte teilnahm, hatte den Eindruck, »dass die SED-Delegation in sich uneins und von den anderen völlig isoliert war«.[14] Tatsächlich unterschieden sich die einzelnen Beiträge der SED-Gesellschaftswissenschaftler in Freudenberg auch bei den jetzt neu zur Diskussion stehenden ideologischen Fragen. Zwar war die SED auf dieser Tagung (noch) nicht so isoliert, wie es Timmermann beschreibt, immerhin bekam sie u.a. Angebote von den sozialdemokratischen Parteien der Schweiz und Schwedens zur engeren Zusammenarbeit und der möglichen Erarbeitung gemeinsamer Papiere, doch die Rolle der SED im Ost-West-Dialog hatte sich inzwischen grundlegend gewandelt. Die Zeichen der Zeit deutete die SED, der einstige Vorreiter des Dialogs mit der Sozialdemokratie, fehl. Nach innen wurde der gesellschaftliche Dialog blockiert und nach außen sollten nun allein die dogmatischen SED-Positionen verteidigt werden. So gerieten auch die einst im Dialog recht beherzt agierenden »Parteiwissenschaftler« der SED immer stärker in die Defensive. Als »Vertreter« einer Partei, der SED, sollten wir vor allem deren Positionen erklären, nicht zuerst unsere eigenen Überlegungen vortragen, die immer weniger mit der offiziellen Parteilinie übereinstimmten. Viele, auch ich, spürten diesen Widerspruch. Auch deshalb hatte ich auf dieser Tagung vorgeschlagen, Reformentwicklungen, Demokratie und Menschenrechte im Ost-West-Vergleich künftig zu einem neuen und ernsthaften Thema unseres Parteiendialogs zu machen. Da sich inzwischen auf Initiative Gorbatschows ein »Problemrat Menschenrechte« wissenschaftlicher Institutionen sozialistischer Länder gebildet hatte, dem ich vorstand, schienen uns Veränderungen, auch in der SED, noch möglich. Einen praktischen Ausweg zwischen schlichter »Anpassung« an den Westen und der Suche nach einem originären sozialistischen Transformationsweg im Osten fanden wir, in Freudenberg und auch später, nicht. Es war nicht so sehr ein intellektuelles, sondern ein ideologisches und strukturelles Problem von Parteiwissenschaftlern. Das zeigte sich eben auch in Freudenberg. Die sich bietende Chance des Papiers, auf seiner Grundlage einen Diskurs um eine neue »Sozialistische Moderne« zu entwickeln wurde nur fragmentarisch genutzt, eigentlich aber vertan. Im Prinzip müsste letzteres Eingeständnis allerdings auch für die Vertreter der anderen anwesenden Parteien aus Ost- und Westeuropa gelten. Freilich – und diese Relativierung muss sein – schienen die Realitäten und Konflikte damals noch eine andere Entwicklung zu nehmen. Aber selbst in den osteuropäischen Ländern, in denen reformsozialistische Konzepte, oft in diffuser Form, diskutiert wurden, war das Ergebnis, der Zusammenbruch, dem der DDR letztlich ähnlich. Später, Anfang 1990, erzählte ein sowjetischer Teilnehmer der Tagung Heinz Timmermann »die Freudenberger Ergebnisse hätten in den Auseinandersetzungen um das neue KPdSU-Programm eine große Rolle gespielt und in der Erarbeitung eines sozialdemokratischen Selbstverständnisses herausgestellt, wie stark die KPdSU in sich gespalten war bzw. dadurch gespalten wurde«.[15]

Schon in Freudenberg hatten viele Teilnehmer die tiefen Konflikte im sowjetischen Machtbereich und die starken Erosionsprozesse im Sozialismus gesehen und gespürt. Aber niemand vermutete deshalb ein nahes Ende. Trotz der Gegensätze, die nun nicht mehr so sehr zwischen Ost und West verliefen, sondern beide Lager und insbesondere den Osten durchzogen, sollte der Dialog fortgeführt werden. Die Grundwertekommission der SPD und die Akademie für Gesellschaftswissenschaften der SED sollten als Organisatoren fungieren. Die vorgeschlagenen Themen zeugten jedoch bereits vom neuen Selbstverständnis: Menschenrechte, Verhältnis Plan – Markt, gesellschaftlicher Fortschritt heute, der Zusammenhang von westeuropäischem gemeinsamen Markt und der Schaffung eines europäischen Hauses.[16]

Widerspruchsvolle Reaktionen in den USA und in Westeuropa

In konservativen Kreisen des Westens verursachten das Papier und seine möglichen Folgen Verunsicherung, Skepsis und auch offene Kritik. Im Regierungsbereich der USA wurde der SPD-SED-Dialog genau verfolgt, das essenzielle Interesse blieb aber begrenzt, die Reaktionen waren unterschiedlich. Von der damaligen konservativen Regierungsseite wurde die Entwicklung eher misstrauisch beäugt, was sicher auch daran lag, dass man von der Regierung in Bonn Ablehnung und Kritik signalisiert bekam.[17]

Als Erhard Eppler und Otto Reinhold das Papier gemeinsam in Washington vorstellten, hatten sie den Eindruck, dass der zentrale Begriff der gemeinsamen Sicherheit, der Anlass und Ausgangspunkt des Papiers gewesen war, »für die meisten Amerikaner schwer verständlich« sei, denn Sicherheit war für die USA vor allem ein Problem der eigenen Waffenstärke. Gelang es aber, so Erhard Eppler, den neuen Sicherheitsbegriff plausibel zu erklären, war »das Interesse groß an den Fragen nach Systemen und Ideologien. Und am Schluss hatte ich den Eindruck, dass doch unser Anliegen im Großen und Ganzen übergekommen war«.[18]

Leitende Mitarbeiter der amerikanischen Botschaft in der DDR äußerten sich, wie ich selbst erleben konnte, sehr ausgewogen und eher anerkennend über den SPD-SED-Dialog, besonders hinsichtlich seiner Folgen für die weitere Normalisierung der deutsch-deutschen und der Ost-West-Beziehungen.

Strategisch jedoch gab es in den USA Bedenken. Das der Strategie der Abschreckung entgegengesetzte Konzept der gemeinsamen Sicherheit – so

resümierte die amerikanische Wissenschaftlerin Ann L. Phillips in ihrer
Studie aus dem Jahre 1988/89 – wurde in Regierungskreisen als eine Gefährdung der Einheit der NATO angesehen. Der SED-SPD-Dialog galt danach als Teil einer DDR-Strategie, mit deren Hilfe die Bundesrepublik in
ein Arrangement zwischen den beiden deutschen Staaten hineingelockt
werden sollte, wodurch sich das europäische Kräfteverhältnis zugunsten
der Sowjetunion verschieben könnte. Die Analysen der beträchtlichen, die
Demokratisierung fördernden Möglichkeiten des SED-SPD-Dialogs in der
DDR-Gesellschaft und in der Staatspartei wurden demgegenüber ausge-
blendet.[19] Ein anderes Argument, das schon in der bundesdeutschen Öffentlichkeit zu hören war, lautete: Die Betonung der Gemeinsamkeiten
zwischen Ost und West verwische die Unterschiede zwischen westlicher
Demokratie und östlicher Diktatur. Das komme lediglich der SED entgegen, da damit die DDR als »normaler Staat« und die »SED als unverdächti-
ger Gesprächspartner« dargestellt werde.[20]

Kritische Stimmen kamen auch aus Frankreich: Das Papier könne man,
so der Publizist Alfred Grosser, für »naiv« halten, weil es nicht von Grund-
freiheiten spreche. Mit dem Besuch des Staatsratsvorsitzenden Honecker
in der Bundesrepublik werde auf Jahrzehnte hinaus auf die Wiedervereinigung verzichtet. Gerade in Frankreich gäbe es Ängste, die Bundesrepublik
könne sich vom Westen lösen. »Nicht um in den Osten zu gehen, aber gewissermaßen um eine deutsche Gemeinschaft zweier Staaten im Namen
der menschlichen Erleichterung zu erreichen. Das kommt eindeutig zum
Ausdruck in der neuen Stellungnahme der SPD und das meint Peter Glotz,
wenn er von Mitteleuropa spricht.«[21] Noch immer wurde also die Loyalität
der SPD zum Westen in Zweifel gezogen. Auffallend ist, dass auch bei den
westeuropäischen konservativen Kritikern des SPD-SED-Papiers die Risiken eher auf Seiten des Westens und weniger auf Seiten des Ostens gesehen
wurden. Ein Trugschluss, wie sich schon bald zeigen sollte.

Neben der politischen Bewertung des Papiers auf internationaler Ebene
spielte der Text auch im übernationalen wissenschaftlichen Diskurs eine
gewisse Rolle. Ann L. Phillips von der amerikanischen Ford-Foundation
erarbeitete – wie schon erwähnt – eine erste, knappe Studie über den SPD-
SED-Dialog.[22] Sie nutzte dafür u. a. einen Studienaufenthalt in der DDR und
der Bundesrepublik, wo sie mehrere Interviews mit beteiligten Akteuren und
kritischen Beobachtern führte. Für Phillips ergaben sich aus diesem Dialogprojekt eine Reihe interessanter wissenschaftlicher Fragestellungen. Dazu

zählte die genauere Bestimmung des Konzepts der »gemeinsamen Sicherheit« in Theorie und Praxis sowie die Fragen nach einer »neuen politischen Kultur« des Streits und Dialogs zwischen politischen Konkurrenten und Gegnern, nach der Friedens- und Reformfähigkeit der beiden entgegengesetzten Systeme in Ost und West und nach Hintergrund, Sinn und Ziel des in Moskau verkündeten und im SED-SPD-Text weiterentwickelten neuen Denkens.

Auch andere amerikanische und westeuropäische wissenschaftliche Institute zeigten Interesse an dem Text und organisierten dazu wissenschaftliche Diskussionsveranstaltungen, u.a. das Deutsche Historische Institut in Washington, das Enterprise-Institut und das Wilson-Center in Washington, die Georgestown-Universität in Washington und die Forschungsabteilung DDR der Universität von Arizona. Neben den bereits erwähnten Fragen drehte sich der politologische Diskurs um Probleme der Kriterien und Perspektiven des Systemwettstreits, des Wandels im System des Marxismus-Leninismus, der Legitimation der sozialistischen Systeme sowjetischen Typs und der Suche nach Möglichkeiten eines dritten Weges. Immer wieder stand dabei die Frage im Hintergrund, wie es zu erklären sei, dass und warum die als orthodox geltende SED eine solche Neuinterpretation marxistisch-leninistischer Grundprinzipien vorgenommen hatte. Das Dialogprojekt beschäftigte den Jahreskongress der amerikanischen Vereinigung für politische Wissenschaften und spielte auch auf dem Weltkongress der internationalen Vereinigung der politischen Wissenschaften, der Ende August/Anfang September 1988 in Washington tagte, eine Rolle. Im Anschluss an mein Referat »New political thinking in East-West-relations: For politics and ideology capable of peace«[23] entstand eine längere und interessante Diskussion. Das Dialogprojekt von SPD und SED wurde von den Teilnehmern als ungewöhnlich, aber doch als zukunftsweisend für die Neugestaltung der Ost-West-Beziehungen betrachtet.

Alles in allem aber kam dieser wissenschaftliche Diskurs nicht weit über die kleine Zahl der DDR-, Deutschland- und Osteuropaspezialisten der beteiligten Länder hinaus. Er war nicht sonderlich stringent, aber doch ein Bestandteil der internationalen Diskussion um das »Neue Denken« im »Atomzeitalter«. Mit der bald darauf einsetzenden Dynamik der Ereignisse in der Sowjetunion, in Osteuropa und schließlich in der DDR veränderte sich die politische Agenda und damit zusehends auch der internationale politikwissenschaftliche Diskurs.

Vom allmählichen Aufbruch zum plötzlichen Abbruch des SPD-SED-Parteiendialogs

Nachdem in den vorangegangenen Kapiteln 3 bis 6 die Resonanz und die Auseinandersetzungen um das SPD-SED-Papier in der DDR und in der Bundesrepublik geschildert wurden, stellt sich nun die Frage, wie gingen die beiden Partner nach der Verabschiedung ihrer gemeinsamen Grundsatzerklärung vom August 1987 weiter miteinander um? Wie waren sie bemüht, ihre jeweiligen Absichten umzusetzen? Wie reagierten sie auf die zunehmenden Konflikte im gemeinsamen Dialog und wie auf die Krisensymptome im östlichen Sozialismus? Und schließlich die immer wieder gestellte Frage: Hat der von beiden Seiten bis 1989 fortgesetzte Dialog das DDR-System eher gestärkt als geschwächt, den Umbruch lange Zeit eher blockiert als befördert?

Hoffnungen und Bemühungen

Die SPD-Grundwertekommission und die SED-Akademie bemühten sich zunächst redlich, dem gemeinsamen Papier »Leben einzuhauchen«. Dazu bedurfte es zunächst für beide Seiten der intensiven Diskussion in der eigenen Partei und mehr noch der Aufklärung der Öffentlichkeit. Illusionen auf schnelle Erfolge hatte vermutlich niemand. Das in die Wege geleitete Experiment bedurfte eines langen Atems und sein Ausgang galt als offen. Darin waren sich beide einig. Diese Einsicht bezog sich vorerst auf die Entwicklung in der SED und der DDR. Aber nicht nur. Denn auch die politische Klasse der Bundesrepublik wusste nicht so recht, was sie mit diesem ungewöhnlichen Papier anfangen sollte. Man war vor allem mit sich selbst beschäftigt und dachte in gewohnten Bahnen. Das Papier aber stand quer zum bisherigen Erfahrungshorizont. Das galt selbst für die sozialdemokratische Ost- und Entspannungspolitik, die sich vordergründig nur auf die staatliche

Ebene bezogen hatte. Jetzt waren die Parteien plötzlich die unmittelbaren Partner. Und Gegenstand der Diskussionen waren nicht Abrüstungsfragen und politische Alltagsprobleme, sondern »Ideologien« und ihre Wertesysteme. Also genau das, was man bislang zu umgehen versucht hatte, da diese Fragen für die staatlichen Gespräche, Verhandlungen und Abkommen als störend galten. Da war es gut, dass sich die Führung der SPD, aber auch die Mehrheit der Basis, soweit sie das Papier bewusst zur Kenntnis nahm, zum Streit- bzw. Dialogpapier mit der SED bekannte.

Der Anfang war deshalb beiderseits voller Hoffnung. Die Debatte verlief lebhaft, vor allem in der DDR. Doch auch in der Bundesrepublik gab es neben Zustimmung viel Kritik. Das führte die SPD aber nicht – wie vom politischen Konkurrenten und Gegner in der Bundesrepublik beabsichtigt – in die Isolation, sondern brachte Punkte in der so begehrten »Meinungsführerschaft«. Der Honecker-Besuch bei Helmut Kohl kam der SPD in dieser Situation sehr gelegen, zumal es in der DDR zu jener Zeit Anzeichen gab, die auf eine gewisse Reformbereitschaft der SED hoffen ließen: Zunahme der Besuchsreisen, Aufhebung der Todesstrafe, Städtepartnerschaften, Olof-Palme-Friedensmarsch mit Teilnahme und Duldung der unabhängigen kirchlichen Gruppen. In Freudenberg fand die erwähnte, von der Friedrich-Ebert-Stiftung organisierte Podiumsveranstaltung statt (siehe Kap. 3), an der neben SPD und SED auch Vertreter der CDU, der Grünen und nicht zuletzt bekannte DDR-Oppositionelle teilnahmen. Diese Veranstaltung war aus der Sicht der SPD geradezu ein Paukenschlag. Die Medien berichteten darüber ausführlich. Über die Turbulenzen, die geharnischte Kritik und die staatlichen Gegenmaßnahmen aber, die das Treffen in der DDR-Führung auslöste, wurde zunächst nur wenig bekannt. Dafür umso mehr darüber, dass DDR-Bürgerrechtler und Oppositionelle aufgrund ihrer Einbeziehung den Dialog als einen erfreulichen Auftakt sahen. Das entsprach dem Anliegen des Papiers. In der öffentlichen Wahrnehmung in der Bundesrepublik brachte Freudenberg der SPD einen unverhofften Gewinn.

Auch in den parteioffiziellen Spitzengesprächen, etwa zwischen Hans-Jochen Vogel und Erich Honecker, sahen die SPD-Vertreter zunächst keine Anhaltspunkte dafür, dass die SED den Prozess des Dialogs blockiere. Nach der Veröffentlichung des SPD-SED-Papiers und dem Honecker-Besuch in Bonn eröffnete im Oktober 1987 der saarländische Ministerpräsident Oskar Lafontaine zusammen mit den Regierungschefs der Stadtstaaten von Hamburg und Bremen, Klaus von Dohnànyi und Klaus Wedemeier, erneut den Reigen der schon zum Ritual gewordenen DDR-Besuche von SPD-Politikern. Es folgten im November der SPD-Spitzenkandidat von Baden-Württemberg, Dieter Spöri, und Anfang 1988 der nordrhein-westfälische Ministerpräsident Johannes Rau. In diesen Gesprächen würdigten beide Seiten, wie in den Gesprächsprotokollen und Niederschriften im Parteien-archiv nachzulesen ist, das Dialogpapier. Auch das Zusammentreffen von Honecker und Kohl fand die wohlwollende Billigung der SPD-Politiker. Positiv wurde auf die gestiegenen Reisezahlen verwiesen. Die Sozialdemo-kraten trugen ihre Wünsche nach weiteren Städtepartnerschaften und wirt-schaftlicher Zusammenarbeit mit ihren Ländern vor. Honecker verneinte im Gespräch mit Spöri und Rau, dass sich mit Hagers kritischer Rede zum SPD-SED-Papier eine Abkehr der SED von dem gemeinsamen Papier voll-ziehe. Er versicherte, die SED stehe voll hinter diesem Dokument, dessen historische Bedeutung er ja gerade in Moskau vor dem Treffen der kommu-nistischen, sozialistischen und sozialdemokratischen Parteien nachdrück-lich hervorgehoben habe.[1]

In dieser Phase der Entwicklung schien es, als konkurrierten SPD-Poli-tiker um die Gunst, als erste einen öffentlichen Vortrag in der DDR zu dem gemeinsamen Papier halten zu dürfen. Das Medieninteresse an solchen Auf-tritten schuf Pluspunkte, auch für das politische Amt zu Hause. Manche SPD-Politiker vermittelten den Eindruck, sie stünden in einem Wettbewerb, wer sich gegenüber der Partei und der Öffentlichkeit am überzeugendsten mit dem gemeinsamen Papier präsentieren könne. Da kam es schon einmal vor, dass bei den persönlichen Gesprächen von SPD-Politikern mit der SED-Führung Eppler mit seiner Forderung nach einem Dialog in der DDR und seiner Kritik an der SED als »Überzeugungstäter«, der sich festgebissen habe und aus »Eitelkeit« nicht zurückrudern wolle, bewertet wurde, um zugleich selber darauf zu drängen, Vorträge oder Debatten zum SPD-SED-Dialogpapier zu organisieren.[2] Auch Gerhard Schröder, zu jener Zeit Mit-glied des SPD-Parteivorstandes, ersuchte den Leiter der Westabteilung des ZK der SED, Gunter Rettner, im Frühjahr 1988 in der DDR ein »Symposi-um mit Wissenschaftlern zum gemeinsamen Dokument« durchzuführen, an dem er gerne teilnehmen würde, da man das Dokument nicht den »Epp-lers« allein überlassen dürfe.[3] Diese seien oft zu »moralisch«, zu wenig pragmatisch. Offensichtlich ging es Gerhard Schröder, wie vielen seiner Kollegen, darum, mehr die »praktischen« und weniger die »ideologischen« Aspekte des Papiers in den Mittelpunkt zu rücken. Rudolf Scharping, damals Landesvorsitzender der SPD von Rheinland-Pfalz und zugleich Fraktionschef im Landtag, nutzte einen DDR-Aufenthalt im Oktober 1987 zu einem Vortrag am Institut für Internationale Politik und Wirtschaft, um über erste Erfahrungen mit dem gemeinsamen Papier in der SPD zu sprechen. Das SPD-SED-Papier sei die richtige Schlussfolgerung aus der neuen weltpolitischen Situation und in der SPD durchaus mehrheitsfähig. Scharping würdigte die »Sachlichkeit im Dialog von SPD und SED, die letztlich das gemeinsame Dokument erst ermöglicht habe und die Rolle, die Politiker wie Brandt, Wehner, Bahr auf SPD-Seite und Honecker und Axen auf der Seite der SED für die Normalisierung der Beziehungen zwischen beiden Parteien gespielt haben.«[4] Im Gespräch mit Axen schlug Scharping vor, unter Einbeziehung von Wissenschaftlern ein öffentliches Symposium von SPD und SED über die Vernichtung chemischer Waffen in Mainz zu organisieren. Das ZK stimmte zu. Auch Scharpings Wunsch, mit einer größeren Zahl von Sozialdemokraten die DDR zu besuchen, wurde positiv registriert[5]

Die Grundwertekommission der SPD bereitete nach der Veröffentlichung des Papiers ihr nächstes Treffen mit der Akademie für Gesellschaftswissenschaften vor, das Ende Oktober am Scharmützelsee stattfinden und sich den Problemen der Entwicklungsländer widmen sollte. Gleichzeitig trafen sich – wie erwähnt – Eppler, Schmude, Bahr, Rau und Schmidt mit Kirchenpolitikern der DDR und traten auf DDR-Kirchentagen auf. Auf diese Weise spürten sie hautnah, wie das Papier in der DDR wirkte und fanden bestätigt, worüber sie durch ihre kirchlichen Gesprächspartner nach dem Erscheinen des Papiers bereits informiert worden waren. Das Papier hatte in der DDR, vor allem auch in den Kirchen, ein reges Echo gefunden und die Grundwertekommission unternahm eigene Initiativen, um es mit Leben zu erfüllen. Sie erinnerte die DDR an das Vorhaben, eine deutsch-deutsche Schulbuchkommission ins Leben zu rufen. Angedacht wurde auch – gemeinsam mit Vertretern der AfG – die Bildung von Arbeitsgruppen, die sich mit Fragen der Menschenrechte beschäftigen sollten. Thomas Meyer und ich begannen ohne Absprache mit übergeordneten Instanzen, aber mit Kenntnis Otto Reinholds, mit der Arbeit an einem speziellen Papier zum Abbau der Feindbilder in Ost und West. Erste Textentwürfe konnten wir 1988 fertig stellen und diskutieren. Die zwischen der Friedrich-Ebert-Stiftung und der Akademie für Gesellschaftswissenschaften schon 1986 organisierten Arbeitsgruppen zur politischen Bildung trafen sich regelmäßig und berieten zu den Themenkreisen »Friedenssicherung, Friedensbewegung und

Friedenserziehung« sowie »Ökonomie und Ökologie«. Arbeitstreffen fanden u. a. in Würzburg (Dezember 1986), Warnemünde (September 1987), Bad Münster-Eifel (Oktober 1988) statt. Die beiden Arbeitsgruppen besuchten Einrichtungen der politischen Bildung in der DDR, Schulen, Betriebe, Kommunalverwaltungen, staatliche Institutionen und Einheiten der Nationalen Volksarmee. Bei diesen Gelegenheiten gab es Diskussionen mit SED-Funktionären, aber auch mit Arbeitern, Angestellten, Lehrern, Schülern und Kommunalpolitikern. Die Arbeitsbeziehungen zwischen der Friedrich-Ebert-Stiftung und dem Institut für Internationale Politik und Wirtschaft wurden ausgebaut. Vorträge westdeutscher Politiker und Wissenschaftler vor Mitarbeiterinnen und Mitarbeitern des IPW gehörten bald zur Regel. Ein Novum besonderer Art war der Vortrag Karsten Voigts an der Parteihochschule »Karl Marx«, deren Leitung das SPD-SED-Papier und dessen Folgen mit größtem Misstrauen verfolgte.

Die Hoffnung, das Papier könne zu einem wesentlichen Baustein des sich entwickelnden deutsch-deutschen *und* des innergesellschaftlichen Dialogs werden, schien im Rahmen dieser Entwicklung nicht ganz unbegründet. Ebenso das Setzen auf politische Reformen. Die Hoffnung auf eine Dynamik in dieser Richtung war in der Grundwertekommission der SPD weit verbreitet. In internen Zirkeln, aber auch in öffentlichen Reden und Diskussionen machten die Vertreter der Grundwertekommission daraus keinen Hehl.

Zunehmende Konflikte im gemeinsamen Dialog

Doch die DDR, insbesondere die SED-Führung, geriet gerade im Jahr 1987 an einen Scheideweg. Noch schien den meisten Beobachtern der weitere Weg nicht entschieden zu sein. Der Westen, einschließlich der Bundesregierung und Helmut Kohl, setzte auf Kooperation und Evolution. Die SED-Führung aber ging nach dem Honecker-Besuch in Bonn und nach dem auch in der Bundesrepublik gewürdigten Olof-Palme-Friedensmarsch verstärkt zu Repressionen gegen Ausreisewillige und DDR-Bürgerrechtler über. Reformverdächtige SED-Mitglieder und Funktionäre wurden verwarnt bzw. mit Disziplinarstrafen belegt. Doch war das das letzte Wort? In der SED entstand allmählich mehr Unruhe als nach außen deutlich wurde. Gorbatschow stieg zum Hoffnungsträger der reformorientierten Kräfte in der

SED auf. Die SED-Führung, insbesondere Honecker, aber wähnte sich, geprägt von zunehmendem Realitätsverlust in der Wahrnehmung der DDR-Wirklichkeit, weiterhin auf der Siegerstraße. Das gemeinsam mit der SPD erstellte Papier hatte Legitimation erzeugen sollen, nicht aber kritische Diskussionen oder gar Zweifel am Kurs der Partei. Als das *Neue Deutschland* die einschränkende Rede Kurt Hagers veröffentlichte, saßen die Delegationen von AfG und Grundwertekommission gerade zu ihrem 5. Treffen zusammen. Nach der morgendlichen Lektüre wurde die ursprünglich geplante Diskussion zur Ost-West-Auseinandersetzung und den Problemen der Entwicklungsländer erst einmal ausgesetzt. Hagers Rede erhitzte die Gemüter. Die Mitglieder der Grundwertekommission brachten ihre Verwunderung und ihre Kritik zum Ausdruck. Sie sahen in der Rede ein Abrücken von einigen Essentials des gemeinsamen Textes. Das galt insbesondere für Hagers Aussage, die andere Seite, der »Imperialismus«, sei nicht aus sich heraus friedensfähig, sondern müsse zum Frieden gezwungen werden. Mehr noch stieß die These auf Kritik, dass sich trotz des Papiers am »klaren« Feindbild der SED nichts geändert habe. Die Vertreter der AfG erkannten noch nicht die Tragweite der Rede ihres Ideologiesekretärs. Aber sie sahen die Differenzen zwischen dem gemeinsamen Papier und Hagers Ausführungen, thematisierten dies jedoch nicht offen. Die Parteidisziplin war wieder einmal stärker als die freie Meinungsäußerung. Es war ihnen klar, dass die anwesenden westdeutschen Journalisten dies umgehend öffentlich machen würden, mit absehbaren Folgen. So wiegelten sie ab, setzten auf »Interpretationsprobleme« des Papiers. Immerhin kam es zu keiner eindeutigen Verteidigung dieser Hager-Passagen, eher dominierte vorsichtige Distanz. Noch schien ihnen die mit dem Papier gerade erzielte Übereinkunft nicht gefährdet. Beide Seiten gingen davon aus, dass ein solches Streitpapier kontroverse Diskussionen und Interpretationen hervorrufen werde, ja müsse. Nicht ganz ohne Genugtuung verwiesen DDR-Professoren auf die Angriffe, denen sich die SPD ob des Papiers in der Bundesrepublik ausgesetzt sah. Spiegelverkehrt waren es bei den konservativen Kreisen dieselben Fragen wie in der SED, die dort Unmut hervorriefen. Im Bericht der AfG an Erich Honecker wurde später vorsichtshalber die Auseinandersetzung um Hagers Referat ausgeklammert. Man wollte Honecker kurz nach dem überraschend guten Start des gemeinsamen Papiers nicht »beunruhigen«. Schon hier offenbarte sich eine Grundschwäche der AfG-Dialoggruppe, die später noch verhängnisvollere Folgen zeitigen sollte: Die Gruppe diskutierte nie wirklich offen und kritisch über die Reaktionen der SED-Führung auf das Papier und deren baldige Abkehr von dem »historischen Dokument«. Es gab daher kaum einhellige Schlussfolgerungen und keine Absprachen, wie man sich gegenüber Rücknahmen der Positionen des Papiers verhalten und wo man wie dagegenhalten könnte. Die Bedenken und Kritiken einzelner konnten in diesem Kreis zwar vorgetragen werden und fanden, im Unterschied zu anderen SED-Institutionen, zumeist sogar eine gewisse Zustimmung, nie aber gab es eine gemeinsame Positionierung für die Auseinandersetzung innerhalb der SED.

Am Ende des 5. Treffens einigten sich die Grundwertekommission und die Akademie für Gesellschaftswissenschaften auf Vorschläge für die »weitere Arbeit mit dem Dokument«. Und es war nicht wenig, was man sich vornahm: Kurzes *Positionspapier* zu den Ergebnissen der Diskussion um die Problematik der Entwicklungsländer; »Durchführung einer *internationalen Veranstaltung* zum SPD-SED-Papier«; »Prüfung eines *deutsch-deutschen Schulbuchvergleichs*«; »Prüfung der Idee eines *Vergleichs von Presseerzeugnissen* beider deutscher Staaten«; *Vorbereitung des nächsten Treffens* zwischen beiden Kommissionen.

Keine Frage, das Dialogprojekt schien im Herbst 1987 trotz der genannten Schwierigkeiten »zu laufen«. Weitere Blockaden bei der Realisierung des Anliegens des Papiers wurden nicht nur im Osten, sondern auch im Westen erwartet. Die Vertreter der SPD-Grundwertekommission berichteten freimütig über die kontroversen Debatten, die das Papier in der Bundesrepublik ausgelöst hatte.

Bezogen auf ihre Kritik an Hagers Thesen beließ es die Grundwertekommission nicht bei den Bemerkungen während des Treffens mit der Akademie für Gesellschaftswissenschaften, sondern ging in die Öffentlichkeit. Eppler schrieb im *Vorwärts* über den *Ärger mit allzu simplen Begriffen*. Er betonte eingangs noch einmal, wie wenig es ihn überraschen konnte, »dass die Dogmatiker in West und Ost protestieren würden«. Natürlich traf es die im Osten, so Eppler, stärker, da sie den absoluten Anspruch erheben, »zu wissen, wie es wirklich ist«. Nicht genau vorauszusehen gewesen sei aber, »dass sich der Widerstand gegen das gemeinsame Papier in Ost und West an denselben Stellen entzünden würde«: an der Anerkennung der Friedens- und Reformfähigkeit des jeweils anderen Systems. Wer der Totalitarismustheorie folge, könne dies dem östlichen System ebenso wenig zugestehen wie diejenigen dem westlichen, die dem System des Marxismus-Leninismus folgten. An Hager gerichtet meinte Eppler, jede Seite müsse die andere nicht für *friedfertig*, aber für prinzipiell friedens*fähig* halten. Sonst sei jede Friedenspolitik sinnlos. Reinhold habe dies erkannt, Hager sträube sich dagegen, um an der dogmatisch-einseitigen Gleichsetzung von westlicher Gesellschaft und Imperialismus festzuhalten. Eppler erinnerte Hager noch einmal an das vom Politbüro gebilligte Papier und die darin enthaltene Forderung, an die Stelle der Feindbilder auf beiden Seiten eine saubere Analyse treten zu lassen. Noch war auch Erhard Eppler guten Mutes. Er schloss mit der Feststellung, dass sich die Kultur des Streits bei der Interpretation des Papiers noch bewähren müsse.[6]

Wenn es bei diesem Streit allein um die *Interpretation* des Papiers gegangen wäre, hätte der Optimismus seiner Vertreter keinen allzu starken Dämpfer bekommen. Allein die Entwicklung nahm einen anderen Verlauf. Der Widerspruch zwischen den vereinbarten Grundsätzen und den Realitäten in der DDR spitzte sich deutlich zu. Dies stellte auch die Verfasser des Dialogpapiers vor neue Herausforderungen. Vor allem Erhard Eppler und der Partei- und Fraktionsvorsitzende Hans-Jochen Vogel verurteilten die Maßnahmen der DDR anlässlich der bereits erwähnten Ereignisse um die Umweltbibliothek Ende November 1987 und während der Luxemburg-Liebknecht-Demonstration am 17. Januar 1988 und danach nachdrücklich. Die Grundwertekommission beim SPD-Parteivorstand verabschiedete auf ihrer Sitzung am 28. Januar 1988 eine Erklärung, in der sie u.a. feststellte: »Verhaftungen, Beschlagnahmungen und andere Formen des politischen Drucks sind das Gegenteil einer Ermutigung zur offenen Diskussion. Sie verletzen die Grundregeln einer lebendigen Demokratie, die beide Seiten in dem gemeinsamen Papier als wichtiges Element einer politischen Kultur, die den Frieden fördert, bezeichnet haben. Wir fordern die Behörden der DDR auf, dafür zu sorgen, dass ›der Dialog zwischen allen gesellschaftlichen Organisationen, Institutionen, Kräften und Personen auf beiden Seiten‹ wirklich möglich wird.«[7]

Auch auf dem 6. Treffen zwischen der Grundwertekommission und der Akademie für Gesellschaftswissenschaften im April 1988 in Freudenstadt kam es am ersten Abend zu einem über vierstündigen Disput zu den Wirkungen des Papiers und den Umgang mit diesem in Ost und West. Otto Reinhold führte eingangs an, dass die SED nach wie vor voll hinter dem Papier stehe. Irritationen gebe es aber darüber, dass in der Bundesrepublik der Wert dieses Dokuments überwiegend daran gemessen werde, »wie es im Inneren bei uns in der DDR angewandt wird«, das aber könne nicht der Sinn des Papiers sein.[8] Die SPD-Vertreter kritisierten die SED ob ihrer Verweigerung des Dialogs mit Andersdenkenden in der DDR. Thomas Meyer verwies zunächst auf die positiven Wirkungen des Papiers in Ost und West. Dazu zählte er die neu entstandene Diskussion um die Fragen der Friedensfähigkeit der Systeme und über den Abbau der Feindbilder. Auch habe sich die Zusammenarbeit zwischen beiden Parteien auf dem Feld der Entspannungspolitik vertieft. Die dann von Meyer geübte Kritik an der SED wurde später im Bericht der AfG an Honecker nur moderat wiedergegeben: Hinsichtlich des Ziels eines inneren Dialogs, so der Bericht, habe Meyer »unter Berufung auf einige Maßnahmen in der DDR« von »enttäuschten Hoffnungen« gesprochen. Seiner Meinung zufolge sei »der Dialog innerhalb der DDR gerade in letzter Zeit eingeschränkt worden«. Alles in allem wolle er aber noch eine »positive Teilbilanz« ziehen.[9] Johano Strasser äußerte sich drastischer. Die Staatsorgane in der DDR hätten durch ihr Vorgehen gegen Demonstranten und Umweltgruppen »einzelne Seiten des Papiers dementiert«. Eppler sagte, er habe empfunden, dass durch die Verhaftung protestierender DDR-Bürger, die nicht in den Westen übersiedeln wollten, »der Dialog nach innen und außen« blockiert worden sei. Erich Hahn von der Akademie für Gesellschaftswissenschaften erwiderte, diese Kritik fordere ihn eigentlich heraus, auch der BRD die »Unschönheiten in ihrem Hinterland« aufzuzählen.[10] Max Schmidt vom IPW verwies darauf, dass die gemeinsame Friedenssicherung der übergeordnete Aspekt des Papiers sei. Daran solle man festhalten. Ich selbst betonte, dass wir »zu der Gesamtheit des Papiers stehen«. Es bedürfe eines langen Atems, vor einseitigen Erwartungen sei zu warnen. Aber: »Wir schließen niemand aus, auch keine Andersdenkenden.«[11] Ein Satz, der, so ernsthaft er gemeint und verstanden wurde, angesichts der Realitäten in dieser Situation der Verhaftung und Ausweisung von DDR-Bürgerrechtlern kaum überzeugen konnte. Ich spürte dabei eine innere Ratlosigkeit, hatte aber immer noch die Hoffnung, dass sich, trotz aller Schwierigkeiten, in der DDR doch noch ein Dialog entwickeln könnte. Denn wo sollte die Alternative liegen? Man müsse, so meine Dennoch-Strategie, zu Hause die Notwendigkeit des Dialogs öffentlich betonen und in kleinen Schritten praktizieren. Trotz ihrer Enttäuschung hoffte auch die SPD-Seite weiterhin auf Veränderungen in der DDR und setzte dabei nicht zuletzt auf ihre Gesprächspartner. Ungeachtet der prekären Situation machte man also weiter.

Auch SPD-Abgeordnete übten in den aktuellen Stunden des Bundestages vom 9. Dezember 1987 und vom 3. Februar 1988 mit Verweis auf das gemeinsame Streitpapier Kritik an den Ereignissen in der Umweltbibliothek und während der Luxemburg-Liebknecht-Demonstration.[12] Erich Honecker zeigte sich über die deutliche Kritik der SPD enttäuscht. Im Gespräch mit Milos Jakes, dem Generalsekretär der tschechoslowakischen KP, konstatierte er,»dass die BRD-Regierung sich bei den jüngsten Provokationen gegen die DDR, im Gegensatz zur SPD, zurückgehalten habe«[13].

Wie aus den offiziellen und inoffiziellen Meinungsäußerungen von führenden SPD-Politikern in den Jahren 1987/88, aus den Diskussionen im Präsidium, im Vorstand und in der Bundestagsfraktion der SPD zu erkennen ist, bestand die Bereitschaft zum Dialog mit der SED dennoch fort. An einen Bruch dieses auf lange Sicht angelegten Projekts wurde in jener Zeit nicht ernsthaft gedacht. Man setzte weiter auf die SED als ersten und wichtigsten Dialogpartner, wollte nun aber die Beziehungen zu den Kirchenvertretern intensivieren und möglichst auch Kontakte zu unabhängigen kirchlichen Gruppen bzw. DDR-Bürgerrechtlern herstellen oder – dort wo sie schon bestanden – ausbauen. Eine Umkehrung der»Prioritätenliste« der Dialogpartner war (noch) nicht in Sicht. Die Hoffnungen auf einen gesellschaftlichen Dialog und auf politische Reformen in der DDR bestanden wie gesagt weiter. Nicht zuletzt, weil die übergreifende Ost-West-Entspannungspolitik keinen Aufschub duldete. Alle Parteien der Bundesrepublik, darunter die SPD und ihre Grundwertekommission, sprachen sich gegen eine Politik des Abbruchs der deutsch-deutschen Gespräche und der Destabilisierung der DDR aus, da dies angesichts der Rolle der DDR als »Vorposten« des sowjetischen Hegemonialsystems mit hohen Risiken verbunden wäre. Die Gefahr von gravierenden Rückschlägen im Ost-West-Verhältnis und des damit möglichen Machtverlusts Gorbatschows in Moskau wurden nicht nur in der SPD, sondern auch – und eher noch stärker – durch Kohl, Schäuble und andere Bonner Regierungspolitiker thematisiert.[14] Die Hoffnung auf einen allmählichen Wandel von oben bestimmte auch das strategische Denken in der Grundwertekommission der SPD. Erhard Eppler z.B. hob im Anschluss an seine Kritik am Vorgehen der SED auf dem 6. Treffen mit der Akademie für Gesellschaftswissenschaften hervor, dass die SPD kein Interesse an einer Destabilisierung der DDR habe. Eine stabile DDR sei im Gegenteil ein wichtiger Faktor der Entspannung in Europa.[15]

Während des Zeitraums von 1988 bis zum Herbst 1989 weitete sich der
SPD-SED-Dialog einerseits beständig aus, war aber andererseits durch zunehmende Ambivalenzen, Konflikte, öffentliche Kritiken und Auseinandersetzungen gekennzeichnet. Es war eine Zeit des Festhaltens am Dialogprojekt und der Ernüchterung, eine Zeit des Übergangs zwischen dem
optimistischen Start (1984 bis 1987) und dem plötzlichen Ende (Herbst
1989). Dieses Ende, die Wende in der DDR – und damit das Aus für den
SPD-SED-Dialog – konnte und wollte sich bis zum Sommer/Herbst 1989
kein bundesdeutscher Politiker, und erst recht kein sozialdemokratischer,
ernsthaft vorstellen. Die Protokolle und Gesprächsniederschriften über die
regelmäßigen Treffen der bundesdeutschen Politiker mit der SED- bzw.
DDR-Spitze sind hier eindeutig. Das Szenario eines Zusammenbruchs der
DDR und ihrer »Freigabe durch die Sowjetunion« konnte weder das Denken noch das Handeln der politischen Parteien der Bundesrepublik bestimmen, wie es auch Thomas Meyer hervorhebt.[16] 1988 lief der SPD-SED-
Dialog erst einmal auf allen Ebenen weiter. In der SED war man darüber
nicht wirklich beunruhigt, vielmehr irritierten die Wirkungen des Streitpapiers in der DDR selbst.

Im September 1988, ein Jahr nach der Veröffentlichung des gemeinsamen Papiers, äußerte sich Erhard Eppler zur Resonanz dieser gemeinsamen
Vereinbarung von SPD und SED. Eine nur negative Bilanz wolle er nicht
ziehen. Die Medien verkürzten die Geschehnisse, was ihn beunruhige. Geduld sei zu üben, zumal in der sicherheitspolitischen Zusammenarbeit beider Parteien keine Enttäuschungen zu registrieren seien. Eppler beklagte
die mangelnde Wirkung des Papiers in der Bundesrepublik. Dennoch würde er auch heute noch seine Unterschrift unter dieses Papier setzen, sagte er
abschließend.[17]

Schon im Mai 1988 hatte Eppler die Reaktionen und Repressionen der
SED-Führung damit erklärt, dass das Papier in der SED, in den Kirchen
und unter Teilen der Bürgerrechtler beträchtliche Debatten ausgelöst und
die SED-Spitze verunsichert habe. Dazu komme der Glasnost-Druck aus
Moskau. »Ich glaube«, so Erhard Eppler, »dass es in der SED Gruppen und
Kräfte gibt, die Angst vor der eigenen Courage bekommen haben, die also
das Gefühl haben, hier entgleitet uns etwas, hier wird die Systemfrage gestellt, hier wird die Machtfrage gestellt, und hier müssen wir den Anfängen
wehren.« Diese »ganz starke Wirkung« des Papiers habe »wahrscheinlich
einige Leute in der SED verschreckt«. Und: »Die Auseinandersetzung in-

nerhalb der SED darüber, wie denn nun weiter verfahren werden soll und was der Kurs der SED sein soll, (ist) noch nicht zu Ende.«[18]

Selbst einer der schärfsten Kritiker der SED, der Publizist und Journalist Karl-Wilhelm Fricke, kommt in seiner Bilanz neun Monate nach Veröffentlichung des Papiers zu der Feststellung:»Augenscheinlich bestimmen die eher dogmatisch orientierten Kräfte in der SED die Diskussion über Glasnost und Perestroika keineswegs mehr allein, Chefideologe Kurt Hager ist durchaus nicht mehr ausschließlich maßgebend.« Auch öffentlich äußerten sich SED-ler, die an den Gesprächen mit der SPD teilnähmen, differenzierter als Hager. Sie hätten begriffen, dass das neue Denken auch auf die SED Einfluss gewinne.»Auf den ersten Blick scheinen die innerparteilichen Diskussionen über Gorbatschows neues Denken und die internen Auseinandersetzungen um das SPD/SED-Papier nur wenig oder nichts miteinander zu tun zu haben. Tatsächlich besteht ein enger dialektischer Zusammenhang, insofern sich das gemeinsame Dokument für kritische DDR-Kommunisten mehr und mehr als politisch brauchbare Berufungsgrundlage für den Dialog nicht nur mit den Sozialdemokraten, sondern in den Reihen der Partei selbst eignet. Eine Kultur des politischen Streits und der offenen Diskussion wird auch innerhalb der Partei reklamiert. Gewiss sind vorerst nur Ansätze erkennbar, aber sie sind Symptome eines politischen Entwicklungsprozesses, dem sich die Nomenklatura nur schwer verweigern kann. Sie riskiert die außenpolitische Nützlichkeit des gemeinsamen Papiers, wenn sie sich seinen innenpolitischen Konsequenzen entzieht.«[19]

Wie gezeigt verzichtete die Grundwertekommission der SPD nach der Verabschiedung des gemeinsamen Papiers mit der SED also keineswegs auf interne und öffentliche Kritik an der Praxis der SED in der DDR. Dass die innenpolitischen Signale entgegen den Zusagen im Papier auf Reformblockade und Dialogverweigerung deuteten, wurde klar wahrgenommen. Aber das schien nicht das ganze Bild zu sein. Nach dem Disput um die Wirkung des Papiers während des 6. Treffens im April 1988 in Freudenberg waren es die SED-Gesellschaftswissenschaftler, die zur Verblüffung ihrer sozialdemokratischen Gesprächspartner vorschlugen, die nächste Tagung solle sich mit der Frage der Menschenrechte in Ost und West beschäftigen.

Im April 1988 traf Hans-Jochen Vogel zu seinem sechsten Treffen mit Erich Honecker im Jagdschloss Hubertusstock zusammen. Erstmals war dabei das Papier Gegenstand auch in diesem Spitzengespräch. Gleich zu Beginn bezog sich Honecker auf das »Dokument«. Es sei bedeutsam für das »gemeinsame Handeln von SED und SPD im Interesse der gemeinsamen Sicherheit«, denn Friedenssicherung durch Abrüstung, Dialog, Ausgleich der Interessen, Kooperation und Belebung des Entspannungsprozesses sei weiterhin das Gebot der Stunde. Auch Vogel unterstrich die Bedeutung des Papiers für die gemeinsame Friedenssicherung und den Abbau der Feindbilder, mahnte aber zugleich die offene, auch Kritik an den eigenen Mängeln zulassende Diskussion über den Wettbewerb der Systeme an. Dies sei auch für die DDR wichtig, gerade nach den Ereignissen vom Januar 1988. Damit war die Bandbreite des Papiers in den Blick genommen. Honecker äußerte sich über diese zweite Dimension des Papiers, den Zusammenhang von Außen- und Innendialog und die neue Kultur des Streits, nicht. Die unterschiedlichen an das Papier geknüpften Erwartungshaltungen waren damit nicht zu übersehen.[20]

Die Liste der prominenten Besucher, die von Honecker allein im ersten Halbjahr 1988 empfangen wurden, wurde lang und länger: Johannes Rau (SPD), Otto Graf Lambsdorff (FDP), Eberhard Diepgen (CDU), Bernhard Vogel (CDU), Volker Rühe (CDU), Hans-Jochen Vogel (SPD), Alfred Dregger (CDU). In der zweiten Hälfte des Jahres wurde dann »nur« noch Oskar Lafontaine (SPD), Martin Bangemann (FPD) und Wolfgang Schäuble (CDU) diese Ehre zuteil. Eine »Stabilitätszusicherung« für die DDR war bei allen Besuchen die übereinstimmende Maxime.[21] Auch Helmut Kohl hatte in seinem »Bericht zur Lage der Nation« vor dem Bundestag erklärt: Die Bundesregierung betrachte die Probleme der DDR mit Sorge. »Wir haben kein Interesse daran, dass die inneren Schwierigkeiten in der DDR weiter zunehmen.«[22] Die Kritik westdeutscher Politiker an einzelnen Aspekten der inneren Entwicklung in der DDR war bei den Gesprächen mit Honecker und anderen SED-Politikern zumeist sehr verhalten. Angesprochen wurde der Wunsch nach weiteren Reise- und Besuchserleichterungen, vereinzelt auch die stärkere Berücksichtigung der individuellen Menschenrechte. Die mitgeführte Liste individueller humanitärer Härtefälle nahm Honecker stets entgegen und signalisierte in aller Regel Entgegenkommen. Nur bei Kontaktwünschen zu Dissidenten blockte er, wie alle SED-Verhandlungspartner aus dem Politbüro, ab. Diese Besuche dürften nicht für Propaganda, Diskreditierung der DDR und »konspirative Dinge missbraucht werden«, hieß es.[23]

In manchen Punkten ging die Grundwertekommission der SPD, obgleich sie sich bewusst in die Entspannungs- und Deutschlandpolitik einreihte, in ihrer kritischen Haltung weiter als einzelne prominente DDR-Staatsbesucher aus der Bundesrepublik. Die Mitglieder der Grundwertekommission hatten die Regeln für eine Kultur des Streits nicht nur initiiert, sie hielten sich zumeist auch daran. Selbst in den zugespitzten Situationen. Dialog als Einheit von heftigem Streit und Suche nach Konsens war für sie nicht lästiges Nebenprodukt von Verhandlungen und Geheimdiplomatie, sondern Teil einer »neuen Friedenspolitik«, deutlich formuliert und öffentlich bekundet. Man wusste um seine Vorreiter- und »Pfadfindermission« und bestand deshalb mehrfach auf öffentlichen Gesprächsmöglichkeiten in der DDR – und bekam sie nicht selten. Erhard Eppler hielt am 3. Februar 1988 einen Vortrag an der Humboldt-Universität, in dem er ausführlich auf das SPD-SED-Papier und seine Folgen für Ost und West zu sprechen kam. Im selben Jahre referierte er auf der Potsdamer Toleranzveranstaltung der Evangelischen Kirche Berlin-Brandenburg in der Nikolaikirche, wo neben kirchenleitenden Persönlichkeiten und Bürgern Potsdams auch die Spitze der SED-Bezirksleitung versammelt war. Andere Mitglieder der Grundwertekommission – wie Günter Brakelmann – sprachen vor dem Theologischen Seminar in Leipzig. Thomas Meyer referierte vor der Akademie für Gesellschaftswissenschaften. Das IPW in Berlin war regelmäßig Gastgeber für Vorträge von SPD-Politikern. Nicht immer war dies die gewünschte Öffentlichkeit, aber es konnten doch größere Kreise angesprochen werden als bei den Gesprächen mit der SED-Führungsspitze. Ob noch mehr möglich gewesen wäre, hat auch die Grundwertekommission m.E. nie voll ausgetestet. Die Kontakte und Gespräche von SPD-Politikern mit DDR-Kirchenvertretern und mit unabhängigen Gruppen nahmen in dieser Zeit jedoch zu.

Mielkes Warnungen

Erich Mielke registrierte diese Entwicklung mit Verärgerung und informierte Erich Honecker und einige ausgewählte Politbüromitglieder. Es habe im jüngsten Zeitraum 48 solcher Kontakte führender Sozialdemokraten, verglichen mit 24 der Grünen, 21 der CDU/CSU und 3 der FDP gegeben.[24]

Die Grundlage dieser Kontakte auf Seiten der SPD bilde, so Mielke, das gemeinsame Papier von SPD und SED. »Es war die Absicht erkennbar, das

gemeinsame Dokument SED-SPD langfristig als Verhandlungsgrundlage
zu nutzen, um die Einflussmöglichkeiten unter der DDR-Bevölkerung zu
verbreitern und eine Forcierung der Kontaktpolitik sowohl zu den leitenden kirchlichen Amtsträgern als auch zu politisch negativen Geistlichen
und Vertretern sogenannter Basisgruppen zu rechtfertigen.« Zu den strategischen Kalkülen gehöre, das gemeinsame Dokument »als innenpolitisches
Instrument zur Dialogführung« zu betrachten und »als ein geeignetes Mittel« für »einen ständigen Dialog ›zu ungelösten Fragen‹«²⁵. Die Informationen über die mit dem Dialogpapier verbundenen Absichten der SPD wurden dabei von Mal zu Mal kritischer. So wurde das SPD-SED-Papier bald
als Grundlage zunehmender subversiver Tätigkeit gegen die DDR betrachtet: »Besonders hervorzuheben sind die massiven Versuche führender Funktionäre der SPD im Zusammenwirken mit reaktionären, kirchlichen Amtsträgern und Gruppierungen politischer Untergrundtätigkeit, das im August
1987 zwischen SED und SPD vereinbarte Dokument ›Der Streit der Ideologien und die gemeinsame Sicherheit‹ als Ausgangspunkt und Hand-
lungsgrundlage für subversives Einwirken zur langfristigen Veränderung
der gesellschaftlichen Verhältnisse in der DDR zu nutzen.« Die von sozialdemokratischen Politikern während der Kirchentage in der DDR vorgetragenen Auffassungen seien »ausnahmslos unwidersprochen aufgenommen
und in der Regel mit Zustimmung quittiert« worden. Schließlich müsse
beachtet werden, »dass die durch Vertreter der CDU/CSU geäußerten politischen Auffassungen wegen ihrer konservativen Ausrichtung auf Ablehnung stoßen, während die durch die SPD-Vertreter vorgetragenen Positionen durchweg breite Zustimmung durch die Kirchenvertreter erfuhren.«²⁶
In einer Information der Zentralen Auswertungsgruppe für die Politbüromitglieder Honecker, Axen, Jarowinsky und Krenz heißt es: »Nach dem
MfS streng intern vorliegenden Hinweisen vertrete die Mehrheit der SPD-
Führungskräfte die Auffassung, dass die DDR-Führung längerfristig nicht
umhinkomme, sich mit einer ›inneren Opposition‹ abzufinden. Diesen Prozess werde man unterstützen, indem die SPD – ausgehend von den im gemeinsamen Dokument SED-SPD erarbeiteten Positionen – ständig das Problem der Dialogfähigkeit der SED nach innen und außen stelle. Dazu gehöre
für die SPD auch die Bekundung ihrer prinzipiellen Solidarität mit denjenigen, die nach mehr ›Freiheit‹ drängen. Das seien vor allem kirchliche Kreise und solche Personengruppen, die in der DDR für Veränderungen
eintreten.«²⁷ Selbst im Krisenjahr 1989 musste das SED-SPD-Papier noch

als Begründung dafür herhalten, dass sich führende SPD-Politiker, Kirchenvertreter und »feindlich-negative Kräfte des politischen Untergrunds mit Bezug auf dieses Papier für innenpolitische Wandlungsprozesse in der DDR einsetzen«.[28]

Forderungen der kritischen Teile der DDR-Gesellschaft an die SPD, diesen Dialog mit der SED abzubrechen, waren damals nicht oder zumindest nicht öffentlich zu hören. Das Verlangen von kirchlichen Gruppen und DDR-Bürgerrechtlern, das Gespräch auch stärker mit ihnen zu führen, war hingegen der SPD und der Grundwertekommission durchaus bekannt. Die SED-Führung war immer weniger willens noch in der Lage, die neue Situation zu verarbeiten und in adäquates politisches Handeln umzusetzen. Mehr noch – Dialog und Offenheit galten der SED-Führung als westliche Unterwanderungsstrategie. So auch Mielke bei einem Gespräch im April 1989 mit dem Stellvertreter des Vorsitzenden der Staatssicherheit der UdSSR, Generalmajor Scherbarschin, als er auf das SPD-SED-Papier zu sprechen kam. Er verwies auf die im März verabschiedete Erklärung der SPD-Grundwertekommission mit deren Kritik an der Dialogverweigerung der SED, zitierte die Forderungen des SPD-SED-Papiers nach offener Diskussion über den Wettbewerb der Systeme, die umfassende Informiertheit der Bürger und den Dialog zwischen allen gesellschaftlichen Kräften und Personen und stellte dann lakonisch fest: »Die Einschätzung (dieser Forderungen aus dem Papier, R. R.) überlasse ich unseren sowjetischen Genossen. Sie kritisieren, dass wir den Inhalt dieses Papiers nicht durchführen. Die SPD war in Deutschland eine starke Kraft. Die Wurzeln sind noch nicht alle abgestorben. Wir haben auf diese Kritik geantwortet (Prof. Reinhold). Damit sind wir zufrieden. Aber als Staatssicherheit muss man die Auswirkungen sehen. Es ist möglich, dass Ihr eine andere Auffassung dazu habt. (...) Wenn wir machen, was sie (die Sozialdemokraten, R.R.) sagen, bedeutet dies: kapitalistische Restaurierung. Etwas anderes will die SPD doch nicht.«[29] Die noch vorhandene Chance zum Dialog nach außen *und* innen, zu Reform und Öffnung, wurde endgültig verspielt. So begann die Zeit der Agonie. Außen- und deutschlandpolitische Aktivitäten und nicht abreißende Besuche westdeutscher Politiker konnten dies immer weniger überdecken. In der Gesellschaft jedoch vollzog sich ein weitgehender Wandel. Die Konflikte nahmen zu, die Bewegung der Ausreisewilligen war, trotz der vehementen Gegenbestrebungen des Staates, nicht mehr einzudämmen. Die autonomen Gruppen, bislang meist unter dem Dach der Kirche agierend, suchten seit 1988 verstärkt die Öffentlichkeit. Vor allem aber verbreitete sich unter dem bisher eher loyalen Kreis der Bevölkerung Enttäuschung und Resignation. Nicht wenige Teile der SED-Mitgliedschaft waren davon erfasst. Die Hoffnung, die mit Gorbatschows Reformideen, mit dem SPD-SED-Dialogpapier, aber auch mit Honeckers Bonn-Besuch noch einmal aufgekeimt war, schlug in ihr Gegenteil um. Parallel dazu wuchs in einigen mittelosteuropäischen Ländern der Reformdruck von unten, besonders in Polen, aber auch von oben, wie in Ungarn.

Öffentliche Kritik und Auseinandersetzung zwischen SPD und SED

Dies alles veränderte auch die »Geschäftsgrundlage« der SPD-Dialogpolitik. Die Hoffnung auf gesellschaftlichen Dialog und politische Reformen zur Stabilisierung der DDR zerplatzte zusehends. Die Enttäuschung in der SPD nahm zu. Doch wo lagen die Alternativen? In der SPD entwickelte sich seit Frühjahr 1989 eine Diskussion über den Fortgang der Dialogpolitik und den weiteren Umgang mit der SED. Eine Diskussion, die schon während der Luxemburg-Liebknecht-Ereignisse im Frühjahr 1988 kurz geführt worden war, deren Spektrum jetzt aber breiter und differenzierter wurde. Sicherheitspolitiker der SPD, wie Egon Bahr und Karsten Voigt, die mit Mandat und Billigung der Parteiführung gerade am Projekt struktureller Nichtangriffsfähigkeit und Vertrauensbildung mit der SED arbeiteten, setzten diese Verhandlungen kontinuierlich fort, da die angestrebten sicherheitspolitischen Initiativen den Dialog mit der SED-Führung unerlässlich machten. Nur mit ihr konnten Vereinbarungen über gemeinsame Sicherheit, Kooperation, Reiseerleichterungen und Städtepartnerschaften ausgehandelt werden. Damit sollte zugleich ein europäischer und deutscher Rahmen für Veränderungen in der DDR entstehen. Veränderungen, die von der Staatspartei ausgehen, aber dann die Gesellschaft als Ganzes erfassen sollten. Was diesem Politikansatz »störend« entgegenwirkte, müsste möglichst »verhindert« werden. Die Unterstützung für diese Politik war damals größer als die Kritik. Der Dialog mit den Herrschenden der DDR war auch die Konstante des Regierungshandelns der Bundesrepublik bis 1989.[30]

Auch der SPD-Vorsitzende Hans-Jochen Vogel setzte seine Gespräche mit SED-Chef Honecker fort. Bezogen auf das gemeinsame Papier wurden seine Darlegungen gegenüber Honecker nun drängender, kritischer. Im Mai 1989 betonte er bei seinem Treffen mit dem SED-Generalsekretär, dass das Wichtigste in den Beziehungen zwischen beiden Parteien das gemeinsame Dialogpapier sei. Eppler habe ihn und das Präsidium über die jüngste Zusammenkunft der Grundwertekommission mit der Akademie für Gesellschaftswissenschaften vom April 1989 informiert und neben Positivem auch auf Kritisches verwiesen. Die SPD sei für eine Fortsetzung der Gespräche, aber der Dialog müsse auch in der Gesellschaft möglich sein und in diesem Sinne erweitert werden. Honecker unterstrich erneut, dass man das Papier »nach wie vor hoch einschätze«. Aber sein »Hauptinhalt« sei es, »zur europäischen Sicherheit beizutragen«. Die SED sei dafür, die Beziehungen zur SPD weiterzuentwickeln. Eine Erweiterung der dafür vorgesehenen Gesprächskreise sei jedoch nicht erforderlich. Honecker legte einen Katalog mit inhaltlichen Vorschlägen zum Ausbau der Beziehungen mit der SPD vor, aber von einem gesellschaftlichen Dialog nach innen, von der Diskussion über die Vorzüge und Defizite im Systemwettstreit, von Demokratie und Reformen war darin – wie schon in den Jahren zuvor – wiederum nicht die Rede, obgleich sich gerade diese Probleme in der DDR immer drängender stellten.[31]

Besonders Erhard Eppler, Johano Strasser, Thomas Meyer und andere Mitglieder der SPD-Grundwertekommission forderten von der SED gemäß den im gemeinsamen Papier getroffenen Vereinbarungen verstärkt den inneren Dialog und die Einhaltung der Menschenrechte. Ihrer Meinung nach sollte die Friedenssicherung für die SPD nicht mehr länger die überragende Bedeutung im Verhältnis zur SED haben. Sie plädierten aber für die Fortführung des »Grundsatzdialogs«, zumal im April 1989 das Thema Menschenrechte auf der Tagesordnung stand. Gleichzeitig wollten sie in dieser Phase die Gespräche mit den Kirchen und den kirchlichen Gruppen verstärken.

Gert Weisskirchen, Mitglied der sozialdemokratischen Bundestagsfraktion und ein nachhaltiger Befürworter des Dialogprojekts, hatte schon längere Zeit enge Kontakte zu Dissidenten in Osteuropa und zu Bürgerrechtlern der DDR, wofür er von der DDR schon mehrfach mit einem Einreiseverbot belegt worden war. Weisskirchen sah, anders als z.B. Egon Bahr, demokratische Veränderungen eher als ein Resultat gesellschaftlicher Konflikte und Bewegungen denn als Vereinbarung auf Regierungs- und Vorstandsebene. Entsprechend plädierte er, wie einige andere SPD-Politiker, für eine stärkere Orientierung auf den gesellschaftlichen Dialog unter aktiver Einbeziehung der gesellschaftskritischen Gruppen.

SPD und SED trugen ihre wechselseitige Kritik im letzten Jahr der DDR
nun wieder stärker an die Öffentlichkeit. Am 29. März 1989 zog die Grundwertekommission erstmals eine kritische Bilanz. Sie betonte, »dass die
Streitkultur nicht Hebel zur Veränderung des anderen Systems von außen
her nach den Maßstäben des eigenen sein kann«. Wer Kritik üben wolle,
müsse auch zur Selbstkritik fähig sein. Die Grundwertekommission räum-
te ein, dass es ihr nicht gelungen sei, in der Bundesrepublik eine breite
öffentliche Diskussion mit all den Konsequenzen, die sie anstrebte, in
Gang zu setzen. Trotz Fortschritten bei der Abrüstung, die vor allem Gorbatschows Initiativen zu verdanken seien, habe man Zweifel, ob dies schon
Zeichen eines Umdenkens im Westen bedeute. Nicht nur in der DDR, auch
in der Innenpolitik der Bundesrepublik sah die Kommission Konflikte, soziale Probleme und die Notwendigkeit für gesellschaftliche Reformen.
Beim Partner des Ost-West-Parteiendialogs, der SED, stelle man, etwa das
Bemühen betreffend, Feindbilder abzubauen, »ermutigende Entwicklungen fest«. Positiv vermeldet wurde, dass die aus den Reihen der Sozialdemokratie geäußerte Kritik an Vorkommnissen im Verantwortungsbereich
der SED in aller Regel nicht mehr als Einmischung in die inneren Angelegenheiten zurückgewiesen worden sei. DDR-Bürger könnten inzwischen
häufiger in die Bundesrepublik reisen oder an Veranstaltungen in der Bundesrepublik teilnehmen. Die Grundwertekommission habe inzwischen mit
DDR-Institutionen neue gemeinsame Projekte in Angriff genommen.
Dem stehe jedoch die Einengung des gesellschaftlichen Dialogs in der DDR
und die Verschlechterung seiner Bedingungen gegenüber. Man verurteile
die massiven Versuche, Einzelne und Gruppen, die außerhalb der Staatspartei am öffentlichen Dialog teilnehmen wollten, einzuschüchtern
oder gar zu bestrafen, ihre Mitwirkungen am innergesellschaftlichen Dialog zu be- oder zu verhindern. Dies widerspreche den Grundsätzen des Papiers und den vereinbarten Regeln einer politischen Kultur des Dialogs
und des Streits. Die Entwicklung in Osteuropa belege demgegenüber,
dass unterschiedliche Vorstellungen von Demokratie, Pluralismus und
Menschenrechten »nicht auf die Preisgabe der Identität des anderen
Systems und seiner sozial-ökonomischen Grundlagen hinauslaufen« müssen. Das abschließende Resümee lautete: »Der Dialog nach außen, über
Systemgrenzen hinweg, und der Dialog im Innern lassen sich nicht trennen. Wer den Dialog im Innern verweigert, gefährdet auch den nach
außen.«[32]

Otto Reinhold wurde daraufhin durch das ZK beauftragt, dieser Stellungnahme der Grundwertekommission in einem Interview mit der *Allgemeinen Deutschen Nachrichtenagentur* (ADN) zu begegnen. Die Fragen der Nachrichtenagentur wurden durch das ZK vorgegeben und richteten sich darauf, ob die Stellungnahme der SPD-Grundwertekommission nicht eine Umwertung des Dokuments enthalte, da vom »Kampf um Frieden nicht mehr die Rede sei«? Nachgefragt wurde auch, ob, wie von westlicher Seite behauptet, »die DDR bei der Verbreitung dieses und anderer wichtiger Dokumente gegenüber der BRD einen Nachholbedarf« habe und ob es nicht eine eigenartige Behauptung sei, »in der DDR würde der Dialog mit den Bürgern mehr und mehr eingeengt«.[33] Otto Reinhold betonte in seiner Antwort, dass man in der DDR überrascht sei, dass die Friedenspolitik in der Stellungnahme der SPD-Grundwertekommission keine Rolle mehr spiele. Diese aber habe bei der Erarbeitung des gemeinsamen Papiers im Mittelpunkt gestanden. Insofern beinhalte die Stellungnahme »eine Umwertung des gemeinsamen Dokuments«. Die Kritik am mangelnden innergesellschaftlichen Dialog widerspreche den Tatsachen. Die SED führe einen breiteren und wirkungsvolleren Dialog, als dies jemals in der Bundesrepublik geschehen sei. Das gemeinsame Dokument sei in mehreren Millionen Exemplaren in der DDR erschienen. Auch die Wiener KSZE-Schlusserklärung sei in der DDR, nicht aber in der Bundesrepublik, veröffentlicht worden. Einen Nachholbedarf habe man diesbezüglich also nicht. Freilich könnten – anders als dies die Grundwertekommission der SPD sehe – Dialogpartner nicht Gruppen sein, die gegen Gesetze der DDR verstoßen. Trotz dieser Kritikpunkte an der SPD-Position strebe man weiter eine sachliche Diskussion mit der Grundwertekommission an.[34]

Solche Stellungnahmen hatten nicht die persönliche, sondern stets die offizielle Meinung des Politbüros bzw. des ZK der SED wiederzugeben. Unabhängig davon gab es nun auch unter den am Dialog beteiligten Gesellschaftswissenschaftlern der DDR eine zunehmend reale Verunsicherung über die Absichten und Ziele der SPD. Die Friedensfrage, das »einigende« Band, solle keine oder nur noch eine untergeordnete Rolle spielen? Das Papier – im SED-Verständnis eine Übereinkunft zwischen Parteien verschiedener Systeme – nur noch eine innenpolitische Gebrauchsanweisung? Der Dialog mit den Bürgerrechtsgruppen, vom DDR-Staat als Gesetzesverletzer oder gar als »politischer Untergrund« denunziert, als Kriterium der Glaubwürdigkeit der gemeinsamen Dialogvereinbarungen mit der SPD? In diesen ausgelegten Fallstricken konnten sich gerade SED-Mitglieder und -Funktionäre schnell verfangen, solange jedenfalls, wie sie nicht die Argumentationsmuster der SED-Führung durchbrachen. Nur wenige vollzogen diesen Schritt. Auch die Partner der SPD-Grundwertekommission in der AfG blieben immer weiter hinter den gesellschaftlichen Erfordernissen zurück. Besonders hier zeigte sich der Mangel einer nie erfolgten gemeinsamen ernsthaften Beratung über die sich verändernde politische Situation in der SED und in der DDR. Es blieb bei Einzelbestrebungen, die sich erst im Sommer/Herbst 1989 zu vernetzen begannen (siehe auch Kap. 9). An verschiedenen Stellen, auch an den staatlichen und Parteiinstitutionen, verständigten sich jedoch inzwischen kritische Genossen regelmäßig über die Entwicklung in der SED und über den Verlauf des SPD-SED-Dialogs. Zu ihnen gehörten zum Beispiel Frank Berg, Bärbel Möller, Rainhard Lochner, Wolfgang Maschmeier, Robert Weiß, Manfred Zinsler und ich selbst, alle vom Institut für wissenschaftlichen Sozialismus der Akademie für Gesellschaftswissenschaften. Wir versuchten unsere Positionen abzustimmen, um sie bei SED-Versammlungen, bei zahlreichen öffentlichen Vorträgen und bei der Erarbeitung wissenschaftlicher Studien besser zur Geltung bringen zu können.

Eine andere Konfliktlinie im SPD-SED-Dialog bildeten die Probleme der verstärkt diskutierten kommunistischen Vergangenheitsbewältigung. Die SED missbilligte die Kritik und Neubewertung der Stalin-Zeit durch sowjetische Historiker, die diese als terroristische Unterdrückung definierten. Auf Anweisung Honeckers wurde die Auslieferung des in der DDR inzwischen viel gelesenen *Sputnik*, einer deutschsprachigen Monatszeitschrift mit sowjetischen Beiträgen, verboten. Honecker verkündete in der Februar-Ausgabe der Zeitschrift *Probleme des Friedens und des Sozialismus*, dass die SED in der DDR niemals Massenrepressalien zugelassen habe.[35] Diese Stellungnahme dürfte das SPD-Präsidium veranlasst haben, am 13. März 1989 die SED aufzufordern, die Verfolgung von Sozialdemokraten in der Sowjetischen Besatzungszone (SBZ) und in der DDR anzuerkennen. Darauf hinzuweisen ergebe sich nicht nur aus dem von der SPD mit der SED beschlossenen Papier, sondern liege im Interesse der Menschen und der Beziehungen zwischen beiden deutschen Staaten insgesamt.[36] Die SED reagierte nicht. Nicht nur bei Reformen, auch bei Debatten um beide Parteien berührende Geschichtsfragen blockierte sie.

Das 7. Treffen zwischen der Grundwertekommission der SPD und der Akademie für Gesellschaftswissenschaften beim ZK der SED im April 1989 fand daher in einer angespannten Situation statt, was durch das angesetzte Thema »Menschenrechte« als Gegenstand des kritischen Dialogs noch verschärft wurde. Erstmals hatten SPD-Grundwertekommission und für die SED-Akademie Otto Reinhold ihre gegensätzlichen Bewertungen der Dialogpolitik kurz vor Stattfinden dieses Treffens öffentlich vorgetragen. »Schuld« daran war für die SED die Grundwertekommission, denn die habe sich mit ihrer Stellungnahme zuerst an die Medien gewandt und damit die gemeinsamen »Spielregeln« (erneut) verletzt. Im Bericht an Honecker hielt man deshalb gleich zu Beginn fest: »Während des Treffens drückte die SED-Delegation unmissverständlich das Befremden über die Handlungsweise der Grundwertekommission aus. Westliche Medien hatten diese Erklärung als Quelle für ihre Anti-DDR-Kampagne genutzt.«[37] Beide Kommissionen trugen zu Beginn des Treffens durch ihre Leiter die gegensätzlichen Positionen noch einmal vor. Durchaus sachlich und um Verständigung bemüht. Eine spezielle Diskussion darüber fand jedoch nicht statt. Das zur Beratung anstehende Thema »Menschenrechte« würde genügend Stoff zur kritischen Diskussion aller offenen Fragen bieten können. Hier könnte sich zeigen, wie groß die Spielräume für die Fortführung des Dialogs noch waren. Und beide Seiten wollten ihn, daran ließen sie keinen Zweifel. Tatsächlich gab es zunächst eine Reihe übereinstimmender Auffassungen zur Frage der Menschenrechte in der Geschichte und in der Gegenwart. Am Ende war man jedoch – und das zum ersten Mal – einem Desaster nahe. Die SED war nicht bereit und willens, ernsthaft über die Menschenrechtsdefizite in der DDR zu diskutieren. Seitens der Grundwertekommission der SPD entluden sich Ärger und Enttäuschung (siehe Kap. 1).

Ungebrochene Fortsetzung mit Kurskorrekturen

Dennoch vereinbarten beide Seiten das nächste Treffen für Frühjahr 1990. Im Bericht an Honecker zeigte sich die AfG optimistisch, dass alles so weitergeht wie bisher. Nach den Parteitagen von SED und SPD sollten Fragen der Gesellschaftsstrategie beider Parteien zur Diskussion stehen. Was damals auf SED-Seite niemand wusste, der eine oder andere aber vielleicht befürchtete, trat schon bald ein: Als Erhard Eppler zehn Tage später der Grundwertekommission seinen Bericht an das SPD-Präsidium vorlegte, urteilte er, verärgert und enttäuscht, die Fortsetzung der Gespräche ergebe keinen Sinn mehr. Seine Einschätzung der Lage fand weitgehende Zustimmung. Das Präsidium der SPD folgte dieser Empfehlung jedoch nicht. Es wollte keine spektakulären Abbrüche.[38] Nicht zuletzt war man sich zu dieser Zeit in der SPD noch nicht einig geworden, auf welche Weise die Politik gegenüber der SED fortgesetzt werden sollte.

Trotz des formalen Festhaltens des SPD-Präsidiums an der bisherigen Strategie setzte von nun an eine allmähliche Umorientierung in der Dialogpolitik der SPD ein. Das markanteste Beispiel dafür war die Rede Erhard Epplers zum 17. Juni 1989 vor dem Bundestag. Obgleich er selbst nicht Mitglied des Bundestages war, war ihm diese Rolle angetragen worden. Die Rede erregte Aufsehen in West und Ost. Eppler glaubte nicht mehr daran, dass die Führung der SED die entscheidende Kraft hinsichtlich der notwendigen Veränderungen sein würde bzw. sein könne. Letzteres hatte aber lange Zeit zu den Prämissen auch seiner Dialogpolitik gehört. Was er tat und was er sich wohl auch selbst als maßgeblicher Initiator des Dialogs schuldig war, war die nüchterne Abrechnung mit einer unfähigen DDR-Führung und die Ankündigung, dass Bewegung und Brüche bevorstünden. Das von ihm dafür gewählte Bild war eindeutig: »Wir sehen ja ein, dass sich die SED auf dünnem Eis bewegt. Aber hier handelt es sich nicht nur um dünnes Eis, sondern um tauendes Eis, um das schmelzende Eis des kalten Krieges. Und wer sich da nicht bewegt, aus Furcht, er könne einbrechen, dürfte dem kalten Wasser nicht entkommen.« Auch dem Staat DDR gab Erhard Eppler deshalb keine Chance mehr, wenn dieser nicht schnellstens mit den von den Menschen geforderten demokratischen Veränderungen beginnen würde. Er thematisierte, für viele überraschend, die deutsche Einheit und interpretierte sie »als einen Prozess, als wachsende Gemeinsamkeiten im Tun«. Erhard Eppler nutzte seine Rede vor dem Bundestag zugleich, um noch einmal auf das gemeinsame SPD-SED-Papier einzugehen. Das war in dieser Situation schon nicht mehr selbstverständlich. Die SED erinnerte er erneut daran, dass, wer gleichberechtigt den Dialog mit der Grundwertekommission der SPD führe, auch für den freien und kritischen Dialog mit den Bürgerinnen und Bürgern des eigenen Staates eintreten müsse. Dass sich im Papier beide Seiten Existenzberechtigung sowie Reform- und Friedensfähigkeit zugestehen, wollte er nicht zurücknehmen. Doch, so Erhard Eppler: »Was die Existenzberechtigung angeht, möchte ich heute hinzufügen: Keine Seite kann die andere daran hindern, sich selbst zugrunde zu richten.«[39] Die SED-Führung, namentlich Honecker, zeigte sich über Epplers Rede verärgert. Eppler galt fortan nicht mehr als der weitsichtige, kluge, der Friedens- und Ökologiebewegung verbundene Politiker, sondern als einer, der sich grob in die inneren Angelegenheiten der DDR einmische. In der Dialoggruppe der Akademie herrschte Verunsicherung. Was hatte Eppler vor? Fühlte er sich angesichts der den Dialog konterkarierenden SED-Praxis »nur« persönlich brüskiert oder schrieb er die SED und die Dialogpolitik nun endgültig ab? Wenn, dann hätte spätestens jetzt die klärende Diskussion innerhalb der DDR-Dialoggruppe geführt werden müssen. Das geschah jedoch auch weiterhin nicht. Stattdessen verstärkte sich der Druck des »großen Hauses«, des ZK, auf die »SED-Denkfabrik«. Er führte vorerst weniger zu Widerspruch als zur Anpassung.

Im Juli 1989 beschloss der SPD-Parteivorstand neue Grundsätze für die Kontakte mit der SED und anderen Organisationen und Gruppierungen in der DDR. Die Erklärung ist durchzogen von der Enttäuschung darüber, dass die SED »offensichtlich nicht in der Lage« sei, »Reformen zu verwirklichen«. Dennoch sollten weiterhin Kontakte mit der SED und deren Gliederungen gefördert werden. Sie sollten den Zielsetzungen dienen, die im gemeinsamen Streit- und Dialogpapier, an dem die SPD auch 1989 festhielt, entwickelt worden waren: Informationen austauschen, Feindbilder abbauen, Alternativen ausloten und den »Wettbewerb der Gesellschaftssysteme in konkret erfahrbaren Dimensionen austragen«. Unterschiede und Gegensätze müssten dabei klar herausgestellt werden. Die vorsichtige Umorientierung durch die Einbeziehung der reformorientierten, kritischen Gruppierungen der DDR in den Dialog, wurde wie folgt fixiert: »Zur Vertiefung der Informationen und des kritischen Dialogs ist bei Gelegenheit solcher Kontakte (mit der SED, R.R.) auch das Gespräch mit kirchlichen Gruppen, Vertretern abweichender Meinungen, mit Einzelbürgerinnen und -bürgern notwendig und erwünscht.« Ausgeschlossen sein sollten »förmliche Partnerschaften« mit SED-Gliederungen auf Parteiebene, denn diese setzten »eine Grundübereinstimmung in den politischen Wert- und Zielvorstellungen voraus« und seien daher nur mit Parteien der Sozialistischen Internationale möglich.[40]

In der SED-Führung stieß diese Erklärung auf heftige Kritik. Die SPD verlasse die vereinbarten Grundsätze und gehe zur Einmischung in die inneren Angelegenheiten der DDR über. Honecker zeigte sich enttäuscht, hatte er doch die sozialdemokratischen Gesprächspartner stets mit großer Herzlichkeit und Offenheit empfangen. Ein Verständnis davon, wie sehr die

Glaubwürdigkeit der SPD, der Grundwertekommission und Epplers persönlich angesichts der dogmatischen Politik des Dialogpartners SED auf dem Spiel stand, war im SED-Apparat nicht ansatzweise vorhanden. Auch unter den SED-Dialogpolitikern und -Wissenschaftlern war eine solche Sicht auf den anderen Partner erstaunlicherweise nur wenig ausgeprägt. Und dies obwohl man sich wechselseitig versichert hatte, gelegentlich auch »in die Schuhe des anderen zu schlüpfen«, nicht um seine Identität zu kopieren, sondern um die jeweils andere Wahrnehmung der Dinge wenigstens zu verstehen. Sinnvolle Dialogpolitik ist anders nicht möglich. In der SED galt ein solches Denken noch immer, und seit 1988/89 wieder verstärkt, als »Abweichung« vom Klassenstandpunkt.

Sowohl SPD als auch die Bonner CDU/FDP-Koalition hielten bis zur Wende an ihrer »Stabilitätspräferenz« im Verhalten zur DDR fest. Die Gefahren einer Destabilisierungspolitik wurden hoch veranschlagt. Auf diesem Hintergrund setzten dennoch einige SPD-Bundestagsabgeordnete und Vorstandsmitglieder ab Sommer/Frühherbst 1989 in ihrem Verhältnis zur DDR stärker auf eine »Wandlungspräferenz«.

Unter dem Eindruck der dramatischen Ereignisse in Osteuropa – Ungarn öffnete seine Grenze nach Österreich, Tausende DDR-Bürger nutzten dies zur Flucht in den Westen, die SED geriet unter zunehmenden innen- und außenpolitischem Druck – rang die SPD um einen Kurswechsel. Vorschläge und Ideen für einen »neuen Kurs« gegenüber der DDR und der SED gab es bald viele, eine klare und einheitliche Linie aber fand sich nicht. Am 11. September, dem Tag der ungarischen Grenzöffnung, diskutierte das Präsidium heftig die neue Situation. Der Stand der deutschen Frage wurde konträr bewertet. In der Auseinandersetzung um das weitere Vorgehen verständigte man sich auf einen Kompromiss: Suspendierung der Kontakte der Grundwertekommission, Durchführung fest verabredeter Besuche mit den »offiziellen wie mit den oppositionellen Vertretern der DDR« und die Anmahnung von Reformen, Glasnost, korrekten Wahlen und Pluralismus.[41]

Eng verwoben mit diesen Vorgängen setzte in der SPD auch eine erneute Diskussion über das gemeinsame Papier ein. Norbert Gansel plädierte für die Abkehr vom bisherigen SPD(Bahr)-Kurs »Wandel durch Annäherung« und forderte stattdessen für die nächste Phase der Deutschlandpolitik »Wandel durch Abstand«. Wandel durch Annäherung – so Gansel – bezog sich auf die zwischenstaatlichen Beziehungen. Das Ziel dieser Politik war Entspannung. Damit habe man Erfolge erreicht. Nun aber gehe es stärker um demokratischen Wandel *in* der DDR. »Dazu muss Abstand von den Reformgegnern in der DDR gehalten werden.«Das gemeinsame Streitpapier von SPD und SED stellte mit seinen Forderungen nach einer Kultur des politischen Streits und Dialogs eine Wende in der traditionellen Entspannungspolitik dar, konstatierte Gansel, doch entscheidender als die Friedensfrage, die in dem Papier noch als die zentrale gemeinsame Aufgabe formuliert worden sei, sei nun die Demokratisierung in der DDR. Es müsse dabei alles vermieden werden, was die SED aufwerte und ihr Legitimität verleihe. Auch Gansel forderte nicht den vollständigen Abbruch des Dialogs mit der SED, aber er verlagerte den Ansatzpunkt: Jetzt sei die »innere Opposition« der DDR gefragt, um Reformen zu bewirken. Ein »nichtkapitalistisches System auf deutschem Boden« könne er sich durchaus vorstellen. Die begrenzten Möglichkeiten seiner Strategie seien ihm durchaus bewusst. Bezogen auf das SPD-SED-Papier war sich Gansel sicher, dass es so, wie es 1987 niedergeschrieben wurde, »heute nicht wieder abgefasst werden (würde), oder es würde schwerlich in der SPD die überwiegende Zustimmung erhalten, die es 1987 verdient hatte«.[42] Unterstützung fand Gansel beim »Seeheimer Kreis«. Deren Sprecher, Florian Gerster, übte seinerseits Kritik am Streitpapier. Es sei von der falschen Hoffnung getragen gewesen, »dass man mit der SED über innere Reformen vernünftig reden« könne.[43]

Der SED erschien das alles als »Provokation«. Die Aktivitäten und Ziele der SPD gegenüber der DDR wurden immer negativer beurteilt. »Führungskräfte der SPD«, so Mielke an Mitglieder des Politbüros, verfolgten »gegenüber der DDR das strategische Ziel, langfristig innenpolitische ›Wandlungsprozesse‹ analog entsprechender Vorgänge in einigen anderen sozialistischen Staaten in Gang zu setzen, um die sozialistische Staats- und Gesellschaftsordnung durch Formen und Prinzipien der bürgerlichen Demokratie entsprechend ihrer Konzeption vom ›demokratischen Sozialismus‹ zu verändern; entsprechend dieses Konzepts missbrauchen sie im zunehmenden Maße ihren Aufenthalt in der DDR.« (…) Dabei müsse man die Differenzierungen in der SPD und die unterschiedlichen Varianten, die einerseits Spitzenpolitiker wie Brandt, Vogel und Bahr (behutsameres Vorgehen) und andererseits solche Politiker wie Ehmke, Voigt, Glotz und Stobbe (konfrontative Politik gegenüber der DDR) vertreten, beachten.[44]

Statt eine selbstkritische Analyse zu betreiben, wurden die inneren Probleme der DDR externalisiert. Verantwortlich für die entstandene Lage waren aus dieser Sicht vor allem äußere, feindliche Kräfte der Bundesrepublik.

Obgleich der Dialog und die Parteibeziehungen mit der SPD nicht aufgekündigt wurden und es auch in der SED-Führung diesbezüglich unterschiedliche Vorstellungen gab, wurde die Gangart in der SED nun schrof-
fer. Beredter Ausdruck dafür war die Ausladung einer Delegation der
SPD-Bundestagsfraktion unter Leitung von Horst Ehmke, die die Volkskammer der DDR besuchen und dabei auch mit unabhängigen kirchlichen
Gruppen sprechen wollte. Die kritische Stellungnahme der Grundwertekommission der SPD zur Entwicklung in der DDR vom März 1989 wurde
als Einmischung zurückgewiesen. Dialog als »Einmischung« diene der
Konfrontation, nicht der Entspannung. In einem mit »Keine Alternative zu
Dialog mit SPD« betitelten Zeitungsgespräch versuchte ich, dieser negativen Tendenz zu begegnen.[45] Obgleich die SED-Führung lange Zeit die gesellschaftliche und politische Wirksamkeit der kirchlichen und späteren
oppositionellen Gruppen als gering veranschlagte, galt die Aufnahme von
Kontakten und Gesprächen mit ihnen als »ungeheuerlich«.

Eine Woche nach dem Präsidium der SPD tagte am 18.9. der Parteivorstand. Auch hier wurden die unterschiedlichen Auffassungen über den
weiteren Weg in der Ost- und Deutschlandpolitik deutlich. Am Ende billigte der Vorstand eine von Hans-Jochen Vogel entworfene Entschließung.
Sie würdigte zunächst die Ergebnisse der sozialdemokratischen Deutschlandpolitik vor und nach dem Regierungswechsel 1982. Darin eingebettet
habe man auch Kontakte zur DDR-Führung gesucht und entwickelt. »Das
wichtigste Ergebnis der Kontakte zur DDR-Führung war das Gemeinsame Streit- und Dialogpapier vom August 1987.« In diesem habe die DDR-
Führung einer Reihe weitreichender Feststellungen zugestimmt. Die SPD
erkannte an, dass es in der DDR, auch als Folge der sozialdemokratischen
Deutschlandpolitik, seit Mitte der achtziger Jahre Ansätze zu positiven Veränderungen gegeben habe (Abschaffung der Todesstrafe, Amnestie für politische Gefangene, Verbesserung der Reisemöglichkeiten, Einführung eines gerichtlichen Rechtsschutzes auf bestimmten Gebieten, Präsentation
des Streit- und Dialogpapiers und einige öffentliche Diskussionen darüber).
Dieser Prozess sei von der SED-Führung abrupt abgebrochen worden. Die
Absage des Besuchs einer SPD-Delegation sei Ausdruck der Schwäche und
Isolierung der gegenwärtigen Führung. Deutsche Politik sei auch weiterhin zuerst Friedenspolitik. Zugleich mahnte die SPD unter Bezug auf die
Prinzipien der Helsinki-Konferenz »Reisefreiheit, also die völlige Durch-
lässigkeit der Grenze, die Meinungs- und Informationsfreiheit und die

selbstverantwortliche Mitwirkung aller Bürgerinnen und Bürger der DDR an der Gestaltung der gesellschaftlichen Verhältnisse« an und betonte erneut, dass die DDR »durch Reformen nicht destabilisiert, sondern stabilisiert würde«. Auch am Sozialismus könne festgehalten werden, allerdings in gewandelter Gestalt: »Sozialismus ist nur lebensfähig, wenn er mit Demokratie und Freiheit verbunden ist. Wir verlangen nicht, dass die DDR den – so verstandenen – Sozialismus aufgibt, sondern dass sie mit ihm endlich anfängt.« Welche Folgerungen das für das »Selbstbestimmungsrecht der Deutschen« habe, bleibe offen. Die weiteren Gespräche mit und in der DDR betreffend gab der SPD-Parteivorstand in dieser Entschließung die Orientierung, sie fortzuführen, allerdings unter anderer Prioritätensetzung. Die Reihenfolge der Gesprächspartner wurde »neu geordnet«. Zuerst wurden jetzt die Kirchen genannt, dann die Reformgruppen und danach erst die SED, die damit ihre Vorrangstellung bei den SPD-Gesprächskontakten verlieren sollte. Der Dialog insgesamt aber dürfe gerade in kritischen Phasen nicht abreißen.[46]

Damit war eine Linie gefunden, mit der in der SPD zunächst alle leben konnten. Die Meinungsunterschiede aber blieben, was angesichts der Dynamik der Ereignisse kaum verwunderlich war. Sie betrafen Fragen der staatlichen Einheit, in denen die einen mehr für Beschleunigung, die anderen mehr für Behutsamkeit plädierten. Es gab auch Stimmen, wie von Egon Bahr und Karsten Voigt, die den Dialog mit den Einheitssozialisten der DDR nach Öffnung der Mauer weiter befürworteten und für die Einladung der SED zum Berliner Parteitag der SPD im Dezember 1989 plädierten.

Die SED-Führung nahm an dieser Entwicklung weniger das weiterbestehende grundsätzliche Gesprächsangebot wahr, sondern fixierte sich allein auf die Aufwertung der Kirchen und Reformgruppen als zukünftige Wunschgesprächspartner der SPD. Unfähig zu einer realistischen Analyse der entstandenen Situation, zeigte man sich verärgert über die, eigentlich moderate, Entschließung des SPD-Parteivorstandes. Doch auch die SED wollte nicht den Abbruch des Dialogs. Aber zu welchen Konditionen ließ er sich fortsetzen? Eine Diskussion über diese Frage gab es nicht. Eine Studie, im Frühherbst 1989 von einigen am Dialog beteiligten Wissenschaftlern der Akademie für Gesellschaftswissenschaften entworfen, in der die Resultate der SPD-SED-Dialogpolitik bilanziert und ihre Fortführung unter neuen Vorzeichen vorgeschlagen wurde, fand auch an der Akademie selbst keine Zustimmung. Der Eindruck, die SPD habe die Grundlage der gemeinsamen Vereinbarung aufgekündigt, war inzwischen auch hier weit verbreitet.

Das Dialogprojekt wird überrannt

Die Ereignisse überholten diesen Stand der Dinge, in der DDR wie in der Bundesrepublik. Und auch die SPD-SED-Dialogpolitik. Die Demonstrationen in Leipzig und anderen Städten der DDR gewannen mehr und mehr an Zuspruch. Die Teilnehmerzahlen der Demonstrationen wuchsen rapide an, in Leipzig waren es bald Zehntausende, in Berlin am 4. November fast eine Million. Die Ausreisewelle ebbte nicht mehr ab. Die SED war sprachlos und verlor zusehends an Autorität. Aus den losen Netzwerken von Aktivisten der kirchlichen Basisgruppen und Bürgerrechtlern bildeten sich im Spätsommer 1989 mehrere Oppositionsgruppen deutlicher heraus. Das »Neue Forum« entstand und begriff sich als Plattform für einen basisdemokratischen gesellschaftlichen Diskussions- und Organisationsprozess. Am 7. Oktober gründete sich in Schwante bei Berlin die »Sozialdemokratische Partei« (SDP). Es folgten »Demokratie Jetzt« und »Demokratischer Aufbruch« sowie die »Vereinigte Linke«. Sie alle standen für eine grundlegend reformierte DDR. Zu ihren Forderungen gehörten die Abschaffung des SED-Machtmonopols, die Achtung der Bürger- und Menschenrechte und freie Wahlen unter UNO-Kontrolle. Die Vereinigung mit der Bundesrepublik stand nicht auf dem Forderungskatalog. Unter dem Druck der Massendemonstrationen und angesichts der wachsenden Unruhe in der SED war Honecker von seiner Funktion als Generalsekretär der SED enthoben und Egon Krenz durch das Zentralkomitee als Nachfolger bestimmt worden.

Ende Oktober 1989 steckte die SPD-Führung ihre Positionen in der Deutschlandpolitik neu ab. Das Selbstbestimmungsrecht der Bürger in der DDR habe bei der Lösung der deutschen Frage Vorrang, hieß es jetzt. Deren Entscheidungen werde zu respektieren sein. Von der SED und ihrer neuen Führung verlangte man den inneren Dialog, einen Demokratisierungsprozess und den Verzicht auf das Machtmonopol. Die SPD sei zugleich bereit, mit der SED und ihrer neuen Führung unter Krenz die Gespräche fortzusetzen. Es solle über alle Probleme gesprochen werden, die »die Menschen in beiden Staaten bedrücken« und die Beziehungen zwischen beiden deutschen Staaten verbesserten.[47] Die Linie der SPD-Führung war in der eigenen Partei mehrheitsfähig, auch wenn es bei der Bewertung der Entwicklung in der DDR sowie in der Frage der staatlichen Einheit weiterhin unterschiedliche Auffassungen gab. Norbert Gansel, damals Vorsitzender des Parteirates, sah in den »revolutionären Veränderungen in Osteuropa« sogar eine »Chance, den demokratischen Sozialismus in Europa mehrheitsfähig zu machen«.[48] Nachdem sich die SDP der DDR gegründet hatte, begrüßte die SPD nach manchen Vorbehalten diesen Schritt, betonte aber, dass die Gründung »aus eigenem Entschluss« erfolgt sei.[49]

Mit dem Fall der Mauer am 9. November und der sich wandelnden Haltung Moskaus zur deutschen Frage, öffnete sich Ende 1989 das Tor zur deutschen Vereinigung. Eine operative Wiedervereinigungspolitik hatte auch die Kohl-Regierung bis zu diesem Zeitpunkt nicht betrieben.[50] Noch in seinem »Bericht zur Lage der Nation« vom 8. November hatte Kohl gegenüber der neuen SED-Führung seine Bereitschaft betont, einen Weg des Wandels stützen zu wollen, wenn sie zu grundlegenden Reformen der politischen Verhältnisse in der DDR verbindlich bereit sei.[51] Zwanzig Tage später, am 28. November, präsentierte Kohl sein »Zehn-Punkte-Programm«, in dem er der DDR-Regierung vorschlug, »konföderative Strukturen zwischen beiden Staaten in Deutschland zu entwickeln mit dem Ziel, eine Föderation, d. h. eine bundesstaatliche Ordnung in Deutschland zu schaffen«. Diese Entwicklung sollte eingebettet sein in einen gesamteuropäischen Prozess der Entspannung und war als längerfristiger Weg angelegt.[52]

Der von Hans-Jochen Vogel als SPD-Fraktionsvorsitzender am selben Tag vorgelegte eigene Fünf-Punkte-Plan zur Schaffung einer »deutschen Konföderation« stimmte weitgehend mit den Vorstellungen der Kohl-Regierung überein.[53] Die Mehrheit der SPD-Fraktion stimmte daher im Bundestag Kohls Stufenplan zu.[54] Die unterschiedlichen Sichtweisen innerhalb der SPD sowohl auf den Umbruchprozess in der DDR als auch auf den Zusammenhang von europäischer Friedensordnung und deutscher Einheit blieben jedoch weiterhin bestehen. Exponenten dieser differierenden Perspektiven waren auf der einen Seite Willy Brandt, Hans-Jochen Vogel, Johannes Rau und Erhard Eppler – sie sprachen sich für einen zügigeren Weg zur deutschen Einheit aus – sowie Oskar Lafontaine, Egon Bahr, Gerhard Schröder und Björn Engholm auf der anderen Seite – sie wiesen auf die Verwerfungen einer schnellen Währungs- und Wirtschaftsunion hin und plädierten für einen langsameren Annäherungsprozess zwischen DDR und Bundesrepublik. In den Präsidiumssitzungen fanden diesbezüglich heftige Diskussionen statt. Dabei spielte auch eine Rolle, dass die meisten der neu entstandenen Gruppen in der DDR, aber auch die Kirchen und die Reformsozialisten* in der SED, bis Ende 1989/Anfang 1990 auf eine grundlegend reformierte, aber eigenständige DDR setzten.

Im Vorfeld des Berliner Parteitages vom Dezember 1989 ging die SPD endgültig auf Distanz zur SED, obgleich diese noch auf dem Parteitag durch den Leiter der Westabteilung, Gunter Rettner, vertreten war. In einem Beschluss des SPD-Parteivorstandes vom Dezember 1989 erkannte die SPD die SDP der DDR als Schwesterpartei an. Mit ihr wurden »förmliche Partnerschaften« vereinbart. Die früheren Kontakte zur Staatspartei SED hätten, so hieß es, den Abrüstungsprozess in Europa vorangebracht, den Menschen im geteilten Deutschland Erleichterungen verschafft und in der DDR sowie in der SED den kritischen Diskussionsprozess befördert. An die SED gerichtet lautete die neue Maxime: Soweit sich in der SED »die Kräfte durchsetzen, deren Vorstellungen von Demokratie, Freiheit und Menschenrechten sich den unseren annähern, werden sie nicht von dem Dialog ausgeschlossen«. Dieser Dialog zwischen unterschiedlichen Parteien in beiden deutschen Staaten sei »wünschenswert«. Erhard Eppler wollte Mitte Januar 1990 nicht ausschließen, dass auch Gespräche mit der Akademie für Gesellschaftswissenschaften unter bestimmten Bedingungen fortgesetzt werden könnten.[55] Das Streitpapier aber habe sich erfüllt. SPD und Grundwertekommission versuchten nun schnell, von ihren früheren Kontakten zur SED Abstand zu gewinnen.[56] Doch konnten sie mit ihrem Rückzug nicht verhindern, dass sie in die Schusslinie ihrer konservativen politischen Gegner gerieten.[57] Die SPD solle das Papier aufkündigen und sich von dieser

---

* Unter Reformsozialisten werden hier jene, besonders intellektuelle Kräfte in der SED und ihrem Umfeld verstanden, die sich in den achtziger Jahren kritisch zur Politik der SED-Führung positionierten, für strukturelle Veränderungen in der SED und in der DDR-Gesellschaft eintraten und entsprechende konzeptionelle Ideen in den Reformdiskurs einbrachten. Auf ihre ambivalenten Positionen und politisch-mentalen Blockaden in der Auseinandersetzung mit der Führung der SED und beim Eintreten für demokratisch-sozialistische Wandlungsprozesse in der DDR bin ich an verschiedenen Stellen dieses Buches eingegangen.

»historischen Fehlleistung« offiziell distanzieren, forderte Kanzleramtsminister Bohl.[58] Kohls designierter neuer Generalsekretär Volker Rühe attakkierte die Deutschlandpolitik der Sozialdemokraten mit dem Vorwurf des »Wandels durch Anbiederung«.[59] Und Helmut Kohl warf der SPD vor, dass sie durch ihre umfangreichen Kontakte der SED Legitimität und eine »Besitzstandsgarantie« gegeben habe.[60] Die SPD-Führung war angesichts dieser Angriffe verunsichert. Die Mehrheit fühlte sich nun eher unwohl, ein gemeinsames Ideologiepapier mit der zum Abdanken veranlassten SED erarbeitet zu haben. Selbst die Gespräche mit den Reformsozialisten der DDR wurden umgehend auf Eis gelegt. Nur wenige verteidigten jetzt noch das SPD-SED-Papier gegen diese Angriffe. Zu ihnen gehörte Jürgen Schmude. Er unterstrich, wer die Entwicklung in der DDR positiv beeinflussen wolle, müsse auch den Dialog mit den dort Herrschenden suchen. Mit dem Dialog- und Streitpapier seien weitreichende Verabredungen getroffen worden. »Ihr Ergebnis kann sich noch heute und konnte sich erst recht damals gut sehen lassen.« Und: »Wer seine Maßstäbe nur vom heutigen Entwicklungsstand bestimmen lässt, urteilt falsch.«[61] Die Grundwertekommission der SPD äußerte sich in der Umbruchszeit erst einmal nicht. Auch die Parteigremien gaben keine weiteren Erklärungen dazu ab. Lediglich im Jahrbuch der SPD 1988/89/90 findet sich ein knapper Bericht der Grundwertekommission zu ihren Gesprächen mit der Akademie für Gesellschaftswissenschaften. Der Dialog mit der SED – heißt es dort rückblickend – sei mit der Diskussion um die Menschenrechte im April 1989 an eine Grenze gekommen. Erhard Eppler als Vorsitzender der Grundwertekommission habe in seiner Rede zum 17. Juni 1989 im Bundestag einen »gewissen Schlusspunkt unter diese Diskussion gesetzt«. Anschließend stellte die Grundwertekommission fest: »Der nächste Kontakt mit der Noch-DDR war erfolgreicher: Am 8.2.1990 traf sich die Grundwertekommission in Berlin mit der Programmkommission der SDP der DDR zu einem Erfahrungsaustausch« über die beiderseitige Programmarbeit. »Es tat gut, bei dieser Gelegenheit zu hören, dass die Sozialdemokraten der DDR die Gesprächskontakte der Grundwertekommission mit Vertretern der vormals herrschenden SED und insbesondere das gemeinsame Papier als hilfreich für die Bürgerbewegung in der DDR bezeichneten.«[62]

Das letzte Wort war das – wie sich noch zeigen sollte – nicht. Von beiden Seiten.

Dialogpapier – SED-Erosion und der Umbruch in der DDR

Im Rückblick, nach dem unerwarteten Systemwechsel in der DDR, wurde und wird aus unterschiedlichen Perspektiven die Frage gestellt, ob das gemeinsame Ideologiepapier von SPD und SED wie überhaupt deren Dialog die SED-Herrschaft eher gestärkt als geschwächt und den demokratischen Umbruch lange Zeit eher blockiert als befördert habe. Lassen wir zunächst die historischen Tatsachen sprechen.

Der mit der Verabschiedung des SPD-SED-Papiers im Politbüro und den dabei getroffenen weitreichenden Festlegungen gewagte Start schien sich durch den nachfolgenden Besuch Erich Honeckers in Bonn voll zu bestätigen. Die protokollarische Anerkennung der Zweistaatlichkeit führte zu mehr Freizügigkeit und Zusammenhalt. Rund 10 Millionen Reisende in beide Richtungen wurden Ende 1987 gezählt. Die innerdeutschen Beziehungen für die kommenden Jahre schienen sich weiter positiv zu gestalten. Die SED hatte sich offenbar auf ein Öffnungsexperiment eingelassen.[63] Als Gegenleistung erwartete Honecker sich Legitimation und weitere internationale Reputation, wie er sie durch seinen Staatsbesuch in Paris Anfang 1988 auch erhielt. Dieses Gesamtkonzept, zu dem auch der zunächst relativ offene Umgang mit dem SPD-SED-Papier gehörte, war allerdings innerhalb der SED-Führung umstritten, jedoch wurden die damit verbundenen Kontroversen zunächst nicht offen ausgetragen. Honeckers Zustimmung zum SPD-SED-Papier überdeckte anfangs die diesbezüglichen Differenzen, aber die Dialogpolitik gegenüber der SPD hatte in der Partei mehr Gegner als nach außen zunächst sichtbar wurde.

Die Aufwertung der DDR durch den Bonn-Besuch hatte Honeckers falsche Sicherheitsgefühle bezüglich der Stabilität der DDR und der SED bestärkt. Zunehmende Realitätsverluste kennzeichneten seine Politik in der Folgezeit. Die Reiseerleichterungen und der zunehmende Dialog nach außen erhöhten, anders als es Honecker erwartete, seitens der Bevölkerung die Besuchswünsche und das Verlangen nach Liberalisierung im Inneren. Diese Entwicklungen und die Reformbewegungen in der Sowjetunion sowie in anderen Staaten des sozialistischen Lagers konnten nicht ohne Auswirkungen auf die innergesellschaftlichen Verhältnisse in der DDR bleiben. Hier bedurfte es nachhaltiger Schritte zu mehr Offenheit, zur Demokratisierung und zum Abbau der Abgrenzung der Menschen in der DDR. Doch genau darauf fanden die SED und speziell Honecker nie eine entsprechende, nach vorn orientierende Antwort. Das Dialogpapier mit der SPD war dafür eine einmalige Chance. Nicht im Sinne einer Stabilisierung der Parteiherrschaft, wie es vor allem westdeutsche Kritiker vermuteten, sondern im Sinne einer Öffnung und Reform der DDR. Und selbst als dies nicht mehr möglich war, bot das Papier immer noch Ansätze für einen anderen, gleichberechtigteren Weg zur deutschen Einheit. Doch diese Chance wurde, wie sich frühzeitig zeigen sollte, nicht wahrgenommen.

Stattdessen sollte, wie gezeigt, die bislang praktizierte Doppelstrategie – partielle Flexibilität nach außen, Dialog- und Reformverweigerung nach innen – fortgesetzt werden. In dem Maße jedoch, wie die Forderungen des Papiers unter großen Teilen der SED aber auch in den evangelischen Kirchen und unter den Bürgerrechtsgruppen Widerhall fanden, aufgegriffen und auf die DDR-Situation bezogen wurden, die SED aber zusehends von den Vereinbarungen des Dialogpapiers abrückte und sich der Widerspruch zwischen Wort und Tat in der DDR weiter vertiefte, untergrub das Papier das Ansehen und den Herrschaftsanspruch der SED. Der anfängliche Legitimitätsgewinn, den die Vereinbarung mit der SPD erbracht hatte, schwand. Die Dialogverweigerung der SED-Führung gegenüber der nach Veränderung verlangenden Gesellschaft wurde zu einem der entscheidenden Faktoren, der die »Glaubwürdigkeitskrise«[64] der SED auslöste bzw. verschärfte. Ende 1987 setzte in der SED ein Erosionsprozess ein, der bis 1989 voranschritt, sich aber erst im Oktober/November 1989 deutlich nach außen entlud. Das Streitpapier von SPD und SED und seine Folgen in der DDR hatten daran maßgeblichen Anteil. Es hatte vor allem die politisch interessierten, nachdenklichen und eher kritisch eingestellten SED-Genossen angesprochen. Sie bildeten nicht die Mehrheit, aber einen wichtigen Teil.

Die Mehrheit der SED-Mitglieder sah in dem Papier durchaus einen Befreiungsschlag, griff aber das Angebot bzw. die Aufforderung zum gesellschaftlichen Dialog nur teilweise auf und setzte es nur ansatzweise um. Die meisten SED-Mitglieder waren zu jener Zeit, 1987/88, noch voller Hoffnung, wohl auch deshalb, weil sie sich noch immer über die stalinistischen Strukturen in der SED täuschten. Sie glaubten, und sahen sich darin durch die Verabschiedung eines gemeinsamen Papiers mit der SPD bestärkt, dass sich auch in der SED-Führung die Einsicht durchsetzen würde, dass durch mehr Offenheit, Dialog und gesellschaftliche Veränderung der DDR-Staat stabilisiert werden und sein nationales und internationales Ansehen weiter wachsen könne. Das Papier und seine anfänglich relativ offene und kontroverse

Diskussion in der SED brachte der SED-Führung deshalb zunächst neuen
Zuspruch. Man war stolz, dass nun auch die SPD eine »gemeinsame Sprache« mit der SED gefunden hatte. Die nötigen Veränderungen und Reformen
erwartete man von »oben«. Diese durch Hoffnung gekennzeichnete Stimmungslage in der SED änderte sich erst in einem längeren widerspruchsvollen Prozess, und zwar in dem Maße, wie die konservativen Kräfte, erst vor
Ort und dann in der Gesamtpartei, das Papier und seine neuen ideologischen
Leitsätze sowie seine innenpolitischen Forderungen zu relativieren begannen und später deutlich revidierten und einen offenen Anti-Perestroika-Kurs
einschlugen. Nicht bekannt war, dass Erich Mielke schon frühzeitig einen
kleinen Kreis von Politbüromitgliedern davor gewarnt hatte, dass sich die
Diskussion des Papiers in der SED »gefährlich« ausweite und auch die evangelischen Kirchen und die oppositionellen Bürgerrechtsgruppen erfasst habe.
Doch die Mehrheit zumindest der politisch interessierten SED-Mitglieder
stand hinter diesem Papier, auch dann noch, als für die meisten von ihnen
deutlich wurde, dass die SED-Führung bewusst von dem »historischen Dokument« abrückte. Der gesellschaftliche Reformdiskurs unter einigen Parteiintellektuellen erhielt durch das Papier neue Anstöße. Vor allem im intellektuellen Umfeld der Partei fand das Papier lange Zeit breite Zustimmung.

Um die Handhabung des Papiers gab es in der Folgezeit Auseinandersetzungen in und mit der Partei. Es kann nicht nachgewiesen werden, wie
viele der zunehmenden Ausschlüsse, Streichungen und Austritte ihren direkten Ursprung in den Konflikten um das Papier hatten. Wahrscheinlich waren es weniger, als verschiedentlich geäußert wurde.* Doch stiegen die Partei-
verfahren insgesamt an und erreichten neue Rekorde: 1987 waren es 19 470,
ein Jahr später bereits 22 918. Auch die Zahl der Ausschlüsse und Streichungen erhöhte sich folgerichtig: von rund 8 000 im Jahr 1987 auf rund
11 000 im Jahr 1988 und bis Oktober 1989 waren es bereits ca. 18 000.[65]

---

*   Manfred Uschner, damals Mitarbeiter des Politbüromitglieds Hermann Axen und Mit-
     glied der Abrüstungspolitischen Arbeitsgruppe SED-SPD, machte in Diskussionen
     mehrfach darauf aufmerksam, dass infolge der Auseinandersetzung um das SPD-SED-
     Papier viele unbotmäßige Funktionäre der SED – ohne direkte Parteiverfahren – ihrer
     Funktionen enthoben und arbeitsmäßig umgesetzt worden seien. »Das Streitpapier hatte
     in der SED nachweislich eine Wirkung: Es wurden 20 000 Funktionäre ›umgesetzt‹.«
     (Uschner in: Die Ost- und Deutschlandpolitik der SPD in der Opposition 1982-1989:
     160.) Uschner gehörte selbst zu dem Kreis der »umgesetzten« Funktionäre, wenn-
     gleich nicht im Zusammenhang mit dem Dialogpapier.

Die hohe Rate politisch motivierter Parteistrafen – etwa wegen Auflehnens gegen das Verbot der sowjetischen Zeitschrift *Sputnik*, genereller Kritik an der SED-Informationspolitik oder Unterstützung des Moskauer Perestroikakurses – setzte eindeutige Signale, auch wenn sie gemessen an der Gesamtzahl der SED-Mitglieder gering war.[66] Diese Zahlen sagen wenig über die speziellen Wirkungen des Papiers innerhalb der SED, aber viel über die allgemeine Stimmungslage. Die schleichende Erosion der SED kann bis zum November 1989 ohnehin nicht so sehr an Parteiaustritten, offenem Aufbegehren und Protesten festgemacht werden, entscheidend war vor allem die abnehmende Zustimmung zur Politik des Politbüros. Zunächst in kritischeren Kreisen, dann auch in der »breiten Masse« der SED. Als die mit den Reformideen aus Moskau und dem Dialogpapier 1987 noch einmal besonders aufkeimenden Erwartungen sich nicht erfüllten, machte sich Enttäuschung breit. Die »Aufbruchstimmung« im Zusammenhang mit der Diskussion des Papiers war schon 1988 verflogen. Dieser Phase folgte nicht wie in früheren Perioden die »Beruhigung« durch neue Mobilisierungs- und Befriedungsstrategien der SED-Führung, sondern neben Anpassung zunächst immer stärker auch die Resignation, später dann Widerspruch und Abkehr und bei Teilen der SED auch Aufbegehren. Oppositionelles Verhalten gab es jedoch bis zum Herbst 1989 nur selten.

Die außen- und innenpolitischen Spielräume der SED-Führung für die klassischen Mobilisierungs- und Befriedungsstrategien wurden zunehmend enger. Die wirtschaftlichen, sozialen und politisch-kulturellen Konflikte nahmen zu. Das Wirtschaftswachstum stagnierte schon seit längerer Zeit. Die Verschuldung gegenüber dem Westen stieg weiter. Die Akkumulationsrate war zugunsten der Konsumtion auf unter 10 Prozent gesunken. Die Infrastruktur verrottete. Der wirtschaftliche Abstand zur Bundesrepublik vergrößerte sich beständig. Die Anträge auf Ausreise aus der DDR stiegen rapide an. Der SED war es nicht möglich, neue Bewältigungsformen für diese Konflikte zu entwickeln. Die Mitte 1988 noch einmal versuchte »ideologische Offensive« erreichte die Mehrheit der 2,3 Millionen Mitglieder schon nicht mehr. Obwohl in der SED die konservativ-dogmatischen Kräfte bis zuletzt dominierten und in der Auseinandersetzung um das Papier 1988 auf dem 7. Plenum des ZK einen Pyrrhussieg errangen (siehe Kap. 3) und es keine starke, vernetzte Reformbewegung gab, vollzogen sich von 1987 bis 1989 nachhaltige Wandlungen in der SED. Es kam nicht zu rebellischen Aktionen unzufriedener Mitglieder oder zu einer organisierten Reformbe-

wegung der Intellektuellen, sondern zu einer eher stillen, allmählichen Veränderung im Denken und Verhalten einer großen Zahl der SED-Mitglieder,
die sich immer weniger in die ausweglose Politik ihrer Führung einbinden
lassen wollten, ohne aber, bis Oktober/November 1989, den offenen Bruch
zu wagen. Die zunehmend schwindende Vertrauensbasis hatte bedeutsame
strategische Folgen für die Führung der Staatspartei, die sich, bei aller Par-
teiloyalität, immer weniger »voll« auf »ihre« Mitglieder und Aktivisten
verlassen konnte. Je mehr die »Einheit der Partei« beschworen wurde, um so
unsicherer war, wie weit es sie noch gab und wie sehr sie den heranreifenden
Belastungen standhalten würde. Die Partei erodierte zunehmend. In den
Gesprächen und Interviews, die ich bei den Recherchen zu diesem Buch
geführt habe, wiesen führende Mitarbeiter aus dem Partei-, Staats- und
Machtapparat speziell auf diesen inneren Distanzierungsprozess hin und
sahen darin rückblickend einen wichtigen Grund dafür, dass sich der Umbruch in der DDR im Herbst 1989 ohne Gewaltanwendung vollzogen habe,
obgleich ein übermächtiger Repressionsapparat zur Verfügung stand. Im
Vergleich zu den Volkserhebungen 1953, zur politischen Krise 1956/57, zum
Mauerbau 1961 und zur Wirkung des »Prager Frühlings« 1968 stand die SED
somit vor einer neuen Situation, die auch auf die Führung zurückwirkte. Der
gewaltfreie Verlauf des Umbruchs ist jedoch keineswegs allein auf den Entzug
der Basis der SED zurückzuführen, sondern vor allem auf die veränderte
Haltung Moskaus und die wachsende Volksbewegung in der DDR. Vorauszusehen war dieser Erosionsprozess Mitte der achtziger Jahre nicht, aber seit
1988 deutete vieles auf diese Veränderungen in der SED hin. Der allgemeine
»Mobilisierungsgrad« in der SED ging zurück. Viele Mitglieder resignier-
ten. Gleichzeitig nahmen die Forderungen nach gesellschaftlichem Dialog,
nach Öffentlichkeit und Reformen 1988 und nochmals verstärkt 1989 in der
Staatspartei in einem Maße zu, wie es vordem nicht zu verzeichnen war. In
den Archiv-Beständen, besonders von Krenz, Hager und Herrmann, findet
sich eine große Zahl von Eingaben, Kritiken und Protestschreiben von SED-
Mitgliedern und SED-Grundorganisationen, aber auch besorgte Briefe von
Parteisekretären, die auf die kritische Stimmung und die Unzufriedenheit in
ihren Betrieben und Einrichtungen verweisen. In ihnen werden Reformen
angemahnt, Formen gesellschaftlichen Dialogs, eine wahrheitsgemäße In-
formations- und Medienpolitik und »mehr« Demokratie gefordert. Mit der
Vertiefung der politischen Krise in der DDR nahm auch die Differenzierung
und Auseinandersetzung innerhalb der SED beständig zu. Dazu trugen Er-

eignisse wie die Fälschung der Kommunalwahlergebnisse vom Mai 1989, die Beschönigung und Rechtfertigung der brutalen Übergriffe der Armee gegen protestierende Bürger auf dem Platz des Himmlischen Friedens 1989 in Peking, aber auch die Rede Margot Honeckers auf dem XI. Pädagogischen Kongress im Juni 1989, in der sie die Jugend zur bewaffneten Verteidigung gegen die zunehmenden Machenschaften der »Konterrevolutionäre« aufgerufen hatte, die Rechtfertigung des Stalinismus und der Politik der Kommunistischen Internationale sowie das Festhalten an alten Legenden über die KPD in einem groß aufgemachten Artikel der ehemaligen Direktorin der SED-Parteihochschule, Hanna Wolf, im SED-Zentralorgan *Neues Deutschland* wesentlich bei. Der Historiker und Nestor der Kommunismusforschung in der Bundesrepublik Hermann Weber schreibt dazu: »Die überhebliche und geradezu provokative Haltung der Parteispitze verbreiterte die oppositionelle Bewegung bis in die Reihen der SED hinein.«[67]

Diese tiefgreifenden, inneren Wandlungen in der SED spürten damals auch leitende Mitarbeiter im ZK der SED. Rückwirkend äußert sich dazu der für das »innere Parteileben« verantwortliche ZK-Abteilungsleiter Heinz Mirtschin: Ja, es habe zunehmende Erlahmungserscheinungen in der Partei gegeben. Die wirtschaftliche Entwicklung sei verstärkt diskutiert worden. Alles würde – so die damalige Stimmungslage – keinen richtigen Sinn mehr machen. Die Unruhe sei überall spürbar größer geworden. Dazu die Politik Gorbatschows und die Folgen, die in diesem Zusammenhang auftraten. Und das *Sputnik*-Verbot, das eine große Debatte ausgelöst habe und bei dem die Widerstände in der SED besonders stark gewesen seien. Dann ab Frühjahr 1989 das verstärkte Auftreten der Bürgerbewegung, worüber es für die Genossen keine Informationen und keine Argumente seitens der SED-Führung gegeben habe. Alles sei problematischer geworden, aber die Partei habe sich nicht geäußert. Mit dem Umtausch der Parteidokumente habe die SED versucht, dieser Situation Herr zu werden. In den Gesprächen beim Umtausch der Parteidokumente – so Mirtschin weiter – seien die ideologischen Fragen auf einmal in den Mittelpunkt gerückt. Das Gewicht habe sich verlagert: Nicht mehr die wirtschaftlichen, sondern die ideologischen Fragen hätten das Zentrum der Diskussion gebildet. Gefragt wurde: Was macht ihr, welche Antworten habt ihr auf das Neue Forum, auf die Kommunalwahlen, auf deren Fälschung. Die Zweifel seien immer stärker, die Verunsicherung größer geworden. Die Unzufriedenheit habe zu-, die Kampfbereitschaft abgenommen. Der Zustand der SED sei 1989 im Vergleich zu früheren Jahren und Jahrzehnten ein ganz anderer gewesen. Diese Entwicklung habe nicht zuletzt auch im Zusammenhang mit dem Papier SPD-SED und seinen Wirkungen gestanden.[68] Dennoch gelang es den Reformkräften nicht, die geistige oder gar politische Hegemonie in der SED zu erlangen. Im SED-Politbüro selbst gab es keine Diskussion über die entstandene Situation. Die 8. ZK-Tagung vom Juni 1989 brachte nicht nur die bisherige Stagnation zum Ausdruck, sondern verdeutlichte zugleich die einsetzende Agonie. Der 40. Jahrestag der DDR wurde vorbereitet als gäbe es keine Veränderungen im Lande. Der Bericht des Dresdener Parteichefs, Hans Modrow, in dem dieser die Zentrale auf einige Missstände und Veränderungsmöglichkeiten hingewiesen hatte, war vom SED-Politbüro strikt zurückgewiesen worden.

Rolf Henrich, Rechtsanwalt und SED-Mitglied, hatte in der Tradition Rudolf Bahros eine scharfe Systemkritik in Buchform im Westen veröffentlicht.[69] Anders als bei Bahro, der verhaftet und 1978 zu acht Jahren Gefängnis verurteilt worden war und 1979 in die Bundesrepublik ausreisen konnte, wagte man bei Henrich nicht mehr, strafrechtliche Maßnahmen einzuleiten. Er wurde aus der SED ausgeschlossen und erhielt »nur« Berufsverbot. Generelle Kritiken wurden unverändert abgelehnt, Reformwünsche ignoriert und Warnungen, auch aus eigenen Reihen, in den Wind geschlagen. Über die zahlreichen kritischen Schreiben von SED-Mitgliedern setzte sich das Politbüro ebenso hinweg wie über die warnenden Mitteilungen aus dem Ministerium für Staatssicherheit. Das MfS spürte offensichtlich eher als die obersten SED-Zirkel, dass die bislang einigermaßen funktionierende Doppelstrategie der SED-Führung zu zerbrechen begann bzw. schon zerbrochen war. Dass Ignoranz keine Politik ersetzen kann, musste auch die SED-Führung erfahren. Das u. a. mit dem SPD-SED-Papier gesetzte Signal zum Dialog war, einmal in Gang gekommen, nicht mehr ohne weiteres einzudämmen. Versuche in dieser Richtung, wie die »Missbrauchskampagne« zur Diskreditierung derer, die das Papier auch innenpolitisch umsetzen wollten, fruchteten kaum noch. Die Zeit war nicht mehr zurückzudrehen. Zu weit gediehen waren die deutsch-deutschen Kontakte, die Politik der kleinen Schritte, der Dialog nach außen, die Zugeständnisse im Reiseverkehr und die Reformdiskussionen in Osteuropa. Vor allem aber brach im Inneren »die Stabilität der Angst«[70] zusammen. Erich Mielke stellte während einer Dienstberatung im Sommer 1989 fest: »Die Stimmung ist mies. Es gibt umfangreiche Diskussionen über alle berechtigten und unberechtigten Probleme, die es gibt, und was uns hierbei besonders bewegt, es gibt solche miesen Stimmungen auch innerhalb der Parteiorganisation.« Trotzdem war man sich damals noch sicher:»Wir haben die Sache fest in der Hand, sie ist stabil.«[71] Knapp zwei Wochen später meldete das MfS eine »erhebliche Zahl von Parteiaustritten« und die »ernsthafte Befürchtung hinsichtlich der weiteren Erhaltung der politischen Stabilität der DDR«.»Sie (die langjährigen Parteimitglieder, R.R.) begründeten die Haltung insbesondere mit solchen persönlich getroffenen Feststellungen von Arbeits-, Wohn- und Freizeitbereich wie:

– der erheblichen Zunahme von durch Unwillen und Unzufriedenheit gekennzeichneten, in immer aggressiverem Ton geführten Diskussionen im Zusammenhang mit der Versorgungslage und der Lage im Dienstleistungsbereich, der Lohn-Preis-Politik, der materiell-technischen Sicherstellung der Produktion,
– zunehmende Erscheinungen von Passivität und Gleichgültigkeit unter Werktätigen gegenüber dem politischen und gesellschaftlichen Leben in der DDR und im Territorium,
– dem weiteren Rückgang der Arbeitsdisziplin und Leistungsbereitschaft,
– der erheblichen Zunahme von Erscheinungen des Spekulantentums und der Korruption.

Die Praxis zeigt, dass auch zahlreiche Parteimitglieder mit derartigen Auffassungen und Verhaltensweisen in Erscheinung treten und sich damit kaum von Parteilosen unterscheiden.«[72] Und einen Tag nach den Feierlichkeiten der Staatsführung zum 40. Jahrestag der DDR und dem Vorgehen von Sicherheitskräften gegen protestierende Demonstranten in Berlin, die, wie in anderen Städten der DDR auch, für Meinungsfreiheit und Reformen auf die Straße gegangen waren, hieß es in einer MfS-Information: Nach »Hinweisen aus der Hauptstadt und allen Bezirken« sähen insbesondere Parteimitglieder die »Staats- und Gesellschaftsordnung in der DDR ernsthaft in Gefahr«.[73]

Tatsächlich vollzog sich nach dem 7. Oktober 1989 der rapide Niedergang des alten Herrschaftssystems. Die zunehmende Ausreisewelle und die stetig anwachsenden Montagsdemonstrationen in Leipzig setzten die Führung der SED unter immer stärkeren Druck. Die Bürgerrechtsbewegung forderte tiefgreifende Reformen. Informelle Gruppen traten an die Öffentlichkeit, erste oppositionelle Parteien wurden gegründet. Die evangelischen

Kirchen verlangten von der Staats- und Parteiführung eine ernsthafte Wende in der DDR. Intellektuellen- und Künstlerinitiativen erhoben ihre Stimme. Das Präsidium des Schriftstellerverbandes trat für eine »revolutionäre Reform« ein. Am 11. Oktober versuchte das SED-Politbüro mit einer allgemeinen Erklärung zur aktuellen Situation gegenzusteuern und die Spannung abzubauen. Der Versuch scheiterte, da in der Erklärung keine glaubwürdige Alternative enthalten war. Auch die Information des MfS vom 16. Oktober über die Reaktionen der Bevölkerung auf die Politbüroerklärung zeigte, wie tief inzwischen die politische Krise der DDR gediehen war und die Staatspartei und ihre Mitglieder selbst erfasst hatte. »In diesbezüglichen Meinungsäußerungen haben äußerst kritische Auffassungen an Umfang und Intensität zugenommen über die Wahrnehmung der Verantwortung der führenden Rolle durch die SED, darunter direkte Angriffe auf die Partei- und Staatsführung der DDR. Vor allem Personen aus dem Bereich der Kunst und Kultur, Angehörige der Intelligenz und Studenten, anwachsend aber auch Arbeiter und Werktätige in Kombinaten und Betrieben, darunter langjährige Mitglieder der SED und andere progressive Kräfte sowie Mitglieder und Funktionäre von befreundeten Parteien treten in diesem Sinne auf. Die Verantwortung für die innenpolitische Lagezuspitzung in der DDR wird im o.g. Personenkreis weitgehend der Parteiführung der SED angelastet. Sie habe durch eine uneinsichtige Haltung und starres Festhalten an einer offensichtlich nicht umsetzbaren politischen Linie nicht wirksam auf die Zuspitzung der politischen Entwicklung in der DDR, insbesondere seit August diesen Jahres, reagiert und damit schweren politischen Schaden für die SED und die DDR herbeigeführt (…) Zahlreiche Mitarbeiter zentraler staatlicher und wirtschaftsleitender Organe, Mitglieder und Funktionäre der SED erklären, nicht mehr zu akzeptieren, dass es im realen Sozialismus in der DDR Massenfluchten, Mangelerscheinungen, ökonomische Stagnation, offene Unzufriedenheit unter der Bevölkerung sowie lebensfremde Medienpolitik gebe. In zunehmendem Maße wird in diesem Zusammenhang Kritik geübt an den Genossen Mittag und Herrmann. Sie werden im wesentlichen persönlich verantwortlich gemacht für die Situation in der Volkswirtschaft und den Vertrauensverlust in der Bevölkerung durch die Gestaltung der Medien- und Informationspolitik.«[74] Die Informationen der Sicherheitsorgane über die Lage in der DDR waren schon seit längerem kritischer geworden. Aber die wirklichen Ursachen für die sich zuspitzenden Konflikte wurden nicht benannt, Szenarien und adäquate Handlungsoptionen nicht entwickelt.

Als Krenz, Schabowski und einige andere Politbüromitglieder den Sturz Honeckers vorbereiteten, war für sie der Schreck über die zunehmende Unzufriedenheit unter den SED-Mitgliedern ausschlaggebender als die schlechte Stimmung in breiten Kreisen der Bevölkerung.[75] Abgesehen davon, dass die bisherigen Muster sozialistischer Herrschaftssicherung Ende der achtziger Jahre nicht mehr funktionierten, handelten sie auch wegen dieser falschen Lageeinschätzung an der Situation im Lande vorbei. Es war natürlich nicht das SPD-SED-Papier, das die Krisensituation in der DDR hervorgerufen hatte. Die Entwicklung, die in den Zusammenbruch der DDR mündete, war eine Folge der genetischen und strukturellen Defekte des Sowjetsozialismus und der Reformunfähigkeit der SED-Führung.[76] Die Binnenlegitimität der SED bekam immer größere Risse. Dies alles vollzog sich innerhalb der Staatspartei kaum in spektakulären Aktionen, sondern eher schleichend und wurde deshalb von außen lange Zeit nur wenig wahrgenommen. Erst im Spätherbst und Ende 1989, im Zusammenhang mit dem Aufbrechen der politischen Krise in der DDR und der anschwellenden Ausreisebewegung sowie den Massendemonstrationen im Lande, kam es zur Abkehr und zum »Aufstand« der SED-Basis[77] und verschiedener intellektueller Gruppen. Die erste von der Parteibasis organisierte große Massendemonstration von über zehntausend SED-Mitgliedern fand zeitgleich mit der 10. ZK-Tagung am 8. November 1989 vor dem ZK-Gebäude, in dem die neue Führung unter Egon Krenz tagte, statt. Und der Druck von unten nahm weiter zu, als spürbar wurde, dass die personellen und politischen Entscheidungen der SED-Führung keine ernsthafte Wende bedeuteten. 150 000 SED-Mitglieder versammelten sich nach Beendigung der ZK-Tagung protestierend im Berliner Lustgarten. Immer mehr SED-Genossen schlossen sich nun den außerparlamentarischen Aktivitäten an. Die Partei war und wurde nicht mehr handlungsfähig. Der »Aufstand« der Basis kam aber zu spät, war zu unorganisiert und verlief ohne klare Orientierung für die sich radikal gewandelte Situation. Die Reformkräfte erwiesen sich als zu schwach, konzeptionell nicht auf der Höhe der Zeit. Erst in der Wendezeit erreichten reformsozialistische Alternativkonzepte eine größere Öffentlichkeit. Die Reformer in der SED hatten mit dem Tempo der Veränderungen im Land nicht Schritt halten können. Sie liefen der Volksbewegung schließlich nur noch hinterher, ohne sie noch einzuholen zu können. Auf andere Art und Weise war dies auch das Schicksal des ehemaligen politischen Dialogpartners SPD.

360

Für den Verlauf des friedlichen, demokratischen Umbruchs war es dennoch wichtig, dass es nicht nur eine Bewegung *gegen* die Staatspartei gab, sondern auch eine *innerhalb* der Staatspartei. In Briefen an den früheren SPD-Vorsitzenden Hans-Jochen Vogel haben ehemalige Bürgerrechtler – mit je unterschiedlichen Akzenten – die Bedeutung des SPD-SED-Papiers sowohl für den Entspannungsprozess und für das damalige Wirken der unabhängigen Friedens-, Umwelt- und Menschenrechtsgruppen in der DDR als auch besonders für die Auseinandersetzung und Differenzierung in der SED und den friedlichen Verlauf des Umbruchs hervorgehoben. Jens Reich z. B. schreibt über seine Erfahrungen: »Die Hauptwirkung (...) hatte es innerhalb in der SED. Dort war die Mobilisierung derjenigen, die eine Kursänderung, Glasnost usw. wollten, enorm. Es wurde wochenlang darüber diskutiert (...) Da die Andersdenkenden in der SED einen erheblichen (heute verleugneten) Einfluss auf den friedlichen Verlauf des Herbstes 1989 hatten, war ihre Mobilisierung sicher historisch wichtig.«[78] Und Richard Schröder berichtet: »Die SED, die nach innen das Monopol auf Wahrheit erhob, musste nun im ND drucken, dass sie gegenüber der SPD keinen Absolutheitsanspruch erhebt. Deshalb fürchtete die SED auch, wie wir inzwischen aus Stasi-Unterlagen wissen, Veranstaltungen in der DDR, auf denen das SPD-SED-Papier diskutiert werden sollte, wie der Teufel das Weihwasser.« Nach Schröders Auffassung hat die Entspannungspolitik entscheidend zur Auflockerung der Ost-West-Spannungen beigetragen. Zu den Alternativen damaliger Strategien schreibt er: »Weiter wird eingewendet: Aber man sieht doch jetzt, dass die SED nicht reformfähig war, schließlich ist die SED-Herrschaft an ihrer Reformunfähigkeit zusammengebrochen. Das ist wohl wahr. Wer sich also vor Jahren das sichere Urteil zugetraut hat, dass die SED-Herrschaft ca. 1989 zusammenbrechen wird, konnte natürlich anders agieren. Wer hat sich das Urteil zugetraut? Ich kenne keinen. Und auch für den Fall hätte er noch überlegen müssen, ob nicht ein Differenzierungsprozess innerhalb der SED befördert werden sollte, damit die blutige Konfrontation möglichst vermieden wird.«[79] Auch Wolfgang Ullmann sieht unter Berücksichtigung der historisch neuen Situation nach 1989/90 das SPD-SED-Papier durchweg positiv. Es habe die Bürgerrechtsgruppe »Demokratie Jetzt« motiviert und insgesamt habe dieser Entspannungsprozess den friedlichen Verlauf der Ereignisse 1989/90 in der DDR wesentlich tangiert.[80] Walter Romberg hat eine ähnliche Perspektive. Er hebt besonders den engen Zusammenhang der Termini »Streit der Ideologien« und »Gewaltfreiheit« hervor und schreibt:»Der Streit der Ideologien und die gemeinsame Sicherheit waren so zusammen mit anderen kritischen Dialogbemühungen wesentliche Voraussetzung dafür, dass der Übergang vom kommunistischen SED-Staat zu demokratisch-pluralistischen Formen fast ohne Gewalt erreicht werden konnte.«[81] In anderen Zusammenhängen haben sich so oder ähnlich Rainer Eppelmann, Hans Misselwitz, Heino Falcke, Ulrike Poppe und Steffen Reiche geäußert. Dass es zugleich gegenteilige Stimmen gab und gibt, habe ich bereits erwähnt und dokumentiert.

Die Erodierung der Binnenlegitimität der SED und die Aufkündigung der gesellschaftlichen Loyalität durch die Mehrheit der DDR-Bevölkerung im Herbst 1989 haben auf je spezifische Art und Weise zum demokratischen Umbruch in der DDR beigetragen. Der gesellschaftliche Loyalitätsverfall, die Aufkündigung des inoffiziellen»Gesellschaftsvertrages« von unten hatte für die Implosion der DDR dabei nachhaltigere Wirkungen als die Zerrüttung im Inneren des SED-Systems. Der Zusammenhang zwischen den Wirkungen des SPD-SED-Papiers und den Erosionsprozessen innerhalb der SED war ein unmittelbarer, der zum allgemeinen gesellschaftlichen Loyalitätsverfall ein nur mittelbarer. Nachweisbar ist jedoch, wie gezeigt, dass die Forderungen des Papiers nach einem offenen gesellschaftlichen Dialog, unter Beteiligung aller, nach kritischer Diskussion der Vor- und Nachteile der Systeme in Ost und West, nach Informiertheit der Bürger und nach besseren Reisemöglichkeiten vor allem in den evangelischen Kirchen auf großen Widerhall stießen, aber auch in den Bürgerrechtsgruppen als Berufungsgrundlage aufgegriffen wurden. Das blockierende Verhalten der SED hat die am Dialog mit dem Staat orientierte Kirche verunsichert und die kritischen Stimmen in ihr vermehrt. Unter den unabhängigen Gruppen führte der repressive Umgang der SED mit»ihrem« Papier zur Stärkung des oppositionellen Potenzials und dazu, dass die SED als Dialog- und Reformpartner bald abgeschrieben war. Die im August 1987 noch kurzzeitig sich abzeichnende Chance einer möglichen neuen gesellschaftlichen Koalition des Dialogs und des Wandels in der DDR schwand rasch dahin. Die disparaten gesellschaftskritischen Bewegungen und Handlungsebenen in der Partei und der Gesellschaft der DDR liefen endgültig aus- und gegeneinander. Im Herbst 1989, als sich diese Bewegungen kurzzeitig aufeinander zu bewegten, waren die Würfel längst gefallen.

Dass das SPD-SED-Papier der Staatspartei zusätzliche Legitimitätsressourcen verschafft habe, glaubt aus der früheren DDR-Opposition heute kaum noch jemand. So sieht es auch Wolfgang Templin, der – wie manche seiner Mitstreiter – ob der Strategie der SED zunächst von dieser Variante ausgegangen war. Ob und wie der SPD-SED-Dialog und das gemeinsame Papier der Opposition genutzt und den Verlauf der politischen Revolution in der DDR beeinflusst haben, wird jedoch bis heute unterschiedlich gesehen. Wenn ich die direkten und vor allem die indirekten Wirkungen des Dialogprojekts auf die Entwicklungsdynamik des Umbruchs in der DDR beziehe, dann folge ich vor allem einem legitimitätsorientierten Ansatz, denn auch die Herrschaft der SED basierte auf einer Einheit von Zwang und Legitimation. Fehlende demokratische Legitimität ihrer politischen Herrschaft veranlasste die SED, sich um »Ersatzlegitimationen« und um andere Wege zur Erlangung von Massenloyalität zu bemühen. In den siebziger bzw. achtziger Jahren gehörte zu diesen subtilen Formen der Machtausübung sowohl die Entwicklung eines eigenen Herrschaftsdiskurses als auch die Befriedigung materieller Bedürfnisse, wie der Historiker Konrad Jarausch begründet.[82] Aber auch die deutsch-deutschen Kontakte und der Parteiendialog mit der SPD sind unter diesem Legitimitätsaspekt zu betrachten. Herrschaft ohne demokratische Legitimation schafft freilich stets ein latentes Potenzial für Herrschaftskrisen, und umgekehrt werden Legitimationskrisen stets Herrschaftskrisen.[83] Letzteres war typisch für die zweite Hälfte der achtziger Jahre in der DDR. Das Neue bestand 1989 darin, dass die Erosion der Binnenlegitimität* inzwischen weit fortgeschritten war. Die Kraft der Partei war erschöpft, der Apparat zermürbt, die geltende Ideologie ausgelaugt, die Sicherheitsapparate blockiert. Ein personeller Führungswechsel vermochte nichts mehr zu bewirken, da er keine neuen Legitimitätsressourcen mobilisieren konnte. Vor allem aber wurde im Herbst 1989

---

* »Binnenlegitimation« wird hier auf die Parteiherrschaft der SED bezogen. Die Zustimmung zu dieser Parteiherrschaft und der Glaube an die politische Ordnung des Sozialismus basieren auf einer zielorientierten Geschichts- und Gesellschaftsauffassung. Der Sozialismus ist danach das gesetzmäßige Resultat der Ablösung des Kapitalismus und eine höhere Stufe des gesellschaftlichen Fortschritts. Die Partei ist die »Avantgarde« in diesem Geschichtsprozess und sein legitimer Vollstrecker. Ihre Einheit und Reinheit ist deshalb das höchste Gut. Diese eher rational motivierte Zustimmung zur Parteiherrschaft bezieht sich auf die Machtelite und die sozialistische Dienstklasse, auf die Funktionäre und Mitglieder der SED.

die lange bestehende und stets ambivalente gesellschaftliche Loyalität*
durch die Mehrheit der Bevölkerung endgültig aufgekündigt. Das war die
entscheidende Voraussetzung dafür, dass die alte Machtelite abtreten musste und das Herrschaftssystem zusammenbrach. In unterschiedlicher Akzentuierung wird ein solcher Erklärungsansatz für den Umbruch in der DDR in
theoretischen Aufarbeitungen von mehreren Autoren vertreten.[84]

Die schwindende Binnenlegitimität der SED äußerte sich, zusammengefasst, in der Herstellung einer – wenngleich begrenzten – parteiinternen
Öffentlichkeit, in der Infragestellung oder Abkehr von bisher gültigen bzw.
akzeptierten Dogmen des Marxismus-Leninismus, der Entwicklung einer
Reformdebatte und in abweichendem Verhalten, Widerspruch, Parteiver-
fahren und -austritten. Die Auseinandersetzungen um das Ideologiepapier
von SPD und SED sind darin eingebettet. Die Loyalitätsaufkündigung durch
die Bürgerbewegung zeigte sich in diesem Kontext in den Protesten gegen
die Dialogverweigerung der SED, in der Herstellung von öffentlichen Räumen, von gesellschaftlicher Öffentlichkeit gegen die »inszenierte Öffentlichkeit« der Partei- und Staatsführung sowie in partiellen Alternativen und
Gegenstrategien zum SED-Herrschaftsapparat.

Die innerparteiliche Debatte in der SED und vor allem die innergesellschaftliche Auseinandersetzung in der DDR trugen so dazu bei, die legiti-
matorische Reproduktionsfähigkeit der SED nachhaltig zu zerrütten. Die
Auseinandersetzungen um das SPD-SED-Papier haben zu dieser Legitima-
tionskrise der SED beigetragen, oft als nicht-intendierte Folge der Debatten, Aktionen und Bewegungen von kritischen Intellektuellen, SED-Reformern, unabhängigen kirchlichen Gruppen und oppositionellen Kreise.
Zwischen der Erosion der Binnenlegitimität der SED und dem Loyalitätsentzug der Gesellschaft, dem offenen Widerspruch der politisch-alternativen, oppositionellen Gruppen, besteht ein Wechselverhältnis. Dabei kommt
dem Loyalitätsentzug der Gesellschaft eindeutig die größere Bedeutung zu.

---

* »Loyalität« wird als »Folgebereitschaft«, als »Wohlverhalten« verstanden. Sie bezieht
sich eher auf ein »Tauschverhältnis« zwischen Herrschenden und Beherrschten und
bringt eine empirisch bewirkte Hinnahme, Anpassung und Duldung der politischen
Ordnung von mehr oder minder größeren Teilen der Bevölkerung zum Ausdruck. Zwischen Loyalitätsverhalten und Legitimitätsglauben gibt es aber nicht nur Unterschiede,
sondern auch wechselseitige Verschränkungen, u. a. bei allgemeinen Zielorientierungen,
Leitbildern und gesellschaftlichen Werten wie Frieden, Arbeit, soziale Gerechtigkeit.

Die Krise der Binnenlegitimität der SED war 1989 evident, aber »die Verhältnisse zum Tanzen« gebracht hat sie nicht. Dazu bedurfte es des gesamtgesellschaftlichen Drucks und der Folgewirkungen der geänderten internationalen Rahmenbedingungen, vor allem der Bewegungen in den sozialistischen »Bruderländern«. Erst im Herbst 1989 erfolgte die endgültige und fundamentale Umstellung von dem fiktiven a priori Legitimationsanspruch der SED, wie er die Orthodoxie kennzeichnete, über die Legitimation durch »gesellschaftlichen Dialog« und Demokratisierung, je spezifisch und unterschiedlich vertreten durch SPD, SED-Reformer und DDR-Bürgerrechtsgruppen, zur Legitimation als Ergebnis des politischen Pluralismus und demokratischer Wahl, wie sie von der Massenbewegung im Herbst 1989 gefordert wurde.

Der SPD-SED-Dialog und seine Folgen – eine kritische Bilanz

Urteile im Widerstreit

Das SPD-SED-Dialogprojekt und insbesondere das gemeinsame Ideologie-papier waren und bleiben umstritten: in der Politik, in der Öffentlichkeit, in der Wissenschaft. Überraschen kann das kaum, denn dieses Projekt – wie immer man es sah und sieht – beschritt Neuland, war voller Ambivalenzen und beendet, noch bevor es richtig begann.

Historiker und Politikwissenschaftler äußerten sich zu dem SPD-SED-Dialog meist im Zusammenhang mit der sozialdemokratischen Ost- und Deutschlandpolitik. Spezielle, empirisch fundierte Untersuchungen zu den Prämissen und Folgen des Parteiendialogs existieren bislang kaum. Auffallend ist auch, dass die Erfahrungen und die Sicht der beteiligten Akteure, vor allem derer aus der früheren DDR, meist nur am Rande erwähnt werden. Insgesamt unterscheiden sich die vorliegenden Urteile erheblich. Im Prinzip gibt es bislang drei unterschiedliche Deutungsmuster.

Deutliche Ablehnung erfährt die Ost- und Dialogpolitik durch den Politikwissenschaftler Jens Hacker.[1] Für Hacker zielte diese Politik eher auf Stabilisierung und Legitimierung der kommunistischen Diktatur und gab so die Interessen des Westens preis. Dass das SPD-SED-Papier beachtliche Auswirkungen in der DDR hatte, könne aus seiner Sicht die strategischen Irrtümer der SPD im Rahmen dieser Dialogpolitik nicht kompensieren.[2]

Widersprüchlich fällt das Urteil des britischen Zeithistorikers und Publizisten Garton Ash aus. In einem umfangreichen Buch stellt Ash ein halbes Jahrhundert deutscher Außenpolitik im Kontext der Ost-West-Aus-einandersetzung dar.[3] Seine entscheidende Frage lautet, ob die –»im Namen Europas« betriebene – deutsche Ostpolitik die Wende im Osten und die deutsche Vereinigung mit herbeigeführt habe und beantwortet sie einerseits mit ja, insofern der politische Dialog geholfen habe, die monolithi-

sche Teilung der Welt zu lockern, und andererseits mit nein, da sie bis zum
Schluss stabilitätsorientiert dazu beigetragen habe, den Status quo zu erhalten. Die »Bewegung von unten« im Osten, auch in der DDR, habe diese
Politik überrannt. Ähnlich ambivalent fällt Ashs Bewertung der spezifischen Dialogpolitik der SPD aus. Trotzdem habe gerade das SED-SPD-
Papier »stimulierende Auswirkungen innerhalb der DDR gehabt« und man
könne sagen, »dass die Zeit nach der Veröffentlichung des gemeinsamen
Papiers in der DDR wachsende Kritik von unten hervorbrachte«. »Unter
einigen Parteiintellektuellen hatte es fast sicher dazu beigetragen, die demokratisch-sozialistische oder sozialdemokratische Hefe zu aktivieren [oder
zu reaktivieren]. Inwieweit sich dies damals jedoch tatsächlich in offenen
Diskussionen innerhalb der Partei spiegelte, darüber gibt es ganz unterschiedliche Zeugnisse.«[4]

Keineswegs unkritisch, aber insgesamt positiv bewerten Historiker wie
Peter Bender[5] und Heinrich Potthoff[6] die Ost- und Deutschlandpolitik der
SPD und das gemeinsame Ideologiepapier. Die »Nebenaußenpolitik der SPD«
habe einen Beitrag zur »weiteren Entkrampfung« in den Ost-West- und den
deutsch-deutschen Beziehungen gebracht und zur Vertrauensbildung beigetragen. Dies sei eine wesentliche Voraussetzung für die historische Zäsur
von 1989 gewesen. Das SPD-SED-Papier selbst habe – so Potthoff – durchaus »problematische Formulierungen« enthalten, aber in der DDR eine »leb-
hafte Diskussion in Gang gebracht, die der SED ausgesprochen unange-
nehm wurde«. »Doch man sollte den Einfluss auch nicht überschätzen und
nicht vergessen, dass Glasnost und Perestroika letztlich für das SED-Regime ungleich gefährlicher waren.« Denn nun konnten sich die Kritiker auf
die Sowjetunion berufen, die lange »als Lehrmeister« gegolten habe.[7]

Carsten Tessmer, der dem SPD-SED-Dialog einen Abschnitt in seiner
1991 erschienenen Arbeit über innerdeutsche Parteienbeziehungen widmet,
kommt zu dem Schluss: In dem Maße, wie die SED jegliche Dialog- und
Reformpolitik abgeblockt habe, habe das Papier »im Innern der DDR delegitimierend« gewirkt. Dies sei jedoch »keine von der SPD intendierte Wirkung« gewesen. Die SPD habe den »Gezeitenwechsel« im Ostblock »regelrecht verschlafen«, die dortige Demokratisierungsbewegung unterschätzt.[8]
Insgesamt aber habe diese Dialogpolitik viel Bewegung in Ost und West
ausgelöst und sei deshalb positiv zu werten. Ähnlich fällt das Urteil von
René Wisch aus: Die Politik der kleinen Schritte »trug zur Öffnung eines
geschlossenen Systems bei«. »Der Grundsatzdialog über ideologische Fra-

gen löste Denkprozesse aus, die festgefügte Feindbilder zum Wanken brachten.« Allerdings hätte man »früher der DDR-Führung die Ausweglosigkeit ihrer Position vor Augen führen sollen und vielfältigere Beziehungen zu den Oppositionsgruppen unterhalten müssen«.[9]

Naheliegenderweise sind in der Politik die Meinungen über die SPD-Gespräche mit der SED und deren gemeinsames Papier weiterhin deutlich gespalten. Wissenschaftliche Zurückhaltung und Ausgewogenheit zählen hier wenig. Dafür dominieren politischer Standort, Parteienwettbewerb und das Ringen um die Deutungshoheit über eine der zentralen Fragen jüngster Politikgeschichte. Die alten »Fronten« sind deshalb zumeist bis heute erhalten geblieben, nur die konkreten Deutungsmuster wurden der neuen Situation angepasst. Im Mittelpunkt des Interesses steht meist nur noch die verkürzte Frage, ob der Dialog von Sozialdemokraten und Einheitssozialisten die SED und die DDR stabilisiert habe oder nicht? Von den einen wird dieser Dialog als Anbiederung und Beitrag zur künstlichen Stabilisierung und Verlängerung der SED-Diktatur sowie als endgültige Absage an die deutsche Einheit angegriffen, von den anderen als geschickte Politik zur Überwindung der SED-Herrschaft und als Katalysator des demokratischen Umbruchs in der DDR gelobt. Etwas idealtypisch zugespitzt, spiegeln sich darin die Position führender Kräfte der CDU/CSU einerseits und der SPD andererseits wieder. So nutzte Helmut Kohl seine Rede bei der Einheitsfeier der Adenauer-Stiftung und der CDU im Herbst 2000 in Berlin zu einem erneuten scharfen Angriff auf die damalige Deutschlandpolitik der SPD. Gerade in dem gemeinsamen Papier von SPD und SED sah er nach wie vor den Beweis, dass sich die SPD für immer vom Verfassungsziel der deutschen Einheit verabschiedet hätte. Erhard Eppler widersprach dem umgehend in der *Süddeutschen Zeitung* und begründete nochmals den Nutzen der sozialdemokratischen Ost- und Deutschlandpolitik.[10]

Die SPD hat nach dem Zusammenbruch der DDR und der Auflösung des Dialogpartners SED einige Jahre interner Diskussion gebraucht, um sich zu ihrem Dialogprojekt im Rückblick zu positionieren. Nach einer Phase der Verunsicherung, Ignorierung und Rückstufung verabschiedete die Grundwertekommission 1992 eine Stellungnahme dazu unter dem Titel *Trotz allem – hilfreich*.[11] Darin heißt es, dass es trotz mancher Irrtümer und Fehler, etwa der Überschätzung der SED und der Unterschätzung der Konflikte und der Bewegung in der Gesellschaft der DDR, auch rückblickend betrachtet keine vertretbare Alternative zur Politik der Entspannung, der klei-

nen Schritte und der Demokratisierung gegeben habe. Das Dialogpapier
und seine Orientierung auf eine gemeinsame Ost-West-Streitkultur habe
eine neue Phase der Entspannungspolitik eingeleitet. Die Kontakte der SPD
zur Opposition in der DDR hätten intensiver und öffentlicher sein können,
aber man dürfe die damaligen Chancen und Spielräume der oppositionellen Gruppen im Nachhinein auch nicht überschätzen. Das Wesentliche sei,
dass die Wirkungen des Papiers gerade in der SED den friedlichen Verlauf
des Umbruchs beeinflusst hätten.

Auch wenn sich die große Mehrheit in der SPD auf eine insgesamt positive Sicht des Dialogprojekts mit der SED verständigt hat, kritisch-ablehnen-
de Stimmen sind geblieben. Sehr deutlich wurde dies auf einem Kongress
der Friedrich-Ebert-Stiftung vom September 1993 in Bonn zu dem Thema
Ost- und Deutschlandpolitik der SPD in der Opposition 1982-1989.[12]

Für Stephan Hilsberg, Mitbegründer der SDP der DDR und heute Bundestagsabgeordneter der SPD, steht im Nachhinein fest: »Das SED/SPD-
Papier hat zweifellos die Widersprüche innerhalb der SED verstärkt (...)
Praktischen Nutzen hat dieses Papier kaum gebracht. Ich meine, es ist eher
von Schaden auszugehen«, denn die SPD habe sich mit einem System ar-
rangiert, das in »Agonie« lag, was sie aber so nicht erkannt habe. Man habe
zwar von der DDR demokratische Rechte eingefordert, aber jene Kräfte
ignoriert, die diese Rechte in Anspruch nahmen. Priorität habe der Dialog
mit der SED gehabt. »Damit bewirkte die SPD innerhalb der oppositionellen Bewegung in der DDR eine nachhaltige Verstimmung und delegitimier-
te ihren demokratischen Ansatz.«[13] Ebenfalls kritisch sieht im Rückblick
der DDR-Bürgerrechtler Konrad Weiß das SPD-SED-Papier und seine Wirkung: »Ich habe das Papier seinerzeit zunächst durchaus mit Interesse zur
Kenntnis genommen und eine unmittelbare Auswirkung auf das politische
Klima in der DDR erhofft (...) Vieles von dem, was im Papier angespro-
chen wurde, war ja durchaus ungewöhnlich für die SED und schien eine
Perspektive zu eröffnen. Sehr schnell musste ich jedoch erkennen, dass die
SED das Papier nur zu propagandistischen Zwecken missbraucht hat (...)
Im nachhinein würde ich es durchaus als Fehler ansehen, dass die SPD mit
der SED in dieser Weise den Dialog versucht hat. Eine solch nachträgliche
Bewertung aber würde der historischen Realität nicht gerecht. Denn zum
Zeitpunkt der Erarbeitung dieses Papiers haben wir die Dinge natürlich ganz
anders gesehen, als es heute aus der zeitlichen Distanz und mit einem viel
tieferen Einblick möglich ist.«[14]

Ganz anders sieht es der frühere DDR-Bürgerrechtler und heutige Bundestagsabgeordnete der Bündnis-Grünen Werner Schulz. Nach der Schilderung seiner Erlebnisse und Erfahrungen mit dem SPD-SED-Papier in der DDR stellt er in einem Brief an Hans-Jochen Vogel resümierend fest: »Kurz und knapp: Das SPD-SED-Papier war zu jener Zeit außerordentlich wichtig. Es hat der Opposition in der DDR geholfen, enthielt gute Argumentationsmöglichkeiten und war einer der wenigen Impulse aus dem Westen, die den Reformdruck auf das System erhöht haben. Es zeugt von wenig Geschichtsbewusstsein und Realitätssinn, wenn es heute in Frage gestellt und nicht als ein Zeitdokument begriffen wird, das den rasanten Gang der Ereignisse bis zum Herbst 1989 mit beeinflusst hat.«[15]

Auch während der Sitzungen der Enquête-Kommission des Deutschen Bundestages zur »Aufarbeitung von Geschichte und Folgen der SED-Diktatur in Deutschland«, so z.B. im November 1993, trafen die Meinungen über die Funktion und die Folgen des SPD-SED-Papiers als Teil der sozialdemokratischen Ost- und Deutschlandpolitik aufeinander. Im Unterschied zu vielen anderen Themen wurden zur Vorbereitung auf die Anhörung und Diskussion zu diesem Thema des SPD-SED-Dialogs jedoch keine speziellen Analysen oder Dokumentationen erstellt. Zur Erfassung der Wirkungen des Papiers in der DDR und in der SED dominierten daher Mutmaßungen und allgemeine Erwägungen. Faktengestützte Aussagen fehlten. Die Zeitzeugen Egon Bahr, Erhard Eppler und Hans-Jochen Vogel berichteten vor der Enquête-Kommission[16] für die SPD über Anliegen und Sinn der sozialdemokratischen Entspannungspolitik und verteidigten dabei auch das Streitpapier mit der SED. Dessen positive Wirkung auf die Entspannungspolitik sei unzweifelhaft. Seine Bedeutung für den Differenzierungsprozess in der DDR und in der SED sei nicht zu leugnen, aber bislang kaum untersucht. Hans-Jochen Vogel resümierte seine Darlegungen mit der Feststellung: »Insgesamt beurteile ich demnach die Wirkungen des Papiers auch im Nachhinein uneingeschränkt positiv. Das Papier war ein wichtiger Schritt zur Erosion der ideologischen Herrschaft der SED und damit ein wichtiges Kapitel der Vorgeschichte des Zusammenbruchs ihrer politischen Herrschaft.«[17] Vogel bezieht hier die Wirkung des Papiers auf jene Frage, die der Zeitgeist nach 1990 in den Mittelpunkt rückte: war das Papier ein Beitrag zur Stabilisierung oder zur Erosion der SED-Herrschaft? Dass das gemeinsame Papier auch eine viel breitere und differenziertere Vor- und Wirkungsgeschichte hatte, begründete Vogel später an anderer Stelle.[18]

Nachdem es nach dem Ende der DDR zunächst ruhig geworden war um
das einst so umstrittene Ideologiepapier, geriet es erst 1992 wieder in den
Blickpunkt der Öffentlichkeit, als die SPD-Grundwertekommission ihre
bereits erwähnte Erklärung »Trotz allem – hilfreich« zum gemeinsamen
Papier mit der SED veröffentlichte und Erhard Eppler und ich erstmals
wieder gemeinsam über das Ideologiepapier auf einer Podiumsveranstaltung an der Humboldt-Universität diskutierten.[19] Anlässlich des 10. Jahrestages der Veröffentlichung des Papiers veranstaltete die Friedrich-Ebert-
Stiftung 1997 ebenfalls eine Podiumsveranstaltung mit ehemals beteiligten
Akteuren und kritischen Beobachtern. Mehrere Hundert Teilnehmer waren
erschienen, das Medieninteresse war noch größer als im Jahre 1992. Wiederum fiel das Urteil der Medien unterschiedlich aus. Auffallend war allerdings, dass die Kritik an der »Verbrüderungstaktik« der SPD jetzt milder
geworden war und vor allem die Wirkungen des Papiers in der DDR und in
der SED in den Mittelpunkt gerückt wurden. Die zentralen Stichworte lau-
ten nun: »Sprengwirkung in der SED«[20], »Ein Hauch von Perestroika im
SED-Apparat«[21], »Riskanter Dialog der für Unmut sorgte«[22], »Westen nahm
kaum Notiz, für die DDR begann das Ende«[23], »Tiefe Wirkung des Papiers
auf die Parteiintellektuellen, auf die DDR-Oppositionellen und kirchliche
Kreise«[24], »Grundsatzdokument SPD und SED erwies sich als Sprengsatz«[25].
Vor allem die Aussagen über die Wirkungen des Papiers in der DDR wurden von den Medien aufgegriffen, denn zum ersten Mal hatten Akteure aus
den unterschiedlichen politischen und geistigen Strömungen der früheren
DDR über ihre Erfahrungen mit dem Papier berichtet. Der DDR-Schrift-
steller Rolf Schneider sagte, es habe auf ihn wie eine »Erlösung« gewirkt
und sei nur vergleichbar mit der Helsinki-Schlussakte. Es habe wie »eine
Bombe eingeschlagen«, erinnerte sich Lothar Bisky, damals PDS-Vorsit-
zender; es habe die »SED in eine Krise gestürzt und fast gespalten«, so
Manfred Uschner, ehemaliger Mitarbeiter des Politbüromitglieds Hermann
Axen. Für Steffen Reiche, Minister in Brandenburg und damals Landesvorsitzender der SPD in Brandenburg, war wichtig, dass es das sozialdemokratische Potenzial gestärkt habe, und Gerd Weisskirchen, SPD-Bundestags-
abgeordneter, resümierte, dass es ein »schwieriges Projekt war, welches
glücklich ausging«. Ich selbst betonte, dass das Papier große Resonanz gefunden, die Hardliner in der SED letztlich zurückgedrängt, einen Stimmungswandel bewirkt und damit Einfluss auf den friedlichen Verlauf des Umbruchs hatte. Angesichts der Vielzahl positiver Berichte über die Wirkungen

des Papiers in der DDR vermerkte Tilman Fichter, damals Leiter der SPD-Parteischule, dass er seine frühere Kritik an der SPD ob ihres Dialogs mit der SED nunmehr revidiere. Er glaube, dass der SED-Reformdiskurs, wie er etwa in Bereichen der Humboldt-Universität entwickelt wurde, durch die Wirkungen dieses SPD-SED-Ideologiepapiers nachhaltig stimuliert worden sei. Dennoch sei die Wirkungsgeschichte des Papiers in der Bundesrepublik eine ganz andere. Dort habe es in der Öffentlichkeit eine weniger große Wahrnehmung des Papiers gegeben und bei vielen jüngeren Führungskräften in der SPD Illusionen über die Reformfähigkeit der DDR und der SED erzeugt und dadurch zu einer Unterbewertung der gesellschaftlichen Konflikte und der gesellschaftlichen Bewegungen beigetragen. Fichters Fazit:»Insofern würde ich sagen, sehr positive Wirkung im Osten, eine teilweise gefährliche Wirkung im Westen.«[26]

Unbeeindruckt von den Erfahrungen und Berichten ostdeutscher Bürgerrechtler, Kirchenvertreter, kritischer Schriftsteller und ehemaliger Reformsozialisten wiederholen die konservativen Kritiker des SPD-SED-Papiers ihre bekannten Thesen. Peter Hintze, damals Generalsekretär der CDU, griff anlässlich des 10. Jahrestages der Veröffentlichung des SPD-SED-Papiers die SPD ob ihrer Dialogpolitik erneut scharf an. Für ihn sei das Papier nichts anderes gewesen als eine»Garantieerklärung für Ideologie und Machtanspruch des SED-Staates«. Die SPD habe damit auf die Einheit als Ziel der Deutschlandpolitik endgültig verzichtet und sich von der»Gemeinsamkeit zwischen ›Brüdern im Geiste‹ leiten lassen« und ihre»Grundsatztreue in Bezug auf Freiheit, Demokratie und Menschenrechte« mehr als relativiert. Daher sei es nur gut, so Hintze, dass solche»linken Theoriegebäude zum Einsturz gebracht« wurden. Offensichtlich sei aber das damalige Verhalten der SPD kein einmaliger Ausrutscher geblieben, denn inzwischen beginne sie eine Kooperation mit der Nachfolgerin der SED, der PDS.[27]

In der veröffentlichten Berichterstattung fielen vor allem zwei Artikel ins Gewicht. Zum einen, weil sie nicht nur bestimmte Diskussionen wiedergaben, sondern eine eigene Darstellung der Entstehung und Wirkung des SPD-SED-Papiers vornahmen und zum anderen, weil sie von Journalisten verfasst wurden, die selbst an den SPD-SED-Gesprächsrunden als Beobachter teilgenommen hatten, Herbert Riehl-Heyse von der *Süddeutschen Zeitung* und Carl-Christian Kaiser von der *Zeit*. Bei allen Irrtümern auf Seiten der SPD sei das Papier als»eine Magna Charta der Meinungsfreiheit in der DDR« angelegt gewesen, schrieb Riehl-Heyse. Es habe in der DDR

und besonders in der SED für beträchtlichen Wirbel gesorgt. Gescheitert
sei nicht die Dialogpolitik, sondern die SED, weil sie sich dem Dialog und
der Reform verweigert habe. Das aber könne die SPD nun nicht einfach für
sich »verbuchen«. »Die Zukunft ist inzwischen Gegenwart und bekanntlich
nicht so furchtbar fröhlich. Könnte das auch mit der Tatsache zusammenhängen«, fragt Riehl-Heyse, »dass sich nun niemand mehr erinnern will im
vereinigten Deutschland an die Irrtümer, Hoffnungen und Anstrengungen
jener grauen Vorzeit, die gerade ein paar Jahre vorbei ist?«[28] Auch Carl-
Christian Kaiser verweist darauf, wie alles zustande kam und welche Wirkung das Papier in der DDR, »gewaltiges Echo«, und in der Bundesrepublik zeitigte. »Die neue Erklärung der SPD« – so Kaiser – »kommt nun
freilich sehr spät.« In der Wendezeit hätten sich die Sozialdemokraten das
Papier »widerspruchslos von ihren triumphierenden Bonner Gegnern um
die Ohren schlagen lassen« und es eilends zurückgestuft. »Und gegen ihre
ehemaligen Diskussionspartner verhielten sie sich so, als wollten sie nicht
mehr Unter den Linden gegrüßt werden – lauter beschämende Vorgänge.
Erst jetzt heißt es, auf das gemeinsame Papier bezogen: Kein Anlass zur
Scham. Natürlich hat der sozialdemokratische Opportunismus außer dem
Zusammenbruch des SED-Staates auch eine Reihe von internen Gründen.«
Etwa die kritischen Stimmen zum Papier in der veröffentlichten Meinung
der Bundesrepublik der Vor- und Nachwendezeit. Hinzu kämen die damaligen Widerstände unter Teilen von SPD-Funktionären. »Demgegenüber weist
die SPD in ihrer Erklärung (von 1992, R. R.) mit vollem Recht darauf hin,
dass bis zuletzt die politische Kooperation mit dem SED-Regime das einzige Mittel gewesen sei, um Fortschritte zu erreichen und nicht die Tendenz
zu forcieren, den letzten Ausweg in Selbstisolation und Gewalt zu suchen.
Manche Abschnitte lesen sich jedoch so, als sei es statt um Wandel doch
um die völlige Abschaffung des DDR-Regimes gegangen, auch mit Hilfe
des gemeinsamen Papiers. Am deutlichsten wird diese nacheilende Anpassung in dem Satz, die Grundwertekommission der SPD habe ›in den achtziger Jahren die SED ernster genommen, als sie, von heute aus gesehen, zu
nehmen war‹. Was für ein Tritt gegen die einzigen Diskussionspartner, die
so ernsthaft bei der ehemals gemeinsamen Sache waren!«

»Glücklicherweise ändert das nichts«, fasst Kaiser seine Sicht zusammen, »an dem objektiven Wert des alten Papiers. Es ist ein Beispiel dafür,
wie Grundkonflikte zwischen zwei mächtigen antagonistischen Systemen,
wenn nicht gelöst, so doch gemildert werden können. Und die großen

Menschheitsaufgaben bleiben sowieso. Nein, zu Scham, Opportunismus und Selbstrechtfertigung gab und gibt es keinerlei Anlass. Für die Geistesgeschichte des Ost-West-Konflikts wird das gemeinsame Papier ein Meilenstein sein.«[29]

Anspruch und Wirklichkeit

Die Diskussion wird also weitergehen. Die Antwort auf die Frage nach den gesellschaftlichen Folgen des SPD-SED-Dialogs und insbesondere des gemeinsamen Papiers ist nicht so einfach, wie es oft scheinen mag. Was ist der Maßstab, welches sind die Indikatoren? Meine Darlegungen basieren auf empirischen Untersuchungen, eigenen Erfahrungen, umfangreichen Archivstudien, zahlreichen Interviews mit beteiligten Akteuren, Zeitzeugen und kritischen Beobachtern aus Ost und West. Das ermöglichte eine recht genaue Rekonstruktion der zeitgeschichtlichen Vorgänge, ist aber keine Garantie für eine adäquate Beurteilung der Folgen. Deshalb soll hier nicht der Versuch unternommen werden, ein abschließendes allgemeingültiges Urteil zu fällen, vielmehr geht es darum, bei aller Verschränktheit von tatsächlichem Geschehen und Wahrnehmungsperspektive, einige Schlussfolgerungen zu treffen, die – am wirklichen Verlauf der Geschehnisse orientiert – die darüber hinausweisenden Impulse freilegen können.

Das Dialogprojekt wurde am Ende durch die Dynamik der Ereignisse in der DDR und in Mittel-Osteuropa »überrannt«. Kann da überhaupt von einem erfolgreichen Projekt gesprochen werden? Oder hat es vielleicht diese Ereignisse – Sturz der SED, Ende der DDR – wesentlich selbst bewirkt? Im Unterschied zu den meisten aktuellen Rückblicken kann das Dialogprojekt aus meiner Sicht nicht allein auf seine Bedeutung für den Sturz der SED und den Zusammenbruch der DDR reduziert werden. Selbst wenn man den Blick nur auf die westlichen Dialogpartner richtet, entsprach dies weder der Absicht noch dem praktischen Handeln der SPD und auch nicht der Deutschlandpolitik der CDU/CSU und der von ihr geführten Bundesregierung. Sowohl die SPD als auch die Bundesregierung ließen sich in den deutsch-deutschen Beziehungen bis Ende 1989 von Stabilitätspräferenzen leiten. Auch dort, wo sie auf Wandel setzten.

Verlässt man parteipolitische Kalküle und bemüht sich um eine objektivierte, kritisch-distanzierte Betrachtung des Dialogs, können seine gesellschaftlichen Folgen, seine Resultate, mit seinen ursprünglichen Voraussetzungen und tatsächlichen Anliegen verglichen werden. Und diese Absichten waren ganz klar: *Dialog* als Entwicklung einer *neuen politischen Streitkultur* zwischen unterschiedlichen Parteien und zwischen den gesellschaftlichen Systemen in Ost und West, *Dialog* als neuer Schub im *Entspannungsprozess* und in den deutsch-deutschen Beziehungen und *Dialog* als *gesellschaftlicher Wandel und Reform* in der DDR aber auch in der Bundesrepublik, als Ko-Evolution in Ost und West.

Beiden Seiten war mehr oder minder bewusst, dass es sich um Absichtserklärungen handelte und dass sie mit diesem Unterfangen ein Experiment begannen und Neuland beschritten, dessen Ausgang offen war. Sie sahen darin Chancen und Risiken. Die SPD gewahrte neben dem deutschlandpolitischen »Alltagsgeschäft« die Möglichkeit, einen Disput über die Grundwerte der Systeme zu führen, um so die DDR bewegen zu können, mehr Diskussionen innerhalb des Landes zuzulassen und einen Reformkurs einzuschlagen. Damit ging sie ein zweifaches Risiko ein: bei der SED »abzublitzen« und bei westlichen Kritikern des Alleingangs oder gar des Verlassens der westlichen Wertegemeinschaft bezichtigt zu werden. Die SED sah vor allem die Chance, die SPD für ihre Politik einer »Koalition der Vernunft« zu gewinnen und damit zugleich neue Legitimationspotentiale zu erschließen. Die mit dem Dialogexperiment einhergehenden Chancen und Risiken waren jedoch zwischen Ost und West aufgrund der Asymmetrien ihrer Systeme ungleich verteilt. Die Risiken waren für die SED größer, stellte sie doch mit dem Grundsatzdialog erstmals ihre Ideologie und damit indirekt ihr Wahrheitsmonopol auf den Prüfstand. Die Bewertung dieser Entwicklung fiel innerhalb der SED unterschiedlich aus. Während zum Beispiel die SED-Führung im gemeinsamen Ideologiepapier bald nur noch Risiken sah, weil sie um das Wahrheits- und damit um ihr Machtmonopol fürchtete, sahen die reformorientierten Kreise in dem Papier vor allem eine Chance zu innergesellschaftlichem Dialog und demokratischem Wandel.

Neue politische Streitkultur?

Mit dem 1987 verabschiedeten gemeinsamen Streitpapier wurden die Gegensätze der Systemstrukturen und Ideologien nicht geleugnet. Bei Akzeptanz gemeinsamer Grundsätze und Regeln sollten sie vielmehr offen ausgetragen werden in einer Form, die Bedrohungsängste auf beiden Seiten schwinden und wechselseitiges Vertrauen wachsen ließ. Außen- und Innendialog sollten eng miteinander verknüpft werden. Ziel war eine neue Streit- und Begegnungskultur zwischen beiden Parteien, Staaten und Systemen. Welche Resultate zeitigte nun das Unterfangen einer neuen Streitkultur? Betrachten wir zunächst die beiden Institutionen selbst. Der zwischen SPD-Grundwertekommission und SED-Gesellschaftswissenschaftlern in Gang gekommene Dialog verkörperte m.E. – trotz der aufgezeigten Komplikationen – ein Stück der neuen politischen Streitkultur. Er war zunächst spannender und für beide Seiten anregender, als man gemeinhin erwarten konnte. Indem beide die Gegensätze klar benannten, den Streit aber produktiv und »dialogisch« führten, setzten sie Lerneffekte frei, die den Blick für neue Realitäten und geistige Herausforderungen weiteten. Es zeigte sich, dass man aus einem ernsthaften Dialog anders herauskommt, als man in ihn hineingeht. Dass die marxistischen Gesellschaftswissenschaftler sich in diesem Dialog bedeutend mehr bewegen mussten als ihre sozialdemokratischen Partner, lag an der Logik der Systeme bzw. Parteien, die sie idealtypisch repräsentierten. Es kann nicht bestritten werden, dass es bei den DDR- bzw. SED-Teilnehmern das ernsthafte Bemühen gab, sich vom Wahrheitsmonopol der Einheitspartei zumindest parziell zu trennen und sich auf ein dialogisches Streitgespräch einzulassen. Das wurde ihnen auch von SPD-Seite bescheinigt. Ich kann für mich darüber hinaus feststellen, dass Dialog und Disput mit Vertretern der Grundwertekommission, wie Erhard Eppler, Iring Fetscher, Thomas Meyer, Susann Miller, Richard Löwenthal, Peter von Oertzen und Johano Strasser, zu *den* geistigen Herausforderungen gehörten. Dabei waren mir durch meine bisherigen Forschungen theoretische Grundlegungen und Argumente der sozialdemokratischen Kontrahenten und Partner durchaus nicht unbekannt. Doch im persönlichen Gespräch gewann alles an Lebendigkeit und Überzeugungskraft. Vieles aus diesem Lernprozess floss in meine eigene wissenschaftliche Arbeit, in die Diskussion mit Kollegen und nicht zuletzt in die zahlreichen öffentlichen Vorträge ein. Die Grenzen in der SED wurden dadurch für mich noch deutlicher, die Notwendigkeit des Wandels offensichtlicher.

Eine Einbahnstraße war dieser Dialog jedoch nicht. Auch auf sozialdemokratischer Seite spürte ich Neugier und Lerneffekte, wenngleich meine Gesprächspartner durch die folgenden Ereignisse in der DDR dies eher wieder verdrängt haben dürften.

Das Klima der Gespräche war nicht das der »Kungelei«, der »Verbrüderung« und der »Anbiederung«, vielmehr wurde offen, öffentlich und hart gestritten. Die Parteiintellektuellen der DDR gerieten jedoch bald unter den Druck der SED-Führung, die sich jeglichem gesellschaftlichen Dialog im Lande, jeder Veränderung und selbst der Diskussion in den eigenen Reihen verschloss. Die Gesellschaftswissenschaftler gaben zumeist nach, passten sich an. Konnten sie das Konzept einer Streitkultur schon nicht als »Elitekonzept« durchsetzen, unternahmen sie nach den Eingriffen von Hager, Mielke und Hermann immer weniger, um die aufgeschlossenen und kritischen Bürger der DDR-Gesellschaft daran zu beteiligen. Mehr noch, sie beugten sich in aller Regel den Verweigerungs- und Ausgrenzungsstrategien der SED-Führung. Dialog als neue Streitkultur kann auf Dauer aber nur tragfähig werden, wenn der Kreis der Beteiligten beständig wächst und der Dialog Öffentlichkeit erlangt. Hier muss ihr Versagen unumwunden eingestanden werden. Auch der SPD-Grundwertekommission gelang es genau genommen nicht, die für das Dialogprojekt erforderliche Öffentlichkeit herzustellen. Nicht in der DDR und nicht in der Bundesrepublik.

Was bewirkte die angestrebte neue Streitkultur in und zwischen den beiden Parteien? Dass es zwischen ihnen, die sich über siebzig Jahre bekämpft und als ideologische Erz- und manchmal auch als Lieblingsfeinde betrachtet hatten, zu Gesprächen und sogar zu einem Grundsatzdialog kam, war verblüffend und für viele in Ost und West ein Tabubruch. Der Parteiendialog hat die Beziehungen von SPD und SED versachlicht und teilweise normalisiert. Aus den ehemals verfeindeten Brüdern wurden ideologische Gegner und politische Partner im Ringen um gemeinsame Sicherheit. Im Vergleich zu den vorangegangenen Jahrzehnten waren das qualitative Wandlungen im Verhältnis zwischen Sozialdemokraten und Kommunisten. Beide Parteien konnten sich so zunächst auf wesentliche politische Initiativen im Ringen um Frieden, Abrüstung und Entspannung verständigen. Das bleibt auf der »Haben-Seite«. Doch die von ihren wissenschaftlichen Institutionen konzipierte und dort teilweise praktizierte neue Streitkultur hat beide Parteien und nicht zuletzt die breite Mitgliedschaft auch überfordert. Die SED mehr noch als die SPD. Die Führung der SED hatte – wie sich nach der Veröffentlichung des gemeinsamen Papiers bald zeigte – nie die ernsthafte Absicht, sich auf die Regeln der neuen politischen Streitkultur einzulassen. Der Dialog als spezifische Form der öffentlichen Diskussion und Meinungsbildung kollidierte in der DDR mit dem Monopolanspruch der

SED auf Wahrheit. An diesem ließ sie nicht rütteln. Letztlich konnte sie deshalb ihr Verhältnis zur SPD nie wirklich auf eine neue Grundlage stellen. Die begonnenen Annäherungs- und Verständigungsprozesse standen so von Anbeginn auf wackeligen Füßen. Eine grundlegende Neugestaltung der Beziehungen zwischen beiden Dialogpartnern gelang nicht und konnte nicht gelingen. Zu stark waren die Belastungen aus der Vergangenheit, zu hoch die Hürden durch die programmatischen und weltanschaulichen Gegensätze und die doktrinäre Politik der SED. Doch löste das Papier in der Mitgliedschaft der SED, besonders unter Parteiintellektuellen und den eher kritisch eingestellten Genossen, durchaus Denk- und Lernprozesse aus. Die um das Papier geführte Debatte stellte alte, jahrzehntelang eingeübte Denkgewohnheiten und -strukturen zumindest in Frage und brach sie zum Teil sogar auf. Das betraf auch das Verhältnis zu den Sozialdemokraten. Für eine kurze Zeit gehörten offene gesellschaftliche Debatten, dialogische Formen der Diskussion und des Streits zur Praxis in den Gliederungen der SED und bei verschiedenen öffentlichen Veranstaltungen. Eine Umkehr konnte dies freilich nicht bewirken. Der wirkliche Dialog wurde nicht von oben angestoßen und eingeübt und in die Gesellschaft getragen, sondern im Herbst 1989 durch die Straße erzwungen.

Die Ausgangssituation in der Bundesrepublik war eine andere. Dass der gesellschaftliche Dialog Bestandteil pluralistischer Gesellschaften ist, war hier unumstritten. Auf welche strukturellen und mentalen Blockaden neuen Formen der Streitkultur – noch dazu zwischen neuen und ungewöhnlichen Partnern und Konkurrenten – dennoch stoßen können, zeigte sich in den Diskussionen um das Papier. Der öffentliche Diskurs hatte sich nur sehr begrenzt diesem Dialog geöffnet. Zentrale Thesen des Papiers – wie die von der wechselseitigen Akzeptanz der Existenzberechtigung und der prinzipiellen Friedens- und Reformfähigkeit – stießen nicht nur bei den Regierenden im Osten, sondern auch im Westen auf Widerspruch. Breite Ablehnung erfuhr die These vom politischen Veränderungsbedarf im eigenen Bereich. Darin sah man eher Gefährdungspotenziale. Was mich damals überraschte, war nicht so sehr die durch bestimmte Aussagen des Papiers hervorgerufene Irritation der SED-Führung, sondern die Vorbehalte und die Kritik, auf die sie im Westen stießen. Dass sie die Einparteienherrschaft der SED in Schwierigkeiten bringen würden, war uns schon klar, aber auch die pluralistischen Gesellschaften des Westens? Wohl kaum! Offensichtlich waren es Ängste vor sozialem und politischem Wandel, die die Regierenden in der Bundesrepublik – trotz anderer innergesellschaftlicher Voraussetzungen – zu ähnlichen Vorbehalten führten. Mehrheitsfähig wurde die neue Streitkultur auch im Westen nicht. Mehr noch: Vorurteile, Abwehrreaktionen, Rückgriff auf traditionelle Muster dominierten in der politischen Klasse gegenüber kritischer Prüfung und sachlicher Diskussion. Versuche, die im Papier formulierte neue Dialogform praktisch umzusetzen, waren selten. Genau genommen bildete sich – eher unbeabsichtigt – eine Allianz in der DDR und in der Bundesrepublik gegen eine neue »Kultur des politischen Streits zwischen Ost und West«, wie sie im Papier konzipiert worden war, heraus. In der Regel blieben die wechselseitig vorgetragenen Argumente und Urteile bis zum Ende der Blockkonfrontation in den Klischees von gegeneinander gerichteten Machtressourcen rivalisierender Systeme befangen, wie es die Friedens- und Konfliktforscherin Hanne-Margret Birkenbach Anfang 1989 in einer Studie charakterisierte.[30] Das stand ganz und gar nicht im Widerspruch zu dem Umstand, dass man sich in den deutsch-deutschen Spitzengesprächen oft bestens verstand, Nettigkeiten austauschte und bemüht war, die ideologischen Gegensätze auszuklammern.

Das Konzept einer Streitkultur wurde im SPD-SED-Papier nicht als deutsch-deutsche Angelegenheit verstanden, sondern als Ost-West-Projekt und als gesamteuropäisches Projekt entworfen. Gängige Praxis wurde die neue politische Streitkultur im allgemeinen politischen Umgang zwischen Ost und West nicht. Unter kritischen Beobachtern in Ost und West wurde und wird der Wert dieses Dialogpapiers dennoch in den in ihm formulierten Grundsätzen und Regeln einer neuen politischen Streitkultur gesehen. Es kann bis heute als ein Beispiel dafür gelten, wie politische Konkurrenten und ideologische Widersacher mit gesellschaftlichen Grundkonflikten und ideologischen Auseinandersetzungen umgehen könnten: Nicht um diese Konflikte vollends zu lösen, sondern um Bewegungsformen zu finden, die den Streit in der Kooperation ermöglichen.

Ausweitung des Entspannungsprozesses?

Mit den Gesprächsrunden zwischen der Grundwertekommission der SPD und der Akademie für Gesellschaftswissenschaften der SED und deren gemeinsamen Papier waren erstmals Parteiintellektuelle operativ an der Deutschland- und Entspannungspolitik beteiligt. Durch ihre Intervention versuchten sie statt der staatlichen vor allem die gesellschaftliche, die menschliche Dimension in der Entspannungspolitik zu stärken. Die Umsetzung dieses Vorhabens und seine Wirkung kann unter zwei Aspekten »getestet« werden: Unter einem eher *konzeptionellen* und einem eher *pragmatischen*. Das Ideologiepapier brachte einen neuen Ansatz in die Ost-West-Entspannungs- und Deutschlandpolitik. Selbst Produkt des neuen Denkens hat es dieses zugleich angeregt. Die bislang eher staatlich und militärpolitisch dominierte Sichtweise der Ost-West-Beziehungen wurde durchbrochen und der Blick auf die inneren gesellschaftlichen Voraussetzungen für die Friedens- und Reformfähigkeit beider Gesellschaftssysteme gelenkt. Die Forderungen nach einer Entmilitarisierung des Denkens und dem Abbau der Feindbilder waren die logische Konsequenz dieses Perspektivenwechsels. Genau diese Formeln wurden dann auch unter den politisch aufgeschlossenen Teilen der DDR-Bevölkerung – in der SED, den Kirchen, den unabhängigen Gruppen – im Zusammenhang mit dem Papier am meisten diskutiert.

Diese ideologische Seite der Entspannungspolitik, zu der, ineinander verwoben, das neue Denken, die beginnenden Ansätze der Ost-West-Kooperation, das entstandene Dialoggeflecht und das Streitpapier von SPD und SED gehörten, war mit den bis dahin dominierenden Feindbildern immer weniger vereinbar.

Offiziell hielten allerdings sowohl die DDR als auch die Bundesrepublik bis zum Ende der Ost-West-Auseinandersetzungen an ihren historisch entstandenen Feindbildern fest. Doch wer die Praxis in der DDR verfolgte, konnte beobachten, wie die Wirkung der offiziellen Feindbildpropaganda in der Gesellschaft und selbst in der Staatspartei an Bedeutung verlor. Am Ende wankten die Stereotypen in der DDR weit mehr als in der Bundesrepublik. Und dies, obgleich die Staatsführung bis zuletzt am traditionellen Feindbild »Imperialismus« festhielt. Doch die Wandlungen waren unübersehbar: »Der Westen« als politischer Konkurrent wurde zunehmend als kooperativer Partner, nicht mehr als zu besiegender Feind gesehen. Auch in den Medien verlor die Feindbildpropaganda an Militanz, was im Nachhinein links-orthodoxe Kritik hervorrief. Ulrich Huar z. B. erhob den Vorwurf des Opportunismus und der Kapitulation vor dem Klassengegner, die mit der Politik Gorbatschows und dem gemeinsamen Papier von SED und SPD eingesetzt hätten, auch gegenüber der Führung der SED.[31] Und tatsächlich hatte, positiv formuliert, die »Zivilisierung der Ost-West-Auseinandersetzung« auch in der SED-Führung an Einfluss gewonnen. Gewollt oder ungewollt war sie zum Gefangenen ihrer eigenen Ost-West-Dialog-, Entspannungs- und Kooperationspolitik geworden, wenngleich bis zuletzt der Einsatz militärischer Gewalt durch den Machtapparat nie ausgeschlossen werden konnte. Bedenkt man, dass die alten Feindbilder seit Jahrzehnten zugleich der Abgrenzung nach außen und der »Integration« nach innen dienten, so wird deutlich, dass dies von erheblicher gesellschaftlicher Relevanz war. Hinter den offiziellen Bildern und Symbolen hatte sich in der DDR und auch in der SED die politische Kultur partiell verändert. In der äußerst zugespitzten Zeit 1989/90 wurde dies offensichtlich und beeinflusste den friedlichen Verlauf des Umbruchs.

Auch unter unmittelbar politisch-pragmatischen Aspekten betrachtet, nahm der Parteiendialog Einfluss auf den Entspannungsprozess. Das gilt insbesondere für die Gespräche und Verhandlungen zwischen führenden SPD- und SED-Politikern, weniger für die SPD-Grundwertekommission und die SED-Akademie. Die Parteikontakte zwischen SPD und SED flankierten die deutsch-deutschen Regierungsverhandlungen, die auch nach dem Regierungswechsel 1982 in Bonn von der CDU/CSU-FDP-Koalition fortgeführt und zum Teil intensiviert wurden. Diese Parteigespräche zwischen Politikern der SPD und der SED, wie auch die zwischen der SPD und den anderen regierenden kommunistischen Parteien des Ostens, die ja in der Regel zugleich auch Repräsentanten des Staates waren, hatten einen spezifischen Charakter. Sie boten die Möglichkeit eines intensiven Gedankenaustausches zu beiderseits interessierenden Fragen, ohne diese zugleich mit wirtschaftlichen Nutzeffekten und staatlichen Vereinbarungen verbinden zu müssen. Auch wenn davon oft kein Gebrauch gemacht wurde, konnten die heiklen Fragen der Entspannungspolitik, der Entwicklung der Demokratie und der Menschenrechte hier diskutiert werden. Auch ließen sich pragmatische Lösungen im Interesse der Menschen auf diesem Wege schneller erreichen. Zwischen Vogel, Rau, Lafontaine, Engholm, Schröder und Honecker wurden eben nicht nur Freundlichkeiten ausgetauscht, sondern auch manche Erleichterungen für die Menschen in Ost und West vereinbart. In dem Maße, wie sich das Vertrauensverhältnis zwischen beiden Seiten entwickelte, war Honecker auch zu Zugeständnissen bereit. Doch sind die Partei-Gespräche keineswegs auf ihre praktisch politische Seite zu reduzieren, denn beide Seiten verfochten auch strategische Optionen. Egon Bahrs Devise »Wandel durch Annäherung« z.B. stand das strategische Ziel der SED gegenüber, durch ihre Beziehung zur SPD Einfluss auf die Politik der Bundesrepublik zu erlangen. Diese Strategie setzte vor allem darauf, dass die SPD alsbald wieder die Regierung in Bonn übernehmen könnte. Zudem spielte offensichtlich bei einigen der Protagonisten beider Parteien auch die Frage einer möglichen langfristigen Überwindung der Spaltung der Arbeiterbewegung eine Rolle.

Der Grundsatzdialog zwischen der Grundwertekommission der SPD und der Akademie für Gesellschaftswissenschaften der SED war mit seinem neuen Politikansatz in diese deutsch-deutschen Konstellationen hineingestellt, obgleich beide zunächst über kein deutschlandpolitisches Mandat ihrer Parteien verfügten. Das änderte sich »unter der Hand« mit der Erarbeitung des gemeinsamen Papiers. Plötzlich stand diese Gesprächsrunde mehr im Zentrum der Aufmerksamkeit und der kontroversen Diskussion in der DDR, zum Teil auch in der Bundesrepublik, als die Rüstungskontroll- und Abrüstungsgespräche der Arbeitsgruppe unter Leitung von Egon Bahr und Hermann Axen. »Sicherheit nur noch gemeinsam«, »Abbau der Feindbilder«, »Freie Diskussion über die Vorzüge und Nachteile beider Systeme«, »Informiertheit der Bürger« und »Dialog zwischen allen Institutionen, Gruppen und Personen« wurden zu Schlüsselbegriffen kontroverser Diskussionen. An ihnen beteiligten sich, wie ich zu zeigen versucht habe, nicht nur große Teile der Mitglieder der SED, sondern auch die evangelischen Kirchen der DDR, die unabhängigen Friedens-, Umwelt- und Menschenrechtsgruppen sowie größere Teile der SPD, der Gewerkschaften, der Grünen und verschiedene Bildungseinrichtungen in der Bundesrepublik Deutschland.

Die Vertreter der Grundwertekommission der SPD und die beteiligten DDR-Gesellschaftswissenschaftler hatten sich zunächst bemüht, ihr spezifisches Dialogprojekt mit Leben zu erfüllen. Wie bereits erwähnt, schlugen sie eine deutsch-deutsche Schulbuchkommission vor, bildeten sie mehrere Arbeitsgruppen zu den Fragen Frieden, Demokratie und Menschenrechte, Ökologie, Systemwettbewerb und Systemvergleich und bezogen darin Wissenschaftler aus West und Ost ein. Sie führten eine Reihe Tagungen, Kolloquien und Diskussionsveranstaltungen in der Bundesrepublik und in der DDR durch. Wenngleich nicht alle Initiativen gelangen, so bedeuteten sie doch konzeptionell und praktisch den Versuch, der Entspannungspolitik eine gesellschaftliche Dimension zu verleihen und damit letztlich mehr Bürger unmittelbar in den Entspannungsprozess einzubeziehen. Zwischen dem Entspannungsdialog von oben und der Bewegung von unten entstand spätestens 1988/89 eine Konfliktsituation, die sich zunehmend vertiefte. Die Markenzeichen der bisherigen Entspannungspolitik gerieten ins Wanken, in die Krise. Die SED war auf keiner ihrer Ebenen in der Lage, rechtzeitig Schlussfolgerungen zu ziehen, und die SPD begann mit der Umorientierung ihrer bislang erfolgreichen Ostpolitik, ohne vorerst neue, überzeugende Akzente setzen zu können.

Statt Status quo gesellschaftlicher Wandel?

Im Dialog zwischen der SPD-Grundwertekommission und der SED-Akademie für Gesellschaftswissenschaften und vor allem in dem gemeinsam erarbeiteten Papier wurden die Themen »Reform« und »gesellschaftlicher Wandel« nicht mehr ausgeklammert. Beide Seiten waren von der Notwendigkeit der Reform im eigenen und im anderen System *und* der Fähigkeit zur Reform durch beide Systeme überzeugt. Zumindest hatten sie sich dies offiziell bescheinigt. Vom »absterbenden Kapitalismus« auf der einen und von der »Reformunfähigkeit eines totalitären Sozialismus« auf der anderen Seite war erst einmal keine Rede mehr. Mehr noch, der Gedanke einer Ko-Evolution von Ost und West entwickelte sich. Am deutlichsten wurden solche Überlegungen auf der internationalen Tagung sozialdemokratischer, sozialistischer und kommunistischer Parteien Europas1988 in Freudenberg (siehe Kap. 7). Zumindest Parteiintellektuelle Ost-West- und Nordeuropas trugen sich damals mit Überlegungen eines dritten Weges. Das unterschied diesen Dialog von den üblichen deutsch-deutschen Gesprächen und Verhandlungen auf oberer Ebene, wo das Thema des gesellschaftlichen Wandels in Ost und West meist umgangen wurde. Diese Praxis schürte Argwohn und Misstrauen, da stets unklar war, ob und wer wen mit seinen Angeboten, Milliardenkredit hier, Koalition der Vernunft dort, »über den Tisch ziehen«, destabilisieren und am Ende besiegen wollte Die tief verwurzelten Bilder vom »Export der Revolution« durch den Osten bzw. dem »Schüren der Konterrevolution« durch den Westen hafteten in den achtziger Jahren noch immer fest in den Köpfen der zentralen politischen Akteure in Ost und West. Auch bei dem wichtigen SPD-SED-Sicherheitsdialog der Bahr-Axen-Gruppe konnte die Problematik des sozialen und politischen Wandels kaum Gegenstand der offiziellen Beratungen sein, da ihr spezifischer Gegenstand ein anderer war.

Das gemeinsame Papier orientierte also nicht – wie in späteren Deutungen oft angenommen wurde – auf die Erhaltung oder gar Stabilisierung des Status quo. Im Gegenteil, gerade die um das Papier gruppierten Dialogformen waren wie keine andere Seite der Deutschlandpolitik auf gesellschaftliche Veränderungen gerichtet; in der DDR, im realsozialistischem System des Ostens, aber auch in der Bundesrepublik, in den kapitalistischen Demokratien des Westens. Wechselseitige Beeinflussungen, Annäherungen und neue gesellschaftliche Entwicklungspfade waren dabei, unterschiedlich variiert und ausgeprägt, Denkfiguren auf beiden Seiten. Nicht durch Einmischung von außen – Wandel und Reform seien zuerst innere Angelegenheiten, wie auch die SPD immer wieder unterstrich – sondern durch Dialog, friedlichen Wettbewerb und eine Kultur des Streits sollten günstigere Rahmenbedingungen für Veränderungen geschaffen werden. Stabilitätspräferenzen galten als Voraussetzung für diesen Wandel. Instabilität wurde hingegen als gefährliches, unkalkulierbares Risiko eingestuft.

Die SPD beabsichtigte mit dem Dialog und dem gemeinsamen Papier reformorientierte Kräfte in der SED zu stärken, um die erforderlichen Wandlungen anzustoßen. Die Reformkräfte in der SED galten lange Zeit als potenzielle Akteure der beabsichtigten Veränderungen. Der Wandel sollte in letzter Konsequenz die DDR nicht abschaffen, sondern demokratisieren, dem Sozialismus ein »menschliches Antlitz« verleihen. Wenn auch nicht als klares Konzept formuliert, war dies dennoch das Anliegen der Reformkräfte in der SED.

Die konkreten Absichten und der »Geist« des Papiers waren auf jeden Fall – so unsere Überzeugung – nur zu realisieren, wenn sich die Gesellschaften auf Dialog, auf Reformen und Wandel einließen. Damit stellten sich für den Westen eine Reihe neuer Herausforderungen, die Widerspruch provozierten. Für den Osten waren diese notwendigen Veränderungen grundlegender, struktureller Art und die Diskussion des Papiers mündete, entgegen den Absichten der SED-Führung, in die Frage eines gesellschaftlichen Wandels. In der Bundesrepublik wurde das Thema Reform und Wandel fast ausschließlich auf die DDR bezogen. Kritische Selbstreflexionen waren die Ausnahme. Wie viele Beobachter überraschte es auch mich, dass das Papier und die neue Streitkultur nicht als Selbstbestätigung, als Beitrag zur Stärkung des demokratischen Systems und als neue Chance im Systemwettstreit verstanden, sondern eher als eine Gefahr für den Westen dargestellt wurden. Für die DDR und den Osten Europas konnte man das erwarten, denn dort standen die Forderungen nach Dialog, Reform und Wandel im Widerspruch zum Herrschaftsmonopol der Einheitsparteien. Aber es waren Stimmen in der Bundesrepublik, die meinten: Das Ganze werde nur für die Kommunisten im Osten von Nutzen sein. Der Wettbewerb der Systeme werde von denen entschieden, die die Regeln bestimmen, und das seien nun schon seit 1946 die Kommunisten, schrieb die *Frankfurter Allgemeinen Zeitung*.[32] So sicher waren sich die DDR-Dialogteilnehmer da schon nicht mehr. Der Dialog über Grundwerte – so der Einwand im Westen – stelle diese Grundwerte selbst zur Disposition und gefährde die Einheit der Demokraten. Die Gegnerschaft zum Osten diente konservativen Kreisen offensichtlich zugleich zur Abgrenzung von innenpolitischen Alternativen, vor allem zur Einschränkung sozialdemokratisch-sozialistischer Politikvorstellungen. Insofern traf das Papier auch im Westen auf starke Interessen, die dem angedachten sozialen und politischen Wandel in Ost und West entgegen standen.

Die Ängste und Befürchtungen vor sozialem und politischem Wandel waren bei den Herrschenden in der DDR aufgrund der unterschiedlichen Ausgangsbedingungen von grundsätzlicherer Natur. Dieser Wandel war innenpolitisch bedingt und betraf die systemimmanenten Strukturen. Jede Diskussion über eine Reform sollte abgeblockt und unterdrückt werden. Das SPD-SED-Papier wurde uminterpretiert und seine innenpolitische Auslegung als »Missbrauch« denunziert. Die konservativen System*träger* nahmen daher gegenüber dem Dialogpapier eine offene oder verdeckte Abwehrhaltung ein. System*konforme* versuchten, die neuen mit den traditionellen Grundsätzen zu verbinden, um letztlich doch alles beim Alten zu lassen. System*reformern* jedoch war das Papier Anstoß zur Definition und Entwicklung von DDR- und deutsch-deutschen Reformideen und -vorschlägen. Rückblickend konstatieren deshalb Wissenschaftler und frühere Parteiintellektuelle der Humboldt-Universität eine beachtliche »Wirkung auf die Reformkräfte in der SED, die sich in diesem Dokument in ihren Vorstellungen von Demokratie und Sozialismus bestärkt gesehen hatten«. »Sie benutzten es wie ein Banner und Schutzschild zugleich gegen die Angriffe der Dogmatiker.« Ihrer Ansicht nach hatte das »Dialogpapier viel für die Stärkung sozialdemokratischen Gedankenguts bei Zehntausenden SED-Mitgliedern bis in die Garnitur ihrer Funktionäre und Vordenker hinein« getan.[33] Die im Papier angedachten Wandlungen bedeuteten deshalb ein Risiko für die Parteiherrschaft der SED und zugleich eine Chance für Veränderungen in der DDR. Der Schriftsteller Rolf Schneider bezeichnete das Papier nicht zu Unrecht als »Magna Charta einer möglichen Perestroika in der DDR« (vgl. Kap. 3).

Als solches kam es bekanntlich nicht zum Tragen. Aber die offene und verdeckte Auseinandersetzung um das Papier, sowohl in der SED als auch in der DDR-Gesellschaft, führte zu einer Entwicklung, die es bislang noch nicht gegeben hatte. Zum ersten Mal bot sich für kurze Zeit die Chance, dass sich die Reformkräfte in der SED mit denen der evangelischen Kirchen und der Bürgerrechtsgruppen im Ringen um gesellschaftlichen Dialog, Reform und Demokratie hätten zusammenfinden können. Doch diese »Koalition« kam nicht zustande, weil die wechselseitigen Blockaden dominierten und weil vor allem die Reformsozialisten in dieser Frage nicht auf der Höhe der Zeit agierten.

Zur Überraschung der beiden Dialogpartner SPD und SED war bereits zwei Jahre später der Wettbewerb der Systeme entschieden. Wie sich nun deutlich zeigte, hatten beide – wenn auch im einzelnen unterschiedlich akzentuiert – die Reformfähigkeit des Realsozialismus über- und die zunehmende Abwendung der Menschen von der DDR unterschätzt. Das erwies sich als folgenschwerer Irrtum. Der Wandel vollzog sich nicht, wie es im gemeinsamen Papier noch angedacht war, *mit* der SED, sondern, durch deren Widerstand gegen einen Wandel, *gegen* sie. Die Folge waren keine reformierte und demokratisierte DDR, sondern deren Ende, keine Ko-Evolution zwischen Ost und West, sondern eine Transformation der DDR, des Ostens, des Realsozialismus. Das ist nicht einer geschickten Destabilisierungsstrategie des Westens und den »revisionistischen Aufweichungen« u. a. durch das SPD-SED-Papier geschuldet,[34] sondern den strukturellen Blockaden des Sozialismus sowjetischen Typs und der Reformunfähigkeit der SED. Und die mit diesem deutsch-deutschen Dialogprojekt gegebene Chance, durch neue gesamtdeutsche Akteurskoalitionen einen anderen, einen Reformweg zur deutschen Einheit zu beschreiten, konnte nicht mehr genutzt werden. Dafür war die Zeit 1989 bereits abgelaufen.

Sinn und Anliegen des Dialogprojekts sind damit jedoch nicht in Frage gestellt. Die Politik des Dialogs hat trotz ihrer Fehlannahmen, Illusionen und Inkonsequenzen (vgl. Kap. 8) mehr zur Öffnung der geschlossenen Ost-West-Strukturen und Systeme beigetragen, als es eine unnachgiebige Haltung des Abstandshaltens vermocht hätte. Der Grundsatzdialog um Frieden, Demokratie und Menschenrechte und das gemeinsame Papier »Der Streit der Ideologien und die gemeinsame Sicherheit« hatten eine Eigendynamik zur Folge, die die bereits in Gang befindliche Umbruchsdynamik als Verkettung verschiedener Handlungsstränge »oben« und »unten« stimulierte und den gesellschaftlichen Wandel beförderte. Sie gehören deshalb zur (Vor-)Geschichte der Wende in der DDR und zu den Ereignissen, die die deutsch-deutschen Beziehungen positiv veränderten.

Die politische Situation hat sich inzwischen grundlegend gewandelt. Der alte Systemgegensatz ist verschwunden, die Ost-West-Konfrontation entschärft, die staatliche Einheit Deutschlands hergestellt. Die Institution und den Machtfaktor SED gibt es nicht mehr. Das SPD-SED-Dialogpapier ist ein Zeitdokument und Geschichte geworden. Ein »Ende der Geschichte« aber ist nicht eingetreten. Neue politische Gegensätze und kulturelle Differenzen prägen das Bild unserer Zeit. Weltweit bleibt der Frieden gefährdet. Alte Abgrenzungen und Abwehrhaltungen, neue Feindbilder und machtpolitisch geprägte Politikmuster dominieren vielfach jedes Dialogbegehren. Die Beschäftigung mit den Ansprüchen, Ambivalenzen und Irrtümern des Dialogs durch die Mauer und mit dem Streitpapier von SPD und SED könnte eine hilfreiche Vergleichsfolie für heute erforderliche Verständigungsprozesse zwischen politischen Kräften sein, die im Dialog eine Alternative zu einer machtzentrierten, Kriege nicht ausschließenden Politik sehen. Das Experiment einer Verständigung, die nicht auf pure Harmonie zielt, sondern die Auseinandersetzung als Teil des Dialogs begreift, die partikulare Einigung will, ohne prinzipielle Unterschiede zu verwischen, war und ist sicher nicht ohne Risiko, aber allemal sicherer als die oft schrankenlose Politik der Konfrontation. Der Fall des damaligen »Streits der Ideologien« ist zugleich ein Beispiel für Innovationen und Grenzen von Intellektuellen in der Politik.[35] Für das Eingreifen in die Politik erwies sich die Integration unterschiedlicher intellektueller sozialistischer Denkrichtungen aus Ost und West als belebend. Eine Aufgabe, die sich heute immer noch stellt, wie das auch Erhard Eppler formuliert.[36] Umso mehr, als der Raum für »intellektuelle Politik« heute kaum geringer ist als in der Zeit der Ost-West-Konfrontation und der Arbeit auf dem schmalen Grat des damaligen Dialogsprojekts. Internationale Sicherheit, Reform und gesellschaftlicher Wandel stehen auf der Agenda der politischen Tagesordnung obenan, auch in der Bundesrepublik. Die Notwendigkeit kreativen »Störpotenzials«, der Intervention von Intellektuellen in Abläufe und Gestaltungsweisen der Politik, der Organisierung gesellschaftlicher Diskurse und politischer Öffentlichkeit bleibt bestehen. Heute und wohl auch in Zukunft. Trotz der neuen gesellschaftlichen Voraussetzungen ist dies weiterhin ein konflikthafter, aber lohnenswerter Weg.

Nachwort

Wenn, dem Kalten Krieg zum Trotz, Vertreter der Bundesrepublik Deutschland mit denen der Deutschen Demokratischen Republik sprachen, galt als ungeschriebenes Gesetz, dass die Ideologie ausgeklammert blieb. Nur so konnte man in praktischen Fragen, beim Reiseverkehr, dem Interzonenhandel, beim Zwangsumtausch von Westmark in Ostmark weiterkommen. Da konnte man feilschen, Kompromisse schließen, bei der Ideologie nicht. Das galt vor allem für die DDR. Das Machtmonopol der SED beruhte nicht auf freien Wahlen, sondern auf dem Wahrheitsmonopol des Marxismus-Leninismus. Wo es um Ideologie ging, stand die Macht auf dem Spiel. Und da hört der Spaß auf.

Daher war ich überrascht, als mir, dem Vorsitzenden der SPD-Grundwertekommission, der Leipziger Philosophieprofessor Helmut Seidel, dessen Linientreue über jeden Zweifel erhaben war, Gespräche über Grundsatzfragen vorschlug. Nach einigem Überlegen kam ich zu dem Schluss, dass die Sozialdemokraten bei solchen Gesprächen ungleich weniger wagten als die Kommunisten. Sicher, andere Parteien konnten dies der SPD übel nehmen und dies konnte innerhalb der Bundesrepublik die Union stärken, aber die innere Stabilität der Republik war dadurch nicht berührt.

Im Übrigen deutete die Bereitschaft zu solchen Gesprächen auf mehr Offenheit. Wer mit westdeutschen Sozialdemokraten die eigene Ideologie diskutierte, konnte auf Dauer der Diskussion mit den eigenen Bürgern nicht ausweichen.

So ähnlich sahen dies damals, 1983/84, auch Willy Brandt und das Präsidium der Sozialdemokratie. So begannen die Gespräche, von denen dieses Buch berichtet. Rolf Reißig, der Autor, war damit von Anfang an befasst, nahm aber erst seit dem 4. Treffen und dann regelmäßig bis 1989 an den Gesprächen teil. Die Akademie für Gesellschaftswissenschaften delegierte übrigens je nach Thema Wissenschaftler, die dafür am besten geeignet schienen, während die Grundwertekommission weder Anlass noch die Möglichkeit hatte, ihre Teilnehmer auszuwechseln.

Was Rolf Reißig nun, nach Jahren des Studiums von Protokollen, Zeitungskommentaren und Stasi-Akten, nach unzähligen Gesprächen mit den Akteuren von damals zu Papier gebracht hat, dürfte wohl das Standardwerk zum Thema sein und auf viele Jahre bleiben. Es ist Reißig, dem Beteiligten und Mitautor des gemeinsamen Papiers, gelungen, die Spannung zwischen dem aktiv Mitgestaltenden und dem aus der Distanz Betrachtenden nicht nur durchzuhalten, sondern fruchtbar zu machen. Der Mitspieler Reißig weiß zwar Vieles aus eigener Anschauung – und das kann nie schaden –, aber dieses Buch ist nicht aus der Perspektive dieses Akteurs geschrieben. Rolf Reißigs eigener Beitrag bleibt in seinen Darstellungen einer von vielen, er ist eher unter- als überbelichtet.

Wer dieses Buch lesen könnte, ohne zu wissen, wer es geschrieben hat, wüsste am Schluss wohl nicht zu sagen, ob der Autor aus dem Westen oder aus dem Osten, aus SPD oder SED kommt oder ob es sich um einen parteilosen Historiker handelt. Das spricht für Reißig als Wissenschaftler, es spricht aber auch dafür, dass die innere Einheit Deutschlands doch schon weiter gediehen ist, als wir oft meinen.

Dieses Buch ist nicht geschrieben, um Legenden zu zerstören. Aber gerade deshalb kann es dies tun. Etwa die Legende, die SPD habe die Gespräche geführt, um die DDR zu destabilisieren. Nicht die Gespräche, nicht das gemeinsame Papier haben zum Untergang der DDR beigetragen, sondern der Umgang der SED mit dem Papier. Mit welcher Naivität das Politbüro zugestimmt und mit welchem Zynismus Kurt Hager und Erich Mielke dann nach weniger als zwei Monaten die Notbremse gezogen haben, ist in diesem Buch präzise dokumentiert. Mich hat diese ganz und gar unprofessionelle Behandlung des Papiers schon 1988 zu der Überzeugung geführt, dieser Altherrendiktatur sei wohl nicht mehr zu helfen. Und viele in der DDR sahen es genauso.

Auch wer Helmut Kohls Behauptung verifiziert sehen will, die Grundwertekommission habe den Verfassungsauftrag der deutschen Einheit »verraten«, wird nicht fündig werden. Denn über deutsche Teilung und deutsche Einheit wurde zwischen den Delegationen gar nie gesprochen. Nicht, weil uns dies gleichgültig gewesen wäre, sondern weil wir dafür nicht zuständig waren. In einer geordneten Partei haben Kommissionen klar abgegrenzte Aufgaben. Die Deutschlandpolitik im engeren Sinne gehörte nicht zu dem, was die Grundwertekommission zu bearbeiten hatte. Dafür waren andere zuständig. Daher kommen auch im gemeinsamen Papier Bundesrepublik und DDR gar nicht vor. Das Papier handelt von den beiden Systemen, nicht von den beiden Staaten. Das gemeinsame Papier war nur insofern ein deutsch-deutsches, als die Verhandlungsorte in Deutschland lagen und die Verhandelnden Deutsche waren. Von der Thematik her war es, wie ich schon bei seiner Vorstellung am 27. 8. 1987 hervorhob, keine deutsch-deutsche Erklärung. Die Äußerungen von Kohl deuten darauf hin, dass er, wie übrigens viele Kritiker im Westen, das Papier nie gelesen hat. Dafür gab es sogar Gründe. Man konnte einfach sagen: So etwas tut man nicht. Mit der SED macht man keine gemeinsamen Papiere. Dann erübrigte sich die Lektüre, und man hatte doch eine dezidierte Meinung.

Weil die beiden Kommissionen auch für militärische Fragen nicht zuständig waren, habe ich einen ausführlichen Abschnitt über die militärischen Aspekte gemeinsamer Sicherheit aus dem von Rolf Reißig und Thomas Meyer verfassten Entwurf des Dialogpapiers gestrichen.

Rolf Reißig zitiert eine Äußerung von mir, wonach es im Westen Deutschlands eine seriöse Diskussion über das SPD-SED-Papier noch gar nicht gegeben habe. Von jetzt an könnte es sie geben, und zwar zwischen Historikern und Politikern, die sich links oder rechts der politischen Mitte einordnen und Reißigs Standardwerk gründlich gelesen haben.

Erhard Eppler
im April 2002

Anhang

Dokumentation

»Der Streit der Ideologien
und die gemeinsame Sicherheit«
(Das SPD-SED-Papier)

POLITIK

Nr. 3   August 1987   Informationsdienst der SPD

Der Streit der Ideologien und die gemeinsame Sicherheit.

*Grundwertekommission
der SPD.*

*Akademie für
Gesellschaftswissenschaften
beim ZK der SED.*

I.
Friedenssicherung durch gemeinsame Sicherheit

1. Unsere weltgeschichtlich neue Situation besteht darin, daß die Menschheit nur noch gemeinsam überleben oder gemeinsam untergehen kann. Eine solche Alternative ist historisch ohne Beispiel. Sie verlangt ein politisches Denken, das historisch ebenfalls ohne Beispiel ist, ein neues Herangehen an die internationalen Angelegenheiten, besonders an die Sicherung des Friedens. Der Krieg darf im Nuklearzeitalter kein Mittel der Politik mehr sein. Zwischen atomar gerüsteten Bündnissystemen wäre er das Ende jedweder Politik, die Zerstörung aller Zwecke. Friedenssicherung ist zur Grundvoraussetzung aller verantwortbaren Politik geworden.

Dem widerspricht jede Politik, die auf Forcierung des Wettrüstens, auf Konfrontation, Streben nach militärischer Überlegenheit, Unverwundbarkeit und globale Hegemonie setzt. Sie müßte dazu führen, daß die internationalen Spannungen anwachsen und sich die Gefahren für den Weltfrieden weiter erhöhen. Das Gebot der Stunde ist eine Wende in den internationalen Beziehungen, eine Politik der gemeinsamen Friedenssicherung, des Dialogs und der Abrüstung, des Kompromisses, des Ausgleichs der Interessen, der Kooperation und der Neubelebung des Entspannungsprozesses. Sie muß gegen alle Kräfte durchgesetzt werden, die noch immer glauben, durch ständiges Anhäufen neuer Massenvernichtungswaffen Sicherheit errüsten zu können. Eine solche Wende in der internationalen Entwicklung ist aber nicht nur notwendig, sie ist auch möglich.

● Frieden, Beendigung des Wettrüstens, Entspannung liegen im Interesse beider Systeme, aller Staaten und aller Völker, der gesamten Menschheit.

● Über soziale, politische, ideologische und weltanschauliche Unterschiede und Gegensätze hinweg wächst der Kreis der Menschen, Organisationen, Parteien, Regierungen und Staaten, die dafür aktiv eintreten, ihr Einfluß wird immer spürbarer.

In Ost und West sehen immer mehr Menschen ein: Friede und Sicherheit im Nuklearzeitalter können nicht mit immer mehr und perfekteren militärischen Mitteln, sondern dauerhaft allein durch politisches Handeln erreicht werden. Nicht die Qualität der Waffen, sondern die Qualität der Politik entscheidet über Sicherheit und Stabilität in der Welt. Dieser Einsicht zum Durchbruch zu verhelfen, sie in praktische Politik umzusetzen, bedarf es des Engagements aller Menschen.

2. Friede kann heute nicht mehr gegeneinander errüstet, sondern nur noch miteinander vereinbart werden. Daher muß gemeinsame und gleiche Sicherheit für alle organisiert werden. Dies verlangt, daß jede Seite die legitimen Sicherheitsinteressen der jeweils anderen Seite mit bedenkt und respektiert. Nur so können Dialog, Rüstungskontrollverhandlungen und konkrete Friedens- und Abrüstungsinitiativen vorankommen. Dabei muß jede Seite der andern das gleiche Maß an Sicherheit zubilligen, das sie für sich selbst in Anspruch nimmt.

Ein wirksames und dauerhaftes System internationaler Sicherheit muß nicht nur den militärischen, sondern auch den politischen, den wirtschaftlichen und den humanitären Bereich umfassen. Denn Abrüstung, Dialog und Vertrauensbildung, die Errichtung einer gerechten Weltwirtschaftsordnung und das gemeinsame Herangehen an globale Probleme, internationale Zusammenarbeit zur Überwindung des Hungers fördern sich wechselseitig.

Die Konzepte der friedlichen Koexistenz und der gemeinsamen Sicherheit beruhen heute gleichermaßen auf diesen Erkenntnissen.

3. Ein politisches Denken und Handeln in den internationalen Beziehungen, das der neuartigen Bedrohung der Menschheit angemessen ist, muß vor allem dadurch gekennzeichnet sein, daß es

— die Bannung der nuklearen Gefahr;

— die Sicherung des Lebens und die Gewährleistung eines menschenwürdigen Daseins für alle,

— die Erhaltung der Biosphäre und die Überwindung der ökologischen Krise,

— die Bekämpfung des Hungers, den Abbau der Verschuldung und der wirtschaftlichen Not in den Entwicklungsländern

als gemeinsame Menschheitsaufgaben versteht und anerkennt, die im gemeinsamen Interesse aller Menschen gemeinsam angepackt werden müssen.

Ziel eines solchen politischen Denkens und Handelns ist eine stabile und dauerhafte Friedensordnung in Europa und in der Welt, die den Krieg als Mittel der Politik ausschließt, den Einsatz militärischer Gewaltmittel — solange sie noch nicht beseitigt sind — verhindert, Konflikte zwischen den Staaten auf der Grundlage vereinbarter Verfahren friedlich regeln kann und das Selbstbestimmungsrecht eines jeden Volkes anerkennt und respektiert. Auch Militärdoktrinen, die ausschließlich auf Verteidigung und Nichtangriffsfähigkeit ausgerichtet sind, würden diesem Ziel dienen.

Dem oben formulierten Ziel entspricht eine Form der Auseinandersetzung zwischen den beiden gesellschaftlichen Systemen, die geprägt ist von friedlichem Wettbewerb, gewaltfreiem Streit über alle politischen und ideologischen Gegensätze sowie Zusammenarbeit zum beiderseitigen Nutzen und Vorteil. Dabei müssen beide Systeme — ihren grundlegenden sozialökonomischen, politischen und ideologischen Gegensätzen zum Trotz — lernen, miteinander zu leben und gut miteinander auszukommen.

Dazu ist auf beiden Seiten nötig:

● Berechenbarkeit, Offenheit und Zurückhaltung in der Wahl der Mittel;

● die Fähigkeit zum Dialog, zur Vertrauensbildung, zum Konsens, zum Abbau von Mißtrauen und Bedrohungsängsten sowie zur Partnerschaft bei gemeinsamen Aufgaben.

Gegenwärtig besteht die wichtigste Aufgabe darin, die Dynamik der Aufrüstung zu stoppen und eine Dynamik der Abrüstung in Gang zu setzen.

II.

Friedlicher Wettbewerb der Gesellschaftssysteme

1. Die Beziehungen zwischen den beiden Systemen sind nicht nur durch gemeinsame, parallele oder sich annähernde, sondern vor allem auch durch entgegengesetzte Interessen charakterisiert. Das Nebeneinanderbestehen und die Auseinandersetzung qualitativ unterschiedlicher und entgegengesetzter sozialökonomischer und politischer Systeme ist ein wesentliches Kennzeichen der internationalen Beziehungen.

Aber nur wenn der Frieden gesichert ist und die Geschichte weitergeht, kann der Streit um das bessere Gesellschaftssystem ausgetragen werden.

2. Daher ist die Auseinandersetzung zwischen den gesellschaftlichen Systemen einzig und allein noch in der Form des friedlichen Wettbewerbs und also gewaltfrei zu führen. Jedes der beiden Systeme kann die von ihm beanspruchten Vorzüge nur durch das Beispiel zeigen, das die Menschen innerhalb und außerhalb seiner Grenzen überzeugt.

Der Wettbewerb der sozialen und politischen Systeme sollte darum geführt werden, welches der beiden Systeme den wirksamsten Beitrag zur Lösung der übergreifenden Menschheitsfragen leistet und welches die günstigsten gesellschaftlichen Bedingungen für die Entfaltung von Humanität bietet, welches den Menschen die bessere Chance gibt, ihre Interessen und Rechte durchzusetzen, ihre Werte und Ideale zu verwirklichen.

3. Vor allem geht es um den Beitrag des jeweiligen Gesellschaftssystems zur Sicherung des Friedens, zur Überwindung der Umweltgefahren, zur Entwicklung der Länder der Dritten Welt.

Dazu gehört:

— die soziale Beherrschung des wissenschaftlich-technischen Fortschritts;

— die Entwicklung lebendiger Demokratie, die Verwirklichung und Weiterentwicklung der Menschenrechte in ihrer wechselseitigen Bedingtheit von sozialen, politischen und persönlichen (individuellen) Rechten;

— eine — auch gegenüber den nachkommenden Generationen verantwortbare — Gestaltung des Verhältnisses von Ökonomie und Ökologie, von Mensch und Natur.

4. Wettstreit und Zusammenarbeit der gesellschaftlichen Systeme schließen sich nicht nur nicht aus, sondern bilden eine — wenngleich oft widerspruchsvolle — Einheit.

Gleichberechtigte Zusammenarbeit zwischen Ost und West zum beiderseitigen Nutzen fördert die notwendige Wende in den internationalen Beziehungen und dient der Entspannung in Europa. Das belegt nicht zuletzt die Erfahrung der Entspannungsperiode in den 70er Jahren. Andererseits erweitern Fortschritte in der Entspannung zugleich die Möglichkeiten einer Zusammenarbeit zwischen den Staaten

auf politischem, ökonomischem, wissenschaftlich-technischem, kulturellem und humanitärem Gebiet.

Beide Gesellschaftssysteme brauchen diese Zusammenarbeit, weil die Verflechtung der Weltwirtschaft fortschreitet, die Entwicklung der Produktivkräfte den nationalen Rahmen sprengt und die globalen Probleme sich zuspitzen.

Die Zusammenarbeit zwischen den Systemen und Staaten wird somit zu einer Voraussetzung für die Entwicklung der nationalen Wirtschaften und der Weltwirtschaft, für die Überwindung von Armut und Unterentwicklung in der Welt, für den Austausch auf den Gebieten der Kultur und der Information, kurz gesagt: Für die Entwicklung der menschlichen Zivilisation.

Wir wollen ein Europa der freundschaftlichen Kooperation, des Vertrauens und der guten Nachbarschaft. Die Vertiefung des gesamten KSZE-Prozesses bildet auch heute eine wichtige Grundlage hierfür. Beide deutsche Staaten sind aufgefordert, entsprechend ihrer historischen Verpflichtung und politisch-geographischen Lage ihren Beitrag zu leisten.

5. Zu einer aktiven Politik der Friedenssicherung durch Abrüstung und des friedlichen Wettstreits zwischen den entgegengesetzten Systemen gibt es heute keine vernünftige Alternative mehr. Trotzdem trifft sie auf ernste Hindernisse.

Eine solche Politik des Wettstreits und der Zusammenarbeit geht von den entgegengesetzten gesellschaftlichen Strukturen und Prinzipien in beiden Systemen aus.

Der Systemwettstreit, wenn er einhergeht mit der Verringerung der Rüstungen, kann den sozialen Fortschritt in beiden Systemen befördern und beschleunigen.

III.

Notwendigkeit einer Kultur des politischen Streits und des Dialogs

Wir, deutsche Kommunisten und Sozialdemokraten, stimmen darin überein, daß Friede in unserer Zeit nicht mehr gegeneinander errüstet, sondern nur noch miteinander vereinbart und organisiert werden kann. Daraus ergeben sich neue Gemeinsamkeiten im Ringen um den Frieden.

Sozialdemokraten und Kommunisten berufen sich beide auf das humanistische Erbe Europas. Beide nehmen für sich in Anspruch, dieses Erbe weiterzutragen, den Interessen der arbeitenden Menschen verpflichtet zu sein, Demokratie und Menschenrechte zu verwirklichen.

Aber sie leben seit sieben Jahrzehnten in bitterem Streit darüber, in welcher Weise dies zu geschehen hat. Dieser Streit wird dadurch verschärft, daß beide oft mit gleichen Begriffen verschiedene Inhalte verbinden. Die Sozialdemokraten verstehen sich als Teil der westlichen Demokratie. Für sie ist pluralistisch organisierte Demokratie mit ihren vielfältigen Formen von Gewaltenteilung und Machtkontrolle der verbindliche und notfalls unter Opfern verteidigte

3

Rahmen, innerhalb dessen sie ihre Vorstellungen von demokratischem Sozialismus verwirklichen wollen. Für Marxisten-Leninisten ist Demokratie als Form der Machtausübung in ihrem Wesen durch die Eigentumsverhältnisse an den entscheidenden Produktionsmitteln und damit verbundenen politischen Macht geprägt. Daher ist für sie die Überführung der wichtigsten Produktionsmittel in Gemeineigentum und die politische Macht der Arbeiterklasse im Bündnis mit anderen Werktätigen das Fundament umfassender demokratischer Rechte. Sie verstehen Demokratie vor allem als die reale Mitwirkung der Werktätigen an der Leitung und Gestaltung der Wirtschaft und Gesellschaft und die Kontrolle darüber.

Für Sozialdemokraten haben die Menschenrechte in sich selbst absoluten Wert und sind gegenüber allen Formen wirtschaftlicher und staatlicher Macht auf immer neue Weise zu schützen und durchzusetzen. Sie sind in Form von Grundrechten Maßstab und Ziel staatlichen Handelns. Auf diese Grundrechte und die Grundwerte des demokratischen Sozialismus gründen sie ihre Politik sozialer Sicherheit und gleicher Lebens- und Bildungschancen.

Marxisten-Leninisten nehmen für sich in Anspruch, durch das gesellschaftliche Eigentum und die damit verbundenen politischen Machtverhältnisse die sozial-ökonomischen Grundlagen für die freie Entfaltung des Menschen geschaffen zu haben. Soziale Sicherheit, Vollbeschäftigung, soziale Gerechtigkeit und reale Bildungsmöglichkeiten für alle sind für sie unabdingbare Grundlagen für Demokratie und die Entfaltung aller Menschenrechte. Sie bestehen darauf, daß die Verwirklichung der Menschenrechte mit der weiteren Entwicklung ihres sozial-ökonomischen Systems verbunden ist.

Für Sozialdemokraten ist ein lebendiger, spannungsreicher und möglichst unbeschnittener Pluralismus in Kultur, Wissenschaft, Kunst und politischer Meinungsbildung unverzichtbarer Ausdruck von Freiheit, aber auch Voraussetzung und gleichzeitig Ergebnis einer Demokratie im Dienste der Entfaltung des Menschen.

Marxisten-Leninisten lassen sich davon leiten, daß die sozialistische Gesellschaft in ihrem Sinne in der Lage ist, wissenschaftlich-technischen Fortschritt mit sozialem Fortschritt untrennbar zu verbinden, so daß der Mensch im Mittelpunkt bleibt und nicht an den Rand des Geschehens gedrängt wird, daß das Schöpfertum aller Menschen, ihre Kreativität und ihr Ideenreichtum die Verwirklichung ihrer vielfältigen Interessen und Bedürfnisse fordert und fördert.

Der Streit über diese Grundfragen wird weitergehen, auch die Hinweise darauf, wo auf der einen oder anderen Seite Theorie und Praxis nicht übereinstimmen. Der Streit über so gegensätzliche Grundpositionen läßt sich weder durch Kompromißformeln noch durch Appell an den Friedenswillen beenden. Es wäre auch niemandem damit gedient, wenn die Gegensätze verwischt würden. Aber der Streit über Grundpositionen kann Teil eines produktiven Wettbewerbs der Systeme werden, wenn er so ausgetragen wird, daß Kommunisten und Sozialdemokraten die Grundentscheidungen des jeweils andern beachten, keine Feindbilder aufbauen, die Motive der anderen Seite nicht verdächtigen, deren Überzeugungen nicht absichtlich verzerren und ihre Repräsentanten nicht diffamieren.

Beide Seiten werden sich an ihren Leistungen und Erfolgen, ihren Fehlleistungen und Mißerfolgen messen lassen müssen. Kommunisten sind fest davon überzeugt, daß ihr Sozialismus seine inneren Vorzüge — Vollbeschäftigung,

soziale Sicherheit und Geborgenheit für alle, Teilnahme der Werktätigen an der Vorbereitung, Entscheidung und Kontrolle der staatlichen, wirtschaftlichen und gesellschaftlichen Angelegenheiten, Verbindung des wissenschaftlich-technischen mit dem sozialen Fortschritt, Ausbildung und sichere Zukunft für die Jugend — gegenüber dem kapitalistischen Gesellschaft immer umfassender entfalten wird.

Sozialdemokraten setzen — ohne die Gefahren kapitalistischen Wirtschaftens zu verkennen — darauf, daß freie, ungehinderte Diskussion, der Wettbewerb von Ideen und Lösungsansätzen am ehesten in der Lage ist, auf bedrängende neue Fragen angemessene Antworten zu finden, neue technische Möglichkeiten in den Dienst höherer Lebensqualität zu stellen, Gegenkräfte gegen den Mißbrauch wirtschaftlicher Macht zu mobilisieren, Mehrheiten für notwendige Veränderungen vorzubereiten und die Demokratisierung der Gesellschaft voranzutreiben.

Da die Sozialdemokraten den Verfassungskonsens der westlichen Demokratie mittragen, auch wenn sie niemals die Verantwortung für andere, konkurrierende Kräfte übernehmen können, sprechen sie in vielen Fragen stellvertretend für die westliche Demokratie. Es wäre aber zu begrüßen, wenn andere politische Kräfte sich in ähnlicher Weise am kontroversen Dialog der Systeme beteiligten.

IV.

Ansätze für eine Kultur des politischen Streits

Wir sind uns also einig darin, daß Friede die Grundvoraussetzung für die Verwirklichung unserer jeweiligen Werte und Prinzipien ist, daß Zusammenarbeit zur Wahrung des Friedens der Verleugnung dieser Werte weder verlangt noch ratsam erscheinen läßt.

Es gibt also Fragen, in denen wir einig sind, andere, über die wir weiter streiten müssen. Wir werden in der Spannung von Konsens und Konflikt leben müssen.

Was bedeutet dies für die Formen und Inhalte der Auseinandersetzung?

1. Beide Seiten müssen sich auf einen langen Zeitraum einrichten, während dessen sie nebeneinander bestehen und miteinander auskommen müssen. Keine Seite darf der anderen die Existenzberechtigung absprechen. Unsere Hoffnung kann sich nicht darauf richten, daß ein System das andere abschafft. Sie richtet sich darauf, daß beide Systeme reformfähig sind und der Wettbewerb der Systeme den Willen zur Reform auf beiden Seiten stärkt. Koexistenz und gemeinsame Sicherheit gelten also ohne zeitliche Begrenzung.

2. Beide Systeme müssen sich gegenseitig für friedensfähig halten.

Das im Osten vertretene Konzept der Friedlichen Koexistenz zwischen Staaten mit unterschiedlicher Gesellschafts-

4

ordnung und das im Westen, vor allem von Sozialdemokraten entworfene Konzept einer Gemeinsamen Sicherheit setzen, soweit sie ernst gemeint und konsequent sind, beide die prinzipielle Friedensfähigkeit der anderen Seite voraus. Beide Konzepte wären theoretisch sinnlos und auf die Dauer auch nicht praktikabel, wenn sie die Annahme der prinzipiellen Unfriedlichkeit der anderen Seite aufgrund von deren Ideologien oder Interessenstrukturen einschlössen. Beide Seiten müssen daher für eine erfolgreiche Friedenspolitik beim jeweils anderen ein authentisches Interesse an der Erhaltung des Friedens in der atomar gerüsteten Welt voraussetzen — der Erfahrung friedensgefährdender Konflikte zum Trotz.

3. Beide Systeme müssen zu verhindern versuchen, daß sie vom jeweils andern so wahrgenommen werden, als seien sie auf Expansion, ja gewaltsame Expansion angelegt.

Es gab und gibt in beiden Systemen die Befürchtung, daß das andere System angesichts seiner Interessenstruktur und der jeweils herrschenden Ideologie auf die Ausdehnung seines Einfluß- und Herrschaftsbereiches angelegt sei. Im Westen ist dies die Befürchtung, daß die marxistisch-leninistische These vom weltrevolutionären Prozeß auf Revolutionsexport hinauslaufe und zur Rechtfertigung sowjetischer Machtansprüche diene. Im Marxismus-Leninismus gründet sich die entsprechende Befürchtung auf die Marxsche Analyse des Wesens der kapitalistischen Warenproduktion, auf Arbeiten Lenins über das Wesen des Monopols sowie auf die Wahrnehmung und Deutung der dominierenden antikommunistischen Strategie und Politik der Gegenwart.

Daher müssen in dem Prozeß, der zu gemeinsamer Sicherheit führt, auch solche Ängste abgebaut werden. Beide Seiten müssen sich darum auch dann bemühen, wenn sie sich durch solche Befürchtungen mißverstanden sehen.

4. Auch wenn für einen Prozeß gemeinsamer Friedenssicherung Verträge, Abmachungen und Institutionen nötig sind, reichen sie allein nicht aus. SED und SPD sprechen sich für die Entwicklung einer Kultur des Streits und des kontroversen Dialogs aus. Diese Kultur des politischen Streits muß

— auf einer realistischen Analyse der Möglichkeiten beider Seiten beruhen,

— die gesellschaftspolitischen Gegensätze klar zum Ausdruck bringen,

— sie nicht auf die Beziehungen zwischen Staaten übertragen,

— Gewalt oder Krieg als Mittel der Konfliktlösung ausschließen und starre Konfrontationen überwinden,

— und damit einem Frieden dienen, der auch international auf gewaltfreie Konfliktregelung setzt.

Für eine solche Kultur sind für beide Seiten akzeptable Normen des Umgangs miteinander zu entwickeln, die handhabbar sind und beiden gleichermaßen erlauben, ihre grundlegenden Werte zur Geltung zu bringen. Diese politische Kultur entsteht, wenn aus Absichtserklärungen Handlungsweisen werden und allmählich eine neue Praxis des täglichen Umgangs miteinander wächst.

5. Es muß zum Normalfall werden, daß wir miteinander handeln, verhandeln und zusammenarbeiten, während wir

gleichzeitig da offene und klare Kritik äußern können, wo nach unserem Verständnis die Friedensbereitschaft, der Wille zur Verständigung, die Menschenrechte und die Demokratie im anderen Bereich verletzt werden. Kooperation, Wettbewerb und Konflikt müssen gleich akzeptierte Formen des Umgangs miteinander werden.

6. Die Beziehungen zwischen den Systemen können nicht nur bestimmt sein durch das Nebeneinander von Streit, Wettbewerb und Kooperation. Nötig ist auch der Wettbewerb in der Kooperation.

Zu den grundlegenden Menschheitsinteressen gehören außer dem Frieden auch die Erhaltung der Biosphäre und die Überwindung von Hunger und Elend in der Dritten Welt. Dies verlangt die umfassende Zusammenarbeit zwischen Ost und West. Solche Zusammenarbeit schließt Wettbewerb um die fruchtbarsten Beiträge jedes Systems zu den großen Menschheitsaufgaben ein. Wettbewerb in der Kooperation käme allen Menschen zugute.

V.

Grundregeln einer Kultur des politischen Streits

Eine Kultur des politischen Streits, die den Frieden sichert, ja dem Frieden zu dienen hat, kann nur in ihren grundsätzlichen Normen und Regeln beschrieben werden. In der politischen Praxis müssen solche Regeln durch angemessenes Handeln der Staaten verschiedener Gesellschaftsordnungen und der unterschiedlichen sozialen und politischen Kräfte mit Leben erfüllt werden. Das wird in dem Maße gelingen, wie sie sich als lernfähig erweisen. Politischer Realismus wird sich gegen Ungeduld wappnen müssen. Trotzdem lassen sich einige Regeln formulieren:

1. Gesellschaftssysteme sind nichts Statisches. Sie verändern und entwickeln sich von Land zu Land differenziert auf ihren eigenen Grundlagen. Sie stehen immer wieder vor neuen Aufgaben, die sie ohne Veränderung, Fortentwicklung und Reform nicht bewältigen können. Der Systemwettbewerb kann solche Veränderungen noch beschleunigen. Das zukünftige Bild der Gesellschaftsordnungen wird sich so von dem heutigen wesentlich unterscheiden. Beide Gesellschaftssysteme müssen einander Entwicklungsfähigkeit und Reformfähigkeit zugestehen.

2. Niemand darf für sich ein Recht der deutlichen Kritik und der polemischen Darstellung in Anspruch nehmen, ohne es dem Kritisierten in gleichem Maße zuzubilligen. Die „souveräne Gleichheit", von der die KSZE-Schlußakte spricht, bezieht sich auch auf die geistige Auseinandersetzung im Rahmen des Entspannungskonzepts. Kritik und Kooperation dürfen einander nicht ausschließen.

3. Kritik an den gesellschaftlichen Verhältnissen im anderen System sollte auf nachprüfbaren Tatsachen beruhen. Sie sollte auch getragen sein von dem Versuch, sich zunächst in

5

die Logik der anderen Seite hineinzudenken, freilich nicht, um deren Absichten stets gutzuheißen, sondern um die Zusammenhänge ihres Handelns zu verstehen. Wer diesen Versuch unternimmt, wird sich nicht in aggressiver Polemik erschöpfen.

4. Ausschlaggebend für eine neue Kultur des politischen Streits ist also eine realistische und differenzierte Analyse und Darstellung der anderen Seite statt Propagierung pauschaler Feindbilder und der Weckung von Bedrohungsängsten. Vermieden werden muß alles, was die andere Seite als prinzipiell unfriedlich oder zum Frieden unfähig erscheinen läßt.

Diese Friedensbereitschaft wird um so glaubwürdiger, je mehr sich beide Seiten bemühen, lokale Konflikte zu vermeiden oder zu beenden und weder direkt noch indirekt zu fördern.

5. Die ideologische Auseinandersetzung ist so zu führen, daß eine Einmischung in die inneren Angelegenheiten anderer Staaten unterbleibt. Kritik, auch in scharfer Form, darf nicht als eine „Einmischung in die inneren Angelegenheiten" der anderen Seite zurückgewiesen werden. Jedenfalls gilt auch hier das Prinzip der souveränen Gleichheit, daß keine Seite praktisch in Anspruch nehmen darf, was sie der andern nicht zubilligt.

6. Die offene Diskussion über den Wettbewerb der Systeme, ihre Erfolge und Mißerfolge, Vorzüge und Nachteile, muß innerhalb jedes Systems möglich sein. Wirklicher Wettbewerb setzt sogar voraus, daß diese Diskussion gefördert wird und praktische Ergebnisse hat. Nur so ist es möglich, daß öffentlich eine vergleichende Bilanz von Praxis und Erfahrungen beider Systeme gezogen wird, so daß Mißlungenes verworfen, Gelungenes festgehalten und gegebenenfalls übernommen und weiterentwickelt werden kann.

7. Der umfassenden Informiertheit der Bürger in Ost und West kommt im Prozeß der Friedenssicherung und des Systemwettstreits eine wachsende Bedeutung zu. Dazu müssen

die Staaten in beiden Systemen entsprechend der KSZE-Schlußakte auf ihrem Territorium die Verbreitung von periodisch und nicht periodisch erscheinenden Zeitungen und gedruckten Veröffentlichungen aus den anderen Teilnehmerstaaten erleichtern.

8. Der Dialog zwischen allen gesellschaftlichen Organisationen, Institutionen, Kräften und Personen auf beiden Seiten gewinnt wachsende Bedeutung für die Friedenssicherung und den Wettbewerb der Systeme. Das schließt auch Besuch und Gegenbesuch, die Teilnahme an Seminaren, wissenschaftlichen, kulturellen und politischen Veranstaltungen über die Systemgrenzen hinweg ein.

VI.

Neues Denken, neues Handeln

Gemeinsame Sicherheit ist nicht zu erreichen, wenn ideologische Gegensätze in Formen ausgetragen werden, die zwischenstaatliche Beziehungen gefährden oder vergiften oder gar Machtkonflikte als unversöhnlichen und unausweichlichen Kampf zwischen Gut und Böse erscheinen lassen.

Zur gemeinsamen Sicherheit gehört der Verzicht auf Versuche, sich unmittelbar in die praktische Politik in anderen Staaten einzumischen, aber auch der friedliche Wettbewerb der Systeme, ein Wettbewerb, der sich im Rahmen gemeinsam erarbeiteter Regeln hält und eine Kultur des politischen Streits und schließlich des kontroversen Dialogs einschließt.

Dies entspricht der Politik einer Friedenssicherung, zu der sich SPD und SED bekannt haben.

Herausgeber: Vorstand der SPD, Produktion und Vertrieb, Ollenhauerstraße 1, 5300 Bonn 1
Druck: Courir-Druck GmbH, Königswinterer Straße 115, 5300 Bonn 3   10-92—A 2—2   Bestell-Nr. 200 244

Vernünftiger Umgang
mit wertvollem Rohstoff
Recycling-Papier

Anmerkungen

1
Voraussetzungen, Beginn und Verlauf des SPD-SED-Dialogs

1 Vgl. dazu und auch zu Folgendem Weber 1988.
2 Weber 1988: 14.
3 Tessmer 1991: 79.
4 Weber 1988: 17.
5 Abgedruckt in: FES: *Streitkultur als Friedenspolitik*. Bonn, o. J.: 21-31.
6 Niemann/Prokop 1995: 7.
7 Weber 1988: 19.
8 Bahr 1982, *Der Palme-Bericht*; 1982.
9 Bahr 1988: 48.
10 Tessmer 1991: 83.
11 Brandt 1988: 16 f.
12 Honecker in: *Neues Deutschland* vom 26./27. November 1983.
13 Honecker an Helmut Kohl, in: *Neues Deutschland* vom 10. Oktober 1983.
14 Vgl. Herbst u.a.: *Die SED*. Berlin 1997: 769.
15 Nakath/Stephan 1997: 114 ff.
16 Gespräch mit Herbert Häber vom 24.2.2000.
17 Horwarth 2001: 94.
18 Vgl. Ammer 1988, Bruns 1987, Huthmacher 1989.
19 SED-Parteiinformation Nr. 234/1987: 10.
20 In den Gesprächen und Interviews u.a. mit Egon Krenz, Herbert Häber und Karl-Heinz Wagner wurde mir diese Sicht immer wieder bestätigt.
21 Gespräch mit Günter Gaus vom 22.3.2000.
22 SAPMO. Bestand Sekretariat des ZK der SED. DY 30/J IV 2/3/3438.
23 Protokoll der Politbürositzung. SAPMO. Politbüro der SED. DY 30/J IV 2/2.A/2519.
24 Protokoll der Politbürositzung. SAPMO. Politbüro der SED. DY 30/J IV 2/2.A/2523.
25 Wilhelm Bruns. Brief an Otto Reinhold. Bonn 20. April 1983. SAPMO. DY 30/37063.
26 Willy Brandt. Brief an Erich Honecker. Bonn 24. Mai 1983. SAPMO. Bestand Honecker. DY 30/7 IV.
27 Garton Ash 1993: 471.

28 Gespräch mit Egon Bahr vom 23.6.2000.

29 Gespräch mit Hans-Jochen Vogel vom 30.8.2000.

30 Gespräch mit Karl-Heinz Wagner vom 12.4.2000.

31 Vgl. Uschner 1991: 137.

32 Einen guten Überblick über den Verlauf dieser Gespräche gibt der Bonner Historiker
    Heinrich Potthoff (Potthoff 1995).

33 SAPMO. Bestand Honecker. DY 30/IV. 2/2. 035/80: 69/70.

34 Vgl. Rix 1987.

35 *Deutschland Archiv*, Nr. 7/1989: 798 ff.

36 *Frankfurter Allgemeine Zeitung* vom 17. Juli 1985, *Frankfurter Rundschau* vom
    3. Dezember 1985.

37 Gespräch mit Karsten Voigt vom 15.8.2001.

38 SAPMO. DY IV 2/2.A/3054; vgl. auch Winkler 2001: 455.

39 Vgl. u.a. Voigt 1985.

40 Vgl. auch Stephan 2001: 117 ff.

41 Gespräch mit Helmut Seidel vom 8.12.2000.

42 Eppler 1996: 174.

43 Vgl. auch Eppler 1988: 98.

44 Eppler 1996: 176.

45 Gespräch mit Herbert Häber vom 24.2.2000.

46 Gespräch mit Gregor Schirmer vom 29.3.2000.

47 Eppler 1988: 99.

48 Bender: *Gespräche SED – SPD in Freudenstadt*. WDR vom 3. März 1986.

49 Eppler 1996: 178.

50 Eppler 1996: 177.

51 Bericht über die Diskussion mit der Grundwertekommission der SPD an Erich Honek-
    ker vom 28. Februar 1984: 2.

52 Bericht über die Diskussion mit der Grundwertekommission der SPD an Erich Honek-
    ker vom 21. November 1984: 1.

53 Bericht über die Diskussion mit der Grundwertekommission der SPD an Erich Honek-
    ker vom 30. Oktober 1987: 5.

54 Vgl. dazu auch Hahn 1994: 31/32.

55 Vgl. Bericht über die gemeinsame Diskussion mit der Grundwertekommission der
    SPD an Erich Honecker vom 25. Februar 1984: 6.

56 Erhard Eppler. Brief an Otto Reinhold. Bonn 10. April 1984. SAPMO. DY 30/37063.

57 Vgl. auch Wisch 1990: 37.

58 Bericht über die 3. Diskussion mit der Grundwertekommission der SPD an Erich Ho-
    necker vom 20. Juni 1985, Anlage: 3.

59 Pragal 1989: 257.

60 Eppler 1996: 188.

61 Information über das Treffen von Vertretern der Akademie für Gesellschaftswissenschaf-
    ten und der Grundwertekommission der SPD an Erich Honecker vom 17.4.1989: 7.

2
Das gemeinsame SPD-SED-Papier von 1987:
Entstehung, Entscheidungen, Erwartungen

1 Vgl. Meyer 1986.
2 Vgl. Neubert 1986: 12/13.
3 Ebd.: 22.
4 Meyer 1986: 3.
5 Zitiert nach: *Süddeutsche Zeitung* vom 5. März 1986.
6 Zitiert nach: *Der Spiegel* vom 10. März 1986.
7 Reißig 1986; sowie zitiert nach: *Süddeutsche Zeitung* vom 5. März 1986, *Der Spiegel* vom 10. März 1986, *Die Zeit* vom 7. März 1986.
8 Zitiert nach: *Süddeutsche Zeitung* vom 5. März 1986.
9 Eppler 1988: 99/100.
10 Eppler 1996: 180.
11 Bericht über das Seminar von Gesellschaftswissenschaftlern der SED mit Mitgliedern der Grundwertekommission beim Parteivorstand der SPD an Erich Honecker 2. März 1986: 8.
12 Bender 1986: 345.
13 Bericht an Erich Honecker über das Seminar von Gesellschaftswissenschaftlern der SED mit Mitgliedern der Grundwertekommission der SPD vom 27.2. bis 1.3.1986 in Freudenstadt: 6.
14 Vgl. Cammann 2001: 28 ff.
15 Gespräch mit Thomas Meyer vom 29.6.2000.
16 Bahr: Gorbatschow ist ein gefährlicher Mann, dem man helfen muß, in: *Stern* vom 4. Februar 1987: 151.
17 Hahn 1994: 33.
18 Wisch 1990: 52.
19 BStU. HA II/AKG, 438/87, Bl.: 410.
20 Gespräch mit Karl-Heinz Wagner vom 12.4.2000.
21 Gespräch mit Manfred Uschner vom 12.6.1999.
22 Gespräch mit Gregor Schirmer vom 29.3.2000.
23 Gespräch mit Heinz Mirtschin vom 2.8.2000.
24 Gespräch mit Thomas Meyer vom 29.6.2000.
25 Löwenthal 1987: 5.
26 Eppler 1996: 180.
27 Eppler: Brief an Reinhold vom 12. März 1987/Archiv der AfG.
28 Eppler 1996: 180.
29 Gespräch mit Erhard Eppler vom 19.10.2000.
30 *Service der SPD für Presse, Funk, TV* vom 25. August 1987.
31 SAPMO. DY 30/2115, Bl.: 131/132.
32 Brief Otto Reinholds an den Generalsekretär des ZK der SED Erich Honecker, Berlin, 16. Juli 1987/Archiv der AfG.

33 Brief Otto Reinholds an den Generalsekretär des ZK der SED Erich Honecker, Berlin, 16. Juli 1987/Archiv der AfG.

34 SAPMO. Vorlage für die Sitzung des Politbüros am 28.7.1987. DY 30/J IV 2/2 A 3043.

35 SAPMO. Protokoll der Sitzung des Politbüros vom 28.7.1987. DY 30/J IV 2/2 A 3043.

36 Gespräch mit Egon Krenz vom 15.6.2000.

37 SAPMO. DY 30/IV 2/2. 039/51.

38 SAPMO. DY 30/IV 2/2. 039/51: Bl.: 68.

39 Gespräch mit Egon Krenz vom 15.6.2000, mit Wolfgang Herger vom 15.12.1999.

40 SAPMO. Politbüro-Sitzung 2. August 1988. DY 30/J IV 2/2, 039/64: 75.

41 Andert/Herzberg 1990: 343.

42 Eppler in: Das verfemte Dokument, 1997: 12.

43 Gespräch mit Egon Krenz vom 15.6.2000.

44 Diese Live-Diskussion vom 1.9.1987 im DDR-Fernsehen ist vollständig abgedruckt in: *Kultur des Streits*, Köln 1988: 67-88.

45 Eppler 1996: 182.

46 Eppler in: Das verfemte Dokument, 1997: 13.

47 Eppler 1988: 12, 75/76.

48 Das Berliner Grundsatzprogramm der SPD wurde am 20. Dezember 1989 beschlossen; Bonn 1990.

49 Erhard Eppler in: Das verfemte Dokument, 1997: 14.

50 Meyer 1993: 27/28.

51 Grundwertekommission beim Parteivorstand der SPD, Akademie für Gesellschaftswissenschaften beim ZK der SED: *Der Streit der Ideologien und die gemeinsame Sicherheit*, in: *Neues Deutschland* vom 28. August 1987: 3, oder in: *Politik Informationsdienst der SPD* Nr. 3 1987, nachgedruckt im Materialanhang dieses Buches S. 394-398: 394.

52 Bahr: Chancen und Gefahren – unsere Zeit als Januskopf, in: *Frankfurter Allgemeine Zeitung* vom 2. Oktober 1987.

53 Vgl. Endnote 51, S. 395.

54 Ebd.

55 Ebd., S. 396.

56 Ebd., S. 398.

57 Ebd.

58 Schnappertz 1988: 48.

59 Vgl. Endnote 51, S. 395.

3
Resonanz, Diskussion und Widerstreit in der SED

1 Information Mielke vom 1. Oktober 1987, in: SAPMO. DY 30, Bestand Axen.

2 Treffen der Vertreter von Parteien und Bewegungen zum 70. Jahrestag der Oktoberrevolution. Berlin 1988: 77.

3 *Neues Deutschland* vom 13./14. Februar 1988: 3.

4 Potthoff 1999: 262.

5 »Zum Dokument ›Der Streit der Ideologien und die gemeinsame Sicherheit‹«. SED-Parteiinformation Nr. 234/1987/8.

6 Gespräch mit Heinz Mirtschin vom 2.8.2000.

7 Ebd.

8 BStU. MfS ZAIG, 24. September 1987.

9 BStU. 4230. ZAIG, 24. September 1987.

10 Alle diese Zitate entstammen der in der Endnote 9 angegebenen Information des Ministeriums für Staatssicherheit.

11 BStU. MfS-Bezirksverwaltung Karl-Marx-Stadt AKG-257 1987.

12 Ebd.: 3.

13 Ministerium für Staatssicherheit. Bezirksverwaltung Berlin 3. September 1987. Nr. 000041. Matthias-Domaschk-Archiv Berlin.

14 Ebd.

15 BStU. MfS HA XX/AKG 189, 9.9.1987, 4 S.

16 BStU 265. Bd. 1 AKG Nr. 265, Information der Bezirksverwaltung Neubrandenburg des MfS vom 8. Oktober 1987.

17 Ebd.: 8.

18 SAPMO. DY 30/vorl. SED 42280/1.

19 Protokoll der Sitzung der SED-Kreisleitung vom 14.9.1987.

20 Referat, SED-Kreisleitung 14.9.1997.

21 Vgl. Vorlage für die Sitzung des Sekretariats der SED-Kreisleitung Karl-Marx-Universität am 9. September 1987.

22 Informationsbericht der Sektion TAS vom September/Oktober 1987.

23 Grundorganisation Ernst-Moritz-Arndt-Universität. Monatsbericht September/Oktober 1987.

24 Ebd. Monatsbericht Oktober 1987.

25 Gespräch mit Gregor Schirmer vom 29.3.2000.

26 Ich stütze mich dabei u. a. auf eine von mir betreute Belegarbeit von Gernot Klemm, die dieser im Fachbereich Politikwissenschaften der Universität Potsdam im 1. Studienjahr anfertigte. Im Anhang der Arbeit befinden sich auch die Kopien aller verwendeter Berichte und Informationen der verschiedenen SED-Leitungen.

27 Bericht der SED-Grundorganisation des VEB Werkzeugmaschinenbaukombinats »7. Oktober« vom September 1987.

28 Bericht der SED-Grundorganisation der Erweiterten Oberschule »Paul Oestereich« vom September 1987.

29 Berichterstattung der SED-Grundorganisation der Kunsthochschule Weißensee vom September und Dezember 1987.

30 Vorlage für die Sekretariatssitzung der SED-Kreisleitung vom 9.9.1987.

31 Klein 2000: 322.

32 Brief an Schorlemmer 1991. Da der Brief des Leipziger Universitätsprofessors an Friedrich Schorlemmer (beide kannten sich schon vor der Wende) ohne Namenskennzeich-

nung im Archiv der Sozialen Demokratie in Bonn aufbewahrt ist, will ich hier ebenfalls auf eine Angabe des Namens verzichten, obgleich er mir bekannt ist.

33 Wie sich diese Entwicklung im Bereich der Geschichtswissenschaften der DDR vollzog, schildert Martin Sabrow. Vgl. Sabrow 1999: 92 ff.

34 *Lehrbuch Wissenschaftlicher Sozialismus.* Berlin 1989: 200 ff.

35 Jens Reich: Brief an Hans-Jochen Vogel vom 19.12.1991: 1.

36 Werner Schulz: Brief an Hans-Jochen Vogel vom 15.01.1992: 4.

37 Hager: Friedenssicherung und ideologischer Streit, in: *Neues Deutschland* vom
28. Oktober 1987.

38 Vgl. auch Meyer 1988.

39 Vgl. Eppler: Hager und die »Friedensfähigkeit« der beiden Systeme, in: *Frankfurter
Allgemeine Zeitung* vom 16. November 1987, S. 2.

40 Soll doch jeder im Wettstreit seine Möglichkeiten zeigen. BZ sprach mit Prof. Dr.
Rolf Reissig, in: *Berliner Zeitung* vom 21. Januar 1988: 9.

41 Hager: Brief an Erich Honecker vom 26.1.1988. SAPMO. DY 30/IV 2/2.037/11.

42 Ebd., Hv. R. R.

43 Leinkauf in *Berliner Zeitung* vom 27. August 1992.

44 Gespräch mit Christa Wolf vom 27.1.2001.

45 Schneider 1987: 174/175.

46 Schneider in: Das verfemte Dokument, 1997: 9.

47 SAPMO. Bestand Hager. Brief Hager an Erich Honecker vom 30. September 1987.
DY 30/IV 2/2.037/9: 40/41.

48 SAPMO. Ebd: 44/45.

49 Brief der SED-Abteilungsparteiorganisation der Redaktion *Berliner Zeitung* vom
21.10.1987. Privatarchiv.

50 Gespräch Olaf Ziermann mit Otto Reinhold vom 1. Juli 1992.

51 Vgl. *Neues Deutschland* vom 26. August 1997: 12.

52 SAPMO. DY 30/497. Referat der SED-Kreisleitung vor der Kreisparteiaktivtagung
vom 23.9.1987; Referat vor der Kreisparteiaktivtagung vom 17.2.1988.

53 Kreisleitung der SED Fernsehen der DDR. Protokoll über die 11. Tagung der Kreisleitung am 21. September 1988. In: SAPMO. DY 30/497: 12, 37, 43.

54 Ebd.: 85.

55 Beratung der Kommission der Leiter der gesellschaftswissenschaftlichen Institute beim
Politbüro der SED vom 28.9.1987. SAPMO. DY 30/42299: Bl. 1-35.

56 Ebd: 21.

57 Ebd.: 34.

58 Information über die Beratung vom 22. Dezember 1988. SAPMO. DY 30/42299: 12.

59 Information über die Beratung am 5. Juli 1989. SAPMO. DY 30/42299: 6.

60 Information über die Beratung am 17. Juni 1988. SAPMO. DY 30/42299: 2.

61 Information über die Beratung am 5. Juli 1989. SAPMO. DY 30/42299: 2.

62 Ebd.: 2.

63 »Fragen – Probleme – Meinungen zur Vorbereitung der Grundorganisationsversamm-
lung am 19.10.(1987)«, ohne Datum und Name / Privatarchiv.

64 Schreiben der Bezirksparteischule Berlin: »Am 4. September 1987 wurde in allen Seminaren des 37. Einjahrlehrgangs eine Diskussion zum Dokument ›Der Streit der Ideologien (…)‹ durchgeführt.« / Privatarchiv.

65 Schreiben zum Gespräch über das Dokument »Der Streit der Ideologien (…)« / Privatarchiv.

66 Interview von Olaf Ziermann mit Günter Schneider vom 3. Februar 1993.

67 SAPMO. ZK der SED. Abteilung Parteiorgane/Vorlage für das Sekretariat der BL Leipzig. DY 30/vorl. SED 40078.

68 SAPMO. ZK der SED Abteilung Parteiorgane. Bezirksparteiaktivtagung Leipzig 17. September 1987. Referat des Ersten Bezirkssekretärs. DY 30/vorl. SED 40067: 3-6.

69 Ebd.: 67.

70 Ebd.: 121.

71 Ebd.

72 Ebd.: 160/161.

73 SAPMO. SED-Bezirksleitung Berlin. Information vom 18.12.1987. DY 30/vorl. SED 39928. Bd. 2: 2.

74 Ebd.: 218.

75 SAPMO. ZK der SED. Abteilung Parteiorgane des ZK/12830. 8. Tagung der Bezirksleitung SED Berlin. 17. Dezember 1987. Schlusswort des 1. Sekretärs Günter Schabowski. DY 30/vorl. SED 33914: 232.

76 SAPMO. DY 30/IV 2/2.039/87: 123-131.

77 Gespräch mit Wolfgang Herger vom 15. 12. 1999.

78 BStU. MfS SED-Kreisleitung. Nr. 792: 10.

79 Knauer 1992: 722/723.

80 Diese Thesen finden sich, je unterschiedlich gewichtet, u. a. in den damaligen Aufsätzen von Dieter Klein (1987), Max Schmidt (1989) und Rolf Reißig (1988).

81 Insbesondere am damaligen Institut für Imperialismusforschung der Gewi-Akademie wurde in den achtziger Jahren vor allem durch Heinz Petrak, Werner Paff und Heinz Bonk zu unterschiedlichen Varianten des Kapitalismus gearbeitet und publiziert, ebenso am IPW u. a. durch Lutz Meier.

82 Diese Thesen, die auch im Papier mit der SPD Eingang fanden, wurden nach und nach u. a. im Forschungsbereich »Systemauseinandersetzung« des Instituts für Wissenschaftlichen Sozialismus an der Gewi-Akademie entwickelt. Erste, zusammenhängende Thesen dazu wurden 1985 formuliert. Weitere Ausarbeitungen hierzu fanden sich bei Reißig (1986, 1988), Basler/Berg (1987), Reißig/Hagen/Möller (1989), Reißig/Berg (Ltg., 1989). Speziell zur Feindbildproblematik wurden nach Verabschiedung des SPD-SED-Papiers im o. g. Forschungsbereich Arbeiten begonnen, die sich in den von Thomas Meyer und mir angefertigten ersten Entwürfen zur Thematik »Feind – Gegner – Partner« niederschlugen. Angedacht war, das Ganze schließlich in ein gemeinsames Papier zusammenzufassen.

83 Die wissenschaftlichen Arbeiten zu Demokratie und Menschenrechten gehörten in der DDR zu jenen, die von der SED-Führung und namentlich von Kurt Hager am stärksten beschränkt wurden bzw. lediglich Legitimationszwecken dienen sollten. Um so be-

deutsamer, dass in den hier beschriebenen Reformdebatten verschiedene Wissenschaftler sich den Fragen der Entwicklung von Demokratie und Menschenrechten mit einem kritischen Blick annahmen. Vgl. dazu u.a. Berg/Reißig (1988, 1989), Berg (1989), Berg/Fechner/Kinzl/Schmidt/Segert (1989), Heuer (1989), Reißig/Berg/Zotl (1989), Will (1989). Zu Fragen einer neuen Demokratiekonzeption siehe auch Reißig (1989).

84 Ammer 1988, Bruns 1987, Huthmacher 1989, Kuppe 1986, Ziegler 1989.

85 Phillips 1989.

86 Siehe dazu Land/Possekel (1998), Meuschel (1992), Meyer, G. (1991), Rochtus (1999), Sabrow (2001) und Wilhelmy (1995). Vgl. auch die Ausführungen in den Kap. 8 und 9 der vorliegenden Arbeit.

87 Vgl. dazu und zu Folgendem auch Meyer 1988: 37 ff.

88 5. Tagung des ZK der SED, 16. Dezember 1987. Bericht des Politbüros, Berlin 1987: 35.

89 Hager 1988: 117 f.

90 Gibas 1997: 261.

91 Ebd.: 261.

92 Herzberg 1987: 610.

93 Akademie für Gesellschaftswissenschaften. Maßnahmen zur weiteren Arbeit mit dem Dokument. Archiv der AfG / Privatarchiv.

94 Reinhold: Brief an das Mitglied des ZK der SED Frank-Joachim Herrmann. 2. März 1988. Archiv der AfG / Privatarchiv.

95 Vgl. auch Schorlemmer 1992: 81-85.

96 *Neues Deutschland* vom 26. September 1997: 15.

97 Ebd.

98 Podiumsdiskussion in der Heinemann-Akademie zum Papier von SPD und SED, in: *Westfälische Rundschau* vom 16. Oktober 1987.

99 Nebenbei bemerkt, in: *Westfälische Rundschau* vom 17. Oktober 1987.

100 Zitiert in Lölhöffel: Lassen Sie Biermann in Leipzig singen. *Frankfurter Rundschau* vom 16. Oktober 1987.

101 Vgl. Wortprotokoll des Gustav-Heinemann-Gesprächs vom 14. 10. 1987 in Freudenberg, in: Matthias-Domaschk-Archiv Berlin; zitiert auch in *taz* vom 6. November 1987: 20.

102 Lassen Sie Biermann in Leipzig singen, in: *taz* vom 6. November 1987: 20.

103 U. a. in einer Sendung vom 19.10.1987 (21.10 Uhr), die Uwe-Eckart Böttger moderierte.

104 Lassen Sie Biermann in Leipzig singen, in: *Frankfurter Rundschau* vom 16. Oktober 1987: 2.

105 Lassen Sie Biermann in Leipzig singen. 12. »Gustav-Heinemann-Gespräch« zum Thema »Der Streit der Ideologien und die gemeinsame Sicherheit«, das gemeinsame Dokument von SPD und SED, Termin: 14. 10. 1987 in Freudenberg. Wortprotokoll, 66 Seiten, in: Matthias-Domaschk-Archiv Berlin.

106 Der Mitschnitt des gesamten Podiums im *Ost-West-Diskussionsforum* (Düsseldorf) ist im Matthias-Domaschk-Archiv Berlin dokumentiert. Es wurde danach auch in der oppositionellen Szene der DDR verbreitet.

107 *Siegener Zeitung* vom 16. Oktober 1987.
108 BStU. MfS HA XX/AKG. Information vom 21. 01.1988, 22.57 Uhr, Bl.: 215.
109 Vgl. dazu auch Modrow 1994: 67/68.
110 BStU. ZA/ZAIG/4244.
111 Vgl. auch Stephan/Herbst u.a.: Die SED: 93.
112 Vgl. v. Mühlen 2000: 204.
113 Vgl. SED-Bezirksleitung Leipzig. Information vom 7.4.1988.
114 SAPMO. DY 30/IV 2/2.037/6.
115 SAPMO. ZK. Abteilung Agitation. 4. 11. 1988. DY 30/IV 2/2.037/17.
116 Bisky in: Das verfemte Dokument, 1997: 18/19.
117 SAPMO. Bestand ZK-SED. DY 30/2558: 15/16.
118 Ebd.
119 Gespräch mit Gregor Schirmer vom 29.3.2000.
120 SED-Bezirksleitung Leipzig. Information vom 22. Juni 1988.
121 SED-Bezirksleitung Leipzig: Zur politisch-ideologischen Lage unter Studenten und Lehrkräften. Bericht vom 24.5.1988.
122 SED-Bezirksleitung Leipzig/Abteilung Schulen, Fach- und Hochschulen. Bericht vom 30.6.1988.
123 Vgl. dazu Kap. 8.
124 Garton Ash 1993: 479.
125 Siehe dazu sowie zu den inhaltlichen Aspekten Rochtus 1999: 97 ff. und Kap. 8 der vorliegenden Arbeit.
126 So oder so ähnlich konnte man es inzwischen offiziell im *Neuen Deutschland* lesen. Deutlicher noch wurde parteiintern diese Argumentation mündlich und schriftlich verbreitet.
127 BStU 3673. MfS ZAIG-Information Nr. 218/88.
128 Grundwertekommission beim Parteivorstand der SPD. *Stellungnahme zum Stand des gesellschaftlichen Dialogs mit der DDR*, Bonn 29. März 1989, in: Service der SPD für Presse, Funk, TV.
129 Vgl. Reinhold: Behauptungen und die Tatsachen, in: *Neues Deutschland* vom 31. März 1989.
130 BStU 1010/91. MfS XV 4703/77, Bl.: 214, 30.
131 Akademie für Gesellschaftswissenschaften beim ZK der SED: *Sozialismus in der DDR*, Berlin 1988.
132 Die einzelnen Entwürfe der Studie »Der Dialog zwischen SED und SPD in den 90er Jahren« wurden in einem längeren Diskussions- und Arbeitsprozess von Rolf Reißig (Ltg.), Harald Neubert, Wolfgang Maschmeier und Werner Paff erarbeitet (vgl. Archiv der AfG). Begutachtet wurden diese Studien durch den Rektor und das Kollegium der Akademie, die auch über ihren Verwendungszweck entschieden. Wie bei solchen Parteitagsstudien üblich, sollten sie offen und problemorientiert angelegt sein und so der Parteiführung als theoretisch-politische Grundlegung für ihre Entscheidungen dienen. Tatsächlich blieben auch die Parteitagsstudien hinter den gesellschaftlichen Erfordernissen zurück und wurden zudem in der SED-

Führung nicht ausgewertet, da diese sich lieber auf die Zuarbeiten aus dem ZK-Apparat verließ.

133 Protokoll der Kollegiumssitzung der Akademie für Gesellschaftswissenschaften vom 10. Oktober 1989. Archiv der AfG / Privatarchiv.

134 Vgl. die Artikelserie von Gesellschaftswissenschaftlern in *Neues Deutschland* vom 8./9. und 30. August, 1. September und folgende 1989, jeweils S. 3.

135 Zusammengefasst sind die Entwürfe dieses Projekts in Land (Hg./Jan. 1990): *Das Umbaupapier.* Vgl. auch Rochtus 1999.

136 Berg u.a. 1989.

137 Schlicht: Glasnost in der DDR der 90er Jahre?, in: *Der Tagesspiegel* vom 24. Mai 1989.

138 SAPMO. Bestand Hager. DY 30/42269/1.

139 Ebd.

140 SAPMO. Bestand Hager. DY 30/42269/1. 29.11.1988, Tagebuchnr. B 464/88.

141 SAPMO. Bestand Hager. DY 30/42269/1. 12.10.1988, Tagebuchnr. B 518/88; 27.2.1989, Tagebuchnr. B 81/89.

142 SAPMO. Bestand Hager. DY 30/42269/1. 4.10.1989, Tagebuchnr. 2359.

143 Ebd.

144 SAPMO. ZK der SED. Hausmitteilung Volksbildung an Kurt Hager vom 2.10.1989.

145 SAPMO. Bestand Egon Krenz. DY 30. 12.7.1989.

146 SAPMO. ZK der SED. Abteilung Parteiorgane an Egon Krenz. Hausmitteilung vom 14.7.1989 ebd.: 202/203.

147 SAPMO. Abteilung Parteiorgane des ZK an Egon Krenz. Hausmitteilung vom 10.8.1989.

148 Ebd.: 206-210.

4
Aufnahme und Bewertung durch die evangelischen Kirchen in der DDR

1 Konferenz der Evangelischen Kirchenleitungen in der DDR (KKL): *Bericht an die Synode des Bundes der Evangelischen Kirche in der DDR.* Görlitz, 18. – 22. September 1987, in: epd (Evangelischer Pressedienst) Dokumentation, Nr. 44/1987 (12. Oktober 1987).

2 Kurzinterview mit Landesbischof Werner Leich, Vorsitzender der Konferenz der Evangelischen Kirchenleitungen in der DDR am 4.9.1987 (Tonbandmitschnitt), in: Brinkel/Rodejohann 1988: 152.

3 epd-Dokumentation 52/1987 (7. Dezember 1987): 35-37.

4 epd-Dokumentation vom 2. November 1987.

5 Höppner 2000.

6 Gespräch vom 16.5.2000.

7 Gespräch vom 20.3.2000.

8 idea 50/9.6.1988.

9 epd,31.8.1987; vgl. auch Henkys 1987: 175/176.

10 Korwertz 1988.

11 Vgl. Theologische Studienabteilung beim BEK: *Neues Denken im Atomzeitalter.* Arbeitspapier für die Gemeinden, in: Evangelisches Zentralarchiv in Berlin (EZA).

12 Garstecki 1988: 99/100.

13 Manfred Stolpe: *Christen und Kirche im Dialog mit der Gesellschaft zu Fragen der Zeit,* Gastvorlesung an der Ernst-Moritz-Arndt-Universität Greifswald am21.9.1988, in: epd-Dokumentation 43/1988 (17. Oktober 1988): 69-80.

14 Gespräch vom 14.6.2000.

15 Gespräch vom 20.3.2000.

16 *Die Kirche.* Evangelische Wochenzeitung vom 13. September 1987: 1.

17 *Kirche im Sozialismus* (KiS), H. 5/1987: 181-184.

18 Friedenskreis Vipperow. Pfarrhaus: An den BEK,10.3.1988; Vera Wollenberger: Wir haben schon viel gelernt und wir werden weiter lernen. Erfahrungen eines Pilgerweges von Ravensbrück nach Sachsenhausen, dokumentiert in: EZA Berlin.

19 *Neues Deutschland* vom 28. August 1987.

20 *Bericht der Konferenz der Evangelischen Kirchenleitungen vom 18. bis 22. September 1987 in Görlitz,* in: Mitteilungsblatt des BEK der DDR. Nr. 3-4 /1988: 34.

21 Zitiert in: idea Nr. 50/1988: 96.

22 Ökumenische Versammlung in der DDR, 12.-15.2.1988. Bd. II, Informationsdienst März 1988: 33. EZA Berlin.

23 Beschluss der Bundessynode in Görlitz, in: *Mitteilungsblatt des Bundes der Evangelischen Kirchen in der DDR* 4-6/1987: 69.

24 Ebd.

25 *Lutherische Welt-Information* Nr. 34/1987.

26 Kirchenleitung der Evangelischen Landeskirche Greifswald 1987. epd-Dokumentation 52/1987: 37.

27 Ökumenische Versammlung in der DDR, 12.-15.2.1988. Bd. II, Informationsdienst März 1988: 14/15. EZA Berlin.

28 Gespräch Olaf Ziermann mit Matthias Hartmann vom 20.7.1992.

29 Beschluss der Bundessynode in Görlitz 1987: 69.

30 Kirchensynode Görlitz, 18. bis 22. September 1987, in: epd-Dokumentation 44/1987: 48 f.; siehe dazu auch Kap. 5.

31 Synode des Bundes der Evangelischen Kirchen in der DDR. Beschluss betreffs Brief an die Eingeber »Absage an (...) Abgrenzung« Görlitz, 18. bis 22. Sept. 1987, in: epd-Dokumentation 44/1987: 51.

32 Vgl. Schorlemmer 1990: 40-42.

33 Siehe auch: Insider-Komitee zur Aufarbeitung der Geschichte des MfS e. V. Berlin, in: *Deutschland Archiv* 4/1994: 374-391; Neubert: Meister der Legende: ebd.: 391-407.

34 Vgl. auch Süß 1999: 244.

35 Vgl. Insider-Komitee (...), *Deutschland Archiv* 4/1994: 376.

36 BStU. MfS HA XX/4. Nr. 3332, 1988: 1-4.

37 Gespräch vom 14.6.2000.

38 Gespräch vom 20.3.2000.

39 Gespräch mit Günter Krusche vom 16.5.2000.

40 Vgl. Landesbischof Werner Leich im Interview mit dem Evangelischen Nachrichtendienst *ena* vom 23.12.1987, in: epd-Dokumentation 9/1988 vom 22. Februar 1988: 15-17, hier 15 f.

41 Vgl. Gottfried Forck – Interview im Deutschlandfunk, 3.1.1988, in: epd-Dokumentation 9/1988 vom 22.2.1988: 18-23, hier 21 f.

42 Stellungnahme der Kirchenleitung der Evangelischen Kirche Berlin/Brandenburg. 30. Januar 1988, in: EZA Berlin.

43 *Der Spiegel* Nr. 7/1988: 23-27, hier 27.

44 Albrecht Schönherr 1988, in: epd-Dokumentation 12/1988 vom 10.3.1988, S. 35-36, hier S. 36.

45 Vgl. BEK in der DDR. Protokoll über die 206. Sitzung des Vorstandes am 22. Januar 1988, in: EZA.

46 Vgl. epd-Dokumentation 52/1987.

47 Bericht über das Symposium »Unilaterale Maßnahmen und gemeinsame Sicherheit«, Zingst, 8.-10.12.1986, in: EZA Berlin. Vgl. auch BEK, Sekretariat 27.4.1989. Tagung »Dialog Marxisten Christen«.

48 Theologische Studienabteilung beim BEK. Betr.: *Programm zum christlich-marxistischen Dialog.* Berlin 13.8.1986: 1-4.

49 *Kirche im Sozialismus* (KiS) H. 2/1988: 49.

50 Brief Schorlemmer vom 12.2.2002. Privatarchiv.

51 Vgl. auch KiS, 2/1988: 52.

52 Schönherr 1988.

53 Vgl. auch Röder 1988: 129-130.

54 EZA Berlin. Bestand: 716/363.

55 EZA Berlin. Bestand 716/363; Schorlemmer 1992: 42 ff.

56 Schorlemmer 1990: 54.

57 Neues Handeln. Ein an Christen und ihre Gemeindevertretungen gerichteter offener Brief. EZA Berlin. Bestand 716/363.

58 Beschluss der Bundessynode in Dessau zu Fragen des innergesellschaftlichen Dialogs, in: epd-Dokumentation 43/1988: 41.

59 Gespräch mit Oberkirchenrat Ziegler vom 14.7.2000.

60 *Deutschland Archiv* 4/1994: 379.

61 Krusche 1989: 158.

62 Manfred Stolpe: Interview, in: KiS 5/88: 173-176, hier 174.

63 Vgl. Endnote 13.

64 Vgl. z.B. Albrecht Schönherr: Nach zehn Jahren, in: KiS 1/1988: 5-8.

65 *Frankfurter Rundschau* vom 16.2.1988.

66 Gespräch vom 14.7.2000.

67 Gespräch vom 20.7.1992.

68 Protokoll des Gesprächs vom 25.2.1989. EZA Berlin. vom 2.5.1988.

5
Die Positionen und die kontroverse Debatte in den politisch-alternativen und oppositionellen Gruppen

1　Mitter/Wolle 1990: 47-48.

2　Eckert 1996: 60.

3　BStU. MfS HA XX/AKG 189: 35.

4　Neubert 1997: 663/664.

5　Klier: *Abreiß-Kalender – Versuch eines Tagebuchs*, München 1988, zit. nach: *Ost-West-Diskussionsforum* Nr. 4/1988: 15/16.

6　Die folgenden Ausführungen stützen sich auf ein längeres Gespräch mit Friedrich Schorlemmer vom 27.1.2001, auf entsprechende Archivstudien sowie auf seine Darstellungen im Buch *Worte öffnen Fäuste* (1992).

7　Schorlemmer 1992: 79.

8　Gespräch mit Dieter Klein vom 15.3.2001.

9　Schorlemmer 1992: 48.

10　*Neues Deutschland* vom 3./4. Dezember 1988.

11　BStU. MfS HA XX/AKG 189/87: 361/362.

12　*Aufrisse*, Berlin (Ost), Heft I/1987: 4.

13　Wolfgang Ullmann: Brief an Hans-Jochen Vogel vom 17. Januar 1992, Archiv der Sozialen Demokratie Bonn.

14　*Aufrisse* 1987: S. 78/79 u. 80.

15　Gespräch vom 28.1.2001.

16　Gespräch vom 5.7.2000.

17　Schröder: Brief an Hans-Jochen Vogel 1992, Archiv der Sozialen Demokratie Bonn.

18　Reiche in: Das verfemte Dokument 1997: 20. Bei den von Reiche erwähnten Texten handelt es sich insbesondere um Hermann Weber: *DDR. Grundriss der Geschichte* und Wolfgang Leonhard: *Die Revolution entlässt ihre Kinder.*

19　*Grenzfall.* September 1987: 3.

20　Matthias-Domaschk-Archiv: MfS HA XX/2 Information zu Gesprächen zwischen Roland Jahn [Westberlin], (Presseagentur AP in Berlin) und Wolfgang Templin vom 1.9.1987.

21　Ulrike Poppe in: *Grenzfall* 11/12 1987: 14-16.

22　BStU. MfS HA IX, Nr. 3207/1987: Bl. 2.

23　BStU. MfS HA XX/AKG 189/87: 361/362.

24　*Umweltblätter* vom 1. November 1987: 3.

25　Ebd.: 5.

26　Ebd.: 6.

27　Vgl. dazu Matthias-Domaschk-Archiv. Bestand: Radio Glasnost.

28　BStU. MfS HA XX/9, 20.5.1988: 5.

29　BStU. MfS HA XX/2 vom 8. Juli 1988.Vgl. auch Kap. 3.

30　Vgl. dazu auch Land/Possekel 1998.

31　BStU. MfS AOP 10 10/91: 237/238.

32 BStU. MfS HA XX/2, AOP 10 10/91: 232.

33 Gespräch mit Thomas Klein vom 25.11.2001.

34 Gespräch mit Klaus Wolfram vom 11.4.2000.

35 Matthias-Domaschk-Archiv: *Offener Brief an die Mitglieder der SED und SPD 1988.*

36 Ebd.

37 BStU. MfS HA XX/AKG/1265, 9.2.1988.

38 Schulz: Brief an Hans-Jochen Vogel vom 15.1.1992. Archiv der Sozialen Demokratie Bonn.

39 Telefonisches Gespräch vom 11.5.2001.

40 Gespräch vom 29.5.2000.

41 Pahnke/Böttcher: An den Staatsrat der DDR. An den Friedensrat der DDR. Offener Brief. Berlin, 19.11.1987. Archiv der Umweltbibliothek.

42 Pahnke/Böttcher: 14.

43 Offener Brief Stephan Krawczyks an Kurt Hager. In: *Umweltblätter* vom 15. Dezember 1987: 19/20.

44 Mitglieder der Zionsgemeinde Hans Simon, Christian Halbrock, Sabine Kaulbarsch. An das Presseamt beim Vorsitzenden des Ministerrats. Berlin, den 4.2.1988. Matthias-Domaschk-Archiv.

45 Wollenberger Cambridge, Brief an Otto Reinhold vom 10.4.1989. Matthias-Domaschk-Archiv.

46 Bohley/Fischer, Brief aus Etzlingen vom 9. März 1988. Archiv der Umweltbibliothek Berlin.

47 Wolfgang, Regina Templin, Brief 1989. Matthias-Domaschk-Archiv.

48 Bohley: Entscheidend sind Freiräume, in: *Aufrisse*. II/1988: 79, 81.

49 Eppelmann 1993: 332/333.

50 BStU: Mielke: Information vom 21.04.1989 Z. 3766: 5.

51 Schorlemmer 1992: 172.

52 *taz* vom 21. April 1989: 7.

53 Ebd.

54 Ebd.

55 Schreiben Friedrich Schorlemmers vom 12.2.2002. Privatarchiv.

56 *ppp* 40. Jahrgang/202/19. Oktober 1989: 4.

57 Schreiben Friedrich Schorlemmers vom 12.2.2002. Privatarchiv.

58 BStU. Archiv der Außenstelle Potsdam. BVfS Potsdam AKG 1938: 17, 46.

59 Ebd.: 189.

60 BStU. Archiv der Außenstelle Potsdam: AKG 27. Januar 1988: 15.

61 Garstecki in: *Kontext*, H. 2/1988: 2-4, hier: 2.

62 Roolf in: *Kontext*, H. 4 vom 22. November 1988: 20-29.

63 Templin in: *Ost-West-Diskussionsforum*, Nr. 4, November 1988: 13.

64 Gespräch mit Thomas Klein vom 25.11.2001, mit Wolfgang Templin vom 4.9.2000 und mit Klaus Wolfram vom 11.4.2000.

65 Siehe dazu auch Neubert 1997: 729.

66 Gespräch vom 11.4.2000.

67 Gespräch mit Wolfgang Templin vom 4.9.2000.
68 Ebd.
69 Roolf in: *Kontext*, H. 4 vom 22. November 1988: 29.
70 Gespräch vom 29.5.2000.
71 Gespräch mit Leipziger Bürgerrechtlern vom 11.5.2000.
72 Templin 1988: 13.
73 Gespräch vom 7.6.2000.
74 Vgl. die Debatten u.a. in *Kirche im Sozialismus*, Jahrgang 1988/89; sowie Eckert 1996: 49 ff.
75 Vgl. auch Neubert 2000: 651-653.
76 So Wolfgang Herger in einem Gespräch vom 15.12.1999.
77 Vgl. auch v. Mühlen 2000: 213/214.
78 Gespräch vom 15.12.1999.
79 Gespräch vom 11.4.2000.
80 Vgl. dazu auch Rochtus 1999: 118-136.

6
Die Diskussion und Wirkung des SPD-SED-Papiers in der Bundesrepublik

1 Eppler 1996: 180/181, und Gespräche mit Hans-Jochen Vogel vom 30.8.2000, Erhard Eppler vom 19.10.2000, Egon Bahr vom 23.6.2000.
2 Vgl. *Frankfurter Allgemeine Zeitung* vom 25. August 1987: 1.
3 Ebd.
4 *Frankfurter Allgemeine Zeitung* vom 26. August 1987.
5 *Service der SPD für Presse, Funk, TV*. Bonn 27.08.1987: 2-8.
6 Vgl. dazu u.a. *Frankfurter Rundschau, Frankfurter Allgemeine Zeitung, Der Tagesspiegel* vom 28. August 1987.
7 *Frankfurter Allgemeine Zeitung* vom 28. August 1987.
8 Potthoff 1999: 267.
9 BStU. MfS. Information vom 28.8.1987.
10 Dönhoff. *Die Zeit* vom 11. September 1987.
11 Kaiser. *Die Zeit* vom 28. August 1987.
12 Heigert. *Süddeutsche Zeitung* vom 28. August 1987.
13 Gaebel. *Frankfurter Rundschau* vom 27. August 1987.
14 Möller. *Der Tagesspiegel* vom 28. August 1987.
15 Bucerius. *Die Zeit* vom 11. September 1987.
16 Vgl. *Die Welt* vom 27. August 1987, *Frankfurter Allgemeine Zeitung* vom 29. August 1987, *Rheinischer Merkur / Christ und Welt* vom 28. August 1987, *Münchener Merkur* vom 28. August 1987.
17 Philipps. *Die Welt* vom 26. August 1987.
18 Adam. *Frankfurter Allgemeine Zeitung* vom 29. August 1987.
19 Bajohr. *Rheinischer Merkur/Christ und Welt* vom 28. August 1987.

20 Ausgewertet wurden hierzu entsprechende persönliche Erlebnisberichte von Teilnehmern, Darstellungen in den Medien, Protokollbände von Tagungen, Informationen und Berichte in den Archiven. So u.a. die zu den Veranstaltungen der Gewerkschaft Öffentliche Dienste, Transport und Verkehr (ÖTV) in Frankfurt/Main vom1. März1988, des Essener Friedensforums vom 30. Januar 1988, der Tagung der Philosophisch-Politischen Akademie e.V. Frankfurt/Main in Bonn am 21./22. Mai 1988, des Podiums des Friedensforums Bremen-Gröpelingen vom 15. Januar 1988 in Bremen.

21 Vgl. Berg: Bericht über die Diskussion zum Dokument von SED und SPD am 27.1.1988 in Westberlin/Friedensarbeitskreis Tempelhof, Berlin 1.2.1988. Archiv der AfG.

22 Protokoll Evangelische Akademie Baden 1988.

23 BStU. MfS AIM 8806/91, Bd. 15: 168/169.

24 Siehe dazu auch BStU. MfS AIM 8806/91, Bd. 15: 112-113, 121-122, 128-132, 144.

25 Das Papier und die wichtigsten Erklärungen sind seinerzeit im *Deutschland Archiv* dokumentiert worden: H. 1/1988, H. 3/1988, H. 6/1988, H. 10/1988, H. 6/1989.

26 Vgl. Eppler: Beziehungen zwischen SPD und SED, in: *Deutschland Archiv* H. 10/1988: 1128.

27 Vgl. Korte 1998: 388 ff.

28 Gespräch mit Hans-Jochen Vogel vom 30.8.2000, mit Erhard Eppler vom 19.10.2000 und mit Egon Bahr vom 23.6.2000.

29 Vogel 1996: 248.

30 *Jahrbuch der Sozialdemokratischen Partei Deutschlands 1986 – 1987*: 619, Hervorhebung im Original.

31 Ebd.: 620.

32 Ebd.

33 Ebd.: 621.

34 *Frankfurter Allgemeine Zeitung* vom 31. August 1987: 2.

35 Vgl. *Die Ost- und Deutschlandpolitik der SPD in der Opposition 1982 – 1989*: 168.

36 Ebd.: 146.

37 Vgl. auch BStU. MfS. Information vom 14.9.1987: 8.

38 Ebd.

39 BStU. MfS Information vom 19.10.1987: 12.

40 *Streitkultur als Friedenspolitik*. Erläuterungen zum gemeinsamen Papier von SPD und SED. Materialien zur politischen Bildungsarbeit. Bonn, o. J..

41 Akademie für Gesellschaftswissenschaften: Bericht über das 6. Treffen mit der Grundwertekommission der SPD vom 27. – 29. Oktober 1987 an Erich Honecker: 9.

42 *Vorwärts* Nr. 31 vom 12. September 1987: 10.

43 Schwan 1987: 8.

44 Haack 1988: 40-47.

45 Bahr. *Frankfurter Allgemeine Zeitung* vom 2. Oktober 1987: 11.

46 Meyer 1988: 33-39.

47 Haack 1988: 44.

48 Arbeitskreis ehemaliger Häftlinge warnt, in: *Berliner Morgenpost* vom 30. August 1987.

49 BStU. MfS. Information vom 18.7.1988: 178.

50 Gespräch mit Thomas Meyer vom 29.6.2000; siehe auch BStU. MfS. Information über den »Sozialdemokratischen Arbeitskreis (...)«:3.

51 Streitkultur als Friedenspolitik: 5.

52 Grebing 1987: 10.

53 Vgl. dazu auch die Debatte im *Ost-West-Diskussionsforum* Nr. 2, Juli 1988: 15.

54 Bahr. *Frankfurter Allgemeine Zeitung* vom 2. Oktober 1987: 11.

55 BStU. MfS ZAIG 23140. 20.9.1988: 1-17, hier 11 und 13.

56 Schmude: Vermerk über Begegnungen sozialdemokratischer Bundestagsabgeordneter mit kirchlichen und Friedensgruppenvertretern in der DDR in den Jahren 1987 bis 1989. 2. Dezember 1992. Matthias-Domaschk-Archiv Berlin.

57 BStU. MfS HA XX/AKG/K/3527/88, 12. April 1988. Erstinformation Zusammenkunft von Mitgliedern des FK Samariter mit leitenden Persönlichkeiten der SPD; HA XX/2. 11.10.1988. Betrifft: Gespräch zwischen der SPD und den Exponenten des politischen Untergrunds; HA XX/4, Nr. 3296: Hinweis zum Inhalt und Verlauf eines Gesprächs kirchlicher Amtsträger mit dem Präses der Synode der EKD, Dr. Schmude, Mitglied des Bundestages/SPD; MfS: Information Nr. 254/89: Information über ein Treffen einer unter Leitung des Mitglieds des BRD-Bundestages, Sielaff, Horst/SPD, stehenden Gruppe von Personen aus der BRD mit kirchlichen Mitarbeitern und Vertretern sogenannter kirchlicher Umweltgruppen aus der DDR in Bischofrod/Suhl.

58 BStU Z 3766. MfS. Information über die Teilnahme des stellvertretenden Vorsitzenden der Grundwertekommission beim Parteivorstand der SPD, Dr. Thomas Meyer, an einer Veranstaltung der evangelischen Samariterkirchengemeinde in der Hauptstadt der DDR, Berlin. 21.4.1989.

59 Gespräch mit Egon Krenz vom 15.6.2000.

60 Vgl. auch Süß 1999: 244.

61 Tessmer: 101.

62 Gespräch mit Edgar Dusdal vom 29.5.2000 und Wolfgang Templin vom 4.9.2000.

63 Vgl. Graw 1987.

64 CDU-Pressemitteilung. Bonn 27. August 1987.

65 *Presse- und Informationsamt der Bundesregierung*. 13. September 1987: Nr. 295/87.

66 Verhandlungen des Deutschen Bundestages. 11. Wahlperiode. 1987: 2174.

67 Rühe 1987: 78/79.

68 Kaltefleiter 1987: 79-82.

69 Korte 1998: 396.

70 Zitiert nach Korte 1998: 396.

71 Vgl. Korte 1998: 397/398.

72 Ebd.: 398-404.

73 Gespräch vom 28.1.2001.

74 Protokoll einer Tagung der Evangelischen Akademie Baden vom 4.-5. März 1988 in Bad Herrenalb.

75 Ebd.: 52-61, hier: 61.

76 Eichholz-Brief. Konrad-Adenauer-Stiftung e.V., o. J: 64.

77 BStU. MfS-Information vom 14.9.1987, Nr. 7222.

78 BStU. MfS ZAIG 23140.20.9.1988. Tatsächlich gab es einige weitere Kontakte von CDU-Politikern mit DDR-Oppositionellen, so vor allem von Eduard Lintner und Heribert Scharrenbroich, die erst in späteren Informationen aufgelistet wurden.
79 Ebd.: 10.
80 BStU. MfS ZAIG Nr. 6323 vom 29.6.1988.
81 Vgl. Korte 1998: 398.
82 Potthoff 1999: 235.
83 Tessmer: 119.
84 Tessmer: 120.
85 Ebd.: 121.
86 Potthoff 1999: 298/299.
87 Schnappertz 1988: 47-51.
88 Waltraud Schoppe. An das Politbüro des Zentralkomitees der SED. Offener Brief. Bonn, den 24.11.87.
89 Waltraud Schoppe, Fraktionssprecherin der Grünen im Bundestag. Brief an Rolf Reißig/ Akademie der Gesellschaftswissenschaften der SED. Bonn, den 1.12.1987. Helmut Lippelt, Fraktionssprecher der Grünen im Bundestag. Brief an Rolf Reißig/Akademie für Gesellschaftswissenschaften. Bonn, 17.3.1988. Privatarchiv.
90 Brief Helmut Lippelt. Ebd.
91 Petra Kelly in der Aktuellen Stunde im Bundestag. Bd. 143, Bonn 1987/1988: 3955.
92 Die Grünen: Pressemitteilung Nr. 1085/87.
93 BStU. MfS ZAIG. Information Nr. 415/88 vom 20.9.1988.
94 Vgl. Tessmer 1991: 129 ff.
95 Vgl. Riehl-Heyse 1992: II.

7
Internationale Resonanz

1   Eppler 1996: 183.
2   Ebd.
3   Brief der Führung der KPdSU an die Führung der SED zum SED-SPD-Dokument vom 30. Oktober 1987.
4   Modrow (Hg.) 1994: 267. Hier ist auch der volle Wortlaut des Briefes abgedruckt.
5   Honecker. Rede in Moskau anlässlich des 70. Jahrestages der Oktoberrevolution. 1987: 26/27.
6   Gespräch vom 30.8.2000.
7   Vgl. z.B. die polnische Zeitschrift *Prezentacje* H. 12/87, Warschau, bes.: 56-70.
8   Sagladin 1988.
9   Akademie für Gesellschaftswissenschaften: Bericht über die gemeinsame Beratung mit der Grundwertekommission der SPD 1987: 10.
10 Vgl. Akademie für Gesellschaftswissenschaften: Information 1988: 4. Zur Diskussion zwischen Sozialisten und Kommunisten im Kontext des SPD-SED-Papiers sei verwiesen auf: Dänemark: *Når freden bryder ud. En dialog mellem systemer og par-*

tier, Kopenhagen 1988; Italien: G. Napolitano: *Die beiden Deutschlands und die Demokratie.* Zum gemeinsamen Dokument SED SPD, in: *L'Unita* vom 1. November 1987, *la Repubblica* vom 28. August 1987; Schweiz: *Vorwärts.* Sozialistische Wochenzeitung der Partei der Arbeit der Schweiz. Beiträge von Jean Villain u.a. in *Vorwärts* vom 14. August 1986, 3. September 1987, 17. Dezember 1987, 25. Juni 1988 und 17. November 1988.

11 Reinhold: Bericht über die gemeinsame Konferenz kommunistischer, sozialdemokratischer und sozialistischer Parteien vom 14.–16. Dezember 1988 in Freudenberg/BRD. Berlin 28.12.1988: 4.

12 Ebd.: 5.

13 Ebd.

14 Timmermann 1993: 166.

15 Ebd.

16 Siehe Endnote 11: 6.

17 Gespräch mit Robert Gerald Livingston vom 8.12.1999.

18 Erhard Eppler: Amerikanisches Interesse am Streitpapier SPD-SED. Interview, in: *ppp.* 30. Jg./4/1.3.1988, S. 3.

19 Phillips 1989: 1/2.

20 Kind 1987.

21 Grosser 1987: 4.

22 Phillips 1989.

23 Reißig 1988, in: International Political Science Association 14th World Congress (28 August to 1 September) Washington.

8
Vom allmählichen Aufbruch zum plötzlichen Abbruch des SPD-SED-Parteiendialogs

1 SAPMO. DY 30/IV 2/2. 035/79: 80 sowie IV 2/2. 024.

2 Gespräch Axen-Bahr. SAPMO. DY/30 IV 2/2. 035/79: 80.

3 SAPMO. DY 30/IV 2/2. 035/79: 223.

4 SAPMO. DY 30/IV 2/2. 035/79: 185/186.

5 Ebd.: 194/195.

6 Eppler, in: *Vorwärts* Nr. 48 vom 28. November 1987: 12.

7 *Jahrbuch der SPD* 1988, 1989, 1990: 68.

8 *Frankfurter Rundschau* vom 30. April 1988: 4.

9 Bericht über das 6. Treffen zwischen Gesellschaftswissenschaftlern der SED und Vertretern der Grundwertekommission der SPD. Berlin, den 02. Mai 1988.

10 *Die Zeit*, Nr. 19, vom 6. Mai 1988: 2.

11 *Frankfurter Rundschau* vom 30. April 1988.

12 *Verhandlungen des Deutschen Bundestages.* Berichte. Bd. 143: 3309-3319, 3952-3963.

13 SAPMO. DY 30/IV 2/1/679.

14 Vgl. dazu auch Potthoff 1999: 279-281 sowie Korte 1998: 376-393, 479 ff.

15 Bericht. 6. Treffen: 7.
16 Vgl. *Streitkultur als Friedenspolitik*. 170.
17 Eppler. Interview: *Deutschlandfunk*, 11. September 1988.
18 Eppler. Interview: *Sender Freies Berlin*, 7. Mai 1988.
19 Fricke: Gemeinsames Dokument SED-SPD. *Sender Freies Berlin*, 24. Mai 1988.
20 SAPMO. DY 30/IV 2/2.035/80. Protokollniederschrift des Gesprächs Erich Honekker und Hans-Jochen Vogel.
21 Vgl. Korte 1998: 410 ff.
22 *Texte zur Deutschlandpolitik*, Reihe III, Bd. 6: 472 f.
23 Potthoff 1995: 760.
24 Information Nr. 45/88 vom 15.9.1988, in: SAPMO DY 30/IV 2/2035/81.
25 BStU 3673. ZAIG-Information Nr. 218/88.
26 BStU. MfS HA XX. Nr. 3332. 10. August 1988: 1-13.
27 Ebd.
28 BStU. MfS. ZAIG - Information Nr. 5734, ohne Datum: 1-8.
29 BStU. ZA. ZAIG 5198, Bl.: 100-139, hier: 121/122.
30 Vgl. Korte 1998: 323, 409 ff.
31 SAPMO. DY 30/IV 2/2.410.
32 Stellungnahme der Grundwertekommission beim Vorstand der SPD, in: *Deutschland Archiv* 6/1989: 713-716.
33 SAPMO. DY 30/2/2.035/81: 132.
34 Reinhold. Behauptungen und die Tatsachen, in: *Neues Deutschland* vom 31. März 1989.
35 Vgl. *Deutschland Archiv* 6/89: 612 bis 613.
36 Ebd.: 717.
37 Bericht 17.04.1989: 1.
38 Vgl. auch Eppler: 1996: 188.
39 Vgl. *Verhandlungen des Deutschen Bundestages*. 11. Wahlperiode. 1989. Band 149: 11295 bis 11301; zitiert nach *Frankfurter Rundschau* vom 19. Juni 1989, S. 7 (Dokumentation).
40 *Jahrbuch der Sozialdemokratischen Partei Deutschlands* 1988, 1989, 1990: 74.
41 Potthoff 1999: 299.
42 Gansel 1989: 10.
43 Gerster: Interview in *Augsburger Allgemeine* vom 19. September 1989, vgl. dazu auch Wisch 1990: 87-89.
44 BStU 5734. ZAIG Nr. 386/89.
45 Reißig: Keine Alternative zu Dialog mit SPD, in: *Die Wahrheit*, 21. Sept. 1988: 1.
46 *Jahrbuch der SPD* 1988/89/90: C 53-54, hier: 53, siehe auch Vogel 1996: 288-289.
47 Deutschlandpolitische Entschließung des Parteirates vom 31.10.1989. In: *Jahrbuch der SPD* 1988/1989/1990: C 63.
48 *Sozialdemokratischer Informationsdienst* Nr. 240/89. Kiel 10/1989.
49 Präsidium der SPD zur Entwicklung der DDR am 9.10.1989. *Jahrbuch der SPD*, 1988/1989/1990: C 61.

50 Vgl. auch Korte 1998.
51 *Verhandlungen des Deutschen Bundestages.* 1989. Bd. 151: 13010 ff.
52 Vgl. Weidenfeld/Korte 1993: 179.
53 Vogel 1996: 358.
54 Siehe *Verhandlungen des Deutschen Bundestages.* 1989. Bd. 151: 13479 ff. und 13514 ff.
55 Erhard Eppler. Brief an die Akademie für Gesellschaftswissenschaften vom 16.1.1990. Privatarchiv.
56 Vgl. Thomas Meyer 1989: 3.
57 Adam. *Frankfurter Allgemeine Zeitung* vom 15. Dezember 1989.
58 Vgl. *Verhandlungen des Deutschen Bundestages.* 1989. 11. Wahlperiode Bd. 151: 13518 [Bohl].
59 Ebd., Bd. 150: 11723 ff.
60 Ebd., Bd. 152: 15419 [Kohl].
61 Schmude 1989: 1-3.
62 *Jahrbuch der SPD* 1988/89/90: 75/76.
63 Vgl. dazu Korte 1998: 377.
64 Klein 1994: 217.
65 SAPMO. Sekretariat des ZK der SED. 18. Januar 1989. DY J IV 2/3/4350.
66 Klein 1997: 214.
67 Weber 1991: 213.
68 Gespräch vom 2.8.2000.
69 Henrich 1989.
70 Fischbeck. *Berliner Zeitung* vom 27. August 1992: 6.
71 Mitter/Wolle 1990: 127.
72 Ebd.: 148.
73 Ebd.: 204.
74 Ebd.: 225 f.
75 Pollack 1999: 65.
76 Siehe dazu u.a. Reißig/Glaeßner 1991.
77 Meuschel 1990.
78 Reich: Brief an Hans-Jochen Vogel vom 19.12.1991.
79 Schröder: Brief an Hans-Jochen Vogel vom 14.12.1991.
80 Ullmann: Brief an Hans-Jochen Vogel vom 17.1.1992.
81 Romberg: Brief an Hans-Jochen Vogel vom 14.1.1991.
82 Jarausch 1998: 44.
83 Vgl. Meyer 1997: 212 ff.
84 Siehe dazu Sabrow 1999, Klein 1999, Wilhelmy 1995.

9
Der SPD-SED-Dialog und seine Folgen – eine kritische Bilanz

1 Hacker 1992.
2 Ebd.: 201 ff.

3 Garton Ash 1995.

4 Ebd.: 478, 477.

5 Bender 1996.

6 Potthoff 1999.

7 Ebd.: 268, 276.

8 Tessmer 1991: 100, 101.

9 Wisch 1990: 99.

10 Eppler: Helmut Kohl und die guten Deutschen, in: *Süddeutsche Zeitung* vom 4. Oktober 2000: 14.

11 *Deutschland Archiv* H. 11/1992: 1100-1108.

12 Dowe 1992.

13 Ebd.: 71, 73.

14 Weiß: Brief an Hans-Jochen Vogel vom 19.12.1991.

15 Schulz: Brief an Hans-Jochen Vogel vom 15.1.1991.

16 Vgl. Deutscher Bundestag (Hg./1995): Materialien der Enquête-Kommission »Aufarbeitung von Geschichte und Folgen der SED-Diktatur in Deutschland«. Bd. V/1-3.

17 Vogel: Einleitende Bemerkungen als Zeitzeuge vor der Enquête-Kommission »Aufarbeitung (...)« am 4.11.1993 in Berlin: 8.

18 Vogel 1996: 351-357, 394-398.

19 Vgl. u. a. *Berliner Zeitung* vom 29./30. August 1992, *Tagesspiegel* vom 29. August 1992, *Frankfurter Allgemeine Zeitung* vom 29. August 1992, *Neues Deutschland* vom 29./30. August 1992, *Junge Welt* vom 29. August 1992.

20 *Frankfurter Rundschau* vom 3. Februar 1997.

21 *taz* vom 3. Februar 1997.

22 *Bonner Generalanzeiger* vom 3. Februar 1997.

23 *Berliner Morgenpost* vom 2. Februar 1997.

24 *Neues Deutschland* vom 3. Februar 1997.

25 *Märkische Oderzeitung* vom 3. Februar 1997.

26 Das verfemte Dokument: 37.

27 Peter Hintze: »Linke Theoriegebäude sind eingestürzt«, in: *Die Zeit* vom 29. August 1997.

28 Herbert Riehl-Heyse: »Panik nach dem Brückenschlag«, in: *Süddeutsche Zeitung* vom 4./5. Juli 1992: II

29 Carl-Christian Kaiser: »Der General ging unter die Decke«, in: *Die Zeit* vom 21. August 1992: 74.

30 Birkenbach 1989: 24.

31 Huar 1993: 84-89, hier: 88.

32 *Frankfurter Allgemeine Zeitung* vom 29. August 1987.

33 Niemann/Prokop 1995: 19, 21.

34 Gossweiler 1994.

35 Vgl. Camman 2001.

36 »Dann übernehmen wir«. Spiegel-Gespräch mit Erhard Eppler, in: *Der Spiegel*, Nr. 29/2001: 36.

Quellen- und Literaturverzeichnis

I. Quellen

1.1. Unveröffentlichte Quellen

*Stiftung Archiv der Parteien und Massenorganisationen
im Bundesarchiv (SAPMO), Berlin*

ZK der SED, Büro Axen (DY 30/IV 2/2. 035/79; -/80. -/81).

ZK der SED, Büro Dohlus (DY 30/IV 2/2. 212/041).

ZK der SED, Büro Hager (DY 30/IV 2/2. 024/117, -/118, -/119, -/120; DY30/vorl. SED
422280, 422281, 422283, 42299).

ZK der SED, Büro Honecker (DY 30/2460, /2407, /2408, /2409, /2410, /2411, /2412;
Vorbereitung und Durchführung von Sitzungen des Politbüros des ZK der SED DY
30/2114, /2115, /2116; Informationen der Abteilung Wissenschaften an Erich Honekker DY 30/2558).

ZK der SED, Büro Herrmann (DY 30/IV 2/2. 037/128, -/009, -/011, -/012; Eingaben der
Bevölkerung -/035, -/036, -/037).

ZK der SED, Büro Krenz (DY 30/IV 2/2. 039/51, -/77, -/85, -/87, -/88, -/89, -/186, -/191,
-/235, -/236, -/237, -/277, -/311, -/312, -/334; Sitzungen des Politbüros des ZK der
SED -/24 bis -/64).

ZK der SED, Sitzungen des Politbüros (DY 30/J IV 2/2. A/2519, -/3043).

ZK der SED, Agitationskommission beim Politbüro (DY 30/IV 2/2. 106).

ZK der SED, Außenpolitische Kommission beim Politbüro (DY 30/IV 2/2. 115).

ZK der SED, Ideologische Kommission beim Politbüro DY 30/IV 2/2. 901).

ZK der SED, Abteilung Agitation (DY 30/IV 2/2. 902; DY 30/IV 2/2. 037/017).

ZK der SED, Akademie für Gesellschaftswissenschaften (DY30/IV./2./9.08 und DY 30/
vorl. SED 37063).

ZK der SED, Abteilung IPW (Internationale Politik und Wirtschaft/Westabteilung) (DY
30/J IV 2/10. 05/3, -/4, -/5, -/6, -/7, -/8, -/9, -/10, -/11, -/12, -/13, -/14, -/15, -/24, -/26,
-/27, -/28, -/29; SPD DY 30/vorl. SED 37086).

ZK der SED, Arbeitsgruppe Kirchenfragen (DY30/2553, -/2554).

ZK der SED, Parteihochschule »Karl Marx« (DY30/vorl. SED).

ZK der SED, Abteilung Parteiorgane (DY30/vorl. SED 40078).

ZK der SED, Abteilung Propaganda (DY 30/IV / 2. / 903).

ZK der SED, Abteilung Sicherheit (DY 30/2506).

ZK der SED, Abteilung Volksbildung (DY 30/IV/2./9.05/5, -/14).

ZK der SED, Abteilung Wissenschaften (DY 30/IV/2./9.04; Gespräche SED-SPD DY 30/2558).

ZK der SED, Abteilung Parteiorgane: Kreisleitung der SED Fernsehen der DDR 1987-1989 (DY 30/497, -/503, -/504, -/515, -/516).

ZK der SED, Abteilung Parteiorgane: Bezirksleitung der SED Berlin 1987-1989 (DY 30/vorl. SED 39914 bis 39928).

ZK der SED, Abteilung Parteiorgane: Bezirksleitung der SED Leipzig 1987-1989 (DY 30/vorl. SED 40065, -40077).

Akademie für Gesellschaftswissenschaften, Berlin (Ost)

Akademie für Gesellschaftswissenschaften (Otto Reinhold), »Bericht über die Diskussion mit der Grundwertekommission des SPD-Parteivorstandes, 28. Februar 1984.« Mit einem Anschreiben Otto Reinholds an den Generalsekretär des ZK der SED Erich Honecker (6 Seiten und Brief).

Akademie für Gesellschaftswissenschaften (Otto Reinhold), »Bericht über das Gespräch mit Vertretern der Grundwertekommission (der SPD) vom 15. bis 17. November 1984 in Freudenstadt.« Mit einem Anschreiben Otto Reinholds an Erich Honecker (7 Seiten und Brief).

Akademie für Gesellschaftswissenschaften, »Bericht über die dritte Diskussion von Gesellschaftswissenschaftlern unserer Partei mit einer Delegation der Grundwertekommission der SPD« vom 18.6.1985. Mit einem Anschreiben Otto Reinholds an Erich Honecker (8 Seiten und Brief). Anhang (Erich Hahn), »Einige Hauptrichtungen der Argumentation der Vertreter der SPD-Grundwertekommission zu weltanschaulichen Fragen während der Beratung am Scharmützelsee am 13./14.6.1985« (3 Seiten).

Akademie für Gesellschaftswissenschaften, »Bericht über das Seminar von Gesellschaftswissenschaftlern der SED mit Mitgliedern der Grundwertekommission beim Parteivorstand der SPD vom 27.2. bis 1.3.1986 in Freudenstadt (BRD)« (8 Seiten).

Akademie für Gesellschaftswissenschaften, »Bericht über die gemeinsame Beratung zwischen Vertretern der Akademie für Gesellschaftswissenschaften beim ZK der SED und der Grundwertekommission der SPD vom 27. bis 29. Oktober 1987 in Berlin«. Mit einem Schreiben Otto Reinholds an Erich Honecker (12 Seiten und Brief).

Akademie für Gesellschaftswissenschaften, »Bericht über das 6. Treffen zwischen Gesellschaftswissenschaftlern der SED und Vertretern der Grundwertekommission der SPD vom 2. Mai 1988«. Mit einem Anschreiben Otto Reinholds an Erich Honecker (12 Seiten und Brief).

Akademie für Gesellschaftswissenschaften, »Information über das Treffen von Vertretern der Akademie für Gesellschaftswissenschaften beim ZK der SED und der Grundwertekommission beim Parteivorstand der SPD vom 13.4. bis 15.4.1989 im Gästehaus ›Karl Liebknecht‹ in Wendisch-Rietz. Thema: Menschenrechte«. Mit einem Anschreiben

Otto Reinholds an Erich Honecker (8 Seiten und Brief sowie Anhang über Teilnehmer beider Seiten und anwesende Journalisten).

Akademie für Gesellschaftswissenschaften beim ZK der SED, Grundwertekommission der SPD, »Konzeption für die Arbeit einer gemeinsamen Forschungsgruppe von Wissenschaftlern der SED und der SPD zu Fragen der Menschenrechte« (Entwurf), Dezember 1988.

Akademie für Gesellschaftswissenschaften. Institut für Wissenschaftlichen Sozialismus, »Grundfragen der Systemauseinandersetzung«, Juli 1985.

Akademie für Gesellschaftswissenschaften (Reißig/Berg), »Zum Verhältnis von Menschenrechten, internationaler Sicherheit und Vertrauensbildung«. Material für die 2. Beratung zum Dialogprojekt (mit der Friedrich-Ebert-Stiftung) Menschenrechte, Berlin 14.8.1989.

Berg, Frank (1989), »Grundpositionen zur Weiterentwicklung der Grundrechte in der DDR«. Diskussionsgrundlage für Beratung der AG »Menschenrechte« am 10.11.1989.

Berg/Fechner/Kinzel/Schmidt/Segert (1989), »Theoretische Grundfragen des Verhältnisses von bürgerlicher und sozialistischer Demokratie«. Vorlage zur Tagung der Problemräte »Sozialismus und Systemauseinandersetzung« und »Politische Organisation der sozialistischen Gesellschaft« am 14.7.1989, Juni 1989.

Honecker, Erich, Persönliche Anmerkung vom 17.7.1987 zum (SED-SPD)Dokument auf dem Brief Otto Reinholds vom Vortage.

Informationen und Berichte über Gespräche und gemeinsame Tagungen mit sozialdemokratischen, sozialistischen und kommunistischen Parteien West-, Nord-, Osteuropas sowie Japans und Chinas (1983-1989).

Informationen und Berichte über gemeinsame Treffen, Kolloquien sowie Seminare zwischen der Akademie für Gesellschaftswissenschaften, dem Institut für Internationale Politik und Wirtschaft (IPW) und der Friedrich-Ebert-Stiftung (1984-1989).

Information (1987), »Zur Resonanz des Dokuments ›Der Streit der Ideologien und die gemeinsame Sicherheit‹, über Maßnahmen zur weiteren Arbeit mit dem Dokument und einem Vorschlag für eine Artikelserie zum SPD-SED-Papier in der DDR« (6 Seiten und Anlage).

Information (1989), »Zur Zusammenarbeit zwischen der Akademie für Gesellschaftswissenschaften und der Grundwertekommission beim Parteivorstand der SPD.« (5 Seiten).

Informationen und Berichte von Mitarbeitern der Akademie für Gesellschaftswissenschaften über Gespräche mit Sozialdemokraten 1984-1989 und über Tagungen, Kolloquien, Veranstaltungen zum SPD-SED-Papier in der Bundesrepublik (1987-1989), u. a. in Berlin (West), Bonn, Freudenberg, Essen, Bremen, Osnabrück, Düsseldorf, Frankfurt am Main, Gröpelingen, Bielefeld, Siegen, Ostwestfalen-Lippe.

Neubert, Harald/Paff, Werner, »Erfahrungen, Erkenntnisse und Prinzipien von Dialog und Auseinandersetzung im Interesse der Friedenssicherung (Thesen)«, Berlin, Juni 1986 (10 Seiten).

Parteiinterne Studien und wissenschaftliche Ausarbeitungen 1982-1989 zur »Entwicklung der Bundesrepublik«, zur »Politik der SPD«, zur »Systemauseinandersetzung« und zum »Systemvergleich«, zur »Friedlichen Koexistenz«, zum »Ideologischen Klassenkampf«, zur »Entwicklung des Sozialismus in der DDR«, zur »Sozialistischen Demokratie«, zu »Menschenrechten«, zur »Politik der KPdSU und der anderen Bruderparteien«, zu »Gorbatschows Konzept von Glasnost und Perestroika«.

Protokoll der Kollegiumssitzung vom 17.10.1989 zur Studie »Der Dialog zwischen SED und SPD in den neunziger Jahren«.

Reinhold, Otto, Brief »An den Generalsekretär des Zentralkomitees der SED Genossen Erich Honecker vom 16. Juli 1987 zur Übersendung eines gemeinsamen Papiers zwischen der Akademie für Gesellschaftswissenschaften beim ZK der SED und der Grundwertekommission beim Parteivorstand der SPD«.

Reinhold, Otto, »Bericht über die gemeinsame Konferenz kommunistischer, sozialdemokratischer und sozialistischer Parteien vom 14. bis 16. Dezember 1988 in Freudenstadt/BRD vom 18. Dezember 1988«. (7 Seiten und Anhang mit »Teilnehmende Parteien an der Konferenz«).

Reißig, Rolf/Neubert, Harald/Paff, Werner/Maschmeier, Wolfgang, Studie: »Der Dialog zwischen SED und SPD in den neunziger Jahren«. Vorlage für das Kollegium. September 1989 (33 Seiten).

Reißig, Rolf, Referat auf dem 4. Treffen zwischen der Grundwertekommission der SPD und der Akademie für Gesellschaftswissenschaften beim ZK der SED zum Thema »Neues politisches Denken und der friedliche Wettstreit unterschiedlicher Gesellschaftssysteme« vom 28. Februar 1986 in Freudenstadt.

Reißig, Rolf/Berg, Frank, »Konzeptionelle Grundfragen der gegenwärtigen Politik der Bruderparteien sozialistischer Länder auf dem Gebiet der Menschenrechte«, Studie (Entwurf), April 1989.

Reißig, Rolf/Hagen, Michael/Möller, Bärbel (August 1889), »Grundpositionen eines marxistisch-leninistischen Systemvergleichs zwischen Sozialismus und Kapitalismus«. Positionspapier. Vorlage für die Kollegiumssitzung am 12. September 1989.

Reißig, Rolf/Berg, Frank/Zotl, Peter (1989), »Zur Erneuerung der sozialistischen Demokratie«, in: Neues Deutschland vom 4./5.11.1989, S. 9 (erweitertes Manuskript vom Oktober 1989).

Reißig, Rolf/Berg, Frank (Ltg. April 1989), Multilateraler Wissenschaftlicher Problemrat von Bruderparteien sozialistischer Länder zu Fragen der Menschenrechte: »Konzeptionelle Grundlagen der gegenwärtigen Politik der Bruderparteien sozialistischer Länder auf dem Gebiet der Menschenrechte«. Studie.

Reißig, Rolf/Berg, Frank (Ltg. Autorenkollektiv 1989), Positionen des Sozialismus im Wettstreit der Systeme (nicht erschienen).

Reißig, Rolf, Einführungsreferat auf der 7. Tagung der Grundwertekommission der SPD und der Akademie für Gesellschaftswissenschaften in Wendisch-Rietz, April 1989, handschriftliches Manuskript und Computerabschrift.

SED(interne) Information zum Dokument »Der Streit der Ideologien und die gemeinsame Sicherheit«, Nr. 234, 8/1987 (August 1987).

Der Bundesbeauftragte für die Unterlagen der Staatssicherheit der ehemaligen DDR (BStU), Berlin

Zentrale Auswertungs- und Informationsgruppe (ZAIG, 1984-1989), Informationen Nr.: 3673, 3646, 3766, 3771, 4230, 5198, 5308, 5594, 5730, 5734, 6004, 6309, 6713, 6785a und b, 7107, 7222, 8367, 15637, 16249, 20231, 21684, 21906, 23140, 24072.

Sekretariat Mielke, Information, Nr. 57.

Hauptabteilung II, Information, Nr. 3333/87

Hauptabteilung III, Informationen, Nr. 8300, 461 (SPD: 9.9/10.9. 14.9.1987, S. 10, 6.10/ 12.10.87, 13.11., 30.11.87).

Hauptabteilung VIII, Informationen, Nr. 158, 811.

Hauptabteilung IX, Informationen, Nr. 234, 1390, 3207.

Hauptabteilung XV, Informationen, Nr. 4703/77, 2515/63, AOP 1010/91.

Hauptabteilung XX / Abt. 2, 4, 5, 10, AKG: Informationen, Nr. 397, 189, 695; Abt. 2: Nr. 2188 / 10610 / 60; Abt. 4: Nr. 31, 993, 2188, 3296, 3332, 3432, 3766; Abt. 5: AIM: Bd. 14/15: 598/85, 8806/91.

Hauptverwaltung Aufklärung, Informationen, Nr. 35, 40, 50, 58, 61.

Kreisleitung der SED, Informationen, Nr. 792, 9326.

Bezirksverwaltungen, Informationen, Berlin (Nr. 50/87), Karl-Marx-Stadt (AKG. 257, 117, 801, 2363), Halle (AIJ 3182/39), Neubrandenburg (AKG. 265 / Bd. I, 681), Potsdam (AKG. 441, 1938, 1939), Rostock (Abt. XX, Nr. 604, Bd. 1, 1018).

Matthias-Domaschk-Archiv, Berlin (MDA – B)

Mappe: SPD-SED-Dialog.

Mappe: Rosa-Luxemburg-Affäre.

Initiative Frieden und Menschenrechte (1.101).

Friedenskreis Friedrichsfelde (1.102).

Umweltbibliothek (1.1.16).

Offene Arbeit / Kirche von unten, Berlin (2.202.1).

Frauen für den Frieden (3.4).

Bestand: »Radio Glasnost«.

»Offener Brief an die Mitglieder der SED und SPD« von Thomas Klein, Herbert Misslitz, Wolfgang Wolf; Berlin 2. Februar 1988.

Archiv der Bürgerbewegung Leipzig e.V.

Streiflichter (AG Umweltschutz Leipzig am Stadtjugendpfarramt). Mai 1987 - Mai 1988.

Kontakte (Frieden – Umwelt –3. Welt, Hg.: Jugendpfarramt Leipzig). 1987/1988.

I.H.N. – Post (Initiativgruppe »Hoffnung Nicaragua« Leipzig). November 1986 – März 1988.

Heute vor 10 Jahren. Leipziger Menschenrechtsgruppen 1989.

Evangelisches Zentralarchiv in Berlin (EZA)

Bestand 101, »Sekretariat des Bundes der Evangelischen Kirchen in der DDR« (BEK).
1982–1990:
- Kirche und Gesellschaft (101/ 4769 - 4786).
- Kirche und Öffentlichkeit (101/ 4712 - 4752).
- Friedenszeugnisse (101/ 4802 - 4804).
- Ökumenische Versammlung (101/ 4805 - 4806).
- Olof-Palme-Friedensmarsch (101/ 4810 - 4912).
- Friedensdialoge (101/ 4819 - 4822).
- Menschenrechte (101/ 4835).
- Presse- und Informationsstelle des BEK (101/ 4885 - 4900).
- Mitteilungsblatt des BEK (101/ 4909).
- Publikationen des Sekretariats im Selbstverlag (101/ 4912).
- Theologische Studienabteilung (Tagungen [101/ 5248], Referat »Friedensfragen« [101/ 5261], Referat »Weltanschauungsfragen« [101/ 4285]).
- Kirche und Öffentlicher Dienst (101/ 4712).
- Parteien und Organisationen (101/ 353).
- BEK und Staatssekretariat für Kirchenfragen (101/ 4718).

Informations- und Dokumentationsstelle der Evangelischen Kirche in Deutschland, Berlin

Bestand: SPD-SED-Dialog.
Evangelischer Pressedienst (epd). 1984-1989.
Evangelischer Nachrichtendienst (ena). 1986-1989.
Synoden des Bundes der Evangelischen Kirchen in der DDR 1987 (Görlitz), 1988 (Dessau).
Kirchentage 1988 (Erfurt, Görlitz, Halle, Rostock).
Kirche im Sozialismus (KiS) 1987-1989, Berlin (West).

Archiv der sozialen Demokratie (AdsD), Bonn

Briefe DDR-Bürgerrechtler und Kirchenrepräsentanten aus den Jahren 1991 und 1992 an den ehemaligen SPD-Vorsitzenden Hans-Jochen Vogel mit einer Stellungnahme zum SPD-SED-Dialog und seinen Folgen für die oppositionellen Kräfte in der DDR: Wolfgang Ullmann, Walter Romberg, Werner Krusche, Lothar Löber, Jens Reich, Friedrich Schorlemmer, Richard Schröder, Werner Schulz, Karl-Heinz Ducke, Konrad Weiß.

Expertengespräche, Interviews
(Angaben zur Funktion sind auf den Untersuchungszeitraum bezogen)

Hans-Jochen Vogel, seit 1983 Vorsitzender der Bundestagsfraktion der SPD und 1987 bis 1991 Vorsitzender der SPD, vom 30. August 2000.

Egon Bahr, Leiter der SPD-Arbeitsgruppe bei den sicherheitspolitischen Verhandlungen mit der SED, Präsidiumsmitglied der SPD, vom 23. Juni 2000.

Günter Gaus, erster Leiter der Ständigen Vertretung der Bundesrepublik Deutschland in der DDR (bis 1982) und enger Berater Willy Brandts, vom 22. März 2000.

Erhard Eppler, Vorsitzender der Grundwertekommission beim Parteivorstand der SPD 1975-1992, Mitglied des Präsidiums der SPD 1973-1989 (außer 1982-1984), Präsident des Deutschen Evangelischen Kirchentages 1981-1983, 1989-1991, vom 19. Oktober 2000.

Thomas Meyer, Stellvertretender Vorsitzender der Grundwertekommission beim Parteivorstand der SPD, vom 29. Juni 2000.

Karsten D. Voigt, Außenpolitischer Sprecher der SPD-Bundestagsfraktion und Leiter bzw. Mitglied der SPD-Arbeitsgruppe bei den sicherheitspolitischen Verhandlungen mit der SED, vom 15. August 2001.

Gert Weisskirchen, SPD-MdB, vom 7. Juni 2000.

Egon Krenz, Mitglied des Politbüros des ZK der SED, im Oktober 1989 Nachfolger Erich Honeckers als Generalsekretär des ZK der SED und Vorsitzender des Staatsrates der DDR, vom 15. Juni 2000.

Herbert Häber, 1973-1985 Leiter der Westabteilung bzw. der Abteilung Internationale Politik und Wirtschaft im ZK der SED, 1984/85 Mitglied des Politbüros, vom 24. Februar 2000.

Wolfgang Herger, Leiter der Abteilung Sicherheitsfragen im ZK der SED, Ende 1989 Mitglied des Politbüros, vom 15. Dezember 1999.

Manfred Uschner, persönlicher Referent des ZK-Sekretärs und Politbüromitglieds Axen, Sekretär der Außenpolitischen Kommission beim Politbüro, Mitglied der SED-Arbeitsgruppe bei den sicherheitspolitischen Verhandlungen mit der SPD, vom 22. Februar 2000.

Karl-Heinz Wagner, seit 1981 Mitarbeiter im ZK der SED (Westabteilung), verantwortlich für die Beziehungen zur SPD, Mitglied der SED-Arbeitsgruppe bei den sicherheitspolitischen Verhandlungen mit der SPD, vom 12. April 2000.

Heinz Mirtschin, Leiter der Abteilung Parteiorgane im ZK der SED, vom 2. August 2000.

Gregor Schirmer, Stellvertretender Leiter der Abteilung Wissenschaften im ZK der SED, vom 29. März 2000.

Günter Schneider, Stellvertretender Leiter der Abteilung Agitation im ZK der SED, am 3. Februar 1993 (Interviewer Olaf Ziermann).

Ulrich Weiß, in den achtziger Jahren Mitarbeiter der HVA des Ministeriums für Staatssicherheit, vom 10. April 2000.

Otto Reinhold, Mitglied des ZK der SED, Rektor der Akademie für Gesellschaftswissenschaften beim ZK der SED, 1992 (Interviewer Olaf Ziermann).

Erich Hahn, Mitglied des ZK der SED, Institutsdirektor an der Akademie für Gesellschaftswissenschaften beim ZK der SED, 1992 (Interviewer Olaf Ziermann).

428 Dialog durch die Mauer

Helmut Seidel, Philosophiehistoriker an der Karl-Marx-Universität Leipzig, ein Initiator der »Ideologiegespräche« SED-SPD, vom 8. Dezember 2000.

Manfred Schubert, Dozent an der Karl-Marx-Universität Leipzig, vom 12. Mai 2001.

Uwe-Jens Heuer, bis 1989/90 Professor an der Akademie der Wissenschaften der DDR, vom 24. November 2000.

Dieter Klein, Prorektor für Gesellschaftswissenschaften an der Humboldt-Universität Berlin, Mitglied der SED-Bezirksleitung Berlin, vom 15. März 2001.

Heino Falcke, Probst in Erfurt, vom 28. Januar 2001.

Manfred Falkenau, Pfarrer in einer Gemeinde bei Leipzig, Mitarbeiter beim Bund der Evangelischen Kirchen in der DDR (BEK), vom 20. März 2000.

Matthias Hartmann, Redakteur der Zeitschrift »Kirche im Sozialismus«, vom 20. Juli 1992 (Interviewer Olaf Ziermann).

Thomas Klein, DDR-Bürgerrechtler Berlin, vom 25. November 2001.

Günter Krusche, Generalsuperintendent in Berlin, vom 16. Mai 2000.

Oliver Kloss, DDR-Bürgerrechtler Leipzig, vom 11. Mai 2000 (telefonisch).

Hans Misselwitz, DDR-Bürgerrechtler Berlin, vom 5. Juli 2000.

Reiner Müller, DDR-Bürgerrechtler Leipzig, vom 11. Mai 2000 (telefonisch).

Edgar Dusdal, DDR-Bürgerrechtler Leipzig, Pfarrer bei Eberswalde, vom 29. Mai 2000.

Ulrike Poppe, DDR-Bürgerrechtlerin Berlin, vom 27. August 1992 (Interviewer Olaf Ziermann).

Tom Sello, DDR-Bürgerrechtler Berlin, vom 4. Mai 2000.

Friedrich Schorlemmer, DDR-Bürgerrechtler, Pfarrer in Lutherstadt Wittenberg, vom 27. Januar 2001.

Wolfgang Templin, DDR-Bürgerrechtler Berlin, vom 4. September 2000.

Klaus Wolfram, DDR-Bürgerrechtler Berlin, vom 11. April 2000.

Martin Ziegler, Oberkirchenrat, Leiter des Sekretariats des BEK der DDR, Moderator des Zentralen Runden Tisches 1989/90, vom 14. Juni 2000.

Peter Bender, Journalist und Beobachter des SPD-SED-Dialogs, vom 2. Juni 2000.

Christoph Hein, Schriftsteller, vom 27. Januar 2001.

Richard von Weizsäcker, 1984-1994 Bundespräsident, vom 28. Januar 2001.

Christa Wolf, Schriftstellerin, vom 27. Januar 2001.

G. Jonathan Greenwald, Leiter der politischen Abteilung der USA-Botschaft in der DDR, Gespräche 1987-1990.

Gerald Livingston, German Historical Institut Washington, 1983 bis 1997 Direktor des Washingtoner Instituts für Zeitgenössische Studien, vom 8. Dezember 1999.

Ann L. Phillips, amerikanische Politikwissenschaftlerin, Gespräche 1988/89.

1.2. Veröffentlichte Quellen

Adam, Konrad, »Wer wen?« Grundwerte und SPD, in: *Frankfurter Allgemeine Zeitung* vom 29. August 1987, S. 23.

Akademie für Gesellschaftswissenschaften beim ZK der SED (Hg. 1988), *Sozialismus in der DDR. Gesellschaftsstrategie mit dem Blick auf das Jahr 2000*, Berlin (Ost).

Akademie für Gesellschaftswissenschaften (1989), *Zur Tätigkeit gemeinsamer Arbeitsgruppen von Dozenten der Akademie für Gesellschaftswissenschaften beim ZK der SED und der Abteilung Politische Bildung der Friedrich-Ebert-Stiftung,* Berlin (Ost).

Ammer, Thomas, »Spuren des ›neuen Denkens‹ in der SED«, in: *Deutschland Archiv,* H. 9, 1988, S. 1913-1919.

Andert, Reinhold/Herzberg, Wolfgang (1990), *Der Sturz. Erich Honecker im Kreuzverhör,* Berlin/Weimar.

»Antwort von Otto Reinhold«, abgedruckt in: *Deutschland Archiv,* H. 6, 1989, S. 715-716.

»Arbeitskreis ehemaliger DDR-Häftlinge warnt: Keine Anbiederung bei Kommunisten«, in: *Berliner Morgenpost* vom 30. August 1987.

Aufrisse. Arbeitsgruppe »Absage an Praxis und Prinzip der Abgrenzung« (Hg. von Stephan Bickhardt, Reinhard Lampe, Ludwig Mehlhorn), Berlin (Ost). Heft I, 1987: Antrag: Absage an Praxis und Prinzip der Abgrenzung und Beiträge von Hans-Jürgen Fischbeck, Wolfgang Ullmann, Hans-Jochen Tschiche, Reinhard Lampe, Joachim Garstecki, Ludwig Mehlhorn, Edelbert Richter, Axel Noack, Stephan Bickhardt, Heino Falcke, Harald Wagner; Heft II, 1988: Beiträge u. a. von Hans-Jürgen Fischbeck, Erhard Eppler, Konrad Weiß, Edelbert Richter, Bärbel Bohley, Ludwig Mehlhorn.

»Auszüge aus ›Abreißkalender‹« von Freya Klier, in: *Ost-West-Diskussionsforum,* Nr. 4 (November 1988), S. 14-16.

Außenpolitische Strategie der KPdSU und neues politisches Denken im Atomzeitalter, Ltg. W. Sagladin, (Moskau 1988).

Bahr, Egon, »Chancen und Gefahren – unsere Zeit als Januskopf«, in: *Frankfurter Allgemeine Zeitung* vom 2. Oktober 1987, S. 11.

–, »Gorbatschow ist ein gefährlicher Mann, dem man helfen muß«, in: *Stern,* Nr. 15, 1987, S. 150-152.

–, »Neuer Ansatz der gemeinsamen Sicherheit«, in: *Die Neue Gesellschaft/Frankfurter Hefte,* H. 7, 1982, S. 659 ff.

– (1988), *Zum europäischen Frieden. Eine Antwort auf Gorbatschow,* Berlin.

Basler, Gerhard/Berg, Frank (1987), »Bedingungen, Erfordernisse und Tendenzen der Auseinandersetzung zwischen Sozialismus und Imperialismus«, in: *IPW-Berichte* 16. Jg. H. 6, S. 14-21.

Bender, Peter, *Gespräche SED-SPD in Freudenstadt,* WDR, 3. März 1986, 22.10 Uhr.

–, »Sicherheitspartnerschaft und friedliche Koexistenz. Zum Dialog zwischen SPD und SED«, in: *Die Neue Gesellschaft/Frankfurter Hefte,* H. 4, 1986, S. 342-346.

–, »Warten auf den Wandel«, in: *Deutsches Allgemeines Sonntagsblatt* vom 21. April 1989, S. 1.

Berg, Frank (1988), »Einige Bemerkungen zur Demokratie- und Menschenrechtsfrage in der Auseinandersetzung der Systeme, in: *Informationsbulletin Wissenschaftlicher Sozialismus,* 14, 2.1, S. 60-64.

Bischof Gottfried Forck, Evangelische Kirche in Berlin-Brandenburg, Ost-Berlin: Interview im Deutschlandfunk, 3.1.1988, in: *epd-Dokumentation,* Nr. 9/88 (22. Februar 1988), S. 15-17.

Böttger, Uwe-Eckart, Ausschnitte aus der Podiumsdiskussion »Zur Kultur des politischen Streits«, *Deutschlandfunk*, 19.10.1987, 21.10 Uhr.

Brandt, Willy (1988), »Die SPD in der deutschen Geschichte«, in: Miller, Susanne/Ristau, Malte (Hg.): *Erben deutscher Geschichte. DDR. BRD. Protokolle einer historischen Begegnung.* Reinbek, S. 13-24.

– (1989), *Erinnerungen*, Frankfurt/Main.

–, »Sechs Thesen zum Verhältnis von Kommunisten und Sozialdemokraten Ende der achtziger Jahre«, in: *Neue Gesellschaft/Frankfurter Hefte*, H. 4, 1986, S. 347-348.

Briefwechsel SED-SPD (1966), Berlin (Ost), 46 S.

Brinkel, Wolfgang / Rodejohann, Jo (Hg.) (1988), *Das SPD-SED-Papier.* Das Originaldokument mit Beiträgen von Erhard Eppler, Otto Reinhold, Joachim Garstecki, Richard Löwenthal, Gert Bucerius, Marion Gräfin Dönhoff, Iring Fetscher u.a., Freiburg.

Bruns, Wilhelm, Was ist neu am »neuen Denken« in der DDR?, in: *Aus Politik und Zeitgeschichte. Beilage zur Wochenzeitung Das Parlament*, 28. März 1987, S. 3-14.

Bucerius, Gert, »Aus der Vergangenheit nichts gelernt«, in: *Die Zeit*, Nr. 38, 11. September 1987, S. 4.

Bundestagsdebatten:

Verhandlungen des Deutschen Bundestages. 11. Wahlperiode. Stenographische Berichte, Band 143, Bonn 1987/1988.

Verhandlungen des Deutschen Bundestages. 11. Wahlperiode. Stenographische Berichte, Band 146, Bonn 1988.

Verhandlungen des Deutschen Bundestages. 11. Wahlperiode. Stenographische Berichte, Band 148, Bonn 1989.

Verhandlungen des Deutschen Bundestages. 11. Wahlperiode. Stenographische Berichte, Band 149, Bonn 1989.

CDU-Bundesgeschäftsstelle Bonn: *Pressemitteilung vom 27. August 1987 zum Grundsatzpapier von SPD und SED.*

Christbaum, Wilhelm, »Vorwärts auf dem Holzweg«, in: *Münchner Merkur* vom 12. September 1988.

»DDR-Alternative: Am ›Streitpapier‹ von SPD und SED festhalten«, in: *ppp (Pressedienst)*, 40. Jg./202/19. Oktober 1989, S.4.

Deutschlandpolitiker der DDR erinnern sich. Detlef Nakath (Hg.) (1995), Berlin.

Deutschland Archiv. 1985-1999, Köln.

dialog (1987). Heft 3 - 11, Berlin (West).

Dialog um Dialogpolitik (1989), Humboldt-Universität zu Berlin.

»DKP aus dem ›inneren Dialog‹ nicht ausklammern«, in: *Unsere Zeit* vom 13. September 1988.

»Dokument ›Der Streit der Ideologien und die gemeinsame Sicherheit‹ der Öffentlichkeit vorgelegt«, in: *Neues Deutschland* vom 28. August 1987, S. 1-2.

Dönhoff, Marion Gräfin, »Ob endlich die Zukunft beginnt?«, in: *Die Zeit*, Nr. 38, 11.9.1987, S. 5.

Einheit. Zeitschrift der SED, 1987-1989.

epd-Pressedienst, »SPD-SED-Dialog auch zu Vorgängen gegen die Opposition in der DDR« vom 2.5.1988.

Eppelmann, Rainer (1993), *Fremd im eigenen Haus. Mein Leben im anderen Deutschland*, Köln.

Eppler, Erhard (1988), *Wie Feuer und Wasser. Sind Ost und West friedensfähig?*, Reinbek.

– (1996), *Komplettes Stückwerk. Erfahrungen aus fünfzig Jahren Politik*, Frankfurt am Main und Leipzig.

–, »Eine neue Dimension«, in: *Deutsches Allgemeines Sonntagsblatt* vom 25. Oktober 1987, S. 6.

–, »Ärger mit allzu simplen Begriffen«, in: *Vorwärts*, Nr. 48, 28. November 1987, S. 12/13.

–, »Erklärung vor der Presse in Bonn anläßlich der Präsentation des Papiers ›Der Streit der Ideologien und die gemeinsame Sicherheit‹«, *Service der SPD für Presse, Funk, TV*, Bonn, 27.8.1987.

–/ Reinhold, Otto, »Ein System kann das andere nicht abschaffen«, in: *Der Spiegel*, Nr. 36, 1987, S. 9.

Eppler, Erhard, »Rede zum 17. Juni im Deutschen Bundestag.« Dokumentation in: *Frankfurter Rundschau* vom 19. Juni 1989, S. 7.

–, »Amerikanisches Interesse am Streitpapier SPD-SED«. Interview, in *ppp*, 39. Jg./41/ 1.3.1988, S. 3.

–/ Reinhold, Otto, »Ist der Streit der Ideologien gefährlich? Die Meinung eines Kommunisten und eines Sozialdemokraten dazu«, in: *Probleme des Friedens und des Sozialismus*, H. 9, 1988, S. 1184-1192.

»Eppler wegen DKP gerügt«, in: *Frankfurter Rundschau* vom 13. September 1988.

Eppler, Erhard (1990): Brief an die Akademie für Gesellschaftswissenschaften / Rolf Reißig, Dornstetten, 16. Januar 1990.

Erklärung des Parteirates der SPD zum gemeinsamen Papier der Grundwertekommission der SPD und der Akademie für Gesellschaftswissenschaften beim ZK der SED, Bonn, 18. November 1987.

Erklärung des Präsidiums der SPD zum SPD-SED-Papier, Bonn, 1. September 1987.

Falcke, Heino, »Einbringung des Antrags ›Absage an (...) Abgrenzung‹. Kirchensynode Görlitz, 18.-22. September 1987 (Protokollauszug)«, in: *epd-Dokumentation*, Nr. 44/87, S. 48ff.

Fetscher, Iring, »Wie die unser System verstehen sollen«, in: *Vorwärts*, Nr. 51/52, 19. Dezember 1987, S. 26/27.

Flügge, Reiner, »Fragen an ein Streitpapier«, in: *Kontext*, H. 3, 3.7.1988, S. 45-50.

Freie Universität Berlin. Otto-Suhr-Institut. Archiv und Dokumentation, *Presseausschnitte 1987-1989*.

Frieda (1981-1989): *Christliche Friedenskonferenz*. Arbeitsgruppe Thüringen.

Fricke, Karl-Wilhelm, *Gemeinsames Dokument SED-SPD*. Sender Freies Berlin, 24. Mai 1988.

Friedrich-Ebert-Stiftung (o.J.), *Streitkultur als Friedenspolitik. Erläuterungen zum gemeinsamen Papier von SPD und SED*, Bonn.

Gaebel, Hans-Herbert, »Streit unter Gentlemen?«, in: *Frankfurter Rundschau* vom 27. August 1987, S. 3.

Gansel, Norbert, »Gegen DDR Stimme erheben«, in: *Frankfurter Rundschau* vom 29. Januar 1988, S. 2.

–, »Wenn alle gehen wollen, weil die Falschen bleiben (...)«, in:*Frankfurter Rundschau* vom 13. September 1989, S. 10.

Garstecki, Joachim, »Gedanken zum gemeinsamen Dokument von SED und SPD auf der Grundlage von Einsichten und Erfahrungen der Friedensarbeit des Bundes der Evangelischen Kirchen in der DDR, in: *Kontext*, H. 2, 27.4.1988, S. 2-4.

»Gemeinsame Verantwortung für die Sicherung des Friedens. Zum Dokument ›Der Streit der Ideologien und die gemeinsame Sicherheit‹«, in: *Was und Wie*. Informationen, Argumente, Übersichten für den Agitator, H. 9, 1987, S. 4-6.

»Gemeinsamer Ideologie-Text von SPD und SED«, in: *Frankfurter Allgemeine Zeitung* vom 24. August 1987.

»Glasnost in der DDR der 9oer Jahre. Vorbereitung für den Parteitag zum Thema Demokratie und Menschenrechte – Tagung des Aspen-Instituts.« Von Uwe Schlicht in· *Der Tagesspiegel* vom 24.5.1989.

Gossweiler, Kurt, »Stärken und Schwächen im Kampf der SED gegen den Revisionismus«, in: *Streitbarer Materialismus*, Nr. 18, 1994.

Grebing, Helga, »Kein dritter Weg?«, in: *Vorwärts*, Nr. 37, 9.12.1987, S. 10.

Grenzfall, Hrsg. von der »Initiative für Frieden und Menschenrechte«, Berlin, H.1/1987 - 6/1989, Berlin (Ost).

Das große Haus. Insider berichten aus dem ZK der SED. Hans Modrow (Hg.) (1994), Berlin.

Grosser, Alfred, »SED-Chef nur Bruder Kain«, in:*Die Welt*, 3.9.1987, S. 4.

Grundwertekommission beim Parteivorstand der SPD, »Stellungnahme zum Stand des gesellschaftlichen Dialogs mit der DDR«, in: *Service der SPD für Presse, Funk, TV*, Bonn, 29. März 1989 bzw. *Deutschland Archiv*, H. 6, 1989, S. 713-716.

Haack, Dieter, »Kritische Anmerkungen zum ›Ideologiepapier‹. Aber der Dialog ist unverzichtbar«, in: *Deutschland Archiv*, H. 1, 1988, S. 40-47.

Die Häber-Protokolle. Schlaglichter der SED-Westpolitik 1973–1985, Nakath, Detlef/ Stephan, Gerd-Rüdiger (Hg.) (1999), Berlin.

Hager, Kurt, »Friedenssicherung und ideologischer Streit«, in: *Neues Deutschland* vom 29. Oktober 1987; abgedruckt in: *Deutschland Archiv* H. 1, 1988, S. 92-98.

Heigert, Hans, »Ein riskanter Dialog«, in:*Süddeutsche Zeitung* vom 28. August 1987, S. 4.

–, »Die Krise des Fortschritts irritiert die sozialistischen Ideologen«, in: *Süddeutsche Zeitung* vom 5. Mai 1988, S. 4.

Heimann, Gerhard, »Wann hätte der Dialog so viel Sinn gemacht wie jetzt?«, in· *ppp* (*Pressedienst*), 40. Jg./202/19. Oktober 1989.

Henkys, Reinhard, »Die DDR beginnt sich zu verändern«, in:*epd-Evangelische Information* vom 24.9.1987, abgedruckt· *epd-Dokumentation*, Nr. 44, 1987, S. 56.

Herzberg, Guntolf (1991), *Einen eigenen Weg gehen (...): Texte aus Ost und West 1981-1990*, Berlin.

Heuer, Jens-Uwe (1989), *Marxismus und Demokratie*, Baden-Baden.

Honecker, Erich, »Rolle des Sozialismus als Verfechter des Friedens heute bedeutender denn je zuvor: Rede auf dem Treffen in Moskau«, in: *Neues Deutschland* vom 5. November 1987, S. 5.

–, »Mit dem Volk und für das Volk realisieren wir die Generallinie unserer Partei zum Wohle der Menschen«, in: *Neues Deutschland* vom 13./14. Februar 1988, S. 3 ff.

Höppner, Reinhard (2000), *Zukunft gibt es nur gemeinsam*, München.

Huthmacher, Heinz Albrecht, *»Friedensfähigkeit des Imperialismus«. Aspekte einer aktuellen Ideologiediskussion in der DDR*, Friedrich-Ebert-Stiftung Bonn (Hg.), Mai 1989.

»Ich liebe Euch doch alle!« Befehle und Lageberichte des MfS Januar - November 1989. Mitter, Armin/Wolle, Stefan (Hg.) (1990).

Jahrbuch der Sozialdemokratischen Partei Deutschlands 1986/1987, Vorstand der SPD (Hg.), Bonn 1988.

Jahrbuch der Sozialdemokratischen Partei Deutschlands 1988, 1989, 1990, Vorstand der SPD (Hg.), Bonn 1990.

Kaiser, Carl-Christian, »Wandel durch Wettbewerb?«, in: *Die Zeit* vom 7. März 1986.

–, »Wetterleuchten«, in: *Die Zeit*, vom 6. November 1987.

–, »Wenn's im Dialog kritisch wird«, in: *Die Zeit* vom 6. Mai 1988.

–, »Freiheit, die sie meinen«, in: *Die Zeit* vom 21. April 1989.

Kaltefleiter, Werner, »Angst hat der SPD die Feder geführt«, in: *trend*, Dezember 1987, S. 79-82.

Kind, Christian, »Fragwürdige Friedensgespräche von SPD und SED«, in: *Neue Züricher Zeitung*, 30.3.1987.

Kirche im Sozialismus (KiS). 1987 - 1989, Berlin (West).

Klein, Dieter (1987), *Zur Friedensfähigkeit des Kapitalismus. Möglichkeiten und Bedingungen*.

– (1988), *Chancen für einen friedensfähigen Kapitalismus*, Berlin (Ost).

Klemm, Gernot, *Die Wirkung des SPD-SED-Papiers von 1987 »Der Streit der Ideologien und die gemeinsame Sicherheit« auf den inneren Diskussionsprozess in der SED (Stadtbezirk Weißensee)*. Belegarbeit an der Universität Potsdam, 1. Semester 1992/93.

Knauer, Gerd (1992), »Innere Opposition im Ministerium für Staatssicherheit?«, in: *Deutschland Archiv*, H. 7, 1992, S. 718-727.

Konrad-Adenauer-Stiftung e. V. Institut für Politische Bildung Schloß Eichholz. Jörg-Dieter Ganger, *Das »Friedenspapier« von SPD und SED – Zur Analyse eines »historischen Dokuments«*, o. J., Wesseling.

Kontext. Beiträge aus Kirche × Gesellschaft × Kultur (Hg. von der Ev. Bekenntnisgemeinde Berlin-Treptow), H. 1/1987 – H. 5/1989, Berlin (Ost).

Kriele, Martin, »Universalansprüche darf man nicht aufgeben« (Interview vom 2. September 1987), in: *Deutschland Archiv*, H. 1, 1988, S. 51-52.

Krusche, Werner, »6. März 1978-1988. Ein Lernweg«, in: *epd-Dokumentation*, Nr. 12/88 (10. März 1988), S. 9-31.

»Kultur des Streits«, in: *Der Spiegel*, Nr. 35, 24. August 1987.

Kundgebungen. Worte, Erklärungen und Dokumente des Bundes der Evangelischen Kirchen in der DDR. Bd. 2: 1981-1991, Falkenau, Manfred (Hg.) (1996), Hannover.

Kuppe, Johannes (1986), »Neues politisches Denken auch in der DDR?«, in: *DDR-Report*, H. 12, 1986, S. 689-692.

»Kurzinterview mit Landesbischof Werner Leich, Vorsitzender der Evangelischen Kirchenleitungen in der DDR« am 4.9.1987 (Tonbandnachschrift), in: *Das SPD-SED-Papier. Der Streit der Ideologien und die gemeinsame Sicherheit*, Wolfgang Brinkel und Jo Rodejohann (Hg.), Freiburg 1988.

»Landesbischof Werner Leich, Vorsitzender der Evangelischen Kirchenleitungen, Zum Jahr 1987 aus kirchlicher Sicht: Interview im evangelischen Nachrichtendienst ena vom 23.12.1987«, in: *epd-Dokumentation*, Nr. 9/88 (22. Februar 1988), S. 15-17.

»Lassen Sie Biermann in Leipzig singen«. 12. »Gustav-Heinemann-Gespräch« zum Thema »Der Streit der Ideologien und die gemeinsame Sicherheit« in Freudenberg (BRD) Wortprotokoll, Teilnehmer: Thomas Meyer, Rolf Reißig, Karl Lamers, Jürgen Schnapperts, Jürgen Fuchs, in: *Umweltblätter*, 20. Januar 1988, Anhang, S. 1-66.

»Lassen Sie Biermann in Leipzig singen«. »Gustav-Heinemann-Gespräch« mit Rolf Reißig, Jürgen Fuchs und Vertretern von SPD, CDU und den Grünen, in: *taz*, 6.11.1987, S. 20.

Leich, Werner, »Ansprache beim Treffen mit dem Staatsratsvorsitzenden Erich Honecker am 3. März 1988«, in: *epd-Dokumentation*, Nr. 12/88 (10. März 1988), S. 2-5.

Lölhöffel, Helmut, »Treffen am Scharmützelsee«, in: *Frankfurter Rundschau* vom 30. Oktober 1987.

Interview mit Richard Löwenthal, in: *ppp (Pressedienst)*, 38. Jg., 163/31. August 187, S. 3-5.

Löwenthal, Richard, »SPD und SED. Ein Versuch der Bewußtmachung«, in: *Die Welt*, 9. Februar 1987, S. 4.

Lübbe, Peter (1978), *Kommunismus und Sozialdemokratie*, Berlin/Bonn.

–, »Wandelt sich das sozialreformistische Feindbild der DDR?«, in: *Deutschland Archiv*, Jg. 21, H. 11, 1988, S. 1178-1188.

Ludz, Peter Christian (1972), »Die Ideologie des ›Sozialdemokratismus‹ aus der Sicht der Kommunisten«, in: *Die Neue Gesellschaft*, H. 5, 1972, S. 358-363.

Meyer, Gerd (1991), *Die DDR-Macht-Elite in der Ära Honecker*, Tübingen.

Meyer, Thomas. Grundwertekommission beim Parteivorstand der SPD, *Für eine Kultur politischen Streits zwischen Ost und West, die den Frieden sichert (Thesen)*, Bonn, Januar 1986.

–, »Für eine politische Streitkultur in Ost und West«, in: *L' 80*, Nr. 39, September 1986, S. 137-141.

–, »Streit und Kooperation. Stellungnahme auf der Pressekonferenz am 27.8.1987 in Berlin/DDR«, in: *Kultur des Streits. Die gemeinsame Erklärung von SPD und SED. Stellungnahmen und Dokumente*, Köln 1988, S. 39-43.

–, »Ein neuer Rahmen für den Ost-West-Dialog. Das gemeinsame Grundsatzpapier von SED und SPD. Kein nationales Memorandum«, in: *Die Neue Gesellschaft/Frankfurter Hefte*, H. 10, 1987, S. 870-877.

–, »Dokument der Hoffnung, nicht Garantie des Gelingens«; in: *Deutschland Archiv*, H. 1, 1988, S. 33-39.

–, »Menschenrechte in Ost und West – Übereinstimmungen und Differenzen«, in:*Deutschland Archiv*, H. 7, 1989, S. 763-768.

Neubert, Harald. Akademie für Gesellschaftswissenschaften beim ZK der SED, *Konzept und Politik der friedlichen Koexistenz (Thesen)*, Berlin, Januar 1986.

Die Ost- und Deutschlandpolitik der SPD in der Opposition 1982–1989, Dieter Dowe (Hg.), Friedrich-Ebert-Stiftung, Reihe Gesprächskreis Geschichte, H.4, 1993, Bonn.

Ost-West-Diskussionsforum. 1988-1989, Düsseldorf.

Der Palme-Bericht (1982), Bericht der Unabhängigen Kommission für Abrüstung und Sicherheit»Common Security«, Berlin.

Parteirat der SPD, *Grundsätze für die Wahrnehmung von Kontakten mit der SED und deren Gliederungen sowie mit Institutionen, Parteien, Organisationen und Gruppierungen in der DDR*, in: Presseservice der SPD vom 27. Juni 1989.

Parteirat der SPD, »Thesen zur weiteren Diskussion des ›gemeinsamen Papiers‹«, 18.11.1987, in: *Das SPD-SED-Papier*, 1988, Freyburg i.Br., S. 96-98.

Philipps, Peter, »Ein schmachvolles Papier«, in: *Die Welt* vom 26. August 1987, S. 2.

Poppe, Ulrike, »Neue Wege?«, in: *Umweltblätter* (Umweltbibliothek), 20. Januar 1988, S. 14-16.

Pragal, Peter, »Frechheiten am Scharmützelsee«, in: *Stern*, 20. April 1989, S. 257.

Präsidium der SPD, »Erklärung zum gemeinsamen Papier«, 22.6.1987, in: *Das SPD-SED-Papier*, 1988, Feyburg i. Br., S. 28-29.

Raabe, Joachim, «Dialog zu Problemen der Entwicklungsländer«, in: *horizont*, H. 12, 1987, S. 10.

Reiche, Steffen, »Die SED in der Opposition«, in: *Der Spiegel*, Nr. 44, 1989, S. 24-25.

Reinhold, Otto/Banaschak, Manfred, »Der Streit der Ideologien und die gemeinsame Sicherheit«, in: *Einheit*, H. 9, 1987, S. 771-780.

Reinhold, Otto, »Antworten auf Fragen zum Streit der Ideologien und zur gemeinsamen Sicherheit«, in: *Neues Deutschland* vom 11. November 1987, abgedruckt in: *Deutschland Archiv*, H. 1, 1988, S. 99-102.

–, »Ein Dokument von historischem Rang«, in: *horizont*, H. 9, 1987, S. 3.

–, »Eine neue Atmosphäre in den Beziehungen. Stellungnahme auf der Pressekonferenz am 27.8.1987 in Berlin/DDR«, in: *Kultur des Streits. Die gemeinsame Erklärung von SPD und SED. Stellungnahmen und Dokumente*, Köln 1988, S. 30-38.

Reißig, Rolf (1986), »Sozialismus und Systemauseinandersetzung«, in: *Deutsche Zeitschrift für Philosophie*, Jg. 34, H. 4, S. 309-318.

– (1987), »Der Kampf um Frieden und sozialen Fortschritt in unserer Zeit«, in: *Akademie für Gesellschaftswissenschaften* (Hg.), S. 60-77.

–, »Soll doch jeder im Wettstreit seine Möglichkeiten zeigen«, Interview in*Berliner Zeitung* vom 21. Januar 1988, S. 9.

– (1988), »New political thinking in East-West-relations: For politics and ideology capable of peace«, in: International Political Science Association 14th World Congress (28 August to 1 September) Washington.

–, »Friedlicher Wettstreit zwischen entgegengesetzten Systemen, in: *Spectrum* 20/1989, S. 30-32.

– (1989), »Konzeptionelle Grundlinien zur weiteren Forschungsarbeit auf dem Gebiet der sozialistischen Demokratie«, in: *Informationsbulletin Wissenschaftlicher Sozialismus*, 15, 1.1, S. 33-38.

Roolf, Ben, »Das SPD-SED-Papier. Eine ›Fehlersuche‹ oder der Versuch, ein ungutes Gefühl zu rationalisieren«, in: *Kontext*, 22. November 1988, S. 20-29.

Rosenthal, Rüdiger, »Bilanz des Dialogs. Wie gehen Kirche und Gruppen mit dem SPD-SED-Dokument um?«, in: *Kirche im Sozialismus*, H. 3, 1989, Berlin (West), S. 101-104.

Rühe, Volker, »Statt Lösungen zusätzliche Probleme«, in: *trend*, Dezember 1987, S, 77-79.

–, »Rede im Deutschen Bundestag«, in: *Verhandlungen des Deutschen Bundestages: Stenographischer Bericht*, Bd. 150, S. 11723 ff.

Schmidt, Max (Hg.) (1989), *Sicherheit und friedliche Koexistenz*, Berlin(Ost).

Schnappertz, Jürgen (1988), »Dialog als unendliche Geschichte oder als Lernprozeß? Über die Ambivalenzen des SED/SPD-Papiers«, in: *Deutschland Archiv*, H. 1, S. 47-51.

Schmude, Jürgen, »SPD-Streitpapier hat politische Wende in der DDR gefördert«, in:*Die SPD im Deutschen Bundestag*, 15. Dezember 1989, S. 257.

Schneider, Rolf, »Perestroika in der DDR«, in: *Der Spiegel*, Nr. 41, 1987, S. 174-175.

Schönherr, Albrecht, »Zehn Jahre danach – 6. März 1978-1988«, in: *Neue Zeit* vom 5.3.1988, abgedruckt in: *epd-Dokumentation*, Nr. 12/88 (10. März 1988), S. 35-36.

Schorlemmer, Friedrich (1990), *Träume und Alpträume. Einmischungen 1982-90*, Berlin.

– (1992), *Worte öffnen Fäuste. Die Rückkehr in ein schwieriges Vaterland*, München.

Schulz, Eberhard (1988), »Das ›neue politische Denken‹ und die Deutschen. Wechselwirkungen zwischen Ideen und Politik in West und Ost«, in: *Deutschland Archiv*, H. 9, S. 963-979.

Schütz, Peter, »SPD und SED auf einer Ebene? Fraktion debattierte Kontroverse über gemeinsames Papier«, in: *Stuttgarter Nachrichten* vom 24. September 1987.

Schwan, Gesine, »Ein Januskopf – Gefahren und Chancen«, in: *Frankfurter Allgemeine Zeitung* vom 23. September 1987, S. 8.

Die SED. Geschichte – Organisation – Politik. Ein Handbuch. Herbst, Andreas/Stephan, Gerd-Rüdiger/Winkler, Jürgen (Hg.) (1997), Berlin.

»SED-Ideologe plädiert für schnelle Perestroika«, in:*Süddeutsche Zeitung* vom 19. Oktober 1989.

»SED-Professor rüttelt an der Machtfrage. Rolf Reißig: ›Niemand hat ein Monopol auf Wahrheit‹« / Tagung in Wolfenbüttel, in: *Hannoversche Allgemeine Zeitung* vom 19. Oktober 1989.

»Selbstkritik und Unterstützung für mehr Demokratie. Die Vorstellung von DDR-Vertretern auf einer internationalen Aspen-Konferenz«, in: *Der Tagesspiegel* vom 30. November 1989.

»Sozialdemokraten und Kommunisten bewerten Erfahrungen mit Dialog positiv«, in:*Frankfurter Allgemeine Zeitung* vom 17. Dezember 1988.

Sozialdemokratische Partei Deutschlands. Der Parteivorstand. Pressearchiv, *Presseausschnitte, Stellungnahmen, Kommentare zum SPD-SED-Dialog 1985-1989*, Bonn.

»SPD-SED-Forum im Siegerland«, in: *Umweltblätter* (Umweltbibliothek), 1. November 1987, S. 2-6.

»SPD und SED wollen Schulbuchkommission«, in: *Frankfurter Allgemeine Zeitung* vom 16. Oktober 1987.

Stephan, Gerd-Rüdiger (Hg.) (1994), »*Vorwärts immer, rückwärts nimmer!*« Interne Dokumente zum Zerfall von SED und DDR 1988/89, Berlin.

Stolpe, Manfred, »Wir brauchen die Kultur des Meinungsstreits« / Zum Verhältnis Staat – Kirche. Interview in: *Der Spiegel*, Nr. 7, 1988, S. 23-27.

–, »Christen und Kirche im Dialog mit der Gesellschaft. Fragen der Zeit. Gastvorlesung an der Ernst-Moritz-Arndt-Universität Greifswald,21.9.1988«, in: *epd-Dokumentation*, Nr. 44/88 (17. Oktober 1988), S. 69-80.

Strasser, Johani / Traube, Klaus (1981), *Die Zukunft des Fortschritts*, Bonn.

Der Streit der Ideologien und die gemeinsame Sicherheit. Protokoll einer Tagung der Evangelischen Akademie Baden vom 4.-5. März 1988 in Bad Herrenalb mit Beiträgen von Hermann Weber, Erhard Eppler, Werner Paff, Chryostomos Zodel, Gerhardt Langguth, Karlsruhe.

»Der Streit der Ideologien und die gemeinsame Sicherheit«, in: *Informationsdienst der SPD* 3/1987 oder in: *Neues Deutschland* vom 28. August 1987, S. 3.

»Streit um Glasnost spaltet SED«, in: *Der Tagesspiegel* vom 5. November 1987, S. 3.

»Streit um Vorzüge – nicht um Hegemonie. Live-Diskussion vom1.9.1987 im 1. Fernsehprogramm der DDR«, in: *Kultur des Streits. Die gemeinsame Erklärung von SPD und SED. Stellungnahmen und Dokumente*, Köln 1988, S. 67-88.

Ein System kann das andere nicht abschaffen. SPD-Präside Erhard Eppler und der SED-Ideologe Otto Reinhold über das gemeinsame Friedenspapier, in: *Der Spiegel*, Nr. 36, 1987, S. 27-30.

»Systemauseinandersetzung und Sicherung des Friedens« (1987), Gespräch der Redaktion der IPW-Berichte mit H. Nick, R. Reißig, L. Maier und H. van der Meer, in: *IPW-Berichte*, H. 12/1987, S. 1-12.

Templin, Wolfgang, »Ein Jahr SPD-SED-Papier – Für einen blockübergreifenden Dialog von unten«, in: *Ost-West-Diskussionsforum*, Nr. 4, (November 1988), S. 13.

Umweltblätter. Info-Blatt des Friedens- und Umweltkreises. Zionsgemeinde Berlin, März 1987 - September 1989, Berlin (Ost).

Das verfemte Dokument. Zum 10. Jahrestag des SPD-SED-Papiers, Dokumentation. Materialien einer Diskussionsveranstaltung der Friedrich-Ebert-Stiftung, Berliner Büro, am 1. Februar 1997 in Berlin.

Veränderungen in der Gesellschaft und im politischem System der DDR (1988): Ursachen, Inhalte, Grenzen. Einundzwanzigste Tagung zum Stand der DDR-Forschung in der Bundesrepublik Deutschland 24. bis 27. Mai 1988, Köln.

Vogel, Hans-Jochen (1996), *Nachsichten. Meine Bonner und Berliner Jahre*, München.

Voigt, Karsten D., »Zum Verhältnis der SPD zur SED«, in: *Deutscher Bundestag. Pressedokumentation* vom 11. Dezember 1984.

–, »Entspannung fördert die Menschenrechte«, in: *Deutscher Bundestag. Pressedokumentation* vom 26. Juni 1985.

–, »Nur Reformen können auf Dauer innere Stabilität gewährleisten«, in: *Deutscher Bundestag. Pressedokumentation* vom 30. November 1985.

–, »Sozialdemokratische und marxistisch-leninistische Friedenspolitik«. Vortrag an der Parteihochschule »Karl Marx« beim ZK der SED am 23. November 1987, in: *Service der SPD für Presse, Funk, TV*, Bonn, 23. November 1987.

Will, Rosemarie (1989), »Rechtsstaatlichkeit als Moment demokratischer politischer Machtausübung«, in: *Deutsche Zeitschrift für Philosophie*, Jg. 37, H. 9/1989, S. 801-812.

Wissenschaftlicher Sozialismus (1989), Lehrbuch für das marxistisch-leninistische Grundlagenstudium, Berlin-Ost.

Wolfgang, Wolf, »Ein Dokument von historischer Bedeutung«, in: *Kontext*, H. 2, 27.4.1988, S. 5-15.

Ziegler, Uwe (1989), »Die neue Sicht der DDR in der Systemauseinandersetzung«, in: *Aus Politik und Zeitgeschichte*, Beilage 34 zu *Das Parlament*, S. 28-38.

–, »*DDR und Menschenrechte*«, Teil I, *Intersystemarer Menschenrechtsdialog*, Friedrich-Ebert-Stiftung Bonn (Hg.), September 1989.

»Zum Verhältnis von Sozialdemokratie und Kommunismus«, in: Vorstand der SPD (Hg.), *Jahrbuch der SPD 1970/71*, Bonn 1972, S. 557-564.

II. Darstellungen: Aufsätze, Monographien, Sekundärliteratur

Adler, Frank/Reißig, Rolf (1992), »Zum Verhältnis von Sozialwissenschaften und Politik in der ehemaligen DDR«, in: Jaufmann, D./Kistler, E./Meier, K./Strech, K.-H. (Hg.), *Empirische Sozialforschung im vereinten Deutschland. Bestandsaufnahmen und Perspektiven*, Frankfurt a. M./New York, S. 63-93.

Arendt, Hanna (1986), *Elemente und Ursprünge totaler Herrschaft*, München.

Ash Garton, Timothy (1993), *Im Namen Europas. Deutschland und der geteilte Kontinent*, München/Wien.

Bahr, Egon (1996), *Zu meiner Zeit*, München.

Bahro, Rudolf (1977), *Die Alternative. Zur Kritik des real existierenden Sozialismus*, Köln/Frankfurt a. M.

Bender, Peter (1995), *Die »Neue Ostpolitik« und ihre Folgen*, München.

Berg, Frank/Möller, Bärbel/Reißig, Rolf (1992), »Pro und contra politikwissenschaftlicher Forschung in der DDR«, in: *Politische Vierteljahresschrift*, H. 2, S. 256-277.

Berliner Programm der SPD 1989, Bonn.

Besier, Gerhard (1995), *Der SED-Staat und die Kirche 1969-1990. Die Vision vom »Dritten Weg«*, Berlin/Frankfurt a.M.

Birkenbach, Hanne-Margret (1990), *Die SPD-SED-Vereinbarungen über den »Streit der Ideologien und die gemeinsame Sicherheit«*, Hamburger Beiträge zur Friedensforschung und Sicherheitspolitik, H.37, Hamburg.

Cammann, Alexander (2001), »Innovation und Illusion. Das SPD/SED-Papier von 1987 als Form intellektueller Politik«, in: *Vorgänge*, H. 4, 2001, S. 28-40.

Die DDR im vierzigsten Jahr. Geschichte, Situation, Perspektiven. Zweiundzwanzigste Tagung zum Stand der DDR-Forschung in der Bundesrepublik 16. bis 19. Mai 1989. Hg. v. d. Edition Deutschland Archiv, Köln 1989.

Deutscher Bundestag (Hg.) (1995): *Materialien der Enquête-Kommission »Aufarbeitung von Geschichte und Folgen der SED-Diktatur in Deutschland«* (12. Wahlperiode des Deutschen Bundestages). Neun Bände in 18 Teilbänden, Baden-Baden, Frankfurt a.M.

– Bd. III/1-3: *Rolle und Bedeutung der Ideologie, integrativer Faktoren und disziplinierender Praktiken in Staat und Gesellschaft der DDR* (Beiträge bzw. Ausarbeitungen von R. Wisniewski, H. Weber, K. Löw, W. Leonhard, M. Wilke, J. Schütrumpf, I. Hanke, R. Thomas, J.L. Kuppe, H. Weber/L. Lange, 13-94, 120-139, 359-373, 1144-1187, 1371-1441, 1844-1900, 2034-2061).

– Bd. V/1-3: *Deutschlandpolitik, innerdeutsche Beziehungen und internationale Rahmenbedingungen* (Beiträge bzw. Ausarbeitungen von H. Möller, B. Faulenbach, W. Daschitschew, K.-H. Ruffmann, H.-A. Jacobsen, A. Fischer, F. Oldenburg, W. Link, E. Schulz, D. Blumenwitz, P. Bender, L. Rühe, W. Stützle, J. Garstecki, G. Weisskirchen, F. Schenk, M. Glaab/K.-R. Korte, E. Mende, H. Windelen, E. Bahr, W. Mischnik, E. Eppler, D. Wilms, R. Eppelmann, M. Gutzeit, M. Schmidt, M. Uschner, H. Kohl, H.-J. Vogel, H.-D. Genscher, W. Loth, H. Potthoff, J. Staadt, W. Weidenfeld/M. Glaab, 238-264, 335-998, 1744-1765, 2065-2113, 2406-2469, 2798-2962).

– Bd. VII/1 und 2: *Möglichkeiten und Formen abweichenden und widerständigen Verhaltens und oppositionellen Handelns, die friedliche Revolution im Herbst 1989, die Wiedervereinigung Deutschlands und Fortwirken von Strukturen und Mechanismen der Diktatur* (Beiträge bzw. Ausarbeitungen von K.W. Fricke, H. Knabe, E. Richter, J. Fuchs, R. Jahn, M. Gutzeit, H. Misselwitz, U. Poppe, B. Bohley, M. Meckel, H.-J. Fischbeck, G. Poppe, R. Eppelmann, St. Bickhardt, Ch. Dietrich, R. Eckert, E. Jesse, Th. Klein, W. Knabe, I.-S. Kowalczuk, L. Mehlhorn, W. Otto, W. Templin/S. Werner/F. Ebert, U. Thaysen, R. Weißkuhn, J. Wielghos/M. Schulz, 15-178, 235-313, 450-503, 558-757, 987-1079, 1110-1284, 1409-1491, 1654-1995).

– Bd. IX: *Formen und Ziele der Auseinandersetzung mit den beiden Diktaturen in Deutschland* (Beiträge bzw. Ausarbeitungen von H. Möller, J. Kocka, A. Fischer, S. Meuschel, K. Hornung, K.D. Bracher, J. Habermas, R. Lepsius, R. Schröder, 574-816).

Deutschland Archiv (1988): H. 1, 3, 6, 10; (1989): H. 6; (1992): H. 10, Köln.

Ditfurth, Christian von (1992), »Angst vor den Akten«, In: *Der Spiegel*, Nr. 36, S. 50-63.

Eckert, Rainer (1996), »Widerstand und Opposition in der DDR. Siebzehn Thesen«, in: *Zeitschrift für Geschichtswissenschaft*, H. 1, 1996, S. 49-67.

Eppler, Erhard (2000), »Helmut Kohl und die guten Deutschen,« in: *Süddeutsche Zeitung*, 4. Oktober 2000, S. 14.

Fetscher, Iring (1988), »Für realistische Formen des Wettbewerbs der Ideen«, in: Brinkel/ Rodejohann (1988), Freyburg.

Friedrich-Ebert-Stiftung (Hg.) (1997): *Das verfemte Dokument*. Zum 10. Jahrestag des SPD/SED-Papiers »Der Streit der Ideologien und die gemeinsame Sicherheit« Dokumentation einer Diskussionsveranstaltung, Berlin.

Gibas, Monika (1997), »Ideologie und Propaganda«, in: Herbst/Stephan/Winkler (Hg.), *Die SED. Ein Handbuch*, S. 241-262.

Glaeßner, Gert-Joachim (1988), *Die DDR in der Ära Honecker. Politik, Kultur und Gesellschaft*, Opladen.

Greenwald, Jonathan G. (1993), *BERLIN WITNESS. An American Diplomat's Chronicle of East Germany's Revolution*, Pennsylvania.

Grundwertekommission beim Parteivorstand der SPD (1992), »Trotz alledem – hilfreich. Das Streitkultur-Papier von SPD und SED – Fünf Jahre danach«, in: *Deutschland Archiv*, H. 11, 1992, S. 1100-1120.

Hacker, Jens (1992): *Deutsche Irrtümer. Schönfärber und Helfershelfer der SED-Diktatur im Westen*, Berlin, Frankfurt a. M.

Hahn, Erich (1994), »Die Grundsatzgespräche zwischen SED und SPD 1984-1989«. Bearbeiteter Vortrag, in: *Beiträge zur Geschichte der Arbeiterbewegung*, H. 3/1994, S. 27-40.

Henrich, Rolf (1989), *Der vormundschaftliche Staat. Vom Versagen des real existierenden Sozialismus*, Reinbek bei Hamburg.

Herbst, Andreas/Stephan, Gert-Rüdiger/Winkler, Jürgen (Hg.) (1997), *Die SED. Geschichte, Organisation, Politik. Ein Handbuch*, Berlin.

Hertle, Hans-Hermann/Stephan, Gert-Rüdiger (Hg.) (1997), *Das Ende der SED. Die letzten Tage des Zentralkomitees* (Forschungen zur DDR-Gesellschaft), Berlin.

Herzberg, Guntolf (1991), »Wann wir streiten Seit' an Seit' (...) Bemerkungen zum gemeinsamen Papier von SPD und SED« (erstmals erschienen in: Deutschland Archiv, H. 6/1988), in: *Einen eigenen Weg gehen*, Berlin.

Hintze, Peter (1997), »Linke Theoriegebäude sind eingestürzt. 10 Jahre nach dem ›SPD-SED-Papier‹: Wie weit reichte das Einvernehmen?«, in: *Die Zeit* vom 29. August 1997.

Howarth, Marianne (2001), Die Westpolitik der DDR zwischen internationaler Aufwertung und ideologischer Offensive, in: Pfeil (Hg.), *Die DDR und der Westen*, S. 81-98.

Huar, Ulrich (1993), »Was hat den Sozialismus zerstört?«, in: *Marxistische Blätter*, Frankfurt a. M., H. 3/1993, S. 84.89.

Ist die Politik noch zu retten? Standpunkte am Ende des 20. Jahrhunderts (1996), Wolfgang Thierse (Hg.), Berlin.

Japs, Gode (1992), »Riskanter Dialog. Das gemeinsame Ideologiepapier von SPD und SED«, in: *Deutschland Archiv*, H. 10, S. 1011-1014.

Jarausch, Konrad H. (1998), »Realer Sozialismus als Fürsorgediktatur. Zur begrifflichen Einordnung der DDR«, in: *Aus Politik und Zeitgeschichte* B 20, S. 33-46.

–/ Sabrow, Martin (Hg.) (1999), *Weg in den Untergang. Der innere Zerfall der DDR*, Göttingen.

Joas, Hans/Kohli, Martin (1993), *Der Zusammenbruch der DDR*, Frankfurt a. M.

Kaiser, Carl-Christian, »Der General ging unter die Decke«, in: *Die Zeit* vom 28. August 1992, S. 74.

Kapferer, Norbert (1990), *Das Feindbild der marxistisch-leninistischen Philosophie in der DDR 1945-1988*, Darmstadt.

Klein, Fritz (2000), *Drinnen und Draußen*, Frankfurt am Main.

Klein, Thomas (1994), »Alternatives und oppositionelles Denken in der SED seit Mitte der 80er Jahre«, in: *Antworten zur Geschichte der DDR* (Hg. D. Keller/H. Modrow/ H. Wolf), Bonn/Berlin.

– (1995), »Reform von oben? Opposition in der SED«, in: Poppe/Eckert/Kowalczuk, *Zwischen Selbstbehauptung und Anpassung*, S. 124-141.

–/ Otto, Wilfriede/Grieder, Peter (1996), *Visionen, Repression und Opposition in der SED (1949-1989)*, Bd. I, II, Frankfurt/O.

Klein, Thomas (1997), »Zu Opposition und Widerstand in der SED«, in: Herbst/Stephan/ Winkler (Hg.), *Die SED. Ein Handbuch*, Berlin, S. 197-215.

– (1999), »Die doppelte Isolation. Zum Ausgang der oppositionellen Gruppen in der ›Wende‹«, in: Jarausch/Sabrow (Hg.), *Weg in den Untergang*, Göttingen.

Knabe, Hubertus (1996), »Was war die ›DDR-Opposition‹? Zur Typologisierung des politischen Widerspruchs in Ostdeutschland«, in: *Deutschland Archiv*, H. 2, S. 184-198.

Korte, Karl-Rudolf (1998), *Deutschlandpolitik in Helmut Kohls Kanzlerschaft. Regierungsstil und Entscheidungen 1982-1989*, Stuttgart.

Krüger, Thomas (1994), »(…) über die SPD-Ostpolitik und ihre Wirkungen in der DDR«, in: *Frankfurter Rundschau* vom 10. März 1994, S. 18.

Küchenmeister, Daniel (Hg.) (1993), *Honecker – Gorbatschow. Vieraugengespräche*, Berlin.

Land, Rainer/Possekel, Ralf (1998), *Fremde Welten. Die gegensätzliche Deutung der DDR durch SED-Reformer und Bürgerbewegung in den 80er Jahren*, Berlin.

Leinkauf, Thomas (1992), »Kopfwäsche im Zentralkomitee«, in: *Berliner Zeitung* vom 27. August 1992, S. 6.

Ludz, Peter Christian (1970), *Parteielite im Wandel. Funktionsaufbau, Sozialstruktur und Ideologie der SED-Führung. Eine empirisch-systematische Untersuchung*, 3. Auflage, Köln.

– (1976), *Ideologiebegriff und marxistische Theorie. Ansätze zu einer immanenten Kritik*, Opladen.

Meuschel, Sigrid (1990), »Revolution in der DDR«, in: *23. Tagung zum Stand der DDR-Forschung in der Bundesrepublik*, 5.-8. Juni, Köln.

– (1992), *Legitimation und Parteiherrschaft in der DDR*, Frankfurt a. M.

Meyer Thomas (1993), »Das SPD/SED-Papier ›Der Streit der Ideologien und die gemeinsame Sicherheit‹«, in: SPD-Bundestagsfraktion (Hg.),*Rück-Sicht auf Deutschland*. Beiträge zur Geschichte der DDR und zur Deutschlandpolitik der SPD, Bonn1993.

Mittenzwei, Werner (2001), *Die Intellektuellen. Literatur und Politik in Ostdeutschland von 1945 bis 2000*, Leipzig.

Mühlen, Patrik von zu (2000), *Aufbruch und Umbruch in der DDR. Bürgerbewegung, kritische Öffentlichkeit und Niedergang der SED-Herrschaft*, Bonn.

Nakath, Detlef/Stephan, Gert-Rüdiger (Hg.) (1995), *Von Hubertusstock nach Bonn. Eine dokumentierte Geschichte der deutsch-deutschen Beziehungen auf höchster Ebene 1980-1987*, Berlin.

Neubert, Erhart (1994), »Meister der Legende. Ein Kommentar zum Text des ›Insider-Komitees‹«, in: *Deutschland Archiv*, H. 4, S. 391-407.

– (1997), *Geschichte der Opposition der DDR 1949-1989* (Forschungen zur DDR-Gesellschaft), Bundeszentrale für politische Bildung, Berlin.

Neubert, Harald (1994), *Zum gemeinsamen Ideologie-Papier von SED und SPD aus dem Jahre 1987*. hefte zur DDR-Geschichte (Hg. »Gesellschaftswissenschaftliches Forum« e.V. und »Helle Panke« e. V.), Berlin.

Niemann, Heinz/Prokop, Siegfried (1995), *Sozialdemokratie als Idee und Tradition in der DDR. Versuch eines Problemaufrisses*, (Hg. »Gesellschaftswissenschaftliches Forum« e.V., »Helle Panke« e. V.), hefte zur DDR-Geschichte, Berlin.

Pfeil, Ulrich (Hg.) (2001), *Die DDR und der Westen. Transnationale Beziehungen 1949-1989*, Berlin.

Phillips, Ann L. (1989), *Seeds of Change in the German Democratic Republic: The SED-SPD Dialogue*. (Research Reports, 1), Washington.

»Das politische Wirken der Kirchen in der DDR und die Reaktionen des MfS«. Insider-Komitee zur Aufarbeitung der Geschichte des MfS e.V., Berlin (Schmidt, Wolfgang/ Anders, Dietrich/Terpe, Manfred), in: *Deutschland Archiv*, H. 4, 1994, S. 374-391.

Pollack, Detlef/Rink, Dieter (Hg.) (1997), *Zwischen Verweigerung und Opposition. Politischer Protest in der DDR 1970-1989*, Frankfurt a.M./New York.

Pollack, Detlef (1999), »Der Zusammenbruch der DDR als Verkettung getrennter Handlungslinien«, in: Jarausch/Sabrow, *Weg in den Untergang. Der innere Zerfall der DDR*, S. 83-116.

Poppe, Ulrike/Eckert, Rainer/Kowalczuk, Igo-Sascha (Hg.) (1995) *Zwischen Selbstbehauptung und Anpassung. Formen des Widerstands und der Opposition in der DDR* (Forschungen zur DDR-Geschichte. 6), Berlin.

Potthoff, Heinrich (1995), *Die »Koalition der Vernunft«. Deutschlandpolitik in den 8oer Jahren*, München.

– (1999), *Im Schatten der Mauer. Deutschlandpolitik 1961 bis 1990*, Berlin.

Probst, Lothar (1999), »Die Revolution von 1989 und ihre Akteure«, in: *Deutschland Archiv*, H. 1, 1999, S. 113-118.

Rauh, Hans-Christoph (1992), »Feststellungen zur Ideologiebeschäftigung in der vormaligen DDR-Philosophie«, in: Salumun, K. (Hg.): *Ideologien und Ideologiekritik*, Darmstadt, S. 107-118.

Reißig, Rolf/Berg, Frank (1988), »Menschenrechte in der Politik des Sozialismus«, in: *Deutsche Zeitschrift für Philosophie, 36.* Jg., H. 7, S. 599-609.

Reißig, Rolf/Glaeßner, Gert-Joachim (Hg.) (1991), *Das Ende eines Experiments, Umbruch in der DDR und deutsche Einheit,* Berlin.

Reißig, Rolf (1992), «The Failure of ›Real Socialism‹«, in: Glaeßner, G.-J./Wallace, J., *Revolution of 1989. Causes and Consequences,* Oxford, p. 23-42.

– (1993a), »Das Scheitern der DDR und des real-sozialistischen Systems – Einige Ursachen und Folgen«, in: Joas, H./Kohli, M. (Hg.): *Der Zusammenbruch der DDR.* Soziologische Analysen, Frankfurt a.M., S. 49-69.

– (Hg.) (1993b), *Rückweg in die Zukunft. Über den schwierigen Transformationsprozeß in Ostdeutschland,* Frankfurt a. M./New York.

– (1996), »Das SPD/SED-Dialogpapier – Absichten, Einsichten, Erfahrungen«, in: *Ist die Politik noch zu retten? Standpunkte am Ende des 20. Jahrhunderts,* Berlin, S. 122-130.

– (1997a), »Ein Katalysator für den gesellschaftlichen Wandel in der DDR. Vor zehn Jahren legten SED und SPD ein gemeinsames Dialogpapier vor«, in: *Frankfurter Rundschau,* Dokumentation, 26. August 1997, S. 10.

– (1997b), Beiträge in: *Das verfemte Dokument. Zum 10. Jahrestag des SPD/SED-Papiers.* Materialien einer Diskussionsveranstaltung der Friedrich-Ebert-Stiftung, Berlin, S. 10-12, 20-24.

Riehl-Heyse, Herbert (1992), »Panik nach dem Brückenschlag«, in: *Süddeutsche Zeitung* vom 4. Juli 1992, S. II.

Rink, Dieter (1997), »Ausreiser, Kirchengruppen, Kulturopposition und Reformer«, in: Pollack, Detlef/Rink, Dieter (Hg.): *Zwischen Verweigerung und Opposition. Politischer Protest in der DDR 1970-1989,* Frankfurt a.M./New York, S. 54-77.

Rix, Christiane (1987), »Neue Ansätze in der Sicherheitspolitik der DDR«, in: *Neue Gesellschaft/Frankfurter Hefte,* Nr. 8/1987, S. 750-754.

Rochtus, Dirk (1999), *Zwischen Realität und Utopie. Das Konzept des »dritten Weges« in der DDR 1989/90,* Leipzig.

Salamun, Kurt (Hg.) (1992), *Ideologien und Ideologiekritik,* Darmstadt.

Schroeder, Klaus (Hg.) (1994), *Geschichte und Transformation des SED-Staates* (Studien des Forschungsverbundes SED-Staat an der Freien Universität Berlin, Berlin.

Spanger, Hans-Joachim (1982), *Die SED und der Sozialdemokratismus. Ideologische Abgrenzung in der DDR,* Köln.

SPD-Bundestagsfraktion (1993), *Rück-Sicht auf Deutschland. Beiträge zur Geschichte der DDR und zur Deutschlandpolitik der SPD,* Bonn.

Spittmann, Ilse/Hellwig, Gisela (Hg.) (1989), *Die DDR im vierzigsten Jahr,* 22. Tagung zum Stand der DDR-Forschung in der Bundesrepublik Deutschland, Köln.

Spittmann, Ilse (1990). *Die DDR unter Honecker,* Köln.

Spittmann-Rühe, Ilse/Hellwig, Gisela (Hg.) (1985), *Ideologie und gesellschaftliche Entwicklung in der DDR.* 18. Tagung zum Stand der DDR-Forschung in der Bundesrepublik Deutschland 28.-31.5.1985, Köln.

Staadt, Jochen (1993), *Die geheime Westpolitik der SED 1960-1970. Von der gesamtdeutschen Orientierung zur sozialistischen Nation,* Berlin.

Staritz, Dieter (1996), *Geschichte der DDR* (Neue historische Bibliothek), erw. Neuauflage, Frankfurt a. M.

Stephan, Gert-Rüdiger (1997), »Vom Mauerbau 1961 bis zur Wende 1989«, in: Herbst/
Stephan/Winkler (Hg.), *Die SED. Ein Handbuch*, Berlin, S. 56-100.

– (2001), »Deutsch-deutsche Beziehungen vor dem Hintergrund von ›Glasnost‹ und
›Perestroika‹ (1982-1990)«, in: Pfeil (Hg.), *Die DDR und der Westen*, S. 117-134.

Strasser, Johannes (1979), *Grenzen des Sozialstaats? Soziale Sicherung in der Wachstumskrise*, Frankfurt/M.

Süß, Walter (1997), Zum Verhältnis von SED und Staatssicherheit, in: Herbst/Stephan/
Winkler (Hg.), *Die SED. Ein Handbuch*, S. 215-240.

– (1999), »Selbstblockierung der Macht. Wachstum und Lähmung der Staatssicherheit
in den siebziger und achtziger Jahren«, in: Jarausch/Sabrow, *Weg in den Untergang.
Der innere Zerfall der DDR*, S. 239-257.

Tessmer, Carsten (1991), *Innerdeutsche Parteienbeziehungen vor und nach dem Umbruch in der DDR*, Erlangen.

Thaa, Winfried/Häuser, Ingrid/Schenkel, Michael/Meyer, Gerd (1992), *Gesellschaftliche
Differenzierung und Legitimitätsverfall des DDR-Sozialismus. Das Ende des anderen Weges in die Moderne*, Tübingen.

Uschner, Manfred (1991), *Die Ostpolitik der SPD*, Berlin.

– (1995), *Die zweite Etage. Funktionsweise eines Machtapparates*, Berlin.

Weber, Hermann (1983), *Kommunismus in Deutschland 1918 - 1945*, Darmstadt.

– (1988), *Kommunistische Bewegung und realsozialistischer Staat. Beiträge zum deutschen und internationalen Kommunismus*, Köln.

– (1991), *DDR: Grundriß der Geschichte 1945-1990*, Hannover.

– (1997), »Was beweisen die Akten? Anmerkungen zu Veröffentlichungen von Archivarien aus der DDR«, in: *Internationale Wissenschaftliche Korrespondenz zur Geschichte der deutschen Arbeiterbewegung*, 33. Jg., H. 2, S. 232-243.

– (1998), »Zum Stand der Forschung über die DDR-Geschichte«, in: *Deutschland Archiv*, H. 2, S. 249-257.

Weber, Max (1964): *Wirtschaft und Gesellschaft*, 2 Bde. Köln und Berlin.

Weidenfeld, Werner/Zimmermann, Hartmut (Hg.) (1989), *Deutschland-Handbuch. Eine
doppelte Bilanz 1949-1989*, Bonn.

»Wie eine Lawine. Ein Streitgespräch über das SPD-SED-Dialogpapier von 1987«, Hans-
Jürgen Fischbeck, Thomas Meyer, Rolf Reißig, in: *Wochenpost* vom 27. August 1992,
S. 28/29.

Wilhelmy, Frank (1995), *Der Zerfall der SED-Herrschaft. Zur Erosion des marxistisch-
leninistischen Legitimitätsanspruches in der DDR*, Münster.

Winkler, Heinrich August (2001), *Deutsche Geschichte vom »Dritten Reich« bis zur Wiedervereinigung*, Zweiter Band, München.

Wisch, René (1990), *Entstehung und Wirkungen des SPD-SED-Papiers »Der Streit der
Ideologien und die gemeinsame Sicherheit«*. Magisterarbeit, Mannheim.

Wolle, Stefan (1998), *Die heile Welt der Diktatur. Alltag und Herrschaft in der DDR
1971-1989*. Bundeszentrale für politische Bildung, Bonn.

Personenregister

Kulturwissenschaften

Christopher Hann (Hg.)
Postsozialismus
Transformationsprozesse in Europa und
Asien aus ethnologischer Perspektive
2002. 494 Seiten · ISBN 3-593-37051-4

Der Band beleuchtet erstmals die Ursachen und Folgen
des Zusammenbruchs der sozialistischen Systeme in Ost-
mitteleuropa 1989 bis 1991 aus ethnologischer Perspektive – etwa religiöse Differenzen und ethnische Gewalt,
aber auch neue Konsummuster und das allmähliche Ab-
heilen des sozialistischen Traumas.

Sebastian Conrad, Shalini Randeria (Hg.)
Jenseits des Eurozentrismus
Postkoloniale Perspektiven in den
Geschichts- und Kulturwissenschaften
2002. Ca. 380 Seiten · ISBN 3-593-37036-0

In Europa bleibt das Reden über die eigene Gesellschaft
nach wie vor einem methodologischen Nationalismus verhaftet. Die vielfältigen Verflechtungen und Austauschpro-
zesse zwischen Europa und den außereuropäischen Ländern geraten selten in den Blick. Der Band lädt dazu ein,
die europäische Geschichte im Kontext von Kolonialis-
mus und Imperialismus neu zu denken.

Gerne schicken wir Ihnen unsere aktuellen Prospekte:
Campus Verlag · Kurfürstenstr. 49 · 60486 Frankfurt/M.
Tel.: 069/976516-0 · Fax -78 · www.campus.de

campus
Frankfurt / New York